中國憲法論

傅肅良 著

中興大學、文化大學兼任教授

三民書局印行

© 中國憲法論

著　者　傅肅良
發行人　劉振強
出版者　三民書局股份有限公司
印刷所　三民書局股份有限公司
　　　　地址／臺北市重慶南路一段六十一號
　　　　郵撥／〇〇〇九九九八一五號

初　　版　中華民國七十四年七月
修訂初版　中華民國七十六年九月
修訂再版　中華民國七十八年九月
增訂初版　中華民國八十年八月

編　號　S 58028
基本定價　捌元捌角玖分
行政院新聞局登記證局版臺業字第〇二〇〇號
著作權執照臺內著字第三四一六號

ISBN 957-14-0106-4 (平裝)

自　序

　　國父孫中山先生曾謂：「憲法者，國家之構成法，亦即人民權利之保障書也」。由此可知，憲法對國家、對政府、對人民的重要。吾人須研究憲法，乃亦理所當然了。此書，係作者就平時研究憲法之心得，作有系統的分析、比較、歸納、整理後，所撰寫而成者。

　　本書的章次，除依據中華民國憲法的章次予以分章（內人民之權利義務一章區分為二章）外，另加緒論、我國的立憲運動，及動員戡亂時期臨時條款三章，合計為十八章，一百一十五節，四十四萬字。

　　本書除第二章外，其餘各章的分節，在體例上盡量求其一致，以利閱讀。我國憲法係依據孫中山先生創立中華民國之遺教而制定者，為期了解現行憲法與遺教的關係，乃於各章之首，專列「與本章有關的遺教要點」一節，以便比較。再世界各國的憲法，其內容雖有不同，但亦有其相似或相關之處，因而在各章中論及憲法的重要問題時，對各國憲法中與之相似或相關的規定，亦列專節併予敍述，以資參證。

　　本書撰寫完成後，蒙三民書局慨允出版，特此致謝。又本書之成，為時匆促，作者才疏學淺，舛錯遺漏之處在所難免，還望各界先進不吝指正。

傅肅良　七十四年四月
　　　　於台北市

中國憲法論　目次

第十二章　監　察

第十三章　中央與地方的職權

第十四章　地方制度

第十五章　選舉、罷免、創制、複決

第十六章　基本國策

第十七章　憲法的施行與修改

第十八章　從臨時條款到憲法增修條文

第一章　緒　　論

　　緒論，只準備對憲法作一般性的簡要說明，以獲知憲法的概念。玆分憲法的意義、憲法的演變、憲法的分類，及憲法的特性四節，玆述如後。

第一節　憲法的意義

　　國父孫中山先生曾對憲法的意義加以闡示，國內外學者對憲法的意義也多有界說，玆分項簡述之，而後再提出綜合的看法。

第一項　國父對憲法的闡示

　　國父在三個不同的場合，曾對憲法的意義作三種不盡相同的闡示，但可相輔相成。

一、憲法是國家的構成法：

　　國父在吳宗慈著中華民國憲法史上篇序文中，曾謂：「憲法者，國家之構成法，亦卽人民權利之保障書也」。

二、憲法是國家權力的區分：

國父對中國國民黨特設辦事處，所作五權憲法講詞中，曾謂：「到底甚麼叫做憲法呢？簡單的說，憲法就是把一國的政權分作幾部份，每部份都是各自獨立，各有專司的」。

三、憲法是一部機器：

民權主義中曾謂：「憲法是一部大機器，就是調和自由和統治的機器」。

第二項　國內學者對憲法的界說

國內學者對憲法意義的界說甚多，然大致可歸納為兩類，即一為對憲法作綜合的解析者，二為對憲法就其實質與形式作分別的解析者。

一、作綜合的解析者：

舉部分學者的意見如下：

（一）「憲法者，規定國家之基本組織，人民之權利義務，及基本國策之根本法也」。❶

（二）「憲法者，乃規定國家基本組織，及國家與人民相互間之基本權利義務，以及其他重要制度之根本大法也」。❷

（三）「憲法，乃規定國家主要機關之組織與人民之基本權利義務的根本法」。❸

（四）「憲法者，規定國家的基本組織，政治權力的分配，人民的基本權利義務及基本國策的根本法也」。❹

二、就實質的與形式的意義作分別解析者：

舉部分學者的意見如下：

---

❶　林紀東著，中華民國憲法釋論，第一頁，自印，六十三年三月版。
❷　管歐著，中華民國憲法論，第二頁，三民書局，六十六年八月版。
❸　涂懷瑩著，中華民國憲法原理，第一頁，自印，六十八年六月版。
❹　陳水逢著，中華民國憲法論，第四頁，中央文物供應社，七十一年十月版。

(一)就實質意義言,「憲法爲規定國家組織及其活動範圍之原則之法規也」;就形式意義言,「憲法之修改機關及程序與普通法律不同,憲法具有最強之效力而高於普通法律」。❺

(二)就實質意義言,「憲法乃規定國家的根本組織及其活動的形式」;就形式意義言,「憲法爲成文法典,其修改程序比普通立法艱難」。❻

(三)就實質意義言,「憲法乃規定國家的基本組織及國家活動的基本原則之法」;就形式意義言,「憲法係依特別程序制定具有完整的法典型式,其效力高於普通法律,其修改手續較普通法律修改爲難」。❼

(四)就實質意義言,「憲法乃國家的根本法,亦卽規定國家之基本組織及國家活動之基本原則的法律」;就形式意義言,「憲法乃是指以憲法法典的形式特別制定而公布的法律」。❽

第三項 國外學者對憲法的界說

國外學者對憲法意義的界說,亦不盡一致,玆舉數例如下:

一、亞里斯多德 (Aristotle):

「憲法爲國家各機關的組織體統,由此乃能確定它們職務分配的方法,決定主權機關,並將國家組織及其人員所追求的目的性質予以規定」。❾

二、浦萊斯 (James Bryce):

「憲法爲法律和習慣的總合,藉此並在此總合下,國家的生活乃得進行」;或「憲法爲表現公衆組織、管理、團結原則和規律的各種法律

---

❺ 張知本著,憲法論,第五十四～五十六頁,三民書局,六十四年八月版。
❻ 薩孟武著,中國憲法新論,第二～三頁,三民書局,六十三年九月版。
❼ 左潞生著,比較憲法,第十六～十七頁,正中書局,六十九年十月版。
❽ 劉慶瑞著,中華民國憲法要義,第五～六頁,自印,七十二年二月版。
❾ Aristotle, *Politics*, by Barker, Oxford Clarendon Press, 1946. p. 156.

之合成整體」。⑩

三、方納 (Herman Finer):

「憲法爲基本政治制度的體系，它爲權力關係的自傳」。⑪

四、史都朗 (C. F. Strong):

「眞正的憲法具有確切表明的下列要素，卽(一)各機關是如何的，(二)以什麼權力委之於這些機關，(三)以什麼方式以行使這些權力；當國家各機關及它們的職權有確定的安排而不受暴君隨心支配者，這個國家就可以說是具有憲法；憲法的目的是限制武斷的權力，是用來保障被治者的各種權利」。⑫

五、惠爾 (K. C. Wheare):

「從廣義說，憲法乃一國政府的整個體系，亦卽建置、規範或管理政府之各種法律性的與非法律性的規例之累積；從狹義說，憲法乃指規範政府之一種法律性的文書」。⑬

六、杜索里尼 (R. J. Tresolini):

「憲法有雙重功能，卽授予權力並限制權力；授予權力使政府的施政臨民，限制權力乃禁止政府的作爲以預留人民自由的餘地，亦卽保障人民的自由權力」。⑭

七、馬金托 (MacKintosh):

---

⑩ James Bryce, *Studies in History and Jurisprudence*, Oxford Clarendon Press, 1901, Vol. I. p. 159, 256.

⑪ Herman Finer, *Theory Practice of Modern Government*, London. Methuen 1947, p. 116.

⑫ C. F. Strong, *Modern Political Constitutions*, London Sidgwick and Jackson, 1930, p. 10.

⑬ K. C. Wheare, *Modern Constitutions*, London, Oxford University Press, 1956, pp. 1-2.

⑭ R. J. Tresolini, *American Constitutional Law*, New York, Macmillan, 1959, p. 9.

「國家的憲法，乃一羣成文的或不成文的基本法而規定高級行政官吏的權力以及人民的重要權利者」。⑮

八、波格特 (Borgeaud)：

「憲法是一種根本大法，根據它以建立國家的政府，以調停個人與社會的關係；它可以是成文的，由主權者制訂具體的條文；它亦可以是歷史的結晶，由不同時期不同來源的國會法、判例、以及政治習俗所組成」。⑯

第四項 綜合的看法

前述第一至第三項的各種界說，以國父的闡示最爲簡明，且可同時適用於各種不同的憲法；其餘的各種界說，有的較適合現代憲法的趨勢，有的只能適用於成文憲法，有的只能適用於不成文憲法。玆試將各種界說綜合說明如下：

一、憲法的實質意義：

憲法，乃規定政府組織、人民權利義務及國家政策之根本法。再解析如下：

(一)憲法乃規定政府組織的根本法：所謂政府組織，包括中央政府與地方政府的組織名稱及權力的區分與運用。因政府的組織極爲龐大，組織內部極爲複雜，故憲法中所定者乃其最根本的部分，其餘的部分則另以法律訂定，甚或由法律授權主管機關以行政命令或組織規程定之。憲法對政府組織的賦予權力，在便於施政臨民；對政府權力的予以限制，在保障人民的自由與權利。

---

⑮ MacKintosh, *Law of Nature and Nations*, p. 65.
⑯ Borgeaud, *The Origin of Written Constitution*, Political Science Quarterly, Vol. VII, p. 673.

（二）憲法乃規定人民權利義務的根本法：人民權利義務的含義與範圍，常因時代的不同而異，因而在不同時代所制定的憲法，其所規定的權利義務亦常有差別。再人民的權利與義務，係為憲法所賦予，但憲法賦予人民權利或課以人民義務，有者固採列舉方法，但有時舉不勝舉，乃於列舉之外又有概括的規定，亦卽人民所享有的權利，並不以憲法所明定列舉者為限，憲法中列舉者只是最基本的權利而已。憲法所定的義務情況也大致相似。又憲法所定的權利，人民並非可毫無忌憚的行使，而需受著某些約束，此種對行使權利加以約束的原則，大致也多在憲法中予以規定，或以憲法授權法律予以限制，以犧牲個人的少許自由而換得社會、團體、國家的更多自由。

（三）憲法乃規定國家政策的根本法：在第一次世界大戰以前，各國所制定的憲法多以政府的組織與人民的權利義務為其主要內容，但自第一次世界大戰以後，各國所制定的憲法，為適應國情的需要，多將國家的政策亦予入憲，此乃一九一九年德國的威瑪憲法開其端，其後各國亦多仿效之，惟各國憲法規定國家政策的範圍則多有不同，有者規定甚為詳細，有者只數條而已。因憲法為根本法，故憲定的國家政策自以基本的政策為限，至一般的政策則另在法律或政府的施政計畫中規定。

但須再說明者，上述憲法的意義，乃指一般的憲法而言，但憲法可作多種不同的分類（見本章第三節），其中之一為將憲法分為成文憲法與不成文憲法，現行各國憲法絕大多數係屬成文憲法。如以成文憲法言，則憲法的意義應作如下的修正。

二、憲法的意義：

憲法，乃規定政府組織、人民權利義務及國家政策的根本法，由特定機關經特定程序而制定或修改，並具有最高性的法典。茲就其後段再解析如下：

　　(一)憲法由特定機關制定或修改：制定憲法或修改憲法的機關，並非即爲制定法律的機關，如各國多以議會爲立法機關，但憲法多非由議會所制定，而另由特定的制憲機關爲之。憲法的修改，亦多非屬議會的職權，而由特定的機關行之，此種修改憲法的機關或即爲制定憲法的機關，或爲制憲機關或議會以外的其他特定機關，凡此乃表示憲法之不同於一般法律也。

　　(二)憲法經特定程序而制定或修改：各國對制憲或修憲的程序，多在憲法中明文規定，其內容與立法程序不同，亦即較一般的立法程序爲艱難，如提高提議修憲的動議人數，擴大制憲或修憲會議的出席人數，增加制憲或修憲案通過的多數決人數。如係聯邦體制的國家，則在制憲或修憲的程序中尚須經過各邦的批准。又如在人口數較少的國家，憲法的修改尚須經全國公民的複決等。凡此均可表現出對憲法的重視及保持憲法的穩定性。

　　(三)憲法具有最高性：所謂最高性，指在國內各種法律效力的階位中，列於最高階位而言。一般言之，一個國家的各種現實法的本身，並非各別處於一無關係的孤立狀態，而係構成具有階位高低的整體，即憲法處於最高階位，其下爲法律階位，再其下爲行政的或司法的規章命令，再其下爲強制執行。就效力言，階位最高者效力最高，階位最低者效力最低，故法律與憲法牴觸者無效，行政或司法規章命令與法律牴觸者無效，強制執行須以行政或司法規章命令爲依據。

　　(四)憲法乃是一部法典：亦即以憲法爲名的法典，如中華民國憲法，美利堅合衆國憲法，瑞士聯邦憲法，德意志聯邦憲法，意大利共和國憲法，日本國憲法，大韓民國憲法，泰王國憲法，菲律賓共和國憲法，法國第五共和憲法等。

第二節　憲法的演變

憲法的形成有其法源，憲法的內容隨着時代的不同而在不斷的變遷。再就憲法演變的過程看，大致可區分爲三個大階段，卽近代憲法的形成，現代憲法的形成，及第二次世界大戰後憲法的發展。茲分項簡述如後。

第一項　憲法的法源

從靜態的觀點看，憲法的內涵是由成文法、習慣法、條理三部分所構成。此三部分受到重視的程度，常因時代而不同，如在十八世紀以前，多以習慣法爲憲法最主要的法源，在十八世紀以後，則逐漸改以成文法爲憲法的主要法源，在廿世紀以後，因情勢變易思想變遷的結果，條理的地位日趨重要，成爲憲法的重要法源。茲就此三部分的內涵說明如下：

一、成文法： 又包括

(一)憲法典：一國的憲法典自爲憲法的最顯著部分，但並非憲法的惟一部分，有時憲法的重要事項，未必盡規定於憲法典之內，如美國總統不得連任三次，在一九五一年前美國憲法中並未規定，有時憲法所規定者又未必皆爲重要事項，如瑞士憲法中有禁屠的規定。

(二)效力等於憲法之條規：國家爲適應天然災害、癘疫、戰爭等天災人禍的緊急事故，常臨時制定條規，因其屬於憲法之外且屬臨時性質，故非屬憲法典的一部分，但其重要性卻不遜於憲法典。如依憲法所定而下達的緊急命令，我國動員戡亂時期臨時條款的規定等，均屬其例。

　　(三)條約：現代由於交通發達文化交流的結果，人類社會生活規範已由國內社會擴大至國際社會，因而國際法的地位日趨重要，不僅成為憲法的法源之一，甚至有的國家以憲法明定應遵守條約者，如美國憲法第六條中，有「本憲法與依本憲法所制定之合衆國法律，及以合衆國之權力所締結或將締結之條約，均為全國之最高法律，縱與任何州之憲法或法律相牴觸，各州法院之推事均應遵守之」。

　　(四)法律及命令：憲法與法律及命令，在效力上固有差別，但何種事項應以憲法規定，何種事項應以法律或甚至以命令規定，卻無明確的區分標準，因此重要的事項而在形式上係以法律或命令規定時，此種法律或命令，仍不失為憲法的法源。如我國的國民大會，總統府及行政、立法、司法、考試、監察五院的組織法，依憲法而發佈的緊急命令，依動員戡亂時期臨時條款所下達的緊急處分令，均屬憲法的法源。

二、習慣法：

　　在不成文憲法的國家，因並無統一的憲法典，成文法的欠缺部分而有習慣法可據者，自以習慣法補充；即使成文憲法的國家，由於國家活動的變遷與繁複，對所有重要事項勢難一一以憲法典規定，其所留有的空隙不得不想辦法以處理之，以後遇有類似情況時並繼續援用之，故習慣法之為憲法法源之一，在成文憲法國家亦非無有。如英國的「內閣對國會負責」制度的形成，並非法律所明定，美國「總統不得連任兩次」習慣的形成，我國行政院長的任用雖決定於立法院的是否同意，但其任期則依憲法的習慣，決定於總統，不必再經立法院的同意。⓱

三、條理：

　　指為多數人所承認之共同生活原理，如正義、平衡、立國的主義等。晚近學者之所以將條理作為憲法之法源者，其理由不外(一)法條有

⓱　涂懷瑩著，中華民國憲法原理，第七頁，自印，六十八年六月版。

限而情勢變化無窮，法條之未有規定者，非借重條理解決不可；(二)條理本爲一個國家的最高規範，成文法與習慣法亦只是條理之具體化的部分而已， 如不將條理作爲憲法法源之一， 則屬捨本逐末； (三)成文法只是就一般事實爲抽象的規定，但適合於一般事實的成文法，未必卽適合於全部事實。因而條理自有其適用，不得謂旣有成文法則不再考慮條理。

四、其 他：

憲法的法源， 除上述三部分外， 尙有學者將下列 亦作爲憲法的 法源：

(一)憲法的解析：憲法上各種解析的實際運行，以美國歷史最久，美國憲法由於其法院釋憲的運用，使憲法能隨時代而俱進，故美國的修憲，迄今二百餘年，僅有二十六條，而其憲法的解析，則幾使最高法院成爲一長期性的修憲大會，此於美國憲法解析之重要性，可想而知。

(二)政黨活動軌範：因現代憲政制度之實際運行，實多有賴於政黨活動之遊刃其間，而發生了穿針引線作用，致某些憲法條文的規定，常因政黨活動軌範而發生實質的變化。如美國總統的選舉，依憲法規定本爲間接選舉，卽由各州選舉總統選舉人，而後由總統選舉人間接選舉總統，但由於政黨提名制度的運用，先由各政黨提名總統副總統候選人昭告天下，而後再由黨提名總統副總統選舉人之候選人，由人民選舉之，最後則由總統副總統選舉人正式選舉總統副總統，是以當各黨總統副總統選舉人當選名單揭曉之時，卽可推定何黨總統副總統候選人將當選爲總統副總統。如此則無異成爲直接選舉矣。

(三)行政措施：如美國憲法規定，條約案須經參院三分之二多數通過，殊爲困難。因而總統乃有改採行政措施以締結行政協定代替條約，如此只要國會以通過普通法案或聯合決議之方式行之卽可，不須提請參

議院以三分之二多數通過之批准程序。

第二項　憲法的變遷

國家憲法的制定，通常是該國社會的、政治的、經濟的力量求取平衡的結果，但一個國家之社會、政治、經濟等諸種力量是在不斷消長的，為適應此種消長情勢的需要，原定的憲法須作不斷的變遷，以求適應。茲簡述如下：

一、引致憲法變遷的原因：

通常有下列各種

（一）社會生活的改變：憲法亦是社會生活的規範，憲法既因社會生活的需要而發生，自亦須隨社會生活的改變而變遷。社會生活是在隨着政治的進步及經濟的發展而不斷改變的，因而憲法的實質內容，亦需隨着變遷。

（二）政治經濟情勢的改變：遇及戰爭或對戰爭的恐懼、經濟的危機、及須採行福利國家的政策時，在情勢上常會導致中央集權的趨向。又如遇及戰爭武器的發展，無線電及交通工具的發達，征稅方法的改進，辦公機具的採用等情勢的需求，常會導致行政權力增加的趨向。此種情勢常會促使憲法內容的變遷。

（三）制憲人的疏忽與不周：制憲的人，或由於來自各個不同的階層，具有各種不同的立場與代表各種不同的利益，每一憲法條文的成立常須經過辯論、讓步、折衷、疏導、妥協，因而在條文與條文之間難免發生有矛盾牴觸的情事，致在適用上導致困擾而須作若干的調整。再由於制憲人之目光不夠遠大，未能預見將來發展的趨向，致使憲法條文阻碍了社會、政治、經濟等的發展，乃又導致憲法內容須作若干改變的需要。

二、憲法變遷的方式：

通常有下列各種

(一)因議會立法而使憲法變遷：憲法之規定極爲明顯者，固非修改憲法而不得使之變更，但如憲法之規定不明顯或憲法授權另以法律定之者，則因議會之立法而使憲法之實質內容引致變遷。

(二)因法院的解析或判決而使憲法變遷：憲法有待於法院或解析憲法機關之解析者甚多，因而對憲法的解析可引致憲法實質內容的改變。又如憲法未有明白規定者，法院於判決時則有裁量餘地，因而又會使憲法的內容改變。

(三)因憲法習慣而使憲法變遷：當某些問題在憲法未有明文規定時，往往求之於憲法習慣，如英國內閣的首相須由國會多數黨黨魁擔任，內閣的重要閣員須從國會多數黨領袖中求之，凡此均爲憲法習慣，主政人員不敢輕易違抗。

(四)因政府之行爲而使憲法變遷：政府爲應當時社會、政治、經濟等情勢的需要，採取某種重要措施時，常會影響及憲法的原有內容而發生變遷。當所遇及之情勢愈爲危急時，此種變遷憲法的可能性愈大。

(五)因權力之不行使而使憲法變遷：如英國國王對於議會通過之法律，原有不裁可之權，但因此種權限已多年未有行使，致國王恒不行使此項權力，無形中已使憲法的實質內容引起變遷。

(六)由於憲法精神的變化而使憲法變遷：如美國衆院的權力甚爲強大，但事實上衆院的權力完全掌握在各委員會之手，而各委員會之權力又多掌握在委員會主席之手，各項政務咸由政府與委員會商洽決定，衆院大會不過作形式上的決議而已。

第三項　近代憲法的形成

一般學者認爲近代憲法觀念，萌芽於歐洲中世紀時代（約略自五世

紀西羅馬帝國滅亡起，　至十六世紀宗敎革命止），　最著者爲英王約翰於一二一五年頒布之大憲章 (Magna Charta)，　至十六世紀宗敎革命及十八世紀末期英法革命期間，近代憲法觀念逐漸成熟，如美國康涅狄格根本約章 (Fundamental of Connecticut, 1639)，　卽其一例。　其中已含有（一）根本法之權力高於普通法律；　（二）根本法爲建造國家之公約，故其立法權與普通立法權宜予劃分，根本法之成立不能僅憑普通立法機關之決定，而須經由人民表決；（三）因根本法爲限制議會權力及其他國家機關權力之法律，其內容須明白規定，故根本法須爲成文法。迨十八世紀末期美國獨立，法國大革命繼而發生，上述憲法的觀念更臻成熟之境。

　　近代憲法的觀念旣已形成，然則產生近代憲法觀念的背景爲何？近代憲法的重要內容又是如何？玆再簡述如下：

一、產生近代憲法的背景：包括

　　（一）政治上的背景：大致而言，　十六、七世紀警察國家的專制政治，爲內求統一，外求獨立的需要，乃不斷擴張國家權力，限制個人自由，干涉個人自由，凡百庶政無不可由君主與官吏專恣爲之。然亦因極端專制之結果，乃激發出自由民主的思想，要求制定憲法。此種自由民主的思想，主要有：

　　1.個人主義思想：卽極端尊重個人的思想，如以個人爲主體，以個人爲惟一的實在，社會爲個人所組織的產物。個人是目的，社會只是促使個人人格之完成，求得個人物質與精神生活之圓滿的手段，故應極端尊重個人的尊嚴與人格的神聖，不容藉口社會利益而侵害個人。

　　2.自由主義思想：由個人主義思想，乃產生自由主義思想，以爲人生而自由平等，非國家所能妄加限制，人類所以組織國家，卽欲使其保障此種與生俱來的自由。故國家的任務，僅在限制妨害他人自由之行動，

與他人自由無關之行動，國家不得妄加干涉。

3.民主政治思想：由於個人與自由主義，又產生了民主政治思想，以期國家爲人民所共有，政治爲人民所共理，利益爲人民所共享。

4.法治政治思想：由於民主政治，又引伸出法治政治的思想。凡國家施政，不任行政司法官吏以自由意志決定，而應以法律規定爲準繩，人民之自由及其他權利由法律加以保障，人民應負之義務由法律加以明定。法院非依據法律，對人民固不能逮捕、監禁、審問、處罰；行政機關非依據法律，亦不得限制人民之權利或課人民以義務。

5.權力分立思想：在法治思想下，爲免由同一機關自行立法與執法以遂行法治的專制，乃又產生權力分立的思想。如英儒洛克(J. Locke)主張國家權力應分爲立法權與執行權兩大類，分設機關掌理。法儒孟德斯鳩 (C. L. de. S. Montesquien) 主張國家權力應分爲立法、行政、司法三大類，分設機關掌理，且爲達成 防止專制及 保護自由之目的起見，不僅三權須分屬於不同的機關，尤須相互牽制。

6.議會政治的盛行：不論爲兩權分立或三權分立，立法權均居於優勢，因而立法至上與議會政治乃流行於世。

(二)經濟上的背景：產業革命的興起，使機械工業代替了手工業，生產大爲增加，要求大量的原料與廣大的市場，對自由競爭環境的需求日趨迫切。再配合上述政治思想 的激盪與助力，乃產生了下列 各種要求：

1.對經濟自由的保障：不但是政治的思想的自由保障，更須有經濟的自由保障。

2.私有財產制度的確立：私有財產非依法律不得征收或沒收，以防止行政機關之肆意侵害。

3.職業自由的確認：打破不平等的階段專制與職業世襲制度，確認

人民在法律上政治上地位的平等，及選擇職業之自由。

4.選舉制度的建立：由人民選舉議會議員參與立法，對不稱職之議員並得予以罷免，使人民的願望能透過議會成為法制。⑱

二、近代憲法的重要內容舉例：

(一)英國一二一五年大憲章第十二條前項「非經全國人民同意，不得向人民征收代役金及協款」。

(二)英國一六七九年人身保護法 (Habeas Corpus Act) 第一條前段「無論何時，任何人或若干人，為營救被各郡長、各監獄官、各執行吏，或其他類似性質官吏所拘押下之任何人，請求法院頒發人身保護令狀時，則該令狀應即對該拘押人之官吏本人，或該監獄或該看守所，或其佐理人頒發之」。

(三)美國一七七六年獨立宣言 (Declaration of Independence) 第二段中有「吾人堅信下列各條為明顯之真理，即人生而平等，人均由上帝賜與一定之天賦權利，其中有生命之權利、自由之權利、以及追求幸福之權利。為保障此種權利，吾人應成立政府，而政府所具有之權力應基於被統治者之同意。任何形式之政府，凡足以破壞此種目的時，人民即有權利予以更廢，並建立一個以此一原則為基礎的新政府，而其權力之組成形式，應為人民所認為最能保障其安全與幸福者」。

(四)法國一七八九年人權宣言 (Declaration of the Rights of Man and of the Citizen) 第一條「人生而自由，權利平等，永久不替」。第二條「一切政治上的結合，目的皆在於維持人類之天賦而不可讓與之權利；此等權利，為自由、財產、生命之安全及對於壓制之反抗」。第十六條「權利之保障不鞏固，權力不分立之社會，不足以言有

---

⑱　參見林紀東著，中華民國憲法釋論，第四十～四十九頁，自印，六十七年三月版。

憲法」。第十七條「財產爲神聖不可侵犯之權利，非因依法律規定之公共必要，且預爲正當之賠償，不得侵奪各人之所有權」。

第四項　現代憲法的形成

自十九世紀後期至廿世紀前期，是現代憲法觀念的形成與實現時期。產生現代憲法的背景，也可分政治思想的轉變，經濟思想的新發展兩種，現代憲法的內容亦有其特點。茲簡述如下：

一、產生現代憲法的背景：包括

（一）政治思想的轉變：自十九世紀後期，個人及自由主義高度發展的結果，社會環境已有重大的改變，社會問題亦日趨嚴重，爲解決此種危機，在政治思想上乃引起若干的改變，其較重要者有：

1.團體主義思想的發展：認爲個人與社會爲有機的一體，猶生物之有機體，集各部分而成全體，須各部分的一致協力，全體始能生存。因社會羣體與個人是分不開的，個人的利益係建築在社會的利益之上，少數人權利的保障固屬重要，然多數人自由之維護、社會福祉的增進，使社會中的個人能各遂其志各安其生，及建立有作爲有效率的政府，以維護團體生存及促進團體發展，乃更爲重要。故當少數人的自由與多數人的自由不能併存時，則兩害相權取其輕，寧可犧牲少數人的自由，來保全多數人的自由。

2.干涉主義的出現：認爲爲保護社會之安全，應盡力袪除使社會不安的原因，以促進社會的安定與發展。從法學觀點看，即爲法律的社會化，如制定法律以限制私有財產、限制權利行使、限制契約自由、及特別保護勞動階級等。

3.直接民主與全民政治的發展：在個人與自由主義時代，所謂民主只是部分的間接的，而此時期的民主是直接的（即由人民直接選舉、罷

免，直接創制、複決），是全民的（即人民的政治權利不因敎育、性別、財富等而有區別）。

4.諸權協力思想的產生：認為國家權力的分立，只是一種專業的分工，為完成國家的任務，各權力機關不應相互的牽制，而應相互的協調與合作。

5.行政權的擴大：由於諸權力的協調與合作，行政權乃日趨擴大，以代替昔日的立法權至上的態勢。如緊急命令權的發達，行政緊急命令權範圍的擴大，緊急命令效力的提高等，均屬行政權擴大的實例。

(二)經濟思想的新發展：由於個人及自由主義的放任結果，遂使財富集中，貧富懸殊的現象日趨明顯，引致人民間的不平等及影響社會的安定與發展，因此在有關經濟問題的處理上，發生了若干的變革。重要者有如：

1.團體監護主義的實施：即以團體為經濟上或生理上弱者的監護人，以助其經濟生活能維護至相當水準。凡以福利政策標榜的國家，大部為團體監護主義較為濃厚者。⓳

2.生存權的保障：生存權係以保障國民生存為內容的權利，國民可要求國家保障其生存的權利。政府不僅消極的不得加以侵害，且更應積極的採取各種措施，使國民均能享受健康與文明的生活。

3.文化敎育的重視：由於物質文明發達已極致，使得感到精神生活的苦悶。復由於人慾橫流各為其私的結果，社會上爾虞我詐病象極為普遍。為挽救此種危機，不得不轉向重視文化敎育的普遍推展，使社會走向和諧安寧。

4.自由權利的限制：為求人民經濟地位的平等，對財產的保有及經

⓳ 參見林紀東著，中華民國憲法釋論，第五十～五十八頁，自印，六十七年三月版。

濟上的交易行為，加以若干限制，並對財產所有者課以某些義務，以拉近貧富的懸殊距離。同時對經濟上的弱者如勞動者等，加以特別的保護。

二、現代憲法的重要內容舉例：

最能代表此一時期憲法之新精神者，為一九一九年之德意志聯邦憲法（威瑪憲法），我國五五憲法中部分條文，亦頗能表現此種精神。茲就威瑪憲法，錄數條如下：

(一)第四十三條「聯邦大總統之任期為七年，連選得連任。在任期終了前，第一院得以出席議員三分之二以上之同意，提議罷免總統，提交人民投票表決之……」。又第七十三條「議會議決之法律，大總統在公布之前，得於一個月內先付國民投票。因議會議員三分之一以上之請求而延期公布之法律，經有選舉權者二十分之一聲請時，應付國民投票。有選舉權者三分之一，請願提出法律案時，亦應付國民投票」。

(二)第一百一十九條「婚姻，為保持及增進家族生活及民族之基礎，受憲法之特別保護。就家族之純潔及健康之保持予以社會的獎勵，為聯邦、各邦及公共團體之任務。兒童眾多之家庭，有請求相當扶助的權利。產婦，有請求聯邦及各邦保護與扶助的權利」。

(三)第一百四十三條「為教育少年之必要，應設置公的營造物，其設備應由聯邦及公共團體儘力為之」。又第一百四十五條「就學為一般之義務。就學義務之履行，應以小學修業八年以上，及畢業後至滿十八歲止，在補習學校修業為原則。小學及補習學校之授課暨學術用品，完全免費」。

(四)第一百五十一條「經濟生活之秩序，以使各人得到人類應得之生活為目的，並須適合正義之原則，各人之經濟自由，在此限度內予以保障」。又第一百五十三條第四項「所有權包含義務，所有權之行使，

應同時顧及公共福利」。

第五項　二次世界大戰後憲法的發展

第二次世界大戰，亦為德意日極權國家與民主國家的戰爭，大戰結束後，各國咸感謀求國際和平，強化人民自由權利保障及維護社會安定的重要，乃在憲法上又表現出若干的改變。其重要者有：

一、憲法的國際化：

即憲法規定的內容，由專重於國內生活方面，進而兼顧國際生活方面，所企求者不僅為國內的安定，更求國際間的和平與合作。如在憲法中表示出：

(一)遵守國際公法（尤其條約）：以往認為國際間條約，祇能拘束國家，與國內法不同，故不直接對人民發生效力。近則多認為國家之意思不可分割，故國際法上之意思，與國內法上的意思亦不可分割，故一般國際公法與條約，宜與國內法一視同仁，而有拘束國家與人民的效力。

(二)參與國際組織：為促進國際和平，加強國際合作，發揮國際正義及解決國際紛爭，乃有種種不同的國際組織，各國多有參加。

(三)限制國家主權：以往認為主權為國家要素，主權不完整不足以稱為國家。近則感到過度伸張主權之弊害，乃有在憲法上自行限制其主權者。

(四)廢棄參與戰爭：鑒於二次世界大戰的慘烈及維護和平的誠意，有於憲法中明定放棄戰爭或不以戰爭為解決國際紛爭之手段者。

二、人民權利保障的加強：

各國憲法對加強保障人民權利的趨向，可從下列各點看出：

(一)保障自由的加強：如德、意、日等國，鑒於戰前受獨裁者的迫害，人身自由毫無保障，乃於戰後訂定新憲法時，特加強對人身自由等

保障之規定。

　　(二)採直接保障主義：部分國家對人民自由權利的保障，原係採間接保障（卽依法律保障以約束行政機關），但自戰後則改爲以憲法直接保障，不僅約束行政機關且亦約束了立法機關，如西德及日本卽屬其例。

　　(三)實施違憲立法的審查：在二次世界大戰前，除美國實行違憲立法審查外，其餘國家甚爲少見。二次大戰後，一般國家亦實施違憲審查制度，如法、義、西德、泰、韓等國。

　　(四)修憲限制的加嚴：二次大戰後，對制定憲法的修改，加以多種限制，以達保障自由權利的目的。

三、政治安定的設計：

　　歐洲部分國家的政局極不安定，如法國的內閣鮮有超過一年者。二次大戰後，爲顧及政局的安定，對倒閣事件加以多方限制。如西德、法國及意大利憲法的規定均其顯著者，其情形如下：

　　(一)西德基本法第六十七條規定：聯邦議會如對內閣總理表示不信任，須先以其議員過半數選出繼任內閣總理。由於此一規定，使聯邦議會無法任意倒閣。

　　(二)法國第五共和憲法：一方面加強總統職權；二方面縮小國會權力，縮短國會集會期間，國會議事程序受內閣支配；三方面爲對國會以不信任案決議倒閣之擧，多加限制。故第五共和的法國政局，已較第三、第四共和爲安定。

　　(三)意大利憲法：第九十四條規定，國會欲瓦解政府，須於反對政府之提案後，再繼以正式擧行不信任投票案的表決，且此種不信任案須得議會議員至少十分之一的簽署，且其提出後非經過三日不得付諸討論。

四、經濟均足的規劃：

部分國家的憲法，承一次世界大戰後經濟立法的餘緒，對經濟關係多所規劃。一方面保障私人財產，同時課責私人必須運用其財產，使能發揮財產的社會機能，以利人羣的合理經濟生活。另一方面又發展國有或公有財產，以充實人民的經濟生活。我國憲法於二次大戰結束後公佈，其中國民經濟一章的規定，正符合此一趨向。

五、社會安全的設計：

二次大戰後，一般國家為期社會問題之獲得確切的解決，對社會保險、社會救助、婦嬰福利、衛生保健、婚姻及家庭維護等方面，在憲法中亦有規定，以求社會的安定。我國憲法列有社會安全一章，對上述各點均有適當的規定，可謂為憲法中之最完善者。

上述五個重點，乃屬一般國家於二次世界大戰後制定或修訂的憲法中之一般趨向，茲再舉若干國家有關條文如下：

(一)憲法國際化方面：

日本一九四六年憲法第九十八條「……已確定之國際法規，應誠實遵守之」。又日本憲法第九條「日本國民誠意希望以正義與秩序為基礎之國際和平，永久放棄以發動國權之戰爭，以武力威嚇或行使武力，為解決國際紛爭之手段……」。西德一九四九年基本法第二十四條「聯邦得依法律將其主權轉讓於國際組織」。意大利共和國一九四八年憲法第十一條「為達到保障國際和平與正義之秩序，應協助並促進國際組織」。

(二)加強權利保障方面：

西德基本法第一條第三項「下列基本權利直接有法律效力，而拘束立法、行政及司法」。日本憲法第十一條「國民享有之一切基本人權，不得妨害之，本憲法所保障之基本人權，為不可侵犯之永久權利，賦與現室及將來之國民」。又日本憲法第九十六條「本憲法之修改，應經各議院全體議員三分之二以上之贊成後，由國會發議，並應向國民提案，經其承

認……」。意大利共和國憲法第一百三十六條「憲法法院宣告法律或具有法律效力之命令爲違憲時，該法律或命令自判決公布次日起失效」。又意大利共和國憲法第一百三十九條「共和政體，不得爲憲法修改之對象」。

(三)其他方面：

　　我國憲法的國民經濟章，可作爲經濟均足規劃的典範。我國憲法社會安全章，可作爲社會安全設計的代表；其條文不再引述。

第三節　憲法的分類

　　各國憲法，可根據不同的標準作不同的分類。一般研究憲法的學者，對憲法大致作成文憲法與不成文憲法，剛性憲法與柔性憲法，欽定憲法協定憲法與民定憲法，三權憲法與五權憲法之分類，少數學者尚有作其他的分類者。茲分項簡述如後。

第一項　成文憲法與不成文憲法

成文憲法與不成文憲法的分類標準及其優缺點如下：

一、分類標準：

　　此乃以文書形式爲準的分類。凡有關政府組織、人民權利義務、國家政策的基本規定，係以一部獨立的憲法典制定者，爲成文憲法；並無一部獨立的憲法典而係散見於各種文件或習慣或判例中者，爲不成文憲法。目前除英國被公認爲不成文憲法國家外，其餘國家多爲成文憲法。

　　但此種以文書形式爲準的分類，只是相對的而非絕對的，因此二類憲法間的界限並不明確。如英國雖爲不成文憲法國家，仍有成文法律的規定，如一二一五年的大憲章 (Magna Charta)、一六二八年的權利請願書 (The Petition of Rights)、一六七九年的人身保護法 (The

Habeas Corpus Act)、一六八九年的權利典章(The Bill of Rights)、一七〇一年的王位繼承法 (The Act of Settlement)、一九一一年及一九四九年的國會法 (The Parliament Act)、一九一八年的人民代表法 (The Representation of the People Act)、一九二八年的男女選舉權平等法 (The Equal Franchise Act)、一九三六年的國王禪位法 (The Abdication Act)、一九三七年的攝政法 (The Regency Act) 等，不過除此之外尚存有爲數可觀的習慣與判例而已。再以成文憲法言，並非除憲法典之外即無習慣與判例的運用，而憲法典亦非只限於獨立的一部，其中如法國第三共和的憲法，就包括在不同時間分別公布的三種法律，即一八七五年二月二十四日的上議院組織法、同年二月二十六日的公權組織法、同年七月十六日的公權關係法；又如奧國的舊憲法，係由一八六七年十二月二十一日所公布之五種法律所組成。

二、優點與缺點：

　　大致言之，成文憲法的優點，爲(一)憲法較爲明晰，人民的權利亦易受到憲法保障；(二)既較爲明晰，對缺乏優良的政治訓練與知識者，亦能運用憲法。成文憲法的缺點，爲對憲法的制定與修改較爲困難，不易隨著社會的變遷而改進，難免阻碍社會的進步。至不成文憲法的優缺點，則與成文憲法相反，不再贅述。

第二項　剛性憲法與柔性憲法

　　剛性憲法與柔性憲法的分類標準及優缺點如下：

一、分類標準：

　　此乃以修改憲法的機關與修憲程序爲準的分類。凡修改憲法的機關與普通立法機關不同，或由前屆議會修正後屆議會通過，或修改憲法的程序比修改一般法律的程序爲困難者（如提高出席人數，增加表決通過

之人數等），爲剛性憲法。修改憲法的機關或修改憲法的程序與普通法律相同者，爲柔性憲法。如我國修憲的機關爲國民大會，修憲時須經一定的程序，均與普通法律有所不同；又如美國憲法的修改，雖亦由立法機關的議會提出，但在程序上須經各州議會的批准，故均爲剛性憲法。英國係屬不成文憲法國家，與一般國家憲法內容有關的法案，均由議會以一般立法程序制定，其修改亦與一般法律的修改同，故爲柔性憲法。

　　但吾人須了解者，凡屬不成文憲法固均屬柔性憲法，但屬成文憲法者卻不一定卽爲剛性憲法，如一八四八年的意大利憲法係成文憲法，但在憲法並未規定修憲的程序；又如一九四七年的紐西蘭憲法，明定立法會議有以法律變更憲法之權，故均爲柔性憲法。

二、優點與缺點：

　　剛性憲法的優點爲富有穩定性，因憲法是國家的根本法，不宜時常變更，以期保障憲法的尊嚴，安定政治秩序與社會人心。但其缺點則爲缺少適應性，因修改憲法比修改一般法律爲困難，不能隨著社會的變遷而修改，致阻礙社會的進步，甚或引起政爭或革命風潮。至柔性憲法的優缺點，則與剛性憲法相反。

　　惟吾人須再注意者，使憲法發生變遷的方式甚多，修改憲法只是憲法變遷方式之一，而對憲法作不斷之推陳出新的解析，亦是使憲法發生變遷的方式。美國是剛性憲法的國家，但二百年來憲法修改的並不多，但對憲法的解析卻能作靈活運用，故並不因剛性憲法而阻碍了美國的進步。再如英國雖屬柔性憲法，但英國人民多趨保守，憲法上所定種種原則已成爲牢不可破的習慣，故其穩定性反較一般國家的剛性憲法更爲顯著。

第三項　欽定憲法協定憲法與民定憲法

　　欽定憲法協定憲法與民定憲法的分類標準及優缺點如下：

一、分類標準:

此乃以制定憲法之機關爲準的分類。凡憲法由君主制定，並未徵求其他機關的同意者，爲欽定憲法。凡憲法由君主與人民協議而制定者，爲協定憲法。 凡憲法由人民直接 或由其代表間接 所制定者， 爲民定憲法。如一八一四年法王路易十八所頒布的法國憲法，一八八九年日本明治天皇所頒布的日本憲法，均爲欽定憲法。如一八三〇年法王路易腓立 (Louis Philippe) 與國會協定的法國憲法，爲協定憲法。目前各國所頒行的憲法，均爲民定憲法，欽定憲法與協定憲法已成爲歷史的陳蹟。

二、優點與缺點:

民定憲法，符合民主潮流，人民的意願可充分在憲法上表達，人民的權利亦可獲得更多的保障，是乃其最顯著的優點。協定憲法，雖亦容納有民意，但僅係部分民意而非全部民意，雖較欽定憲法爲優，但仍比民定憲法爲劣。欽定憲法既由君主自行制定，則君主亦可隨時變更或廢止，憲法本身無穩定性，人民的權利更難獲得保障，且與當今民主潮流相背，在現行憲法中已不再見。

第四項　三權憲法與五權憲法

三權憲法與五權憲法的分類標準及優缺點如下:

一、分類標準:

此乃以政府權力的 分配爲準的分類。 凡將政府權力 分爲行政、立法、司法三權各自獨立規定於憲法中者，爲三權憲法。凡將政府權力分爲行政、立法、司法、考試、監察五種治權各自獨立規定於憲法中者，爲五權憲法。當前一般民主國家的憲法，多屬三權憲法，而惟獨我國，則依國父孫中山先生遺敎，爲五權憲法。

二、優點與缺點:

三權憲法雖有較久的歷史，採用三權憲法的國家亦最多，但因立法權兼有監察權，故立法機關權力極大，行政機關（除由立法機關中多數黨領袖擔任行政首長者外）處處受制於立法機關，引致行政機關的無能與政局的不安定；又因行政機關兼管考試權，易使行政干預考試權，致人事制度不易建立，選賢與能用人惟才的目標不易達成。五權憲法，一方面將監察權與考試權從立法權與行政權中分離獨立，則在三權憲法中的缺陷可予消除；再五權憲法的五權均屬治權，重視分工合作，使政府成爲萬能的政府。故五權憲法應優於三權憲法。

我國憲法係由人民選舉的制憲國民大會，於三十五年十二月二十五日所制定，三十六年一月一日由國民政府公佈，並自三十六年十二月二十五日施行；爲一獨立的法典；對修憲的機關及程序有特別規定；政府權力分由行政、立法、司法、考試、監察五院主管，五院之上設置總統。如依上述分類標準，則我國憲法爲成文憲法，爲剛性憲法，爲民定憲法，爲五權憲法。

第五項　其他的分類

憲法除作上述四種分類外，尚有學者提出其他的分類者，惟因不甚普遍，且與上述分類亦多有重疊之處，茲簡略提及之。

一、以憲法的性質內容爲準：

將憲法區分爲歷史性憲法，理論性憲法。

二、以經濟社會體制的不同爲準：

將憲法區分爲資本主義憲法，社會主義憲法。

三、以憲法在社會上所發揮的功能爲準：

將憲法區分爲規範性憲法，名義性憲法，字義性憲法。

四、以是否附有意識形態爲準：

將憲法區分爲附有意識形態的憲法，不附有意識形態的憲法。

五、以國家形態爲準：

將憲法區分爲君主憲法，共和憲法。

六、以憲法的制定來源爲準：

將憲法區分爲創造性憲法，模仿性憲法。

七、以憲法形式爲準：

將憲法區分爲實質的憲法，形式的憲法。

八、以中央與地方權力分配爲準：

將憲法區分爲單一制憲法，聯邦制憲法，邦聯制憲法。

九、以權力分立之關係爲準：

將憲法區分爲總統制憲法，內閣制憲法，委員制憲法。

十、以政治權力分配與運用是否符合民主爲準：

將憲法區分爲民主制憲法，極權制憲法。

十一、以適用憲法的期間爲準：

將憲法區分爲平時憲法，戰時憲法。

十二、以頒佈憲法的時代爲準：

將憲法區分爲近代憲法，現代憲法。

第四節　憲法的特性

憲法是國家的根本法，自與普通法律有所不同，因此研究憲法的學者，對憲法的特性亦極爲注意。從憲法的實質內容看，憲法是根本的特性；從憲法的效力看，憲法具有最高的特性；從憲法的制訂經過看，憲法多有妥協的特性；從安定國家的政局看，憲法具有穩定的特性；從促進國家的發展看，憲法具有適應的特性。除以上爲一般學者所重視的五

種特性外，尚有學者舉出某些其他的特性，亦可供參考。茲分項簡述如下：

第一項　根本性

憲法的根本性，含有下列意義：

一、根本性的含義：

所謂根本性，指憲法所規定的內容，不論爲政府組織、人民權利義務、國家政策，均屬最根本的部分，其他的法律都是直接或間接以憲法的規定爲基礎，加以引伸與解析而來。如一般憲法條文中常有「……以法律定之」，或「……不得以法律限制之」等，均表示一般法律皆淵源於憲法，以憲法爲其根本法。

二、根本性內容的變遷：

憲法之根本性的內容，並非永遠不變或各國一律相同，而是常因地因時的不同而有某些差異的。如當今歐洲、美洲、亞洲、非洲等國家的憲法，雖均具有各該國法制的根本性，但其內容常有某些差異。再就憲法的演變看，更可了解憲法根本性的內容因時代而有差別，不僅因時代的演進而有所增益，且其重心亦有所轉變。如在初期的憲法內容，乃以「人權保障」爲憲法的目的，而後則以「民主憲法制度的建立」，爲達成此種目的的手段，今日乃轉以「福利國家的政策」爲憲政的實際主要內容了。

第二項　最高性

憲法的最高性，包括有下列意義：

一、最高性的含義：

所謂最高性，指憲法具有最高的地位，最高的效力。最高的地位係

從法制體系看，憲法的地位高於一般法律，而一般法律的地位又高於行政規章及命令。最高的效力係從法制的效力高低順序而言，亦即憲法的效力最高，法律的效力次之，行政規章與命令的效力又次之，如一般憲法中常有類似下列條文的規定，「法律與憲法牴觸者無效」，「命令與憲法或法律牴觸者無效」；「本憲法爲國家之最高法規，違反其規定之法律、命令、詔勅、及其他關於國務行爲之全部或一部，均無效」，「凡宣告爲違憲之法規，不得公佈或付諸實施」。凡此均可表明憲法之具有最高性。

二、使憲法具有最高性的原因：

憲法何以具有最高性，在法理上有三個理由，卽(一)憲法並非普通的法律，在時間上常係先於普通立法機關而產生，卽使在事實上已先有立法機關的存在，但在邏輯上憲法仍係先於立法機關而產生。(二)憲法係由一具有制定最高法律權力的機關所制定，故具有最高的效力；正如人民所制定的法律，較之其經理人亦卽根據人民意志所建立的政府所制定的法律，自應具有較高的效力。(三)憲法是國家的根本法，其他法律多係直接或間接依據憲法而制定，故應具有最高性；正如子法根據母法而制定，子法不應牴觸母法者然。

第三項 妥協性

妥協性，雖非每一國家的憲法所具有，但在一般民主國家，尤其是多黨制的或聯邦的國家，卻充分表現此種特性。其情形如下：

一、妥協性的含義：

一個國家的憲法，在理論上固以各該國的立國主義或理想爲根據，並制定能實現此種主義或理想的憲法，但在事實上，並不如此簡單。在制定的過程中，或爲時勢所迫，或爲傳統所累，或爲其他因素所限，不得不折衷各方意見，犧牲某部分理想，而制定爲各方所勉能接受的憲

法。亦正因如此，憲法的內容間有呈現出拼湊、矛盾、前後不一致的現象，此即爲憲法的妥協性，或稱爲憲法的調和性。

二、憲法中妥協性的實例：

（一）以英國言，大憲章是君主與貴族的妥協，國會的兩院是貴族與平民的妥協，一九三一年西敏寺法產生的不列顛國協，是單一國與聯邦國的妥協。

（二）以美國言，一七八七年憲法的聯邦制度，是聯邦與單一國的妥協；參議院代表各州，衆議院代表人民，是大州與小州的妥協；總統選舉方法是間接選舉與直接選舉的妥協。

（三）以法國言，一七九一年的君主立憲憲法，是革命與保守的妥協；一七九五年的五人執政憲法，是激進與緩進的妥協；一七九九年的拿破崙執政憲法，是極權與共和的妥協；第四共和憲法的序文，是個人主義與社會主義的妥協；第五共和憲法，是總統制與內閣制的妥協。

（四）以日本言，日本新憲法乃盟軍當局與日本政府間的妥協。

（五）再以我國憲法言，爲接受政治協商會的意見，對國父孫中山先生的主張，不得不打若干的折扣。

第四項　穩定性

憲法的穩定性，包括如下意義：

一、穩定性的含義：

穩定性的本旨，在使憲法的規定垂諸久遠，成爲定制，使國家能長治久安，民生樂利。良以憲法極富政治性，如憲法的規定可任意變動，則國內政局必因而混亂，社會無從安定，人民生命塗炭。故憲法的穩定性爲一般國家所追求，亦爲憲法應有的特性。

二、保持穩定性的方法：

除柔性憲法的國家外，凡屬剛性憲法者，均有其保持憲法穩定性的方法，但各憲法所用的方法不盡相同，大別之有兩種：

(一)特定修憲的機關或程序：但在程度上又有不同，有者對憲法的修改手續規定較嚴，如美國、瑞士及我國的憲法是；有者規定比較簡單，如意大利共和國、土耳其共和國的憲法是。

(二)明定憲法中某些條款不得修改：如法國第五共和憲法明定共和政體不得修改；土耳其共和國憲法，明定國家政體爲共和國，無論在任何場合或任何方式，不得提議修改或變更；意大利共和國憲法，明定共和國政體不得爲憲法修改之對象。

英國雖爲不成文憲法的國家，亦爲柔性憲法的國家，但其國民性甚爲保守，對一種施行已久的制度，苟非有顯著缺點，多不主張改弦更張，故其憲法仍保有高度的穩定性。

第五項 適 應 性

憲法的適應性，包括下列意義：

一、適應性的含義：

一個國家的政治、社會、經濟是在不斷的進步與發展的，爲使憲法的內容能不阻碍國家的進步與發展，則憲法須保持對進步與發展的適應性。惟適應性驟看是與上述的穩定性相矛盾，其實此二者是相輔相成，因惟有保有適應性的憲法，才能保持憲法的穩定性，一部毫無適應性的憲法，那只有等待革命來推翻了。故憲法的穩定性與適應性，須二者同時兼顧。

二、保持適應性的方式：

各國對保持憲法適應性的方式，通常有下列數種：

(一)靈活運用憲法的解析：美國自制定憲法施行至今已二百餘年，

其中修改次數極少，但美國的進步與發展卻爲世界各國之冠，此不得不歸功於靈活運用憲法的解析所致。如在馬歇爾 (J. Marshall) 爲最高法院院長時代(一八〇一——一八三五)，美國一統主義思想甚爲流行，因之聯邦最高法院的解析憲法乃傾向於中央集權；到丹尼 (R.B. Taney) 爲聯邦最高法院院長時代 (一八三五——一八六四)， 地方主義的思想抬頭，因之聯邦最高法院的解析憲法，又傾向於地方分權；南北戰爭之後，美國人士因鑒內亂之禍，乃倡聯邦均勢之說，同時自由放任主義成爲時代思潮，因之聯邦最高法院的解析憲法，乃偏向於擁護個人主義，反對社會政策的立法；但自一九三六年對新政的判決 (New Deal Decisions) 受到世人攻擊後，於解釋憲法時又不再反對社會政策的法律。同是一個憲法，可解釋爲中央集權，又可解釋爲地方分權；可解釋爲自由放任主義，又可解釋爲統制干涉政策。

（二）另訂補充性的法律或命令：即對憲法未有明定或規定較爲含糊的事項，另制定法律或發布命令以補充之，以適應國家當時的需要。

（三）在憲法本文中或本文外訂定過渡性或臨時性的條款：在二次世界大戰後所頒布的新憲法，採此種方式者甚爲常見。如法國第五共和憲法第十五章的過渡條款，西德基本法第十四章的過渡及最後條款，意大利共和國憲法本文外的過渡規定及附則，日本新憲法第十一章的補則，泰國憲法第十章的暫定條款，均屬其例。我國憲法本文外的動員戡亂時期臨時條款，亦屬此種方式。此種過渡性或臨時性條款的制定，在特定期間內可優先於憲法其他有關條文的適用，換言之可使原有憲法中部分條文在特定期間內暫不適用。在形式上憲法並未因此而有修改，但實質上已收到暫時修改憲法的效果。

（四）修改憲法：指將部分憲法條文予以修改，經修改之條文在未有再修改前，自應繼續適用。

以上四種方式均可達到適應性的目的，但在使用的順序上，宜以第(一)種爲優先，如第(一)種方式不能解決問題時，始依序考慮第(二)、第(三)、第(四)種方式。

第六項　其他特性

部分學者，除談及上述各特性外，尚提出下列各種特性：

一、可行性：

憲法不是供人閱讀，而是供政府施行，故凡行不通的事項，不必訂在憲法之中。

二、一貫性：

憲法彼此條文之間，須能聯繫，而保持一貫性。

三、歷史性：

憲法條文中，感潛在有若干本國歷史的因素，有時且將歷史之事實，以成文之形式表現之。歷史的因素，往往爲解析憲法之標準，且可補充成文憲法之不足。

四、簡潔性：

凡在法律上可作詳密之規定者，在憲法上應求省略，以求簡潔。因而對憲法時有作補充解析的必要。

五、無制裁性：

憲法規定之大部分，均不能由法院爲強制執行，縱有違反，亦無法以制裁之。

六、國內公法性：

憲法乃基於一個國家主權所制定之法，施行於一國領域之內，僅於其本國內有其行使的效力。又因憲法乃規定國家與人民相互間公權關係之法，而非規定個人相互間或個人與國家間私權關係之法，故有公法

性。

七、國際性:

現代各國憲法中，某些原則具有為國際間共同遵守的特性，不能與國際間流行的觀念相違背，當國際間的接觸愈頻繁時，此種特性的範圍將愈擴大。

八、政治性:

一般憲法的產生與演變，大都基於民權思想的激盪，人民政治慾望的提高，尤其當新政權成立時，每有廢棄原有憲法而制定新憲法，以實現新政治理想的情事。

九、尊嚴性:

憲法是國家的根本法，故憲法具有最高尊嚴，不容有任何破壞，是以國家元首、政府官員及民意代表，皆須宣誓遵守憲法，同時亦要求人民遵守憲法，如有破壞憲法者，常構成內亂或外患罪，須受嚴厲的處分。

第二章　我國的立憲運動

　　我國的立憲運動，起自清末，至三十六年一月一日始公布中華民國憲法，並自三十六年十二月二十五日施行。在此四十餘年期間，對立憲的運動大致可區分為五個階段，每一階段以一節敍述之。又我國憲法為五權憲法，除具有上章第四節所述之一般特性外，尚具有為一般憲法所無的特點，乃另設一節予以敍述。最後並列對現行憲法應有的認識一節，說明現行憲法的基本精神與制訂過程中的辛酸，以表明制定憲法之不易，並期望各界人士對憲法的尊重與珍惜。

第一節　清末的君主立憲運動

　　清末之推動君主立憲有其原因，並曾先後訂有憲法大綱及十九信條。茲分項簡述如後。

第一項　君主立憲運動的由來

　　光緒末年展開君主立憲運動，其原因為：

一、戰爭失利暴露清廷的無能：

清廷自鴉片戰爭（一八三九～一八四二年）失敗，道光二十二年與英國訂定江寧條約；咸豐八年與英法聯軍交戰失敗，訂下天津條約；光緒二十年與日本交戰失敗，訂下馬關條約；又於光緒二十七年與八國聯軍交戰失利，訂定辛丑和約。由於連次的喪權辱國，有識之士已知清廷無能，改革之議乃風起雲湧。

二、康梁維新運動：

光緒二十四年，清廷接受康有為等的全盤計畫，詔定國是，決然維新，為時百餘日而失敗。康有為、梁啟超逃匿海外，仍倡君主立憲運動，事雖未成，然對清廷亦增加若干立憲的壓力。

三、日俄戰爭的刺激：

光緒三十年的日俄戰爭，認為以一彈丸島國的日本，竟能戰勝橫跨歐亞兩洲大陸的俄羅斯帝國，係由於日本明治維新實施君主立憲之故，認為只要立憲則可戰無不勝進無不前。國人受此一刺激，更使立憲運動為之風行。

四、國父革命運動對清廷的打擊：

正在此時前後，光緒三十一年六月，國父於日本東京成立同盟會時，列舉下列四大綱領，作為革命之大經與治國之大本。即(一)驅除韃虜，即推翻滿清政府；(二)恢復中華，中國之政治由中國人民自任之；(三)建立民國，國民皆平等而有參政權，大總統由國民公舉，議會由國民公舉之議員構成之，制定中華民國憲法，人人共守之，敢有帝制自為天下共擊之；(四)平均地權，核定地價，其實有之地價仍屬原主所有，其革命後社會改進之增價，則歸於民國為國民所共享，敢有壟斷以制國民之生命者，與眾共棄之。

以上四大綱領的實行，則分為三期循序漸進，即第一期為軍法之治，即為軍政府光復國土掃除舊污之時代；第二期為約法之治，即為軍

政府授地方自治於人民，而自總攬國事之時代；第三期爲憲法之治，即
爲軍政府解除權柄，由憲法所規定之國家機關分掌國事之時代。軍法之
治以三年爲限，約法之治以六年爲限，光復後至多九年，當解約法而行
憲政。

同盟會成立後，不但革命建國的民主立憲運動的聲勢盆振，而且革
命理論及將來推翻滿清後治國行憲的大經，均已燦然大備，清廷聞之大
爲恐慌。

以上四者，雖均爲促使清廷推行立憲的原因，但其中最主要的原
因，自爲國父所從事的國民革命運動。

第二項　憲法大綱

光緒三十一年，仿照日本維新時派遣大臣考察各國政治之故事，清
廷派五大臣出洋考察憲政，並設置憲法編查館爲籌擬憲法之機關。三十
二年七月，下詔宣示預備立憲之意，九月又宣示改革中央官制。三十四
年又派三大臣赴日英德三君主國再考察憲政，同年八月頒布憲法大綱及
議院法要領，並訂定九年籌備立憲之計畫。其情形如下：

一、憲法大綱：

所謂憲法大綱，只是一種憲法的立法原則，作爲將來訂定憲法的基
礎。憲法大綱共二十三條，其中十六條與日本明治維新憲法同，故亦可
謂是日本的抄本而已。其內容分兩部分，一爲列舉君主大權，共十四項，
如大清皇帝統治大清帝國，萬世一系，永永尊戴；君上神聖尊嚴，不可
侵犯；君上有開閉停展及解散議院之權；君上有統率海陸軍及編定軍制
之權；君上有宣告戒嚴之權，當緊急時得以詔令限制臣民之自由等。二
爲列舉臣民權利義務，共九項，如臣民於法律範圍內，所有言論、著
作、出版、及集會結社等事，均准其自由；臣民非按照法律所定，不加

以逮捕、監禁、處罰；臣民之財產及居住，無故不加侵擾；臣民按照法律所定，有納稅當兵之義務等。

二、議院法要領：

其要點為議員所議事件，必須上下兩院彼此決議後，方可奏請欽定施行；國家之歲入歲出，每年預算，應由議院之協贊；行政大臣如違法，議院可彈劾，惟用捨之權，完全操之君上；議員言論，不得對朝廷有不敬之言及誣毀他人等事，違者懲罰等。除議院法要領外，尚頒佈有選舉法要領。

第三項　十九信條

當時一般人士，對憲法大綱等多有指責，認籌備憲政期間九年亦屬太長。最重要的是宣統三年辛亥八月十九日國民革命軍的武昌起義一役，各省紛紛獨立，致是年九月八日清廷下詔罪己，實行立憲，並令資政院從速起草憲法，九月十三日清廷公布資政院擬定的憲法「十九信條」，十月十六日，由清帝宣統與攝政王宣告太廟，誓與國民永矢遵守。

一、十九信條內容概要：

十九信條對君主大權加以削減，由日式的君主立憲改為英式的君主立憲，其內容與憲法大綱截然不同。如(一)皇帝大權以憲法所規定者為限；(二)政府組織以國會為立法機關，以內閣為行政機關，內閣總理由國會選舉並由皇帝任命之，其他大臣由內閣總理推舉皇帝任命；(三)內閣雖為行政機關，但皇帝的行為無國務大臣副署的規定，國會對於國務大臣只有彈劾權而無不信任權；(四)憲法的起草議決屬於資政院，修改提議則屬於國會。

二、君主立憲運動的終止：

就清廷而言，對十九信條已作了很大的讓步，但此時革命的勢力已

無法遏阻，大清的命運已無法挽救，清帝宣統乃於宣統三年十二月廿五日宣布退位，中國兩千餘年來的君主專制政體於焉告終，清末的君主立憲運動亦就此終止。

第二節　國民政府成立前的立憲運動

自民國成立至十四年初，此段期間的立憲運動，大致可區別爲四個部分，卽民初的臨時政府組織大綱與臨時約法，隨後的天壇憲草與袁世凱約法，北伐前的北京政府制憲活動，及南方的護法議憲。玆分項簡述如後。

第一項　臨時政府組織大綱與臨時約法

武昌起義成功，各省響應並相繼獨立，爲謀有聯合一致之組織，各省乃推派代表，並草擬臨時政府組織大綱，由各省代表全體簽名宣布，其後推選孫中山先生爲臨時大總統，並於南京就職。南京政府成立後，卽依臨時政府組織大綱規定，派遣代表組織參議院，由參議院制訂臨時約法，以代替組織大綱，並由臨時大總統公布。其要點如下：

一、臨時政府組織大綱：

其要點爲(一)設臨時大總統以統治全國，統率陸海軍；得參議院之同意，總統有宣戰、媾和、締約、派遣外交專使、任用各部長及設立中央審判所之權；總統之下不設國務總理，只設外交、內務、財政、軍務、交通五部長；總統處理國務無部長副署之規定。(二)臨時大總統由各省都督代表選舉，而非由人民代表選舉；各省代表選舉大總統的投票權，每省以一票爲限；至立法機關則用一院制，名爲參議院，參議員由各省都督派遣，每省以三人爲限。(三)參議院行使締約、和戰、任免官

員的同意權，控制國家財用的制用權，及議決各種法律的立法權；大總統對參議院之決議不以爲然，應交院覆議，如經覆議有三分之二議員仍執前議時，大總統唯有依案交部執行。

二、臨時約法:

其要點爲(一)規定國家的要素，如人民、領土及主權等。(二)中華民國人民一律平等，無種族、階級、宗教之區別。(三)立法機關採一院制，由各省、內蒙古、外蒙古、西藏各選派五人，青海選一人組織之；惟參議院爲一過渡時期的組織，正式立法機關爲國會。(四)總統及副總統由參議院選舉之，總統有統治權、命令權、統軍權、組織權、任官權、外交權，並特別規定有公佈法律、宣告戒嚴、頒授勳典、赦免減刑及復權等權；並規定大總統受彈劾之審判程序。(五)採內閣制，國務員對大總統提出法律案、公佈法律及發佈命令須副署，國務員得列席參議院發言。(六)司法權獨立，法官獨立審判，不受上級干涉。(七)規定本約法之效力，在憲法未制定前與憲法相等。

第二項　天壇憲草與袁世凱約法

中華民國臨時約法制定後，國父辭大總統職，參議院卽選舉袁世凱繼任總統，並遷都北京。 其後國會成立， 起草憲法， 於民國二年十月卅一日三讀完成中華民國憲法草案，因起草地點在天壇，乃稱爲天壇憲草。 天壇憲草公佈後， 因袁氏認爲對總統及國務院約束過多， 深覺不滿，乃解散國會，召開約法會議修改臨時約法，天壇憲草遂被廢置。於三年四月廿九日通過中華民國約法（卽袁世凱約法），五月一日公佈施行。該憲草與約法情形如下：

一、天壇憲草:

其要點爲(一)中華民國永遠爲統一民主國。(二)中華民國國土依其

固有之疆域。（三）詳列人民的自由權利義務。（四）國會採兩院制，參議院由地方議會及其他選舉團體選出之議員組成；衆議院由各選舉區人口比例選舉的議員組織之；兩院議員得兼任國務員。（五）採責任內閣制，大總統爲國家元首，不負實際行政責任，由國務員負實際行政責任，對國會負責；大總統發布命令，非經國務員副署不生效力；衆議院對國務總理的任命有同意權，對國務員得爲不信任之決議；大總統經參議院同意，得解散衆議院。（六）司法權獨立，法官獨立審判；行政訴訟由普通法院受理。（七）設審計院，審核國家歲出支付命令，及歲出入之決算案。（八）憲法的修改及解析，均由國會議員組織憲法會議行之。

二、袁世凱約法：

其要點爲（一）對外宣戰、媾和及締結條約，應由總統獨斷，無須參議院之同意。（二）官制官規之制定，及國務院與外交大使之任用，由總統自決，無須參議院之同意。（三）採總統制。（四）憲法由國民會議制定，總統公布，其起草權亦應歸諸總統及參議院。（五）總統得自由褫奪或回復人民之公權。（六）總統得發佈與法律效力同等之緊急命令。（七）總統有財政緊急處分權。

第三項　北京政府制憲活動

自袁世凱逝世後，黎元洪繼任爲總統，而段祺瑞則掌握了北方的政權，因而乃發生了新舊約法之爭與恢復國會繼續議憲問題。其情形如下：

一、新舊約法之爭：

段祺瑞以國務院名義通電全國，「袁大總統於本月六日已正因病薨逝，業經遺命依約法第二十九條宣告以副總統黎元洪代行中華民國大總統之職權」。此電所引述之約法乃袁世凱新約法，北京政府之所以以新

約法爲法統，其原因爲新約法非採責任內閣制，內閣不對國會負責，而當時擔任總統的黎元洪缺乏軍政大權，可玩諸掌上，國務院對國會及總統，可兩無顧忌而獨攬大權。

但在南方領袖，則不認新約法爲合法，而須遵奉元年的臨時約法，故國父孫中山先生於五年五月九日曾發布恢復元年約法的宣言。

二、恢復國會繼續議憲：

在此北京政府期間，國會曾有第一次恢復，並以天壇憲法爲基礎，擬定「民六二讀憲草」；嗣因督軍團之干涉制憲，遂有六月六日之國會的第二次解散。七年八月十二日成立新國會（卽安福國會），於八年八月十二日草擬完成「民八憲草」。及後曹錕賄選總統，並於十二年十月十日公布中華民國憲法（亦稱民十二憲法或曹錕憲法）。十三年，曹錕被逐，段祺瑞執政，又另擬草中華民國憲法案，於十四年十二月十一日完成，其內容大致與十二年憲法相似。其後段氏去職，張作霖行軍政府大元帥制，至十七年六月，國民革命軍佔領北京，北京政府始告消滅。

第四項　南方的護法議憲

自六年六月國會再次解散至北京政府消滅，在此期間形成南北分裂之局。南方的護法與議憲爲：

一、護　法：

因六年六月間國會再遭非法解散，在粵南方領袖乃召議員南下，舉行會議，成立政府，以維護法律尊嚴。誠如國父孫中山先生謂「慨自國會非法解散，中更復辟之變，民國已無依法成立之政府……。文不忍坐視正義之弗伸，爰於滬上與民國諸老，創議護法；海軍將士，亦有宣言，相率南下；粵省議會乃有請國會議員來粵開會之議決；由是發生國會非常會議於廣州，於中華民國六年八月卅一日，公佈軍政府組織大綱，

文不才，被舉為大元帥，……不能視大法之淪亡而不救，是用不避險艱，不辭勞瘁，以為護法討逆倡……」。

二、議憲：其經過情形為

（一）六年八月廿五日，在廣州成立國會非常會議（因不足開會法定人數，故名），卅一日制定軍政府組織大綱，其要點為 1.中華民國為戡定叛亂，恢復臨時約法，特組織中華民國軍政府；2.軍政府設大元帥一人，元帥三人，由國會非常會議分次選舉之；3.臨時約法之效力未完全恢復前，中華民國之行政權由大元帥行之；4.軍政府設外交部、內政部、財政部、陸軍部、海軍部、交通部，各部總長由國會非常會議分別選出，咨請大元帥特任之；5.軍政府設都督若干人，以各省督軍贊助軍政府者任之；6.本大綱至臨時約法之效力完全恢復，國會及大總統之職權完全行使時，廢止。

（二）七年五月十八日，議決取消大元帥制，通過聯合政府組織大綱，由國會選舉政務總裁七人組織政務會議，政務院下分設各部。

（三）十年四月七日，議決中華民國政府組織大綱，選孫中山先生為大總統，五月五日就職，成立正式政府。嗣後取消大總統名稱，仍以大元帥名義與北廷抗衡。

第三節　國民政府時期的制憲活動

自民國十四年三月十二日孫中山先生病逝北京，至三十二年九月時止，國民政府的制憲活動，除議訂五五憲草（在下節中敍述）外，主要可分國民政府組織法的制定與修訂，訓政時期約法的制定二部分。茲分項簡述如後。 ❶

---

❶ 參見涂懷瑩著，中華民國憲法學理，第一七九～一八八頁，自印，六十八年六月版。

第一項　國民政府組織法的制定與修訂

國民政府組織法，制訂於廣州，並於十四年七月一日公布，至三十二年九月，前後有十次修正，其情形如下：

一、國民政府組織法：

其要點爲(一)採委員制，推定一人爲主席。(二)推定常務委員五人，處理日常政務，國務由委員會議執行之，出席委員不足半數時，由常務委員行之。(三)設軍事、外交、財政各部，以委員兼任之，有添部之必要時，經委員會議議決行之。(四)國民政府得受中國國民黨之指導及監督，掌理全國政務。

二、十六年三月十日第一次修正：

其修正要點爲(一)祇置常務委員，不設主席。(二)國民政府受中央執行委員會之指導，國府委員由中央執行委員會選舉。(三)未經中央執行委員會議決之重要政務，國民政府委員無權執行。(四)除財政、外交外，增設交通、司法、敎育、勞工、農政、實業、衞生各部。(五)軍事另由軍事委員會管理。

三、十七年二月十三日第二次修正：

其修正要點爲(一)常務委員之外，仍設主席。(二)各部之外，增置最高法院、監察院、考試院、審計院、法制局等機關。但考試院監察院，至十七年十月試行五權制之國民政府組織法公布前，未有成立。

四、十七年十月八日 試行五權制度之國民政府 組織法 （亦爲第三次修正）：其要點爲：

(一)以中常會通過之「訓政綱領」爲組織法之依據：卽 1.中華民國訓政期間，由國民黨全國代表大會領導國民行使政權。2.國民黨全國代表大會閉會時，以政權付託中央執行委員會執行之。3.依照總理建國大

綱所定選舉、罷免、創制、複決四種政權，應訓練國民逐漸推行，以立憲政之基礎。 4.治權之行政、立法、司法、考試、監察五項，付託於國民政府總攬而執行之，以立憲政時期民選政府之基礎。 5.指導、監督國民政府重大國務之推行，由國民黨中央執行委員會政治會議行之。 6.國民政府組織法之修正及解析，由中央執行委員會政治會議議決行之。

(二)國府的組織：國府設主席委員一人，委員十二至十六人，國務應由國府委員組織國務會議處理之。

(三)五院之組織及職權：其要點爲 1.立法院的職權，不僅涉及立法，且涉及行政的監督（如條約案等須經立法院議決）。 2.立法委員應由院長提請國民政府任命。 3.司法院職權，包括司法審判，並兼理司法行政、公務員懲戒及行政審判。 4.考試院職權，包括考試及銓敍。 5.監察院職權，包括彈劾及審計。

(四)中常會通過治權行使規律案以確定各院權限：其要點爲 1.一切法律案、財政案、條約案或其他國際協定案，非經立法院議決，不得成立；其有未經該院議決而公布施行者，公布施行機關以越權論；倘立法院不提出質詢以廢職論。 2.人民生命、身體、財產之自由，皆受法律保障，倘有未經合法程序而剝奪之者以越權論；司法院不提出質詢以廢職論。 3.在考試院、監察院成立後，一切公務人員之考試權及彈劾權，均屬各該院；其有不遵考試院所定辦法而行使考試權，或不經監察院而攻訐公務人員或受理此種攻訐者，以越權論；考試院及監察院不提出質詢者以廢職論。

五、十九年十一月廿四日第四次修正：

其修正要點爲(一)將原國務會議改稱國民政府會議，將行政院會議改稱國務會議。 (二)公布法律，由國民政府主席署名以立法院院長副署；發布命令，由國民政府主席署名以主管院院長副署。

六、二十年六月十五日第五次修正：

為配合訓政時期約法的頒行而修訂，其修正要點為（一）提高國民政府主席權力。（二）國民政府委員增為十六人至卅二人。

七、二十年十月卅日第六次修正：

其修正要點為（一）縮減國民政府主席權力，樹立責任內閣制，五院院長各對中央執行委員會負責而不向主席負責。（二）增加國府委員為二十四人至三十六人。（三）改稱國民政府會議為國民政府委員會會議，行政院的會議則復稱行政院會議。（四）立法及監察委員之半數，改由法定人民團體選舉。（五）司法行政部改隸行政院。

八、廿一年三月十五日第七次修正：

司法院長得兼任最高法院院長，副院長得兼任公務員懲戒委員會委員長。

九、廿一年十二月廿六日第八次修正：

立法及監察委員，仍全部由院長提請國府主席任命。

十、廿三年十月十七日第九次修正：

司法行政部重隸司法院（嗣後於三十二年二月間又改隸於行政院）。

十一、卅二年九月六日第十次修正：

刪除國府主席不負實際政治責任之規定，並規定國府主席為陸海空軍大元帥。

第二項　訓政時期約法的制定與修訂

民國十九年八月七日，國民黨中央執行委員會在北平召開擴大會議，並決議即時起草約法，嗣因軍事形勢逆轉，約法起草委員會遷太原，於同年十二月二十日完成中華民國約法草案，是謂「太原約草」。又同年十一月十二日中常會決議，二十年五月五日召開國民會議，議定約法。

國民會議成員由各省市農會、工會、商會、敎育會及國民黨等選舉的代表，及蒙藏與華僑代表所組成。訓政時期約法要點爲：

一、前　文：

敍述本約法係遵照中國國民黨孫總理的遺囑，由國民會議制定，以促成憲政。

二、總　綱：

規定領土、主權、國民、國體、國旗、國都。

三、人民之權利義務：

採法律保障主義。

四、訓政綱領：

將中常會所通過之訓政綱領，及建國大綱中可以適用的條文，列爲綱領。

五、國民生計：

昭示獎勵生產及勞資協調兩大原則。

六、國民敎育：

規定學齡兒童俱應受義務敎育，失學成年人應受補習敎育。

七、中央與地方之權限：

採均權主義，詳細權限由法律定之。

八、政府之組織：

中央政府之組織，以當時的國民政府組織法爲依據；地方政府組織，除規定縣設縣自治籌備會，省於憲政開始時得選舉省長外，其餘以法律定之。

九、附　則：

約法由國民黨中央執行委員會解析，凡法律與本約法牴觸者無效。

第四節　五五憲草的議訂與發展

五五憲草的議訂與發展，大致可分三項敍述之，卽先敍述五五憲草議訂的經過，再分析五五憲草的特徵，而後再談五五憲草的發展。

第一項　五五憲草議訂的經過

議訂五五憲草的經過，先爲草擬初稿，再爲徵求意見並審查，而後爲立法院三讀通過。茲簡述如下：

一、草擬初稿：

民國廿一年十二月，國民黨中央通過孫科等提案「擬廿四年三月開國民大會議決憲法，立法院應速起草憲法發表之，以備國民之研究」。立法院卽成立憲法草案起草委員會，孫科自兼委員長，派立委廿四人爲委員，並先決定原則，而後開始起草，於廿三年二月廿三日，正式通過中華民國憲法草案初稿，於三月一日發表。

二、徵求意見並審查：

草案初稿發表後，卽徵求各方意見，並預定自三月一日至四月卅日爲公開評論時期。在立法院方面則派卅六人爲初稿審查委員，參酌各方意見，經十七次審查會議，於七月九日整理成「中華民國憲法草案初稿審查修正案」，並正式發表。修正案發表後，立法院又參酌各方意見再行審查，並根據王寵惠政權治權劃分清楚的主張再作重大修正。

三、立法院通過五五憲草：

立法院自九月十四日開始討論修正，至十月十二日完成二讀，十六日完成三讀通過中華民國憲法草案。該草案由立法院呈報國府轉送國民黨中央，中常會於廿四年十月十七日提出修正憲法草案條文要點，交立

法院重行審議通過憲法修正案。再次送國民黨中央後，提出審議意見廿三點，廿五年四月廿三日中常會決議再交立法院修正條文，於五月一日全部通過，五月五日由國民政府正式宣布，故通稱五五憲草。

第二項　五五憲草的特徵

五五憲草，共分八章，一百四十七條。其特徵有下列八點：❷

一、主義冠於國體：

在第一條「中華民國爲三民主義共和國」，並與憲草前言「遵照創立中華民國之孫先生遺敎」相呼應。

二、領土規定採列舉主義：

在第四條列舉當時全國廿八省名稱及蒙古西藏兩地方。以示不承認東三省之被竊據，及恢復國土的決心。

三、人權保障採間接保障主義：

除人身自由在憲草中定有原則，係採直接保障方式外，其餘人權之保障，均採法律保障之間接保障方式。

四、創設國民大會並爲充分行使政權的機關：

國民大會代表由人民直接選舉，任期六年，每三年開會一次。除選舉罷免總統副總統外，並選舉及罷免立監兩院委員及院長副院長，及罷免司法考試兩院院長副院長。並有創制及複決法律及修改憲法之權。

五、中央政府採五權分立制，但具有總統制精神：

總統爲國家元首，對外代表中華民國；總統對國民大會負其責任。行政院爲中央政府行使行政權之最高機關；行政院院長、副院長、政務委員、各部部長、各委員會委員長，各對總統負其責任。立法院爲中央

---

❷　參見涂懷瑩著，中華民國憲法學理，第一九五～二○二頁，自印，六十八年六月版。

政府行使立法權之最高機關，對國民大會負其責任；行政、司法、考試、監察各院，關於其主管事項，得向立法院提出議案。司法院爲中央政府行使司法權之最高機關，掌理民事、刑事、行政訴訟之審判，及司法行政。考試院爲中央政府行使考試權之最高機關，掌理考選銓敍。監察院爲中央政府行使監察權之最高機關，掌理彈劾、懲戒、審計，對國民大會負其責任。

六、地方制度以縣爲地方自治單位：

縣民關於縣自治事項，依法律行使創制複決之權；對於縣長及其他縣自治人員，依法律行使選舉罷免之權。市準用縣之規定。

七、國民經濟與教育政策之入憲：

經濟制度應以民生主義爲基礎，以謀國計民生之均足。有關平均地權、節制資本、社會福利等之基本政策，均有明定。在教育方面，除標明教育宗旨外，對基本教育、補習教育、大專教育、教育監督、教育經費、教育獎助等，亦均有政策性的規定。

八、過渡條款：

對憲法的修正與施行，憲法的解析，憲法的效力，立法及監察委員的選舉及請任等，作明確的規定。

第三項　五五憲草的發展

五五憲草宣布後，原定廿六年十一月十二日召開國民大會，嗣因戰事而延緩。廿七年七月成立參政會，爲期早日實施憲政，又組織國民參政會憲政期成會，該會於廿九年三月卅日通過「五五憲草修正案」送政府參考。卅二年，十一月，由國防最高委員會決議設立憲政實施協進會，於卅四年二月十九日決定「五五憲草研討意見卅二項」，送政府參考。該修正案及研討意見，與五五憲草不同之重點如下：

一、憲政期成會之五五憲草修正案:

包括(一)國民大會閉會期間，設置國民大會議政會，議政員數額爲一五〇至二〇〇人，由國民大會互選，任期三年。(二)議政會有創制與複決權，及部分的罷免權；對行政院及所屬各部會長官，有行使不信任投票權；對戒嚴案、大赦案、宣戰案、媾和案及條約案，有議決權。(三)總統對議政會正副院長的不信任案有異議時，得召集臨時國民大會爲最後的決定，不是院長副院長去職便是議政會改選。

二、憲政實施協進會之五五憲草研討意見:

包括 (一) 領土之規定，依抗戰勝利後之情勢，以採概括式爲宜。(二)國都地點不規定入憲法。(三)國民代表的產生應兼採職業代表制。(四)副總統無設置必要，總統因故不能視事，可由行政院及各院院長依次代理。(五)監察職權應加糾舉及考核，懲戒移歸司法院。(六)省長改爲民選。(七)憲法解釋應由司法院組織憲法解釋委員會爲之。

第五節　現行憲法的制訂經過

現行憲法的制訂，先有政治協商會議提出憲草修正原則，繼而對修憲原則的妥協並提出憲法草案，再由制憲國民大會制定憲法，玆分項簡述如後。又五五憲草與現行憲法之重要不同處，列爲末項併予簡述。

第一項　政協與修憲原則

民國卅四年抗戰勝利，國民大會本定於十月十日集會於重慶，但因共黨及其他黨派以未能在國民大會中佔有彼等所理想的席次，並對五五憲草內容力持反對論調，致無法召集。國民政府爲求全國團結一致，和平重建國家，順利實施憲政起見，決定延緩召開國大，並於卅五年一月

十日召開政治協商會議，邀請各黨派代表及社會賢達（會員名額卅八人），共商國是。政治協商會先後會議十次，通過憲草修改原則十二項，並於同月卅一日閉幕。修改原則內容如下：

一、國民大會：

（一）全國選民行使四權，名之曰國民大會（卽所謂無形國大）；（二）在未實施總統普選前，總統由縣級省級及中央議會聯合組織選舉機關選舉之；（三）總統之罷免以選舉總統之同樣方法行之；（四）創制複決兩權之行使，另以法律定之。

二、立法院：

爲國家最高立法機關，由選民直接選舉之，其職權相當於民主國家的國會。

三、監察院：

爲國家最高監察機關，由各省級議會及各民族自治區選舉之；其職權爲行使同意、彈劾及監察權。

四、司法院：

卽爲國家最高法院，不兼管司法行政，由大法官若干人組織之；大法官由總統提名，經監察院同意任免之；各級法官須超出黨派之外。

五、考試院：

用委員制，其委員由總統提名，經監察院之同意任命之；其職權著重於公務人員專業人員之考試；考試委員須超出黨派。

六、行政院：

（一）行政院爲國家最高行政機關，行政院院長由總統提名經立法院同意任命之，行政院對立法院負責；（二）如立法院對行政院全體不信任時，行政院長或辭職或提請總統解散立法院，但同一行政院長不得再提請解散立法院。

七、總　統：

(一)總統經行政院決議，得依法發佈緊急命令，但須於一個月內報告立法院；(二)總統召集各院院長會商，不必明文規定。

八、地方自治：

(一)確定省為地方自治之最高單位；(二)省與中央權限之劃分照均權主義之規定；(三)省長民選；(四)省得制定省憲，但不得與國憲牴觸。

九、人民之權利義務：

(一)凡民主國家人民應享之自由及權利，均應受憲法之保障，不受非法之侵犯；(二)關於人民自由，如用法律規定，須出之於保障自由之精神，不以限制為目的；(三)工役應規定於自治法內，不在憲法內規定；(四)聚集於一定地方之少數民族，應保障其自治權。

十、選　舉：

選舉應列專章，被選年齡，定為二十三歲。

十一、基本國策：

憲法上規定基本國策，應包括國防、外交、國民、經濟、文化教育各項目。(一)國防之目的，在保障國家安全，維護世界和平，全國陸海空軍須忠於國家，愛護人民，超出於個人、地方及黨派關係以外；(二)外交原則，本獨立自主精神，敦睦邦交，履行條約義務，遵守聯合國憲章，促進國際合作，確保世界和平；(三)國民經濟，應以民生主義為基本原則，國家應保障耕者有其田，勞動者有職業，企業者有發展之機會，以謀國計民生之均足；(四)文化教育，應以發展國民之民族精神，民主精神，與科學智能為基本原則，普及並提高一般人民之文化水準，實行教育機會均等，保障學術自由，致力科學發展。

十二、修　憲：

憲法修改權，屬於立法、監察兩院聯席會議，修改後之條文應交選

舉總統之機關複決之。

第二項 修憲原則的協商與提出憲法草案

由於修憲原則與五五憲草出入甚大，尤其對國民大會性質的改變，立法院與行政院關係的重大調整等，均為當時國民政府所難以接受者，因而乃再作協商，根據協商意見再修正原有五五憲草後，成為中華民國憲法草案，提出於制憲國民大會。協商經過及憲法草案情形如下：

一、協商經過：

政治協商會閉幕後，另設憲草審議委員會，委員廿五人，由協商會議五方面每方面推五人，另公推會外專家十人組成；同時決定成立協商小組，由五方面各推二人，專家由主席指定二人參加，並議定凡涉及變更政協會議之憲草修改原則者，無論在大會或協商小組，均須由五方面協議決定。由於國民黨中央對政協之憲草修改原則頗有異議，乃由國民黨出席憲草審議會的代表將異議的意見，向審議會提出討論，嗣獲得協議三點，即(一)國民大會為有形之國民大會；(二)憲草修改原則第六項第二款（即立法院對行政院全體不信任時，行政院長或辭職或提請總統解散立法院，但同一行政院長不得再提請解散立法院）取銷；(三)省憲改為省自治法。

嗣後國民黨中央又授權中央常務委員會依下列原則，負責審查憲草之修正案，即(一)制定憲法應以建國大綱為最基本之依據；(二)國民大會應為有形之組織，用集中開會之方式，行使建國大綱所規定之職權，其召集之次數應酌予增加；(三)立法院對行政院不應有同意權及不信任權，行政院不應有提請解散立法院之權；(四)監察院不應有同意權；(五)省無須制定省憲。

二、完成憲法草案：

卅五年十一月，政府再指定專人，就協議之修正憲草，參照上述各種協議與原則，作條文的增刪及文字上的整理與校正，再由立法院完成立法程序，成爲中華民國憲法草案（即所謂政協憲草），該草案與五五憲草固有甚大的出入，與政治協商會的意見亦頗有不同，並由國民政府於民國卅五年十一月廿八日，向國民大會鄭重提出。

第三項　制憲國民大會與制憲

制憲國民大會，係民國卅五年十一月十五日於南京召開，在制憲的過程中，亦有足可述者。其情形如下：

一、制憲國民大會的組織：

制憲國大代表，依政治協商會議的協議，代表總額爲二千零五十人，但事實上經依法選出由政府正式公布者，計各省市代表一千一百零一人，自由職業團體代表五十八人，婦女代表二十人，僑民代表四十一人，蒙、藏代表四十二人，軍隊代表四十人，國民黨代表二百二十人，青年黨代表一百人，民社黨代表八十人，社會賢達代表七十人，而出席會議者爲一千七百零二人。

二、憲草的提出：

制憲國民大會自開幕至是年十二月廿五日閉幕，先後舉行預備會議四次，憲草審查會十二次，大會二十次。於第三次大會時，國民政府蔣主席向大會提出中華民國憲法草案，在說明時曾提到「……中華民國憲法草案的成立，前後計歷十四年的時間，經過多次的修改，……回想國父領導革命五十餘年，……百折不回，乃能有今天的國民大會，來討論這部憲草，可以說這部憲草是五十年來全國軍民先烈血淚鑄成的……」。隨後由立法院院長孫科報告憲法草案的內容，由第一章至第十四章，按章提示憲法草案的要點，並將與五五憲草的異同，逐一比較研究，

三、第一讀會:

當國民大會正式接受了中華民國憲法草案後,卽開始一讀會的程序,就憲草內容作廣泛的討論。並訂立憲法草案審查辦法,分設九個審查會進行審查,卽第一審查會,審查關於前言、總綱、人民之權利義務及選舉;第二審查會,審查關於國民大會及憲法之施行、修正及解析;第三審查會,審查關於總統、行政及立法;第四審查會,審查關於司法、考試及監察;第五審查會,審查關於中央與地方之權限;第六審查會,審查關於省縣制度;第七審查會,審查關於基本國策;第八審查會,審查關於蒙藏地方制度。以上各審查會人員,由出席代表自行認定一組或二組。另設綜合審查會,綜合審查各組相互有關之事項及全案章節與文字之整理;綜合審查會由各審查會委員中互推一人,召集人中各推二人,主席團推選九人,及各代表產生單位各推三人組織之。

四、在廣泛討論及審查會中爭論的重點: 包括

(一)關於國體問題: 第一審查會改爲「中華民國爲三民主義民主共和國」,但綜合審查會又改回「中華民國基於三民主義爲民有、民治、民享之共和國」。

(二)關於國都地位問題: 有主張在南京,有主張在北平,審查會不能有所決定,乃留待大會討論。

(三)領土變更: 將「非依法律不得變更之」, 改爲「非經國民大會之決議不得變更」。

(四)增列國民大會性質及地位之條文: 卽「國民大會依本憲法規定,代表全國國民行使政權」。

(五)國民大會職權: 第二審查會將國民大會職權予以擴大, 但綜合審查會又恢復回原草案的文字。

(六)國民大會代表兼職問題: 第二審查會增列「國民大會代表不得

兼任官吏」，在綜合審查會將其刪除。

（七）行政院長辭職或出缺之代理：修正爲「由行政院副院長代理其職務」。

（八）行政院與立法院關係：修正爲「行政院有向立法院提出施政方針及施政報告之責，立法委員在開會時有向行政院院長及各部會首長質詢之權」。

（九）立法委員的產生：明文規定立法委員須從六個不同的方面產生。

（十）審計權的隸屬：將審計權改隸監察院。

（圭）公務員懲戒權：在司法院職權中，增加公務員懲戒權。

（圭）考試院組織及職權：修正爲「考試院設院長副院長各一人，考試委員若干人，由總統提名經監察院同意任命之」。第四審查會增列「公職候選人資格」爲考試院職權之一，綜合審查會又予刪除。

（圭）監察院職權及委員人數：第四審查會增列糾舉、懲戒、審計爲監察院職權，在綜合審查會刪去懲戒權。又第四審查會提議各省監委人數應按人口多寡之比例，在綜合審查會又恢復各省爲同等人數的規定。

五、第二讀會：

在第一讀會時，各方意見雖大多趨於一致，但尙有若干重要問題，見仁見智未能衷於一是，主席團特推定蔣代表中正代表主席團報告憲草中較爲重要及爭論較多的各點意見。即（一）國都問題，認爲沒有列入憲法草案的必要；（二）各民族地位問題，中華民國各民族一律平等，滿族已經在裏面，因此文字可不必修正；（三）蒙藏自治問題，西藏代表對增加「蒙古各盟旗地方自治制度以法律定之」及「西藏地方自治制度應予以保障」的決議沒什麼爭執，可維持此規定；（四）婦女當選名額問題，現在婦女代表願意不列入憲法，希望將來在選舉法中規定這些語重心長

的話。以上使得各代表知所歸趨，減少了二讀會中的爭議。

至此乃逐條宣讀，提付討論，除無異議通過及雖有異議而維持第一讀會的意見外，在二讀會中修正者有(一)國都的條文刪除；(二)關於國民大會代表兼任官吏問題，修正爲「現任官吏不得於其任所所在地之選舉區，當選爲國民大會代表」；(三)關於大赦案仍應規定於憲法；(四)關於行政院院長列席立法院會議問題，修正爲「關係院院長及各部會首長得列席陳述意見」。其他文字詞語之增刪修改，不再贅述。以上二讀會於十二月廿四日完成。

六、第三讀會：

在讀會開始前，先由主席宣告，依議事規則規定「第三讀會應議決議案全體之可否」，「第三讀會得爲文字上之更正，除發現議案有互相牴觸外，不得爲修正之動議」。但在讀會進行中，仍有代表對第廿八條大叫再復議，堅決主張官吏不得當選國大代表，應者和者怪聲大作，幸經蔣代表中正登臺發言：「代表諸君，你們是人民的代表，就要做人民的模範，三讀只能修改文字；主席已將議事規則讀了兩遍，你們不可再鬧，不可逾越你們自己議決的議事規則」，「你們一定要在三讀會中提出復議，這是犯規犯法的」等語；方將一場風波平息下來。

此外尙有若干文字上之修正意見，經決定交議決案整理委員會整理，經整理後提報大會接受。此時主席宣告將修正通過之全部憲法草案提付表決，在場代表一千四百八十五人，全體一致起立鄭重通過。

七、公布施行：

旋於卅六年一月一日由國民政府公布，並定於同年十二月廿五日施行。

第四項　中華民國憲法與五五憲草的比較

自中華民國憲法通過、公布、施行後，各界對新憲法與五五憲草的異同，評論甚多，毀譽參半。茲舉當時立法院院長孫科先生的「新憲法與五五憲草」一文的要點引述如下，以代表當時較具權威性的看法。

「……這部新憲法和十多年前頒佈的五五憲草比較起來，因時的推進，環境的變遷，當然有很多不同的地方。最重的約有兩點：

一、是國民大會的職權：

五五憲草中國民大會的職權，為(一)選舉總統、副總統、立法院長及副院長、監察院長及副院長、立法委員、監察委員；(二)罷免總統、副總統、立法、司法、考試、監察院長及副院長、立法委員、監察委員；(三)創制法律；(四)複決法律；(五)修正憲法；(六)憲法賦予之其他職權。新憲法中國民大會的職權為(一)選舉總統、副總統；(二)罷免總統、副總統；(三)修正憲法；(四)複決立法院所提之憲法修正案。很明顯的，在新憲法中國民大會的職權是縮小得多了。因此在這次國民大會討論的時候，曾經引起很多代表不滿意，有的以為這是削弱了本憲法的民主性質。但是如果我們稍作深入的研究，很容易就可以看出，這種見解是不正確的。我們都知道國父對於英美人民只有一種選舉權的代議政治，是不滿意的。因此他認為必須人民能夠同時掌有選舉、罷免、創制、複決四權，然後這種政治才是徹底的民主政治。選舉、罷免、創制、複決是四種直接民權，本來無論對中央或對地方，都應該由人民直接行使的，建國大綱所以規定，對中央可由國民大會代行者，實因中國地廣人眾，交通又未發達，故不得不為此種權宜之計耳。由此可知國民大會，不過係一種過渡性的代表體，他本不是人民全體，他的權自不應為至高無上，或漫無限制。否則二三千個代表構成的國民大會，就可以操

縱四萬萬五千萬人民對國家一切的政治權，簡直是少數人民的統治專政罷了，怎麼能說是民主呢？所以新憲法中將國民大會的職權儘可能的縮小，把立法委員和監察委員改由人民直接選舉，或經由地方民意機關選舉，我以爲實在應該是這樣，方符合國父遺敎要人民有權的精神。我並且還殷切地期望着國家的敎育、文化、交通各種條件，能够迅速改善，全國人民不久都能够直接對中央和地方行使他應有的一切政權，一切無須再勞國民大會代庖，然後我們的政治，才可以說是達到了最民主的境地。

二、是立法院和行政院的關係：

　　新憲法第五十五條規定「行政院院長由總統提名，經立法院同意任命之」，及第五十七條「行政院依左列規定，對立法院負責，(一)(二)(三)(從略)」。這兩條的規定，都是五五憲草所沒有的。因此也曾引起一部分代表的誤會，認爲這是變相的內閣制，實行起來，就要破壞國父五權憲法的精神。其實國父雖主張五權分立，但並沒有說五權可以孤立。無論三權憲法或五權憲法，各權之間，都一定難免有互相的關係和制衡的作用。五院好比是一部大機器的五個部門，如果是各不相繫，怎能使這部機器成一個有機的團體？依新憲法的規定，總統所任用的公務員，必須先經考試院的考選或銓敍，總統所任用的公務員，也必須受監察院的監督或彈劾，難道說這也是考試院或監察院妨碍了總統用人嗎？照五十五條或五十七條的規定，不過是使立法院所通過的法案，增加了一層實施的保障罷了，怎麼能說因此就破壞了國父的五權制度呢？內閣制確是和五權制度不能相同的，但是新憲法下沒有採用英法式的內閣制，因爲第七十五條已明文規定，立法委員不得兼任官吏，就當然不得兼任行政院的各部會首長，總統亦當然不能從立法委員中去選任他的閣員了。而立法院雖然可以强制行政院實行他所通過的法案，但並不能提出不信

任案來隨時倒閣。這樣所謂內閣制，便不能成立。立法院在五權制度中，應該就是常設的民意機構。所以新憲法中，關於立法委員，須由人民直接選舉，和經過立法院覆議通過的決議法案，行政院必須執行的規定，都和一般實行總統制的國家的通例，沒有很大的差別，不能因此說是破壞了五權分立的制度。至於說行政院長不接受立法院覆議通過的決議或法案便要辭職的規定，似乎也不能和一般所謂倒閣同等看待。因為辭職並不是他唯一的路，只要他願意照總統制國家一般的通例，把這種決議和法案代總統負責執行，立法院自然不能再強迫他下臺了。（以下略）

　　總之，新憲法比五五憲草確屬更為接近民主的理想，雖因時勢使然，亦為人心所向。國民大會可謂已無負國民的重託。倘全國同胞及朝野黨派今後咸能本此憲法而努力，則民主、統一、繁榮的新中國，當可於此和平的坦途中促其實現」。

第六節　我國憲法的特點

　　我國現行憲法，為成文的、剛性的、民主的、五權的憲法，除具有前述一般憲法的特性外，尚具有為一般憲法所無的特點，此乃因現行憲法是「依據孫中山先生創立中華民國之遺教」而制定之故。現行憲法的特點甚多，最重要者有權能區分、五權分立、均權制度、分縣自治四種。茲分項簡述如後。

第一項　權能區分

　　所謂權能區分，亦就是政權與治權的劃分。一般實施民主政治的國家，有者為直接民主制，有者為間接民主制，但此兩種制度各有其適用上的限制與缺點，國父有鑑及此，乃發明權能區分的民主制，以資補救。

茲分析如下：

一、直接民主制：

乃將國家的政治大權，尤其是立法權，由人民直接行使，而不假手於人民的代表。此種民主制雖最爲澈底，但實行時須具備下列條件，即（一）人民知識甚高；（二）國土不甚大，人民不甚多；（三）國內交通便利；（四）國家事務簡單。我國顯然未完全具備此種條件，故實施有困難，世界其他國家行之者亦極少，只有在古代及中古的部落國家，曾盛行此種民主制於一時。

二、間接民主制：

乃將國家的政治大權，尤其是立法權，完全委託於由人民選出的代表，人民選出代表後就不再過問。此種民主制雖可適用於一般國家，但其最大缺點爲人民選舉議員之後，不但不能干涉議員的行動，並且在議員任期未滿以前，人民不得罷免議員，其結果常是議會往往遠離人民，不能代表人民的意願，致造成議會的專橫，使政府趨於無能，而人民亦喪失其權力。

三、權能區分制：

乃補救上述直接民主制與間接民主制的缺點而設計者，即先將國家的政治大權，區分爲政權與治權兩種。政權爲人民所保有，又分選舉、罷免、創制、複決四個；治權爲政府所保有，又分行政、立法、司法、考試、監察五個。在權能區分制之下，政府可充分運用行政、立法、司法、考試、監察五個治權，以發揮其能力，處理國務，使成爲萬能政府。人民則可運用選舉、罷免、創制、複決四個政權，能隨時鞭策駕馭政府，操縱政府的去、留、動、止，正如有六轡在手，方向莫不指揮裕如，故雖有萬能政府，亦不致壓迫人民。此種情形，正如國父所說「這四個民權就是四個放水制，或者是四個電鈕。我們有了放水制，便可直

接管理自來水；有了按電鈕便可直接管理電燈；有了四個民權，便可直接管理國家政治」。

第二項　五權分立

　　一般國家的政治權力，既無政權治權之分，而且是三權分立，卽立法（含監察）、行政（含考試）、司法三權分立，相互牽制，此亦爲歐美政治學者的傳統政治思想。由於傳統的三權分立之弊，國父乃提倡五權分立之說以補救之。茲分析如下：

一、三權分立：

　　卽將國家的政治權力，分爲立法、行政、司法三種，監察權屬於立法權，考試權屬於行政權，此三權不但要分立，而且要相互制約。其立論基礎可以孟德斯鳩的說法爲代表，孟氏曾謂「若立法權與行政權同時操之於元首或議會之手，則人民不可能享有自由，因爲君主或議會可能制定專制的法律而又以專制的方式去執行。如果立法權和司法權合併起來，則司法官就是立法官，人民的生命與財產必將暴露於武斷的控制之下。如果司法權與行政權合併，則司法官之所爲，可能一如無所不爲的暴君」。

　　但三權分立的政治，由於立法權兼有監察權，故易發生下列流弊，卽(一)執政黨若爲議會的多數黨，則政府可藉議會之協助，任意妄爲，不顧國民全體的利益，於是監察權卽等於虛設；(二)執政黨若爲議會的少數黨，監察權將被濫用，而政府將日受議會抨擊，不能保其地位；(三)議會之職務在於立法，若兼有監察權，勢必放棄其立法之本職，而捲入於政爭之漩渦中。

　　又由於行政權兼有考試權，則可能產生行政權濫用私人之流弊。

二、五權分立：

國父一方面鑒於三權憲法的流弊，二方面鑒於我國有悠久的考試獨立與監察獨立的歷史，並有優良的績效，乃主張將監察權從立法權中分離，並予獨立；將考試權從行政權中分離，亦予獨立。將政府的五個治權各自獨立，各有專司，在權力的運行上並作相互的配合。如國父所說，「蓋機關分立，相恃而行，不致流於專制，一也；分立之中仍相聯屬，不致孤立，無傷於統一，二也」。

第三項　均權主義

各國對中央與地方的政治權力分配，向有中央集權與地方分權之不同，但此兩種權力分配，固各有其優點，但顯然亦各有其缺點。國父有鑒及此，乃主張採均權主義。茲分析如下：

一、中央集權：

將全國一切事權集中於中央，以管理全國事務，地方政府則等於中央的派出機關，其權限則由法律所授與者，為中央集權，如法國的行政組織卽屬其例。中央集權制，固可使全國有一致的步驟，不易發生地方割據或尾大不掉之局面，但中央政府易趨於專制獨裁，地方政治處處受束縛，漠視地方自治，減少人民參與政治機會，有悖民主之道，故為國父所不贊成。

二、地方分權：

將國家的地方政務，歸諸地方政府自行處理，而中央僅保留監督之權，如一般聯邦的國家均為其例。地方分權的優點，為可促使地方事業的發展，能滿足地方的需要，地方由人民自治，可激發人民的政治興趣，促進民治的發展；但其缺點為易使政令不統一，甚致造成地方割據，形成四分五裂的局面，故國父亦不贊成此種分權。

三、中央與地方均權：

對中央與地方權力的分配，旣不偏向於中央集權，亦不偏向於地方分權，而採中央與地方的均權，並提出以權限的性質爲區分中央與地方權力的標準，卽凡事務有全國一致之性質者，劃歸中央；有因地制宜之性質者，劃歸地方。如此旣可求全國的統一，復可收因地制宜之效，目前以均權原則規定於憲法中者，惟我國而已。

第四項　分縣自治

國父手訂建國大綱二十五條，其中有關地方自治者計有十條之多，我國憲法中亦訂有地方自治，可見其重要性。茲分析如下：

一、地方自治的重要：

國父在講地方自治爲建國之礎石時，曾謂「地方自治者，國之礎石也，礎不堅，則國不固」。又在講辦理地方自治是人民的責任時，謂「地方自治乃建設國家之基礎，民國建設後，政治尚未完善，政治之所以不完善，實由於地方自治不發達；若地方自治已發達，則政治卽可完善，而國卽可鞏固」。

二、分縣自治：

地方自治的重點，卽在分縣自治，國父在中華民國建設之基礎講詞中，曾謂「蓋無分縣自治，則人民無所憑藉，所謂全民政治必無由實現」。故分縣自治，簡言之卽以縣爲地方自治單位，但此並非謂省卽不需自治，而是先以縣爲自治之單位，於一縣之內努力於除舊佈新，以深施人民之權力基本，然後擴而充之，以及於省。凡一省全數之縣皆達自治者，則爲憲政開始時期，國民代表得選舉省長，爲本省自治之監督，至該省內之國家行政，則省長受中央之指揮。依現行憲法規定，省縣依據省縣自治通則，可制定省（縣）自治法，實行自治。此又爲憲法的特點。

第七節　對現行憲法應有的認識

綜觀我國的憲政運動，基本上與我國的革命運動相表裏，最初爲革命建國與君主立憲之爭，繼而爲民權與軍權之爭，其後由於軍閥終不悔悟，乃決意北伐，將革命工作從軍政而訓政而憲政三個時期從頭做起，故沒有革命，就沒有憲政與今日的憲法。在議憲與制憲的過程中，又遭遇了許多波折，北伐以前的阻力是來自軍閥，北伐以後的阻力則來自日本的侵略，抗戰勝利後，中國共產黨又在蘇俄指使下，叛跡彰著，終使大陸沉淪，現行憲法旣本於政治協商後的草案而制定，乃使其中不無缺憾。再就憲法的中心觀念論，自民元起，便發生了五權與三權問題之爭，這一爭論貫穿了議憲的全部過程，致現行的憲法，留存有若干未能融貫的跡象。因我國制憲過程的特殊，故對現行憲法亦應有其認識，玆分四項分述如後。

第一項　是國父政治思想的結晶

國父的政治思想極爲淵博，但其政治思想的結晶，已在現行憲法表露無餘。玆擇其要者分析之：

一、憲法的特色均屬國父的新發明：

上節所述現行憲法的四大特色，權能區分、五權分立、均權制度、分縣自治，均屬國父政治思想的精華，亦是國父的新發明，在憲法中多訂有專章加以規定。根據憲定的專章專條及依此而訂定各種法規，加以切實施行，國父的政治理想當可局部的實現。

二、民主主權觀念的貫澈：

在民元的臨時約法中，卽規定有「中華民國之主權屬於國民全體」，

國父曾謂「只有這一條是他的意思」，可見國父一直主張主權在民的觀念。現行憲法第二條規定「中華民國之主權屬於國民全體」，正是我國對民主政治的肯定。

三、前言的宣示:

我國憲法前言中有「……依據孫中山先生創立中華民國之遺敎……」更可表示憲法對國父的尊敬與對遺敎的尊重，亦可表明現行憲法的基本精神，是國父政治思想的結晶。

第二項　是國父經濟思想的實現

國父在經濟方面，亦有其理想，如透過平均地權、節制私人資本、發達國家資本，以求均富，並倡導勞資的合作等，在現行憲法國民經濟及社會安全章中，已充分實現。茲分析之:

一、平均地權:

如平均分配土地，由地主自報地價，政府則照價徵稅，並得照價收買，如有漲價則予歸公，以防止土地兼併及大地主的產生。

二、節制私人資本:

爲預防資本獨占，避免貧富不均，防微杜漸，而免積重難返，須節制私人資本，其方法爲社會與工業的改良，運輸交通收歸國有，徵收直接稅，及分配的社會化。

三、發達國家資本:

爲實行工業化以求富，實行社會化以求均，須發展國營事業，一舉完成工業化與社會化；其方法爲發展交通，開發農礦，並振興工業。

四、求社會均富:

由於平均地權、節制私人資本，及發達國家資本之結果，社會人民的貧富差距將逐漸減少，均富而安和樂利的社會，將逐步的實現。

五、倡導勞資合作:

爲增進生產，鼓勵勞資雙方的合作，以代替勞資的對立與鬥爭。

第三項　隱藏了濃厚的妥協與容忍

憲法常爲現實政治的反映，而非法理的結晶，吾人如檢閱各國實際憲法的內容，每會發現所訂條文有不合理的安排的現象，此並非制憲者不明法理，乃以現實政治有互相衝突的勢力，制憲者爲顧全大局不得不委曲求全而遷就事實所致。再憲政的實施，首須具有容讓的精神，爲求共存共榮與各得其所起見，只能以容讓精神，成立妥協。又我國現行憲法係以政治協商會的修正案爲主要根據，而政治協商會的召開，正是抗戰八年結束獲得勝利的初期，亦是多黨抬頭之日，政治協商會議中各黨派所提出的政治主張，其影響於國民政府向國民大會提出之憲法草案，至深且鉅，國民大會議憲時，各黨派的政治主張，又多被採納。凡此，皆表示國民大會爲遷就現實政治情勢，不得不作容讓的證明。

現行憲法條文中，由於容讓、妥協致未符國父遺教的原意者並不少見，其中尤以規定國體的第一條，有關國民大會性質與權力的第二十五、第二十七條，涉及行政院對立法院負責的第五十七條，關及增額民意代表屆次的臨時條款第六條第三款爲然。茲分析如下:

一、規定國體的第一條:

五五憲草原定條文爲「中華民國爲三民主義共和國」，而現行憲法爲「中華民國基於三民主義，爲民有民治民享之民主共和國」。原條文一開始就引起其他各黨派人士的猜忌反對，以爲如此規定將成爲國民黨的專有憲法，硬要美國林肯所說的「民有民治民享」亦加入條文之內，以沖淡三民主義與國體間的關聯，致成爲不太調和的條文。無黨派的傅斯年先生，當時卽謂「民有民治民享，乃是美國總統林肯說的有關政治

方針的話，我們訂的是憲法，在有關國體中，不應羼入。這條雖經大會通過，但願將個人的話，列入記錄，使天下後世，知道我們不是不懂得這個道理」。因此，本條條文常被研究憲法的學者所批評，如謝瀛洲先生曾說「以外國人所倡之口號，冠之於自己國體之上，已非光榮，且此種口號，僅適用於一國政體，而不能適用於一國國體，茲竟移置於國體條文之上，誠屬憾事」。❸

二、有關國民大會性質與權力的第二十五、第二十七條：

五五憲草，原規定國民大會每三年由總統召集一次，會期一月，必要時得延長一月，同時並得由國民大會自己或總統召集臨時大會；又規定總統副總統、立法院院長副院長、監察院院長副院長、立法委員、監察委員，均由國民大會選舉及罷免，並可創制及複決法律與修改憲法。政治協商會議，初將有形的國民大會改為無形的國民大會（即全國選民行使四權名之曰國民大會），後經國民黨方面的堅持與一再妥協，始將國民大會的性質確定為「國民大會依本憲法之規定，代表全國國民行使政權」，恢復為有形的國民大會。但國民大會的職權卻為縮小，只限於總統副總統的選舉罷免，及有條件的行使創制複決兩權而已。

三、涉及行政院對立法院負責的第五十七條：

五五憲草原規定「行政院為中央政府行使行政權之最高機關」，「立法院為中央政府行使立法權之最高機關，對國民大會負其責任」，若此則表明立法權為治權而非政權機關。在政治協商會議中，卻將立法院變質為含有政權性質的機關，故一方面立法委員改為由人民選舉，二方面規定行政院須對立法院負責，使國父權能區分的原則，打了一個折扣。當時之所以如此改變，受當時民社黨主席張君勱的影響很大，他主張「

---

❸ 謝瀛洲著，中華民國憲法論，第三十二頁，明昌製版有限公司，六十五年十月版。

政權與治權的劃分，可以作爲國父政治哲學的見解，萬不能與制憲混爲一談」，彼又謂「現在要名甲爲政權，名乙爲治權，或者可以在哲學上成爲問題，在實際上，不應以此微妙的區別，便認爲可實行而不生流弊的一種標準學說，我們大家知道，各國憲法中，僅有國家主權屬於國民全體一語。此項主權，或表現於代議政治之立法，或表現於選舉，或表現於創制複決，要不外同爲公民對於政府行使之監督而已」。彼對政治協商會憲法修正案，又謂「此稿之立足點，在於調和中山先生五權憲法與世界民主國家憲法之根本原則。中山先生爲民國之創建人，其憲法要義自爲吾人所尊重，然民主憲法之根本要義，如人民監督政府之權，如政府對議會負責，旣爲各國通行之例，吾國自不能例外」。觀乎此一段言論，卽可知當時民主黨派的影響力了。

四、關及增額民意代表屆次的臨時條款第六條第三款：

六十一年三月，召開第一屆國民大會第五次會議期間，國民黨三中全會對第一屆民意代表與新增補民意代表的關係規定，曾決議「新增加名額後選出之中央民意代表，應與依法行使職權之中央民意代表，同爲次屆國民大會代表，次屆立法院立法委員，次屆監察院監察委員，於其憲法規定之任期屆滿時，凡能辦理選舉地區，均予改選」。並準備由代表谷正綱先生領銜正式向國民大會提出。

當提案尚未提出，卽遭到部分代表的抨擊與反對，雖經谷先生一再解析強調，所謂「次屆」立監委員於任期屆滿依法改選，並不影響第一屆中央民意代表任期之合法性，但仍無法消除部分代表的疑慮，友黨並表明態度，如不將「次屆」刪除，將以不出席會議爲抵制。隨後乃將提案文字修正，表明第一屆中央民意代表今後仍應依法行使職權，僅增加名額選出者，於任期屆滿時，依法改選。但當此案提出後，仍遭遇到意想不到的阻力，堅持主張刪除「次屆」一辭。爲了顧全大局，乃再將「

次屆」文字徹底刪除，立卽獲得全體代表一致通過。再查谷案的連署人有九四九人，已佔當時全體報到人數一三四四人的絕大多數，然各連署人並未作強行通過的打算，而容忍了少數的意見。

　　以上四個例子，有的是在政治協商會議中發生，有的在制憲國民大會中發生，有的則在臺灣召開的國民大會中發生，不論那一場合，國民黨的代表人數均佔著多數，欲強行通過並非難事，但都本於容忍爲國的精神，而放棄了自己的主張，國民黨此種「可以堅持而卻不堅持，不應該讓步而卻讓步」的作法，雖有人批評爲軟弱遷就，但卻亦因此而表現出容讓的精神與公忠謀國的苦心。

第四項　是一部三民主義的憲法

　　現行憲法，在制訂過程中，由於容讓與妥協，與五五憲草相比雖有某些部分的差異，但大體說來，仍屬一部三民主義的憲法，國父的三民主義理想與抱負，可透過憲法及依據憲法而制定的各種法規而實現，並透過憲法解析的運用，而使三民主義的理想，綿延不絕與發揚光大。茲分析之：

一、三民主義在憲法中的條文化：

　　現行憲法共一百七十五條條文，其中有關民族主義者有八條，有關民權主義者有一百四十二條，有關民生主義者有二十五條。世界上尚無一種思想在一個國家的憲法中能獲得如此的重視者。

二、訂定法規時仍須以三民主義爲依據：

　　憲法是一種根本法，所規定者只是根本的部分，直接或間接依據憲法而訂定的法規，將爲數更多，立法機關或主管機關在制定法律或訂定規章時，仍須以三民主義爲主要的依據，以期國父的思想能充分的發揮與實現。

三、解釋憲法仍須參照三民主義的精神:

　　憲法雖有穩定性，但亦須保有適應性，而適應性是須靠修憲與解釋憲法來維持的。因此解釋憲法的機關，於解釋憲法時，除應顧及世界的潮流，國家的情勢，人民的願望等因素外，尚須參照三民主義的精神，使三民主義能隨時代的進步而不斷的發揚。

第三章　序言及總綱

一般國家的憲法，在條文之前常有序言的安排，以表明憲法的基本精神與目標。至憲文的條文則予分章節，每章節有各別的重心，而首章則多以總綱或總則名之。在總綱的章節中，多對國體、主權、領土、人民等加以規定，我國現行憲法的體例即屬如此。茲按序言、有關的遺教、國體、主權、國民、領土、民族、國旗與國都等，分節敍述如後。

第一節　序　言

憲法的序言，在各國甚爲常見。我國現行憲法的序言，文字雖簡，但卻表明了制憲的機關、制憲的權源、制憲的依據、制憲的目的、制憲的效力。茲分項簡述之。

第一項　各國憲法序言舉例

憲法的序言，創始於一七八七年的美國憲法，其後各國多延例於憲法條文之前加列序言，以揭示憲法的制定機關，制定憲法所依據的原則，及表明制憲之主要目的。茲舉若干國家之憲法序言如下：

一、美國一七八七年憲法之序言：

「美國國民，爲建設更完善之合衆國，以樹立正義，奠定國內治安，籌設公共國防，增進全民福利，並謀人民永久享受自由之幸福起見，爰制定美利堅合衆國憲法如左」。

二、瑞士一八七四年憲法之序言：

「祈全能之上帝垂鑒，瑞士聯邦爲鞏固同盟諸州間之團結，並維持及促進瑞士人民之統一、力量、及榮譽，制定憲法，頒布全國」。

三、日本國一九四六年憲法之序文：

「日本國民，經過曾受正當選舉之國會代表之行動，決定爲我等及我等之子孫，確保與諸國協和而得之成果，及自由在我國土散佈之恩澤，並防止因政府行爲，而再起戰爭慘禍，茲特宣告主權屬於國民，確定此項憲法。夫國政乃受國民所嚴肅信託者，其權威來自國民，其權力由國民代表行使之，其福利由國民享受之。此乃人類之普遍原理，本憲法卽基於此項原理者。我等排除違反此項原理之一切憲法、法令及詔勅。

日本國民，希望恒久之和平，深信支配人類相互關係之崇高理想，決意信賴愛好和平諸國國民之公正與信義，以保持我國之安全與生存。我等欲在努力維持和平，並由地球上永遠除去專制、隸從、壓迫與偏狹之國際社會上，佔有榮譽之地位。我等確信全世界之國民，均有免除恐怖及匱乏，並在和平中求生存之權利」。（以下略）

四、德意志聯邦共和國基本法（一九四九年）之序言：

「吾人在……各邦之德國人民，深知對於上帝及人類之責任，渴望維護民族及國家之統一，且願在歐洲聯合之中，以平等分子之資格貢獻世界和平，茲本其制憲權力，制定此德意志聯邦共和國基本法，以規律過渡時期之國家生活。上述各邦之德國人民同時代替不能參加之德國人民制定此基本法。吾人仍籲請全體德國人民依其自由決定，完成德意志

之統一與自由」。

五、法國一九五八年第五共和憲法之序言：

「法國人民對於一七八九年人權宣言所規定，並經一九四六年憲法序文所確認，而又加以充實之人權及國民主權的原則，鄭重申明，恪遵不渝。基於此等原則及人民之自由決定，共和國對於願與共和國結合之海外屬地，提議建立基於自由、平等、博愛之共同理想，並以促進屬地民主發展為目的之新政制」。

第二項　我國憲法的序言

中華民國憲法序言，「中華民國國民大會受全體國民之付託，依據孫中山先生創立中華民國之遺教，為鞏固國權，保障民權，奠定社會安寧，增進人民福利，制定本憲法，頒行全國，永矢咸遵」。在此六十六字中，已表明：

一、制憲機關與制憲權源：

國民大會為制定中華民國憲法的惟一機關，而國民大會代表係由人民直接選舉產生，且國民大會制定憲法是受全國國民的付託，亦卽制定憲法的權源來自全國的國民。當國民大會於制憲任務完成後，應卽予解散，另行選舉行憲的國民大會，不使制憲與行憲工作，由同一國民大會及代表擔任。

二、制憲依據：

國父手著建國大綱第一條「國民政府本革命之三民主義、五權憲法，以建設中華民國」，又總理遺囑中有「凡我同志務須依照余所著，建國方略、建國大綱、三民主義及第一次全國代表大會宣言，繼續努力，以求貫澈」。因此序言中「依據孫中山先生創立中華民國之遺教」，其遺教的內容，自應以三民主義、五權憲法、建國方略、建國大綱，及第一次全

國代表大會宣言爲主，其他的國父著作與言論，及總統蔣公與黨國元老對國父遺敎內容的闡析，亦宜參考。

三、制憲目的:

制定憲法的目的，爲鞏固國權，保障民權，奠定社會安寧，增進人民福利。此不僅在消極方面防範內亂與外患以保護國家安全，及防範國權的濫用以保障人民的權利，更在積極方面增進人民的福利，以實現福利國家的目標。

四、制憲效力:

序言中之頒行全國永矢咸遵，卽爲制憲的效力。卽憲法制定後，實施憲法的效力，在範圍上及於全國，在時間上世世代代遵守。

第二節　與總綱有關的遺敎要點

我國憲法旣以國父創立中華民國之遺敎爲依據而制定，則在硏討各章的憲法條文之前，對與該章有關的遺敎要點，宜略加摘引。一方面可指出憲法各條的出處，二方面可了解遺敎與現行憲法究有無出入與其出入之程度，三方面如需修改憲法或因情勢須解析憲法時，亦可作爲參考。再五五憲草，係民國廿五年五月五日所宣佈，當時立法院長爲國父的哲嗣孫科先生，立法委員係由立法院院長提請國民政府任命者，故五五憲草應爲最能表現國父遺敎的憲法草案，故亦在本節中略加引述，以備比較與參考。玆分項簡述如後。

第一項　國家要素與主權觀念

在國父遺敎中可資摘引者有:

一、國家要素:

　　國父在「軍人精神教育」講詞中，曾謂「……國家以三種之要素而成立。第一爲領土，國無論大小，必有一定的土地爲依據，此土地卽爲領土；第二爲人民，國家者，一最大之團體也，人民卽爲其團體員，無人民而僅有土地，則國家亦不能構成；第三爲主權，有土地矣，有人民矣，無統治之權力，仍不能成國，此統治權力，在專制國則屬君主一人，在共和國，則屬於國民全體也」。

二、主權觀念：

　　國父曾多次提到對主權的解析，如「人民處主人翁之地位，則一切可以自由；對國家一切事件，亦有主權矣」。「主權在民，官吏不過公僕之效能者」。「夫主權在民之規定，決非空文而已，必如何而後可舉主權在民之實，代表制度於事實於學理皆不足以當此；……欲知主權在民之實現與否，不當於權力之分配觀之，而當於權力之所在觀之」。「政治主權是在人民」。「但是我們人民徒有政治上主權之名，沒有政治上主權之實，還是不能治國。必須把政治上的主權，實在拿到人民手裏，才可以治國，才叫做民治」。「在南京定出來的民國約法裏頭，祇有中華民國主權屬於國民全體的那一條，是兄弟所主張的」。❶「民治則不然，政治主權在於人民，或直接以行使之，或間接以行使之。其在間接行使之時，爲人民之代表者或受人民之委託者，祇盡其能，不竊其權。予奪之自由，仍在人民」。❷

第二項　民族與種族

　　對民族與種族，國父亦曾先後有所說明。

---

❶　馬起華著，三民主義政治學，第二八三～二八四頁，中央文物供應社，七十一年十一月版。

❷　見國父著，中華民國建設之基礎一文。

一、民　族:

　　如「我們研究許多不相同的人種，所以能結合成種種相同民族的道理，自然不能不歸功於血統、生活、語言、宗教和風俗習慣這五種力」。❸「甚麼是民族主義呢？就是要中國和外國平等的主義，要中國和英國、法國、美國那些強盛國家一律平等的主義」。❹「三民主義的民族主義，則爲天下大同主義，而非狹隘的國家主義，內求中國之自由平等，外求一切被壓迫民族的解放」。❺「民族主義有兩方面之意義，一則中國各民族自求解放，二則中國境內各民族一律平等」。❻「其三爲民族主義，故對國內之弱小民族政府當扶植之，使之能自治；對於國外強權侵略，政府當抵禦之」。❼

二、種　族:

　　如「民族主義卽是掃除種族的不平」。❽ 國家之本，在於人民，合漢、滿、蒙、回、藏諸地爲一國，卽合漢、滿、蒙、回、藏爲一人，是曰民族之統一」。❾

第三項　國都與國旗

　　國父主張國都定在南京，而國旗爲青天白日滿地紅旗。

一、國　都:

　　國父曾謂「南京爲中國古都，在北京之前。而其位置乃在另一美善之地區。其地有高山、有深水、有平原。此三種天工，鍾毓一處，在世

---

　　❸　見民族主義講詞。
　　❹　見國父對女子要明白三民主義的講詞。
　　❺　見林森著，民族主義的眞義。
　　❻　見中國國民黨第一次全國代表大會宣言。
　　❼　見建國大綱。
　　❽　見國父對知難行易講詞。
　　❾　見國父臨時大總統就職宣言。

界中之大都市，誠難覓如此佳境也。而又居長江下游兩岸最豐富區域之中心。……且曾爲多種工業之原產地，其中絲綢特著。……當夫長江流域東區富源，得有正當開發之時，南京將來之發達，未可限量也」。❿

二、國　旗：

國父不贊成民國元年一月三日臨時參議院議決以五色旗（卽紅、黃、藍、白、黑五色）爲國旗，而主張以靑天白日滿地紅爲國旗，故於否覆臨時參議院時，曾謂「靑天白日，取義宏美。中國爲遠東大國，日出東方爲恒星之最者；且靑天白日光明正照，自由平等之義，著於赤幟，亦爲三色，其主張之理由尙多……」。

第四項　五五憲草對總綱的設計

五五憲草設總綱一章，共七條，其條文爲：

一、第一條：中華民國爲三民主義共和國。

二、第二條：中華民國之主權屬於國民全體。

三、第三條：具有中華民國之國籍者，爲中華民國國民。

四、第四條：中華民國領土爲（列舉廿八省的地名）蒙古、西藏等固有之疆域，中華民國領土非經國民大會決議，不得變更。

五、第五條：中華民國各民族均爲中華國族之構成分子，一律平等。

六、第六條：中華民國國旗，定爲紅地，左上角靑天白日。

七、第七條：中華民國國都定於南京。

第三節　國　　體

國體爲國家的體制，政體爲政府的體制，國家均有其國體與政體，

❿　見國父實業計畫之第二計畫。

我國憲法亦明定有國體與政體。玆分項簡述之。

第一項　國體的種類

　　國體就是國家的體制，亦有學者稱國體爲國家的形式者。一般國家的國體，可依不同的標準，作不同的分類。

一、以主權所在爲準分類：

　　凡政治大權操在君主一人之手，而能注意公共利益者，稱爲君主國；凡政治大權操在少數貴族之手，而能時時不忘懷國家與公民之最大利益者，稱之爲貴族國；若政治大權操在一般公民之手，而確能以謀公共利益爲目的並治理國家者，稱之爲共和國。此乃傳統區分國體的標準，最初爲亞理斯多德所倡。

二、以主權完整與否爲準分類：

　　凡對外能自由行使其主權，而不受任何國家的干涉者，稱爲主權國；凡在某種限度內受他國的支配控制，而在另方面，仍享有極大的地方自主權，因而其在國際社會中不能享有完全的國際人格者，稱爲部分主權國，其中又有被保護國、屬國、委任統治國、傀儡國之分；凡與列強互相締結條約，共同擔保小國的獨立及領土的完整者，稱爲永久中立國。

三、以國家目的爲準分類：

　　凡帶有濃厚的武力色彩，並以維持秩序爲目的者，稱爲警察國；凡重視法律的作用、聽訟與決獄，及保障個人財產安全與個人經濟活動自由爲目的者，稱爲司法國；凡提高人民的智識，及增進全體的福利爲目的者，稱爲文化國。

四、以國家演進爲準分類：

　　以血統爲組合鈕帶，盛行於上古遊牧漁獵時代者，稱爲部落國；凡以商業爲聯合的媒介，並以城市爲聚居之中心者，稱爲市府國；凡以土

地與人民爲基本要素，而以政治控制爲主要方略者，稱爲東方帝國；凡以軍事武力控制爲主要方略者，稱爲世界帝國；凡以樹立政治威權，維持世襲封邑爲目的者，稱爲封建國；凡以民族自決爲建國原則者，稱爲民族國；凡以世界組織爲基礎的全球性國家，稱爲世界國。

五、以國家機構爲準分類：

凡憲法將全國一切事務權，賦與一個單獨組織，中央政府與地方政府形成一縱的組織形態，地方政府爲中央的派出機關，其職權由中央所授與，其行爲僅係代理中央政府者，稱爲單一國；凡由兩個以上主權國家或由兩個以上具有國家特性的社會相合者，稱爲複合國，其中又有身合國、物合國、邦聯、聯邦之分。

以上五種分類方法，在現代多採第一種方法區分國體。

第二項　政體的種類

政體是政府的體制，亦有學者稱政體爲統治的形式者。一般國家的政體，亦可依不同的標準，作不同的分類。

一、以行使最高權力者人數爲準分類：

凡最高權力在一人者爲君主政體，如屬腐化形態則爲暴君政體；凡最高權力在少數人者爲貴族政體，如屬腐化形態則爲寡頭政體；凡最高權在多數人者爲民主政體，如屬腐化形態則爲暴民政體。此爲古希臘柏拉圖（Plato）及亞里斯多德所倡。

二、以政府機構所行使的職權爲準分類：

凡立法部門與行政部門相結合而又相對抗者，爲內閣制或議會政體；凡立法部門與行政部門分立而又相制衡者，爲總統制。

三、以國家事權的集散爲準分類：

凡國家事權由憲法完全賦予中央機關者，稱中央集權制；凡國家事

權由憲法分配於中央及地方者，稱分權制。

四、以主權機關與政府機關有無區別爲準分類：

　　凡主權機關與政府機關混而爲一，並由主權機關直接行使政府職權者，爲直接民主制；凡主權機關與政府機關分別組織，並由主權機關將政府的職權委託一個或數個機關行使者，稱間接民主制。

五、以元首的任期與職位取得方式爲準分類：

　　凡元首由君主一族子孫世襲者，稱爲世襲制；凡元首係由定期選舉產生者，稱爲選任制。

六、以政府權力的分權方式爲準分類：

　　凡政府權力分配於內閣與司法者，稱內閣制；凡政府權力分配於總統與司法者，稱總統制；凡政府權力分配於委員會與司法者，稱爲委員會制；以上三類亦可合稱爲三權制（另一權爲議會）。凡政府權力分配於五個獨立之機關者，稱爲五權制。

七、以國家最高意志的形成爲準分類：

　　凡國家最高意志由人民依相對主義之原則形成者，稱爲民主制；凡國家最高意志由一人或特定少數人依絕對主義之原則形成者，稱爲獨裁制。

八、以實際參加政治運作的政黨數爲準分類：

　　凡國家的政治實權掌握在一個政黨手中者，爲一黨制政府；凡國家的政治實權由兩黨依和平選舉手段輪流掌握者，爲兩黨制政府；凡國家的政治實權由三個以上政黨，依和平選舉手段分掌者，爲多黨制政府。

　　以上八種分類標準，第一種方法常與國體的第一種分類相混淆，故有的學者祇認爲有政體的分類，而不認爲有國體及政體的兩種分類。一般學者對政體的分類，多採用第七種的分類，亦卽將政體區分爲民主制與獨裁制。

第三項　國體與政體的配置

國家旣有國體，政府旣有政體，而國家必有政府，因而一個國家旣有國體又有政體，因而有國體與政體的配置。其配置關係大致有對應關係與共變關係兩種。

一、對應關係：

即採何種國體時即採何種政體。如採共和國體者，常採民主政體，但在變態情形，即會採獨裁政體；又如採君主國體者，常採獨裁政體，但在變態情形，即會採民主政體。

二、共變關係：

即一國家的國體與政體，遇及國體或政體有所變更時，則往往政體或國體亦隨而變更。如德國於一九一九年獨裁政體瓦解，建立了民主政體，因而其原有君主國體，亦隨而改變爲共和國體。我國的辛亥革命，不僅改變了國體，亦同時改變了政體；法國的大革命亦屬如此。

第四項　各國對國體與政體的憲定

各國憲法中，規定國體與政體者，甚爲常見。

一、憲定國體者：

如美國憲法序言明定爲合衆國；瑞士憲法序言及第一條明定爲聯邦國；法國第四共和憲法第一條明定法蘭西爲一不可分的超宗教的民主社會共和國；法國第五共和憲法第一條及第二條分別明定爲協合國及共和國；意大利新憲法第一條明定爲民主共和國；土耳其憲法第一條明定爲共和國；泰國憲法第一條及第二條明定爲單一的立憲的君主國；西班牙元首繼承法第一條明定爲王國；日本憲法第一條定爲天皇爲日本國的象徵，及日本國民統治的象徵，其地位基於主權所在之日本國民的總意。

二、憲定政體者：

如菲律賓憲法序言明定爲自由及民主的政體；巴西憲法序文明定爲民主政體；巴拿馬憲法第一條明定其政體爲共和、民主及代議制。又有些國家對政體亦用共和名之者，如美國憲法第四條第四項規定合衆國應保證全國各州實行共和政體……；法國第四共和憲法第九十五條明定修改憲法不得以共和政體爲對象；意大利新憲法第一百三十九條明定共和政體不得爲憲法修改的對象。

三、憲定立國原則或主義者：

在各國憲法中，亦有將立國的原則或建國的主義，在憲法中加以規定者。如法國第四共和憲法第二條規定共和國以自由、平等、博愛爲銘誌，共和國以民有、民治、民享的政府爲基本原則；土耳其憲法第二條明定土耳其爲共和主義、民族主義、民權主權、國家社會主義、政教分離主義及革命主義的國家……。

第五項　憲定的國體

我國憲法第一條「中華民國，基於三民主義，爲民有民治民享之民主共和國」。茲分析如下：

一、明定國體與政體：

民主共和國，實含有國體與政體的雙重意義，卽中華民國爲共和國，並爲民主體制。世上採共和國的國體者，其政體亦多爲民主政體，蓋兩者能相輔相成，相得益彰。

二、將主義冠於國體：

將主義冠於國體，在制憲時曾發生激烈爭議。持反對理由者，不外(一)以主義冠於國體，不合立憲體制；（二）主義具有時間性，而國體則有永久性；（三）三民主義爲國民黨之主義，如以之入憲，則有背於信仰

自由。其實以主義冠於國體者，在各國憲法亦屢見不鮮；又三民主義乃我國立國之主義，此乃從序言中已可明白，並無時間性，惟實施主義之策略，則可因時而適應，但無礙基本原則之不變；再三民主義既爲立國之依據，則三民主義並非宗教的信仰，自無背於信仰之自由。由此觀之，將主義冠於國體，實無可厚非。

三、加入民有民治民享：

　　由於有人不贊成將主義冠於國體，乃經妥協結果，加入「民有、民治、民享」字句，以充淡主義冠於國體的色彩，但亦正因如此，引起學者對本條有「畫蛇添足」及「並不光榮」等的批評。

第四節　主　權

　　主權觀念因時代之不同而演變，主權有其特性與功能，各國憲法對主權多有明定，我國憲法亦定有主權之歸屬的條文。茲分項簡述之。

第一項　主權觀念的演變

　　主權的觀念，早在亞里斯多德所著之政治論中，已承認國家有一種「最高權力」之存在，此種權力或爲一個人所執掌，或爲少數人所執掌，或爲多數人所執掌，但未用「主權」一詞。及後布丹 (Jean Bodin)始倡用主權之說，但主權究爲屬誰，則因時代的演變而有不同的學說。茲列舉六種如下：

一、君主主權說：

　　爲布丹所倡，認爲主權屬於君主，卽君主的權力對內爲最高，對外則爲獨立，亦卽君主對內可發佈法律（命令）以拘束人民，而其本身則不受法律的拘束；對外則不受其他任何國家或任何人的支配，卽國內宗

教問題，亦不受教皇干涉。霍布士(T. Hobbes)亦解析君主是主權者，主權者權力之大，不但人民須絕對服從，卽法律乃主權者的命令，而宗教與教會事務亦惟以主權者的命令爲依歸。

二、人民主權說：

由於君主主權說，促使君主的專制，反抗聲浪乃因之而起，致有人民主權說的出現。盧梭 (J. Rousseau) 的民約論，主張直接民主制，曾謂「主權不在於主治者，而在於公民，公民全體之意向卽主權也。主權不得讓與他人，亦不得託諸他人而爲其代表，雖以交付於國會，亦非其正也。社會之公民常得使用其主權，持以變更現行憲法，改正古來或法上之權利，皆惟所欲」。要而言之，盧梭以爲由全意志所產生的主權，具有不可讓授、不可分割、不會錯誤、係屬絕對的四種特性；而全意志的產生，須經由人人參加討論，討論對象爲全國公共問題、站在公的立場發表個人意見，始能獲得。

三、議會主權說：

英儒洛克 (John Locke) 的主張，可爲議會主權說的代表。洛克認爲最高權力乃是立法權，它在於制定法律的議會，所有其他權力都須是附屬的，只要政府存在，立法權便是最高權力；凡是爲他人制定法律的須優越於他人，只有議會才有權爲各方面制定法律，爲社會每一成員制定章則，所以立法權須是最高的，社會任何成員或任何部分的其他權力，都來自並服從立法權。不過議會的最高權力並不是絕對的和專斷的，議會仍須尊重個人不可讓授的權力，當人民發現議會所作所爲違反了人民所賦予的信託，便有權罷除或更換議會的最高權力。

四、國家主權說：

當君主主權演變爲人民主權的過程中，在德國又產生了國家主權的學說。如布倫智利 (J. K. Bluntschli) 曾謂「主權者，獨立不羈而無

須服從於他種權力者也；主權者國家之威力也，宜歸於有人格之國家及國家之首長，其餘地方團體及法院、議會等，皆隸於國家之一機關，可與主權無關也」。國家主權說，因主張國家是最高主權者，但國家是抽象的，它需要一個機關或自然人來代表，因之，此一機關或個人便可假借國家的名義，暢所欲爲而不受節制，結果與君主主權說同樣的，易流於專制或獨裁，二次世界大戰前德國希特勒的獨裁，卽爲其例。

五、憲法主權說：

憲法爲國家的根本法，其效力高於法律，故有人主張憲法主權說。英國哲學家林賽 (A. D. Lindsay) 曾謂「所有現代立憲政府的主要事實，並不是社會大部分人服從某種權力，而是他們接受某一種憲法，以及服從政府的命令，那就是服從某些從憲法取得威權而其命令係在憲法限度以內的人的命令」。如以美國總統行政權力之強大，國會立法權力之優越，法院司法審查權之高超，仍不能不遵守憲法的規定而作爲。

六、多元主權說：

以上五種學說，均屬一元主權論，但十九世紀末又產生了多元主權說，認爲國家縱有主權，但此種主權亦須由多方面來運用與限制。主張多元主權說者，可以法人狄驥 (Leon Duguit) 及英人拉斯基 (H. J. Laski) 爲代表。狄驥倡社會聯帶關係說，認爲法律須合於社會的聯帶關係，然後推行時方能順利有效；而社會的聯帶關係，是社會各界人士的活動所建立，並非議會所能決定。拉斯基認爲人類爲滿足生活需要，因而組織各種團體，國家是團體的一種，與團體立於同等地位，一切團體均可互相影響，共謀福利；國家可制定法律，拘束其他團體；其他團體亦可壓迫國家，通過某種法律；所以一切團體，在其組織、職權、活動機能範圍內，均各有其主權。

第二項 主權的特性與功能

憲法中所稱的主權，通常含有某些特性，主權亦有特殊的功能。茲分析如下：

一、主權的特性：

一般學者對主權特性的分析，不盡一致，大致而言，有下列各種：

(一)絕對性：即主權是不可受限制的，如主權可受某些限制，即不是絕對的了。又所謂絕對性包括有兩種意義，即 1.主權對內是最高的，亦即在國家之內，任何人及團體的意思，均不能超出國家意思之上；2.主權對外是獨立的，即國家對外有獨立的意思能力，不受任何意思的支配。

(二)不可分性：即國家中只能有一個主權，不能分割，倘主權可以分割，則國家將趨於分裂。國家的主權不能分割，但治權卻可以分割，如五權憲法的治權即區分為五個獨立性的治權；再在主權的學說中雖有多元主權說，但狄驥等所倡導的多元主權，事實上只是多元的治權而已。

(三)普遍性：即主權的周延性或包容性，主權所管轄的範圍，與領土同其廣闊，在國家領土內的一切人民、團體與事務，均在主權管轄範圍之內。

(四)不可讓授性：國家與主權是相依為命的，主權是不可讓授的，如主權可以讓授，則主權者不再有主權，如此主權者如為個人，則無異等於自殺，如此主權者為國家，即等於亡國。

(五)永久性：即主權有長久持續的特性，與其所附著的國家有同樣的壽命，故祇要國家不亡，主權即會永久存在。

惟於此須說明者，上述特性中的絕對性與普遍性，在國際關係日益密切的今日，事實上已受了若干的限制，亦即在國際的活動上，對主權

會自設限制，以便遵守或履行國際條約，但此主權的自限，一般學者認為對國家並無損害。

二、主權的功能：

由於主權具有上述特性，因此主權對國家亦可發揮特定的功能，其主要者有：

(一)象徵國家統一：沒有主權的國家，就不成為國家；主權四分五裂的國家，就不是統一的國家。故主權的統一象徵著國家的統一，對聯邦或邦聯的國家，主權更可促進國家的統一。

(二)團結全國民心：主權雖是看不見的，但它卻能團結全國的民心，增強全國人民的向心力，必要時人民會為保衛主權的完整而犧牲奮鬥。

(三)制定根本法：憲法是一個國家的根本法，而憲法須由保有主權者來制定，而主權者的意志，亦從憲法予以充分的表現出來。

(四)決定國體政體：一個國家的國體與政體，須由主權者始能決定，如為君主國或共和國，專制政體或民主政體，亦惟有主權者始能設定或變更。

(五)決定權力區分：如國家的政權與治權的區分，中央與地方的權力劃分，均須由主權者來決定。

(六)仲裁各種糾紛：國內個人與個人間，團體與團體間，個人與團體間的各種糾紛，最後的仲裁者即為主權；亦唯有主權的仲裁者，始具有最高的效力。

(七)保障弱小國家：不論國家的強弱與大小，各有其主權，且均具有主權的各種特性，因此對弱小國家而言，主權可以加強國家的獨立性，主權可防止列強的侵吞或兼併。

第三項　各國對主權的憲定

絕大多數國家，均將主權規定於憲法，但因立法技術之不同，規定主權的方式略有歧異而已。茲舉例如下：

一、法國第五共和憲法：

其第三條第一、二項「國家主權屬於人民，人民通過其代表及依人民投票行使主權，人民之一部或任何個人均不得擅自行使主權」。

二、意大利憲法：

其第一條第二項「主權屬於人民，人民依本憲法所定方式且在其範圍內行使之」。

三、日本憲法：

其序言有「……茲特宣告主權屬於國民……」。

四、土耳其憲法：

其第三條「主權無條件屬於國民」。

五、美國憲法：

其序言「美國國民，為建設更完美之合衆國，以樹立正義，奠定國內治安，籌設公共國防，增進全民福利，並謀人民永久享受自由之幸福起見，爰制定美利堅合衆國憲法」。

六、比利時憲法：

其第廿五條「一切統治權，出自國民全體」。

七、西德基本法：

其第廿條第二項「一切國權，均來自國民……」。

由上可知，各國憲法對主權的規定，有者明白規定主權之所屬者，有者隱含着主權之所屬者；對主權名詞言，除大多數國家用「主權」二字外，亦有用與主權相似之其他名詞者，如統治權、國權等；再主權的

所屬，有以人民、國民、或國民全體等名之者。但大體言之，均爲主權
屬於人民。

第四項　憲定的主權

我國憲法第二條「中華民國之主權屬於國民全體」。由此一規定，
可補充作下列說明：

一、採人民主權說：

主權歸屬於國民全體，與國父所主張的主權在民說相符。主權旣屬
於國民全體，故一切權力，均應直接或間接淵源於人民，否則爲違憲。
依國父在建國大綱中的設計，對完全自治之縣，其國民有直接選舉官員
之權，有直接罷免官員之權，有直接創制法律之權，有直接複決法律之
權，是爲直接行使主權；又憲法頒布之後，中央統治權則歸於國民大會
行使之，卽國民大會對於中央政府官員，有選舉權，有罷免權，對於中
央法律，有創制權，有複決權，是爲間接行使主權。

二、憲法及有關法律的規定：

如(一)國民得直接選舉、罷免國民大會代表、立法委員、縣市長、
省縣市議會議員、鄉鎮長、及鄉鎮民代表等；　(二)縣民對縣自治事項
得行使創制複決之權；(三)監察委員由各省市議會選舉之；(四)總統、
副總統的選舉罷免由國民大會行使之；(五)對法律的創制、複決，由國
民大會行使之。

第五節　國　　民

國民的意義與公民居民不盡相同，各國憲法對國民多有規定，我國
憲法亦不例外，玆分項簡述之。

第一項　人民與國民、公民、居民的區別

國民與公民、居民，各有其不同的意義，而人民則爲泛稱。

一、人　民：

人民是組織國家的要素之一，指國家中所有自然人而言，不問男女老幼均包括在內。再人民雖爲構成國家的要素，但人數的多寡並不重要，人數衆多的國家與人數寡少的國家，仍同屬國家，但無人民則不成爲國家。

二、國　民：

凡人民具有國籍，且在公法關係上爲國家總體構成之分子，並受國家統治權之支配者，稱爲國民，故人民與國民並不完全相同。凡國民自卽爲人民，但人民卻未必卽爲國民，如喪失國籍者，則只是人民而不是國民。

三、公　民：

凡屬國民，在公法關係上具有特定條件，爲國家權力行使之主體者，稱爲公民。故國民與公民又不完全相同，公民固必爲國民，但國民卻未必是公民，因國民須具有特定條件後方得爲公民也。至所謂特定條件，常因時代的不同而異：

（一）以有無財產爲特定條件者：過去封建時代及資本主義社會，採用此種條件甚爲普遍，如以納稅或財產爲取得公民身分及享有選舉資格的權利，其理由爲有恒產者始有恒心，始能愛護政治社會秩序。時至今日，此種特定條件的限制，各國均已取銷。

（二）以教育程度爲特定條件者：卽法律規定須受有相當敎育的國民，始能取得公民資格，享有參政權利；有者雖不規定須具某種學歷，但規定須能誦讀憲法條文者始可享有參政權（如美國南部諸州）。目前，

多數國家已廢止此種限制。

(三)以性別爲特定條件者：過去多數國家視女子爲弱者，故不承認其有參政權，但由於後來女性的覺醒與極力的爭取，女性乃逐漸獲得參政權。直至今日，以性別爲獲得參政權之特定條件，已絕無而僅有。

(四)以勞動爲特定條件者：如蘇俄，僅准直接參加勞動者始享有參政權，凡僱用他人以謀利者、地主貴族的後裔、及商人代理人等，均不得享有公民權。

(五)以年齡爲特定條件者：現代各國對取得公民權的特定條件限制，雖已逐漸放寬，但對年齡的限制，則爲各國所通用；其餘如居住未達一定期間者，觸犯刑法而被遞奪公權者，受禁治產之宣告尚未撤銷者，患精神病者等，雖亦常作爲限制給予公民權的特定條件，但各國的規定頗不一致。

四、居　民：

凡人民現居住於某特定區域內者，不論爲本籍或流寓，皆爲該特定區域之居民。居民之具有公民資格者即爲公民，居民未具有公民資格者，則不得爲公民；居民之具有國籍者爲國民，居民之未具有國籍者則爲人民。

第二項　各國對國民的憲定

各國對國民的規定，有由憲法直接規定者，有在憲法中明定以他法規定者，有在憲法中未有明定而由法律規定者。茲舉例如下：

一、由憲法直接規定者：

即將國籍之取得與喪失，在憲法中直接規定，如美國憲法修正案第十四條「凡出生或歸化於合衆國，並受其管轄之人，均爲合衆國及其所居之州之公民」。又瑞士憲法第四十四條，關於人民之保護、國籍之得

失，及公民之權利，規定頗爲詳細。

二、在憲法中明定以民法規定者：

郎憲法中明定有國籍，但國籍之取得與喪失等，則明定由民法規定
之。如比利時憲法（一八三一年）第四條第一項「比國國籍之取得、保
留與喪失，依民法之所定」。

三、在憲法中未有明定而由另法規定者：

郎憲法中並未定有國籍，而另以國籍法規定國籍之取得與喪失者，
探此種立法例之國家最多，如德國、日本、法國、意大利、瑞典等。

第三項　憲定的國民

我國憲法第三條規定「具有中華民國國籍者，爲中華民國國民」。
至國籍之取得與喪失等，另由國籍法定之，故屬上述第三種立法例。依
現行國籍法的規定，其要點如下：

一、國籍的原則：

我國國籍，以血統主義爲主，屬地主義爲副。具有下列情形之一者
具有固有國籍，郎(一)生時父爲中國人者；(二)生於父死後，其父死時
爲中國人者；(三)父無可考或均無國籍，其母爲中國人者；以上爲血統
主義；(四)生於中國地，父母無可考或均無國籍者；此爲屬地主義。

二、國籍的取得：包括

(一)緣於親屬關係而取得者：1.婚姻，郎爲中國人妻者，但依其本
國法保留國籍者不在此限；2.認知，郎父爲中國人，經其父認知者，父
無可考或未認知，母爲中國人經其母認知者；3.收養，郎爲中國人之養
子者。

(二)緣於歸化而取得者：1.外國人或無國籍人，具有特定條件者得
呈請歸化；2.外國人有特殊功勳於中國者，亦得歸化。經歸化核可者，

雖得享受諸種權利，但對特別重要之公職仍不得擔任。

三、國籍的喪失：

國籍因下列原因而喪失，（一）婚姻，爲外國人妻，自請脫離國籍經內政部許可者；（二）認知，父爲外國人經其認知者，父無可考或未認知，母爲外國人經其認知者；（三）歸化外國，自願取得外國國籍經內政部之許可，得喪失中華民國國籍，但以年滿二十歲以上，依中國法有能力者爲限。

但基於國家之安寧或社會秩序需要，具有下列情形之一者，內政部不得爲喪失國籍之許可，即(一)屆服兵役年齡，未免除服兵役義務，尚未服兵役者；(二)現服兵役者；(三)現任中國文武官職者。凡有以下情形時，仍不喪失其國籍，即（一）刑事嫌疑人或被告人；（二）受刑之宣告執行未終結者；（三）爲民事被告人；（四）受強制執行未終結者；（五）受破產之宣告未復權者；（六）有滯納租稅或受滯納租稅處分未終結者。

第六節　領　土

與憲法有關的領土問題，通常包括領土的範圍，領土的變更，並說明各國憲法對領土的規定，及我國憲定的領土。茲分項簡述之。

第一項　領土的範圍

從範圍言，所謂領土包括領陸、領水、領空、地下、船舶。茲分析如下：

一、領　陸：

任何國家均須在陸地上建國，故領陸是領土中最重要部分，亦是狹義的領土。再如沒有領陸，則領水及領空均將失其依據。國家對其領陸

行使絕對的與排他的管轄權，如劃分行政區域，開採自然資源，營造各種公共建築物、課徵土地稅、公用徵收等。領陸不但包括海面上的土地，且亦包括大陸礁層，即大陸邊緣水深二百公尺以內的傾斜海底，可說是領陸的自然向海延伸，亦即領陸在海中的部分。

二、領 水：

是在國家海岸領域管轄權下的水域，此種領域的管轄權，有維持公共秩序、漁撈、沿海貿易、航行、關稅、衛生設施等。外國商船在和平時期得要求無害通過領域。領水包括領海、海灣、海峽、通海運河、湖泊及河川等。

三、領 空：

國家法權不限於領土的長度與寬度，尚擴展到深度與高度，其中高度就是領空，亦即領陸和領水上面的大氣與空中。自航空器、無線電發明及空中交通發達後，領空即引起了爭論，嗣後在巴黎航空公約確定國家的領空權爲「國家對其領土上空有完全而排他的主權，亦即消極方面得排除他國航空器的飛行和侵越，積極方面得自由使用而不受他國的干涉」。

四、地 下：

一國領土地表下面的空間，亦屬於該國，原則上一直可深入至地心。在國家領水下面的底土，亦有與該國領土同樣的法律地位，故國家對之有權勘測，開採其地下的天然資源，或爲某種目的而利用其地下空間，他國不得加以干涉。

五、船 舶：

任何國家的船舶均有在公海上航行的自由，各國對其航行於公海上的船舶，均有管轄權，公海上的船舶都須在國家管轄權之下。船舶分公船與私船兩種，公船爲國家或政府所有，由國家行使管轄權；私船爲私

人或公司所有、管理及使用的船舶，公海上私船須有國籍，並只能有一個國籍，私船應懸掛本國國旗，並受其保護與管轄。

第二項　領土的變更

一國家所管轄的領土，並非永遠不變，每有因天然的或人爲的等原因，而使領土產生擴張或縮小現象等。玆分析如下：

一、因天然的原因而變更：

如因滄海桑田而增加領土，因火山爆發、地震等，使國土沉沒海中而喪失領土。

二、先佔無土地而取得領土：

如一國佔領向無所屬的土地，並設定主權者，是爲領土的原始取得；但先佔的主體須爲國家，在被佔領的土地上須以國家名義設定主權。如以私人航海發現荒地佔爲己有，亦須以國家名義佔領，並經國家的許可後，在國際法方稱爲有效的行爲。

三、因人爲的原因而變更：

卽領土的變更出於人力等原因者而言，主要有七種，卽（一）割讓，卽一國因戰爭或外交上的失敗，而將本國領土的一部分讓與他國；（二）購買，卽一國將領土的一部分，於取償相當代價後，轉讓給他國；（三）交換，卽兩國將其領土的一部分彼此互換改隸；（四）贈與，卽一國與他國因婚姻或遺囑關係，或因政治理由，將領土的一部分，有條件或無條件讓與他國；（五）合併，卽一獨立國的領土併入他國；（六）分離，卽從一國的領土，脫離獨立而成新國家；（七）居民投票，卽經當地居民投票同意，將該地的領土移轉於他國。

第三項　各國對領土的憲定

一般國家憲法，對領土有予規定者，有不予規定者；其有規定時，規定的重點多爲領土範圍與領土變更，但其規定的方式仍有不同。茲分析之：

一、領土範圍的規定：

有三種方式，(一)列舉式，卽將國家領土內的行政區域名稱，一一詳載於憲法。如瑞士憲法第一條，列舉有廿二州的名稱；意大利憲法第一百三十一條明定十九州的名稱。(二)概括式，卽憲法對國家領土的範圍，僅作概括的規定而不列舉其名稱。如美國聯邦憲法第四條三款，僅規定國會有管轄領土及有關領土法規之權；菲律賓憲法第一條，僅規定依據條約所定之疆界及現行管理之土地。(三)列舉概括並用式，卽先用簡單文字概括本國的領土，然後再列舉特殊的名稱。如比利時憲法第一條，先規定比利時劃分爲省，並列舉其名稱。以上採列舉式者，其優點爲領土明確固定，易引起國民的愛國心及受國際的尊重，並表示無擴張領土的野心；其缺點爲疆域遼濶，逐一列舉易滋遺漏，如有變更須修改憲法，殊多不便。採概括式者，其優缺點則剛相反。

二、領土變更的規定：

各國領土的變更，多設有限制。限制的方式有兩種，(一)以憲法限制者，卽領土變更須由修憲機關依修憲程序爲之，非行政機關或立法機關之所能爲者。如一九二〇年捷克共和國憲法第三條「捷克共和國領土完整統一，其疆界非以憲法法規不得變更」。(二)以法律限制者，卽領土的變更須經立法機關依立法程序通過領土變更法案始得爲之，行政機關不得爲之。如荷蘭憲法第三條「荷蘭王國領土、各省及各地方自治團體境界，得以法律變更之」。

第四項　憲定的領土

我國憲法第四條規定「中華民國領土，依其固有之疆域，非經國民大會之決議，不得變更之」。於此須說明者:

一、採概括式:

憲法對領土的範圍，係採概括方式規定。

二、以憲法限制:

即領土的變更，以憲法加以限制，即須修憲機關，經由議決，方得變更，因此非立法機關更非行政機關所可決定。惟於此尚須注意者爲:

(一)國民大會對變更領土的決議，應依國民大會組織法第八條規定採用普通的多數決或採修憲程序的多數決？憲法並無明文規定。學者對此見解不盡相同，有認應以修憲程序的多數決通過者，有認爲以出席過半數之通過即可者。❶

(二)行政區域的調整並非領土的變更: 領土之對內的變更，如將某省劃分爲數省，或合併數省爲一省，凡此乃國內領土行政區域的調整，而非領土的變更，依憲法第一百零八條第一項二款「行政區劃由中央立法並執行或交由省縣執行之」規定，只須立法院的同意即可，不須國民大會的決議。

(三)領土變更只須決議不須修憲: 我國領土的範圍既採用概括式而非列舉式，故雖以憲法限制，但如有變更，只須經國民大會的決議即可，原有憲法條文自不須再加修改。

(四)固有疆域應包括失地在內: 有學者提出，如香港澳門原爲我國領土，後受列強壓迫而租借或轉讓，旣係依其固有之疆域，則如一旦將

---

❶ 劉慶瑞主採普通多數決（劉著中華民國憲法要義，第四十三頁，自印，七十二年二月版），陳水逢主採修憲多數決（陳著中華民國憲法論，第二〇四頁，中央文物供應社，七十一年十月版）。

香港澳門收回，則仍非屬領土的變更，似不必經國民大會之決議。⑫

第七節 民 族

民族與種族的含義不盡相同，民族與國家有其不同的意義，各國憲法對民族多有規定，我國憲法亦然。茲分項簡述如後。

第一項 民族與種族的含義

我國憲法，一方面於總綱章第五條規定有「民族」，二方面在人民之權利義務章第七條又規定有「種族」，因此在學者之間就有民族與種族的含義是否相同的爭議。

一、認爲民族與種族含義相同者：

即種族就是民族，不必採用兩個觀念；在憲法兩個條文內分別規定民族與種族，用意何在，實難了解；故有的學者均捨民族而不談。有的學者則只講民族，認爲種族似無規定之必要。⑬

二、認爲民族與種族含義不同者：

即民族乃指人民之種族而言，就構成國家之分子之個人而言，謂之人民；就構成國家之每個羣體而言，謂之民族。所謂各民族一律平等，即指各民族整體之平等地位而言；所謂人民無分種族在法律上一律平等，乃指屬於各種族內每個人民之地位而言，不問其屬於何種族，均不得受歧視。⑭

以上兩種見解，以採第一種之學者人數較多。

---

⑫ 林紀東著，中華民國憲法析論，第一二七頁，自印，六十七年三月版。
⑬ 參見薩孟武著，中國憲法新論，第八十二頁，三民書局，六十三年九月版。
⑭ 管歐著，中華民國憲法論，第三十五頁、第四十五頁，三民書局，六十六年八月版。

第二項　民族與國家的區別

一般學者，多認為民族與國家的意義不同，其區別點為：

一、造成原因不同：

民族是由自然力的血統、生活、語言、種族、宗教、歷史及風俗習慣等要素所造成，而國家則大都用人為武力所造成；換言之，民族的形成是自然的結合，是無強制性的；國家的形成是人為的，是有強制性的。

二、構成的範圍不同：

構成民族的範圍與構成國家的範圍，有屬相同者，卽一個國家由一個民族所構成，如日本為大和民族所構成，此種國家通稱為民族國家；有屬不相同者，如一個國家由數個不同民族所構成，如我國原由漢滿蒙回藏五大民族所構成，經過長期的同化後，已陶冶成一個中華民族；又如阿拉伯民族，卻產生了約旦、敍利亞、伊朗等不同的國家。

三、法律關係不同：

一個民族內的各分子相互間，並無統治者與被統治者之法律關係；而一個國家是政治的結合，法律上規定有統治者與被統治者的關係。

四、存在期間不同：

一般而言，民族的存在期間較國家的存在期間為長，在國家未成立前，民族常已先有存在，如非洲的許多新興國家，其民族早於國家成立前而存在；又國家的滅亡，並不同時使民族消滅，如以前韓國的被日本滅亡，但其民族還是存在。再以消滅的原因言，民族與國家亦有不同，如民族多由於天災、人禍、被同化而逐漸消滅，而國家則多由於合併、征服、瓜分而消滅。

第三項　各國對民族的憲定

各國多將民族入憲的原因，是在以憲法保障國內各民族間的平等或對少數民族的特殊保護。當國內的民族愈複雜時，憲法的規定愈爲詳盡。茲舉例如下：

一、保障各民族平等的憲法：

蘇聯憲法第一百二十三條規定「蘇聯公民，不分民族及人種，在一切經濟生活、國家生活、文化生活、社會及政治生活各方面，一律平等，是爲確定不變的法律。凡因民族或人種關係而對公民權利作任何直接或間接之限制，或賦予公民以直接或間接特權，以及凡宣傳人種或民族惟我獨尊思想，或宣傳各民族或人種彼此仇視及藐視之行爲，均受法律之嚴懲」。又如法國第四共和憲法，亦規定有「自由民族抵抗企圖奴役壓迫人類之戰爭，已告勝利之後，法國人再宣告，凡人無種類、宗教、信仰之別，皆有神聖不可移讓之權利，一七八九年人權宣言所列人民各項權利及自由，以及共和國法律所承認之基本原則，茲復鄭重予以確認」。

二、保護少數民族的憲定：

如意大利憲法第六條規定「共和國以適當法律保護少數語言部族」。又如捷克憲法，設有「少數民族宗教及種族之保護」專章，均屬其例。

第四項　憲定的民族平等與民族保障

我國憲法第五條規定「中華民國各民族一律平等」，在其他各條中，尚有對少數民族之特別保障的規定。茲說明如下：

一、規定各民族平等的需要：

在憲法中規定各民族一律平等，係基於下列需要，卽(一)貫徹民族

主義的精神，民族主義基本精神，對外在求國家之地位平等，對內在求國內各民族之地位平等。(二)消除各民族間之歧見，我國原有漢滿蒙回藏及其他少數民族，為免產生種族優劣意識或因人數多寡而引起摩擦致影響團結，乃明文規定各民族一律平等。(三)促進中華民族的形成，在各民族一律平等的情形下，各民族間可增強同化作用，久而久之，大中華民族終將實現。

二、對少數民族的保障：

在現行憲法條文中，尚有若干有關少數民族的特別保障，如(一)對參政權的特殊保障，憲法第二十六條、六十四條、九十一條、一百三十五條，對國民大會代表、立法院立法委員、監察院監察委員等的選舉，均予蒙藏及邊疆地區各民族暨內地生活習慣特殊地區以特定的名額，以保障其參政機會，提高其政治地位。(二)對地方自治的保障，如憲法第一百一十九條一百二十條，對蒙藏的地方自治，予以特別保障；又如憲法第一百六十八條規定「國家對於邊疆地區各民族地位，應予以合法之保障，並於其地方自治事業，特別予以扶植」。(三)對經濟教育的保障，如憲法第一百六十九條規定「國家對於邊疆地區各民族之教育、文化、交通、水利、衛生及其他經濟、社會事業，應積極舉辦，並扶助其發展。對於土地使用，應依其氣候、土壤性質、及人民生活習慣之所宜，予以保障及發展」。

第八節　國旗與國都

一個國家的國旗與國都，均有其重要性，各國憲法對國旗及國都亦每有規定，我國憲法則只是有國旗而未定國都。茲分項簡述如後。

第一項 國旗與國都的重要

對國家而言，國旗與國都均有其重要性。

一、國 旗:

國旗為國家之標識，象徵立國的精神，在國際間卽認國旗為一國之代表，故特別受到重視，人民對之應加以崇敬與愛護，有不可侵犯的尊嚴，並為法律所保障。至國旗的設計，有以表現立國精神為主者，有以表明國家的組成分子為主者。

二、國 都:

國都為中央政府所在地，為政治活動的中心，故地位特殊重要，凡經大革命或大變動之國家，變更舊都而另立新都者，多於憲法中明文規定之，期以憲法保障其安定。

第二項 各國對國旗與國都的憲定

各國將國旗與國都入憲者，不乏其例。玆列舉若干如下:

一、國旗入憲者:

最早為比利時一八三一年憲法第一百二十五條規定「比利時國旗為紅、黃、黑三色，其國徽為直立獅與合則強之格言」。其後多數國家卽將國旗的方式規定入憲法，如意大利憲法第十二條規定「共和國國旗，為意大利三色旗，卽綠、白及紅之三條同寬，垂直帶旗」。法國第五共和憲法第二條第二項規定「國徽為藍、白、紅三色旗」。其餘如菲律賓、西德、緬甸、瑞典、蘇聯、挪威、羅馬尼亞、印尼等國，憲法中均有國旗方式的規定。

二、國都入憲者:

如比利時憲法第一百二十六條「布魯塞爾為比利時首都與政府所在

地」。土耳其憲法第二條「……其首都爲安哥拉」。巴西憲法臨時條款第四條「聯邦首都應移至本國中央高原……」。

第三項　憲定國旗未定國都

我國憲法第六條規定「中華民國國旗定爲紅地，左上角青天白日」。對國都則未有憲定。此須說明者有：

一、國旗的圖案：

我國國旗用紅地，其橫度與縱度爲三與二之比，上方之左爲青色長方形，其橫度與縱度等於紅地橫度與縱度二分之一，青色長方形中置國徽上之白日青圈及十二道光芒。關於青天白日滿地紅的含義，先總統蔣公曾解析爲「青天白日來代表我們國家，不僅要我們的國家和青天白日一樣的萬古如新，永久存在於宇宙間，並且還要如太陽之麗中天，普遍照耀著全世界永遠光明……。青天表示崇高偉大之志氣，白日表示光明潔淨之心地，紅地表示熱烈犧牲之精神……，白日的十二道光芒，卽所以象徵每日的十二個時辰，和每年的十二個月，其意義就是要我們如同地球對着太陽一樣的循環週轉，周而復始繼續不斷的進取」。

二、未定國都的原因：

我國訓政時期約法第五條，及五五憲草第七條，均規定中華民國國都設於南京。當抗戰勝利後制憲時，國民大會對於國都的地點，意見甚爲紛歧，有主張設於南京者，有主張設於北平者，亦有主張設於西安、蘭州、或武昌者，各有理由，爭持不下。當時國民大會恐因國都問題的爭執，而導至會議分裂，乃決定將憲法草案第七條中華民國國都定於南京一條及第一審查會定都於北平的修正案均予刪除。行憲後雖建都於南京，但此乃事實上的國都，並非憲法上的國都。

第四章　人民的權利

　　國父在遺教中對權利的提示甚多，權利的觀念與保障係隨著時代而演變，學者對權利多歸納爲平等權、自由權、受益權、參政權四大類，權利的範圍通常不以憲法明文所列舉者爲限，人民對權利的行使亦有若干限制，當人民權利受侵害時通常須予賠償。茲就以上內容，分節綴述於後。

第一節　與本章有關的遺教要點

　　有關人民權利的遺教，有眞正的平等，合理的自由，　蔣公的自由觀，及五五憲草對權利的設計等。茲分項簡述之。

第一項　真正的平等

　　國父對平等的看法，是先區分平等的類別，再說明平等的精義。其要點爲：❶

一、平等的類別：

❶　見國父著民權主義。

國父將平等分爲下列四種

(一)天生的不平等:「……推溯民權的來源，自人類出生幾百萬年以前，推到近來民權萌芽時代，從沒有見過天賦有平等的道理。譬如用天生的萬物來講，除了水面以外，沒有一物是平的。就是拿平地來比較，也沒有一處是眞平的。……就是一株槐樹的幾千萬片葉中，也沒有完全相同的。推到空間時間的關係，此處地方的槐葉，和彼處地方的槐葉，更是不相同的。今年所生的槐葉，和去年所生的槐葉，又是不相同的。由此可見天地間所生的東西，總沒有相同的。既然都是不相同，自然不能够說是平等。自然界既沒有平等，人類又怎麼有平等呢」。

(二)人爲的不平等:「天生人類本來也是不平等的，到了人類專制發達以後，專制帝王尤其變本加屬，弄到結果，比較天生的更是不平等了。這種由帝王造成的不平等，是人爲的不平等。……因爲有這種人爲的不平等，在特殊階級的人，過於暴虐無道，被壓迫的人民，無地自容，所以發生革命的風潮，來打不平」。

(三)假平等:「專制帝王推倒以後，民衆又深信人人是天生平等的這一說。……假如照民衆相信的那一說去做，縱使不顧眞理，勉強做成功，也是一種假平等。……必定要把位置高的壓下去,成了平頭的平等，至於立腳點，還是彎曲線，還是不能平等，這種平等不是眞平等，是假平等」。

(四)眞平等:「說到社會上的地位平等，是始初起點的地位平等，後來各人根據天賦的聰明才力，自己去造就。因爲各人的聰明才力有天賦的不同，所以造就的結果，當然不同。造就既是不同，自然不能有平等，像這樣講來，才是眞正平等的道理。如果不管各人天賦的聰明才力，就是以後有造就高的地位，也要把他們壓下去，一律要平等，世界便沒有進步，人類便要退化。所以我們講民權平等，是要人民在政治上

的地位平等。……必要各人在政治上的立足點都是平等……那才是眞平等」。

二、平等的精義:

又包括下列三點

(一)人類天賦才能有三種:「世界人類其得之天賦者，約分三種;有先知先覺者，有後知後覺者，有不知不覺者。先知先覺者爲發明家，後知後覺者爲宣傳家，不知不覺者爲實行家。此三種人互相爲用，協力進行，則人類之文明進步，必能一日千里。天之生人，雖有聰明才力之不平等，但人心則必欲使之平等，斯爲道德上之最高目的，而人類當努力進行者」。

(二)人類兩種思想的比對:「要達到這個最高之道德目的，到底要怎樣做法呢？我們可把人類兩種思想來比對，便可以明白了。一種是利己，一種是利人。重於利己者，每每出於害人，亦有所不惜。此種思想發達，則聰明才力之人，專用彼之才能去奪取人家之利益，漸而積成專制之階級，生出政治上之不平等，此民權革命以前之世界也。重於利人者，每每到犧牲自己，亦樂而爲之。此種思想發達，則聰明才力之人，專用彼之才能，以謀他人的幸福，漸而積成博愛之宗敎，慈善之事業。惟是宗敎之力有所窮，慈善之事有不濟，則不得不爲根本之解決，實行革命，推翻專制，主張民權，以平人事之不平了」。

(三)人人當以服務爲目的:「要調和三種人，使之平等，則人人當以服務爲目的，而不以奪取爲目的。聰明才力愈大者，當盡其能力而服千萬人之務，造千萬人之福。聰明才力略小者，當盡其能力以服十百人之務，造十百人之福。所謂巧者拙之奴，就是這個道理。至於全無聰明才力者，亦當盡一己之能力，以服一人之務，造一人之福。照這樣做去，雖天生人之聰明才力有不平等，而人之服務道德心發達，必可使之

成爲平等了，這就是平等的精義」。

第二項　合理的自由

國父對自由的見解，可從下列要點知之：❷

一、對自由的解析：

「自由的解析，簡單言之，在一個團體中，能够活動，來往自如，便是自由。因爲中國沒有這個名詞，所以大家都莫名其妙」。「英國有一個學者叫做彌勒氏的，便說一個人的自由，以不侵犯他人的自由範圍，才是眞自由。如果侵犯他人的範圍，便不是自由。歐美人講自由，從前沒有範圍，到英國彌勒氏才立了自由的範圍，有了範圍，便減少很多自由了。由此可知彼等學者，已漸知自由不是神聖不可侵犯之物，所以也要有一個範圍來限制他了」。

二、革命與自由的關係：

歐洲與中國情況有所不同。

（一）歐洲革命是爲爭取個人自由：「歐洲由羅馬亡後到兩三百年以前，君主的專制是很進步的，所以人民所受的痛苦，也是很厲害的，人民是很難忍受的。當時人民受那種痛苦，不自由的地方極多，最大的是思想不自由，言論不自由，行動不自由。……此外還有人民的營業工作和信仰種種都不自由。……歐洲人民當時受那種種不自由的痛苦，眞是水深火熱，所以一聽到說有人提倡自由，大家便極歡迎，便去附和，這就是歐洲革命思潮的起源」。

（二）中國革命是打破個人自由爭取國家自由：「由秦以後，歷代皇帝專制的目的，第一是保守他們自己的皇位，永遠家天下，使他們子子孫孫可以萬世安寧。所以對於人民的行動，於皇位有危險的，使用很大

---

❷　見國父著民權主義。

的力量去懲治；……如果人民不侵犯皇位，無論他們做什麼事，皇帝便不理會」。「外國人不懂中國歷史，不知道中國人民自古以來都有很充分的自由，這自是難怪。至於中國的學生，而竟忘了「日出而作、日入而息、鑿井而飲、耕田而食、帝力於我何有哉」，這個先民的自由歌，卻是大可怪的事。由這自由歌看起來，便知中國自古以來，雖無自由之名，而確有自由之實，且極其充分，不必再去多求了」。「我們是因為自由太多，沒有團體，沒有抵抗力，成一片散沙。因為是一片散沙，所以受外國帝國主義的侵略，受列強經濟商戰的壓迫，我們現在便不能抵抗」。「我們革命黨向來主張三民主義去革命，而不主張以革命去爭自由，是很有深意的。從前法國革命的口號是自由，美國革命的口號是獨立，我們革命的口號就是三民主義」。「個人不可太過自由，國家要得完全自由。到了國家能夠行動自由，中國便是強盛的國家。要這樣做去，便要大家犧牲自由」。「我們為什麼要國家自由呢？因為受列強的壓迫，失去了國家的地位，不祇是半殖民地，實已成了次殖民地」。「我們的革命主義，便是集合散沙的士敏土，能夠把四萬萬人都用革命主義集合起來，成一個大團體。這一個大團體能夠自由，中國國家當然是自由，中國民族才眞能自由」。

第三項　蔣公的自由觀

　　蔣公的自由觀，可從以下兩例說明之：

一、自由與法律的關係：

　　　「自由與法治是不可分的，我們中國是四萬萬五千萬國民共同組織的國家，我們國家要求四萬萬五千萬個國民之中，每一個國民都有自由，所以必須規定每一個人自由的界限，不許他為了一個人的自由，而去侵犯別人的自由，這種自由，才是眞正的自由，所以必須在法定的界限之

內自由才是自由，若出了法定的界限之外，便是放縱恣肆」。❸

二、提倡合理的自由：

「總理的民權主義第二講，就是說明民權與自由的眞義，與兩者在事實上的關係，從而主張合理的自由。就是主張限制個人的自由，以保持人人之自由，犧牲個人的自由，以求得國家之自由」。「總理所訂的五權憲法，當然是提倡自由的，但是五權憲法所提倡的自由，不是個人的自由，而是整個國家的大自由；不是絕對無限制的自由，而是有限制的合理的自由」。❹

第四項　五五憲草對權利的設計

五五憲草，對權利的保障，除人身自由外係採間接保障主義，共計十六條。玆摘錄如下：

一、第八條：中華民國人民在法律上一律平等。

二、第九條：人民有身體之自由，非依法律不得逮捕、拘禁、審問或處罰。（以下略）

三、第十條：人民除現役軍人外，不受軍事審判。

四、第十一條：人民有居住之自由，其居住處所，非依法律不得侵入、搜索或封錮。

五、第十二條：人民有遷徙之自由，非依法律，不得限制之。

六、第十三條：人民有言論、著作及出版之自由，非依法律不得限制之。

七、第十四條：人民有秘密通訊之自由，非依法律不得限制之。

八、第十五條：人民有信仰宗敎之自由，非依法律不得限制之。

---

❸　見　蔣公著中國之命運。
❹　見　蔣公著國父遺敎六講。

九、第十六條：人民有集會結社之自由，非依法律不得限制之。

十、第十七條：人民之財產，非依法律不得徵用、徵收、查封或沒收。

十一、第十八條：人民有依法律請願、訴願及訴訟之權。

十二、第十九條：人民有依法律選舉、罷免、創制、複決之權。

十三、第二十條：人民有依法律應考試之權。

十四、第二十四條：凡人民之其他自由及權利，不妨害社會秩序公共利益者，均受憲法之保障，非依法律不得限制之。

十五、第二十五條：凡限制人民自由或權利之法律，以保障國家安全，避免緊急危難，維持社會秩序，或增進公共利益所必要者爲限。

十六、第二十六條：凡公務員違法侵害人民之自由權利者，除依法律懲戒外，應負刑事及民事責任；被害人就其所受損害，並得依法律向國家請求賠償。

第二節　權利觀念的演變與保障

人權的保障已有甚久的歷史，人權的觀念由絕對的到相對的，人權的內容亦由自由的觀念到職分的觀念，權利的種類常在增加內容亦有變化，一般國家憲法均有權利的列舉與保障，我國憲法對權利與保障亦有明確的規定。茲分項簡述之。

第一項　人權保障的歷史

人權的保障，自一二一五年英國大憲章開始，至二次世界大戰後各國新憲法的規定，大致可區分爲四個階段。❺

---

❺　參見林紀東著，比較憲法，第一五一～一六〇頁，五南圖書出版公司，六十九年二月版。

一、初創階段：

論及人權的保障，學者常追溯至英國一二一五年的大憲章，一六二八年的權利請願書及一六八九年的權利典章。此三種文書雖多係國王與封建諸侯或騎士間所締結之協定，所保障者亦多爲貴族或騎士之權利，而非一般人民的權利，但人權保障的觀念卻因而建立，及後乃將人權保障的範圍擴及至一般的人民。

二、完成階段：

人權保障之規定於成文憲法，使政府嚴格遵守，俾人民權利獲得確切之保障者，乃始於一七七六年至一七八九年間所制定之美國各州憲法及法國人權宣言。

（一）一七七六年美國維吉尼亞州憲法：曾規定「任何人均具有生來而自由獨立」。「任何權力均存於人民，故亦來於人民」。「政府係爲保護人民、國家社會利益及安全而設置者」。「以人民代表資格而服務之下院議員之選舉，必須爲自由的」。「無論任何權威，均不得未經人民代表者之同意，停止法律之執行，而侵害人民之權利」。「不得頒發苛酷與壓制之逮捕狀」。「出版自由，爲自由之最大保護者，如非專制政府，決不予以限制」。

（二）一七八九年法國人權宣言：共十七條，其中規定有「人生而自由平等」。「一切政治之結合，目的皆在維持人類之天賦而不可讓與之權利」。「主權在民」。「自由之保障」。「法律乃公意之表現，一切公民均有由自己或代表參加制定法律之權利」。「一切人民非經判決爲有罪，應一律信其清白無辜，凡有逮捕之必要而拘束其身體者，一切不必要的暴力使用，應以法律嚴格禁止之」。「思想與意見之自由交換，爲人類最寶貴權利之一，故應予以保障」等。

三、發展階段：

　　自十九世紀工業發達後，個人與社會之關係愈臻密切，社會之公益漸趨重要，對人權之保障，不能只顧個人利益，尚須顧及公益，並應擴大眼光，從社會整體著想，因而在二十世紀初的憲法，對人權保障的觀念已有進一步的發展，與以前已有不同。最能代表此種人權觀念的憲法，可以一九二九年的德國威瑪憲法爲代表，如提倡尊重生存權，扶助弱小分子，禁止權利濫用，認爲所有權伴隨義務等。均與以前人權的觀念有所出入。

四、新的階段：

　　自第二次世界大戰以後，如德意日等國，鑒於過去國內政權專制獨裁加諸人民的痛苦與權利的受損害，於戰後訂定憲法時，雖對權利社會化的要求，在憲法中曾繼續加以規定，但對人民權利的保障再予以適度的加強，以期不因權利的社會化而影響及人民個人的權益。如：

　　(一)西德基本法：第一條規定「人之尊嚴不可侵犯，一切國家機關均有保護及尊重此尊嚴的義務；德國人民承認不可侵犯及不可讓渡之人權，爲世界上一切人類共同社會及和平與正義的基礎」。第二條規定「任何人均有自由發展其人格之權利，但以不侵害他人之權利及不違反憲法秩序或道德規範爲限……」。

　　(二)意大利憲法：第二條規定「共和國承認且保障每個人之不可侵犯權，及在發展個人人格之社會組織中之不可侵犯權；並要求各人履行經濟及社會聯帶之不可避免之義務」。

　　(三)日本憲法：第十一條規定「國民享有之一切基本人權，不得妨害之；本憲法所保障之國民基本人權，爲不可侵犯之永久權利，賦與現在及將來之國民」。第十二條規定「本憲法所保障之國民自由及權利，國民應以不斷之努力保持之；國民應負爲公共福祉而利用之責任，不得濫用」。第十三條規定「任何國民之人格均被尊重；關於國民生命、自

由及追求幸福之權利，除違反公共福祉者外，在立法及其他國政上，必須予以最大的尊重」。

第二項　人權觀念由絕對到相對

從人權的觀念言，在演變的歷史過程中，是由絕對的人權演變到相對的人權。茲分析如下：

一、絕對的人權觀念：

係根據自然法與社會契約的學說，認爲人權是天賦的權利，亦卽與生俱來之權利，非國家所賦與。既非國家所賦與，則其權利如何行使或竟不行使，悉聽諸個人的自由，國家不得加以干涉。又因人權是天賦的權利，乃先於國家而存在，而政府之任務乃在保障此種權利而不在干涉此種權利，故人權乃是絕對性之權利。此種絕對的人權觀念，在權利的完成階段，在憲法上表達得甚爲明顯。如美國獨立宣言謂「吾人深信此乃不言而喻的眞理，人人生而平等，造物主賦與人人以種種不可剝奪之權利，諸如生存、自由、及追求幸福等是。爲保障此種權利，由人類組織政府，而政府之正當權力，乃經人民同意而生。任何方式之政府，倘破壞此目的，人民卽有權將之改變或廢除，重建一新政府」。

二、相對的人權觀念：

係認爲權利並非是天賦的，而是社會生活的產物，亦卽由於社會生活的需要，乃產生權利的觀念。社會生活須由法律加以保障，苟無法律的保障就沒有社會生活，沒有社會生活就沒有權利，故人權是法律所賦與的而非天賦的。人權既爲社會生活的產物，則個人在行使權利之際，自應顧及社會的公益；人權既爲法律所賦與，則法律對權利自得加以限制。故個人自由，以不妨害他人自由爲界。德國威瑪憲法第一五三條曾規定「所有權包含義務，應爲公共利益而行使」。法國人權宣言第十七

條有「所有權爲神聖不可侵犯之權利，任何人之財產不受剝奪。但由於法律規定之公共需要，顯然有利用財產之必要，且依預定之公平補償條件予以徵收者，不在此限」。

第三項　人權內容由自由到職分

自人權之內容言，自創立人權以來亦有所改變，如初以自由爲人權的重心，隨後乃轉變爲以職分爲重心。茲分析如下：

一、以自由爲重心的權利：

指權利的內容，以自由權爲重心，個人對各種自由權利可自由行使，政府不得干預。大致而言，在十九世紀以前的憲法，有關權利的規定，多以自由權爲重心，對自由權之行使，亦多採放任政策，認爲政府無權干涉，亦不應干涉。乃引致衆暴寡、強凌弱、貧富懸殊，少數人窮奢極慾，多數人身無立錐。故羅蘭夫人有言曰「自由！自由！天下多少罪惡假汝之名以行」。

二、以職分爲重心的權利：

因爲人是社會動物，人的權利是爲社會生活的需要而產生與賦與，人有促使社會進步的責任，因此法律賦與人民的權利，亦應以促使社會進步所需要的權利爲重心，因而人權的內容乃有下列的改變：❻

(一)自由權由大而小：卽人民之自由，較以往爲小，不若以前已鮮有限制。大致而言，個人自由權之大小，與團體生活之發展成反比例，當社會生活愈簡單時，人與人間的關係並不密切，故個人的自由權範圍甚大；及社會生活日趨複雜，人與人間的關係趨於密切，個人的思想行爲對他人的影響愈大，因而自由權的限制亦較前爲多，故自由權的範圍

---

❻　參見林紀東著，比較憲法，第一六七～一六九頁，五南圖書出版公司，六十九年二月版。

漸趨縮小。

(二)參政權由小而大: 為促進社會進步，人民的參政權自屬極為重要，因而其範圍需予擴大。在以往人民的參政權多以選舉權為限，且選舉權的限制甚嚴，未普遍為人民所有，及後參政權擴大至罷免權，而後又擴大至創制權與複決權。當人民普遍的具有選舉罷免權以對人，具有創制複決權以對事以後，對政治已可充分參與。

(三)受益權由消極而積極: 以往的受益權，多只限於消極的請求救濟，如訴願權與訴訟權即其代表。及後為期促進社會進步，則受益權轉而為請求國家為一定行為之權利，亦即認為政府不僅止於保境安民，而應積極保障人民的生活，促進文化的發展，故最好的政府已不再是管事最少的政府，而是最能服務的政府，故請求權的範圍亦隨而擴大，請求政府的作為已多於請求政府的不作為。

(四)平等權由形式而實質: 以往所要求的平等，只是形式的平等，而現在所講求的平等，乃是實質的平等。蓋人民由於智識水準的差異，經濟狀況的不同，如只講求形式的平等，則人民間難以達到真正的平等。所謂真正的亦即實質的平等，使對弱小者予以特別的保障，使在實質上能與強大者達到平等。此所以福利政策大行其道，對生理上、經濟上、心理上的弱者，予以特別的保護、救濟、與援助。

第四項　權利的分類

人民的權利，依其身分性質的不同，可作不同的分類。至於如何分類，則學者多參考德儒耶林勒克 (G. Jellinek) 的看法而區分，並增加平等權，而作為權利的分類。茲先簡述耶林勒克的人民權利義務的分類，及外國學者對權利的分類。

一、耶林勒克 (G. Jellinek) 對人民權利義務的分類:

認爲國民對統治權有四種不同的關係，因而發生四種不同的身分：

（一）是被動的身分：人民須絕對服從國家的統治權，卽所謂「對於國家而爲給付」，其最重要者爲當兵義務與納稅義務。此乃是犧牲個人一部分利益，以求有助於公共利益。

（二）是消極的身分：現代國家常限定統治權行使的界限，在這界限之外，人民有獨立自主之權，不受國家統治權的干涉。人民由這身分，就發生了人民的自由權，卽所謂自由於國家之外。在今日法治政治之下，國家所不禁止者個人皆得爲之，國家則唯於法律有明文規定之時，才得有所作爲。

（三）是積極的身分：國家行使統治權，都是要增進公共利益，公共利益固然與個人利益未必一致，倘能一致，則國家常給予個人一種請求國家活動或利用國家設備的權利。人民依這身分，就發生了人民的請求權，卽所謂「對於國家而作請求」。此亦卽所謂受益權。

（四）是主動的身分：國家的意思，須由自然人代爲發表，因而自然人的意思每可改變國家的意思，而令國家意思不能公正。因此現代國家又令人民參加國家意思的決定，亦卽參加國家統治權的行使。人民依這身分，就發生了人民的參政權，卽所謂「爲了國家而作給付」。

二、我國學者對權利的分類：

依據憲法所定的各種權利，並參照上述耶林勒克的看法，將權利區分爲平等權、自由權、參政權、受益權，除後三種權利與德儒耶林勒克的權利分類相同外，另列平等權一種，認爲平等權乃其他三種權利的前提，蓋人民而無平等權，則其他權利亦無由實現。再自由權、受益權、參政權三者間，亦有互相連繫的關係，卽受益權可保障自由權不會落空，參政權可保障自由權與受益權的兌現。❼

❼　參見劉慶瑞著，中華民國憲法要義，第四十六～四十七頁，自印，七十二年二月版。

第五項 各國對權利的憲定與保障

各國對權利的憲定，係基於特定的理由；對憲定的權利，有不同程度的保障；憲定權利的方式，各國亦不盡相同。茲分析之。

一、憲定權利的理由：

各國將人民的權利規定於憲法，其主要理由為(一)可為人民的權利設定明確的保障；(二)可為國家各種機關樹立行為的準則；(三)可為政治制度祛除舊有的積弊；(四)可為人民心理建立基本的觀念。❽

二、對憲定權利的保障程度：

人民權利入憲後，自可因而獲得保障，但保障的程度卻各有不同，其情形如下：

(一)限制立法權者：此為最高程度的保障，即憲法上所規定之權利，立法機關亦不得制定法律限制之，如一七九一年美國憲法所增加修正的第一條，規定「議會不得制定法律以限制言論、出版、集會、請願等權利」，即屬此意。如果議會已為此項法律之制定，人民即可訴之於司法機關，依判決而宣告其法律為違憲而無效。

(二)限制行政權及司法權者：此為次高程度的保障，即憲法上所規定的人民權利，除依照法律外，不得以命令或判決而加以限制之。多數國家之憲法中，所謂「非依法律不得限制云云」，「於法律範圍內，得有某種之自由云云」，均屬此意。換言之，人民的權利，只有立法機關可以制定法律限制之，而行政機關或司法機關，不得發布命令或作成判決加以限制。

(三)行政權亦不予限制者：此為最低程度的保障，即憲法上所規定之權利，行政機關得以命令限制之。各國以命令限制憲法上人民權利之

---

❽ 左潞生著，比較憲法，第八十四～八十五頁，正中書局，六十九年十月版。

事甚爲少見。但自緊急命令權的規定興起後，則行政機關可發佈緊急命令而限制憲法上所定之人民的權利。惟爲防止緊急命令權的濫用，通常在憲法上規定在「緊急的情勢」下，始得發布緊急命令，此種「緊急的情勢」，通常包括 1.爲戒嚴，卽發生對外戰爭，或國內有叛亂發生，有特別警戒之必要時，由國家元首宣告，以限制戒嚴地區內人民之自由及權利，並得由當地最高司令官，指揮或代替當地行政官或司法官，行使權力之制度；2.爲緊急命令，係於國家非常時期，由國家元首公布，其效力超過法律，甚且可停止憲法若干條款效力的命令。 ❾

三、憲定權利的方式：

　　將人民的權利規定於憲法時，其規定的方式，又有下列三種：

　　(一)列舉規定：舉凡關於人民的權利，均一一列舉於憲法之中。其優點爲使人民了解何者爲權利，如何保障，適用方便；其缺點爲勢難列舉無遺，且權利之性質亦常隨時代之不同而異其觀念，其保障程度亦常因時代不同而有差別，如採列舉規定，則有頗難適應事實需要之感。

　　(二)概括規定：卽憲法中僅規定人民之權利應予保障，而不列舉權利的種類。其優點爲可適用靈活；而其缺點則規定有欠明確，何者爲權利何者非屬權利，易滋疑義，勢將完全由立法機關以法律作擴充的規定。

　　(三)折衷規定：亦稱爲例示規定，卽憲法上對於人民的權利，旣爲例示的列舉，復爲概括的規定，以概其餘。此種方式的規定，具有上述兩種規定的優點，而無其缺點，一般國家多採用之。如美國憲法修正案第九條規定「不得因本憲法列舉某種權利而認爲人民所保留之其他權利，可以被取銷或忽視」。葡萄牙憲法第八條第二十款規定「凡人民所享有之權利與保障，其未詳載本憲法或本國法律者，亦應該爲有效；惟享有

　　❾　參見張知本著，憲法學，第一八四～一八六頁，三民書局，六十四年八月版。

是項權利，應以不侵犯第三者之權利與利益及道德爲限」。

第六項　憲定的權利與保障

我國憲法第七條至第十八條、第二十一條，係採列舉權利者，第二十二條係採概括規定者；上列各條之權利，大致可歸納爲四類。至對權利的保障以憲法保障爲原則，但對憲定權利，符合憲法第二十三條所定之條件者，仍得以法律限制之。茲分析如下：

一、列舉權利的分類：

大致可歸納爲下列四類

(一)平等權：包括男女、宗教、種族、階級、黨派，在法律上一律平等。

(二)自由權：包括身體、居住及遷徙、言論、講學、著作及出版、秘密通訊、信仰宗教、集會及結社、生存、工作及財產之自由。

(三)受益權：包括經濟上、行政上、司法上、教育上的受益權。

(四)參政權：包括選舉、罷免、創制、複決、應考試服公職的參政權。

二、列舉權利的保障：

因憲定各種權利的條文中，並非「非依法律不得限制」字樣，故原則上均爲憲法的保障，亦卽直接的保障。但對憲定的權利，遇及爲防止妨碍他人自由、避免緊急危難、維持社會秩序、或增進公共利益所必要時，仍得以法律限制之，是又以法律保障爲例外也。

第三節　平　等　權

平等權有其意義，其內容亦在演變。平等權與自由、受益、參政權

有密切關係，平等權包括有若干種。各國憲法對平等權多有明定，我國憲法亦規定有平等權。茲分項簡述如後。

第一項　平等權的意義與演變

平等權係由不平等而來，不平等有由於自然者，如各人的聰明才智多不平等；有由於人爲者，如國家設立貴族制度，對某部分人給予特權等。憲法上所謂平等，只是不承認人爲的不平等，而使人人在法律上一律平等而已。所謂平等權的演變，係指由絕對的平等演變爲相對的平等而言。茲分析如下：

一、法律上的平等：

憲法上的平等權，係指法律之前人人平等之意，而非指人類天賦的平等。現代民主國家，大都在憲法或法律中，對人民的平等權利，作明文或默示的保障，任何人不得在法律上享有任何特權。再所謂法律上的平等，係指法律對各人保障的平等與懲罰的平等，亦卽法律對人民的保障不因人而異，法律對人民的懲罰亦不因人而有所不同。

二、由絕對的平等到相對的平等：

法律上一律平等，本屬絕對的平等，但國家的人民爲數衆多，聰明才智各有不同，如不問實際情形如何，法律上均予以同等的待遇，執法者亦採同一標準的措施，強以不同而爲同，則所見者只是形式上的平等，實質上將引致不平等的結果，而失去憲法保障平等權的本意，故現今學者多主張相對的平等。此種相對的平等，係以人民之具體的差異爲前提，依據此種差異，在法律上對之作差別的處理，以期獲得眞正的平等。此種合理的差別，乃是獲得眞實的平等所必須，故並不能認爲違憲。正如日本憲法學者清宮四郎謂「人類具有性別、能力、年齡、財產種種之差異，爲不可爭之事實。所謂平等，係以此種具體的差異爲前提，無論在

法律賦予利益方面，或法律所賦課之不利益方面，對於同一之事情，為均等之處理（卽所謂比率的平等）。故專斷的差別，在所不許，合理的差別，則不違反憲法」。⑩ 因此，憲法或法律對於社會上的弱者，特設保護規定時，衡以現代憲法重視實質的平等之精神，實不能謂為違反憲法之平等權的原則。

第二項　平等權與其他權利的關係

平等權，不但本身有其重要性，且與自由權、受益權、參政權的關係亦極為密切，亦卽平等權是自由、受益及參政權的前提，如無平等權，則無法獲得眞正的自由權、受益權及參政權。玆分析如下：

一、平等權與自由權的關係：

一方面平等與自由具有相成的關係，能平等始有普遍之自由，能自由始屬眞正的平等，故自由與平等之爭取，為十八、九世紀民權革命之兩大目標，自由權與平等權的保護，亦為近代憲法的主要內容。另一方面，自由與平等又不易完全兼顧，如求絕對的自由，則勢難顧及完全的平等，為求完全的平等，又將難顧及絕對的自由；在以前是自由重於平等，為了自由寧可犧牲某種平等，而現今則是平等重於自由，為了平等寧可犧牲某種自由。

二、平等權與受益權的關係：

受益權係人民為其一己之利益而請求國家為某種行為之權利，如請求國家在經濟上、行政上、司法上、教育上的行為，而使人民受益。但由於人的聰明才智多有不同，在社會生活上的表現亦多有差別，因之如經濟上、教育上等的受益權，如屬絕對的平等，則將發生實質上的不平等；同樣的如不考慮平等權，則受益權又將難以實現。因此，受益權的

⑩　林紀東著，比較憲法，第一八三頁，五南圖書出版公司，六十九年二月版。

實現，亦須以平等權爲前提，而此處所指的平等權，自應以現代的相對的平等權爲準。

三、平等權與參政權的關係：

由於社會的進步，人民知識水準的提高，參政權的範圍亦在繼續的擴大。選舉權尤爲參政權中應用機會最多且最受人民重視者，現代的選舉權並以普通、平等、直接及無記名投票爲標榜，故參政權同樣的須以平等權爲前提，如以往選舉時以身份地位財產教育等條件決定有無投票權及投票權之等級者，即爲不平等的選舉，現代多已絕跡。但參政權的平等，亦只是相對的平等，如各地區代表名額的產生，代表名額中男女性別的比例等，爲期對特定地區能有足夠代表產生，及代表名額中有足夠的婦女名額起見，亦每有保障特定地區代表名額及婦女代表名額的規定。

第三項　平等權的種類

現代憲法均有平等權的規定，並以法律上一律平等爲基礎，至在何種事項上應予平等，則各國憲法的規定不盡一致，大致而言，有下列各種：

一、種族平等：

近代國家的人民，其組成分子極爲複雜，在同一國家之中，往往有若干民族、種族同時存在，人種或血統來源不同，所探語言各異，有時並與歸化人及外國人同時雜處，此外尚有所謂少數民族問題，實爲政治上須予解決的問題。因之，現代各國憲法，多有較進步的規定，即承認一切人民在法律上一律平等的原則，以維人道張正義。

二、階級平等：

所謂階級，指人民身分、門閥、地位等差異卽言，如古代奴隸社

會，有主人與奴隸的階級，中古封建社會，有貴族與平民的階級，資本主義社會，亦常有資本家與勞工的階級；此種階級的差別，有者具有特權有者無特權，致釀成人類紛爭，阻碍社會進化，爲害非淺。故現代國家爲廢除此種階級的不平等，多於憲法中明定無分階級在法律上一律平等。

三、男女平等：

係指承認婦女在法律上與男子有同等地位的平等，包括婦女的參政權、工作權等與男子平等。以往婦女由於敎育水準較低，經濟上不能獨立，遂使男女在法律上難以平等。至近代由於婦女敎育水準的提高，經濟上的獨立，對國家社會亦能與男子同樣的提供奉獻，於是男女平等的呼聲受到重視，現代國家憲法亦多有男女平等的規定。

四、宗敎平等：

指國人對信仰宗敎的平等。古代歐洲各國，如人民所信仰的宗敎與統治者所信仰的宗敎不同時，往往不能享有同等的權利，壓迫異敎徒而發生宗敎戰爭。現代國家爲消弭戰亂，乃多於憲法中規定不論所信仰的宗敎爲何，在法律上予以平等的待遇。但目前仍有少數國家規定某敎爲國敎者，如西班牙以天主敎爲國敎，回敎國家以回敎爲國敎，此等國家，對非屬國敎的敎徒常予以不平等的待遇。

五、政治平等：

包括政治黨派、政治意見、政治思想等之平等，以求政治上的安定與和諧。但此種政治的平等，有其法定的範圍，如超出法定的範圍，如政治黨派藉口平等而進行暴動，自爲法所不許，因而亦不予保障。如目前有些國家，多以法律規定共產黨爲非法政黨，卽屬其例。

六、經濟平等：

包括人民的工作、職業、勞動等之平等。在二次世界大戰前，對經

濟平等並未受重視,而係包括在法律上平等之內；直至二次世界大戰後，經濟問題受到重視，因而經濟平等亦爲各國憲法所注意，亦卽對工作機會的平等、職業間的平等，勞動條件的平等，在憲法上已有或多或少的規定。

七、社會平等:

社會平等原亦包括在法律上平等之內，嗣因經濟發展，社會活動頻繁，社會安全、老弱保護、公共衛生等問題，引起政府的注意，於是乃有社會平等的需求，進而在憲法上作某種規定，以期人民在法律上得以同等地位，謀求享受社會福利的平等。

第四項　各國對平等權的憲定

各國憲法對平等權的規定甚多，玆按平等權種類舉例如下:

一、種族平等:

如西德基本法第三條第三項「任何人不得因……種族、語言、籍貫、血統……而受歧視或享特權」。美國憲法增修第十四條第一項「凡出生或歸化於合衆國並受其管轄之人，皆爲合衆國及其所居之州之公民，無論何州，不得制定或執行剝奪合衆國公民之權利或特別免除義務之法律，……並不得不予該州管轄區內之任何人以法律上之同等保護」。

二、階級平等:

如瑞士憲法第四條「瑞士人民，在法律上一律平等，在瑞士國內，無……身份……之分別或特權」。日本新憲法第十四條「任何國民在法律上一律平等，……不因……社會身份或門第，而有差別；華族或其他貴族制度，不予承認……」。

三、男女平等:

如法國第四共和憲法序文「……法律保障女子在任何方面與男子有

平等的權利……」。西德基本法第三條第三項「任何人不得因性別……而受歧視或享特權」。

四、宗教平等:

　　如意大利憲法第三條「一切人民均有平等之社會尊嚴,在法律前,不分……宗教……一律平等」。法國第五共和憲法第七十七條第二項「一切公民,不分……宗教……在法律上一律平等。」

五、政治平等:

　　如意大利憲法第三條「一切人民……在法律前,不分……政見……一律平等」。巴拿馬憲法第廿一條「巴拿馬國民及外國人,在法律上一律平等……不得因……政治思想而有差別」。

六、經濟平等:

　　如意大利憲法第四條「共和國承認一切人民有工作權,並促進能使此種權利發生實效之各種條件……」。西德基本法第十二條「一、一切德國人民有自由選擇職業、工作地點、及職業訓練之權利……;二、任何人不得被迫爲特定勞役,但習慣上對一切人平等賦課之一般公共勞役,不在此限;三、強制勞動唯在法院宣告剝奪自由刑之場合,始得爲之」。

七、社會平等:

　　如日本新憲法第廿五條「任何國民,均有享受健康及文化的最低生活的權利;國家就一切生活部門,應努力提高及增進社會福祉、社會安全、及公共衞生」。大韓民國憲法第八條「國民在法律之前,一律平等;不論在政治、經濟及社會生活各方面,均不因……或社會地位之不同,而受歧視……」。

第五項　憲定的平等權

　　我國憲法第七條規定「中華民國人民,無分男女、宗教、種族、階

級、黨派，在法律上一律平等」。本條舉出男女、宗敎、種族、階級、黨派的五種平等，但此僅爲例示性質，並非謂除此五種外，其他卽可不平等。再平等權原則上只有中華民國人民始可享有，如係非中華民國人民，縱令長期居住中國，必要時在法律上仍可給予差別待遇。至此五種平等的實現，除在憲法中另有規定外，須另以法律制定實施。玆分析如下：

一、男女平等：

爲期男女能獲得眞正的平等，我國憲法對婦女的參政權、工作權及生存權乃有特別保障的規定，如憲法第一百三十四條規定「各種選舉應規定婦女當選名額，其辦法以法律定之」。憲法第廿六條第七款、第六十四條第二項，又規定婦女團體應選出之國大代表及立法委員名額以法律定之；監察委員及各級地方民意代表之選舉應選出之婦女名額，則分別在有關法規中規定。再如憲法第一百五十三條第二項規定「婦女兒童從事勞動者，應按其年齡及身體狀態，予以特別之保護」。又如憲法第一五六條規定「國家爲奠定民族生存發展之基礎，應保護母性，並實施婦女、兒童福利政策」。均爲男女平等的延伸規定。

二、宗敎平等：

爲期宗敎平等獲得較爲確切的保障，在憲法第十三條另有信仰宗敎自由的規定。在第一百三十五條復規定「內地生活習慣特殊之國民代表名額及選舉，其辦法以法律定之」。所謂內地生活習慣特殊之國民，係指信奉回敎及喇嘛敎的國民而言。

三、種族平等：

係指各種族內每個人民的地位平等，與憲法第五條「中華民國各民族一律平等」，同爲強調平等之意，所不同者，第五條強調各整個民族間的平等，第七條強調各種族內各個人間的平等。同樣的，憲法對各少

數民族亦有特別保障的規定,以期獲得實質的平等。如第廿六條、第六十四條, 對少數民族的國民大會代表及立法委員的當選名額有特別規定; 又第一百六十八、第一百六十九條, 對邊疆各地區民族之地位、文化、教育、經濟等, 特別予以保障與扶植發展。

四、階級平等:

自民國成立後, 貴族制度已被廢除,此所謂階級應指勞資階級而言。為確保勞動階級的權利, 除規定「無分階級在法律上一律平等」外, 對勞動階級更設有政治上與經濟上的具體保障。如選舉權除年齡限制外, 不再有教育及財產的限制; 國民大會代表及立法委員更定有職業團體的當選名額。再如憲法第一百五十三條、第一百五十四條, 分別規定農民及勞工生活之特別保障及確保勞資雙方利益; 更有第一百四十二條實行平均地權、節制資本, 以逐漸消除各階級間的經濟上差距, 進而達到各階級間之經濟上的平等。

五、黨派平等:

係指各黨派在法律上立於平等地位, 在政治上不能享受任何特權, 亦不遭受任何歧視; 黨員平等, 卽任何人不論屬於任何黨派, 在法律上一律平等, 政府不能因其為在野黨的黨員, 而對政治上或經濟上予以法外的歧視, 或以某人是執政黨員而給予特殊權益。為保障黨派平等, 我國憲法第八十條規定「法官須超出黨派以外, 依據法律獨立審判, 不受任何干涉」。第八十八條規定「考試委員須超出黨派以外, 依據法律獨立行使職權」。又第一百三十八條規定「全國陸海空軍, 須超出個人、地域及黨派關係以外, 効忠國家, 愛護人民」。及第一百三十九條規定「任何黨派及個人, 不得以武裝力量為政爭之工具」。

第四節　自　由　權

自由權有其意義，其內容亦在逐漸的演變；自由權的種類甚多，各國憲法均有自由權的訂定，我國憲法對自由權的規定甚為詳盡。茲分項簡述如後。

第一項　自由權的意義與演變

自由權，創始於洛克等人的天賦人權，自由權的內容亦常因時代的不同而有所改變。茲分析如下：

一、自由權的意義：

自由權，乃國家行使統治權的限界之外，人民有獨立自主之基本權利，故自由權不受國家統治權的干涉。自由權創始於洛克、孟德斯鳩、盧梭等自然法學派之天賦人權，以為個人自由乃先國家而存在，為不可讓與的權利，它既非法律所賦予，故亦不是法律所能剝奪。具體表現此種思想者，為一七七六年美國獨立宣言，及一七八九年法國人權宣言，將此種宣言精神規定入憲法者，則以一七七六年美國維吉尼亞州憲法及一七九一年法國憲法為嚆矢。自是而後，各國憲法均將自由權明定於憲法。

二、自由權的演變：

自十九世紀後，天賦人權的學說受到甚多學者的攻擊，認為國家所承認個人自由，並不因為個人自由是天賦的，而是自由為發展個人人格所需，而社會的進步則又依賴於個人人格的發展，國家為促進社會的進步，不得不給人民以各種自由，故自由權是憲法所賦予的，憲法既可賦予個人以自由權，則當為促進社會和階與進步的必要時，自可對賦予的自由權加以限制。換言之，憲法所賦予的自由權是用來發展人格與促進

社會進步的，如發現個人用自由權來妨碍他人人格的發展與妨碍社會的進步時，自可予以限制。亦卽所謂自由權不是絕對的而是相對的，個人不得濫用自由權，個人對自由權的運用，負有發展人格與促進社會進步的義務。

第二項　自由權的種類

一般國家憲法中所定的自由權，繁簡不一，大致可歸納爲下列三類，每類之中又包括有若干種自由權。

一、身體自由：其中又包括

（一）人身自由：人身自由爲一切自由的基礎，如人身不能自由，可隨時受著非法的侵犯或刑罰，則其他一切自由將無依附，故人身自由亦爲各種自由中之最重要者。人身自由通常含有三種意義，卽 1.是個人人身自主的權利，不受其他任何人的支配或控制；2.是個人居止行動的權利，除妨害他人自由或違反人身自由者外，不受其他限制；3.是個人保護身體本體的權利，任何人有排除一切對於身體本體非法侵犯之權。

（二）居住自由：係人民保護居所住所的權利。居住自由是人民身體自由的延伸與補充。居住自由，包括人民居住處所，非得本人同意或急迫情形，任何人不得侵入，縱屬國家公務員爲行使某種權限必要時，亦非依法律所定條件與手續，不得侵入、搜索與封錮。

（三）遷徙自由：指人民居住處所移動的自由，亦爲身體自由的延伸與補充。遷徙自由的意義，包括 1.擇居自由，卽隨意選擇居住處所的自由；2.旅行自由，卽隨時往來各地的自由。

二、精神自由：其中又包括

（一）意見自由：係表示意見的自由，其中又有 1.言論自由，卽以言語表達意見的自由，並含有在羣衆聚會中，凡屬會員均有發表演說或參

加討論之權；發表言論的內容，在法律範圍內應得自由發表，不受任何壓抑；發言者應不以發表某種言論關係而受到不利影響。 2.講學自由，包括設校講學的自由，教學內容的自由，及研究結果發表的自由。 3.著作自由與出版自由，乃以文字圖畫表示意見的自由及刊行的自由，各國憲法的立法例，有者將著作自由與出版自由並列，有者只列出版自由，其意為出版已包括著作在內。 4.廣播、演劇等自由，廣播也可稱是無集會的言論自由，其效力比一般言論自由更為強大；演劇自由包括映演電影及以言詞表演戲劇的自由。

　　(二)秘密通訊自由：係兩人以上交換意見，以秘密方式行之，而不容許任何人侵犯的自由，舉凡函信、郵件、電報、電話等均屬之。秘密通訊自由包含 1.人民通訊不得無故被人扣押或隱匿； 2.通訊內容不得無故被人拆閱或探知。

　　(三)信教自由：包括 1.信仰自由，卽人民對於某種教義的信仰與不信仰，應不受干涉； 2.禮拜自由，卽人民對某種教儀的舉行，應不受干涉。

　　與信教自由有關者，尚有下列問題值得一併提敍。卽 1.國教問題，如承認某一宗教為國教，強迫人民加入該教，履行該教儀節，凡未入該教的人民，使失去法律上的權利與地位，近代回教國家多屬如此；或一面承認人民信教自由，同時又承認某教為國教，國家對國教給予特別優待，西班牙及巴拿馬的天主教卽屬如此。 2.信教與人民的權利與義務問題，現代各國憲法多規定人民的權利與義務，不因其宗教信仰而有差別。 3.國家資助宗教經費問題，現代國家憲法或法律，多明文禁止國家對宗教經費的資助。 4.信教自由與教育問題，一般國家多承認宗教應與教育分離，主張學校不得以宗教教義與儀式教育學生，學校或學生亦不得藉口信教自由，違背國家教育政策與宗旨。 5.特別地區及少數民族的宗教

保障問題，各國對特別地區及少數民族的一切問題，多予特別保障，宗教亦屬如此。

三、團體活動自由：其中又包括

（一）集會自由：係不特定的多數人，爲達成某種目的，暫時集合於一地，發表演講或討論問題，國家不得無故干涉的自由。英美國家，多將集會自由併入於言論自由，故並無單獨的集會自由；歐洲大陸國家，多將集會自由認作特殊的自由，並於憲法中加以明文規定。

（二）結社自由：係以特定的多數人爲達成一定目的，長期結合，組成團體，國家不得無故干涉的自由。因此種自由的行使，有其固定的組織，故較集會自由更爲重要，因而此種自由的取得，亦較集會自由爲困難。

四、生存、工作及財產自由：

其中包括（亦有學者將之列入受益權者）：**⓫**

（一）生存自由：生存亦爲一切自由權利的前提，人民如不能生存，則亦將無法行使其他自由權利。

（二）工作自由：係人民有自由選擇工作之權利。

（三）財產自由：係人民在社會上，對於其所有的財產，有自由使用收益、處分的權利。

第三項　各國對自由權的憲定

各國憲法，對自由權多有較詳的規定，茲根據上述的區分，舉例如下：

一、身體自由：

如美國一七九一年增修憲法第四條規定「人民有保護其身體、住所、

⓫　管歐著，中華民國憲法論，第五十五～五十六頁，三民書局，六十六年八月版。林紀東著，比較憲法，第二五四頁，五南圖書出版公司，六十九年二月版。

文件與財物之權，不受無理拘捕、搜索或扣押，並不得非法侵犯。除有正當理由，經宣誓或代誓宣言，並詳載搜索之地點、拘捕之人或扣押之物外，不得頒發搜索票、拘票或扣押狀」。法國一七八九年人權宣言第七條規定「任何人，除於法律所定之情形，依照法律所定之形式外，不得對之提起公訴，或加以逮捕或拘禁。請求發佈或執行專恣之命令者，應加以處罰。惟公民對於依法之傳喚或逮捕，應即時遵從，抵抗者處罰之」。日本新憲法第卅一條規定「非依法律所規定之手續，不得剝奪任何人之生命或自由，或科以其他刑罰」。比利時憲法第十條規定「私人住宅不得侵犯，非法律所規定之情形，非依法律所規定的程序，住宅不得被搜查」。瑞士憲法第四十五條規定「瑞士公民，在提出出生證或同等文件後，有權移居瑞士任何地方……」。西德基本法第十三條規定「住所不得侵犯……」。第十一條規定「一切德國人民，在聯邦內有遷徙之自由」。

二、精神自由：

（一）在意見自由方面：如德國威瑪憲法第一四二條規定「藝術及學術之研究及講授，應享有自由；聯邦及各邦應予以保護，並促進其發達」。大韓民國憲法第十三條第二項規定「國民有學問及藝術之自由。著作者發明家及藝術家之權利，應以法律保護之」。西德基本法第五條第一項規定「任何人均有以語言文字及圖畫，自由發表及散布意見之權利。並有自一般情報來源，接受報導，而不受阻礙之權利。出版自由及廣播電影之報導自由，應保障之。檢閱制度不得設置」。意大利憲法第廿一條第一項規定「任何人均有以言論、著作、及其他任何傳播手段，自由發表意見之權利。新聞不得採取許可制或檢查制」。菲律賓憲法第三條第八款規定「不得制定法律，以限制人民之言論自由，出版自由」。

（二）在秘密通訊自由方面：如西德基本法第十條規定「書信、郵

件、電信、電話之秘密，不得侵犯，非依據法律不得限制之」。意大利憲法第十五條規定「通訊及其他一切形式之通訊自由與秘密，不得侵犯。上項自由之限制，惟依司法機關所發之附有理由之令狀，且在法定保障之範圍內，始得爲之」。大韓民國憲法第十一條規定「國民有秘密通訊之自由，非依法律不得侵犯之」。

（三）在信仰宗教自由方面：如美國憲法增修第一條第一項規定「國會不得制定關於下列事項之法律，1.確立宗教或禁止信教自由」。日本新憲法第二十條規定「保障任何人之信教自由。任何宗教團體，均不得由國家接受特權或行使政治上之權力。不得強制任何人參加宗教之行爲、祝典、儀式、或其他一切行爲。國家及其機關，不得爲宗教教育，或其他任何宗教活動」。泰國憲法第廿五條規定「任何人於不違反其義務及公序良俗範圍內，享受信奉一切宗教……之完全自由」。

三、團體活動自由：

如美國憲法增修第一條規定「國會不得制定下列事項之法律……3.剝奪人民和平集會，及向政府陳述救濟之請願權利」。西德基本法第八條規定「一切德國人民，有和平及不帶武器集會之權利，無須事前報告或許可。屋外集會之權利，得依法或根據法律限制之」。意大利憲法第十七條規定「人民有和平並不帶武器集會之權利。集會縱爲公開，亦無須事先報告。公共場所集會，應向當局報告。當局得禁止集會，但僅以治安或公共安全，有明確需要者爲限」。

四、生存、工作及財產自由：

如法國人權宣言第十七條規定「財產爲神聖不可侵犯之權利，非因依法規定之公共需要，並給予正當之事先決定賠償者，不得剝奪各人之所有權」。比利時憲法第十一條規定「除公益理由，經法律規定其情形與程序，並預付公平補償外，任何人之財產，不得被剝奪」。西德基本法

第十四條規定「所有權與繼承權，應予保障，其內容與限制，以法律定之。所有權負有義務，其行使應同時有助於公共福利。徵收為公共福利始得為之，徵收須依所規定之補償方法與金額之法律，或根據該法律，始得為之」。日本新憲法第廿九條規定「財產權不得侵犯之。財產權之內容，須合於公共福祉，以法律規定之。私有財產，在正當補償下，得為公共利益而使用之」。德國威瑪憲法第一百五十一條規定「經濟組織應依正義之原則，使各人均能得人類水準之生活」。日本新憲法第廿五條規定「一切國民均有營其最低限度之健康的文化生活的權利」。美國最高法院一八九七年的解析「美國憲法增修第十四條之正當法律手續條項中所謂自由，乃包括公民可以自由使用自己才能於一切合法活動的權利，可以在自己所欲的地方生活或工作的權利，從事合法職業以維持生計的權利」。

第四項　憲定的自由權

我國憲法自第八至第十五條，均為有關自由權的規定，包括有身體、居住、遷徙、言論、講學、著作、出版、秘密通訊、信仰宗教、集會、結社的自由，人民除現役軍人外不受軍事審判，及人民的生存權工作權及財產權應予保障；同時第廿二條又規定「凡人民之其他自由及權利，不妨害社會秩序公共利益者，均受憲法之保障」。故我國憲法所定自由權，兼採列舉及概括規定，範圍極為廣泛，茲分析如下：

一、身體自由： 我國憲法第八條規定

「人民身體之自由應予保障，除現行犯之逮捕由法律另定外，非經司法或警察機關依法定程序，不得逮捕拘禁。非由法院依法定程序，不得審問處罰。非依法定程序之逮捕、拘禁、審問、處罰，得拒絕之。

人民因犯罪嫌疑被逮捕拘禁時，其逮捕拘禁機關應將逮捕拘禁原因，

以書面告知本人及其本人指定之親友，並至遲於二十四小時內移送該管法院審問。本人或他人亦得聲請該管法院，於二十四小時內向逮捕之機關提審。

法院對於前項聲請，不得拒絕，並不得先令逮捕拘禁之機關查覆。逮捕拘禁之機關，對於法院之提審，不得拒絕或遲延。

人民遭受任何機關非法逮捕拘禁時，其本人或他人得向法院聲請追究，法院不得拒絕，並應於二十四小時內向逮捕拘禁之機關追究，依法處理」。

憲法第九條規定「人民除現役軍人外，不受軍事審判」。

本兩條文字內容甚爲複雜，對人民自由權利保障亦最爲重要，涉及司法制度的原則亦最多，茲分析之。

(一)司法一元主義：卽人民犯罪，關於逮捕、拘禁、審問、處罰，須由統一的司法機關爲之。憲法明定「除現行犯之逮捕由法律另定外，非經司法或警察機關依法定程序，不得逮捕拘禁；非由法院依法定程序，不得審問處罰」，足證司法一元主義已能貫徹。至現行犯之逮捕由法律另定，係指刑事訴訟法第八十八條規定「現行犯不問何人，得逕行逮捕之」；又所謂現行犯，係指犯罪在實施中或實施後及時發覺者而言，若有下列情形之一者以現行犯論，卽 1.被追呼爲犯罪人者； 2.因持有凶器、贓物或其他物件，或於身體、衣服等處露有犯罪痕跡，顯可疑爲犯罪人者而言。除現行犯外，其逮捕、拘禁、審問、處罰，必須爲法定的機關及依法定程序。又警察機關雖非法院，但須受檢察官之指揮執行司法警察任務，故亦可執行逮捕拘禁，但仍不得審問與處罰，且對受逮捕拘禁者，須於二十四小時內移送該管法院審問。

(二)罪刑法定主義：卽人民何種行爲始爲犯罪，犯何種罪應處何種刑罰，必須有法律明文規定，倘法律無明文規定的任何行爲，審判官不

得任意加以處罰。我國刑法第一條「行為之處罰，以行為時之法律有明文規定者為限」。又違警罰法第一條「違警行為之處罰，以行為時之法令有明文規定處罰者為限」，均屬其例，此亦即「法律不溯既往」的原則。

（三）提審制度：即凡人民被非法逮捕或拘禁者，無論本人或他人，均得請求法院於一定時間內，將被拘禁者提交法院，由法院依法審理，審理結果如屬有罪，依法處罰，如屬無罪，當即釋放。此為人民的一種權利，法院及拘禁機關均不得拒絕。我國憲法第八條第二、第三項，對此已有明確規定，即一方面規定逮捕拘禁機關，至遲於二十四小時內移送該管法院審問；二方面規定本人或他人亦得聲請該管法院，於二十四小時內向逮捕之機關提審；三方面規定法院對提審之聲請不得拒絕，逮捕拘禁機關對法院之提審，不得拒絕或遲延。依大法官會議釋字第一三〇號解釋，至遲於二十四小時內移送之時限，不包括因交通障碍，或其他不可抗力之事由所生不得已之遲滯，以及在途解送等時間在內，惟其間有不必要之遲延，亦不適用訴訟法上關於扣除在途期間之規定。

（四）寃獄賠償制度：即刑事被告人，若審判結果認定為寃獄，得向國家請求賠償。我國於四十八年六月已公布有寃獄賠償法，其第一條規定「依刑事訴訟法令受理之案件，具有下列情形之一者，受害人得依本法請求國家賠償，1.不起訴處分或無罪之判決確定前，曾受羈押者；2.依再審或非常上訴程序判決無罪確定前，曾受羈押或刑之執行者。不依前項法令之羈押，受害人亦得依本法請求國家賠償」。

（五）不受軍事審判：依民國四十五年七月公布軍事審判法規定，現役軍人犯陸海空軍刑法或特別法之罪，依本法之規定追訴審判之，其在戰時犯陸海空軍刑法或其他特別法以外之罪者亦同。一般人民若非現役軍人，即與軍人身分不同，自不應受軍事審判。由於軍事審判與一般刑

事案件的訴訟相比，其程序有簡繁之不同，對被告之保護的周密程度亦有差別，故人民除現役軍人外不受軍事審判，即對人民身體自由保障的重視。但於此須說明者，非現役軍人不受軍事審判，但戒嚴法有特別規定者從其規定。因之，如在宣告戒嚴時期，在接戰地區內，軍法機關自行審判案件，並不以軍人犯罪為限，其非軍人而犯內亂罪、外患罪、妨害秩序罪、公共危險罪、殺人罪、妨害自由罪、恐嚇及擄人勒贖等罪者，亦得在軍法審判之列。

惟於此尚須說明者，憲法第八條第一項，人民身體之自由，應予保障，除現行犯之逮捕由法律另定外，非經司法或警察機關，依法定程序不得逮捕拘禁；非由法院依法定程序不得審問處罰。然則違警罰法所定由警察官署裁決之拘留、罰役，是否符合憲法，乃頗有爭論。大法官會議於六十九年依監察院之聲請，乃以釋字第一六六號解釋「違警罰法規定，由警察官署裁決之拘留、罰役，係關於人民身體自由所為之處罰，應迅改由法院依法定程序為之，以符憲法第八條第一項之本旨」。嗣於八十年六月廿九日，明令廢止違警罰法，同時制定社會秩序維護法公布施行，雖仍有拘留之處罰，但已改由法院裁定，以符憲法規定。

二、居住遷徙自由：

憲法第十條規定「人民有居住及遷徙之自由」。茲分析如下：

（一）居住自由：羅馬時代有法諺「住宅為最安全的避難所」。英國習慣法中有諺語「住宅為各人之碉堡」。我國漢律有「無故入人家宅，格殺勿論」。各國憲法亦多有居住自由的規定。我國憲法只標明居住自由之原則，至其內容則另由刑法等法律規定，如刑法第三百零六條規定「無故侵入他人住宅、建築物、附近圍繞之土地或船艦者，處一年以下有期徒刑、拘役或二百元以下罰金」。又第三百零七條規定「不依法令搜索他人身體、住宅、建築物、舟車、航空機者，處二年以下有期徒

刑，拘役或三百元以下罰金」。

(二)遷徙自由：即人民有通行之自由，人民有自由選擇其居住處所，及在國家領土內有權利到處旅行、遊覽、訪問。

三、意見自由：

憲法第十一條規定「人民有言論、講學、著作及出版之自由」。茲分析如下：

(一)言論自由：係人民在羣衆集合或稠人所在場所，有發表演說、談話或參加討論以表示個人意見的權利。再所謂言論自由亦包括不說話的自由。

(二)講學自由：其內涵包括 1.設立學校的自由，國家雖有教育國民的義務，但私人設校講學，仍受法律保障； 2.講學內容的自由，講學的內容除法律所限制外，不受其他法外干涉； 3.發表研究成果的自由，如現設的學術文藝獎金、文化基金等，皆爲獎助學者發表研究成果的措施。

(三)著作及出版自由：係人民以文字圖畫表示意見，及將人民所表示的意見用印刷刊行的權利。著作及出版自由，除由憲法制定其原則外，在實體法上則有著作權法及出版法的制定。各國對出版的管理，通常有下列兩種制度：

1. 預防制：即出版品不特於出版以後，須受法律的制裁，即於出版以前，非經政府機關許可或檢查，則不得出版。採預防制的目的，在於假行政機關的干涉，以預防人民的濫用出版自由。採預防的方式，又有下列四種：

(1) 檢查制：凡出版品在出版前，應經政府機關檢查核准，此爲預防制中之最嚴格者。十七世紀的歐洲國家多延用之，但十九世紀中葉後，民主思潮興起，大都在憲法或法律中禁止採行檢查制。

(2) 許可制：凡出版品如報紙、雜誌及其他一般刊物，事前不須受檢查，但其創辦應先經政府機關的許可登記，領得出版登記證者，方能出刊。此制雖較檢查制爲寬，但束縛人民的言論自由仍屬難免，故今日國家亦多不用。

(3) 保證金制：出版品於出版前，須先納定額的保證金，以保證其內容的不違法。此制仍不無束縛言論自由之嫌，故亦爲一般國家所少用。

(4) 報告制：凡報紙、雜誌或其他一般刊物的創辦及刊行，須於刊行之初，報告於政府主管機關，以便查考。此制只使主管機關得預知某種出版物將發行，而加以注意，但主管機關卻無拒絕其出版的權利。此制爲上述四制中之最輕者。

2. 追懲制：即所有出版物在出版之前，毫不受政府機關的干涉，惟於刊行之後，如有違法犯罪情事，方受法律的懲處，且完全由司法機關處理。此制在英美施行已久，現爲一般自由國家所仿效，亦爲保障出版自由之最好制度。

我國依現行出版法規定，大致爲 1.報紙、雜誌的出版，採預防制中的許可制； 2.書籍或其他出版品的出版，則採追懲制； 3.學校或社會教育各類圖書教科書發音片的出版，採預防制中的檢查制。因此三類出版品對社會可能發生的影響、閱讀出版品的人員對象等各有不同，故所採取之防範措施亦有不同。

四、秘密通訊自由：

憲法第十二條規定「人民有秘密通訊之自由」。茲分析如下：

(一)秘密通訊自由的具體規定：依我國郵政法規定， 1.郵件非依法律不得檢查、徵收或扣押； 2.郵務人員不得開拆他人郵件； 3.郵務人員因職務知悉他人情形者，均應嚴守秘密。

(二)違反秘密通訊自由的處罰: 如有違反秘密通訊之自由者，依我國刑法規定須受處罰，如刑法第一百三十三條規定「在郵政或電報執行職務之公務員，開拆或隱匿投寄之郵件電報者，構成瀆職罪，應處三年以下有期徒刑、拘役或五百元以下罰金」。 又第三百十五條規定「無故開拆或隱匿他人之封緘文書者，構成妨碍秘密罪，應處拘役或三百元以下罰金」。 前者爲對公務員的處罰規定，後者則爲對一般人民的處罰規定。

五、信仰宗教自由:

憲法第十三條規定「人民有信仰宗教之自由」。茲分析如下:

(一)信教自由的範圍: 所謂信教自由， 含有 1. 信仰自由， 卽人民在內心有信仰任何宗教與不信仰任何宗教的自由; 2.崇拜自由，卽人民有舉行或參加敎儀的自由，國家不得強迫人民履行或參加任何敎儀的義務; 3.傳敎自由，卽任何敎派皆有宣傳敎義的自由。

(二)爲維護信敎自由應有的措施: 政府爲維護人民的信敎自由，通常須採取下列措施，卽 1.政敎應予分離，卽國家對宗敎事宜，應站在超然中立地位， 對任何宗敎均無所受惠， 無所軒輊; 2. 國家不得設立國敎，亦不得承認某宗敎爲國敎而予以特別優遇或保護; 3.國家不得由國庫資助任一宗敎或全部宗敎; 4.國家不得因人民的信仰或不信仰宗敎，而予以優待或歧視; 5.學校不得強迫施行任何方式的宗敎敎育。

六、集會結社自由:

憲法第十四條規定「人民有集會及結社之自由」。茲分析如下:

(一)集會自由: 多數人臨時的會集於一定場所，以共同的目的而表現某種思想，謂之集會，人民舉行集會不受政府非法干涉，謂之集會自由。由於集會常由於羣衆心理作用，做出非個人敢做的違法情事，故各國對於集會，除不准攜帶武器外，尚有其他限制的規定。而限制方式有

兩種：

1.預防制：在集會前須向警察辦理某種手續者，又可分爲 (1) 許可制，卽在集會前須向警察機關報告，得其許可後，始能集會； (2) 報告制，卽在集會之前，只須向警察機關報告，不必得其許可就可集會。歐洲國家，凡對屋內集會、非政治性集會、非勞工性集會，多採追懲制；凡對屋外集會、政治性集會、勞工集會，則多採預防制。

2.追懲制：卽人民於集會前不必報告官署或請求官署准許，惟集會之後，如有違法情事，則依法受懲處。英美等國採用之。

上述兩種制度，自以追懲制較能保障集會自由，故大多數國家均採用之。

我國依據現行法規而論，則視集會情況的不同而採用不同的制度，如刑法第一百四十九條、第一百五十條所定，對公然聚衆意圖強暴脅迫行爲的處罰，係採追懲制；動員戡亂時期集會遊行法規定，對未經主管機關許可或有違反法令規定之集會或遊行，不遵解散命令者之處罰，係採許可制；依懲治叛亂條例第五條，對參加叛亂集會之處罰，又係採追懲制。除上述的處罰外，尚有其他的限制，另於第七節第二項中敍述。

(二)結社自由：係人民基於共同信仰、志趣或利益，爲達成特定目的而由特定多數人所組織之永久性團體的自由，此種組織團體的權利，不受政府的非法干涉。人民的結社，依其性質或目的之不同，可分爲下列兩類：1.營利性結社，卽以營利爲目的之結社，如工商企業公司等屬之，因其結社與公共秩序無甚影響，故各國多依民商或公司法等規定。2.非營利性結社，卽非以營利爲目的之結社，其中又分①政治性結社，卽以某種政治理想爲目的之結社，如政治團體，政黨組織等；②非政治性結社，卽不以政治爲目的之結社，如宗教、學術、文化、慈善、工會、農會等。因政治性結社與國家公共安全及社會秩序關係甚大，故常

受特別法或行政機關的管轄。

對結社的管理，通常亦有下列兩種：

1.預防制：又分兩種，①許可制，即人民於結社之前，必須請求官署許可，經許可後始可結社；②報告制，即人民在結社以前，只須向官署報告，不必經其許可，即可結社。往昔歐洲各國多採用之，惟晚近多已改採追懲制。

2.追懲制：即人民在結社以前，無須向官署報告或經其許可，但於結社後，有妨害治安或違犯善良風俗或其他不法行為時，得依法懲戒或解散，英美等國採用之。

依據我國刑法及動員戡亂時期人民團體法規定，如為人民團體之組織，應由發起人向主管機關申請許可登記，係採許可制；又如不得參加叛亂組織，違者處無期徒刑或十年以上有期徒刑，係採追懲制；再如戒嚴時期，戒嚴地域內最高司令官得停止或解散人民之結社，係採追懲制等。

七、生存、工作與財產權：

憲法第十五條規定「人民之生存權、工作權及財產權，應予保障」。茲分析如下：

(一)生存、工作與財產權的歸屬：　學者研究生存、工作及財產權時，有者將之歸入自由權，有者將之歸入受益權，兩種歸屬各有其理由。因生存、工作與財產權均有兩種不同的意義，故既可歸入自由權，亦可歸入受益權。

1.生存權：包含(1)自由權意義的生存權，指人民有生存的自由，國家不應侵害之。(2)受益權意義的生存權，指人民得進一步要求國家予以積極的保障、維持，並促進人民的生存權。憲法第十五條之生存權，固兼有自由權與受益權的雙重意義，但憲法第一百五十三條、第一百五十五條、第一百五十六條、第一百五十七各條的規定，均涉及人民的生

存問題，其意義自以受益權居多。

2.工作權：包含(1)自由權意義的工作權，指人民有工作自由與職業自由，亦卽人民為維持其生存，得依志趣能力以選擇相合職業。(2)受益權意義的工作權，指國家必須保障人民的工作機會與工作條件，亦卽人民有權要求政府給予適當工作機會。憲法第一百五十二條規定，則含有濃厚的受益權意味。

3.財產權：包含①財產權是一種人權，指財產有絕對自由使用、收益及處分，而不受非法干涉之權利。②財產權須負一種社會職務，指財產不只是財產所有人之使用享受，更應對於社會盡其義務，使社會受到公益，否則政府得干涉之。憲法第一四二條規定，係經由財產權的運用，使社會大衆受益的明證。

（二）大法官會議之解析：憲法第十五條所定之生存權、工作權、財產權，因其與人民關係極為密切，而其含義又不夠明確，致聲請及經由大法官會議解析的案件甚多，如釋字第一七二號解釋「申請更正戶籍登記之出生年月日所提出之其他足資證明文件，以可資採信之原始證件為限之規定……對憲法所保障人民之工作權……亦無侵害，尚難謂為與憲法牴觸」。釋字第一百八十號解釋「關於土地增值稅征收及土地漲價總數額計算之規定，旨在使土地自然漲價之利益歸公，與憲法第十五條……並無牴觸」。釋字第一百九十號解釋「平均地權條例第四十八條第二款規定，旨在促使納稅義務人按期納稅，防止不實之申報，以達漲價歸公之目的，與憲法第十五條……均無牴觸」。又釋字第一百九十一號解釋「關於藥師開設藥局從事調劑外，並經營藥品之販賣業務者，應辦理藥商登記及營利事業登記之命令，旨在管理藥商、健全藥政，對於藥商之工作權尚無影響，與憲法第十五條並無牴觸」。

第五節 受 益 權

受益權亦有其意義，受益權內容亦在隨時代的進步而改變；受益權大致可歸納爲四種，各國憲法對受益權多有明定，我國憲法亦有受益權的規定。茲分項述後。

第一項 受益權的意義與演變

受益權是使人民受益，受益權有其需要，而其內容亦在演變。茲簡析如下：

一、受益權的意義：

受益權，又稱請求權，係人民請求國家行使某種權力，請求人由此獲得應受利益之權利。

二、受益權爲保障自由權所需要：

自由權，僅爲國家所不可侵犯的權利，國家之保障自由權，人民是屬於被動的地位，其性質是消極的。如國家或他人侵害了人民的自由權，而人民無法要求國家行使某種權力來排除此種侵害時，則人民的自由權將難以獲得確切的保障。因此爲期自由權能獲得確切的保障，則必須使人民有站在主動地位，可請求國家採取某種權力，使請求人獲得利益的權利，此種權利即爲受益權。故自由權與受益權是相輔相成的，有了受益權，不但可增加人民的利益，人民的自由權亦更可因此而獲得保障。

三、受益權的演變：

受益權的範圍，因時代的進步而逐漸擴大。如在第一次世界大戰前，各國憲法對人民的權利規定，多以自由爲主，所謂受益權，亦多限於訴願權與訴訟權而已。及第一次世界大戰後，受益權始受到重視，其範圍

亦逐漸擴大到教育上、經濟上受益權。最足以代表此種現象者即為威瑪憲法，其第二章人民的基本權利及基本義務中詳細規定人民的積極權利之後，各國憲法多仿效之。除受益權的範圍擴大外，人民對受益權的態度亦有了改變，以往把受益看作是政府恩施，故人民只能被動的來享受來接受這些恩施，而現今則認國家給人民的利益，乃是政府的義務，因此人民可主動的向政府爭取利益。

第二項　受益權的種類

人民受益權的種類，可按受益權產生的先後，區分為司法上的受益權、行政上的受益權、敎育上的受益權、經濟上的受益權四種，以司法上的受益權為最早。茲簡析如下：

一、司法上的受益權：

即人民的自由權利受到不法侵害時，得向司法機關提起民事或刑事訴訟，要求司法機關保障其權益之權利，基於此一權利，人民始可藉國家之強制力量，來保障其自由權利。司法上受益權包括.

(一)人民私權受侵害時：得依民事訴訟法的程序，向法院提起民事訴訟。此時國家則以中立的第三者地位，判斷法律之眞意所在，以維持私法秩序。

(二)人民遭受犯罪之侵害時：得依刑事訴訟法的程序，向檢察官告發請求提起公訴，或以犯罪被害人的地位向法院提出自訴。此時國家不但要保障人民權益，同時亦要保障社會的公益。

(三)行政訴訟權：係人民因中央或地方官署之違法處分，致損害其權利，經依訴願法提起再訴願而不服其決定，或提起再訴願逾一定期間不為決定時，得於一定期間內，向行政法院以訴狀提出行政訴訟，請求以判決變更或撤銷原官署之違法處分之權利。在英美國家，當人民之權

利受損害時，不論爲他人所爲或官署所爲，均須向普通法院提起訴訟，普通法院受理訴訟後亦依普通法律判決，故並無行政訴訟之名，更無行政法院的設置。而歐洲大陸國家，則除司法訴訟系統外，尚有行政訴訟系統，除普通法院外，尚有行政法院。

二、行政上的受益權：

又包括請願權及訴願權：

(一)請願權：係人民就國家的政治措施，或對其權益的維護，向國家機關陳述願望的權利。因民主政治係以民意爲依歸，人民對國家如有某種願望，自得向國家的有關機關表達此種願望，而國家對此種願望自應予以重視。

(二)訴願權：係人民因中央或地方官署之違法或不當處分，致損害其權利或利益時，得在一定期間內向有管轄權官署，以訴願書提出訴願，請求撤銷或變更原處分之權利。

三、教育上的受益權：

係人民有請求政府在教育方面採取輔助、免費、獎勵或延長教育年限等措施，以增加人民受教育機會及提高知識水準之權利。越是文明的國家，人民在教育上所受的利益越多。

四、經濟上的受益權：

係經濟上的弱者，得向國家要求給予特別保護、扶助或救濟之權利，以消除人民間貧富的差距，奠定社會安全基礎。此種受益權，愈是近代愈是發達。

第三項　各國對受益權的憲定

現代各國憲法，對受益權甚爲重視，除司法上受益權認係人民當然之權利，憲法中甚少規定外，其餘則多有規定。茲按受益權種類，分別

舉例如下：

一、司法上受益權舉例：

如意大利憲法第廿四條規定「任何人為保護自己權利與合法利益，得提起訴訟。辯護權，在司法程序上之任何狀態與階段，均不得侵犯之。對貧民，應依適當制度，保障其在一切法院有提起訴訟及辯護之權利」。

二、行政上受益權舉例：

如瑞士憲法第五十七條規定「請願權，應予保障之」。西德基本法第十七條規定「任何人有個別或與他人共同以書面向管轄機關或國民代表機關，提出請願或訴願之權利」。比利時憲法第二十一條規定「比國人民均有向公共機關請願之權，請願書由一人或數人簽署之」。日本新憲法第十六條規定「任何人均有和平請願之權利，且不因曾作是項請願而受任何差別待遇」。

三、教育上受益權舉例：

如韓國憲法第十六條規定「國民有受教育之平等機會」。日本新憲法第二十六條規定「凡國民均有依法律規定，適應其能力而受教育之權利」。意大利憲法第三十四條規定「學校對一切人民公開之，至少八年的基本教育為免費的義務教育，有能力而成績優良的學生，缺少生活資料時，亦有受最高教育的權利」。

四、經濟上受益權舉例：

如德國威瑪憲法第一百六十三條第二項規定「所有德國人民，均應予以經濟勞動之機會，俾其取得生活資料，對於未予以適當之勞動機會者，應支給必要之生活費用」。西班牙憲法第四十六條規定「國家應保障各工人生活上之必要條件，社會法應規定其衛生事項，意外、失業、年老殘廢及死亡之保險，婦女及兒童之工作，尤其關於產婦之保護，工

作時間，各家庭及個人之最低工資率，每年應給之例假等」。意大利憲法第三十八條第一項規定「無工作能力且缺乏生活資料之人民，有受社會扶養與援助之權利」。巴西憲法第一百五十一條規定「法律設立特別借款機構，藉以援助農業及畜業」。

第四項　憲定的受益權

我國憲法，對受益權的規定甚多，茲分析如下：

一、司法上及行政上的受益權：

憲法第十六條規定「人民有請願、訴願及訴訟之權」。

(一)請願權：依現行請願法的規定，其要點有 1.人民請願為要式行為，故應具備請願文書；2.人民對國家政策、公共利益或其權益之維護，得按其性質向民意機關或主管行政機關請願；3.受理請願機關，對於人民請願事項，有自由決定之權，但應將其結果通知請願人；4.請願人之請願權內容，不得違反國家基本政策，不得有聚衆要挾或威脅作為，不得有妨害社會秩序公共福利之舉動，不得牴觸憲法或干預司法審判，不得強求主管人員面會或接受，在戒嚴或值國家緊急危難期間，得禁止請願之活動。

(二)訴願權：依現行訴願法的規定，其要點有 1.訴願提起的原因，須以人民因中央或地方機關之違法或不當處分，致人民之權利或利益受到損害。2.訴願應自機關之行政處分書或決定書達到之次日起，於三十日內提起之。3.訴願為要式行為，故須具備訴願書。4.訴願應向有管轄權之機關為之，有管轄權之機關為原處分機關之上級機關或原處分機關。5.人民不服有管轄權機關之決定者，得向上級機關提起再訴願。6.受理訴願機關，自收到訴願書之次日起，應於三個月內作決定；訴願之決定，有拘束原處分或原決定機關之效力。

(三)訴訟權：包括 1.民事訴訟權； 2.刑事訴訟權； 3.選舉訴訟權，係人民於某項選舉違法或某人當選違法時，請求法院判決選舉無效或當選無效之爭訟。受理訴訟之機關爲法院，法院不得拒絕人民之訴訟。

(四)行政訴訟權： 依現行行政訴訟法的規定， 其要點有 1. 行政訴訟， 須人民之權利因中央或地方機關之違法行政處分而受到損害，並經訴願及再訴願之程序而不服其決定，或提起再訴願經過三個月不爲決定或延長再訴願決定期間逾二個月不爲決定時爲之。 2.行政訴訟須於再訴願決定到達之次日起二個月內爲之。 3.行政訴訟須以書狀並向行政法院提起之。 4.行政訴訟提起後， 行政法院應依行政訴訟法之程序審理之，經行政法院之判決，有拘束各關係機關之效力。

上述訴願權及行政訴訟權，原只限於人民始得行使，因大法官會議釋字第一百八十七號解釋公布後，公務員身分受處分者，某種情況下亦得提出訴願與行政訴訟（參見十章五節二項）。

二、教育上的受益權:

除憲法第二十一條有「人民有受國民教育之權利與義務」外，尙有下列的規定:

(一)教育機會平等： 憲法第一百五十九條規定 「 國民受教育之機會，一律平等」。

(二)基本教育之延長與免費：憲法第一百六十條規定「六歲至十二歲之學齡兒童， 一律受基本教育， 免納學費， 其貧苦者，由政府供給書籍。已逾學齡未受基本教育之國民，一律受補習教育，免納學費，其書籍亦由政府供給」。 民國六十八年制定之國民教育法， 使一個由六歲到十五歲的國民，必須接受九年制的國民教育，使得接受國民教育，不但是一種權利， 也是一種義務。

(三)邊區教育的補助與發展：憲法第一百六十三條規定「國家應注

重各地區教育之均衡發展，並推行社會教育，以提高一般國民的文化水準，邊遠及貧瘠地區之教育文化經費，由國庫補助之，其重要之教育文化事業，得由中央辦理或補助之」。憲法第一百六十九條規定「國家對於邊疆地區各民族之教育、文化……應積極舉辦，並扶助其發展……」。

三、經濟上的受益權：

我國憲法有下列規定：

(一)社會保險與貧弱殘廢之救助：憲法第一百五十五條規定「國家為謀社會福利，應實施社會保險制度。人民之老弱殘廢，無力生活及受非常災害者，國家應予以適當之扶助與救濟」。第一百五十六條規定「國家為奠定民族生存發展之基礎，應保護母性，並實施婦女、兒童福利政策」。為貫徹憲法的上述規定，乃先後由立法院制定有社會救濟法、兒童福利法、老人福利法、及殘障福利法等施行，以加強某種人民對經濟的受益。

(二)保護勞農者：憲法第一百五十三條規定「國家為改良勞工及農民之生活，增進其生產技能，應制定保護勞工及農民之法律，實施保護勞工及農民之政策。

婦女兒童從事勞動者，應按其年齡及身體狀態，予以特別之保護」。

(三)推行衛生保健：憲法第一百五十七條規定「國家為增進民族健康，應普遍推行衛生保健事業及公醫制度」。

第六節　參　政　權

人民的參政權有其意義，參政權的範圍因時代的進步而擴大，參政權通常可分為選舉、罷免、創制、複決四種，各國及我國憲法，均有參政權的規定。除有關各國人民行使參政權的類型，及四種參政權的運用，

另在第十五章中敍述外，玆就參政權的意義與演變，參政權的種類，及
我國憲定的參政權，分項簡述如後。

第一項 參政權的意義與演變

參政權，是人民以主動的地位，參加國家統治權之行使的權利。亦
卽國民以國家一分子的資格，參與國家統治權行使的權利。至參政權的
演變，可從下列知之：

一、參政權的範圍由小而大：

在君主專制時代，國家一切政治大權均操在君主一人之手，人民處
於被治者的地位，自無所謂參政權的可言。及後民權思想發達，人民參
政的顧望亦逐漸提高，因而乃有選舉權的產生，爲期選舉權發生效果，
乃有罷免權的要求。再由於人民知識水準的提高，對各種政治措施的直
接關切，又有創制權及複決權的產生。故其發展的歷程，是先有選舉而
後有罷免，再後有創制與複決。

二、參政權由有限制到普遍：

如以選舉權而言，初期賦予選舉權的條件甚爲嚴格，如須有某種水
準的敎育、具有一定數量的財產、一定的年齡、性別、及居住的期間
等，故雖有選舉的規定，但眞能行使選舉權的人數並不多。及後由於擴
大民主政治的要求，始將選舉權的限制予以放寬，使大多數人民均能享
有選舉權，直至今日，各國對選舉權，凡具有公民資格者均得行使。

三、參政權由權利的觀念演變爲義務的觀念：

以往均認參政權爲一種權利，凡具有參政權者，可行使參政權亦可
不行使參政權。惟現代部分國家，已將參政權認爲是人民的權利與義務，
換言之，人民固可將參政權視爲權利而行使，但同時亦認爲人民有行使
參政權的義務，不但要理性的行使，而且不得怠於行使，如有怠於行使

情事，則國家可加以處罰。

第二項　參政權的種類

參政權有選舉、罷免、創制、複決四種。茲簡述如下：

一、選舉權：

係人民得以投票或其他方式，憑自己的意思，選舉他人（或自己被選舉）為代表或官吏之權利。因選舉既可反映人民的意思於國家的政策之上，復可由其選出之人員間接參加國家統治權的行使，故為民主政治下的一個重要權利。至於選舉權的性質，約有三種不同的學說，即（一）為固有權利說，故國家對人民的選舉權不得加以任意限制或剝奪，人民對選舉權之行使與否，有完全的自由。（二）為社會職務說，認為選舉權係國家為着社會利益而賦予選舉人的一種職務，故國家可限制選舉人的資格，而選舉人負有履行其職務的義務。（三）為權利兼職務說，即選舉人的選舉權如受侵害，選舉人自得主張其權利要求國家救濟，而國家亦得強制選舉人履行職務。近來學者多認第三種學說較妥。

二、罷免權：

係人民得以投票或其他方式，憑自己的意思，罷免其所選出之代表或官吏之權利。故罷免權係選舉權之相對權利，選舉是一種放出的權利，罷免是一種收回的權利。罷免權的行使，一方面固可督促所選出的代表或官吏尊重民意，並可補救代議制度的缺點，但另一方面可能使所選出的代表或官吏不敢負責做事。因此罷免權的行使應予慎重。

三、創制權：

係人民得以法定人數之簽署，提出法案，而議決之為法律之權利。創制權的目的，在防止議會的失職或蔑視民意。只有選舉罷免的參政權，僅是間接的民主，而非直接的民主，因議會如對應制定之法律而不制定，

而人民又無法自行制定法律時，尚不足稱為眞正的民主，故又有創制權的規定。

四、複決權：

　　係人民對於立法機關或制憲機關所制定的法律案或憲法案，以投票或其他方式，決定其應否成為法律或憲法之權利。行使複決權的目的，在廢止或取銷已實施或已制定之憲法。如人民只有創制權而無複決權，同樣不能實施眞正的民主，因議會如對不應制定之法律而制定之，而人民又無法加以廢止或取銷時，則憲法之施行危害國家人民可想而知。故為實現眞正的直接的民主，人民除保有創制權外，尚須保有複決權。

第三項　憲定的參政權

　　我國憲法，除第十七條規定「人民有選舉、罷免、創制及複決之權」外，尚有第十八條、第一百二十九至一百三十六條。除第一百二十九至一百三十六條係對四種參政權的運用規定，另於第十五章敍述外，茲就其餘兩條規定分析如下：

一、一般的參政權：

　　包括選舉、罷免、創制、複決四種。前兩種為對特定民意代表及官吏之人選的參政權，後兩種為對政府施政政策及法律制度的參政權，其範圍完整，與現代先進國家相比，毫不遜色。

二、其他參政權：

　　憲法第十八條規定「人民有應考試、服公職之權」。

　　（一）應考試權：應考試雖為一種權利，但與自由權、受益權及一般參政權不盡相同，如自由權及受益權，只要是中華民國國民均得享有之，而一般的參政權則惟有公民權的國民始行使之。應考試權，依我國公務人員考試法之規定，必須具有應考試之資格的國民，始得參加之。

所定之應考資格，依參加考試之等別與類科之不同而分別規定。大致而言，應考試資格不外爲學歷、經歷兩種，凡考試之等別愈高者，應考學歷要求愈高，經歷期間要求愈長；考試之等別愈低者，應考學歷要求愈低，經歷期間要求愈短；必要時尚有年齡、性別等限制，至學歷的系科或經歷的工作性質，則依考試之類科而分別規定。凡符合某一等別與類科之應考資格者，始得應該等別與類科的考試。

（二）服公職權：依憲法第八十五條、八十六條規定，公務人員非經考試及格不得任用，又公務人員任用資格及專門職業及技術人員執業資格，須依法考選銓定之。故服公職之資格，須經由考試而取得，如未經具考試及格資格者，則不得服公職。由此可知，服公職雖爲一種權利，但並非所有國民均能享有，而必須具有考試及格資格後方能有服公職之權利。再取得服公職之權利後，亦非必須服公職，而由具有任用權者令其服公職時，始可服公職。再此所謂公職，依大法官會議議決釋字第四十二號，凡各級民意代表、中央與地方之公務人員，及其他依法令從事於公務者，均包括在內。

由上觀之，應考試服公職之權利，不但與一般的權利有所不同，卽與選舉、罷免、創制、複決的四權亦不相同。

第七節　權利的保留與限制

人民的自由與權利，在我國憲法雖已多有列舉，但並不表示人民的自由與權利卽以所列舉者爲限，凡未列舉者則不得認爲人民的自由與權利，而憲法或法律亦不予保障。再憲法所列舉之自由與權利，亦非完全可由權利人任意使用，而事實上常因基於某種原因而加以若干限制者。此不僅我國如此，一般國家亦大多如此。茲分權利的保留、權利的限

制，及限制權利的重要措施，分項簡述如後。

第一項 自由權利的保留

各國憲法對自由權利的規定，有採列舉方式者，有採概括方式者，有採列舉並概括之方式者，我國憲法卽採列舉並概括的方式，故有自由權利之保留。玆分析如下：

一、列舉的規定：

我國憲法第七條至第十八條規定，則爲對憲定自由權利的列舉。惟恐列舉不周，及採列舉式後不能隨時代的進步而作機動的適應，故於列舉之外，再作概括的規定。

二、概括的規定：

亦卽保留的規定，我國憲法第二十二條規定「凡人民之其他自由及權利，不妨害社會秩序、公共利益者，均受憲法之保障」。本條的含義包括：

（一）其他自由及權利，憲法旣未明文規定，則應視社會觀念、法律的所定及法院判決的認可等方面而定，如社會觀念、法律內容及法院判決有所改變，則自由及權利的內容，亦隨而改變。

（二）其他自由及權利仍不得妨害社會秩序、公共利益，如與社會秩序或公共利益有妨害時，則不得承認其爲自由及權利；再社會秩序或公共利益的觀念，亦會隨時代的進步而改變，因此初因有害於社會秩序或公共利益而不承認其爲自由及權利，嗣因社會秩序或公共利益觀念改變而承認其爲自由及權利者，自有可能。

（三）這種被承認的自由及權利，雖在憲法中未有明定，仍受着憲法的保障。

此種自由及權利的保留規定，在各國亦甚常見，如美國憲法增修第

九條規定「不得因本憲法列舉某種權利，而認爲人民所保留的其他權，可以被取消或輕視」。葡萄牙憲法第八條第二十項規定「凡人民所享有的權利與保障，其未詳載於本憲法及本國法律者，亦應認爲有效，惟享受是項權利，應以不侵害第三者之權利與利益及道德爲限」。

第二項　自由權利的限制

人民的自由權利在行使時，通常會受着某些限制。我國憲法定有限制的基本原則，至對各種自由權利的具體限制規定，則委之於法律。茲分析如下：

一、限制自由權利的原則：

憲法第二十三條規定「以上各條列舉之自由權利，除爲防止妨礙他人自由，避免緊急危難，維持社會秩序，或增進公共利益所必要者外，不得以法律限制之」。由此規定可知，憲法對人民的自由權利，係採直接保障主義，但遇有上條所述之四種情況之一時，始得以法律限制之，如不符合該四種情況之一時，則不得予以限制；如合於該四種情況之一予以限制時，亦須以法律來限制，不得以行政命令或司法判決來限制。茲就四種情況簡說之：

（一）防止妨礙他人自由：人民行使自由權利，須以不妨礙他人之自由爲前提，法國一七八九年人權宣言第四條卽有「所謂自由，是指有權作爲一切不損害他人之事情而言」的類似規定。我國民法第一百四十八條規定「權利之行使，不得以損害他人爲目的」。刑法分則第廿六章有關妨害自由之各條規定，亦爲其例。故自由權利的行使，有妨害他人之自由者，不但不受憲法及法律的保障，且須受法律的制裁。

（二）避免緊急危難：所謂緊急危難，依一般國家的慣例，多係指國家發生戰爭、內亂、天然災害，癘疫，或避免國家或人民遭遇緊急危難

或應付財政經濟上重大變故而言。遇此情況，政府通常會依法律採取限制人民的自由權利，以避免緊急危難的發生或安然渡過此種緊急危難，以確保政治的安定，維護人民的生活。如依法律實施戒嚴，依法發佈緊急命令，或依憲法臨時條款規定下達緊急處分令，多爲避免緊急危難所採取者。因而人民的自由權利，亦常受有限制。

(三)維持社會秩序：如人民行使自由權利而影響及社會秩序時，亦得依法限制其自由權利。如我國刑法分則第七章妨害秩序罪各條之規定，及違警罰法第二編分則中第一章妨害安寧秩序各條之違警行爲，均屬爲維持社會秩序而對妨害秩序及安寧秩序者之處罰。

(四)增進公共利益：國家爲增進公共利益，對人民的自由及權利，亦得依法予以限制。如依土地法之辦理土地征收，依建築法之對建築嚴加管理等，均屬其例。

二、限制人民自由權利的法例：

有關人民的平等權、自由權、受益權、參政權四種權利中，以自由權及參政權受限制的法例較多，茲舉例如下：

(一)居住及遷徙自由的限制：居住自由固受保障，但 1.依行政執行法第十條規定，對人民之生命身體財產危害迫切，非侵入不能救護者；有賭博或其他妨害風俗或公安之行爲，非侵入不得制止者；對人民的住宅或其他處所仍得予以侵入。2.依刑事訴訟法第一百二十二條規定，對被告之……住宅或其他處所，於必要時得搜索之；對於第三人之……住宅或其他處所，以有相當理由可信爲被告……存在時爲限，得搜索之。3.依刑事訴訟法第一百三十一條規定，因逮捕被告或執行拘提、羈押者；追躡現行犯或逮捕脫逃人者；有事實足信爲有人在內犯罪而情形急迫者；司法警察或司法警察官雖無搜索票得逕行搜索住宅或其他處所。

遷徙自由固爲憲法所承認，但事實上亦有若干限制。如 1.國內遷徙

自由的限制，有(1)爲確保國防及軍事機密，國防地帶或軍事設防區域，不許人民任意旅行或定居；(2)宣佈戒嚴地區旅行的限制；(3)防疫地區得禁止遷徙及旅行；(4)由司法機關指定住所之保釋或假釋的人犯，未經核准不許遷移；(5)受刑罰或犯罪搜查期間者；(6)受風俗警察取締之娼妓；(7)因維護社會安寧秩序風紀，禁止遷入或強制遷出之各種營業廠場；(8)破產人非經法院許可不得離開居住所等。　2.國際遷徙自由的限制，如(1)外國人之進入本國須持有護照；(2)本國人出國境者，依動員戡亂時期國家安全法規定，應向入出境管理局申請許可。

　　(二)言論、講學、著作、出版自由的限制：先談言論自由的限制。言論自由，除應受道義的限制外，在法令方面之限制亦甚爲常見，如1.受公益上的限制，卽如言論有煽動罪惡、敗壞道德、或妨害國家安全與社會秩序，足以損害公益者，應爲法律所禁止，如刑法第一百五十三條規定，凡以文字、圖書、演說或他法，公然煽惑他人犯罪或煽惑他人違背法令或抗拒合法之命令者，處二年以下有期徒刑，拘役或一千元以下罰金；又懲治叛亂條例第六條規定，散佈謠言或傳播不實之消息，足以妨害治安或動搖人心者，處無期徒刑或七年以上有期徒刑。2.受私益上的限制，卽言論有侮辱或誹謗他人，足侵害他人私益者，法律亦加以制裁，如刑法第三百零九條，公然侮辱人者，處拘役或三百元以下罰金；刑法第三百一十條，意圖散佈於衆而指摘或傳述足以毀損他人名譽之事者，爲誹謗罪，處一年以下有期徒刑、拘役或五百元以下罰金等，均屬其例。

　　次談講學自由的限制。如依戒嚴法第十一條第一款，在戒嚴地域內的講學，如認爲與軍事有妨害者，並得取締之。再如私人設校講學時，有關學制、科系配備、課程標準、師資遴聘標準，亦須依照國家法令的規定。

再談著作及出版自由的限制。對出版自由的限制，大都基於下列三種原因，卽 1.基於國家安全而限制者，如出版法第三十二條規定，出版品不得有觸犯或煽動他人觸犯內亂罪、外患罪，如有違反則依刑法之內亂罪、外患罪處罰；出版第三十四條規定，戰時或遇有變亂，或依憲法為急速處分時，得依中央政府命令之所定，禁止或限制出版品關於政治軍事外交之機密，或危害地方治安事項之記載。 2.基於社會公益而限制者，如依出版法第三十二條第二、第三兩款規定，出版品不得有觸犯或煽動他人觸犯妨害公務罪，妨害投票罪或妨害秩序罪，觸犯或煽動他人觸犯褻瀆祀典罪，或妨害風化罪，如有違反，刑法均定有處罰的明文；又如出版法第三十三條規定，出版品對於尚在偵查或審判中之訴訟事件，或承辦該事件之司法人員，或與該事件有關之訴訟關係人，不得評論，並不得登載禁止公開訴訟事件之辯論，以免影響司法人員的審判獨立。 3.基於保障個人權益而限制者，除刑法分則第二十七章訂有妨害名譽及信用罪各條之處罰外，另出版法第十五條規定，新聞紙及雜誌事項，涉及之人或機關要求更正或登載辯駁書者，在日刊之新聞紙應於接到要求後三日內，在非日刊之新聞紙或雜誌應於接到之次期為之。

當出版品違反刑法規定時，自由司法機關處罰，但如只違反出版法之規定時，則採行政處分方式，並由主管官署為之，其行政處分有警告、罰鍰、禁止出售散佈進口或扣押沒入，定期停止發行、撤銷登記。為期保障出版自由，行政處分的範圍應盡量縮小。

又上述之定期停止發行及撤銷登記處分，是否違法，亦曾引起爭議，因此大法官會議應監察院之申請，作成釋字第一百零五號解釋「出版法第四十條第四十一條，所定定期停止發行或撤銷登記之處分，係為憲法第二十三條所定必要情形，而對於出版自由所設之限制，由行政機關逕行處理，以貫徹其限制之目的，尚難認為違憲」。自此而獲得澄清。

（三）秘密通訊自由的限制：秘密通訊並非絕不容侵犯，依現行有關法規的規定，卽設有下列的限制，如 1.參閱民法第一千零八十四、一千零九十七、一千零九十八條規定，未成年子女的通訊得由父母或其監護人拆閱之。 2.依刑事訴訟法第一百零五條規定，在監獄者及嫌疑犯之書信，得由監獄官檢閱之。 3.依刑事訴訟法第一百三十五條規定，郵務人員保管之郵件，如與刑事案件有關或爲被告所發或交寄被告人，得由司法機關扣押之。 4.依郵政規則第二百一十條規定，含有逃稅嫌疑之函件，得由郵局拆驗之；同規則第二十八條規定，無法投遞郵件，得由郵局拆閱內容，俾發現原寄件人之原址。 5.依破產法第六十七條規定，破產者之函件得由破產管理人收拆。 6.依戒嚴法第十一條規定，戒嚴地區最高司令官得拆閱、扣留或沒收郵電。

（四）信仰宗敎自由的限制：我國對宗敎信仰向極自由，在現行法中尙無特別限制的規定。但在外國，由於敎會勢力的龐大，政府對宗敎信仰的自由，爲免破壞社會的文化與禮俗，及不侵犯公民與國家的權利，常在憲法上加以明文限制。如比利時憲法第十六條規定「……敎士應負關於出版的普通責任，民事婚禮應先於宗敎儀式……」。瑞士憲法第五十條第二項規定「聯邦及各州……防止敎會權力侵及公民及國家的權利，得採取必要的處置」。意大利憲法第十九條規定「任何人……有傳敎與舉行公私禮拜的權利，但以儀式不違反善良風俗者爲限」。巴西憲法第一百四十一條第七項規定「……宗敎各敎派之傳敎，於不違反公共秩序或善良道德之範圍內，應予保障……」。

（五）集會結社自由的限制：先談集會自由的限制，依動員戡亂時期集會遊行法規定，集會遊行不得違背憲法或主張共產主義或主張分裂國土，室外遊行應向主管機關申請許可，未經主管機關許可或有違反法令規定行爲，不遵解散命令者，應受處罰；如依刑法第一百四十九、一百

五十條規定，不得公然聚會，意圖爲强暴脅迫之行爲；依懲治叛亂條例第五條規定，不得參加叛亂之集會；依戒嚴法第十一條第一項，戒嚴時期或戒嚴地區最高司令官得停止人民之集會及遊行；依傳染病防治條例第二十七條規定，衛生機關得限制或禁止集會；依陸海空軍刑法第一百二十條規定，軍人違背職守而秘密集會者，處五年以下有期徒刑等。

再談結社自由的限制，依動員戡亂時期人民團體法規定，人民團體之組織與活動，不得違背憲法或主張共產主義或主張分裂國土；人民團體之組織，應由發起人向主管機關申請許可登記，經設立之人民團體違反規定情節重大者，得撤銷其許可或予以解散。依刑法第一百五十四條規定，人民不得參加以犯罪爲宗旨之結社；依懲治叛亂條例第五條規定，不得參加叛亂之組織，違者處無期徒刑或十年以上有期徒刑；依戒嚴法，戒嚴時期，戒嚴地域內最高司令官得停止或解散人民之結社等。

(六)工作、財產自由的限制：爲維持社會秩序或增進公共利益，依現行法規，對人民的工作自由及財產自由，亦定有若干限制。

工作自由的限制，如擔任醫師、護士、律師、會計師等專門職業性工作者，須具有專門職業之執業資格；從事違背人道或爲法所禁之工作者，如販賣人口、販賣鴉片毒品、經營黑市走私、違反專賣法令、從事軍火買賣等，均將受到處罰。

財產自由的限制，包括1.對財產所有權的限制，如憲法第一百四十二條規定，實施平均地權節制資本，以謀國計民生之均足。憲法第一百四十三條規定，私有土地應照價納稅，政府並得照價收買，附著於土地之礦，及經濟上可供公衆利用之天然力，屬於國家所有，不因人民取得土地所有權而受影響。又土地法第八十九條規定，縣市地方政府機關對管轄區內之私有空地及荒地，得劃定區域，規定期間，强制依法使用，私有荒地逾期不使用者，該管縣市政府得照申報地價收買之。2.對財產收益的限制，卽財產的使用須同時有助於公益，如憲法第一百四十五條

規定「國家對於私人財富及私營事業，認為有妨害國計民生之平衡發展者，應以法律限制之」。參照土地法第二百零八條、第二百零九條、第二百三十六條規定，國家因公共事業的需要或因實施國家經濟政策，得徵收私有土地，但必須給予所有人以相當的補償費。憲法第一百四十三條規定「土地價值非因施以勞力資本而增加者，應由國家徵收土地增值稅，歸人民共享之」。憲法第一百四十四條規定「公用事業及其他有獨佔性之企業，以公營為原則，其經法律許可者，得由國民經營之」。3.其他的限制，如犯罪所得或供犯罪使用之財產，得以沒收查封；執行機關基於債權人之聲請，封存債務人之財產；對繼承的財產，課以累進稅率的遺產稅等。

第三項　限制人民自由權利的特種措施

憲法雖保障人民的自由權利，但憲法亦允許在特種情況下，可以法律限制人民的自由權利。故一般國家對人民自由權利有加以限制必要時，通常須先制定法律並依法律之所定限制之。但由於國際情勢的變化無窮，戰爭天災人禍的隨時可能發生，財政經濟的可能引起重大變故，遇此種緊急危難，如須待制定法律後再對人民自由權利予以適度限制，以挽救國家的危機，頗有緩不濟急之感。因而乃有特種措施的採取以應急需。此特種措施有三，茲分析如下：⑫

一、戒嚴措施

（一）戒嚴的意義：戒嚴，是國家發生戰爭或遭遇非常災變，為維持國家治安，於全國或特定地域，施以軍事戒嚴。宣告戒嚴之後，在戒嚴區域以內，民政機關的職權，原則上均移歸軍政機關行使，人民的權利

---

⑫　參見左潞生著，比較憲法，第一八九～一九五頁，正中書局，六十九年十月版。

受戒嚴法的特別限制，但軍政機關未收管事項，仍由民政機關處理。

（二）各國戒嚴制度簡介：茲以英、法、美三國爲例，

1.英國：無預先制定的戒嚴法，政府亦不得擅自發布命令，以變更平時法律秩序；凡遇及社會安寧發生危險時，政府只得召集議會，請求議會制定法律，授予政府以應變之權，俾能採取必要的措施；並由議會通過「人身保護停止法」，准許政府拘押人民，不須經過司法程序；倘遇事變發生倉猝，不能等待議會通過法律時，政府得酌行採取法外手段，以應付急變，但此仍屬違法行爲，事後須請求議會通過「赦免法」，以解除政府的責任，如議會不肯通過赦免法，則違法的官吏，仍應負刑事責任。

2.法國：由議會先制定戒嚴法，規定戒嚴的原因與種類、宣告戒嚴機關、及宣告戒嚴的結果；凡遇戒嚴的原因發生，則享有宣告戒嚴權的機關，即可依該法宣告戒嚴，而實現該法所預定的種種結果，如民政機關的一切職權，原則上均歸軍政機關享有，人民的權利如人身、居住、言論、集會等自由，均受戒嚴法的限制。

3.美國：大致與英制相似，無預先制定的戒嚴法，遇內亂或外患發生時，由國會宣告戒嚴令，倘情形緊急不能等待國會宣告時，總統得宣告之；戒嚴時期，人民須服從戒嚴機關的命令，如有違抗應受處罰。但戒嚴機關的軍政人員與普通文官及國會一樣，受憲法的嚴格約束；美國憲法增修第一條規定，國會不得制定關於下列的法律，即①確立宗教或禁止信教自由，②剝奪人民言論或出版之自由，③剝奪人民和平集會及向政府陳述救濟之請願權利；故美國國會雖在戒嚴期間亦不得制定與本條相違背的法律，來剝奪人民的權利。

（三）我國的戒嚴制度：略與法國制度相似，有預先制定的戒嚴法。戒嚴的原因與種類，爲1.臨時戒嚴，即某一地區猝受亂匪攻圍或非常事

變驟然發生的戒嚴；2.通常戒嚴，卽非臨時性的戒嚴。戒嚴地區亦分兩種，1.為警戒地區，卽戰事或叛亂發生時受戰爭影響應警戒之地區；2.為接戰地區，卽作戰時攻守的地區。戒嚴宣告的機關，通常戒嚴由行政院決議，立法院之通過或追認，由總統宣告；臨時戒嚴由該地最高司令官或分駐團長以上之部隊長官宣告，但須迅速層報提交立法院追認及總統。戒嚴宣告的結果，警戒地區內，地方行政官及司法官處理有關軍事事務，應受該地最高司令官的指揮；接戰地區內，地方行政事務及司法事務，移歸該區最高司令官掌管，其他地方行政官及司法官，應受該地區最高司令官的指揮。倘戒嚴的情況中止，或經立法院決議移請總統戒嚴時，應卽宣告解嚴，自解嚴之日起，一律恢復原狀。

二、緊急命令措施

（一）緊急命令的意義：緊急命令，是國家猝遇緊急事變，欲作急速處分，由國家元首發布命令以代替法律，其效力與法律相等，可以停止或變更法律之意。緊急命令與上述戒嚴不同點，為1.戒嚴僅適用於軍事的非常狀態，而緊急命令則不以此為限；2.戒嚴宣告權原則上屬於立法機關，而緊急命令權則由元首或行政機關宣告；3.戒嚴只能使用兵力，而緊急命令則可使用一切力量；4.在一般戒嚴制度下，行政機關仍須遵循戒嚴法的規定，國家法律並未遭受停止或變更，而在緊急命令制度下，行政機關便可用命令停止或變更一切法律。故緊急命令的權力較戒嚴為廣泛。緊急命令發佈後，則凡在該命令範圍之內事項，人民權利皆須受其限制。

（二）各國緊急命令制度簡介：緊急命令原發生於德國，為日耳曼法系國家的特別制度，如德國威瑪憲法第四十八條第二項規定，凡國內安寧秩序，已經發生重大障礙或將發生重大障礙，總統得採取任何必要措施，以恢復公共的安寧秩序；在必要時，尚得使用兵力，並停止人民的

人身自由、居住自由、通訊自由、言論出版自由、集會結社自由、以及所有權的保障。以後其他國家每延用之。自第二次世界大戰後，西德基本法及日本新憲法，均已放棄緊急命令制，故今日各國憲法中仍採用者已不多。

1.法國：第五共和憲法第十六條規定「在共和制度、國家獨立、領土完整、或國際義務的履行，遭受嚴重且危急之威脅，而憲法上公權之正當行使受到阻礙時，共和國總統經正式諮詢內閣總理、國會兩院議長及憲法委員會後，得採取應付情勢所必需之措施，總統應以公文佈告全國；此種措施，應能保證憲法上之公權機關，在最短期間內，能達成其任務為目的；國會應自行集會；國民議會在總統行使特別權力之期間內，不得解散」。

2.意大利：憲法第七十七條規定「政府非經兩議院之授權，不得發佈有普通法律效力之命令；如在非常緊急需要場合，政府以其責任採取有法律效力之臨時處分時，應即日將此臨時處分提出於兩議院，以改變為法律，兩院如在休會中，應特別召集之，於五日內集會，此項命令如在公佈後六十日內未改變為法律，應自公佈日起失效，惟根據該命令而發生之法律關係，兩議院得依法律規定之」。

3.韓國：韓國一九四八年憲法第五十七條規定「國家遇有內亂、外患、天災地變，或財產經濟上重大危機，為維持安寧秩序，須為緊急措置時，總統僅得於無暇待國會之集會時為限，發佈與法律具有同一效力之命令，或為財政上之必要處分；前項命令或處分，應即報告國會，並須經其追認，如國會不同意時，該命令或處分立即失效，總統不得延遲公佈之」。

(三)我國的緊急命令制度：憲法第四十三條規定「國家遇有天然災害、癘疫、或國家財政經濟上有重大變故，須為急速處分時，總統於立

法院休會期間，得經行政院會議之決議，依緊急命令法發佈緊急命令，為必要之處置；但須於發佈命令後一個月內提交立法院追認，如立法院不同意時，該緊急命令立即失效」。因緊急命令法尚未制度，故總統亦無從發佈緊急命令。

三、緊急處分（命令）制度：

（一）臨時條款之緊急處分制度：緊急處分為我國原有臨時條款獨有的制度，其所以有此一制度的原因，一為憲法中原定的緊急命令制度尚難實施，二為正值動員戡亂期間須加強國家元首應付緊急變故的權力，故於憲法中增訂動員戡亂期間臨時條款，以應需要。依臨時條款第一、第二條規定「總統在動員戡亂期間，為避免國家或人民遭遇緊急危難或應付財政經濟上重大變故，得經行政院會議之決議，為緊急處分，不受憲法第三十九條或第四十三條所規定程序之限制；前項緊急處分，立法院得依憲法第五十七條第二款規定之程序變更或廢止之」。

從上述條文內容，可知緊急處分的行使，其限制較憲法所定緊急命令的行使為少，因此緊急處分的權力亦較緊急命令的權力為大。兩者雖亦有相似之點，但仍有其不同之處。❸

（二）憲法增修條文之緊急命令制度：民國八十年五月一日，臨時條款廢止，另在憲法本文後增修憲法條文，其第七條「總統為避免緊急危難或應付財政經濟上重大變故，得經行政院會議之決議，發佈緊急命令，為必要之處置，不受憲法第四十三條之限制。但需於發佈命令後十日內提交立法院追認，如立法院不同意時，該緊急命令立即失效」。從上述增修條文，其內容與憲法本文第四十三條所定緊急命令之不同處，有如下列：

---

❸ 參見陳水逢著，中華民國憲法論，第九一一～九一二頁，中央文物供應社，七十一年十月版。

1.適用時期不同：憲法本文之緊急命令適用於平時，而增修條文之緊急命令只能在國家統一前適用之。

2.實質要件不同：憲法本文之緊急命令須在「國家遇有天然災害、癘疫、或國家財政經濟上有重大變故，須急速處分時」發佈之；而增修條文之緊急命令則須在「為避免國家或人民遭遇緊急危難，或應付財政經濟上重大變故時」發佈之，其範圍較前者緊急命令的範圍為廣泛；故前者緊急命令的實質條件限制比後者緊急命令為嚴格。

3.程序要件不同：憲法本文之緊急命令之發佈，須於立法院休會期間，得經行政院會議之決議，依緊急命令法發佈，並須於發佈命令後一個月內提交法院追認，如立法院不同意時，該緊急命令立即失效；而增修條文之緊急命令之發佈，則不限於立法院休會期間，亦無須任何類似緊急命令法之依據，僅須經行政院會議決議即可；故在程序上，**後者行使緊急命令亦比前者行使緊急命令為簡化**。

第八節　侵權的責任與賠償

公務員違法侵害人民之自由或權利者，除應負違失責任外，對自由權利之受損害者，並應予以賠償。茲就各國對侵權責任與賠償的規定，我國憲定的侵權責任，及我國憲定的損害賠償，分項簡述如後。

第一項　各國對侵權責任與賠償的規定

一般國家，對公務員違法侵害人民的自由或權利者，其應負的責任與懲處，多另在有關法規中規定。至對受侵害自由或權利的人民，則在憲法中多有損害賠償的規定，以昭信於民。

大致而言，各國憲定的損害賠償，約有下列三種類型：

一、由國家負責賠償爲原則者:

即在一般原則上，由國家負責賠償，但有特別規定者則爲例外。如(一)美國自一九四六年的聯邦侵權賠償法(The Federal Tert Claims Act)及英國一九四七年的國王訴追法(The Crown Proceeding Act)施行後，除陸海空軍人員外，國家對於所屬公務人員有侵害人民權利時，以負賠償責任爲原則。(二)巴西一九四六年憲法第一百九十四條第一項規定，國內公法人，關於其所屬公務員，以公務員資格對於第三人所加的損害，應負民事責任。

二、國家只對特定行爲所發生之損害負賠償責任者:

即因特定某種行爲所發生之損害，由國家負賠償責任；因其他行爲所發生之損害，則國家不負賠償責任。如(一)法國對公務員因職務行爲所生的損害，由國家負賠償責任；對公務員權力行爲（卽命令行爲）所生的損害，不問其是否適法，國家概不負賠償責任。(二)意大利，對公務員之民事上的侵權行爲，國家負賠償責任。

三、由國家負賠償責任但對公務員有求償權者:

即所謂國家的賠償責任，但在某種情形下，國家對公務員可行使求償權。此制乃取前兩制之長去其短而定者，晚近採用此制之國家甚多。

(一)西德基本法第三十四條的規定，公務員執行公務時，倘違反其對第三者應負之職務上的義務，原則上由該公務員所服務的國家或公共團體負責賠償，但有故意或重大過失時，國家或公共團體對該公務員得保留求償權；爲請求損害賠償及求償，向普通法院提起訴訟之權利，不得排除之。

(二)日本新憲法第十七條規定，任何人因公務員的違法行爲受損害時，得依法律所定，向國家或公共團體請求賠償。又依國家賠償法第一條規定，行使國家或公共團體權力的公務員，於其執行職務之際，因故

意或過失，違法損害他人之權利時，國家或公共團體負賠償責任；如公務員有故意或重大過失時，國家或公共團體對該公務員有求償權。

第二項　憲定的侵權責任

我國憲法第二十四條規定「凡公務員違法侵害人民之自由或權利者，除依法律受懲戒外，應負刑事及民事責任……」。茲分析如下：

一、公務員的含義：

憲法上所稱公務員，通常均採廣義的解析，換言之，稱公務員者謂依法令從事於公務之人員。因此不但各政府機關的公務人員，卽根據選舉法規及有關組織法規而選出服公務的人民代表，亦包括在內；所謂依法令，須爲本國的法令；又所謂公務，應限於國家或自治團體的事務。

二、懲戒責任與懲戒處分：

凡公務員違法或廢弛職務或其他失職行爲，致侵害人民之自由或權利者，應負懲戒責任，並依公務員懲戒法受懲戒處分。懲戒處分分爲六種，卽(一)撤職，除撤其現職外，並於一定期間內停止任用，其期間至少爲一年。(二)休職，除休其現職外，並不得在其他機關任職，其期間爲六個月以上。休職期滿許其復職，自復職之日起，二年內不得晉敍、升職或調任主管職務。(三)降級，依其現任俸級降一級或二級改敍，自改敍之日起非經過二年不得晉敍、升職或調任主管職務。(四)減俸，依現在之月俸減百分之十或百分之二十支給，其期間爲六月以上一年以下，自減俸之日起一年內不得晉敍、升職或調任主管職務。(五)記過，自記過之日起一年內不得晉敍、升職或調任主管職務，一年內記過三次者，依其現職之俸級，降一級改敍。(六)申誡，以書面爲之。

三、刑事責任與刑事處罰：

公務員觸犯刑章，侵害人民之自由或權利者，應負刑事責任，並依

刑事法律之規定受刑事處罰。刑法上所謂瀆職罪，乃因公務員濫用職權或違背其義務的犯罪行為所構成者，依其性質又可分賄賂罪、凌虐人犯罪、委棄守地罪、枉法裁判罪、濫用職權追訴處罰罪、違法行刑罪、越權受理訴訟罪、違法征收罪、廢弛職務釀成災害罪、圖利罪、洩漏或交付秘密罪、妨害郵電秘密罪，另尚有偽造公文書罪、貪汚罪等。所受刑事處罰，視情節輕重分死刑、無期徒刑、有期徒刑、拘役、罰金、褫奪公權等。

四、民事賠償責任：

公務員因故意或過失違法侵害他人自由或權利時，通常亦須負民事賠償責任。如我國民法第一百八十六條規定「公務員因故意違背對於第三人應執行之職務，致第三人之權利受損害者，負賠償責任；其過失者，以被害人不能依他項方法受賠償時為限，負其責任。前項情形，如被害人得依法律上之救濟方法，除去其損害，而因故意或過失不為之者，公務員不負賠償責任」。由此觀之，公務員以有故意或過失，且不能依一百八十六條後項而免責時，始負賠償責任。

第三項　憲定的損害賠償

我國憲法第二十四條規定「凡公務員違法侵害人民之自由或權利者……被害人民就其所受損害，並得依法律向國家請求賠償」。玆分析如下：

一、國家賠償法規的適用：

有關國家的損害賠償，有國家賠償法、冤獄賠償法、民法等；在適用順序上是先適用特定的賠償法（如冤獄賠償法），特定賠償法未規定者適用國家賠償法，國家賠償未有規定者適用民法的規定。

二、特定的賠償法：

　　包括損害賠償的特別法，如冤獄賠償法，核子損害賠償法；及有關法律中所訂的賠償特別規定，如土地法第六十八條、第七十條，警械使用條例第十條等。

　　(一)冤獄賠償法：其第一條規定，依刑事訴訟法受理之案件，具有1.不起訴處分或無罪之判決確定前曾受羈押者；2.依再審或非常上訴程序判決無罪確定前曾受羈押或刑之執行者；受害人得依本法請求國家賠償。第三條規定，羈押及徒刑或拘役執行之賠償，依其羈押或執行之日數，以二百五十元以上三百五十元以下折算一日支付之；死刑之賠償，除其羈押之賠償依上述規定外，並支付一百萬元以上二百萬元以下之撫慰金（均以銀元計算）。第十六條規定，賠償經費由國庫負擔；執行職務之公務人員，因故意或重大過失而違法，致生冤獄賠償事件時，政府對該公務人員有求償權。

　　(二)核子損害賠償法：其第八條規定，所稱核子損害，指由下列原因之一（卽1.核子設施內之核子燃料、放射性產物、廢料或運入運出核子設施之核子物料所發生之放射性、毒害性、爆炸性或其他危害性；2.核子設施內之其他輻射源所發出之游離輻射）所造成之生命喪失，身體傷害或財產損害。第十一條規定，核子事故發生於核子設施之內者，其經營人對於所造成之核子損害，應負賠償責任。第二十一條規定，核子設施經營人依本法之規定賠償者，僅於下列情形之一時有求償權，卽1.依書面契約有規定者；2.核子事故係由於意圖造成損害之行為或不行為所造成者，對具有該項意圖而行為或不行為之個人。

　　(三)土地法：其第六十八條規定，因登記錯誤遺漏或虛偽致受損害者，由該地政機關負損害賠償責任，但該地政機關證明其原因應歸責於受害人時，不在此限；第七十條規定，地政機關所收登記費，應提存百分之十作為登記儲金，專備第六十八條所定賠償之用；地政機關所負之

賠償，如因登記人員之重大過失所致者，由該人員償還，撥歸登記儲金。

　　(四)警械使用條例：其第十條規定，警察人員非遇第四條各款情形之一，而使用警刀、槍械或其他經核定之器械者，由該管長官懲戒之；其因而傷人或致死者，除加害之警察人員依刑法處罰外，被害人由各該級政府先給予醫藥費或撫卹費，但出於故意之行為，各級政府得向行為人求償。

三、國家賠償法：

　　國家賠償法係六十九年七月二日公布，於七十年七月一日施行，共十七條，其施行細則由行政院定之。茲分析如下：

　　(一)損害賠償的成立要件與適用範圍：依該法第二條規定，「公務員（謂依法令從事於公務之人員）於執行職務行使公權力時，因故意或過失不法侵害人民自由或權利者，國家應負損害賠償責任；公務員怠於執行職務，致人民自由或權利遭受損害者亦同；前項情形，公務員有故意或重大過失時，賠償義務機關對之有求償權」。基此規定，賠償責任的成立要件包括 1.須為公權力之行使；2.須為公務員之行為；3.須係執行職務之行為；4.須為不法之行為；5.須有故意或過失；6.須侵害人民之自由或權利；7.須致生損害。

　　再依第三條規定，「公有公共設施因設置或管理有欠缺，致人民生命、身體或財產受損害者，國家應負損害賠償責任；前項情形，就損害原因有應負責任之人時，賠償義務機關對之有求償權」。依第四條規定，「受委託行使公權力之團體或個人，其執行職務之人或個人，於行使公權力時視同公務員」。又依第十三條規定，「有審判或追訴職務之公務員，因執行職務侵害人民自由或權利，就其與審判或訴追案件犯職務上之罪，經判決有罪確定者，適用本法之規定」。由上觀之，國家賠償法

適用之範圍，除包括一般公務員不法侵害所生損害之賠償外，尚有公有公共設施設置或管理有欠缺所生損害之賠償；除一般公務員外，尚含受委託的團體或個人；再如推事、檢察官等由於職務性質之特殊，其所生損害的賠償與一般公務員不盡相同，乃於第十三條作特別的規定。

(二)損害賠償的當事人與經費：依本法第九條規定，賠償義務機關分別爲該公務員所屬機關、或該公共設施之設置或管理機關（如爲受委託的團體或個人所爲之損害，則當以委託機關爲賠償義務機關）；如原賠償義務機關已撤銷者，由其業務承受機關爲賠償義務機關；如對賠償義務機關有爭議時，由上級機關決定之。又依第七條規定，賠償經費應由各級政府編列預算支應之。

(三)賠償方法與範圍：依第七條規定，「國家負損害賠償責任者，應以金錢爲之，但以回復原狀爲適當者，得依請求，回復損害發生前原狀」。故國家的賠償是以金錢爲原則，以基於請求且以恢復原狀爲例外。至賠償之範圍，本法並未明定，然依民法第二百十六條規定，除法律另有規定或契約另有訂定外，應以塡補債權人所受損害及所失利益爲限。此中所謂法律另有規定，係指民法第二百十七條之過失相抵，參照民法第二百六十七條之利益相抵，民法第一百九十二條之殯葬費、扶養費，民法第一百九十三條所定之勞動能力之喪減或生活需要之增加，民法第一百九十六條之物之毀損，民法第一百九十四條之生命權之侵害的賠償，及民法第一百九十五條之身體健康名譽自由之侵害的賠償等。

(四)損害賠償之請求程序：包括下列三個

1.請求：依本法第十條第一項規定，「依本法請求損害賠償時，應先以書面向賠償義務機關請求之」。

2.協議：依本法第十條第二項規定，「賠償義務機關對於前項請求，應卽與請求權人協議；協議成立時，應作成協議書，該項協議書得

爲執行名義」。協議書旣得爲執行名義，則於賠償義務機關不依協議書履行其賠償義務時，自得對賠償義務機關之財產，依强制執行法規定，爲强制執行。

　　3.損害賠償訴訟：依本法第十一條第一項規定，「賠償義務機關拒絕賠償，或自提出請求之日起逾卅日不開始協議，或自開始協議之日起逾六十日協議不成立時，請求權人得提起損害賠償之訴」。又依同條第二項規定，「依本法請求損害賠償時，法院得依申請爲假處分，命賠償義務機關暫先支付醫療或喪葬費」。

　　(五)損害賠償請求權之消滅時效：依本法第八條第一項規定，「賠償請求權，自請求權人知有損害時起，因二年間不行使而消滅；自損害發生時起，逾五年者亦同」。

　　(六)國家之求償權：依本法第二、第三、第四條後項，均有國家有求償權之規定。因國家的賠償責任，係由於公務員之不法侵害人民自由或權利的行爲，故公務員仍應有責任，因而國家對之應有求償權，否則將不足以督促公務員善盡職守，且易開啓濫法濫權之漸；惟若不分過失輕重，概可向公務員求償，則將使公務員遇事畏縮不前，不敢勇於任事。因此，當賠償義務機關對被害人已作損害賠償之後，於公務員有故意或重大過失時，賠償義務機關對之有求償權。又依本法第八條第二項規定，「求償權自支付賠償金或回復原狀之日起，因二年間不行使而消滅」。

四、憲法所定的二元賠償制度：

　　憲法第二十四條，一方面規定公務員「應負民事責任」；二方面又規定「並得依法律向國家請求賠償」。但此種二元賠償制度，應指公務員與國家負有連帶賠償責任而言，並非謂同一權利的損害，可分別向公務員及國家得到重複的賠償，而只是擇一的得到賠償。

第五章　人民的義務

　　凡享有權利，自必盡有義務。故於研究人民的權利後，卽討論人民的義務。國父孫中山先生的遺敎中，亦曾談及義務，惟不若討論權利之多；義務的觀念亦因時代的不同而有改變；一般國家對人民的義務多以納稅及服兵役爲主，亦有將國民敎育列爲義務之一者；凡對應盡義務而未履行者，多須接受處罰。玆就以上內容分節敍述之。

第一節　與本章有關的遺敎要點

　　國父有關人民義務的遺敎，可歸納爲服務的人生觀，將募兵制改爲徵兵制，直接徵稅，及兒童強迫敎育與成人識字運動等，玆分項簡述如後。

第一項　服務的人生觀

　　國父認爲人類的天賦，有先知先覺、後知後覺、不知不覺之分，人類思想，有利己、利人之別，因而只有發揮服務的人生觀與發達服務的道德心，才能消除因天賦及思想之不同所引起的流弊。

國父在民權主義中曾提出「從此以後，要調和三種之人，使之平等，則人人當以服務爲目的，而不以奪取爲目的。聰明才力愈大者，當盡其能力而服千萬人之務，造千萬人之福。聰明才力略小者，當盡其能力以服十百人之務，造十百人之福。所謂巧者拙之奴，就是這個道理。至於全無聰明才力者，亦當盡一己之能力，以服一人之務，造一人之福。照這樣做去，雖天生人之聰明才力有不平等，而人之服務道德心發達，必可使之成爲平等了，這就是平等的精義」。

第二項　將募兵制改爲征兵制

中國國民黨第一次全國代表大會宣言，對中國現狀之說明中，兩次提到軍閥之爲害，故在國民黨政綱之對內政策中提出改革兵役制度。

一、不贊成聯省自治派：

批評聯省自治派時，提到「……曾不思今日北京政府權力，初非法律所賦予，人民所承認，乃由大軍閥攘奪而得之，大軍閥既挾持暴力，以把持中央政府，復利用中央政府以擴充其暴力。吾人不謀所以毀滅大軍閥之暴力，使不得挾持中央政府以爲惡，乃反欲藉各省小軍閥之力，以謀削減中央政府之權能，是何爲耶？……」。

二、不贊成和平會議派：

批評和平會議派時，提到「……構成中國之戰禍者，實爲互相角立之軍閥。此互相角立之軍閥，各顧其利益，矛盾至極端，已無調和之可能。卽使可能，亦不過各軍閥間利益得以調和而已；於民衆之利益，固無與也……」。

三、改募兵制爲征兵制：

對內政策第七項「將現時募兵制度，漸改爲征兵制度。同時注意改善下級軍官及兵士之經濟狀況，並增進其法律地位。施行軍隊中之農業

教育及職業教育，嚴定軍官之資格，改革任免軍官之方法」。

第三項　直接征稅

國父在民生主義中，對節制私人資本，曾提出五種方法，對征收直接稅更有詳細的說明。

一、節制私人資本的方法：

即(一)限制私人企業經營的範圍；(二)社會與工業之改良；(三)運輸交通收歸國有；(四)征收直接稅；(五)分配之社會化。

二、征收直接稅：

國父曾謂「行這種方法，就是用累進稅率，多征資本家的所得稅和遺產稅。行這種稅法，就可以令國家的財源，多是直接由資本家而來。資本家的入息極多，國家直接征稅，所謂多取之而不爲虐。從前的舊稅法，只是錢糧和關稅兩種。行那種稅法，就是國家的財源，完全取之於一般貧民，資本家對於國家，只享權利，毫不盡義務，這是很不公平的……歐美近來實行直接征稅，增加了大財源，所以便有財源來改良種種社會事業」。

第四項　兒童強迫教育與成人識字運動

先總統蔣公手著民生主義育樂兩篇中，有下列提示：

一、兒童強迫教育：

「中國過去把學校教育看做特權階級的設備，所以學校辦了幾十年，而一般國民受到教育的機會卻是很少，甚至不識字的人還是在全體人民中佔很大的成份。民生主義教育的目的是要教導一般國民使其適於民生主義的社會生活，並成爲革命建國的器材，首先的一步就要使一般國民都能識字，都能具備公民的常識。而一般兒童的強迫教育，就是民生主

義教育的起點」。

二、成人識字運動:

「其次對於不識字的成年國民，無分於男女，要推行掃除文盲運動，使他們能够讀書看報，通訊記事。我們的憲政是以地方自治爲基礎，而民權主義是要使一般國民在地方自治團體中行使四權。這四權的行使，一定要國民先能識字，所以掃除文盲運動乃是地方自治團體和市區鄉鎭中心學校的基本工作」。

第五項　五五憲草對義務的設計

五五憲草對義務的規定，有下列三條:

一、第二十一條: 人民有依法律納稅之義務。

二、第二十二條: 人民有依法律服兵役及工役之義務。

三、第二十三條: 人民有依法律服公務之義務。

第二節　義務觀念的演變

義務有其意義，義務的範圍在隨著時代而變遷，各國憲法對人民的義務亦多有所規定。玆分項簡述如後。

第一項　義務的意義

義務含有法律所定的，亦有爲道德所期望的; 義務與權利，係一事的兩面，有權利必有義務，有義務亦必有權利。玆分析如下:

一、義務的意義:

人民依被動的身分，須服從國家的統治權，因而就發生了人民的義務，人民的義務種類雖多，無非都是服從的義務。義務依其性質，可區

分爲法律所定的義務與道德所期望的義務，法律所定的義務係爲維持國家安定與社會秩序所必要者，而道德所期望的義務則爲提升社會生活至高的水準所需要者；如違反了法律所定的義務則將受國家的處罰，如違反了道德所期望的義務，則最多只會受到社會所不齒或自己良心的譴責。因此人民必須遵守的義務，原則上係法律所規定者爲限。

二、權利與義務的相關性：

先總統蔣公對權利與義務的關係曾作如此的說明，「權利與義務或權力與責任，實際上都是一件事的兩方面，其關係是對等的，在民主生活中，個人享有權利，同時亦負有伴隨而來之義務，個人行使權力，同時亦負有伴隨而來之責任。而且權利有多少，義務便有多少，權力有多大，責任便有多大。因爲權利與義務或權力與責任是對等，所以個人應該主張正當的權利，同時必須履行相等的義務，個人應行使正當的權力，同時必須承當相等的責任，決不可只享權利，不盡義務；只爭權力，不負責任。這不僅是社會的法律制度問題，同時亦是個人的人格道德與責任觀念問題」。❶

第二項　義務範圍的演變

義務的範圍，是在隨時代的進步而演變的，其演變可分四個時期，義務的範圍常因時期的不同而有縮小或增大的不同。茲分析之：❷

一、歐洲中世紀時期：

此時期是封建的社會，君主專制盛行，君權高張，故人民對於國君多爲服從的義務，少有主張權利的餘地，故可稱爲純義務的時期。

二、十八世紀開始後：

---

❶　見先總統蔣公民國四十六年國民大會代表聯誼會致詞。
❷　參見陳水逢著中華民國憲法論，第四五九頁，中央文物供應社，七十一年十月版。

由於個人主義的發達，各國憲法受天賦人權學說的影響，其內容多偏重於個人權利的保障，而對人民義務的規定反極爲簡略，如法國一七八九年的人權宣言，只有人權的規定而無義務的規定，其後一七九五年的法國憲法，始將人民的權利與義務同時入憲，但在分量上仍以權利的規定爲主。此一時期，可謂權利本位時期。

三、十九世紀開始後：

由於提倡個人主義之結果，產生了社會不安的現象，爲安定社會與維護國家的生存與發展，法律的觀念乃逐漸由權利本位轉至社會義務本位，強調效忠國家、擁護政府、遵守法律、服兵役、服公務工役、納稅、接受義務教育等的義務，如德國一九一九年威瑪憲法的規定，卽屬其例。此一時期，可稱爲義務之復盛時期。

四、二十世紀中葉以後：

由於第二次世界大戰前德、意、日三大獨裁政權的橫行，剝奪人民的權利視爲常事，人民受苦甚深，故二次大戰結束後，鑒於過去獨裁專政的流弊與人民的痛苦，乃又重視權利的保障，並使與人民的義務能大致的平衡，如西德基本法、意大利及日本的新憲法，均屬其例。故此一時期，亦可稱爲權利與義務兼顧的時期。

第三項　各國對義務的憲定

各國憲法，對義務多有所規定,且其內容並不以納稅及服兵役爲限。玆舉例如下：

一、比利時憲法：

第一一〇條規定「國家租稅，惟法律得規定之」。第一一八條規定「軍隊之招募方法，由法律規定之」。第一一九條規定「軍隊之征兵額，應按年予以議決」。

二、荷蘭憲法：

　　第一八一條規定「除依法律規定外，不得爲國庫征收賦稅」。第一八八條規定「爲保護國家利益，建立由志願兵及征集兵組成之海陸軍。義務兵役，應以法律定之。此項法律，並應規定對非海陸軍人所應課有關國防之義務」。

三、德國威瑪憲法：

　　除第一百三十四條規定人民之納稅義務，及第一百三十三條規定人民服兵役義務外，並有下列義務的規定，卽第一百二十條規定「養育子女，完成其肉體精神及社會的能力，爲兩親之最高義務，且爲其自然之權利。聯邦各邦及公共團體，應對其實行，加以監督」。第一百四十五條規定「就學爲一般之義務，應以在小學修業八年以上，及畢業後至滿十八歲止，在補習學校修業爲原則……」。第一百五十三條第四項規定「所有權包含義務，所有權之行使，應同時顧及公共福利」。第一百五十五條第三項規定「土地之開拓與利用，爲土地所有人對公衆所負之義務……」。第一百六十三條第一項規定「所有德國人民，均負有以其精神及肉體力量，爲適於公共福利勞動之道德上義務，但不得妨害人身自由」。

四、意大利憲法：

　　除於第二十三條規定納稅義務，第五十二條規定服兵役義務外，並有第四條規定「共和國承認一切人民有工作權，並促進能使此種權利發生實效之各種條件；各人按其自己能力與嗜好，從事於有助社會之物質的或精神進步之各種活動或職務之義務」。第三十條規定「養育訓導及教育子女，爲父母之義務與權利」。第三十四條第二項規定「至少八年之基本教育，爲免費之義務教育」。第四十二條第二項規定「私有財產受法律之承認與保障，法律爲確保私有財產之社會機能，並使一切人均

能享受，應規定私有財產之取得、享有之方法及其限制」。第四十四條
規定「爲實行土地之合理開發，並建社會之公正關係，法律對於私有土
地財產，得設定義務與限制。得依地域及農業地帶限制面積範圍，得促
進並要求開墾土地，變更大土地所有……」。

五、日本新憲法:

第十二條規定「本憲法所保障之國民自由及權利，國民應以不斷的
努力以保持之。國民應負爲公共福祉而利用之責任，不得濫用」。第二
十六條規定「任何國民，均有依法律之規定按其能力而受教育之權利。
任何國民，均負有依法律之規定，使其所保護之子女，受普通教育之義
務，義務教育免費」。第二十七條規定「任何國民，均有勞動之權利與
義務」。第二十九條第二項規定「財產權之內容，須合於公共福祉，以
法律規定之」。第三十條規定「國民負有依法律規定納稅之義務」。

第三節　納稅義務

我國憲法對人民義務的規定，主要有納稅、服兵役及受國民義務教
育三種，除納稅外，其餘在以下二節中敍述之。

國家須由人民納稅，自有其緣起與原則，憲定的納稅義務大致與一
般國家相似，納稅須依據法律。茲分項簡述如後。

第一項　納稅義務的緣起與原則

國家推行政令，非錢莫辦，而國家經費的收入，除公賣及規費等之
收入外，主要就是要依靠稅收，故一般國家的憲法，均明文規定人民有
納稅的義務。惟人民的納稅義務，須符合下列的原則:

一、公平的納稅:

中國憲法論

第十九章　第二階段憲法增修條文的制定

　　第十八章第二節所述第一階段憲法增修條文的制定，只屬程序的修憲，而眞正實質的修改，則有待於第二階段的修憲。茲分各政黨對修憲的主張、舉行第二屆國民大會代表選舉、召開第二屆國民大會臨時會、憲法增修條文簡析及後續工作，及各方對第二階段修憲的反應，分節敍述如後。

第一節　各政黨對修憲的主張

　　自黨禁開放後，我國現經合法登記設立的政黨共有六十八個，但眞正具有政黨規模，對修憲能提出較完整的主張者，除執政黨外，亦大致只有民進黨而已。茲分項敍述之。

第一項　執政黨成立憲改策劃小組

　　爲研究第二階段修憲的主張，執政黨於八十年八月間成立憲改策劃小組，下設研究及協調兩個分組。

一、憲改策劃小組：

由李副總統擔任總召集人，成員爲郝柏村、林洋港、蔣彥士、宋楚瑜、梁肅戎、黃尊秋、朱士烈、施啓揚、林金生、李煥、邱創煥、蔣緯國、連戰等。

二、成立研究、協調兩個分組：

研究分組由施啓揚任召集人，其成員包括黨政主管汪道淵、吳伯雄、董世芳、馬英九、陳水逢、林棟、陳金讓、祝基瀅、華力進、洪玉欽、李宗仁、蔡政文；國代趙昌平、葉金鳳、汪俊容、孫禮光；立委劉興善、丁守中；監委張文獻；學者吳庚、蘇俊雄、王友仁、荊知仁、郎裕憲、謝瑞智、姚立明、蘇永欽、李念祖。協調分組由蔣彥士任召集人，其成員包括黨政主管邱進益、鄭心雄、林棟、陳金讓、祝基瀅、邵玉銘、蕭天讚、脫德榮、謝隆盛、陳川、陳璽安、林榮三、洪玉欽、王金平、沈世雄；國代許石吉、林詩輝、李伯之、周勝彥、王應傑、蔡淑媛；立委饒穎奇、黃主文、黃正一、陳癸淼、蕭金蘭；監委柯明謀；地方議會及黨務主管簡明景、陳田錨、陳健治、王述親、簡漢生、黃鏡鋒。

三、研究分組再按研究主題推定召集人、撰寫報告人及參加人：

第一議題研究有關總統選舉與國民大會問題，由林棟召集，撰寫報告人爲董世芳、馬英九，參加人爲董世芳、馬英九、張文獻等十七人。第二議題研究有關總統、行政院及立法院之關係問題，召集人爲汪道淵，撰寫報告人爲荊知仁、謝瑞智、蘇永欽、李念祖，參加人爲汪道淵、吳伯雄、董世芳等十七人。第三議題研究有關考試院及監察院問題，召集人爲蘇俊雄，撰寫報告人爲蘇俊雄、姚立明，參加人爲張文獻、陳水逢、陳金讓等六人。第四議題研究有關地方制度與中央權限劃分問題，召集人爲郎裕憲，撰寫報告人爲郎裕憲，參加人爲吳伯雄、郎裕憲、蘇俊雄。第五議題研究其他有關憲法修改問題，召集人爲汪俊容，撰寫報告人爲汪俊容，參加人爲汪俊容、丁守中、吳庚。以上參加

各研究議題之人員有重疊，以上五議題主要是沿襲國是會議所研究之主題而來，又此五議題之研究，對第一、第二兩議題，特別受到重視。

第二項　執政黨策劃小組對五個議題之初步研究結論

自執政黨修憲策劃小組成立後，即積極展開研究工作，在研究期間意見由紛歧而逐漸形成共識，至八十一年二月間，對五個議題之研究初步結論如下：

一、關於總統選舉與國民大會之改進者： 總統、副總統之選舉，擬採「委任直選案」，由人民直接表明其支持之人選，委任國民大會代表選出。國民大會並有補選、罷免總統、副總統，修改憲法，及同意總統提名之司法院、考試院、監察院人員等職權。其要點如次：

㈠、總統、副總統之選舉，依下列規定，自第八任總統、副總統任滿，辦理第九任總統、副總統選舉時施行。

1.總統、副總統之選舉，應同時舉行。總統與副總統候選人應在選票併列，一同圈選，並以記名投票法行之。

2.總統、副總統候選人由在國民大會與立法院共有總額百分之十席次之政黨提名，不足百分之十席次之政黨所屬國民大會代表與立法委員及無黨籍之國民大會代表與立法委員，亦得共以總額百分之十之連署，提出候選人，均應於國民大會代表選舉前向選務機關登記公告。

3.國民大會代表候選人登記時，應同時登記其所支持之總統、副總統候選人，並載明於選舉公報及選票。當選後必須依其登記投票選舉總統、副總統。不依其登記投票或未投票者，均仍視爲其原登記支持之總統、副總統候選人之選票；不依其登記投票及無正當理由未投票者，並註銷其國民大會代表資格。

4.總統、副總統之選舉，以得國民大會代表較多數票者爲當選。票

數相同時，以候選人所得選票中，非由政黨比例方式選出之國民大會代表，其當選時所得選民票數之和較多者爲當選。

㈡、總統、副總統之補選，應於總統、副總統均缺位時，依憲法第四十九條及第三十條召集國民大會臨時會，由國民大會代表投票補選總統、副總統。其候選人之提名及當選，均與任滿選舉同。

㈢、總統、副總統之罷免，由國民大會代表提出之罷免案，須有代表總額四分之一之提議，經代表總額三分之二之同意始爲通過。由監察院提出之彈劾案，國民大會爲罷免與否之決議時，以代表總額三分之二同意行之。

㈣、憲法之修改，仍依憲法第一百七十四條之規定。

㈤、國民大會之職權，除依憲法第二十七條之規定外，並對總統提名之司法院、考試院、監察院人員行使同意權。此項同意權之行使，由總統召集國民大會臨時會。

二、關於總統、行政院及立法院間關係之改進者：總統、行政院及立法院間之關係，基本上維持現行制度，並作必要之調整，以期憲政運作益爲順暢。其要點如次：

㈠、總統發布任免行政院院長之命令，無需行政院院長之副署。

㈡、行政院依憲法第五十七條第二款或第三款對於立法院之決議案移請覆議，如經委員總額過半數維持原決議案，行政院院長得接受該決議，或辭職，或報請總統解散立法院，重新辦理立法委員選舉，其任期重新起算。次屆立法委員選出後，應將原決議案重新審議，如仍以委員總額過半數維持原決議，行政院院長應即辭職。

㈢、其餘有關總統、行政院及立法院間之關係，均仍依現行憲法及增修條文之規定，不予變更。至行政院院長是否應於新任總統就職前及立法院改選後辭職，可由實際政治運作形成憲政慣例，以謀解決。關於

軍政權及軍令權之劃分與歸屬，亦應由國防組織法予以規定，均不必列入憲法增修條文。

三、關於司法院、考試院、監察院之改進意見者：司法院、考試院、監察院院長、副院長及大法官、考試委員、監察委員均由總統提名，經國民大會同意任命。並將考試院、監察院職權作必要之調整，以強化其功能。其要點如次：

㈠、司法院部份

1.司法院設院長、副院長各一人，大法官若干人，均由總統提名，經國民大會同意任命之。

2.爲強化司法功能，對司法院組織法、司法院大法官會議法、法院組織法等有關法律，應分別檢討修訂，以謀改進。

㈡、考試院部份

1.調整考試院之職權，規定考試院爲國家最高考試機關，掌理下列事項：

①考試。

②公務人員之銓敍、保障、撫卹、退休。

③公務人員任免、考績、級俸、陞遷、褒獎之法制事項。

2.其他人事行政事項，應依下列規定，修訂有關法律，明確劃分其權責。

①公務人員任免、考績、級俸、陞遷、褒獎之執行，由各用人及有關機關分別主管。

②公務人員之待遇、養老事項，由行政院主管。

3.考試院設院長、副院長各一人，考試委員若干人，均由總統提名，經國民大會同意任命之。

㈣憲法第八十五條「並應按省區分別規定名額，分區舉行考試」之

規定，暫停適用。

㈢監察院部份（如採監察委員由總統提名經國民大會同意任命）

1.監察院行使彈劾、糾舉及審計權，同意權則改由國民大會行使。

2.監察院設院長、副院長各一人，監察委員若干人，均由總統提名，經國民大會同意任命之。並修訂監察院組織法，減少監察委員之名額，廢除地區分配，其資格應比照大法官、考試委員之規定，予以提高。

3.監察委員對於中央及地方公務人員、司法院或考試院人員之彈劾案，須經監察委員二人以上之提議、全體委員三分之一以上之審查及決定，始得提出。對於總統、副總統之彈劾案，須經全體監察委員過半數之提議、全體委員三分之二以上之決議，向國民大會提出。

4.監察委員須超出黨派以外，依據法律，獨立行使職權。並暫停適用憲法第一百零一條及第一百零二條之規定。

5.監察法有關糾正案之調查與提出之規定，應切實檢討修訂，以免流於浮濫。審計法亦應予修訂，以事後審計為限，不採財務審計中營繕工程及購置、定製、變賣財物之稽察（事前審計）。

四、關於地方制度及與中央權限劃分之改進者：地方制度及與中央權限之劃分，擬以「地方自治法制化」及「釐清中央與地方之權限」為主旨，謀求改進。其要點如次：

㈠地方自治法制化：

省、縣（市）地方制度，依下列規定，另以法律定之，不受憲法第一百零八條第一項第一款、第一百一十二條、第一百一十三條、第一百二十二條之限制（直轄市之自治仍依憲法第一百一十八條以法律定之）。

1.省設省議會，縣（市）設縣（市）議會，省議會議員、縣（市）

議會議員分別由省民、縣（市）民選舉之。

　　2.屬於省、縣（市）之立法權，由省議會、縣（市）議會分別行之。

　　3.省設省政府、置省長一人，縣（市）設縣（市）政府，置縣（市）長一人，省長、縣（市）長分別由省民、縣（市）民選舉之。

　　4.省自治之監督機關爲行政院，縣（市）自治之監督機關爲省政府。

　　㈡、釐淸中央與地方之權限：

　　1.憲法第十章有關中央與地方權限劃分之規定，不必修訂。

　　2.現行有關中央與地方權限劃分之各項法律應予檢討，以適應當前需要，釐淸中央與地方權限。

　　五、關於基本國策之規定者： 基本國策章之現行規定，均不必修訂。爲適應實際需要，擬增訂必要之規定如次：

　　㈠、國家對於殘障者之就醫與復健、教育訓練與就業輔導、生活維護與救濟，應予保障，並扶助其自立與發展。

　　㈡、國家對於自由地區山胞之地位及政治參與，應予保障，對其教育文化、社會福利及經濟事業，應予扶助。

　　㈢、國家應獎勵科學技術之發展，促進產業經營之升級，加強國際經濟合作。經濟及科技發展應與環境及生態保護兼籌並顧。

　　以上五個議題之初步結論，與憲法原有之規定主要之差別如下：

議　　題	現　行　制　度	憲　改　方　案	備　　註
關於總統選舉與國民大會之改進	・總統、副總統由國民大會選舉產生。 ・國代職權依憲法第二十七條之規定，包括選舉總統、副總統等四項。	・總統、副總統之選舉，由人民直接表明其支持之人選，委任國代選出，即「委任直選制」。 ・國代職權除憲法第二十七條規定之外，增加同意權。	
關於總統、行政院及立法院間關係	・行政院依憲法第五十七條第二款、第三款對於立法院之決議案移請覆議，如經出席委員三分之二維持原決議，行政院應即接受該決議或辭職。	・行政院移請覆議案，改為「如經委員總額過半數維持原決議案，行政院長得接受該決議或辭職」，並增列「或報請總統解散立法院」。 ・總統發布任免行政院長之命令，無需副署。	・行政院長之任期，由實際政治運作形成憲政慣例來解決。
關於司法院、考試院、監察院問題	・司法院、考試院長、副院長及大法官、考試委員由總統提名，經監察院同意後任命。 ・監委由省市議會選舉產生。	・司法院、考試院人事原由監察院同意，改由國民大會同意。 ・監委及監察院正、副院長改由總統提名，經國民大會同意後任命。 ・公務人員之選拔，取消按省區規定名額之限制。	

關於地方制度與中央權限之劃分	• 省主席及直轄市長採派任。	• 地方自治法制化，省設省長，由民選產生，直轄市長俟相關法律訂定後，亦由民選產生。	• 省長民選何時施行須視行政區調整進度而定。
關於基本國策	• 對國防、外交、國民經濟、社會安全及教育文化均有詳細規定。	• 除原規定之外，增列對殘障、山胞權益之保障。 • 兼顧環境及生態之保護。	

第三項　執政黨召開三中全會

憲改策劃小組之初步結論出爐後，黨內對總統選舉方式突然又因提出公民直選的主張而引起爭議，雖經召開三中全會仍未有定論，此為執政黨對憲改主張中惟一未能獲致定論者。茲簡說如下：

一、對總統選舉方式之爭議：大致而言，總統之選舉方式有兩種意見，一為委任直選，即由人民選舉國民大會代表，再由國民大會代表依人民的意見選舉總統，亦即國民大會代表受人民的委任（即人民要選何人為總統之委任），來選舉總統，故國民大會代表不能憑個人的自由意願來選舉總統（憲改策劃小組所作初步結論即為此一主張）。二為公民直選，亦即總統由人民直接投票選出。

此一委任直選與公民直選，執政黨內爭議甚烈，執政黨李主席在中常會中並徵詢黨內大老意見，由於意見無法集中，並無定論，最後對總統選舉方式部分仍只有兩案並存，送執政黨三中全會討論。

二、召開三中全會：憲改策劃小組將五個議題所研究之初步結論提報中常會時，除將總統選舉方式採委任直選與公民直選兩種方式並存外，

其餘則以憲法增修條文增訂要點方式，列出增訂要點二十點，於提報中常會後交執政黨三中全會討論決定。

執政黨三中全會，於八十一年三月十四日召開，爲期二天半，參加者爲全體中央委員及評議委員，列席者以各機關首長爲主，共計出列席人數爲九百人。

三中全會對憲法增修條文增訂要點之討論，除對總統選舉方式仍發生大辯論外，其餘均未作深入討論，又要點內容除總統、國民大會及立法院部分有修正外，餘均照憲改策劃小組提報中常會之內容通過。據報載，三中全會對總統選舉方式登記發言者有一百三十七人，實際發言者尚未達半數時，乃由黨內大老謝東閔、郝柏村、林洋港等提出折中案，卽對總統選舉方式暫不作決定，只敍明「總統、副總統由中華民國自由地區全體選民選舉之，其方式應依民意趨向審愼硏定，自中華民國八十五年第九任總統、副總統選舉施行」。經三中全會通過之憲法增修條文增訂要點如下：

㈠、國民大會除依憲法第二十七條行使職權外，並對總統提名任命之司法院、考試院及監察院人員行使同意權。

前項人員提名時，由總統召集國民大會臨時會行使同意權，不受憲法第三十條之限制。

㈡、國民大會集會時，得聽取總統國情報告，檢討國是，提供建言。如遇國民大會一年內未集會，亦得由總統召集臨時會，聽取國情報告及檢討國是，提供建言。

㈢、國民大會代表自第三屆國民大會代表起，每四年改選一次，不受憲法第二十八條第一項之限制。

每屆國民大會代表之任期，與總統任期同。第二屆國民大會代表任期至第八任總統任滿之日爲止，第三屆國民大會代表任期與第九任總統

任期同，不受憲法第二十八條第二項之限制。

㈣、總統、副總統由中華民國自由地區全體選民選舉之，其方式應依民意趨向審愼研定，自中華民國八十五年第九任總統、副總統選舉施行。

㈤、總統、副總統之任期，自第九任總統、副總統起，改爲四年，連選得連任一次，不受憲法第四十七條之限制。

㈥、副總統缺位時，由總統提名候選人，召集國民大會補選之；總統、副總統均缺位時，由國民大會補選之，均應自缺位之日起三個月內舉行。

㈦立法委員之任期，自第三屆立法委員起，改爲四年，連選得連任，不受憲法第六十五條之限制。

第二屆立法委員之任期延至中華民國八十五年七月三十一日止。

㈧、司法院設院長、副院長各一人，大法官若干人，由總統提名，經國民大會同意任命之，不適用憲法第七十九條之有關規定。

㈨、考試院爲國家最高考試機關，掌理左列事項，不受憲法第八十三條之限制：

1.考試。

2.公務人員之銓敍、保障、撫邮、退休。

3.公務人員任免、考績、級俸、陞遷、褒獎之法制事項。

㈩、考試院設院長、副院長各一人，考試委員若干人，均由總統提名，經國民大會同意任命之，不受憲法第八十四條之限制。

㈡、憲法第八十五條有關按省區分別規定名額，分區舉行考試之規定，暫停適用。

㈢、監察院爲國家最高監察機關，行使彈劾、糾擧及審計權。憲法第九十條及第九十四條有關監察院行使同意權之規定，暫停適用。

㈣監察院設院長、副院長各一人，監察委員二十九人，任期六年，

均由總統提名，經國民大會同意任命之，不受憲法第九十一條至第九十三條，增修條文第三條，及第四條、第五條有關監察委員規定之限制。

㈤、監察院對於中央、地方公務人員及司法院、考試院、監察院人員之彈劾案，須經監察委員二人以上之提議，九人以上之審查及決定，始得提出，不受憲法第九十八條之限制。對於監察院人員失職或違法之彈劾，並適用憲法第九十五條及第九十七條之規定。

監察院對於總統、副總統之彈劾案，須經全體監察委員過半數之提議，全體監察委員三分之二以上之決議，向國民大會提出，不受憲法第一百條之限制。

㈥、監察委員須超出黨派以外，依據法律獨立行使職權。憲法第一百零一條及第一百零二條之規定暫停適用。

㈦、總統提名任命之司法院、考試院、監察院人員，於中華民國八十二年二月一日後就職者，由國民大會行使同意權。中華民國八十二年一月三十一日前司法院、考試院人員之提名，仍由監察院同意任命；現任人員任期未滿前，無需重新提名任命。上列第十二點至第十五點有關監察院之規定，均自中華民國八十二年二月一日起施行。

㈧、省、縣（市）地方制度，依左列規定，另以法律定之，不受憲法第一百零八條第一項第一款、第一百十二條至第一百十五條及第一百二十二條之限制：

1.省設省議會、縣（市）設縣（市）議會，省議會議員、縣（市）議會議員分別由省民、縣（市）民選舉之。

2.屬於省、縣（市）之立法權，由省議會、縣（市）議會分別行之。

3.省設省政府，置省長一人，縣（市）設縣（市）政府，置縣（市）長一人，省長、縣（市）長分別由省民、縣（市）民選舉之。

4.省自治之監督機關為行政院，縣（市）自治之監督機關為省政府。

㈥、國家對於殘障者之就醫與復健、教育訓練與就業輔導、生活維護與救濟應予保障，並扶助其自立與發展。

㈦、國家對於自由地區山胞之地位及政治參與應予保障，對其教育文化、社會福利及經濟事業，應予扶助。

㈧、國家應獎勵科學技術發展及投資、促進產業升級、加強國際經濟合作。經濟及科學技術發展應與環境及生態保護兼籌併顧。

三、將要點改爲條文送中常會通過： 經三中全會通過之增修要點二十點，於提報中常會時除調整其順序外，再增加總統、副總統罷免程序一項，並改列爲條文，共計二十一條。

四、將二十一條簡併爲九條： 以上經執政黨中常會通過之二十一條，作爲第二屆國民大會執政黨籍國代之政治任務後，復鑑於增訂條文二十一條，連同第一次增修條文十條，共計三十一條，由於條文過多，難免引發制憲之說，乃依國民大會執政黨黨團之建議，將增訂二十一條中性質相近者予以簡併爲九條，卽俗稱黨九條，並經執政黨中常會於八十一年五月六日通過，正式作爲對執政黨籍國代之政治任務。黨九條（卽從增修條文第十一條起至第十九條）之內容如下：

第十一條　國民大會之職權，除依憲法第二十七條之規定外，並依增修條文第十四條第一項、第十五條第二項及第十六條第二項之規定，對總統提名之人員行使同意權。

前項同意權之行使，由總統召集國民大會臨時會爲之，不受憲法第三十條之限制。

國民大會集會時，得聽取總統國情報告，並檢討國是，提供建言；如一年內未集會，由總統召集臨時會爲之，不受憲法第三十條之限制。

國民大會代表自第三屆國民大會代表起，每四年改選一次，不適用憲法第二十八條第一項之規定。

第十二條　總統、副總統由中華民國自由地區全體人民選舉之，自中華民國八十五年第九任總統、副總統選舉實施。

前項選舉之方式，由總統於中華民國八十四年五月二十日前召集國民大會臨時會，以憲法增修條文定之。

總統、副總統之罷免，依左列規定：

一、由國民大會代表提出之罷免案，經代表總額四分之一之提議，代表總額三分之二之同意，即爲通過。

二、由監察院提出之彈劾案，國民大會爲罷免之決議時，經代表總額三分之二同意，即爲通過。

總統、副總統之任期，自第九任總統、副總統起爲四年，連選得連任一次，不適用憲法第四十七條之規定。

副總統缺位時，由總統於三個月內提名候選人，召集國民大會臨時會補選，繼任至原任期屆滿爲止。總統、副總統均缺位時，由立法院院長於三個月內召集國民大會臨時會補選總統、副總統，繼任至原任期屆滿爲止。

第十三條　立法委員之任期，自第三屆立法委員起爲四年，第二屆立法委員之任期自中華民國八十二年二月一日起至中華民國八十五年五月三十一日止，均不適用憲法第六十五條有關任期之規定。

第十四條　司法院設院長、副院長各一人，大法官若干人，由總統提名，經國民大會同意任命之，不適用憲法第七十九條之有關規定。

司法院大法官，掌理本憲法第七十八條規定事項，並組成憲法法庭，審理政黨違憲之解散處分。

政黨之目的或其行爲危害中華民國之存在或自由、民主之憲政秩序者爲違憲。

第十五條　考試院爲國家最高考試機關，掌理下列事項，不適用憲法第八十三條之規定：

一、考試。

二、公務人員之銓敘、保障、撫邺、退休。

三、公務人員任免、考績、級俸、陞遷、褒獎之法制事項。

考試院設院長、副院長各一人，考試委員若干人，由總統提名，經國民大會同意任命之，不適用憲法第八十四條之規定。憲法第八十五條有關按省區分別規定名額，分區舉行考試之規定，停止適用。

第十六條　監察院為國家最高監察機關，行使彈劾、糾舉及審計權，不適用憲法第九十條及第九十四條有關同意權之規定。

監察院設監察委員二十九人，並以其中一人為院長、一人為副院長，任期六年，由總統提名，經國民大會同意任命之。憲法第九十一條至第九十三條、增修條文第三條，及第四條、第五條第三項有關監察委員之規定，停止適用。

監察院對於中央、地方公務人員及司法院、考試院人員之彈劾案，須經監察委員二人以上之提議，九人以上之審查及決定，始得提出，不受憲法第九十八條之限制。

監察院對於監察院人員失職或違法之彈劾，適用憲法第九十五條、第九十七條第二項及前項之規定。

監察院對於總統、副總統之彈劾案，須經全體監察委員過半數之提議。全體監察委員三分之二以上之決議，向國民大會提出，不受憲法第一百條之限制。

監察委員須超出黨派以外，依據法律獨立行使職權。

憲法第一百零一條及第一百零二條之規定，停止適用。

第十七條　增修條文第十六條第一項之規定，自提名第二屆監察委員時施行。

第二屆監察委員於中華民國八十二年二月一日就職；增修條文第十

六條第一項及第三項至第七項之規定，亦自同日施行。

　　增修條文第十四條第一項及第十五條第二項有關司法院、考試院人員任命之規定，自中華民國八十二年二月一日施行。中華民國八十二年一月三十一日前之提名，仍由監察院同意任命，但現任人員任期未滿前，無須重新提名任命。

　　第十八條　省、縣（市）地方制度，應包含左列各款，以法律定之，不受憲法第一百零八條第一項第一款、第一百十二條至第一百十五條及第一百二十二條之限制：

　　一、省設省議會，縣（市）設縣（市）議會，省議會議員、縣（市）議會議員分別由省民、縣（市）民選舉之。

　　二、屬於省、縣（市）之立法權，由省議會、縣（市）議會分別行之。

　　三、省設省政府，置省長一人、縣（市）設縣（市）政府，置縣（市）長一人，省長、縣（市）長分別由省民、縣（市）民選舉之。

　　四、省與縣（市）之關係。

　　五、省自治之監督機關為行政院，縣（市）自治之監督機關為省政府。

　　第十九條　國家應獎勵科學技術發展及投資，促進產業升級，推動農漁業現代化，重視水資源開發利用，加強國際經濟合作。

　　經濟及科學技術發展，應與環境及生態保護兼籌並顧。

　　國家應推行全民健康保險，並促進現代和傳統醫藥之研究發展。

　　國家應維護婦女之人格尊嚴，保障婦女之人身安全，消除性別歧視，促進兩性地位之實質平等。

　　國家對於殘障者之保險與就醫、教育訓練與就業輔導、生活維護與救濟，應予保障，並扶助其自立與發展。

　　國家對於自由地區早住民之地位及政治參與，應予保障；對其教育文化、社會福利及經濟事業，應予扶助並促其發展。對於金門、馬祖地

區人民亦同。

國家對於僑居國外國民之政治參與，應予保障。

第四項　民進黨及其他政黨之憲改主張

我黨派雖多，眞正能提出較爲完整的憲改主張者只有民進黨，至中華社民黨改民主非政黨聯盟，僅有部分主張而已，其情形如下：

一、召開人民制憲會議：八十年九月間，由民進黨主導，部分在野人士參加的人民制憲會議，在臺大法學院召開。人民制憲會議係以民進黨所草擬之臺灣憲法草案爲討論依據，臺灣憲法草案中，主張總統制，將現行五權分立制改爲美國式三權分立制，國會採單一國會制，並規定政黨不得爲革命政黨，不得介入公務機關設立黨部，強調地方自治，賦予地方相當的自主權力，當中央與地方有爭議時，還可經地方請求將爭議交由全民複決。民進黨並將聯合各黨派改革力量，全力爭取總統直選。

二、民進黨憲改主張與執政黨憲改主張之主要差異，包括：

㈠修憲與制憲之差異：執政黨主張修憲；民進黨主張制憲。

㈡國號之差異：執政黨主張維持中華民國國號；民進黨主張定名爲臺灣共和國。

㈢中央政府體制之差異：執政黨主張將現行總統與行政院院長雙首長制予以明確化，並維持五權體制架構；民進黨主張總統制，三權分立，廢除行政院、監察院、考試院。

㈣總統產生方式：執政黨主張採委任直選（卽在國代產生同時也產生總統）或採公民直選，由國民大會決定；民進黨主張由公民直選，民進黨並以此爲訴求重點。

㈤國會之差異：執政黨主張國大職權爲修憲及補選與罷免總統，監察院仍保留並成爲準司法機關，監察委員產生方式亦予改變；民進黨主

張單一國會，廢除國民大會及監察院。

㈥地方自治：執政黨主張維持省的體制，省（市）長將舉行民選；民進黨主張廢除省的體制，以國、縣二級爲考慮。

三、其他政黨： 如中華社民黨主張虛位元首的內閣制，改革五院制，兩岸共同創建中華聯邦共和國，總統由立法委員及縣市議員組成之國大選舉，省採虛級化。如民主非政黨聯盟，主張總統由公民直選採三權分立，省級虛級化。

第二節　舉行第二屆國民大會代表選舉

爲期根據最新的民意修憲，及於八十年底第一屆國民大會代表（除新選之增額代表外）均已退職後，乃需舉行第二屆國民大會代表之選舉，茲就公職人員選舉罷免法有關國民大會代表選舉之規定，選舉地區代表、提名全國不分區及僑選代表，及選舉結果各黨名額之分配，分項轉述之。

第一項　有關國民大會代表選舉之規定

舉辦國民大會代表之選舉，主要根據爲中華民國憲法增修條文及現行公職人員選舉罷免法。其情形如下：

一、憲法增修條文之規定： 增修條文第一條規定：國民大會代表依左列規定選出之，不受憲法第二十六條及第一百三十五條之限制：

㈠自由地區每直轄市、縣市各二人，但其人口逾十萬人者，每增加十萬人增一人。

㈡自由地區平地山胞及山地山胞各三人。

㈢僑居國外國民二十人。

㈣全國不分區八十人。

前項第㈠款每直轄市、縣市選出之名額及第㈢款、第㈣款各政黨當選之名額，在五人以上十人以下者，應有婦女當選名額一人，超過十人者，每滿十人應增婦女當選名額一人。

二、**公職人員選舉罷免法對國民大會代表選舉之規定**：爲舉行第二屆國民大會代表選舉，乃於民國八十年八月二日總統令公布新修訂之公職人員選舉罷免法，其中有關國民大會代表選舉之規定，主要爲：

㈠候選人種類：依選舉罷免法第三十一條規定，候選人分 1.選舉人年滿二十三歲，得於其行使選舉權之選舉區或其本籍地登記爲公職候選人； 2.選舉人年滿二十三歲，得由依法設立之政黨登記爲中央公職人員全國不分區選舉之候選人； 3.僑居國外之中華民國國民年滿二十三歲，在國外繼續僑居八年以上，得由依法設立之政黨登記爲中央公職人員僑居國外國民選舉之候選人。故國民大會代表選舉之候選人有三種，即地區代表、全國不分區代表，及僑選代表。立法委員亦同。

㈡登記爲候選人者應具之學經歷：依選舉罷免法第三十二條規定，登記爲國民大會代表（立法委員亦同）候選人須高級中等以上學校畢業，或普通考試以上考試及格，或曾任省（市）議員以上公職一任以上；以上學經歷之認定，以檢覈行之，公職人員檢覈規則由考試院定之。

㈢不得登記或申請登記爲候選人之情事：依選舉罷免法第三十四條規定，有下列情事之一者不得登記爲候選人， 1.動員戡亂時期終止後，曾犯內亂、外患罪，經依刑法判刑確定者； 2.曾犯貪污罪經判刑確定者； 3.曾犯刑法第一百四十二條、第一百四十四條之罪，經判刑確定者； 4.犯前三類以外之罪，判處有期徒刑以上之刑確定，尚未執行或執行未畢者，但受緩刑宣告者不在此限； 5.受保安處分或感訓處分之裁判確定，尚未執行或執行未畢者； 6.受破產宣告確定尚未復權者； 7.依法停止任用或受休職處分尚未期滿者； 8.褫奪公權尚未復權者； 9.受禁治

產宣告尚未撤銷者。

又依同法第三十五條規定，下列人員不得申請登記爲候選人，1.現役軍人或警察；2.現在學校肄業學生；3.辦理選舉事務人員。

㈣選舉之當選：依選舉罷免法第六十五條規定：

1.按各選區應選出之名額，以候選人得票比較多數者爲當選，票數相同時以抽籤決定之。

2.全國不分區、僑居國外國民當選名額之分配，依下列規定，卽以各政黨所推薦地區候選人得票數之和，爲各政黨之得票數，再以各政黨得票數相加之和除以各該政黨得票數，求得各該政黨得票比率。而後以應選名額乘以得票比率所得積數之整數，卽爲各政黨分配之當選名額，並按政黨名單順位依次當選。但各該政黨之得票比率未達百分之五以上者，不予分配當選名額，其得票數亦不予計算。

第二項　選舉國民大會地區代表

因第二屆國民大會代表之主要任務爲實質修憲，故各政黨對八十年十二月二十一日之國民大會代表選舉，均全力投入，以期在國民大會中取得較多席次，對憲改理念得以實現，茲簡說如下：

一、應選名額：地區代表之應選名額依中央選舉委員會按現有人口統計結果，如臺灣省各縣市應選出一百七十三人，臺北市應選出二十八人，高雄市應選出十四人，另山胞應選出十人，共計二百二十五人。

二、提名地區及山胞候選人：在各政黨中，除執政黨及民進黨作較有規模之提名，及中華社會民主黨及全國民主非政黨聯盟亦有提名外，其餘政黨多無提名之舉。其情形如下：

㈠執政黨：區域及山胞共提名、徵召一百九十人，報准二十四人，共二百十四人。

㈡民進黨：區域及山胞推薦九十四人。

㈢中華社會民主黨：區域及山胞推薦四十五人。

㈣全國民主非政黨聯盟：區域及山胞推薦三十一人。

三、各政黨競選政見：所謂競選政見，亦就是在選舉時向選民的訴求，以簡明動人爲主。以上四個政黨之政見大致如下：

㈠執政黨：以革新、安定、繁榮爲共同目標，並列出執政黨候選人十五項共同主張，卽

1.「修憲」而不「制憲」，因爲制憲必然毀憲；所以主張以最小的社會成本，達到最大的憲政改革效益。

2.擁護李總統登輝先生反共、反臺獨的昭示，以確保國家安全、社會安定和經濟繁榮。

3.修改現行總統選舉方式，以充分表達民意。

4.省長、直轄市長直接民選，加速推動地方自治法制化。

5.依據「國家統一綱領」，以和平、理性、對等、互惠的精神推動兩岸民間交流，以民意爲主導，分階段逐步實現國家統一的最終理想。

6.支持政府國家建設六年計畫，全面推動基本建設，以維護生態環境，持續經濟繁榮，提升生活品質。

7.充實地方財源，加強基層建設，縮小城鄉差距。

8.支持政府以務實的態度，前瞻的作爲，團結海內外同胞的力量，積極參與國際組織與事務。

9.反對暴力，要求政府貫徹公權力，打擊犯罪，維護治安，使民衆享有安居樂業的生活。

10.支持政府力行社會福利政策，保障民衆權益，增進全民福祉。

11.加強公害防治及生態保育，以落實環境保護，確保全民健康。

12.改革教育措施，保障教師尊嚴，改善學習環境。

13.加強文化建設，推展民間文藝活動，充實民衆精神生活。

14.促進產業升級，獎勵研究發展，保障農、漁、勞工權益，調和勞資關係，以提昇生產力。

15.加強國防建設，厚植國防實力，確保國家安全。

㈡民進黨： 該黨主席在選舉前一天， 對國代選舉的期待與呼籲中指出，本次選舉攸關國家前途及憲政改造，也將影響日後憲政體制及生活方式，因此他僅以「作臺灣的主人， 選自己的總統， 不作中共的屬民」，要求選民支持弱勢的民進黨。由此可知該黨競選政見之一般。

㈢中華社會民主黨： 該黨在選舉前的訴求中， 特別提出打破國民黨、民進黨聯合壟斷，衝破百分之五門檻條款（按選舉罷免法規定，如一個政黨候選人得票數未達到各政黨候選人得票數總和百分之五時，該政黨則不得有全國不分區及僑選代表的當選名額，對小黨頗為不利）。

㈣全國民主非政黨聯盟：可以高玉樹的看法為代表，他在選舉前一天在非政黨聯盟舉行之記者會中大致謂， 這次選舉誰得 票多少 都不重要，重要的是能喚起民衆的使命感，能夠把票投給非國民黨候選人，國會如果有強有力的在野力量，政府一定會拼命為老百姓做事，政治一定會上軌道。

四、各政黨對得票率的預測：在舉行選舉的最後關頭，以上四個政黨亦曾作過得票率或當選席次的預測，執政黨自估為百分之六十六，民進黨自估為百分之四十，非政黨聯盟自估為百分之六，中華社會民主黨自估為十席。

第三項　提名全國不分區及僑選代表

全國不分區代表及僑居國外國民僑選代表，係經由政黨提名，依地區選舉候選人得票多寡，來定當選名額，故此類代表之產生，雖未經過

人民的投票，但仍不失爲有民意基礎，此亦爲此次選舉中央民意代表時首次引用。茲就各政黨提名不分區及僑選代表情形簡說如下：

　　一、執政黨：全國不分區代表提七十五人，如以功能作分析，則此七十五人中，包括修憲策劃小組二人，以期協調衆國代依據黨所定的修憲主張進行修憲，不使有所背離；學者專家十人，以期在學理辯論上發揮作用；行政系統四人，工商金融界四人，地方人士二十二人，婦女界六人，宗教界五人，少數民族四人，勞工界三人，農漁界二人，醫師一人，生產事業一人，科技界一人，黨務系統五人，殘障人士一人，慈善事業一人，山胞一人，大衆傳播界一人，榮民二人，以期涵蓋社會上各階層及行業人士在內。僑選代表提二十人，地區包括美國、菲律賓、日本、德國、香港、巴西、泰國、韓國、澳洲、阿根廷、南非，其中美國地區占六名。

　　二、民進黨：全國不分區代表提四十二人，僑選提九人。

　　三、中華社會民主黨：全國不分區代表提十三人，僑選未提。

　　四、全國民主非政黨聯盟：全國不分區提五人，僑選提一人。

第四項　選舉結果各政黨名額之分配

　　第二屆國民大會代表於八十年十二月二十一日舉行投票選舉，當天投票率據統計爲百分之六十八點三二，執政黨在總額三百二十五席國代裏囊括二百五十四席，超過主導修憲所必需的總席次四分之三，可謂大勝；民進黨則在選戰中受挫，獲得六十六席，在席次及得票率兩項中均未達四分之一。其情形如下：

　　一、第二屆國大代表選舉結果統計：如下表所示：

		國民黨	民進黨	社民黨	非黨盟	其他政黨	無黨籍	合　計
第二屆國代選舉結果統計表	推薦人數	214	94	45	35	23	56	467
	當選人數	179	41	0	3	0	2	225
	得票數	6,053,366	2,036,271	185,515	193,234	290,493		8,758,879
	得票率(%)	71.17	23.94	2.18	2.27	—		
	全國不分區名額	60	20	0	0	—		
	僑選名額	15	5	0	0	—		
	合　計	254	66	—	3	—	2	325

二、第二屆國民大會代表結構表：第二屆國民大會代表除新當選之三百二十五人外，尚有第一屆增選之代表七十八人（將於八十二年退職），二者合計為四百零三人。其與各政黨及代表種類之結構如下表所示：

代表別 名額 政黨別	區域代表	不分區代表	僑選代表	現職代表	席次	比率（%）
國　民　黨	179	60	15	64	318	78.91
民　進　黨	41	20	5	9	75	18.61
中華社民黨	0	0	0	0	0	0.00
非　黨　盟	3	0	0	1	4	0.99
無　黨　籍	2	0	0	3	5	1.24
青　年　黨	0	0	0	1	1	0.25
合　　計	225	80	20	78	403	%

以上中華社會民主黨及全國民主非政黨聯盟，均因地區候選人得票數之和未達各政黨候選人得票數總和之百分之五，故均無法獲得全國不分區及僑選代表之當選席次。

第三節　召開第二屆國民大會臨時會

第二屆國民大會臨時會，於八十一年三月二十日在陽明山中山樓召開，至五月三十日閉幕。茲按各方對二屆國大臨時會之期望、會議中之提案、會議中之爭議與異常現象、及通過憲法增修條文與公布、分項簡述之。

第一項　各方對二屆國大臨時會之期望

各方對第二屆國民大會臨時會之期望甚殷，茲就李總統對憲改的期望，輿論界對憲改的期望，從憲法觀點的期望，三方面簡說如下：

一、李總統對憲改的期望：李總統在第二屆國民大會臨時會開幕辭詞中，曾謂「當此全體國人殷望憲政改革早日完成之際，本次大會的召開實負有莊嚴而重大的時代使命」。又謂「全體國代本着向歷史負責的精神，體察民意趨勢，摒除任何黨派、個人之私，一切以光大國家的前途為念，一切以增進全民福祉為先，集思廣益，捐異求同，徹底解決憲政議題爭端，為中華民族開創更恢宏璀璨的新時代」。

二、一般輿論界對憲改的期望：可以若干報紙的社論為代表，舉例如下：

㈠聯合報三月二十日在「第二屆國民大會臨時會任重道遠」的社論中指出，依據執政黨三中全會通過的憲法增修條文增訂要點，國民大會集會時，得聽取總統國情報告，檢討國是，提供建言，如遇國民大會一

年內未召開，亦得由總統召集臨時會，聽取國情報告及檢討國是，提供建言。國民大會也有對司法院正副院長、大法官、考試院正副院長、考試委員、監察院正副院長、監察委員等用人同意權。執政黨已經授予具有民選基礎的國大代表參與國是的相當廣大權力，此次國大臨時會應瞭解此一新的情勢，以及國人對新的國代的期望，自我惕勵，類似國民大會欲行使創制複決兩權等建議，均不宜通過。第二屆國大臨時會的任務相當清楚，具有民意基礎的二屆國代，應依民意趨向，以國家安全，社會安定及國民福祉的大義共同策勵，達成本次臨時會所負之使命，為開拓憲政新境，做出最好的貢獻。

㈡中央日報三月二十日在「為憲政開新運為國家奠根基」社論中指出，第二屆國民大會臨時會出席的國大代表，具有涵蓋全國及海外僑民的代表性。在此國家尚未完成統一的階段，諸位代表負有傳承法統，共策新機的神聖使命，國人無不寄以厚望，祝禱大會的順利成功。諸位代表當亦能體念我國憲政之能有今日的成就，真是排除萬難，歷盡風霜，所憑藉的就是堅定不移的信念與和衷共濟的精神；今後也唯有憑藉於此，始克完成憲改工作，落實憲政大業，使以自由、民主、均富統一中國的目標，能夠早日達到。

三、從憲法觀點的期望：我國憲法係於三十五年十二月二十五日制定，於三十六年十二月二十五日施行，在此四十餘年來，先由於國家多難，憲法難以全面實施，為期兼顧行憲與戡亂乃有憲法臨時條款之訂定；及後為推行民主憲政，乃宣告動員戡亂時期之中止及廢止臨時條款，但兩岸關係尚未完全改善，國家安定之受到威脅尚未完全解除，為因應目前情勢，在國家未有完成統一前，又不得不作必要的增修條文。但八十年所制定之中華民國憲法增修條文，僅屬程序的規定，很少涉及實質的問題，致憲改工作仍難以達成，所謂實質的修憲亦只有待於此次

第二屆國民大會臨時會來完成了。因此，如何使我國憲法更趨完整、如何使政府體制更趨健全、如何使國家統一早日來臨、如何增進全國人民的福祉等，均屬此次國大臨時會所不可推卸的責任。

第二項　會議中之提案

第二屆國大臨時會會議中代表之提案，依國大秘書處規定應於四月十日截止，至截止日國大秘書處收到之提案共計一百五十五案，其情形分析如下：

一、**從依黨的主張與個人主張區分提案**：在一百五十五件提案中，代表黨主張者，執政黨為一案（即以中常會通過之黨九條為依據之提案，內容涵蓋較廣），民進黨為三十四案（分別以公民直選總統、三權分立、國會單一化等為主要內容）；代表個人主張者，執政黨代表共提一百十八案，朝野跨黨代表共提二案，無黨籍代表提一案。以上代表個人主張提案多以單一事項為內容；又不論為代表黨主張或個人主張之提案，均需聯署者達法定人數時方可成立。以上一百五十五案，自以代表執政黨主張的黨九條為基礎憲法增修條文草案最為受到重視。

二、**從提案內涵分析**：提案中除代表執政黨憲改主張之綜合性提案，及代表民進黨主張公民直選總統、三權分立、國會單一化等為主要內涵之三十四件提案外，其餘可歸納為：

㈠有關總統、立法院與行政院間關係之提案：包括取消行政院長對五院高層首長任命副署案，取消行政院院長對其本人任免的副署案，取消總統覆議核可權案，明訂行政院院長任期與立法委員任期一致案等。

㈡有關國民大會職權之提案：包括國民大會、立法院互審預算案，國民大會議決立法院經一年以上未決之法案案，國民大會行使創制、複決權案，國民大會每年定期集會三十天案，國民大會設置正、副議長

案，減少國大代表要求召集臨時會之總額案等。

㈢有關司法制度之提案：包括法院自治、法院院長由法官互選案，組織憲法法院案等。

㈣有關任免同意權之提案：包括政務官任命需經國會同意案，中將以上軍人晉陞需經國會同意任命案等。

㈤有關其他之提案：如國大代表不得兼任官吏案，中央民代言論免責權範圍案，各級民意代表皆爲無給職案，及有關基本國策之其他提案等。

三、對各種提案之處理：執政黨黨團，鑒於執政黨代表個人主張之提案過多，乃先組織提案審查小組，對百餘件提案先行過濾，其內涵相同可合併者則予合併，其內涵與執政黨既定政策明顯相違者，則盡量疏導撤回或擱置。眞正能進入提案討論之程序者，只有極少數之提案而已。

第三項　會議中之爭議與異常現象

第二屆國民大會臨時會的整個過程中，出現了一些重大爭議與異常現象，致影響會議之進行甚大。茲就其較爲重大的爭議及出現的異常現象，簡說如下：

一、重大的爭議：包括

㈠執政黨籍與民進黨籍及無黨籍代表間的爭議：主要有下列四種

1.修憲與制憲的爭議：執政黨主張維持中華民國憲法之原有架構，爲適應當前情勢必須修正的部分，則以增修條文方式予以增訂。民進黨及無黨派則主張制憲，因而憲改之幅度大，且憲法名稱亦主張改爲臺灣憲法甚或臺灣共和國憲法。

2.五權與三權的爭議：執政黨主張仍維持原有之國民大會及五權架構，卽除國民大會爲政權機關外，仍維持行政、立法、司法、考試、監

察五院的架構，至考試院之職權及監察院監察委員產生方式則作若干改變。民進黨及無黨派則主張採類似美國的三權架構，亦即行政權由總統行使，立法權由立法院行使，司法權由司法院行使，而國民大會、行政院、考試院、監察院則予廢止。

3.國會非單一與單一化的爭議：執政黨仍主張國會採非單一化的體制，除立法院外，國民大會亦具有部分國會的性質，至監察院是否仍具有國會性質，則未有明確表示。民進黨則主張採國會單一化，亦即只有立法院為國會，其餘國民大會及監察院既主張廢止，自不再具有國會性質。

4.總統選舉方式的爭議：執政黨對總統選舉方式，因黨內並未取得共識，故始終未有明確表示。民進黨及無黨派則主張總統由公民直選。

㈡執政黨籍國代間的爭議：主要有下列二種

1.對總統選舉方式的爭議：究應採委任直選或公民直選，在執政黨憲改策劃小組的最後研究階段，即出現爭議，此種爭議由於各有理由且支持者形成勢均力敵狀態，故雖經執政黨三中全會及中常會的程序，均無法獲得定論，而只是將此一問題延至八十四年五月前決定。在國民大會臨時會期間，支持委任直選與公民直選之國代，乃各別組成次級團體，製造聲勢，相互對立，後雖經執政黨中央的疏導而收斂，但此一問題仍無法獲得共識與解決。

2.有關總統與行政院長職權的爭議：此種爭議大致與總統選舉方式的爭議有關。主張總統由公民直選者，進而主張對行政院長之職權酌予限制，如取消行政院長對五院高層首長任命副署權，取消行政院長對其本人任免的副署權，明訂行政院長任期與立法委員一致等；而主張總統委任直選者，則主張取消總統覆議核可權等。此種爭議又在無意中落入總統制與內閣制之無法得解的爭議圈套。

　　㈢國民大會與立法院間的爭議：國民大會與立法院均為民意機關，新當選的第二屆國大代表，挾有最新民意的優勢，自有不可一世的心態，因而擴大國民大會的職權，乃一般國代的心理，由於國民大會的擴權，自然會影響及立法院的職權，因而在國民大會臨時會及立法院會議期間，國代與立委間有關職權之爭議甚為熱烈，難免陷入意氣與情緒之爭，甚至相互叫罵亦甚為常見。如在國民大會臨時會之提案中，有國大、立院互審預算案、國大議決立院一年以上未決之法案、國大行使創制、複決權案、國大每年定期集會三十天案、國大設議長、副議長案等；在立法院言，這些提案不但屬國民大會之擴權行為，且將國民大會推向常設化，及使國民大會亦成為國會並與立法院分庭抗禮，自為立法院所不樂見，因而引致爭議與相互攻擊。

　　二、重大異常現象： 主要有下列六種

　　㈠秩序混亂：國民大會臨時會的秩序常出現混亂現象，如在三月三十一日因議事吵鬧不休，首度運用警察權，在四月十五日國大臨時會修憲二讀會首日，即在喧鬧癱瘓中度過，在四月十六日，因議事爭議出現打群架、拳腳相向、摔椅推桌、拔麥克風等動作，議場成戰場，並導致余松俊、劉貞祥、王百祺三位國代負傷送醫，其他因議事爭議，使部分國代圍主席臺發言臺致拖延議事程序者，更為常見。

　　㈡討論程序問題多於實質問題：臨時會在討論時，討論及爭議程序問題者，所花費時間遠較實質問題為多，致開會時間不無浪費之嫌。

　　㈢提案者多通過者少：國民大會臨時會之提案，除執政黨所提之九條憲法增修條文草案外，尚有民進黨代表黨主張的三十四個提案，及國代所提之案件一百二十案。在會議進行二、三讀會時，除執政黨之增修條文草案最後獲得通過外，其餘一百五十四案，不是作為一般提案處理送請有關單位參考，就是由原提案人撤回擱置或經由表決而予否決。

㈣民進黨舉行總統 公民直選遊行： 民進黨爲製造總統 公民直選聲勢，於臨時會期間四月十九日舉行盛大遊行，遊行後並於臺北車站前舉行靜坐，前後五日，至四月二十九日凌晨方由警方驅散，使警民受輕重傷者據報載達四十餘人。在遊行及靜坐期間，不僅使交通受到極大影響，民衆不滿之聲經常可聞，民進黨籍國代亦無法參與議事。

㈤民進黨籍及無黨籍代表退出國大議事：民進黨由於四月十九日起的總統公民直選遊行及靜坐舉動，並未獲得預期效果，對所提議案在二讀會中遭到否決，乃於五月四日宣布退出國民大會臨時會。無黨籍國代亦認爲憲法乃國家基本大法，關係國家民主憲政發展至深且鉅，無黨籍代表由於席次稀少，雖多方突破，仍報國無門，乃退出臨時會。此時出席臨時會之代表，除國民黨籍者外，僅剩民社黨黃昭仁一人，難免有一黨修憲之譏。

㈥執政黨籍領導型及學者型不分區代表未有發揮作用：在執政黨所提名當選之六十名不分區代表中，施啓揚與馬英九二位，原係參加執政黨憲改策劃小組研究分組的召集人與成員，對憲改問題了解深入，同時又孚人望，原期他二人在臨時會之憲改討論中，發揮領導作用，但整個臨時會下來，從未見他二人在大會中發言。又執政黨提名當選之十位學者型不分區代表， 精通憲法理論， 原期在討論憲改問題時爲執政黨辯護，但這十位學者型的國代在臨時會，幾乎是英雄無用武之地。

三、出現異常現象之原因：大致而言，第二屆國民大會臨時會議事之進行並不順利，亦不正常，其原因大致可歸納爲下列三個：

㈠新當選國代自我期許過高：對一個自我期許高的人，往往有許多理想，並希望自己的理想能夠實現，但社會是現實的，自我期許的理想在社會上不一定能夠實現， 如理想不能實現， 就會受到挫折而有挫折感，當自我期許愈高時， 因不能實現而受到的挫折亦往往愈大。臨時

會之召開，主要任務在實質修憲，與往常國大會議不同，且新當選的國大代表，不少爲具有高學歷與年輕有爲之士，故多有甚高的自我期許，亦卽當選後就希望依照自己的理想來修改憲法，來增強國民大會職權，使國民大會在國家體制中發揮領導作用，因此提案數高達一百五十五案。

㈡執政黨中央對黨籍國代約束甚嚴：執政黨對此次國民大會臨時會之期望，就在通過由中常會所通過之憲法增修九個條文草案，希望臨時會的任務單純化，與黨九條相違背的或非屬黨九條範圍的提案，均不希望提出，對已提出者亦希望透過國大執政黨黨團運用各種方法，包括軟的摸摸頭、握握手、喝喝酒，硬的放不利於國代發展前途的訊息等，予以取消、撤回，或予以擱置於下次會議時再行研究或討論。此種措施固可收到貫徹黨的主張，但對黨籍國代而言，不無感到黨中央約束過嚴致無從自我發揮之感，尤其對自我期許甚高的國代，難免受到挫折，不是開會意興闌珊致表決時須再三催駕，就是發出自己未被重視的怨言。

㈢民進黨籍及無黨籍代表感到缺少憲改空間：民進黨及無黨籍國代，原希望在此次臨時會中能實現自己對憲改的理想，故民進黨的提案就有三十四個。民進黨原係實現它的基本主張，卽制憲、總統公民直選、中央政府採三權分立，及後退到只希望能實現總統公民直選（因執政黨的國代中至少有一半亦主張總統公民直選，但執政黨約束黨籍國代在臨時會中不作決定），最後發現連此一主張亦無法在臨時會中實現，乃引發民進黨之退出國大臨時會。

第四項　通過憲法增修條文與公布

第二屆國民大會臨時會，於五月二十七日通過中華民國憲法增修條文自第十一條至第十八條共八個條文，並由總統公布施行。其情形如下：

一、對黨九條之修正與通過：

㈠對原第十一條之修正：原黨九條之第十一條前項中之第十四條、第十五條及第十六條之條次文字，在臨時會通過之文字中分別改為第十三條、第十四條及第十五條之條次文字。

㈡對原第十二條之修正：原黨九條之第十二條第四項有關總統、副總統之任期規定，在通過條文中改為第三項；又同條草案後項原規定為「……由立法院院長於三個月內召集國民大會臨時會……」，在通過條文中修正為「……由立法院院長於三個月內通告國民大會臨時會……」。

㈢對原第十三條之擱置：原黨九條之第十三條有關立法委員任期之規定，由於國大代表與立法委員間意氣之爭（國代多主張立委改為二年一任，立委中有以極為情緒性的答話表示不滿者，引起國大之極大反彈），乃將該條條文予以擱置。故原有的黨九條於臨時會通過時成為八條，比原草案少了一條。

㈣對原第十四條之修正：原黨九條之第十四條條次，臨時會修正為第十三條。又原條文第二項中「掌理本憲法第七十八條規定事項」，臨時會修正為「除依憲法第七十八條之規定外」字樣。

㈤對原第十五條、第十六條之修正：僅對原黨九條之第十五、第十六條次，由臨時會修正為第十四、第十五條。

㈥對原第十七條之修正：除原黨九條之第十七條條次，由臨時會修正為第十六條外，另原條文第一、第二、第三項文字中之第十六條、第十六條、第十四條文字，修正為第十五條、第十五條、第十三條。

㈦對原第十八條之修正：除將原黨九條之第十八條條次修正為第十七條外，原條文各項文字中縣字下「（市）」字，均由臨時會予以刪除。

㈧對原第十九條之修正：除將原黨九條之第十九條條次修正為第十八條外，原條文第六項文字中之「早住民」三字，由臨時會修正為「山

胞」二字。

由上可知，此次執政黨所主張之黨九條內容，除將立法委員任期之條文予以擱置，可謂屬實質之修正外，其餘臨時會僅作條次及項次之更改及少數之文字修正而已。執政黨之原修憲主張，在臨時會中已充分的實現，其主要原因爲執政黨籍的國大代表席數，在國民大會臨時會中已超過全體代表席次四分之三以上，採取表決時只要加以動員，即可穩操勝算。

二、總統公布：上述憲法增修條文，由國民大會咨請總統於八十一年五月二十八日公布施行。

第四節　憲法增修條文簡析及後續工作

第一項　憲法增修條文簡析

第二屆國民大會臨時會所通過之八個憲法增修條文（自第十一條至第十八條）內容，簡析如下（憲法增修條文第一條至第十條條文內容簡析，見第十八章第二節第五項）：

一、第十一條　國民大會之職權，除依憲法第二十七條之規定外，並依增修條文第十三條第一項、第十四條第二項及第十五條第二項之規定，對總統提名之人員行使同意權。

前項同意權之行使，由總統召集國民大會臨時會爲之，不受憲法第三十條之限制。

國民大會集會時，得聽取總統國情報告，並檢討國是，提供建言；如一年內未集會，由總統召集臨時會爲之，不受憲法第三十條之限制。

國民大會代表自第三屆國民大會代表起，每四年改選一次，不適用憲法第二十八條第一項之規定。

簡析: 本條分四項，其中第一、第三項係有關擴大國民大會職權之規定; 第二項規定行使同意權之集會; 第四項規定國民大會代表之任期。

㈠第一項爲增訂行使同意權之規定: 依憲法第二十七條規定，國民大會之職權只限於選舉總統、副總統，罷免總統、副總統，修改憲法，複決立法院所提之憲法修正案， 及在特定條件下之行使創制、 複決權（憲法第四條中華民國領土非經國民大會之決議不得變更，亦屬國民大會職權之一）五種，而現則增加依憲法增修條文第十三條第一項所定之司法院院長、副院長、大法官，第十四條第二項所定之考試院院長、副院長、考試委員，及第十五條第二項所定之監察院院長、副院長、監察委員之任命同意權。由此觀之，國民大會對五院中三個院高層官員已握有任命同意權，因而亦增加國民大會對此三個院的影響力，其職權亦與五五憲草中所定之國民大會職權相近。

㈡第二項爲規定行使同意權之集會: 國民大會對司法院院長、副院長、大法官，考試院院長、 副院長、 考試委員， 及監察院院長、副院長、監察委員人選任命同意權，必須集會時行使，又總統提名上述人選之時機,不一定與國民大會之常會時間相配合，因而有召集臨時會行使同意權之必要，故明定同意權之行使，由總統召集臨時會爲之。又憲法第三十條，規定召集臨時會只限於下列四種情形: 即 1.補選總統、副總統時， 2.監察院對總統、副總統提出彈劾案時， 3.立法院提出憲法修正案時， 4.國民大會代表五分之二以上請求召集時，並未包括行使任命同意權之集會， 故除作本第二項之規定， 憑作召集臨時會之依據外，尚需明定不受憲法第三十條之限制。

㈢第三項爲明定國民大會集會時得聽取總統國情報告,並檢討國是,提供建言之職權。依往例國民大會多於選舉總統、副總統時方行集會，

如總統、副總統任期爲六年，則國民大會亦多六年舉行一次集會，再在集會時雖亦有聽取國情報告、檢討國是及提供建言之舉，但並非依憲法行事，且多在六年中方有一次機會，故無效果可言。今作本項之規定後，不但對聽取總統國情報告、檢討國是及提供建言，已成爲憲法所賦予國民大會的職權之一，且聽取國情報告、檢討國是及提供建言之機會，亦定爲每年一次，如當年國民大會有集會時，則於集會時爲之，如當年未有集會，則由總統依本項規定召集臨時會爲之，此種臨時會亦非憲法第三十條所示之臨時會，故在本項中又規定不受憲法第三十條之限制。由此可知，今後國民大會每年均可集會一次。

㈣第四項爲規定國民大會代表之任期爲每四年改選一次。依憲法第二十八條第一項規定，國民大會代表原爲每六年改選一次，今爲配合憲法增修條文第十二條總統、副總統任期，特於本項規定爲每四年改選一次，並自第三屆國民大會代表起實施。因本項規定與憲法第二十八條第一項規定牴觸，故在本項中又規定不適用憲法第二十八條第一項之規定。

　　二、第十二條　總統、副總統由中華民國自由地區全體人民選舉之，自中華民國八十五年第九任總統、副總統選舉實施。

　　前項選舉之方式，由總統於中華民國八十四年五月二十日前召集國民大會臨時會，以憲法增修條文定之。

　　總統、副總統之任期，自第九任總統、副總統起爲四年，連選得連任一次，不適用憲法第四十七條之規定。

　　總統、副總統之罷免，依左列規定：

　　一、由國民大會代表提出之罷免案，經代表總額四分之一之提議，代表總額三分之二之同意，卽爲通過。

　　二、由監察院提出之彈劾案，國民大會爲罷免之決議時，經代表總

額三分之二之同意，即爲通過。

副總統缺位時，由總統於三個月內提名候選人，召集國民大會臨時會補選，繼任至原任期屆滿爲止。

總統、副總統均缺位時，由立法院院長於三個月內通告國民大會臨時會集會補選總統、副總統，繼任至原任期屆滿爲止。

簡析：本條分六項，第一、第二項規定總統、副總統選舉方式，第三項規定總統、副總統任期，第四項規定總統、副總統之罷免，及第五、第六項規定總統、副總統缺位時之補選。

㈠第一項明定總統、副總統由中華民國自由地區全體人民選舉之，並自民國八十五年第九任總統、副總統選舉時實施。但本項中「自由地區全體人民選舉之」，究竟採用委任直選或公民直選，因在此次臨時會仍無法獲得共識，乃採延緩戰術，改於第二項中規定，其選舉方式由總統於民國八十四年五月二十日前召集國民大會臨時會，以憲法增修條文定之。既爲增修憲法條文而召集臨時會，憲法第三十條已有規定，自可適用，故不需再作不受憲法第三十條限制之規定。惟於此須注意者，第一項中由中華民國自由地區全體人民選舉之規定，是否包括海外華僑在內，值得研究。記得執政黨三中全會討論總統、副總統之選舉方式時，主張委任直選者即以「若採公民直選方式，則華僑無法參加」作爲反對公民直選的理由之一。據聞執政黨對如何使華僑亦能參加總統、副總統的選舉問題，正在研究中。

㈡第三項爲規定將總統、副總統之任期，由原定之六年改爲四年，連選得連任一次，並自第九任總統、副總統起實施。憲法第四十七條，原規定總統、副總統任期爲六年，已與本項規定相牴觸，故在本項中又規定對總統、副總統之任期，不適用憲法第四十七條之規定。

㈢第四項爲總統、副總統罷免之規定，其中又分兩款。第一款爲規

定由國民大會提出罷免時，應經代表總額四分之一之提議，代表總額三分之二之同意，即爲通過。第二款爲規定由監察院提出彈劾再由國民大會爲罷免之決議時，須經代表總額三分之二之同意，即爲通過。由於憲法原條文中並無罷免總統、副總統之人數規定，故並不發生與憲法條文牴觸問題，不需再作不適用某某條之規定。

㈣第五、第六項爲總統、副總統缺位時補選之規定。如副總統缺位時，由總統於三個月內提名候選人，召集國民大會臨時會補選，繼任至原任期屆滿爲止；如總統、副總統均缺位時，由立法院院長於三個月內通告國民大會臨時會集會補選，亦繼任至原任期屆滿爲止。此處值得研酌者，副總統缺位補選之臨時會，依憲法第三十條後項規定，應由立法院院長召集，而本項規定似由總統召集，兩種規定不無牴觸，但亦無不適用憲法第三十條後項之規定，其眞意究由總統召集或立法院院長召集，不得而知。

三、第十三條　司法院設院長、副院長各一人，大法官若干人，由總統提名，經國民大會同意任命之，不適用憲法第七十九條之有關規定。

司法院大法官，除依憲法第七十八條之規定外，並組成憲法法庭審理政黨違憲之解散事項。

政黨之目的或其行爲，危害中華民國之存在或自由民主之憲政秩序者爲違憲。

簡析：本條分三項，第一項規定司法院高層官員之任命程序，第二項規定大法官審理政黨違憲權，第三項規定政黨違憲之定義。

㈠第一項爲規定司法院院長、副院長及大法官之任命，須由總統提名經國民大會同意。因此一規定已與憲法第七十九條須由監察院同意方得任命之規定相牴觸，故在本項中又明定不適用憲法第七十九條之有關規定。惟於此須注意者，國民大會行使任命同意權之時，其行使之程序

究竟應由法律定之或由國民大會以行政規章自行規定，目前立法院與國民大會的看法已有不同。

㈡第二項為規定司法院大法官之職權，除依憲法第七十八條所定之解析憲法及統一解析法律及命令之權外，在本項中又賦予組成憲法法庭審理政黨違憲之解散權。至憲法法庭之組織，將另以法律定之，組成人員應以大法官為限。

㈢第三項為規定政黨違憲之定義，亦即所謂政黨違憲應指政黨之目的或其行為，危害中華民國之存在或自由民主之憲政秩序者而言。至在何種情況下方可認定其屬危害中華民國之存在或自由民主憲政秩序，似需在人民團體法及其他有關法規中予以規範。

四、第十四條：考試院為國家最高考試機關，掌理左列事項，不適用憲法第八十三條之規定：

一、考試。

二、公務人員之銓敘、保障、撫邮、退休。

三、公務人員任免、考績、級俸、陞遷、褒獎之法制事項。

考試院設院長、副院長各一人，考試委員若干人，由總統提名，經國民大會同意任命之，不適用憲法第八十四條之規定。

憲法第八十五條有關按省區分別規定名額，分區舉行考試之規定，停止適用。

簡析：本條分三項，第一項規定考試院之地位與職權，第二項規定考試院高層官員之任命程序，第三項為憲法原有「按省區分別規定名額及分區舉行考試」之規定，停止適用。

㈠第一項為規定考試院之地位與職權，即考試院為國家最高考試機關（此與憲法第八十三條之規定同）。至考試院之職權則略有調整，將之區分為三款規定之，即第一款為考試；第二款為公務人員之銓敘、保

障、撫邮、退休；第三款爲公務人員任免、考績、級俸、升遷、襃奬之法制事項。因此三款有關職權之規定已與憲法第八十三條所定之職權有所出入，故又規定不適用憲法第八十三條之規定。

惟於此須說明者有下列四點：

1.第一款只列明考試，在考試之前並未冠上公務人員字樣，故凡依法舉行之考試，不論爲公務人員之考試，專門職業及技術人員之考試，公職候選人之考試，均由考試院主管，且包括考試政策之決定，考試法案之提案，考試規章之訂定，及考試實務之執行等在內，但考試院如認有必要自可將試務委託有關機關辦理。

2.第二款爲列明公務人員之銓敍、保障、撫邮、退休，則只限公務人員之銓敍等，屬非公務人員而與此相當之業務自不包括在內。再公務人員銓敍等四項職權，應包括政策的決定、法案之提案、規章之訂定，及實務之執行等在內，但如考試院認有必要自可將其中某部分職權以授權或委託其他有關機關辦理。

3.第三款列明公務人員任免、考績、級俸、陞遷、襃奬之法制事項，除只限於公務人員之任免、考績、級俸、陞遷、襃奬之職權與第一款相同外，且對此五種職權亦只限於法制部分而已。換言之，公務人員任免、考績、級俸、陞遷、襃奬之政策、法案之提案、依法律授權之行政規章之訂定仍由考試院主管外，至任免、考績、級俸、陞遷、襃奬之依法制之執行，則爲各機關之權責，各機關爲執行上述法制，自得發布執行命令。

又上述之級俸，嚴格言之，只限於級與俸，即各官等及職等公務人員，俸應分那幾種，各分若干級，每一俸級之俸點（或俸額）爲何，俸級如何晉敍等，至俸之外的給，則不屬級俸範圍之內。惟有關憲法中所定級俸事項，多年來一直以俸給法定之，在俸給法中則又包括俸與給兩

部分，自本憲法增修條文施行後，俸給法需否修正及修正時需否仍包括給的部分，尚需斟酌。

　　4.有關公務人員現行之福利、訓練、進修、保險事項，在憲法增修條文中並未列明，究定為考試院職權或屬其他機關職權，將來在修訂有關機關組織法規時，尚需再加協調。但就憲法對各院權責之訂定原則而言，立法、司法、考試、監察四個院之職權均採列舉方式，而只有行政院之職權則採概括方式，亦即凡不屬其他四院之職權，均屬行政院之職權，如照此解析，則憲法在考試院職權中未有列舉之公務人員福利、訓練、進修、保險，亦可由行政院主管。

　　㈢第三項中，除考試院係院長、副院長各一人，考試委員若干人，與憲法第八十四條前段規定相同外，至其任命程序則改為「由總統提名經國民大會同意任命之」，與憲法第八十四條須經監察院同意任命之規定不同，故在本項中又規定不適用憲法第八十四條之規定。

　　㈣第四項係明定憲法第八十五條中部分規定之停止適用。憲法第八十五條中原規定有「公務人員之選拔，應實行公開競爭之考試制度，並應按省區分別規定名額，分區舉行考試，非經考試及格者不得任用」，但自政府遷臺後，數十年來公務人員考試均在臺灣地區舉行，而應考人亦以臺籍人數為最多，其他各省籍人數甚少，再其他各省籍之應考人員絕大部分均在臺灣地區出生與受教育，故原基於因各省區文化水準高低不等而訂定按省區分別規定錄取名額之規定，已無必要，且易引起省籍歧視與不公平之感受，故此次修憲，特規定對憲法第八十五條中「按省分別規定名額、分區舉行考試」之規定停止適用。

　　四、第十五條　監察院為國家最高監察機關，行使彈劾、糾舉及審計權，不適用憲法第九十條及第九十四條有關同意權之規定。

　　監察院設監察委員二十九人，並以其中一人為院長、一人為副院

長，任期六年，由總統提名，經國民大會同意任命之。憲法第九十一條至第九十三條、增修條文第三條，及第四條、第五條第三項有關監察委員之規定，停止適用。

監察院對於中央、地方公務人員及司法院、考試院人員之彈劾案，須經監察委員二人以上之提議，九人以上之審查及決定，始得提出，不受憲法第九十八條之限制。

監察院對於監察院人員失職或違法之彈劾，適用憲法第九十五條、第九十七條第二項及前項之規定。

監察院對於總統、副總統之彈劾案，須經全體監察委員過半數之提議，全體監察委員三分之二以上之決議，向國民大會提出，不受憲法第一百條之限制。

監察委員須超出黨派以外，依據法律獨立行使職權。

憲法第一百零一條及第一百零二條之規定，停止適用。

簡析：本條有關監察院之規定，係變動原有監察院制度之最大者，條文內容共分七項，第一項規定監察院之地位與職權，第二項規定監察院高層官員之員額與任命程序，第三至第五項，分別規定監察院對中央、地方公務人員及司法院、考試院人員，對監察院人員，對總統、副總統之彈劾程序，第六項規定監察委員之超然性，第七項規定停止適用之憲法條文。

㈠本條之施行，已將監察院之性質由國會轉變為準司法機關。監察委員原由省市議會選舉產生，故屬民意代表之一種，監察院與立法院及國民大會多年來均被視為國會，而依憲法本增修條文之規定，監察委員已由總統提名經國民大會同意後任命，因此監察委員身分已與一般公務人員無異。監察院之職權為行使彈劾、糾舉及審計，其中彈劾係以違法失職之公務人員為對象，由是有公務人員身分之監察委員行使彈劾案之

情形而言，已與檢察機關對涉及犯罪嫌疑者提起公訴之情形相當，故監察院已成爲準司法機關。

㈡第一項規定監察院之地位爲國家最高監察機關（此與憲法第九十條之規定同），其職權爲行使彈劾、糾舉及審計權，憲法第九十條所定之同意權已被刪除，故又規定不適用憲法第九十條有關同意權之規定。

㈢第二項規定監察院高層官員之員額、任期及其任命程序，即監察委員二十九人，並以其中一人爲院長、一人爲副院長（故院長及副院長仍爲監察委員），任期爲六年，由總統提名，經國民大會同意任命之。此一規定與憲法有關條文之原有規定出入甚大，且又涉及憲法增修條文第三、第四及第五條對監察委員之規定，故又明定憲法第九十一條至九十三條，及憲法增修條文第三條及第四條、第五條第三項有關監察委員之規定，停止適用。

㈣第三項規定監察院對中央及地方公務人員及司法院、考試院人員之彈劾程序，須經監察委員二人以上之提議（憲法第九十八條原規定爲一人以上之提議），九人以上之審查及決定始得提出。因提議之人數與憲法第九十八條原定不同，故又規定不受憲法第九十八條之限制。再本款所稱「中央及地方公務人員」，應指除司法院、考試院、監察院公務人員以外之其他中央及地方之公務人員。

㈤第四項規定對監察院人員違法失職之彈劾程序，適用憲法第九十五條、第九十七條第二項及前項（即憲法增修條文第三項）之規定。

㈥第五項規定監察院對彈劾總統、副總統之程序，須全體監察委員過半數之提議、全體監察委員三分之二以上之決議，向國民大會提出。因所定提議彈劾及決議之人數，均較憲法第一百條之原有規定爲高，故又明定不受憲法第一百條之限制。有者謂監察委員爲總統所提名，而彈劾總統又需全體監察委員過半數之提議及三分之二以上之決議，乃使得

監察院之彈劾總統成爲不可能的天方夜譚。

㈦第六項規定監察委員應超出黨派以外，依據法律獨立行使職權，以期免受黨派之操縱，及不受外界或其他機關的壓力。此項規定似係參照憲法第八十八條對考試委員行使職權之規定而來。

㈧第七項規定憲法第一百零一條（監察委員院內言論及表決之免責權）及第一百零二條（監察委員除現行犯外非經監察院許可不得逮捕或拘禁）之規定停止適用。因監察委員已非民意代表而是公務人員，監察院已非國會而是準司法機關，原有之免責權及不受逮捕拘禁權，自應不再享有，故規定停止適用。

六、第十六條　增修條文第十五條第二項之規定，自提名第二屆監察委員時施行。

第二屆監察委員於中華民國八十二年二月一日就職，增修條文第十五條第一項及第三項至第七項之規定，亦自同日施行。

增修條文第十三條第一項及第十四條第二項有關司法院、考試院人員任命之規定，自中華民國八十二年二月一日施行。中華民國八十二年一月三十一日前之提名，仍由監察院同意任命，但現任人員任期未滿前，無須重新提名任命。

簡析：本條分三項，第一、第二項規定新制監察院及監察委員之施行日期，第三項規定司法院及考試人員任命同意新制之施行日期。

㈠第一項，對按憲法增修條文第十五條第二項規定，監察委員經國民大會同意任命，自提名第二屆監察委員起實施。

㈡第二項，規定第二屆監察委員於中華民國八十二年二月一日就職，增修條文第一項及第三項至第七項中有關監察院地位、職權、彈劾程序、獨立行使職權及不受原憲法某些條文之限制、或不適用或停止適用憲法某些條文之規定，亦均自中華民國八十二年二月一日起施行，以

資配合。

㈢第三項，規定司法院及考試院人員（即司法院院長、副院長、大法官、考試院院長、副院長、考試委員）新的任命程序，亦自中華民國八十二年二月一日起施行，其在八十二年一月三十一日前提名者仍由監察院行使任命同意權，但現已在職者，在任期未屆滿前（司法院人員將於八十三年十月屆滿，考試院人員將於八十五年八月屆滿），無須再重新提名任命。

七、第十七條　省、縣地方制度，應包含左列各款，以法律定之，不受憲法第一百零八條第一項第一款、第一百十二條至第一百十五條及第一百二十二條之限制：

一、省設省議會、縣設縣議會，省議會議員、縣議會議員分別由省民、縣民選舉之。

二、屬於省、縣之立法權，由省議會、縣議會分別行之。

三、省設省政府，置省長一人，縣設縣政府，置縣長一人，省長、縣長分別由省民、縣民選舉之。

四、省與縣之關係。

五、省自治之監督機關為行政院，縣自治之監督機關為省政府。

簡析：本條為有關省、縣地方制度之規定，及為實施新制對憲法某些條文不受其限制。

本條明定省、縣地方制度應包括之事項，並須以法律定之。省、縣地方制度應包括事項之主題，為 1.省設省議會、縣設縣議會，省議會議員、縣議會議員分別由省民、縣民選舉之。2.屬於省、縣之立法權，由省議會、縣議會分別行之。3.省設省政府，置省長一人，縣設縣政府，置縣長一人，省長、縣長分別由省民、縣民選舉之。4.省與縣之關係。5.省自治之監督機關為行政院，縣自治之監督機關為省政府。

㈡因以上五種事項之內容，與憲法第一百零八條第一項第一款（省縣自治通則）、第一百十二條（省得召集省民代表大會依據省縣自治通則制定省自治法）、第一百十三條（省自治法應包括事項）、第一百十四條（省自治法制定後立即送司法院）、第一百十五條（省自治法實施中發生重大障礙之解決）、及第一百二十二條（縣得召集縣民代表大會依據省縣自治通則制定縣自治法）之規定，均有不符，故在本條第一項中又明定不受這些條文的限制。

㈢臺灣自中央遷臺以後，即逐步推行地方自治，至今已具有成就，但現況與憲法第十一章地方制度之所定出入甚大。本增修條文中，除省、縣長民選爲現制所無外，其餘大致係根據現況所定，若此現行之地方自治已與憲法增修條文之規定相符，不再有違憲之虞。

八、第十八條　國家應獎勵科學技術發展及投資，促進產業升級，推動農漁業現代化，重視水資源之開發利用，加強國際經濟合作。

經濟及科學技術發展，應與環境及生態保護兼籌並顧。

國家應推行全民健康保險，並促進現代和傳統醫藥之研究發展。

國家應維護婦女之人格尊嚴，保障婦女之人身安全，消除性別歧視，促進兩性地位之實質平等。

國家對於殘障者之保險與就醫、教育訓練與就業輔導、生活維護與救濟，應予保障，並扶助其自立與發展。

國家對於自由地區山胞之地位及政治參與，應予保障；對其教育文化、社會福利及經濟事業，應予扶助並促其發展。對於金門、馬祖地區人民亦同。

國家對於僑居國外國民之政治參與，應予保障。

簡析：本條分七項，均屬有關基本國策之規定。我國憲法中原訂爲基本國策一章，共分六節，三十三條，但由於政府遷臺後我國經濟發展

快速，教育水準提高，政治更趨民主，國民所得增加，但亦因此而帶來若干新的問題（如環保、健康保險、男女平等、社會福利、社會救濟、僑民參政等問題），為解決這些因發展而發生的問題，在憲法中需增列新的基本國策以資因應，以期為施政及制訂法律之依據。此乃增訂本條之原因。

㈠第一項規定獎勵科技發展及投資，促進產業升級。

㈡第二項規定經濟及科技發展需兼顧環保及生態保護。

㈢第三項規定推行全民健康保險。

㈣第四項規定婦女之特別保障，促進兩性地位之實質平等。

㈤第五項規定殘障者之特別保障，並扶助其自立與發展。

㈥第六項規定山胞之特別保障，金馬地區人民亦同。

㈦第七項規定僑民參政之保障。

因以上七項規定之基本國策，與憲法原有規定並無牴觸，故未再作不受某些條文之限制或不適用或停止適用某些條文之規定。

第二項　應有的後續工作

憲法增修條文第十一至第十八條，雖已由國民大會依憲法修改程序通過，並經總統於八十一年五月二十八日明令公布，但完成真正的憲改及憲改的落實，尚有下列工作亟需或於最近將來加以處理者。茲簡說如下：

一、總統選舉方式的制定：依憲法增修條文第十二條規定，總統選舉方式由總統於中華民國八十四年五月二十日前召集國民大會臨時會，以憲法增修條文定之。因此為期第九任總統、副總統能依憲改的方向選舉產生，則於近期內尚需作有關總統、副總統選舉方式之憲法增修條文的制定。

二、**立法委員任期的制定**：立法委員任期，憲法條文明定爲三年，而憲法增修條文已將總統、副總統的任期定爲四年，則立法委員之任期爲配合總統提名行政院院長人選及立法院之行使同意權，自亦需配合修正。在執政黨之黨九條中，原有立法委員任期定爲四年的規定，後由於國民大會與立法院權限之爭，引致立法委員的任期難以獲得共識，乃臨時將立法委員任期的條文予以擱置，未獲通過。此一立法委員任期的問題，亦需以憲法增修條文方式制定，至遲應自第九任總統、副總統開始實施。

三、**監察院組織法及監察法的修正**：第二階段的憲改，對監察院的變動最大，由原來的民意機關與國會，改變爲準司法機關；監察委員由議會選舉產生改爲由總統提名經國民大會同意任命；不僅使若干有關監察院的憲法條文停止適用，甚至連若干在第一階段憲改時所制定的憲法增修條文亦停止適用。因此監察院組織法勢需盡速配合修正，將監察委員應具資格，比照司法院、考試院組織法中有關大法官及考試委員規定資格條件方式，訂入監察院組織法。再彈劾程序在第二階段憲改中已有改變，因而監察法中有關彈劾的程序部分亦應配合修正，以免與憲法相牴觸。

四、**考試院、銓敍部、行政院人事行政局組織法及部分人事法律的修正**：考試院的職權，在此次憲改中亦有少許的調整，因而全國最高考試機關的考試院組織法，主管任免、銓敍、級俸、考績等人事行政事項的銓敍部組織法，及綜合統籌行政院所屬各級機關人事行政的行政院人事行政局組織法，均需予以修正或制定，以期符合憲法增修條文的要求。

除上述組織法外，依憲法增修條文第十四條規定，公務人員之任免、級俸、考績、陞遷、褒獎，考試院所主管者爲法制，而其執行則由各機關負責，因而有關此部分的人事法律中，原屬有關執行的規定，勢

需作配合修正。再如公務人員之養老，在增修條文中未再列舉，因而原由考試院送請立法院審議的公務人員養老法草案，似可撤回。又如公務人員保險法與將來全民健康保險如何配合甚或合併，公務人員福利、訓練、進修與行政院如何劃分、收併或配合，亦涉及有關人事法律的修正，應妥爲協調與處理。

　　五、司法院組織法或有關法律的修正：依憲法增修條文第十三條規定，司法院大法官組成憲法法庭，審理政黨違憲之解散事項。爲落實此一規定，司法院組織法或大法官會議法，應配合修正。甚或另行制定憲法法庭組織法，以資因應。

　　六、公職人員選舉罷免法的修正及省、縣自治法的制定：現行公職人員選舉罷免法，係包括監察委員的選舉與罷免在內，第二階段的憲改已將監察委員改定爲由總統提名經國民大會同意任命，不再經由選舉產生。因而現行公職人員選舉罷免法中有關監察委員的規定，自需予以刪除。再依憲法增修條文第十七條規定，省縣地方制度應包括事項以法律定之。因此省自治、縣自治、省長縣長民選，省及縣議會職權等事項，均需早日以法律定之，使地方自治合於憲法之要求。

　　七、配合增修條文第十八條需規劃制定之法制：增修條文第十八條，係屬國家基本國策的規定，且多爲憲法基本國策章中之所無。爲落實第二階段的憲改，及爲實現增修第十八條所定的基本國策，行政院自需作整體性的規劃，依新定基本國策的指導制定爲法律，並依法切實施行，以福國利民。

　　八、國大代表報酬及費用支給法律的制定：在第二屆國民大會臨時會中，對司法院大法官會議第 282 號解析「國民大會代表，依憲法所定職務之性質，不經常集會，並非應由國庫定期支給歲費、公費等待遇之職務，故屬無給職」，引起部分國大代表的不滿，立法院亦因審查國民

大會預算時對無給職引起困擾，乃請大法官會議再解析。大法官會議嗣作成第 299 號補充解析「所稱國民大會代表爲無給職，係指國民大會代表非應由國庫經常固定支給歲費、公費或相當於歲費、公費之給與而言，並非在任何情形下均毫無報酬之意。……集會行使職權時得受領各項合理之報酬……，其他何種特定情形得受領報酬，係屬立法裁量問題。應由立法機關本此意旨，於制定國民大會代表報酬之法律時，連同與其行使職權有直接關係而非屬於個人報酬性質之必要費用，如何於合理限度內核實開支，妥爲訂定適當項目及標準，以爲支給之依據」。根據以上二次解析，國大代表得支領之報酬與費用，已有其範圍，立法院宜早日完成立法程序，以獲解決。

第五節　各方對第二階段修憲的反應

第二階段憲法增修條文公布施行後，各方對此次修憲之反應不一，有者極爲肯定，有者認定愈修愈亂，茲就執政黨、民進黨、一般民意、一般學者的反應，分項簡述之。

第一項　執政黨的反應

執政黨是完全主導此次修憲的政黨，除有關立法委員之任期條文未在臨時會中通過外，其黨八條大致均照案通過。自執政黨言，認爲係屬極大的成就，但亦承認尚有若干問題未獲解決，須繼續研究。其情形可從李總統談話得知：

一、李總統於五月二十八日晚宴國大代表時談話：曾謂本屆臨時會召開的目的就是希望將我國憲法作必要的增修，以符合現階段時空的需要。而這次修憲能順利完成，一方面代表我國民主憲政的發展已邁入一

個新紀元，也更凸顯我國民主憲政成熟度已不遜於民主先進國家，在座的代表同志躬逢其盛，親自參與這一件歷史性大事，眞可說是風雲際會，成就非凡。李總統又以下列四句話來形容本屆臨時會的特色，卽 1.內容程序民主；2.貫徹三中決議；3.維持五權架構；4.涵蓋六大革新。

二、李總統於五月三十日在臨時會閉會典禮致詞：曾有下列讚譽：

㈠本次臨時會召開之目的，在因應國家統一前的情勢需求，依據民意的歸趨，將憲法作必要的增修，以副全民殷切的期盼。各位代表先生、女士，深體斯旨，展現了最大的智慧與包容，就有關修憲議案，反覆研討，再三衡酌，終能依據憲法所規定的程序，修訂憲法中若干不合時宜的規定，例如省縣實施地方自治之複雜程序，以及按省區分別規定名額，分區舉行考試的條文等，並且將總統、副總統的任期、國民大會與中央機關的權責等，作了適時適地的調整，同時也對有關國計民生的重大事項，作了提綱挈領的宣示，奠定了國家進一步發展的基礎。我們深信，此一凝聚絕大多數民意而成的結晶，不僅可以獲得歷史的肯定，成爲加速當前國家建設發展的動力，對促進今後政治的和諧、社會的安定與全民的福祉，也必將產生積極而深遠的影響。

㈡這次臨時會進行中，雖難免有若干仁智之見的爭議，均賴大會全體代表，明察是非、捐棄成見，終能融合各方意見，作成明智的決定；若干尚未達成共識者，則決定暫予保留，繼續研究，再於適當時期，另行集會討論。此次會議的過程足以顯示，各位代表的謀國之忠與任事之勇，急其所當急，緩其所當緩，互信互諒，相忍爲國。登輝在此要向各位鄭重保證，必將伕本次會議的精神與共識，對須待研究的各項問題，於適當時期，召開國民大會臨時會，再作周詳的討論決定，希望全體代表，予以指教和支持。

第二項　民進黨的反應

民進黨在修憲之初原抱有期望，嗣因在會議中無法展現抱負，終至退出臨時會，因而對臨時會的修憲工作，自有否定的評價，茲舉一二例如下，以見一斑：

一、民進黨主席： 曾謂本次臨時會僅通過執政黨以黨意制訂的黨八條憲改案，證明佔國代四分之三以上席次的執政黨，沒有能力也無誠意為人民創造一部好的憲法，未來建立現代化民主憲政的重責大任，仍有待民進黨努力。

二、民進黨國大黨團對國大憲改的批評： 認為將使民主改革程序嚴重受阻。……執政黨在本次臨時會憲改過程中，處處出現漠視民意、毫無原理、妥協分贓及向後倒退的落伍心態，不但使現有憲政體制益加紛亂、矛盾，把國家帶向不可測的未來，也已使未來憲改發展陷入難以為繼的窘境。

三、民進黨籍立委及國代組成的正義連線： 抨擊這部新憲法在總統與國大相互擴權下，已成為與現行憲法扞格的「狗尾續貂憲法」。批評八條增修條文的憲改至此已證明是徹底失敗，真正的跳票，臺灣政局即將邁入政治黑暗期……而此次修憲所化費的社會成本完全付諸流水。

第三項　一般民意的反應

對此次修憲之一般民意反應，可以對一般民眾的民意調查所得意見為例。由聯合報系所舉辦之民意調查發現，民眾對修憲結果感到滿意者佔百分之五十二，對修憲內容不清楚者佔百分之七十三。受訪民眾對有關增修條文內容之贊成與不贊成情形如下：

一、總統任期 改四年一任，連選得連任一次規定，贊成者58%、不

贊成者11%、不知道者31%。

二、**國大每年集會**，聽取總統國情報告規定，贊成者54%、不贊成者18%、不知道者28%。

三、**監委由總統提名**，國大同意後產生規定，贊成者38%、不贊成者29%、不知道者33%。

四、**大法官由總統提名**，國大同意後產生規定，贊成者48%、不贊成者17%、不知道者35%。

五、**監委彈劾總統**改為過半數提議，三分之二決議提出規定，贊成者50%、不贊成者16%、不知道者35%。

六、**省長、縣長由省民、縣民選舉產生**規定，贊成者71%、不贊成者8%、不知道者21%。

七、**保障人民社會權益**規定，贊成者81%、不贊成者3%、不知道者16%。

以上訪問時間為五月二十八日至三十日，樣本1,118人，因四捨五入，各題百分比之和未必正好是一百；原問卷甚長，僅刊出部分題目。

第四項　一般學者的反應

聯合報系民意調查中心，以電話訪問方式，向國內各大學政法學者所舉行調查結果顯示，對此次憲法增修條文多不滿意；又部分具有意見領袖型的學者，在舉行座談會或接受訪問時所提看法，在報端亦常有刊登，茲簡說及舉例如下：

一、聯合報系調查結果顯示：

㈠總統任期改為四年一任，連選得連任一次規定，贊成者79%、不贊成者7%、不知道者10%、未回答者4%。

㈡國大每年集會，行使司法、考試、監察三院人事同意權規定，贊

成者17％、不贊成者66％、不知道者９％、未回答者７％。

㈢監察院由民意代表機構變爲準司法機構規定，贊成者38％、不贊成者43％、不知道者６％、未回答者12％。

㈣監委彈劾總統改爲過半數提議，三分之二決議提出規定，贊成者39％、不贊成者44％、不知道者７％、未回答者10％。

㈤這次修憲暫時擱置總統選舉方式的討論，贊成者56％、不贊成者29％、不知道者７％、未回答者８％。

㈥未來走上總統對國民大會、行政院對立法院的雙軌制規定，贊成者19％、不贊成者66％、不知道者６％、未回答者９％。

以上訪問時間爲五月二十九日至三十一日，樣本 134 人，因四捨五入，各題百分比之和未必正好爲一百，原問卷甚長，僅刊出部分題目。

二、學者對此次憲改看法舉例：

㈠臺灣大學胡教授：曾謂第二階段修憲時，監察院的選舉辦法將第一階段所定的辦法完全改變，改由總統提名經國民大會同意，監察院由一個民意機構變成準司法機構；監察院的問題不是結構問題，而是功能出了問題，不能說監委有了賄選，就改變監察院的民意代表機構性質，而應改善提名人選的素質規範。這一次修憲，大家的希望是能廻歸憲法，沒想到修比不修還要糟糕，尤其是在總統的選舉方式上未能定案。最主要的是中央政府體制越來越混亂，可以預見未來我們國家的體制走的是雙頭馬車、權責不分，一方面國大和總統之間形成一個軌道，國民大會每年開會聽取總統國情報告，但是總統不向立法院負責；另一方面，向立法院負責的行政院雖和立法院形成另一軌道；如果我們的總統和行政院長不屬同一個黨，立法院和國民大會爲各自的黨講話，一定天下大亂。

㈡政治大學黃教授：曾謂這次修憲，在政治上的價值值得肯定，

但同時也留下許多問題，又有偏離原來憲法架構之嫌。另外這次修憲把選舉總統方式擺下，突顯此次修憲之過渡性質，因為總統產生方式才是修憲的主體工程，其他問題只能算是週邊工程。此次修憲賦予國代人事同意權，這是非常荒唐的一件事，人事權絕不可能單獨成為一權來行使，它只是預算權、調查權的下游作業，如果立法院未來以預算權杯葛人事，又怎麼辦？

㈢中山大學姚教授：曾謂權能相符的設計不能在修憲過程中提出，各項職位任期不能全盤考量，缺乏整體設計，都是問題。「雙主軸觀念」提出來討論，都是不健康的現象；「國大定位」只關切權力分配令人憂心。現在教授憲法的確碰到了較大的問題，以往憲法爭議不多，主要是有關總統制與內閣制的說法不一，在教學上可用「二說」的方式解析，但現在增修後的憲法，許多地方會有「二說」、「三說」，甚致沒有定論，隨着修憲頻率的增加，教學上的困擾會更大，尤其憲法的內容還可能成為各種考試的標的，以後的爭議會更多。

附 錄 二

中華民國憲法增修條文

第一至第十條，中華民國八十年四月二十二日第一
屆國民大會第二次臨時會第六次大會通過，中華民
國八十年五月一日總統公布；第十一至第十八條，中
華民國八十一年五月二十七日第二屆國民大會臨時
會通過，中華民國八十一年五月二十八日總統公布

　　爲因應國家統一前之需要，依照憲法第二十七條第一項第三款及第一百七十四
條第一款之規定，增修本憲法條文如左：

第　一　條　國民大會代表依左列規定選出之，不受憲法第二十六條及第一百三十
　　　　　　五條之限制：

　　　　　　　一、自由地區每直轄市、縣市各二人，但其人口逾十萬人者，每增
　　　　　　　　　加十萬人增一人。

　　　　　　　二、自由地區平地山胞及山地山胞各三人。

　　　　　　　三、僑居國外國民二十人。

　　　　　　　四、全國不分區八十人。

　　　　　　前項第一款每直轄市、縣市選出之名額及第三款、第四款各政黨當選
　　　　　　之名額，在五人以上十人以下者，應有婦女當選名額一人，超過十人
　　　　　　者，每滿十人應增婦女當選名額一人。

第　二　條　立法院立法委員依左列規定選出之，不受憲法第六十四條之限制：

　　　　　　　一、自由地區每省、直轄市各二人，但其人口逾二十萬人者，每增
　　　　　　　　　加十萬人增一人；逾一百萬人者，每增加二十萬人增一人。

　　　　　　　二、自由地區平地山胞及山地山胞各三人。

　　　　　　　三、僑居國外國民六人。

　　　　　　　四、全國不分區三十人。

　　　　　　前項第一款每省、直轄市選出之名額及第三款、第四款各政黨當選之
　　　　　名額，在五人以上十人以下者，應有婦女當選名額一人，超過十人
　　　　　者，每滿十人應增婦女當選名額一人。

第　三　條　監察院監察委員由省、市議會依左列規定選出之，不受憲法第九十一
　　　　　條之限制：

　　　　　一、自由地區臺灣省二十五人。

　　　　　二、自由地區每直轄市各十人。

　　　　　三、僑居國外國民二人。

　　　　　四、全國不分區五人。

　　　　　前項第一款臺灣省、第二款每直轄市選出之名額及第四款各政黨當選
　　　　　之名額，在五人以上十人以下者，應有婦女當選名額一人，超過十人
　　　　　者，每滿十人應增婦女當選名額一人。

　　　　　省議員當選為監察委員者，以二人為限；市議員當選為監察委員者，
　　　　　各以一人為限。

第　四　條　國民大會代表、立法院立法委員、監察院監察委員之選舉罷免，依公
　　　　　職人員選舉罷免法之規定辦理之。僑居國外國民及全國不分區名額，
　　　　　採政黨比例方式選出之。

第　五　條　國民大會第二屆國民大會代表應於中華民國八十年十二月三十一日前
　　　　　選出，其任期自中華民國八十一年一月一日起至中華民國八十五年國
　　　　　民大會第三屆於第八任總統任 滿前依憲法第 二十九條規定集 會之 日
　　　　　止，不受憲法第二十八條第一項之限制。

　　　　　依動員戡亂時期臨時條款增加名額選出之國民大會代表，於中華民國
　　　　　八十二年一月三十一日前，與國民大會第二屆國民大會代表共同行使
　　　　　職權。

　　　　　立法院第二屆立法委員及監察院第二屆監察委員應於中華民國八十二
　　　　　年一月三十一日前選出，均自中華民國八十二年二月一日開始行使職
　　　　　權。

第　六　條　　國民大會爲行使憲法第二十七條第一項第三款之職權，應於第二屆國
　　　　　　　民大會代表選出後三個月內由總統召集臨時會。

第　七　條　　總統爲避免國家或人民遭遇緊急危難或應付財政經濟上重大變故，得
　　　　　　　經行政院會議之決議發布緊急命令，爲必要之處置，不受憲法第四十
　　　　　　　三條之限制。但須於發布命令後十日內提交立法院追認，如立法院不
　　　　　　　同意時，該緊急命令立卽失效。

第　八　條　　動員戡亂時期終止時，原僅適用於動員戡亂時期之法律，其修訂未完
　　　　　　　成程序者，得繼續適用至中華民國八十一年七月三十一日止。

第　九　條　　總統爲決定國家安全有關大政方針，得設國家安全會議及所屬國家安
　　　　　　　全局。

　　　　　　　行政院得設人事行政局。

　　　　　　　前二項機關之組織均以法律定之，在未完成立法程序前，其原有組織
　　　　　　　法規得繼續適用至中華民國八十二年十二月三十一日止。

第　十　條　　自由地區與大陸地區間人民權利義務關係及其他事務之處理，得以法
　　　　　　　律爲特別之規定。

第 十 一 條　　國民大會之職權，除依憲法第二十七條之規定外，並依增修條文第十
　　　　　　　三條第一項、第十四條第二項及第十五條第二項之規定，對總統提名
　　　　　　　之人員行使同意權。

　　　　　　　前項同意權之行使，由總統召集國民大會臨時會爲之，不受憲法第三
　　　　　　　十條之限制。

　　　　　　　國民大會集會時，得聽取總統國情報告，並檢討國是，提供建言；如
　　　　　　　一年內未集會，由總統召集臨時會爲之，不受憲法第三十條之限制。

　　　　　　　國民大會代表自第三屆國民大會代表起，每四年改選一次，不適用憲
　　　　　　　法第二十八條第一項之規定。

第 十 二 條　　總統、副總統由中華民國自由地區全體人民選舉之，自中華民國八十
　　　　　　　五年第九任總統、副總統選舉實施。

　　　　　　　前項選舉之方式，由總統於中華民國八十四年五月二十日前召集國民

大會臨時會，以憲法增修條文定之。

總統、副總統之任期，自第九任總統、副總統起爲四年，連選得連任一次，不適用憲法第四十七條之規定。

總統、副總統之罷免，依左列規定：

一、由國民大會代表提出之罷免案，經代表總額四分之一之提議，代表總額三分之二之同意，即爲通過。

二、由監察院提出之彈劾案，國民大會爲罷免之決議時，經代表總額三分之二之同意，即爲通過。

副總統缺位時，由總統於三個月內提名候選人，召集國民大會臨時會補選，繼任至原任期屆滿爲止。

總統、副總統均缺位時，由立法院院長於三個月內通告國民大會臨時會集會補選總統、副總統，繼任至原任期屆滿爲止。

第 十 三 條　司法院設院長、副院長各一人，大法官若干人，由總統提名，經國民大會同意任命之，不適用憲法第七十九條之有關規定。

司法院大法官，除依憲法第七十八條之規定外，並組成憲法法庭審理政黨違憲之解散事項。

政黨之目的或其行爲，危害中華民國之存在或自由民主之憲政秩序者爲違憲。

第 十 四 條　考試院爲國家最高考試機關，掌理左列事項，不適用憲法第八十三條之規定：

一、考試。

二、公務人員之銓敘、保障、撫邮、退休。

三、公務人員任免、考績、級俸、陞遷、褒獎之法制事項。

考試院設院長、副院長各一人，考試委員若干人，由總統提名，經國民大會同意任命之，不適用憲法第八十四條之規定。

憲法第八十五條有關按省區分別規定名額，分區舉行考試之規定，停止適用。

第 十 五 條　監察院爲國家最高監察機關，行使彈劾、糾舉及審計權，不適用憲法第九十條及第九十四條有關同意權之規定。

　　監察院設監察委員二十九人，並以其中一人爲院長、一人爲副院長，任期六年，由總統提名，經國民大會同意任命之。憲法第九十一條至第九十三條、增修條文第三條，及第四條、第五條第三項有關監察委員之規定，停止適用。

　　監察院對於中央、地方公務人員及司法院、考試院人員之彈劾案，須經監察委員二人以上之提議，九人以上之審查及決定，始得提出，不受憲法第九十八條之限制。

　　監察院對於監察院人員失職或違法之彈劾，適用憲法第九十五條、第九十七條第二項及前項之規定。

　　監察院對於總統、副總統之彈劾案，須經全體監察委員過半數之提議，全體監察委員三分之二以上之決議，向國民大會提出，不受憲法第一百條之限制。

　　監察委員須超出黨派以外，依據法律獨立行使職權。

　　憲法第一百零一條及第一百零二條之規定，停止適用。

第 十 六 條　增修條文第十五條第二項之規定，自提名第二屆監察委員時施行。

　　第二屆監察委員於中華民國八十二年二月一日就職，增修條文第十五條第一項及第三項至第七項之規定，亦自同日施行。

　　增修條文第十三條第一項及第十四條第二項有關司法院、考試院人員任命之規定，自中華民國八十二年二月一日施行。中華民國八十二年一月三十一日前之提名，仍由監察院同意任命，但現任人員任期未滿前，無須重新提名任命。

第 十 七 條　省、縣地方制度，應包含左列各款，以法律定之，不受憲法第一百零八條第一項第一款、第一百十二條至第一百十五條及第一百二十二條之限制：

　　一、省設省議會，縣設縣議會，省議會議員、縣議會議員分別由省

民、縣民選舉之。

二、屬於省、縣之立法權，由省議會、縣議會分別行之。

三、省設省政府，置省長一人，縣設縣政府，置縣長一人，省長、縣長分別由省民、縣民選舉之。

四、省與縣之關係。

五、省自治之監督機關爲行政院，縣自治之監督機關爲省政府。

第 十 八 條　國家應獎勵科學技術發展及投資，促進產業升級，推動農漁業現代化，重視水資源之開發利用，加強國際經濟合作。

經濟及科學技術發展，應與環境及生態保護兼籌並顧。

國家應推行全民健康保險，並促進現代和傳統醫藥之研究發展。

國家應維護婦女之人格尊嚴，保障婦女之人身安全，消除性別歧視，促進兩性地位之實質平等。

國家對於殘障者之保險與就醫、教育訓練與就業輔導、生活維護與救濟，應予保障，並扶助其自立與發展。

國家對於自由地區山胞之地位及政治參與，應予保障；對其教育文化、社會福利及經濟事業，應予扶助並促其發展。對於金門、馬祖地區人民亦同。

國家對於僑居國外國民之政治參與，應予保障。

　　所謂公平並非謂所有人民的納稅額應該相同,而是指量能納稅而言。亦卽各人納稅的多寡, 應視其財力而定, 財力雄厚者自應多納, 財力薄弱者自應少納, 凡有財力者均應納稅不得免除, 如此對富者而言雖多取而不爲虐, 對貧者而言仍已盡其義務, 不過所納之稅額不如富者之多而已。此一原則, 在一七八九年法國人權宣言第十三條卽規定「賦稅應依公民的財產情形, 公平分配於各人之間」。其後各國亦多延用之。

二、依據法律納稅:

　　此乃課稅法律主義, 英國在一二一五年大憲草中, 卽已確立「無代表不納稅」的原則, 其後一般國家的憲法, 亦多規定人民有依法律納稅的義務。此後各國憲法亦多有類似的條文, 舉凡稅源的選擇、稅率的高低、納稅的方法、納稅的期間、以及納稅義務人等, 則多在稅法中予以詳細規定。

三、納稅應不危及人民的最低生活:

　　人民雖有依法律納稅之義務, 但仍不得因納稅而影響及人民的最低生活。因政府的責任在維護政治安定與社會秩序, 使人民的生活能保持至某種水準, 如因納稅而使人民的最低生活將發生問題時, 必將引致社會的動亂, 政治的不安。故在福利國家, 對富有者固應課以重稅, 但對生活難以維持者, 不但不予課稅, 尙且給予救濟, 以維持其最低限度的生活。

第二項　憲定的納稅義務

　　我國憲法第十九條規定「人民有依法律納稅之義務」。玆分析之:

一、課稅與納稅均須以法律規定:

　　課稅係指政府向人民課稅, 納稅係人民向政府納稅。不論爲課稅或納稅, 均須以法律定之。換言之, 如政府無法律依據而向人民課稅, 則

爲非法的課稅，人民當然無納稅的義務。

二、稅法種類甚多：

　　所謂法律，依憲法第一百七十條規定，謂經立法院通過總統公布之法律。我國現行稅法甚多，如所得稅法、營業稅法、遺產及贈與稅法、屠宰稅法、使用牌照稅法、關稅法、土地稅法、娛樂稅法、貨物稅條例、房屋稅條例、契稅條例、證券交易稅條例等，此種法制的設計係屬一稅一法者。但亦有將納稅事項規定於其他專案性法律中者，如將礦區稅及礦產稅則規定於礦業法中等。不論專立稅法或併入他法，均爲法律之規定。

三、有關納稅之重要事項亦須以法律定之：

　　不僅課稅及納稅須以法律定之，凡與課稅及納稅有關之重要事項，如稅源的選擇、稅率的高低、稅額之多寡、納稅人之範圍、納稅之方法、稅之減輕或免除、及違反納稅義務時之制裁等，亦須以法律定之，否則爲非法課稅，人民無納稅的義務。

四、納稅義務不以本國人爲限：

　　人民的納稅，是普遍的，不以本國人爲限，即使外國人對於所在國亦有依法納稅的義務，非依條約、治外法權、國際慣例或法律，亦不得減輕或免除。

五、稅法上的問題：

　　依憲法第一百零九及第一百一十條規定，省稅及縣稅由省立法及縣立法並執行之，此種省稅及縣稅既爲省立法及縣立法，而非由立法院通過並經總統公布之法律，人民是否有納稅的義務？有的學者謂此一問題，可將來由立法院制定省縣賦稅通則，以爲將來省立法及縣立法的依據。再憲法上雖有納稅，但無「捐」的用語，稅與捐有何區別，在法令上並未規定，惟一般言之，則認爲「稅」係法律上的義務，且係經常性質的

課稅，而「捐」則係行政上的措施，且係臨時性的賦課。今後不論為稅或捐，為經常性或臨時性，均以制定法律為宜。❸

第三項　稅法的一般規定

我國稅法甚多，玆舉所得稅、營業稅、關稅、土地稅法四種，簡述如下：

一、所得稅法：

所得稅分綜合所得稅及營利事業所得稅兩種，凡有中華民國來源所得之個人，應課征綜合所得稅，凡在中華民國境內經營之營利事業，應課征營利事業所得稅。得以免繳所得稅之各種所得，在法律中予以列舉。綜合所得累進稅率及其課稅級距，營利事業所得稅起征額及稅率，均於每年度開始前，經立法程序制定公布之。個人綜合所得稅就個人綜合所得總額減除免稅額、寬減額及扣除額後之綜合所得淨額計征之，免稅額、寬減額及扣除額的項目，亦在法中予以列舉。營利事業所得之計算，以其本年度收入總額減除各項成本、費用、損失及稅捐後之純益額為所得額，對成本、費用、損失等所包括之範圍，在法中亦予以列舉。稽征程序，包括暫繳、結算申報、調查、扣繳、自繳等，亦予以詳細規定。對告發或檢舉納稅義務人或扣繳義務人有匿報、短報或以詐欺及其他不正當行為之逃稅情事，經查明屬實者，對舉發人應予獎勵並保密；對納稅義務人違反各種規定者，亦分別訂定其罰則。

二、營業稅法：

凡在中華民國境內以營利為目的，公營、私營或公私合營事業，均應就其在中華民國境內營業之營業額，征收營業稅；營業稅率依本法分類計征標的表之規定。免征營業稅的項目，及稽征程序（含稅籍登記、

❸　參見管歐著中華民國憲法論，第六十八～六十九頁，三民書局，六十六年八月版。

帳簿憑證、申報及繳納、稽查），均明定於稅法。 凡有違反規定者之處罰，亦於稅法中作明確規定。

三、關稅法：

關稅為對國外進口貨物所課征之進口稅，納稅義務人為收貨人提貨單或貨物持有人。進口貨物之申報，由納稅義務人自貨物進口日起十五日內向海關辦理；課征關稅之進口貨物，其完稅價格以眞正起岸價格外加百分之十五，作為計算依據。海關進口稅則，另經立法程序公布之。關稅之繳納，自海關填發稅款繳納證之日起十四日內為之。對可予免稅之品項及不得進口之違禁品，均在稅法中予以列舉。進口貨物在輸出國受有補助或以低於輸出國內市價或成本而形成傾銷輸出致危害中華民國生產事業者，除依海關進口稅則征收關稅外，得另征適當之平衡稅。違反規定者之罰則，亦於稅法中予以明定。

四、土地稅法：

土地稅法，分地價稅、田賦及土地增值稅。地價稅及田賦之納稅義務人，為土地所有權人，設有典權之土地為典權人，承領土地為承領人，承墾土地為耕作權人；土地增值稅之納稅義務人，如土地為有償移轉者為原所有權人，土地為無償移轉者為取得所有權之人，土地設定典權者為出典人。已規定地價之土地，除依規定課征田賦者外，應課征地價稅，地價稅之基本稅率及超過累進起點地價時之累進稅率，於法中明文規定。土地在農業用地期間征收田賦，田賦征收實物，征收實物標準在法中已有明定。土地增值稅，於土地所有權移轉時，按其土地漲價總數額征收之，土地漲價總額之計算方法，及土地增值稅之稅率，均明定於稅法。同時並在法中規定稽征程序及違法規定時之罰則。

第四節 服兵役義務

服兵役義務的產生有其原因與原則，我國憲法亦有服兵役義務的規定，兵役法對兵役制度有明確的規定。茲分項簡述如後。

第一項 服兵役義務的緣起與原則

服兵役義務，爲一般國家憲法所明定，有其需要與原則。茲分述之：

一、服兵役爲國家求獨立生存發展所必需：

國家欲求有發展，須先求能生存於國際社會，欲求生存於國際社會，則須先求獨立，欲求獨立須先求自保，不爲他國所侵害，而求自保，則非有健全的兵役制度，要求人民服兵役不可。故服兵役多被列爲人民的義務。

二、服兵役亦含有權利的意味：

服兵役亦爲一般國家認爲是一種榮譽，除年齡外並須具有某種條件者始能服兵役，如曾犯有重大刑事罪或曾判處重刑者，或身體不正常者，均不得服兵役。由此可知服兵役亦是一種權利與榮譽，不是人人均得享有。

三、依法律服兵役：

兵役的種類，服兵役人員應行具備之條件及不得具有之條件，役期的長短，人員的召集訓練及任務等，均須以法律訂定。政府的征服兵役須依法，人民的服兵役亦須依法。

四、服兵役爲中華民國人民的義務：

服兵役是捍衞國家，影響國家的存亡關係最爲密切，服兵役之人必

須能忠於國家忠於政府，故服兵役只是本國人民的義務，中華民國的人民有爲中華民國服兵役的義務。外國人居住在中華民國者，自不允許其爲中華民國服兵役，此與外國人在中華民國境內原則上亦須向中華民國政府納稅者不同。

第二項　憲定的服兵役義務

我國憲法第二十條規定「人民有依法律服兵役之義務」。兹分析如下：

一、一般的兵役制度：

兵役制度通常可分四種，即(一)爲征兵制，多數國家行之，採征兵制國家得強迫人民擔服兵役，任何人均不得避免此種義務。(二)爲募兵制，如比利時即採此制，採募兵制時，人民當兵與否，完全自由，國家不得強制，所謂人民有服兵役之義務，亦只是宣言而已。(三)爲民兵制，乃寓兵於農之制度，平時對農民加以軍事訓練，太平時各就農業，發生戰爭時則農民爲兵。(四)兼採征兵與募兵制者，即平常的軍隊採募兵制，遇戰時須擴大軍隊時，對擴大的兵額則採征兵制。我國歷代的兵役制度是以募兵制爲主，民國成立後，則逐漸行征兵制。

二、依法律服兵役：

憲法雖已明定人民有服兵役之義務，但如何服兵役，則必須有賴於兵役法律的規定。我國憲法有關人民權利與義務的規定，共有十六條，其中有「依法律」字樣者，只有「依法律納稅之義務」及「依法律服兵役之義務」兩條，由此可知，我國兵役制度如何建立，建立何種兵役制度，完全有賴於法律的規定了。

三、納稅與服兵役影響人民生活極大：

納稅是人民財產的剝奪，服兵役是對人民勞力的剝奪，影響人民的

生活極爲密切，因此此種義務的來源須在憲法中有根據，而此種義務的遵行，須在法律中有明定，如此才是法治的國家。

第三項　兵役法的一般規定

現行的兵役法，是人民服兵役的最重要法律，茲就該法之所定，分述如下：

一、服兵役義務人及兵役的種類：

中華民國及齡男子，除依法免役（凡身體畸形、殘廢、或有痼疾不堪服役者）或禁役（凡曾判處七年以上有期徒刑者）外，皆有服兵役之義務；男了年滿十八歲之翌年一月一日起役，至屆滿四十五歲之年十二月卅一日除役，但士官軍官之服役、除役，另以法律定之。兵役分爲軍官役、士官役（又各分常備役、預備役）、及士兵役（又分常備兵役、補充兵役、國民兵役）三種。

二、常備兵役：

常備兵是國軍的基幹，國防的第一線，擔任捍衞國家之任務，入營受嚴格的軍事敎育，使武技專精，富有戰鬥經驗，在營服現役期滿退伍還鄉者爲後備軍人，遇戰時或非常事變卽應召入伍。常備兵役又分現役（以男子年滿十九歲之年，經征兵檢查合格，於翌年征集入營者服之，陸軍爲期二年，海空軍爲期三年，期滿退伍），預備役（以現役期滿退伍者服之，至屆滿四十五歲除役時止）。

三、補充兵役：

視國防需要，預備後備力量，任作戰部隊之補充，或依法征召作戰，爲國防第二線的武力。補充兵役，係征集適合服常備兵役之超額男子入營訓練，期滿退伍還鄉爲後備軍人，平時受現役補缺之召集，遇戰時或非常事變，應召補充作戰部隊，或參加作戰。補充兵役又分現役（以適

合常備兵現役之超額男子征集入營者服之，陸軍爲期三個月至六個月，海空軍及特種兵爲期三個月至一年，期滿退伍），及預備役（以現役期滿退役者服之，至屆滿四十五歲除役時止）。

四、國民兵役:

爲國防之第三線武力，各種國民兵各依規定受其應受之軍事訓練，平時編組管理並受規定之召集服役，遇及戰事或非常事變，則應召擔任輔助戰時勤務，必要時參加作戰，或協助維持地方治安擔任地方自衞，或擔任地方防空有關勤務。國民兵役又分初期國民兵役（以男子年滿十八歲者服之，爲期一年，得就所在地施以軍事預備敎育）、甲種國民兵役（以初期國民兵役期滿，適合於常備兵與補充兵現役所需之超額者服之，由縣市政府施一個月至三個月的軍事訓練）、乙種國民兵役（以初期國民兵役期滿，而未服常備兵役、補充兵役或甲種國民兵役者服之，就所在地施以一個月以內之軍事訓練）三種。

五、役齡男子服兵役之緩征:

公立或已立案之私立高級中學及其同等以上學校之未畢業生，或犯嚴重本刑爲有期徒刑以上之刑之罪在追訴中或犯罪處徒刑在執行中者，得予緩征。

六、妨害兵役的處罰:

一切健全的國民達到一定年齡，均須應征入伍，人民無故不履行兵役義務者，得依妨害兵役治罪條例之規定制裁之。

七、女子得依志願服役:

合於兵役年齡之女子，平時得依其志願，施以相當之軍事輔助勤務敎育，戰時得征集服任軍事輔助勤務，其征集及服役另以法律定之。

第五節　受國民教育及其他義務

受國民教育，一般國家均規定爲人民義務之一，自有其需要與原則，我國憲法亦規定受國民教育爲義務之一，依憲法並制定有義務教育法律。再人民所遵守的義務，並不以憲法所定之納稅、服兵役、受國民教育三種爲限。茲分項簡述如後。

第一項　國民義務教育的需要與原則

現代國民受國民義務教育有其需要，推行國民義務教育亦有其原則，茲分析之：

一、受國民教育的需要：

一個國家，爲發展國民之民族精神，自治精神，國民道德，健全人格，及發揚教育文化與提高科學及謀生知能，自非使人民均有受國民教育不可。且在民主國家中，有「文盲就是一種犯罪」的口號，故國民教育不但須強迫實施，且須普遍於全國各地，不可有偏榮偏枯現象，因而一般國家均在憲法中明定國民義務教育的條文。

二、受國民教育義務應由父母來擔負：

國民義務教育的年限，各國雖有七年（如瑞典、挪威、泰國、阿根廷等）、八年（如意大利、法國、比利時、荷蘭、匈牙利、加拿大等）、九年（如澳洲、捷克、瑞士、日本、南非聯邦等）、十年（如英國），及十二年（如美國）等之不同，但大都自六歲時開始，故受國民教育的兒童大都爲未成年者，無負擔法律責任之能力，亦即無從履行其義務，故此種義務應由其父母或其監護人代爲負擔，以履行使其兒童就學之義務。

三、受國民教育亦有權利的性質:

受國民教育固為一種義務，但亦含有權利的性質。前章所述之權利中有受益權一種，而受益權又可分行政上的受益權、司法上的受益權、教育上的受益權及經濟上的受益權，而受國民教育規定有各種優待，自屬教育上的受益權之一種。故憲法上亦有明定為「受國民教育之權利與義務」者。

四、仍須制定法律施行:

受國民教育既具有義務性質，則其施行，自應以制定法律並依據法律實施為宜。如以我國而論，在憲法中雖未列有「依法律」字樣，但仍制定有強迫入學條例、國民學校法、社會教育法及補習學校法等，作為推行國民教育的根據。

第二項　憲定的國民義務教育

我國憲法涉及國民教育之規定，主要有三個條文:

一、受國民教育:

第二十一條規定「人民有受國民教育之權利與義務」。依本條規定，受國民教育固為國民的義務，但同時亦為權利，亦即教育上的受益權。既為義務，故可制定法律，強迫國民入學接受國民教育，如有違反可予以必要的處罰;　因為是權利，故在接受國民教育期間，可享有多種優待，可藉此機會奠定學識基礎，培養健全人格，使今後的發展更為順利與獲得成果。

二、機會均等.

第一百五十九條規定「國民受教育之機會一律平等」。係指國民達到一定年齡而適於受某階段教育者，應有同等之考試機會，同等之入學機會，不因男女、種族、階級之區別，而有所不同。人民之接受國民教

育，不論其爲權利或義務，其機會亦應一律平等，不得因男女、種族、階級之不同而有所差別。

三、受基本教育：

第一百六十條規定「六歲至十二歲之學齡兒童，一律受基本教育」。此亦卽國民義務教育，有強迫性質，凡屬六歲至十二歲的六年期間，一律受義務敎育，以奠定國民基本知識，而後再視能力繼續接受層次較高的敎育，作進一步的培養與發展。惟我國自民國五十七年七月起，已將義務敎育的年限，自憲定的六年延長爲九年，因此凡屬六歲至十五歲之學齡兒童，一律受基本敎育，自國民小學一年級起，至國民中學畢業止，以與一般先進國家的義務敎育年限相當。

第三項　國民義務敎育的一般規定

國民敎育法與強迫入學條例，係實施國民義務敎育之重要法律。茲就其要點簡述如下：

一、國民教育法：

第一條規定「國民敎育依中華民國憲法第一百五十八條之規定，以養成德、智、體、羣、美五育均衡發展之健全國民爲宗旨」。第二條規定「凡六歲至十五歲之國民，應受國民敎育；已逾齡未受國民敎育之國民，應受國民補習敎育；六歲至十五歲國民之強迫入學，另以法律定之」。第三條規定「國民敎育分爲二個階段，前六年爲國民小學敎育；後三年爲國民中學敎育」。第五條規定「國民小學及國民中學學生免納學費；貧苦者，由政府供給書籍，並免繳其他法令規定之費用；國民中學另設獎、助學金，獎助優秀、貧寒學生」。第十六條規定「政府辦理國民敎育所需經費，由直轄市或縣市政府編列預算支應」。

二、強迫入學條例：

第六條規定「適齡國民之父母或監護人，有督促子女或受監護人入學之義務，並配合學校實施家庭教育」。 第九條規定「凡應入學而未入學之適齡國民，學校應報請鄉、鎮、市、區強迫入學委員會派員作家庭訪問，勸告入學，……其父母或監護人經勸告後仍不送入學者，由強迫入學委員會予以書面警告，並限期入學；……仍不遵行者，由鄉鎮市區公所處一百元以下罰鍰並限期入學；如未遵限入學，得繼續處罰至入學為止」。 第十一條規定「依本條例規定所處之罰鍰，逾期不繳者，移送法院強制執行」。 第十二條規定「適齡國民因殘障、疾病、發育不良、性格或行為異常，達到不能入學之程度，經公立醫療機構證明者，得核定暫緩入學，但健康恢復後仍應入學；適齡國民經公立醫療機構鑑定證明，確屬重度智能不足者，得免強迫入學」。

第四項　其他義務

我國憲法對人民權利的規定，係採列舉與概括兩種方式，除自第七條至第十八條列舉權利外，復於第二十二條作概括的規定；而憲法對人民的義務，除在第十九條至第二十一條列舉納稅、服兵役、受國民教育三種義務外，並無概括的條文。然則人民的義務只限於此三種乎？似為值得研究的問題。但一般學者多認為，我國憲法對義務的規定，該三條條文只是例示的方式，不得謂人民只有此三種義務而再無其他的義務，亦即不得謂人民只有對納稅、服兵役、受國民教育的三種服從，而不須再有其他的服從。故一般學者亦認為人民對國家統治權的行使，尚有其他的義務，但究竟尚有一些什麼其他的義務，則各學者看法不盡一致，惟要而言之，下列各種義務係屬現代國家的國民所不可少者：

一、尊重及擁護憲法的義務：

憲法既為國家根本大法，則國民對之自有尊重與擁護的義務。如日

本新憲法第九十九條規定「天皇或攝政、及國務大臣、國會議員、裁判官及其公務員，均負有尊重並擁護本憲法之義務」，日本憲法學者均認為本條中雖未列有國民，但國民旣爲憲法的制定者，自應尊重並擁護憲法。又如我國憲法前言中列有「頒行全國、永矢咸遵」，在法理上，國民自應尊重並擁護憲法。

二、遵守法律：

國家統治權的行使，主要爲透過法律及依據法律所訂的規章及所下達的命令而運行者。亦卽一個國家的主政者，先根據國民的需要與願望，制訂爲政策，再將政策在不違反憲法的原則下，制訂爲法律，及根據法律訂定補充性的規章與命令執行，而一國的國民則服從法律及其規章與命令之所定，如此國家始能生存與發展，國民的需要與願望始能獲得實現。再法律的制定，多係由國民選舉代表所制定，經由國民自己所選舉的代表，根據民意所制定的法律，焉有不遵守之理。故遵守法律爲維護國家與人民的利益所必須者。

三、其 他：

如對國家的忠誠、對社會秩序的維護、義務勞動、擔任某種義務職等，亦爲現代國家的國民，所應有的義務，吾人不可忽視之。

第六節　不履行義務的處罰

憲法旣明定人民有納稅、服兵役及受國民教育的義務，則人民自須依法律納稅、服兵役及受國民教育，是爲義務的履行。但人民應盡的義務事實上並不只限於納稅、服兵役及受國民教育三種，且有時人民也會因故意或過失而不履行義務，此時將受行政上的處罰、或行政上的強制執行、或刑事上的處罰。茲分項簡述如後。

第一項　行政上的行政罰

人民因違反義務而受行政上處罰時，是為行政罰。茲分析之：

一、行政罰的意義：

行政罰，乃國家對於違反行政上作為或不作為義務者所為之處罰。如對於違反財政上納稅者所科處之財政罰，對於違反兵役義務者所科處之軍政罰，對於學齡兒童之父母不遵限令其子女入學者所科處之罰鍰是。

二、行使行政罰的機關：

行政罰之處罰，由行政機關行使之。其有涉及違反民法或刑法者，關於民事及刑事部分，應由法院行使其審判權；如行政事件涉及軍法案件，則由軍法機關審判，而不得由行政機關行使其處罰權。

三、行政罰的罰則：

行政罰的罰則，種類甚多，如申誡、拘留、罰役、罰鍰、停止營業、取締執業、扣留物品、解散組織等均屬之。此種行政罰的罰則，多在各種行政法律中就個別行政事項，分別規定。惟有關拘留、罰役之處罰，依大法官會議釋字第一六六號解釋，應迅改由法院依法定程序為之（參見第四章第四節第四項）。

第二項　行政上的強制執行

人民因違反義務，由行政主體以強制方法使其履行義務時，為行政上的強制執行。茲分析之：

一、強制執行的意義：

依行政法令之規定，人民應作為而不作為，或不應作為而竟作為，則行政主體不得不以強制方法，使其履行義務或實現與已履行有同一狀態者，是行政上的強制執行。如學齡兒童之強迫入學，適齡役男之強迫

入營是。

二、強制執行的規定方式：

通常有下列三種

(一)法律本身特別規定其強制執行者：如違警罰法、建築法、電影檢查法等行政法規，均有明文規定違反行政上義務時，如何予以強制執行之方法，並由主管行政機關直接執行之。

(二)法律規定移送法院強制執行者：如各種稅法、水利法、醫師法等行政法規，均有明文規定違反行政上之義務時，應移送法院執行。

(三)依行政執行法強制執行者：一般行政法律，對強制執行多未特別規定，如行政機關須強制執行時，則適用行政執行法之規定。

三、強制執行的種類：

依行政執行法之規定，行政機關於必要時，得採下列強制處分：

(一)間接強制處分：又分下列二種，即1.代執行，依法令或本於法令之處分，負有行為義務而不為者，得由行政機關或命第三人代執行之，向義務人征收費用。2.罰鍰，有下列情形之一者，該管行政機關得處以罰鍰，即①依法令或本於法令之處分，負有行為義務而不為其行為，非機關或第三人所能代執行者；②依法令或本於法令之處分，負有不行為義務而為之者；至於得處罰鍰之數額，則因各機關地位之高低而異。

又間接強制處分，非以書面限定期間預為告誡，不得為之；但代執行認為有緊急情形者，不在此限。

(二)直接強制處分：用間接強制處分，不能強制其履行義務或認為緊急時，則行直接強制處分。直接強制處分又分下列四種，即1.對於人之管束：非有下列情形之一，不得為之，①瘋狂或酗酒泥醉，非管束不能救護其生命、身體之危險及預防他人生命、身體之危險者；②意圖自殺，非管束不能救護其生命者；③暴行或鬥毆，非管束不能預防其傷害

者；④其他認爲必須救護或有害公安之虞，非管束不能救護或不能預防危害者。 2.對於物之扣留：軍器、凶器及其他危險物，非扣留不能預防危害時，得扣留之。 3.對於物之使用或處分或限制其使用：遇有天災、事變及其他交通上、衞生上或公安上有危害情形，非使用或處分其土地、家產、物品或限制其使用，不能達防護之目的時，得使用或處分或將其使用限制之。 4.對於家宅或其他處所之侵入：對於家宅或其他處所之侵入，非有下列情形之一者，不得爲之，①人民之生命、身體、財產危害迫切，非侵入不能救護者；②賭博或其他妨害風俗或公安之行爲，非侵入不能制止者。

四、強制執行與行政罰之區別：

行政強制，爲促使違反義務者將來實現義務之手段；而行政罰，爲對於違反義務者過去違反義務之制裁。

第三項　刑事上的處罰

人民因違反義務，有時亦會構成刑事犯罪並予刑事上之處罰者。茲分析如下：

一、刑事處罰的意義：

人民不履行其法定義務，而構成刑事犯罪行爲時，國家則依法予以刑事上的處罰，以資制裁。如對於逃避兵役者，均依照妨害兵役治罪條例之規定，科以罪刑。

二、行政罰與刑罰的區別：

主要有下列三點

（一）處罰不同：行政罰的罰則，種類甚多；而刑事的罰則則限於死刑、無期徒刑、有期徒刑、拘役、罰金等，此乃行政刑罰，而非一般行政罰。

　(二)處罰機關不同: 行政罰由行政機關處罰之; 行政刑罰，除涉及軍法案件外, 均由法院適用刑法及刑事訴訟法所規定之程序處罰之, 行政機關不得爲此種行政刑罰之處罰。

　(三)得先後科處或併科: 行政罰與行政刑罰，其性質旣有不同，故兩者可由不同機關先後科處，並得同時併行科處。

第六章 國民大會

　　國父孫中山先生遺教中，論及國民大會之處甚多；我國憲法所定的國民大會有其獨特的性質，特別的組織，及特別的職權；國民大會的集會與一般議事機關不同；再國民大會與總統及五院，均有其法定的關係。茲分節討論之。

第一節　與本章有關的遺教要點

　　政權與治權分開，是國父的創見；建國方略與建國大綱均爲國父手著，對國民大會均有詳盡的闡揚與規定；五五憲草對國民大會的設計，最能符合國父的原意。茲分項簡述如後。

第一項　權能區分

　　國父在民權主義中，講述權能區分時，先是受到當時民權學說的困擾，乃感到有權能區分的需要，再闡明權能區分的內容，並舉出若干實例以證明之，而後說明政權與治權的價值與作用。茲分別引述如下：

一、受當時民權學說的困擾：

　　國父引美國學者的話說「現在講民權的國家，最怕的是得到了一個萬能政府，人民沒有方法去節制他；最好的是得到一個萬能政府，完全歸人民使用，爲人民謀幸福」。國父指出「從前人民對於政府，總是有反抗的態度的緣故……政府毫不能做事。到了政府不能做事，國家雖然是有政府，便和無政府一樣。瑞士學者看出這個流弊，要想挽救，他主張人民要改變對於政府的態度」。

二、引致權能區分的發明：

　　國父說「歐美學者只是想到了人民對於政府的態度，應該要改變，至於怎樣改變的辦法，至今還沒有想出。我們革命，主張實行民權，對於這個問題我想到了一個解決的方法。我的解決方法，是世界上學理中第一次的發明。我想到的方法，就是解決這個問題的一個根本辦法。……這是什麼辦法呢？就是權與能要分開的道理」。

三、權能區分的含義：

　　國父說「現在要分開權與能……根本上還是要從政治上政治的意義來研究；政是衆人之事，集合衆人之事的大力量，便叫做政權，政權就可說是民權；政是衆人之事，集合管理衆人之事的大力量，便叫做治權，治權就可說是政府權」。又說「在我們的計畫中想造成新的國家，是要把國家的政治大權，分開成兩個，一個政權，要把這個大權完全交到人民的手裏，要人民有充分的政權，可以直接去管國事，這個政權就是民權。一個是治權，要把這個大權完全交到政府的機關內，要政府有很大的力量，治理全國事務，這個治權便是政府權」。

四、權能區分的舉例：

　　國父說「阿斗與諸葛亮是權能區分的最好例子，阿斗是君主，無能而有權，諸葛亮是大臣，有能而無權，阿斗知道自己無能，把國家全權託給諸葛亮，要他去治理國事，結果政治清明……現在成立共和政體，

以民爲主，四萬萬人像是阿斗，是有權的，政府是有能的，好像是諸葛亮」。又說「現在有錢的那些人，組織公司，開辦工廠，一定要請一位有本領的人來做總辦，去管理工廠。此總辦是專門家，就是有能的人，股東就是有權的人。工廠內的事，只有總辦能夠講話，股東不過監督總辦而已。現在民國的人民，便是股東，民國的總統便是總辦。我們人民對於政府的態度，應該要把他們當作專門家看。如果有了這種態度，股東便能夠利用總辦，整頓工廠，用很少的成本，出很多的貨物，可以令那個公司發大財」。又說「現在還是用機器來比喻，機器裏頭各部的權和能，是分得很清楚的。那一部是做工，那一部是發動，都有一定的界限。譬如就船上的機器說，現在最大的船，有五六萬噸，運動這樣大船的機器，所發出的力量，有超過十萬匹馬力的機器，只用一個人，便可以完全管理。那一個管理的人，要全船怎麼樣開動，便立刻開動，要全船怎麼樣停止，便立刻停止」。

五、政權與治權的作用：

　　政權包括選舉權、罷免權、創制權、複決權。國父說「選舉權與罷免權這兩個權是管理官吏的。人民有了這兩個權。對政府中的一切官吏，一面可以放出去，又一面可以調回來，來去都可從人民的自由。這好比是新式機器，一推一拉都可以由機器的自動」。又說「國家除了官吏之外，還有什麼東西呢？其次的就是法律。所謂有了治人，還要有治法。人民有什麼權才可以管理法律呢？如果大家看到了一種法律，以爲是很有利於人民的，便要有一種權，自己決定出來，交到政府去執行，關於這種權，叫做創制權，這就是第三個民權。若是大家看到了從前的舊法律，以爲是很不利於人民的，便要有一種權，自己去修改，修改了以後，便要政府執行修正的新法律，廢止從前的舊法律。關於這種權，叫做複決權，這就是第四個民權。人民有了這四個權，才算是充分的民

權」。

關於行政權、立法權、司法權、考試權、監察權，國父說「五權是
屬於政府的權，就他的作用說，就是機器權。一個極大的機器，發生了
極大的馬力，要這個機器所做的工夫，很有成績，便要分成五個做工的
門徑；……政府替人民做事，要有五個權，就是要有五種工作，要分成
五個門徑去做工。……政府有了這樣的能力，有了這樣做工的門徑，才
可以發出無限的威力，才是萬能的政府」。

六、以權能區分解決問題：

國父說「民權就是人民用來直接管理這架大馬力的機器之權，所以
四個民權，就可以說是機器上的四個節制，有了這四個節制，便可以管
理那架機器的動靜。……便不怕政府到了萬能，沒有力量來管理。……
像有這種情形，政府的威力便可以發展，人民的權力亦可以擴充。有了
這種政權和治權，才可以達到美國學者的目的，造成萬能政府，為人民
謀幸福。中國能够實行這種政權和治權，便可以破天荒在地球上造成一
個新世界」。

第二項　五院對國民大會負責

國父在建國方略孫文學說中說「……俟全國平定之後六年，各縣之
已達完全自治者，皆得選舉代表一人，組織國民大會，以制定五權憲法。
以五院制為中央政府，一曰行政院，二曰立法院，三曰司法院，四曰考
試院，五曰監察院。憲法制定後，由各縣人民投票選舉總統，以組織行
政院，選舉代議士以組織立法院，其餘三院院長，由總統得立法院之同
意而委任之，但不對總統、立法院負責，而五院皆對國民大會負責。各
院人員失職，由監察院向國民大會彈劾之，而監察院人員失職，則國民
大會自行彈劾而罷黜之。國民大會職權，專司憲法之修改，及制裁公僕

之失職。國民大會及五院職員，與夫全國大小官吏，其資格皆由考試院定之，此五權憲法也」。

第三項 建國大綱的指示

國父手訂的建國大綱，對國民大會有下列指示：

一、第二十三條：全國有過半數省分達至憲政開始時期，即全省之地方自治完全成立時期，則開國民大會，決定憲法而頒布之。

二、第二十四條：憲法頒布之後，中央統治權則歸於國民大會行使之，即國民大會對於中央政府官員，有選舉權，有罷免權；對於中央法律，有創制權，有複決權。

第四項 五五憲草對國民大會的設計

五五憲草對國民大會的規定，有下列九條：

一、第二十七條：國民大會以下列國民大會代表組織之。(一)每縣市及其同等區域各選出代表一人；但其人口逾三十萬者，每增加五十萬人，增選代表一人。縣市同等區域，以法律定之。(二)蒙古西藏選出代表，其名額以法律定之。(三)僑居國外之國民選出代表，其名額以法律定之。

二、第二十八條：國民代表之選舉，以普通、平等、直接、無記名投票之方法行之。

三、第二十九條：中華民國國民年滿二十歲者，有依法律選舉代表權，年滿二十五歲者，有依法律被選舉代表權。

四、第三十條：國民代表任期六年。國民代表違法或失職時，原選舉區得依法罷免之。

五、第三十一條：國民大會每三年由總統召集一次，會期一月，必

要時得延長一月。國民大會經五分之二以上代表之同意，得自行召集臨時國民大會。總統得召集臨時國民大會。國民大會之開會地點在中央政府所在地。

六、第三十二條：國民大會之職權如下，(一)選舉總統、副總統，立法院院長、副院長，監察院院長、副院長，立法委員，監察委員。(二)罷免總統、副總統，立法、司法、考試、監察各院院長副院長，立法委員，監察委員。(三)創制法律。(四)複決法律。(五)修改憲法。(六)憲法賦予之其他職權。

七、第三十三條：國民代表在會議時所爲之言論及表決，對外不負責任。

八、第三十四條：國民代表除現行犯外，在會期中，非經國民大會許可，不得逮捕或拘禁。

九、第三十五條：國民大會之組織，國民代表之選舉罷免，及國民大會行使職權之程序，以法律定之。

第二節　國民大會的性質

一般國家多無國民大會之名，但亦有類似國民大會之機關者；就我國言，國民大會爲純粹的政權機關，亦是最高的政權機關，國民大會的職權就是行使間接民權。茲分項簡述如後。

第一項　各國行使政權的機關

一般國家行使類似政權的機關，大致有三種不同類型。

一、由國會行使：

以國會行使政權，爲一般國家常採用者，但其中又可分爲兩種，卽

(一)由國會完全行使最高政權者，如英國、日本、土耳其、西班牙等
是；(二)由國會與其他機關共同行使或分別行使最高政權者，如美國總
統副總統的選舉，在正常情況下由總統選舉人選舉；法國第五共和除採
公民總投票外，總統的選舉由國會兩院議員與其他選舉人共同選舉。

二、由特設人民代表機關行使：

即在立法機關以外特設人民代表機關，如比利時的國民大會，及蘇
聯的蘇維埃 (Soviet) 等是，但行之者不多。一八三〇年的比利時國民
大會，集會於布魯塞爾，於一八三一年完成制憲工作，並立列爾波特一
世 (Leopold I) 爲國王，是國民大會一方面爲制憲機關，另方面又爲
最高行使政權機關。蘇聯的蘇維埃，即「代表會」制，在形式上爲一切
權力的來源。蘇聯各級政府均有蘇維埃，各級蘇維埃之上，則有聯邦蘇
維埃，爲最高權力機關。

三、由公民總投票行使：

公民總投票，除用於區域或地方公民自決外，往往用於人民表示對
最高政策的贊否。如拿破崙及路易拿破崙，均曾多次舉行公民總投票，
來決定由共和改爲帝制及修改憲法。又如德國一九三三年的脫離國際聯
盟事件，一九三四年希特勒以內閣總理兼任總統並改稱爲元首事件，均
曾舉行公民投票。再如意大利於一九二九年及一九三四年的議會選舉，
亦曾舉行公民總投票。最近一九五八年及一九六二年，法國第五共和憲
法的制定與修正，均由戴高樂 (General de Gaulle) 向全民宣布交付
人民複決，經獲得多數通過而完成者。凡此種公民總投票，亦可謂爲國
家的最高行使政權機關。

第二項　爲中央政權機關

我國憲法第二十五條規定「國民大會依本憲法之規定，代表全國國

民行使政權」。由於此一規定，可知國民大會是中央政權機關。惟吾人須注意者有：

一、只是中央政權機關而非主權機關：

依憲法第二條，中華民國的主權屬於國民全體；而國民大會代表又係由人民所選舉，又得由原選區人民予以罷免。故國民大會只是代表人民行使政權而已，而主權仍屬於國民全體，並不因國民大會之行使政權而受影響。

二、國民大會是間接行使政權：

以公民總投票來決定政策時，可謂由人民直接行使政權，如由人民選舉代表，再由代表機關來行使政權時，乃屬間接的行使政權。我國國民大會係由人民所選舉的代表所組成，且人民並得罷免之，故雖為行使政權的機關，但並不是直接行使政權，而只是間接行使政權。

三、行使政權範圍不夠完整：

政權有選舉權、罷免權、創制權、複決權四個。依憲法第二十七條之規定，國民大會所行使的選舉權與罷免權，只及於總統及副總統；所行使的創制權與複決權，除得以修改及複決憲法之修正案外，對其他法律的創制與複決，須俟全國有半數之縣市曾經行使創制、複決兩項政權時，始得由國民大會制定辦法並行使之。故政權的行使，範圍既不夠完整，且在時間上亦受着限制。亦正因如此，有的學者謂國民大會是具有政權之名而鮮有政權機關之實；❶有的學者則謂現行憲法中的國民大會，論其性質，已無代表人民行使主權、指揮監督政府的權力，論其組織則龐大複雜，論其職權則徒擁虛名，再加上國民大會常會為六年一次，其與國父所昭示的政權機關，相去甚遠矣。❷

❶ 見林紀東著中華民國憲法析論，第一七五頁，自印，六十七年三月版。

❷ 見陳水逢著中華民國憲法論，第四七五～四七六頁，中央文物供應社，七十一年十月版。

第三項　為最高政權機關

國民大會不但為中央政權機關，且為最高政權機關。

一、從地位上看：

憲法中所定的政權機關，除第二十五條之代表全國國民行使政權的國民大會外，尚有第一百一十二條之省民代表大會，及一百二十二條之縣民代表大會。此三種機關雖均為政權機關，但在地位上顯然是以國民大會為最高。但須注意者，國民大會的地位雖比省民代表大會及縣民代表大會為高，但在組織系統上並無隸屬的關係。換言之，國民大會與省民代表大會及縣民代表大會間，並不發生指揮及命令服從問題，而是分別代表各級民意以行使其政權。

二、從意思表現的效力上看：

國民大會與省民代表大會及縣民代表大會，雖無上級下級的關係，及指揮監督與命令服從的關係，但在意見表現的效力看，顯然國民大會的意見表現的效力，要比省民代表大會的意見表現效力為高，而省民代表大會的意見表現的效力，又要比縣民代表大會的意見表現效力為高。因依憲法第一百二十二條，縣民代表大會制定縣自治法時，須依據省縣自治通則，且自治法內容又不得與省自治法相牴觸；再依憲法第一百一十二條，省民代表大會制定省自治法時，須依據省縣自治通則，而省自治法的內容又不得與憲法相牴觸；省縣自治通則，依憲法第一百〇八條規定係屬中央立法；又依憲法第一百七十一條，法律與憲法牴觸者無效，而憲法之修改權，依憲法第二十七條規定，則屬於國民大會。故從法規的效力體系上言，國民大會意見表現的效力，高於省民代表大會及縣民代表大會意見表現的效力。

第四項 國民大會與國會的比較

一般國家的政權多由國會行使，而我國則由國民大會行使，然則國民大會與國會究竟是否相同？值得研究。

一、大法官會議的解釋：

民國四十六年五月三日第九十六次會議以釋字第七十六號解釋之全文爲「我國憲法依據孫中山先生之遺敎而制定，於國民大會外，並建立五院，與三權分立制度本難比擬。國民大會代表全國國民行使政權，立法院爲國家最高立法機關，監察院爲國家最高監察機關，均由人民直接間接選舉之代表或委員所組成，其分別行使之職權，亦爲民主國家國會之重要職權。雖其職權行使之方式，如每年定期集會，多數開議多數決議等，不盡與民主國家國會相同，但就憲法上之地位及職權之性質而言，實應認國民大會、立法院、監察院共同相當於民主國家之國會」。

二、一般國家國會的職權

大致而言，分析一般國家國會之職權，包括(一)監督與控制中央政府之行政措施；（二）議決法律、預算、決算、條約、宣戰、媾和等案；(三)彈劾官吏，同意任命官吏及審計案；（四）提出憲法修正案與決議修改案；（五）選舉國家元首案。以我國情況而論，上述(一)(二)兩種多屬於立法院，(三)多屬於監察院，(四)(五)兩種則多屬於國民大會；故國民大會與一般國家的國會，同屬政權機關，但其政權的範圍，卻較國會爲小。

第三節 國民大會的組織

依憲法第三十四條規定「國民大會之組織，國民大會代表之選舉罷

免，及國民大會行使職權之程序，以法律定之」。今國民大會由國大代表所組成，並設有主席團及委員會，國民大會秘書處，另尚有憲政研討會的組織。茲分項簡述如後。

第一項　國大代表

國大代表由選舉產生，有其任期，其言論及身分定有保障。茲分析如下：

一、國大代表的產生：

依憲法第二十六條規定「國民大會以左列代表組織之，（一）每縣市及其同等區域各選出代表一人，但其人口逾五十萬者，每增加五十萬人，增選代表一人，縣市同等區域以法律定之。（二）蒙古選出代表，每盟四人，每特別旗一人。（三）西藏選出代表，其名額以法律定之。（四）各民族在邊疆地區選出代表，其名額以法律定之。（五）僑居國外之國民選出代表，其名額以法律定之。（六）職業團體選出代表，其名額以法律定之。（七）婦女團體選出代表，其名額以法律定之」。又憲法第一百三十五條規定「內地生活習慣特殊之國民代表名額及選舉，其辦法以法律定之」。

國大代表應選名額，依憲法第二十六條及一百三十五條規定，及國民大會代表選舉罷免法規定，國大代表由八個大單位選出，而其性質則包括五個方面，即1.區域代表，乃為代表地方人民的意見者，其中縣市地方代表二千一百七十七名，蒙古地方代表五十七名，西藏地方代表四十名；2.少數民族代表，憲法為保障少數民族利益，便於反映少數民族意見，特定其應選名額，其中邊疆代表十七名，西藏民族代表十七名，內地生活習慣特殊民族（指居住各地之回民）十七名；3.職業團體代表四百八十七名；4.婦女團體代表一百六十八名；5.華僑代表六十五名。

以上共計應選名額爲三千零四十五名，事實上並未選足。

二、國大代表候選人之資格：

依國民大會代表選舉罷免法規定，凡中華民國國民，年滿二十三歲，而無下列情事之一者，有被選舉權，即 1. 犯刑法內亂外患罪，經判決確定者；2. 曾服公務有貪汚行爲經判決確定者；3. 褫奪公權尚未復權者；4. 受禁治產之宣告者；5. 有精神病者；6. 吸用鴉片或其他代用品者。

但依動員戡亂時期公職人員選舉罷免法規定，登記爲國民大會代表候選人者，須高級中等以上學校畢業或普通考試以上考試及格或曾任省市議員以上公職一任以上，並經檢覈合格。又具有下列情事之一者，不得登記爲候選人，即 1. 曾因內亂外患行爲犯罪經判決確定者；2. 曾因貪汚行爲犯罪經判決確定者；3. 曾犯第八十七條至第九十一條之罪或刑法第一百四十二條第一百四十四條之罪經判刑確定者；4. 犯前三款以外之罪判處有期徒刑以上之刑確定，尚未執行或執行未畢者，但受緩刑宣告者不在此限；5. 受保安處分宣告確定尚未執行或執行未畢者；6. 受破產宣告確定尚未復權者；7. 依法停止任用或受休職處分尚未期滿者；8. 褫奪公權尚未復權者；9. 受禁治產宣告尚未撤銷者。

由上觀之，在動員戡亂期間，對國民大會代表被選舉權的限制，已較原規定爲嚴。

(一)被選舉權的限制：依憲法第二十八條及國民大會代表選舉罷免法規定，對國大代表的選舉，尚有下列限制，即 1. 現任官吏不得於其任所所在地之選舉區，當選爲國民大會代表；2. 有被選舉權人，不得爲二個以上候選人之登記；3. 選舉機關委員或監督及職員，於其辦理選舉之區域或團體內，不得爲國大代表之候選人。

(二)當選與候補：依國民大會代表選舉罷免法規定，候選人依照法定當選名額，以得票比較多數者依法當選爲國民大會代表，票數相同時

以抽籤定之。依照規定選出法定名額後，其他得票之候選人，按票數多寡依次爲國民大會代表候補人，票數相同時以抽籤定之，每選舉區或單位當選人在二名以下者，候補人名額定爲三名，當選人超過二名者，候補人名額與當選人名額同。

三、國大代表的罷免：

依憲法第一百三十三條規定，及國民大會代表選舉罷免法規定，國民大會代表當選後，原選舉區的選舉人，得依法罷免之。又依動員戡亂時期公職人員選舉罷免法規定，國大代表得由原選舉區選舉人向選舉委員會提出罷免案，但就職未滿一年者，不得罷免；罷免案應附理由書，須有一定人數的提議及一定人數的連署，始得成立；舉行罷免投票前，並應將罷免理由書副本，送交被罷免人，限期提出答辯書。

四、國大代表的任期與出缺的遞補：

(一)國大代表的任期：依憲法第二十八條第一、第二項規定「國民大會代表每六年改選一次。每屆國民大會代表之任期至次屆國民大會開會之日爲止」。故國大代表的任期，原則上爲六年，但當次屆國大代表未選出及開會前，亦得予以延長，直至次屆國大代表開會之日止。此種彈性的規定，有的學者認爲第二項規定有畫蛇添足之嫌；❸亦有學者認爲此乃使前後任代表任期可相互銜接，使憲法所規定的政權行使不至中斷，故有其必要；❹又有學者認爲如此規定，如國家遇到重大事變，而致次屆國大代表未產生前，則本屆代表的任期雖已屆滿六年，亦得繼續行使職權者。❺但動員戡亂時期增額選出之國大代表，仍須每六年改選。

(二)國大代表出缺的遞補：依國民大會代表選舉罷免法規定，國大

---

❸ 見董翔飛著中國憲法與政府，第一三一頁，自印，六十五年五月版。
❹ 見林紀東著中華民國憲法析論，第一八二頁，自印，六十七年三月版。
❺ 見劉慶瑞著中華民國憲法要義，第一二七頁，自印，七十二年二月版；及謝瀛洲著中華民國憲法論，第一二八頁，明昌製版公司，六十五年十月版。

代表於任期內因罷免、死亡、或其他事故出缺時，由候補人依次遞補之，其任期至原任期屆滿之日爲止，惟該項出缺遞補規定，已於七十七年修正廢止。又依第一屆國民大會代表出缺遞補補充條例規定，1.國大代表有下列情形之一者，喪失其代表資格，由候補人依次遞補，卽（1）犯內亂罪外患罪經判決確定者，（2）犯貪汚罪經判決確定者，（3）褫奪公權尚未復權者，（4）受禁治產之宣告者；2.國大代表有下列情形之一者，視爲因故出缺，由候補人依次遞補，卽（1）行踪不明三年以上並於公告期限內未向政府親行聲報者，（2）附匪有據依法通緝有案者，惟該出缺遞補補充條例，亦於七十七年明令廢止。

五、國大代表言論及表決自由的保障：

依憲法第三十二條規定「國民大會代表在會議時所爲之言論及表決，對會外不負責任」。茲分析之：

（一）保障的理由：對國大代表在會議時所爲之言論及表決，給予保障的理由，無非期使代表無所顧忌，暢所欲言，進而盡其職責，以發揮民意代表的功能。

（二）言論及表決自由以在會議時爲限：所謂會議包括大會、各種委員會、及小組會之各種會議。若在會議外，其言論及表決則與會議時行使職權無關，只係代表個人之行爲，自應由其個人負責，憲法不予保障。

（三）所爲之言論及表決應屬職權範圍內者爲限：依法理而論，國大代表在會議時所爲之言論及表決，有屬於行使職權範圍之內者，亦有非屬行使職權之範圍者，憲法所給予的保障應屬於職權範圍內的言論及表決爲限。司法院解字第三七三五號解釋「縣參議員在會議時所爲無關會議事項之不法言論，仍應負責」；大法官會議釋字第一二二號解釋「地方議會議員，在會議時所爲之保障，憲法未設有規定，本院院解字第三

七三五號解釋，　尚不發生違憲問題」；　又大法官會議釋字第一六五號解釋「地方議會議員，在會議時就有關會議事項所爲之言論，應受保障，對外不負責任。但就無關會議事項所爲顯然違法之言論，仍難免責，本院釋字第一二二號解釋，應予補充」。可作參證。

（四）對外不負責任只是不負法律上的刑事及民事責任：如會議時對首長的施政有所詆毀，雖有妨碍名譽的事實，但仍不負刑事上妨害名譽之追訴犯罪責任，及民事上侵權行爲之損害賠償責任。

（五）對外雖不負責任但對內仍負有責任：如對不遵守開會秩序或議會紀律者，議長可以警告或制止其發言，甚或交由紀律委員會懲處；又如政黨黨員，在議會中的言論或表決有違背政黨之決策時，可由黨紀委員會予以黨的制裁；再如在會議中的言論及表決，有違選民之意願時，選舉人得發動罷免之。

六、國大代表的身體自由保障：

依憲法第三十三條規定，國民大會代表，除現行犯外，在會期中，非經國民大會許可，不得逮捕或拘禁。玆分析之：

（一）保障的理由：國大代表如在會期中得以逮捕或拘禁，則因遭受威脅而不能行使其職權，且亦將影響及國民大會之開會與其決議之人數，故國大代表的身體自由須予以特別的保障。

（二）身體自由保障以在會期中爲限：國民大會開會時多定有會期，在會期前或會期後，仍不受特別的保障。

（三）現行犯在會期中仍不予保障：何謂現行犯？依大法官會議釋字第九十號解釋，係指刑事訴訟法第八十八條第二項之現行犯及第三項以現行犯論者而言；遇有刑事訴訟法第八十八條所定情形，不問何人均得逕行逮捕之，不以有偵查權人未曾發覺之犯罪爲限；又犯瀆職罪收受之賄賂，依一般觀察可認爲因犯罪所得，而其持有並顯可疑爲犯罪人者，

亦有上述條款之適用。國大代表如爲現行犯，自得予以逮捕拘禁。

(四)經國民大會許可者，雖在會期中仍得逮捕拘禁。

七、國大代表的兼職限制：

憲法對國大代表並無如立法委員及監察委員之限制兼職的規定，但國大代表能兼任官吏及民意代表，有關機關仍不無疑義，對此司法院大法官會議曾有三項解析：

(一)釋字第七四號解釋，國民大會代表係代表全國國民行使政權，而各省縣議會議員係行使屬於各省縣之立法權，爲貫徹憲法分別設置各級民意機關賦予不同職權之本旨，故國大代表自不得兼任省縣議會議員。

(二)釋字第三十號解釋，國大代表亦不得兼任立監兩院委員。因國民大會享有複決立法院所提之憲法修正案並制定辦法行使創制複決兩權，若立法委員得兼任國大代表，則以一人兼具提案與複決兩種性質不相容的職務，且立法委員既行使立法權，復可參與中央法律之創制複決，亦與憲法第二十五條及第六十二條規定之精神不符，因此國大代表不得兼任立法委員。又依大法官會議釋字第十五號解釋，認爲憲法第一百條及第二十七條，對於總統副總統之彈劾與罷免，係分由不同機關行使，倘監察委員得兼任國大代表，由同一人而行使彈劾權與罷免權，亦與憲法原意相背，故國大代表不得兼任監察委員。

(三)釋字第七五號解釋，除現任官吏不得於其任所所在地之選區當選爲國大代表外，並未限制其不得兼任官吏。但部分學者仍認爲代表國民行使政權之國大代表，而得兼任行使治權之官吏，無異是同一人兼攝政權及治權兩種不同性質之職務，誠有違背國父權能區分之本義。❻

---

❻ 見陳水逢著中華民國憲法論，第四八八頁，中央文物供應社，七十一年十月版。

第二項　主席團及委員會

依國民大會組織法規定，國民大會設主席團及各委員會。茲說明如下:

一、主席團:

由出席代表選出八十五人組織之，國民大會每次開會，由主席團互推一人爲主席。主席團之職權，包括(一)關於議事程序事項; (二)關於國民大會行政事項; (三)擬訂各種委員會之組織法，提請大會決定; (四)議決懲戒代表案，交付紀律委員會審議後提出大會決定; (五)提出秘書處秘書長、副秘書長人選，提請大會決定; (六)訂定秘書處之組織及處務規程; (七)擬訂大會議事規程，提請大會決定。

二、各委員會:

國民大會爲順利推行其任務，乃設置臨時性的各種委員會。依國民大會組織法規定，得設置下列各種委員會，卽1.代表資格審查委員會，其委員人選由主席團提請大會決定，任務爲審查各代表的資格，經審查如認有不合格而應予撤銷代表資格者，應將審查報告送經主席團提請大會決議。2.提案審查委員會，並區分爲八個組，分別審查關於憲法、國防、外交、國民經濟、社會安全、敎育文化、邊疆地區、僑務之提案，代表得自由參加一個組。委員會審查之經過及其結果，應提請大會決議。3.紀律委員會，其委員人選由主席團提請大會決定，任務爲審議代表之懲戒事宜，審議結果應送經主席團提請大會決議。4.必要時，得設特種委員會。

第三項　國民大會秘書處

國民大會秘書處，爲國民大會唯一的常設機構。依國民大會組織法

第十二條規定，國民大會設秘書處，置秘書長一人，副秘書長二人，其人選由主席團提請大會決定之，承主席團之命處理全會事務。又秘書處之組織及處務規程，由主席團訂定之。玆就秘書處之組織簡說如下：

一、組織與職掌：

　　秘書處按事務之需要，分設議事、資料、文書、總務各組，分科辦事，並設公共關係室。其職掌如下，（一）關於議程編擬、會議紀錄、會場事務及關係文書編印事項；（二）關於圖書資料蒐集管理編纂事項；（三）關於文書撰擬、收發、分配、繕印、檔案管理、印信典守事項；（四）關於出納、庶務、管理、醫療及服務事項；（五）關於新聞發佈及聯絡接待事項。秘書處並設人事組及主計組，分科辦事，依法律規定，分別辦理人事、保險、福利、人事查核、保防、歲計、會計、統計等事項。

　　在召開大會期間，增設招待處、警衛處，分組分科，警衛處另設警衛部隊指揮部及勤務隊。秘書處增設新聞組、佈置組，另視實際需要，得設秘書長辦公室、業務檢查室。

二、主要職稱：

　　秘書處除秘書長及副秘書長外，另設處長、副處長、秘書、專門委員、組長、副組長、主任、副主任、編審、編輯、科長、專員、科員、速記員、書記等。大會期間工作人員，除原有編制外，以向有關機關調用為原則。

第四項　憲政研討會

　　與國民大會關係極為密切的機關，為國民大會憲政研討委員會，簡稱憲政研討會。該會係依動員戡亂時期臨時條款規定，成立於民國五十五年七月一日，其目的在加強有關憲政問題的研討。依該組織綱要規定，

其情形如下：

一、組織與職掌：

　　憲政研討會由第一屆國民大會全體代表所組成，置主任委員一人，由總統兼任，副主任委員一人及常務委員十五人，其人選由總統遴聘之。置秘書長一人，由國民大會秘書長兼任之。爲研究憲政有關問題，分設十三個研究委員會，卽第一研究委員會，研討有關憲法、憲政及不屬其他研究委員會事宜；第二研究委員會，研討有關內政事宜；第三研究委員會，研討有關外交事宜；第四研究委員會，研討有關國防事宜；第五研究委員會，研討有關財政、經濟事宜；第六研究委員會，研討有關教育、文化事宜；第七研究委員會，研討有關交通事宜；第八研究委員會，研討有關邊疆事宜；第九研究委員會，研討有關僑務事宜；第十、第十一研究委員會，研討有關憲政事宜（設臺中市）；第十二研究委員會，研討有關憲政事宜（設臺南市）；第十三研究委員會，研討有關司法事宜。

　　每一國大代表，以參加一委員會爲限，如參加人數不滿二十人者，不設研究委員會。海外代表及因交通關係，不便出席研究委員會者，採用通訊研究辦法。各研究委員會並設召集人，其人數視參加委員數而定，但最多以七人爲限。

二、開　會：

　　憲政研討會各委員會之研究進度，以一年爲計畫階段，研討結論須簽報主任委員核可後，印發全體委員並分送政府有關機關。憲政研討會每三個月舉行綜合會議，研討各研究委員會研討結論，以常務委員與第一屆國民大會本次會議主席團及各研究委員會召集人組成之，並由主任委員召集之。憲政研討會，每年十二月間舉行全體會議一次，由主任委員召集並主持之，會期一日至三日，除聽取一年來工作報告外，並討論

綜合會議提出的重要研討結論及各委員會的臨時動議。

第四節　國民大會的職權

國民大會的職權,概括言之, 為代表全國國民行使政權, 具體言之, 則為依憲法第二十七條規定「國民大會之職權如下, (一)選舉總統副總統; (二)罷免總統副總統; (三) 修改憲法; (四) 複決立法院所提之憲法修正案; 關於創制複決兩權, 除前項第三第四兩款規定外, 俟全國有半數之縣市曾經行使創制複決兩項政權時, 由國民大會制定辦法並行使之」。 由此可知, 國民大會之主要職權為總統副總統的選舉與罷免, 憲法的修正, 創制複決兩權的行使。除上述外尚有若干其他的職權, 再現行憲法所定職權比五五憲草所定者為小, 其職權之所以減弱乃有其原因。玆分項簡述如後。

第一項　總統副總統的選舉與罷免

總統副總統選舉罷免法,乃辦理總統副總統選舉及罷免的程序規定。其要點如下:

一、總統副總統的選舉:

每屆國民大會, 應於前屆總統副總統任滿前六十日, 舉行總統副總統之選舉, 但首屆總統副總統之選舉日期, 由國民大會定之。總統副總統之選舉, 應分別舉行, 先選舉總統, 再選舉副總統, 其當選證書應由國民大會主席團分別致送。一般言之, 我國總統副總統選舉係屬間接選舉, 亦即由人民選出之國大代表來選舉總統副總統, 頗與美國之總統副總統選舉相似, 即先由人民選出總統選舉人, 而後再由總統選舉人選舉總統副總統; 但仍有其不相同之處, 如美國總統選舉人會乃一臨時性的

集合，且按預定時間分別在各州首府投票選出總統副總統，選舉竣事即自行解散，而我國民大會的選舉總統與副總統則與之不同。但亦有學者論爲，美國的總統副總統選舉，形式上雖爲間接選舉，事實上仍爲直接選舉，因只要選舉人一經選出，即知總統爲誰屬；我國國民大會代表的選舉中，國民大會的多數黨，即爲總統之所歸屬，國民大會的選舉總統副總統，亦不過爲法定的一種程序罷了。❼

二、總統副總統的罷免：

　　總統副總統既由國民大會所選舉，則亦惟有國民大會始得行使其罷免權，但國民大會亦只能爲罷免與否的決議，而不得爲其他的懲戒處分。對總統副總統的罷免，有兩種途徑：

　　(一)由國民大會代表提出罷免聲請書：依總統副總統選舉罷免法規定，國大代表對總統副總統之罷免聲請書，應敍述理由，並須有國大代表總額六分之一以上之代表簽名蓋章，方得提出。罷免案之表決，用無記名投票法以代表總額半數之贊成票通過之，但對就任未滿十二個月之總統副總統，不得聲請罷免；又罷免案若被否決，則對同一任之總統副總統，原申請人不得爲罷免之聲請。

　　(二)由監察院彈劾：依憲法第一百條規定「監察院對於總統副總統之彈劾案，須有全體監察委員四分之一以上之提議，全體監察委員過半數之審查及決議，向國民大會提出之」。國民大會對監察院所提彈劾案，依憲法第卅條之規定，應召集臨時會，並由立法院院長通告召集，就總統副總統之罷免與否而爲決議。依總統副總統選舉罷免法規定，其決議以出席國大代表三分之二同意行之。由此可知，監察院對於總統副總統，僅有彈劾權而無罷免權，彈劾案縱然提出，其罷免與否仍取決於國民大會。

❼　參見羅志淵著中國憲法與政府，第四五九～四六〇頁，國立編譯館，六十六年十一月版。

第二項　修改憲法

依憲法第一七四條規定「憲法之修改，應依下列程序之一爲之，(一)由國民大會代表總額五分之一之提議，三分之二之出席，及出席代表四分之三之決議，得修改之；(二)由立法院立法委員四分之一之提議，四分之三之出席，及出席委員四分之三之決議，擬定憲法修正案，提請國民大會復決；此項憲法修正案應於國民大會開會前半年公告之」。故國民大會對憲法的修改有下列兩種途徑：

一、由國大代表提出修改：

依上述憲法規定，由國民大會代表提出修改者，至少須有代表總額二分之一的贊同（即 $2/3 \times 3/4 = 6/12 = 1/2$），始能成立。

二、複決由立法院提出之修正案：

立法院所提出之憲法修正案，已具憲法條文的形式，祇須由國民大會復決而已。惟於此須注意者，一爲國民大會對憲法修正案的復決，其出席人數與議決人數均未規定，在解釋上自應適用憲法第一七四條的規定，以昭愼重；二爲國民大會行使立法院所提憲法修正案之復決權時，只能爲反對或贊成之表決，而無權加以修改或變更，此乃所以稱爲復決，而非如國大代表提案修改憲法時所用之議決。

又立法院對憲法修正案，須於國民大會召開前半年公告之，其目的無非欲使全國人民，皆知修正案的內容，具有充分時間研究修正案之是否允當，而反應於所選出之國大代表，爲贊成或反對之復決。

第三項　創制復決兩權的行使

憲法第二十七條，雖有創制復決兩權的規定，但有極大的限制，亦即須「俟全國有半數之縣市曾經行使創制復決兩項政權時，始得由國民

大會制定辦法並行使之」。對國民大會應否行使創制複決權，各方意見不盡一致；又國民大會如依憲法第二十七條所定，則行使創制複決兩權將遙遙無期，因而又有依據臨時條款規定，作國民大會創制複決兩權行使辦法的訂定。茲分述如下：

一、認爲國民大會行使法律的創制權與複決權爲不甚合理者：

其理由爲（一）立法委員、國大代表，都出自民選，但立法委員不得兼任官吏，純爲民意代表，而國大代表則無不得兼任官吏的限制，這可說不是純民意代表，以非純民意代表而複決民意代表制定的法律，豈稱合理？（二）立法委員任期三年，國大代表任期六年，到第四年時，國民大會所代表者爲三年以前的民意，而立法院所代表者爲最近的民意，代表最近民意機關所制定的法律，可由代表過去民意機關複決之，於理欠妥。（三）國民大會與立法院乃爲兩個獨立機關，各行其是，但在現制下，政府是對立法院負責，政府所需要而經立法院通過的法律，國民大會得複決之，政府所不需要的法律，國民大會卻可創制之，則政府對立法院負責之義，根本發生動搖，而政府在立法院及國民大會各行其是的場合下，將不知如何肆應。❽

二、認爲國民大會可行使創制複決權者：

憲法既規定國民大會代表全國國民行使政權，則自應包括創制複決兩權在內；且認爲憲法所定行使創制複決兩權的限制過嚴，實有提前訂定行使兩權辦法的必要。乃於四十九年三月國民大會第三次會議修訂臨時條款，於其第四條規定「國民大會創制複決兩權之行使，於國民大會第三次會議閉幕後，研擬辦法，連同有關修改憲法各案，由總統召集國民大會臨時會討論之」。嗣後在不修改憲法的前提下，爲了適應動員戡亂時期的需要，國民大會將對中央法律行使創制複決權，乃有修訂臨時

❽　參見羅志淵著中國憲法與政府，第四六二頁，國立編譯館，六十六年十一月版。

條款，確立法源的必要。嗣於五十五年一月發佈召集令，召開國民大會臨時會，修訂臨時條款，規定「動員戡亂時期國民大會得制定辦法，創制中央法律原則與複決中央法律，不受憲法第二十七條第二項之限制」，並在該臨時會中通過「國民大會創制複決兩權行使辦法」。因而多年來部分國大代表夢寐以求的創制複決兩權的行使，總算有了憲法上的依據，該辦法並由總統於五十五年八月八日正式公布（惟未定施行日期）。

三、創制複決兩權行使辦法的主要內容：包括

(一)總則與附則：包括1.依動員戡亂時期臨時條款第四項（現為第七項）制定本辦法；2.法律與本辦法牴觸者無效；3.國民大會行使創制複決兩權，除修改憲法、複決立法院所提之憲法修正案，憲法另有規定外，依本辦法之規定；4.本辦法之修改，以國民大會代表總額六分之一之提議，五分之三之出席，及五分之三之決議為之；5.本辦法由國民大會制定，咨請總統於六個月內公布之。

(二)創制：包括1.國民大會對中央法律有創制權；2.國民大會創制之立法原則，咨請總統移送立法院，立法院應於同一會期內依據原則，完成立法程序；但內容繁複或有特殊情形者，得延長一會期；立法原則立法院不得變更；3.國民大會創制之立法原則，經完成立法程序後，非經國民大會決議，立法院不得修正或廢止。

(三)複決：包括1.國民大會對於中央法律有複決權；2.國民大會複決成立之法律，經公布生效後，非經國民大會決議，立法院不得修正或廢止；3.經複決修正否決或廢止之法律，立法院不得再制定相同之法律。

(四)行使創制複決的程序：包括1.國民大會代表提出之創制案複決案，須有代表六分之一之簽署；2.所提創制複決案，須具備提案書，並載明案由、理由、內容、簽署人、年月日；3.國民大會討論創制複決

案，非有代表總額二分之一以上之出席，不得開議，非有出席代表二分之一以上之同意，不得決議；決議須經三讀程序，但廢止或否決之法律，得省略第三讀會；4.經國民大會複決成立或廢止之法律，應咨請總統於收到後十日內公布之；經國民大會否決之創制複決事項，在同一會期內不得再行提案。

第四項　其他職權

國民大會職權，除憲法第二十七條規定外，尚有領土變更決議權。依憲法第四條規定，中華民國領土，非經國民大會決議，不得變更。惟於此須注意者，即國民大會對領土變更的決議，究應採修憲的程序，抑只須依國民大會組織法第八條之所定，以出席代表過半數之同意議決之，意見頗不一致。有認爲須依修憲程序者，無非謂變更領土關係重大，憲法對領土的變更既採憲法限制主義，且只修憲的國民大會始有變更之權，則其決議方式自應採修憲程序；有認爲可依一般程序者，無非謂憲法對領土係採概括規定，即使領土有變更亦無須修改憲法，且憲法對領土變更的決議方式亦無特別規定，故可以出席代表過半數之同意議決之。

第五項　國民大會職權削弱的原因

憲法所定的國民大會，如以職權觀點考慮，與國父遺敎及五五憲草相比，則見職權削弱甚多。考其原因爲：

一、受政治協商會之政協修憲原則影響：

政協修憲原則，對國民大會修正爲「全國選民行使四權，名之曰國民大會」，亦即將有形的國民大會改變爲無形的國民大會，嗣由於當時政府的反對，經折衝妥協之結果，雖仍維持了有形的國民大會，但在職

權方面乃予縮小。同時政協修憲原則又將立法院與監察院，由治權機關改變爲兼有濃厚政權性質的機關，立法委員及監察委員，改由人民直接選舉及由省市議會選舉，立法院及監察院旣兼有政權性質的機關，自需向人民負責。因此在遺敎及五五憲草中惟一政權機關的國民大會，政權爲立法院與監察院所共享，因而亦影響了國民大會的性質與地位。

二、國民大會實際上具有總統選舉人集會及修憲大會的意味：

國民大會雖是有四種職權，並得訂定創制複決兩權行使辦法，但實際可常用的職權，則爲選舉總統副總統及修改憲法的兩項職權，比五五憲草所定的職權已大爲減少。因而行政院已改爲對立法院負責，一般官員的糾舉與彈劾亦改由監察院行使。

三、受國民大會本身組織及會期的影響：

國民大會代表人數龐大，由於組織的龐大，對其職權的運用所受的牽制亦多；再加集會間隔期間過長與會期的過短，如原則上爲每六年召集會議一次，每次集會的會期約爲二個月，凡此均會影響及本身職權的運行，除選舉總統副總統及必要時之修改憲法外，其餘職權已不易作有效的運行。

基上所述，難怪學者間對之有所批評，世人苟根據中華民國憲法研究國民大會，見其組織之龐大，當無不爲之驚奇，見其職權之渺小，尤無不爲之憐憫者。❾

第五節　國民大會的集會

國民大會應召集而集會，國民大會的集會分常會及臨時會兩種，茲分項簡述如後。

---

❾　參見謝瀛洲著中華民國憲法論，第一二七頁，明昌製版公司，六十五年十月版。

第一項　國民大會的召集

國民大會，視集會的原因不同，分別由總統及立法院院長召集，在中央政府所在地開會。茲說明如下：

一、由總統召集者：

包括1.依憲法第二十九條規定「國民大會於每屆總統任滿前九十日集會，由總統召集之」。因總統任期為六年，故為每六年召集一次，此種會議通稱為常會。2.依憲法第三十條規定，依立法院之決議提出憲法修正案時，或國民大會代表五分之二以上請求召集時，由總統召集之；此種會議稱為臨時會。

二、由立法院院長通告者：

依憲法第三十條規定，當補選總統副總統時，或依監察院之決議對於總統副總統提出彈劾案時，由立法院院長通告集會。因遇此兩種情形，一為總統副總統缺位，無法召集國民大會，一為總統副總統為受彈劾的當事人，自不便召集國民大會，而立法院院長係由立法委員所選舉，而立法委員又為人民所直接選舉，故由立法院院長通告集會，自比由其他各院院長通告集會者為適當。

三、開會地點：

依憲法第三十一條規定「國民大會之開會地點在中央政府所在地」。因國民大會代表全國國民行使政權，國民大會是全國最高政權機關，其開會地點自應在中央政府所在地。

四、國大代表總額的認定：

第一屆國民大會代表總額依規定為三千零四十五名，依憲法第三十條、第一七四條，及總統副總統選舉罷免法之規定，召集開會或出席會議及表決等，均有一定人數的規定，而此種一定的人數又以國大代表總

額爲計算標準。但自大陸淪陷，國家發生重大變故，一部分代表行動失去自由，不能應召出席會議，其因故出缺者，又多無可遞補，如仍以初定之三千零四十五名爲總額，則國民大會的召集開議與表決均將發生重大困難，因此乃由行政院與國民大會秘書處聲請司法院大法官會議解釋，並於四十九年二月十七日作成釋字第八十五號解釋「憲法所稱國民大會代表總額，在當前情形，應以依法選出，而能應召集會之國民大會代表人數，爲計算標準」。依此解釋，第七次會議能應召集會之代表人數，依國民大會秘書處的公告爲一千零六十四人。

第二項　常會及臨時會

常會及臨時會的集會期間及情況，各有不同。

一、常　會：

常會乃在正常情況下之集會，每六年一次，並於每屆總統任滿前九十日集會。因國民大會之職權，以選舉總統副總統爲主，而總統任期爲六年。憲法明定須於總統任滿前九十日集會者，因總統應於任滿之日解職，如次屆總統尚未選出，或選出後總統副總統均未就職而由行政院院長代行總統職權時，其期限又不得超過三個月，如於任滿前九十日集會以選舉次任總統，當不致有代理情事之發生。至所謂任滿前九十日，依大法官會議釋字第廿一號解釋，應自總統任滿前一日起算，以算足九十日爲準。

二、臨時會：

臨時會乃於常會之外，遇有特殊情況須召集國民大會之集會。依憲法第三十條之規定，召開臨時會之情況共有四種，卽(一)依憲法第四十九條規定應補選總統副總統時；(二)監察院提出總統副總統之彈劾案時；(三)立法院提出憲法之修正案時；(四)國民大會代表五分之二以上請求

召集時。

三、臨時會之職權在常會中亦得行使之：

上述常會與臨時會，似乎各有其職權，因而臨時會之職權是否亦可由常會行使，須有待澄清。對此大法官會議於民國四十二年十二月二十九日曾以釋字第二十九號解釋「國民大會，遇有憲法第三十條列舉情形之一，召集臨時會時，其所行使之職權，仍係國民大會職權之一部分，依憲法第二十九條召集之國民大會，自得行使之」。

第六節　國民大會與總統及五院的關係

總統副總統旣由國民大會所選舉與罷免，故國民大會與總統間關係極爲密切，立法院的修憲案與監察院對總統副總統的彈劾案，須由國民大會決議，故關係亦屬密切，其他行政院、司法院、考試院，亦與國民大會具有某種關係。茲分項簡述如後。

第一項　與總統的關係

依照憲法及有關法規規定，國民大會與總統有下列關係：

一、選舉與罷免關係：

國民大會有選舉及罷免總統副總統之權（憲法第二十七條）。

二、總統對國民大會負責關係：

總統對國民大會負責（憲法第二十七條之精神）。

三、會議召集關係：

國民大會的常會由總統召集，國民大會因複決立法院所提出之憲法修正案，及因國大代表五分之二以上請求召集之臨時會，亦由總統召集之（憲法第二十九、三十條）。

四、創制案移送關係：

國民大會對中央法律所創制之立法原則，咨請總統移送立法院，以完成立法程序（國民大會創制複決兩權行使辦法）。

五、複決案公布關係：

國民大會對經複決成立或廢止之中央法律，應咨請總統於收到後十日內公布之（國民大會創制複決兩權行使辦法）。

第二項　與行政院的關係

依照憲法及有關法律規定，國民大會與行政院有下列關係：

一、籌辦國大代表選舉關係：

國民大會代表的選舉及罷免，由行政院所屬內政部籌辦（國民大會代表選舉法及動員戡亂時期公職人員選舉罷免法）。

二、國大代表出缺遞補關係：

國大代表出缺，由行政院內政部辦理遞補（第一屆國民大會代表出缺遞補條例）。

三、預算決算之編列關係：

國民大會之預算及決算，須送由行政院編入中央政府總預算及總決算（憲法第五十九、六十條）。

第三項　與立法院關係

依據憲法及有關法規規定，國民大會與立法院有下列關係：

一、複決憲法修正案關係：

立法院所提之憲法修正案，由國民大會複決之（憲法第二十七、一百七十四條）。

二、通告召集會議關係：

國民大會因總統副總統均缺位，召集臨時會以補選總統副總統時，及因監察院對總統副總統提出彈劾案，召集臨時會以表決時，均由立法院院長通告集會（憲法第三十條）。

三、根據創制之立法原則完成立法程序關係：

國民大會所創制的立法原則，咨請總統移送立法院據以完成立法程序，其立法原則，立法院不得變更，經完成立法程序後，立法院不得修正或廢止（國民大會創制複決兩權行使辦法）。

四、複決法律關係：

國民大會複決成立之法律，經公布後生效，非經國民大會決議，立法院不得修正或廢止；經複決修正、否決或廢止之法律，立法院不得再制定相同之法律（國民大會創制複決兩權行使辦法）。

第四項　與司法院關係

國民大會與司法院關係，依憲法及有關法律規定爲：

一、解釋法令關係：

國民大會適用憲法及法令發生疑義時，得請司法院解釋憲法及統一解釋法律及命令（憲法第七十八、一百七十一、一百七十三條）。

二、受懲戒關係：

國民大會秘書處人員，因有失職或違法情事，被監察院彈劾者，送由司法院公務員懲戒委員會懲戒（憲法第七十七條）。

第五項　與考試院關係

國民大會與考試院關係，依憲法及有關公務人員法律規定爲：

一、需用人員考試關係：

國民大會秘書處需用人員，可請考試院考選部辦理考試；需進用新

人，可請考試院銓敍部分發（憲法第八十三、八十五、八十六條）。

二、現職人員銓敍關係：

國民大會秘書處人員，其任用資格與俸級，須由考試院銓敍部銓定資格敍定級俸；其考績，須由銓敍部審定；其保險，由銓敍部主管；其退休及亡故人員遺族之撫邮，須由銓敍部核定（憲法第八十三條）。

第六項　與監察院關係

國民大會與監察院關係，依憲法及有關法律規定爲：

一、總統副總統彈劾案之表決關係：

經監察院全體監察委員四分之一以上提議，過半數之審查及決議通過之總統副總統彈劾案，國民大會應召集臨時會議，依法爲罷免與否之表決（憲法第三十、一百條）。

二、受糾舉及彈劾關係：

國民大會秘書處人員，監察院如認有違法或失職情事，得提糾舉案或彈劾案，如涉及刑事，並移送法院辦理（憲法第九十七條）。

三、受財務審計關係：

國民大會之財務，受監察院所屬審計機關之審計（憲法第九十條）。

第七章　總　統

國父遺教中，談及總統之處並不多；凡採總統制國家，對總統的設計有四種不同的類型；總統副總統的選舉有其一定的條件與程序；總統副總統的罷免亦有其條件與程序；總統的職權明定於憲法；總統有其應負的責任；總統設有幕僚機關及所屬機關；總統與五院亦有其一定的關係。茲分節簡述如後。

第一節　與本章有關的遺教要點

國父遺教提及總統之處有三處；五五憲草對總統的設計與現行憲法之規定頗有不同。茲分項簡述如下。

第一項　國父遺教對總統的看法

主要有下列四點：

一、總統應有任期：

國父於民國二年三月十三日在神戶國民黨交通部歡迎會演講中，曾謂「至於政府之組織，有總統制度，有內閣制度之分。內閣制為內閣負

完全責任，內閣若有不善之行爲，人民可以推倒之，另行組織內閣。總統制度爲總統擔負責任，不但有皇帝性質，其權力且在英德諸立憲國帝皇之上；美國所以採取總統制度，此因其政體有聯邦性質，故不得不集權於總統，以謀行政統一。現就中國情形而論，以內閣制度爲佳。……總統制度，因總統有神聖不可侵犯之性質，總統有限定年數（六年或五年），於限期之中，若有不善之行爲，亦不能中途變更」。

二、總統由選舉產生：

國父於民國八年講革命方略與五權憲法時，曾謂「憲法制定以後，由各縣人民投票選舉總統以組織行政院，選舉代議士以組織立法院，其他三院之院長，由總統得立法院之同意而委任之，但不對總統、立法院負責，而五院皆對國民大會負責。各院人員失職，由監察院向國民大會彈劾之；而監察院人員失職，則由國民大會自行彈劾而罷黜之。國民大會職權，專司憲法之修改，及制裁公僕之失職，國民大會及五院職員，與夫全國大小官吏，其資格皆由考試院定之，此五權憲法也」。

三、執行政務的大總統：

國父於民國十年七月對中國國民黨特設辦事處講五權憲法時，曾謂「這個五權憲法不過是上下反一反，去掉君權，把其中所包括的行政、立法、司法三權，提出來做三個獨立的權，來施行政治。在行政人員一方面，另外立一個執行政務的大總統，立法機關就是國會，司法人員就是裁判官，和彈劾與考試兩個機關，同是一樣獨立的」。

四、院長由總統任免督率：

國父於民國十三年四月十二日手著建國大綱第廿一條「憲法未頒佈前，各院長皆歸總統任免而督率之」。

第二項　五五憲草對總統的設計

五五憲草對總統的設計，共計十九條，其內容爲

一、第三十六條：總統爲國家元首，對外代表中華民國。

二、第三十七條：總統統率全國陸海空軍。

三、第三十八條：總統依法公布法律，發布命令，並須經關係院院長副署。

四、第三十九條：總統依法律行使宣戰、媾和及締結條約之權。

五、第四十條：總統依法宣布戒嚴解嚴。

六、第四十一條：總統依法行使大赦、特赦、減刑、復權之權。

七、第四十二條：總統依法任免文武官員。

八、第四十三條：總統依法授與榮典。

九、第四十四條：國家遇有緊急事變，或國家經濟上有重大變故，須爲急速處分時，總統得經行政會議之議決，發布緊急命令，爲必要之處置；但應於發布命令後三個月內，提交立法院追認。

十、第四十五條：總統得召集五院院長會商關於二院以上事項及總統諮詢事項。

十一、第四十六條：總統對國民大會負其責任。

十二、第四十七條：中華民國國民年滿四十歲者，得被選爲總統副總統。

十三、第四十八條：總統副總統之選舉以法律定之。

十四、第四十九條：總統副總統之任期均爲六年，連選得連任一次。

十五、第五十條：總統應於就職日宣誓，誓詞爲「余正心誠意向國民宣誓，余必遵守憲法，盡忠職務，增進人民福利，保衛國家，無負國民付託，如違誓言，願受國法嚴厲制裁，謹誓」。

十六、第五十一條： 總統缺位時， 由副總統繼其任， 總統因故不能視事時， 由副總統代行其職權， 總統副總統均不能視事時， 由行政院院長代行其職權。

十七、第五十二條： 總統於任滿之日解職， 如屆期次任總統尚未選出， 或選出後總統副總統均未能就職時， 由行政院院長代行總統職權。

十八、第五十三條： 行政院院長代行總統職權時， 其期限不得逾六個月。

十九、第五十四條： 總統除犯內亂或外患罪外， 非經罷免或解職， 不受刑事上之訴究。

第二節　　各國總統的類型

一般而言， 各國的總統多有其一般特質； 但如再加分析， 則各國的總統依其職權及其與行政及國會的關係之不同， 可區分為三種類型。 茲分項簡述如後。

第一項　　總統制的一般特質

總統制創始於美國， 自後各國多有倣效， 故實施總統制國家頗多。 總統制的一般特質如下：

一、總統為國家元首對外代表國家：

總統制的國家， 均以總統為國家的元首， 因其為國家元首， 故對外則代表國家， 凡一般國家元首所享有的特權， 大致上總統亦享有之。 至其實有的行政權的大小， 則各國情形不盡一致。

二、總統由選舉產生：

總統係由選舉產生， 但有者由人民選舉， 有者由人民所選出之代表

或議員選舉。

三、行政權與立法權原則上爲旣不結合又不對抗:

　　因總統及國會均由選舉產生，故多各別對人民負責，是以國務員原則上不由國會議員兼任，亦多不出席國會，不直接參與立法。法律由國會制定，但總統認有必要時，得移請覆議。國會對行政部門多無不信任投票的規定，行政部門對國會亦多無解散之權，但自第二次世界大戰後，爲加強總統與國會職權，亦有規定在某種情況可解散國會，及某種情況下可提出不信任者。

四、行政權的行使方式多採首長制:

　　卽行政機關的職權多集中於總統一身，或交由總統所任命的內閣行使。但內閣總理的任命，多須經國會的同意，總統的命令可自行下達，但亦有對某種命令的下達，須由內閣副署者。

第二項　行政權優越的總統

　　此可以美國總統爲例。美國總統之所以擁有大權，其主要原因係基於美國聯邦憲法的規定。茲就其重要者說明如下:

一、總統由選舉產生:

　　憲法第二條規定，總統由人民選舉產生，不對國會負責，而只是對人民負責。但人民又無法舉行罷免權，而只能由衆議院提出彈劾，由參議院審判，美國之總統受審時，以最高法院院長爲主席。因此美國總統在任期內，除亡故者外，其職務極爲穩固。

二、總統綜攬行政權:

　　憲法第二條第一項規定「行政權屬於美國總統，總統之任期爲四年……總統與副總統，應依左列程序選舉之。……」。美國行政部門的組織極爲龐大，隸屬總統的各部會處局等行政機關，均屬總統的幕僚機構

性質，卽使有類似內閣的組織或會議，但其決議只能供總統參考，而不能拘束總統的行爲。國家一切政策，均由總統個人決定與執行，事前旣不須徵求國會的同意，事後國會亦不能以政策問題強迫總統的去職。

三、總統綜攬軍事權：

憲法第二條第二項規定「總統爲陸海空軍統帥，並於各州民團被徵至聯邦服務時統率各州民團……」。雖然實地指揮軍事行動者爲參謀首長，但參謀首長仍受總統的節制，故軍事行動的決策權，仍爲總統所有。

四、總統有締結條約及任免官員權：

憲法第二條第二項規定「總統經參議院之勸告及同意，並得該院出席議員三分之二贊成時，有締結條約之權。總統應提名大使、公使、領事、最高法院法官及美國政府其他官吏，經參議院之勸告及同意任命之……」。故對政務性職務及法官之任用，總統有提名權，對中下級官員之任用，則由法律授予總統、法官或各部長官任命之。對外條約的締結，固須經參議院的同意，但總統事實上多以「行政協定」的名義，與外國作外交上的訂定，一方面可不須參議院的同意，一方面又可達到與締結條約同樣的外交上的目的。

五、總統有向國會提報國情咨文之權：

憲法第二條第三項規定「總統應隨時向國會報告美國國務情形，並以本人所認爲必要而妥當之政策咨送國會，以備審議……」。此種政策性的咨文，總統可運用黨政關係，透過同黨的議員，在國會中提案，如獲通過，總統的政策卽可實現。故美國總統雖無向國會提出法律案之權，但透過黨政關係的運用，仍可使政策轉變爲法律，並依法執行。

六、總統對法案等有否決權：

憲法第一條第七項規定「凡衆議院或參議院所通過之法案，應於成

爲法律前，咨送總統。總統如批准該法案，應卽簽署之，否則應附同異議書，送提出該項法案之議院……如經覆議後，該院議員有三分之二人數同意通過該項法案，應卽將該法案及異議書送交其他一院，該院亦應加以覆議，如經該院議員三分之二人數之認可時，該項法案卽成爲法律……。凡必須經參議院及衆議院同意之命令或決議或表決，應咨送總統。該項命令或決議或表決於發生效力前，應經總統批准，如總統不批准，應依照與法案有關之規則與限制，由參議院及衆議院議員三分之二人數再通過之」。由此可知，美國國會雖有制定法律及同意之權，但總統只要有國會中掌握到三分之一以上議員的支持，則不會受到國會的任何牽制。美國式總統，中南美洲國家多仿傚之。爲期建立強有力的領導中心的國家，亦多採美國式的總統，如菲律賓、韓國等，均屬其例。

第三項　行政權與立法權相當的總統

此可以法國及德國的總統爲例，但如仔細分析，則法國總統的權力，又略勝於德國總統。

法國第五共和憲法，對總統的設計甚爲特殊，賦予總統的權力甚大，但仍比美國總統權力爲小。其特點爲：

一、總統之選舉及任期：

憲法第六條規定「總統任期爲七年，其選舉應普遍直接，由議員、省議會議員、海外領土議會議員、及鄉（市）議會選出之代表所組織之選舉團選舉之……」。

二、任免內閣總理：

憲法第八條規定「共和國總統任命內閣總理，並依內閣總理提出辭呈，免其職務；總統依內閣總理之提請，任免其他閣員」。

三、主持國務會議：

憲法第九條規定「共和國總統主持國務會議」。

四、要求國會覆議法律:

憲法第十條規定「共和國總統,應於國會最後通過之法律,送達政府後十五日內公布之;在公布期間,總統得要求國會覆議該項法律,或其中某項條文,國會不得拒絕之」。

五、將法律提付人民複決:

憲法第十一條規定「……共和國總統,得將有關公權組織、聯邦協議之認可,或國際條約之批准等法案……,可影響政府職權之行使者,提交人民投票複決之;人民複決贊成該法案時,共和國總統,應於前條所規定期間內公布之」。

六、解散國民議會:

憲法第十二條規定「共和國總統,諮詢內閣總理及國會兩院議長後,得宣布解散國民議會」。

七、有限度的副署:

憲法第十九條規定「共和國總統之行為,須經內閣總理之副署,有必要時,尚須經有關部部長之副署,但有關本憲法第八條第一項(即內閣總理的任免)、第十一條(即提交人民投票複決法案)、第十二條(即解散國民議會)、第十六條(即所需要的緊急措施)、第十八條(即與兩院往來所用之咨文)、第五十四條(即外交條約或協定之請求憲法委員會審核)、第五十六條(即任命憲法委員會委員)、及第六十一條(即組織法在未公布前之送請憲法委員會審核)之規定,不在此限」。

法國舊日政黨林立,內閣無多數黨為其後盾,權力甚弱,而議會則甚為囂張,致內閣變動頻繁,政局動盪不安。為振衰起敝,乃加強總統權力,降低內閣之責任,議會勢力減少,總統不須對議會負責,乃有設計此種方式的總統。

德意志聯邦共和國基本法 (卽西德基本法)，對總統的設計與法國又不盡相同，大致而言，其權力又稍遜於法國總統，其特點如下：

一、總統的選擧與任期：

基本法第五十四條規定，聯邦總統由聯邦大會不經討論選擧之；聯邦大會由聯邦議會議員與各邦議會，依比例代表原則選出之同數代表組織之；聯邦總統之任期爲五年，連選得連任一次。

二、提名及任命聯邦內閣總理：

基本法第六十三條規定「聯邦內閣總理經聯邦總統提名，由聯邦議會不經討論選擧之；凡得聯邦議會議員過半數票者爲當選，聯邦總統應任命其人爲聯邦內閣總理；聯邦總統提名之候選人不能當選時，聯邦議會得於投票後十四日內以議員過半數以上，選擧聯邦內閣總理，聯邦總統應於選擧後七日內任命之……」。 基本法第六十四條規定「聯邦內閣閣員，經聯邦內閣總理提名，由聯邦總統任免之」。

三、任免法官及官員：

基本法第六十條規定「聯邦總統，除法律另有規定外，任免聯邦法官及聯邦官員；聯邦總統以聯邦名義，在個別場合行使赦免權」。

四、有條件的副署：

基本法第五十八條規定「聯邦總統之命令及處分，須經聯邦內閣總理或主管部部長之副署，始爲有效；此規定不適用於聯邦內閣總理之任免，聯邦議會之解散，及聯邦總統向聯邦總理應繼續執行其職務至其繼任人任命時爲止之要求」。

五、聯邦議會不信任內閣總理之處理：

基本法第六十七條規定「聯邦議會得對聯邦內閣總理不信任，惟須預先以其議員過半數選出繼任內閣總理，要求聯邦總統免去現任內閣總理，聯邦總統應依此要求，任命被選人爲新總理；再此種提議與選擧之

間，須隔有四十八小時」。

六、解散聯邦議會:

基本法第六十八條規定「聯邦內閣總理要求信任之提議，若不能得到聯邦議會議員過半數之同意時，聯邦總統得依聯邦內閣總理之請求，於廿一日內解散聯邦議會；但聯邦議會若以議員過半數選出另一聯邦內閣總理，此解散權卽時消滅；提議與表決之間，必須隔有四十八小時」。

七、總統故意違法之告發免職及停職:

基本法第六十一條規定「聯邦議會或聯邦參議院，得因聯邦總統故意違反基本法或其他聯邦法律，向聯邦憲法法院告發；告發之提議，至少須經聯邦議會議員四分之一，或聯邦參議院票數四分之一之同意，告發案之決議，須經聯邦議會議員三分之二或聯邦參議院票數三分之二多數爲之。聯邦憲法法院，若認總統有故意違反基本法或其他聯邦法律時，得宣告其免職；告發提起後，聯邦憲法法院得依假處分，決定總統之停職」。

八、總統職權之代爲行使:

基本法第五十七條規定「聯邦總統因故不能視事或於任期未滿前缺位，其職權由聯邦參議院議長行使之」。

九、官員之出席議會:

基本法第四十三條規定「聯邦議會及其委員會，得要求聯邦政府任何官員出席；聯邦政府官員及其受任人，得出席聯邦議會及其委員會之一切會議，並隨時有陳述之權利」。

第四項　立法權優越的總統

瑞士式的總統，總統權力最小，依瑞士共和國憲法規定，主要僅擔任聯邦行政委員會之主席而已。其特點如下：

一、聯邦行政委員會:

憲法第九十五條規定「聯邦之最高執行及指揮機關，爲聯邦行政委員會，由委員七人組織之」。

二、行政委員會委員之產生:

憲法第九十六條規定「聯邦行政委員會之委員，由兩院聯席會議選舉之；凡瑞士公民具有被選爲國民議會議員之資格者，卽可當選，任期爲四年」。

三、行政委員會委員不得兼職:

憲法第九十七條規定「聯邦行政委員會委員，在任期內，不得承受聯邦政府或各州之任何其他職務」。

四、總統爲行政委員會主席:

憲法第九十八條規定「聯邦行政委員會，以聯邦總統爲主席，並另設副主席一人；聯邦總統及聯邦行政委員會之副主席，由聯邦會議於聯邦行政委員中選舉之，任期爲一年；原任總統不得連任總統，同一委員不得連續二年擔任副主席」。

五、行政委員得出席聯邦會議:

憲法第一百零一條規定「聯邦行政委員，在聯邦會議之兩院中有發言權，對兩院所討論之事項，有建議權」。

六、行政委員會職權之行使:

憲法第一百零三條規定「聯邦行政委員會之事務，分配於各部，由各委員分任之；但其決定仍須以聯邦行政委員會名義行之」。

由上可知，瑞士聯邦之最高行政機關，採會議制，總統僅擁有虛名，聯邦行政委員會對於議會兩院之決議，有遵從之義務，並無提請覆議之權，自更無解散議會之權。聯邦行政委員會以會議制行使職權，事無巨細均須開會決定，在永久中立、政務簡單的小國瑞士，自可適用，

對政情複雜之國家，自難以仿傚。

第三節　總統副總統的選舉與罷免

依我國憲法規定，總統副總統經由國民大會選舉而產生，總統副總統定有任期與保障，總統副總統的罷免權亦屬國民大會，總統副總統缺位的繼任與不能視事的代理，在憲法中亦有明定。玆分項簡述如後。

第一項　總統副總統的選舉

依憲法第二十七條規定，選舉總統副總統，為國民大會之職權。再依憲法第四十五條規定「中華民國國民年滿四十歲者得被選為總統副總統」。憲法第四十六條又規定「總統副總統之選舉以法律定之」。玆就上述規定及總統副總統選舉罷免法之所定，對總統副總統的選舉人、候選人的資格，總統副總統的選舉程序，簡說如下：

一、選舉機關與選舉人：

總統副總統，由國民大會選舉之，選舉人為國民大會代表。

二、總統副總統候選人資格：

須(一)具有中華民國國籍；(二)年滿四十歲以上；除此之外別無限制。按候選人國籍限制各國皆然，至於年齡限制，則各國不一，有定為卅五歲以上者（如美國），有定為五十歲者（如意大利），我國則歷次憲法及草案均定為四十歲。

三、選舉時期：

每屆國民大會應於前屆總統、副總統任滿前六十日，舉行總統、副總統之選舉，亦即國民大會集會後之三十日，為選舉總統、副總統之時期。又總統、副總統之選舉，應分別舉行，先選舉總統，再選舉副總

統。

四、選舉程序: 大致如下

(一)連署提名: 國民大會代表一百人以上,得於大會已決定期間內,連署提出總統、副總統候選人,但每一代表僅得連署提名一次。

(二)圈選: 國民大會代表應就選舉票上所列之各候選人,以無記名投票法圈選一名爲總統,以得代表總額過半數之票數者爲當選。但如無人得代表總額之過半數票數時,就得票比較多數之首三名重行投票,圈選一名; 如無人當選時, 舉行第三次投票, 圈選一名; 如仍無法當選時, 就第三次得票比較多數之首二名,圈選一名,以得票較多數者爲當選, 票數相同時, 重行圈選一名, 以得較多票數者爲當選。

如候選人僅有二名,第一次投票,無人得代表總額過半數之票數時,就該二名重行投票, 圈選一名, 以得較多票數者爲當選; 票數相同時,重行圈選, 以得較多票數者爲當選。

如候選人僅有一名,第一次投票,未得代表總額過半數之票數時,重行投票, 以得出席代表過半數之票數爲當選,如所得票數不足出席代表過半數時, 重行投票。

五、副總統之選舉:

有關副總統選舉之選舉程序, 與總統之選舉程序同。

六、就　任:

當選之總統、副總統, 於現任總統、副總統任滿之日就任; 首屆總統、副總統於當選後二十日內就任。依憲法第四十八條規定, 總統就職時宣誓之誓詞爲「余謹以至誠, 向全國人民宣誓, 余必遵守憲法, 盡忠職務, 增進人民福利, 保衞國家, 無負國民付託。如違誓言, 願受國家嚴厲制裁, 謹誓」。

第二項 總統副總統的任期與地位

總統副總統就任後定有任期，有其法定地位。玆說明如下：

一、總統副總統的任期：

依憲法第四十七條規定「總統副總統之任期為六年，連選得連任一次」。總統及副總統之定有任期，為各國通例，但任期之長短則不一致，如最短者為一年（瑞士），有定為二年者（如賴比利亞），有定為三年者（如來多尼亞），有定為四年者（如美國、土耳其、菲律賓），有定為五年者（如秘魯、德國），有定為六年者（如智利、芬蘭），有定為七年者（如法國）。至於連任的規定，各國情況亦不相同，如有規定不得連任者（如巴西、墨西哥、韓國一九八一年憲法），有規定不得於下屆連任者（如瑞士、西班牙）；有規定可連任且不限次數者（如土耳其），有規定只得連任一次者（如古巴）。

二、總統的地位：

憲法第三十五條規定「總統為國家元首，對外代表中華民國」。此乃表示總統在國家中所處之崇高地位。從法律觀點言，國家為一公法人，乃具有人格者，為權利義務的主體，惟法人須藉自然人以代表其意思與活動，故國家有設置元首之必要，在民主制度下，多以總統為國家元首，代表國家。

總統對外既係代表中華民國，則在國際間以國家資格所發生之權利義務關係或禮節關係，均須以總統之名義，以表達國家之意思，如派遣駐外使節，接受外國使節，與外國簽訂條約，或參加國際間之重大慶典及禮節之往返等，均須以總統名義代表國家行之。

總統不僅對外代表中華民國，對內亦是以總統名義而統治，如法律須以總統名義公布，某種最高權力亦惟總統始能行使。我國政制係以五

院行使五種治權，五院之上設有國家元首總統，總統雖未總攬國家之治權，但其地位自在五院之上，而非構成五院的本身。惟依現行組織體制，總統對立法、監察兩院並無隸屬關係，總統與此兩院的行文，係用平行式之咨文（參照公文程式條例第二條），因該兩院院長係由立監委員中互選產生，但此並不影響總統地位之崇高。

第三項　總統的責任與保障

總統雖地位崇高，但仍須負政治責任與法律責任,惟總統地位特殊，故亦給予特別的保障。茲簡說如下:

一、政治責任:

依憲法第三十七條規定「總統依法公布法律、發布命令，須經行政院院長之副署，或行政院院長及有關部會首長之副署」，既有副署的規定，則政治責任原應由副署者負責。但依憲法第二十七條，國民大會有罷免總統副總統之規定，故總統對國民大會仍負有政治責任，亦即對全國人民負有政治責任；此於總統就職時之誓詞「向全國人民宣誓」，「無負國民付託」，可資佐證。

二、法律責任:

總統所負的法律責任，可分民事責任及刑事責任兩種。以民事責任言，總統仍保有人民身分，其與人民間因個人私法上行為所發生之民事責任，應適用民事訴訟法之規定，與一般人民並無二致。此亦為各國的通例，亦為民主政治「法律之前人人平等」精神的表現。至刑事責任，一般國家對總統只於觸犯危害國家安全之罪時，始依刑事訴訟法之規定訴追，其餘一般的刑責，於總統在職期間，多不予追究。故總統在職期間的刑事責任，與一般人民有所不同。

三、特別保障:

憲法第五十二條規定「總統除犯內亂或外患罪外，非經罷免或解職，不受刑事上之訴究」。此亦稱爲特權庇護。誠以總統是國家元首，爲便於其行使職權及使國家政局安定，其任期內所犯之一般罪，自應不予訴究，以示保障；但如觸犯者爲內亂罪或外患罪時，勢必危害及國家的安全，自不應因其爲總統亦不予追究。再對一般刑事罪之不予訴究，亦以總統在職期間爲限，如總統職務已被罷免或解職，則已與一般人民身分無異，此時對一般刑事罪，自應予以訴究。

第四項　總統副總統的彈劾與罷免

依憲法第二十七條規定，國民大會有罷免總統副總統之權；憲法第三十條規定，依監察院決議對總統副總統提出彈劾案時，國民大會應召集臨時會，作罷免與否之議決。至罷免的程序，則另由總統副總統選舉罷免法定之。茲簡說如下：

一、因國民大會主動罷免：

其程序大致爲(一)由國民大會代表總額六分之一以上代表提出罷免聲請書；(二)立法院院長接到罷免申請書後，於一個月內召開國民大會臨時會；(三)由國民大會代表用無記名投票法，表決罷免案，以代表總額過半數之贊成票通過之。

惟對總統副總統的罷免，係一嚴重事件，在政治上會發生重大影響，故必須鄭重爲之，換言之應有所限制。依現行規定，其限制除提議之人數已如上述外，尙有(一)國民大會代表對就任未滿十二個月之總統副總統，不得提議罷免；(二)聲請罷免案若被否決，則對同一任之總統副總統，原申請人不得再爲罷免之聲請。

二、由監察院彈劾之罷免：

當監察院向國民大會提出總統副總統彈劾案後，立法院院長應卽召

開國民大會臨時會，並就總統副總統之罷免與否為之決議，並須以出席國民大會代表三分之二之同意行之。在此場合，國民大會並不是罷免機關，而是彈劾審判機關，故其議決程序與由國民大會自提罷免案的決議程序不同。

第五項　缺位的繼任與代行職權

依憲法第四十九條規定「總統缺位時，由副總統繼任，至總統任期屆滿為止；總統副總統均缺位時，由行政院院長代行其職權，並依憲法第三十條之規定，召集國民大會臨時會，補選總統副總統，其任期以補足原任總統未滿之任期為止；總統因故不能視事時，由副總統代行其職權；總統副總統均不能視事時，由行政院長代行其職權」。茲分析如下：

一、總統缺位的繼任：

如憲法中只設有總統而無副總統時，則總統因死亡、辭職，免職或不能執行職務而缺位時，應即重行選舉總統，其任期亦重新起算，如西德與法國情形即屬如此。如憲法設有副總統時，則總統缺位時，多由副總統繼任，此亦乃設置副總統職位的主要作用「備繼位」之一。我國憲法亦作如此規定，惟此所謂缺位，應指病故，辭職或被罷免而言。再因副總統係與總統同屬選出者，故由副總統繼任總統時，其任期應以補足至總統任期屆滿為止，而非重新起算。

二、總統副總統均缺位時的代行職權：

總統缺位自應由副總統繼任，但如副總統亦缺位時，在總統副總統未再選出之前，須有人代理總統的職務，此種情形稱為代行總統職權。依憲法規定，代行總統職權者為行政院院長。但代行職權只是暫時性的措施，因此憲法第五十一條又規定代行總統職權的期間不得超過三個月，

在代行職權期間，並儘速召開國民大會臨時會，補選總統副總統，此種補選選出的總統副總統，因係補選，故其任期仍以補足原任總統未滿之任期爲止。如此每屆總統的任期均爲六年，與國民大會代表每六年改選一次能相互配合。

三、總統因故不能視事時的代行職權：

所謂因故不能視事，係指總統因出國訪問，或政躬違和而不能視事而言，惟是否確已到達不能視事的程度，難作客觀的認定，而須由總統自行裁決。因此，總統職權須否由他人代行，應由總統自己決定，但如認爲須由他人代行時，則須依憲法規定交由副總統代行，而不能交由其他人代行。

四、總統副總統均因故不能視事時的代行職權：

總統因故不能視事須交由副總統代行職權，如副總統亦因故不能視事時，則勢須交由其他人代行其職權，此其他人依憲法規定爲行政院院長。如以行政院院長身分代行總統職權時，依憲法第五十一條規定，其期限仍不得逾三個月。因此種並非總統副總統缺位的代行職權，故不須召開國民大會臨時會，補選總統副總統。

五、次屆總統尚未選出或選出總統副總統均未就職時的代行職權：

依憲法第五十條規定「總統於任滿之日解職，如屆期次任總統尚未選出，或選出後總統副總統均未就職時，由行政院院長代行總統職權」。此種代行職權的情形，與上述者不同，旣非任內缺位，亦非因故不能視事，但其職務須人代行則屬一致。此種代行職權的期間，依憲法第五十一條規定，仍須受不得逾三個月的限制。

第四節　總統的職權

總統職權，在憲法中有明文規定，包括外交權、軍事權、行政權、立法權、司法救濟權、授予榮典權、動員戡亂時期的特權、及其他職權，副總統亦有其任務。從職權觀點看，我國總統的制度，與美國、法國、德國、瑞士均有不同。茲分項簡述如後。

第一項　外　交　權

依憲法第三十五條規定「總統爲國家元首，對外代表中華民國」。又第三十八條規定「總統依本憲法之規定，行使締結條約及宣戰媾和之權」。茲分析如下：

一、代表權：

因總統對外代表中華民國，故依國際通例，凡屬國際間禮貌上往還者，如國際典禮的參與，慶典的祝賀，外國元首的接待，外國使節的接見，駐外使節的派遣等，均應以總統名義行之。

二、條約締結權：

條約係國與國間的契約，故須以國家名義爲之，總統對外旣代表中華民國，自應以總統名義行之。但條約的訂定，通常對國家均將發生重大影響，與人民的權利義務亦休戚相關，因此在民主國家，對條約的訂定雖以總統名義行之，但多設有限制，如有者均須提請國會批准（如美國、瑞士），有者只須重要條約經國會批准（如法國第四共和憲法所定）。我憲法三十八條所定總統依憲法之規定行使締結條約之權，所謂依憲法卽指依第五十八條條約案須由行政院會議議決，及第六十三條條約案須經立法院議決，始可締結之。

三、宣戰媾和權:

依憲法第三十八條規定，總統有宣戰媾和之權。所謂宣戰，指對他國宣佈戰爭，在國際上當兩國間關係極為緊張，至戰爭已無可避免時，一國元首為表示戰爭狀態的開始，乃宣佈戰爭，希以武力解決兩國間的紛爭。所謂媾和，指交戰國雙方同意終止戰爭狀態，恢復和平。因宣戰與媾和，關係國家的存亡，故其決定權，依各國慣例均由總統行使之。但總統行使宣戰媾和權，通常亦須受若干限制，如有須經議會同意者；有須經議會之立法程序者，如德國威瑪憲法第四十五條規定，宣戰及媾和依立法程序定之；有須經議會之特別程序者，如捷克一九二○年憲法第三十三條規定，宣戰須經國會兩院議員總數五分之三之同意。我國憲法第五十八條及第六十三條規定，宣戰媾和案須由行政院會議議決，且經立法院議決，始可為之。

惟於此須說明者尚有：

(一)美國的規定：依美國憲法第一條第八項規定，國家之宣戰權歸屬於國會。但美國總統為外交的主持人，軍隊亦由總統統率，故總統可造成一種戰爭狀態，迫使國會勢非宣戰不可，故一般學者均謂美國的宣戰權雖屬國會，但開戰權則為總統所有。

(二)在憲法中明定放棄戰爭者：憲法中既明定放棄戰爭，則總統、國會均無宣戰權。因某些國家鑒於戰爭的慘烈，乃儘量避免戰爭，並於憲法中明文規定以示決心，如西班牙一九三一年憲法第八條規定，西班牙放棄戰爭；再如一九三二年意大利憲法第五十四條第二項，日本新憲法第九條，西德基本法第二十六條，緬甸一九四七年憲法第二一一條，韓國一九六○年憲法第六條，菲律賓一九四七年憲法第二條第三項，亦均有放棄或限制戰爭的規定。

第二項 軍 事 權

憲法第三十六條規定「總統統率全國陸海空軍」。第三十九條規定「總統依法宣布戒嚴，但須經立法院之通過或追認；立法院認為必要時，得決議移請總統解嚴」。由此可知，總統具有統率權及戒嚴權。茲分析如下：

一、統率權：

亦稱軍令權，與軍政權有別。前者包括陸海空等兵力的調遣與運用，訓練與勤務供應，各國通例均由總統統率之，有的國家更授予總統以陸海空軍總司令或大元帥者，如美國憲法第二條第二項規定，總統為陸海空軍總司令。而軍政權則包括兵員的征召、預算、物資等，多歸由行政系統管轄，並向議會負責。我國憲法第三十六條所定之統率陸海空軍，即屬軍令權；惟總統統率權，並非必須由總統親自統率，自可授權或委由他人（如參謀總長）行之。而行政院所屬之國防部，則為軍政事務的主管機關，並由行政院向立法院負責。

二、宣布戒嚴權：

戒嚴係國家在戰爭狀態或遇叛亂時，為維持國內治安，於全國或特定地區，施行兵力戒備的行為。因戒嚴的措施嚴重影響及人民的自由與權利，故一般國家均由總統行使，我國亦然。戒嚴宣布後可發生兩種結果，一為在戒嚴時期，戒嚴區域內的行政司法事務得移歸軍事機關接管二為人民的自由權利須受相當限制。總統雖有宣布戒嚴之權，但仍受嚴格的限制，即(一)戒嚴案須經行政院會議之決議，立法院之通過，始得為之；(二)於情形緊迫時，總統雖得經行政院之呈請，逕行宣告戒嚴，但應於一個月內提交立法院追認，如在立法院休會期間，應於復會時提交追認；(三)戒嚴之情況終止時，總統應宣布解嚴，倘總統未宣布解嚴

而立法院認為必要時，亦得決議移請總統解嚴。臺澎地區，曾於三十八、三十九年，被宣布戒嚴，至七十六年七月始由立法院決議移請總統於同月十五日宣告解嚴。但為確保國家安全，維護社會安定，同時制定動員戡亂時期國家安全法，該法第二條明定人民集會結社，不得違反憲法或主張共產主義或主張分裂國土，以資配合。

第三項　立　法　權

依憲法第三十七條規定「總統依法公布法律，發布命令，須經行政院院長之副署，或行政院院長及有關部會首長之副署」。第四十三條規定「國家遇有天然災害、癘疫，或國家財政經濟上有重大變故，須為急速處分時，總統於立法院休會期間，得經行政院會議之決議，依緊急命令法，發佈緊急命令，為必要之處置，但須於發佈命令後一個月內提交立法院追認，如立法院不同意時，該緊急命令立即失效」。又依憲法第五十七條之規定，行政院對立法院之決議，或行政院對於立法院決議之法律案、預算案、條約案，如認為有窒碍難行移請立法院覆議時，應經總統之核可。故在立法權方面，總統有下列三種權力。茲分析如下：

一、公布法律權：

法律經立法院完成立法程序後，尚須經由總統公布始能生效。所謂公布包括兩種意義，一為簽證，由總統依法定手續署名於法律之上，以證明該項法律是依法制定，並證明該法律與立法院所通過者完全一致；二為刊告，即由總統將簽證的法律，刊行於政府公報上；必須俟此兩項手續完成，法律始能生效。惟於此宜注意者：

（一）應經副署：總統雖有公布法律之權，但此項公佈須經行政院院長之副署，或按性質分別並由行政院有關部會首長之副署，如未經副署，仍不能生效。

(二)應於限期內公布：依憲法第七十二條之規定，總統對法律除退回覆議者外，應於收到後十日內公布之。由上觀之，總統對法律的公布，一方面固為總統的權限，同時亦為總統在憲法上的義務。因此元首對法律的公布，倘憲法沒有規定絕對的否決權或停止否決權，或雖有此權而行使無效，或因行使此權的時效已過，應無拒絕公布之權。

二、發佈命令權：

發布命令，是上級對下級發布具有強制力的規章或指令。依中央法規標準法規定，法律得稱為法律、條例、通則，而各機關所發布的命令則稱為規程、規則、細則、辦法、綱要、標準或準則。法律與命令雖均可拘束人民，但依憲法第一百七十二條規定，命令與憲法或法律牴觸者無效（總統依憲法第四十三條所發布之緊急命令不在此限）。故命令較法律為弱，行政機關發布命令，必須根據憲法與法律。至所發布的命令，大致可分下列兩種：

(一)普通命令：又分下列兩種，1.執行命令，乃行政機關於執行法律時，對法律未有明定的細節，得發布命令以補充之，以利法律的執行。但此種執行命令，以執行法律所必須者為限，其精神並須與所執行的法律完全相符，否則即為侵犯立法權。2.委任命令，乃法律對於特定事項，以明文授權行政機關以命令定之，如一般法律的施行細則，多於法律中明定「本法施行細則由××機關定之」，即屬其例。此種委任命令的內容，在範圍上不得逾越所授權的事項，其內容不得與所依據的法律相牴觸。

(二)緊急命令：亦稱代法律的命令，多於國家遇有天然災害或重大變故之時，由國家元首發布與法律有同等效力（甚或超過法律或停止憲法若干條款效力）的命令，以挽救國家災變者。元首之發布緊急命令權，自一八四八年普魯士憲法及一九一九年威瑪憲法加以規定後，新興

國家亦有仿傚者。我國憲法亦於第四十三條予以明定。惟以緊急命令的發布，影響人民自由權利甚大，故須審愼從事。依我國憲法規定，總統發布緊急命令，須符合下列規定，卽 1.發布的原因：須限於國家遇有天然災害、癘疫，或國家財政經濟上有重大變故，否則不得發布； 2.發布的時間：須限於立法院休會期間，如立法院尚在集會期中，則應依法定程序向立法院提出法案，謀求解決； 3.發布的程序：須依緊急命令法，並經行政院會議議決，行政院會議對緊急命令內容不能同意時，應得修正； 4.發布後的處理： 總統於發布緊急命令後， 應於一個月內提交立法院追認，如獲立法院追認，該緊急命令卽變成法律，如立法院不同意時，應卽失效，自失效之日起，機關應卽停止執行，人民亦再無服從義務。由上說明，緊急命令之發佈限制甚多，自憲法實施至今，國家雖遇及多次災害與變故，均未有發布緊急命令。其原因之一爲緊急命令須依緊急命令法辦理發布，而緊急命令法至今尚未制定，故無從發布；其原因之二爲自三十七年四月十八日第一屆國民大會已訂有動員戡亂時期臨時條款，其第一項卽明定賦予總統以緊急處分權，總統行使該緊急處分權時，可不受憲法第三十九條或第四十三條所規定程序之限制。故在此動員戡亂時期，自可不必再行使緊急命令權。

當總統不論發布普通命令或緊急命令，依憲法第三十七條規定，自須經行政院長或行政院長及有關部會首長的副署。

三、覆議核可權：

依憲法第五十七條規定，行政院對立法院之決議或立法院決議之法律案、預算案、條約案，移請立法院覆議時，須先呈請總統核可，此卽爲總統之覆議核可權。惟此應注意者，卽對決議或決議之法案須否移請立法院覆議之主動權，操在行政院，總統只有對行政院呈請時作核可與不核可的決定而已，如行政院未有呈請，則無從行使其核可權。又當行

政院呈請時，總統如予核可，則表示總統支持行政院以牽制立法院；總統如不予核可，則表示總統是支持立法院以牽制行政院；但行政院院長係由總統所提名，而行政院又須對立法院負責，故除非有特殊原因，總統多係對呈請案予以核可。

第四項　任　免　權

依憲法第四十一條規定「總統依法任免文武官員」。總統任免權，亦有將之稱為行政權者。惟此處所稱依法，包括憲法及所依據之法律在內，如部分機關的組織法，有關人事制度的各種法律等，均包括在內。至有關法律所規定之內容，有係對總統任官權之程序加以限制者，有係對官員之任用資格加以限制者，有係對經任用的官員加以保障者。茲分析如下：

一、須經其他機關之同意而任命者：

如憲法第五十五條規定，行政院院長由總統提名，經立法院同意任命之；憲法第七十九條規定，司法院院長、副院長、大法官，由總統提名，經監察院同意任命之；憲法第八十四條規定，考試院院長、副院長、考試委員，由總統提名，經監察院同意任命之；憲法第一百零四條規定，監察院審計長，由總統提名，經立法院同意任命之。此種同意，其目的在防止總統濫用私人，並無政策上是否信任之意。

二、須由其他機關提請者：

如未經提請，則總統不得逕行任命。如憲法第五十六條規定，行政院副院長、各部會首長及不管部會之政務委員，由行政院院長提請總統任命之；及依任用法律之規定，薦任以上及第六職等以上人員，須由主管院呈薦或簡請總統任命之。

三、須經銓敍機關銓定資格：

除政務官之任用不需資格外，事務官之任用，均須其任用資格經銓敍機關審查認爲合於規定後，始得呈薦或簡請總統任命之。

四、須屬組織法規所定編制員額之內：

不論爲政務官或事務員之任用，其職稱及員額須在各該機關組織法規編制之內。如政務官超出組織法定編制，總統不得任命；如事務官超出組織法定編制，則銓敍機關不予銓定資格，自亦無從呈薦或簡請總統任命。

五、對經任用者須予保障不得無故免職：其情形有：

（一）受終身保障者：除符合法定原因外，總統不得予以免職，如憲法第八十一條規定，法官爲終身職，非受刑事或懲戒處分，或禁治產之宣告，不得免職。

（二）法律定有任期者：如依司法院組織法規定，大法官任期爲九年；依考試院組織法規定，考試院院長、副院長及考試委員之任期爲六年；須任期屆滿始行解職。但雖在任期中，如因違法受處分等法定原因（如受撤職之懲戒處分、或受刑之宣告而在執行中），亦應予以免職。否則總統不能予以免職。

（三）對一般事務官的保障：一般事務官的職務，均受有保障，除因考績免職，受懲戒處分撤職及受刑之宣告而在執行中應予以免職外，總統亦不得任意予以免職。

惟於此須注意者，民選官員，如縣市長、鄉鎭長，因其由人民選舉產生，故任免權不屬於總統，而依照選舉罷免法之規定，予以當選或罷免的認證。

第五項　司法救濟權

依憲法第四十條規定]「總統依法行使大赦、特赦、減刑及復權之

權」。此處所稱依法，包括憲法第五十八條及第六十三條的規定，及赦免法之規定等。茲分析如下：

一、赦免的性質：

因時代不同而異，在君主時代，將赦免視為君主對臣民法外施恩的手段，故每於王室有大慶時行之。民主國家則以法治為依據，故赦免亦應依法行之，依法實施赦免並非表示恩惠，而是（一）補救法律的不完備，如法雖難免刑責但情卻應當原宥者，可以赦免補救之；（二）補救法院的錯誤判決，如法官判決錯誤，而與上訴程序又屬不合時，可以赦免救濟之；（三）鼓勵犯人改過自新，如有赦免制度，可使罪犯在監悛悔，以期獲得特赦。由於赦免制度有上述優點，故各國於憲法中多定有赦免的條文。

二、大赦、特赦、減刑、復權之效力：

所謂大赦，依赦免法規定，已受罪刑之宣告者其宣告為無效，未受罪刑之宣告者其追訴權消滅；故大赦係對某時期某種類之全體犯罪，不為刑之執行及追訴，而根本使其犯罪歸於消滅之謂；大赦不僅可行於法院判決確定之後，亦可行於法院判決之前，其效力可使犯罪者的犯罪行為在法律上完全消滅，所以被赦免者不但完全免刑，且得恢復公權，再犯之時也不以累犯論。所謂特赦，依赦免法規定，受罪刑宣告之人免除其刑之執行，其情節特殊者得以其罪刑之宣告為無效；故特赦是對某特定刑事罪犯，在其判決確定後，免除其刑之執行；是以特赦只可行於法院判決確定之後，其效力只免除犯罪者的刑罰，而不消滅其犯罪行為，所以須明令宣告復權後始恢復公權，再犯時視為累犯。所謂減刑，依赦免法規定，受罪刑宣告之人減輕其所宣告之刑；故減刑是對已受罪刑宣告之人減輕其刑。所謂復權，依赦免法規定，受褫奪公權宣告之人回復其所褫奪之公權。

三、大赦、特赦、減刑、復權之行使:

　　總統之行使大赦權,依憲法第五十八條規定,大赦案須提出於行政院會議議決之;依憲法第六十三條規定,大赦案須經立法院之議決;此乃因大赦案適用範圍最廣,所受影響亦最大所致。總統之行使特赦權、減刑權及復權之權,依赦免法規定,得命令行政院轉令主管部為特赦、減刑、復權之審議,在解析上,尚須經司法院的同意,但對全國性之減刑得依大赦程序辦理,此所以立法院曾有中華民國六十年罪犯減刑條例及中華民國六十四年罪犯減刑條例之制定。

第六項　授與榮典權

　　依憲法第四十二條規定「總統依法授與榮典」。故總統亦有授與榮典權,惟須依法行使。茲分析如下:

一、授與榮典的性質:

　　在君主國家,授與榮典常包括授與特權在內,如爵位、封贈為重要榮典之一,凡獲有爵位或封贈者,往往享有為一般人民所沒有的權利,豁免為一般人所有的義務,因此種榮典與民主精神有悖,故現代國家多已廢止。而國家對具有勳勞的人民,常授予勳章、或予以褒揚等方式,授與榮典,以代替君主國家的爵位或封贈。

二、授與勳章:

　　依勳章條例規定,中華民國人民有勳勞於國家社會者得授予勳章,為敦睦邦交得授予勳章於外國人;勳章分采玉大勳章、中山勳章、中正勳章、卿雲勳章、景星勳章;采玉大勳章得特贈外國元首,中山勳章、中正勳章、及一等卿雲勳章與景星勳章,由總統親授之;其餘各等卿雲勳章及星景勳章,發交主管院或遞發該管長官授與之。

三、明令褒揚:

依褒揚條例規定，凡合於德行優異或熱心公益者，得依規定褒揚之；四十七年總統又明令規定受褒揚者應具有之條件。褒揚分匾額及褒章兩種，由內政部審核並擬具褒揚種類，呈請行政院轉呈總統核定後褒揚之。

四、頒給獎章：

依獎章條例規定，公教人員著有功績、勞績、或有特殊優良事蹟者，非公教人員或外國人對國家著有功績或其優異表現者，頒給獎章；獎章分功績獎章、楷模獎章、服務獎章、專業獎章四種；除專業獎章由主管部頒給外，其餘各種獎章均由主管院院長頒給之。此雖非總統所頒發，但亦屬榮典之一，亦可視為是總統授權由各主管院院長及主管部部長頒發者。

第七項　其他職權

我國憲法條文中所規定之總統職權，除上述者外，尚有下列各種職權：

一、召集國民大會常會權：

依憲法第二十九條規定，國民大會於每屆總統任滿前九十日集會，由總統召集之。

二、召集國民大會臨時會權：

依憲法第三十條規定，立法院提出憲法修正案時或國民大會代表五分之二以上請求召集時，由總統召集之。

三、調和院間爭執權：

依憲法第四十四條規定，總統對於院與院間之爭執，除本憲法有規定者外，得召集有關院院長會商解決之。因總統為國家元首，地位崇高，居於五院之上，遇及院與院間發生爭執時，以總統出面召集會商解

決，以謀五權之和諧與運行之暢通。惟於此須注意者，此處之爭執，以屬政策性或政治性的問題爲多，而非法律性的問題，如五院間對憲法或法律的見解不同而爭執，則應依憲法第七十八條規定，請司法院（大法官會議）解析之。

第八項　動員戡亂時期的特權

依現行動員戡亂時期臨時條款規定，總統尙具有下列特權。惟此種特權僅於動員戡亂期間始可行使，一旦動員戡亂宣告終止，則喪失此項特權。除臨時條款的內容，另在第十八章第三節第三項詳予解析外，先將授予總統的特權種類列舉如下：

一、緊急處分權：

依第一條規定「總統在動員戡亂時期，爲避免國家或人民遭遇緊急危難或應付財政經濟上重大變故，得經行政院會議之決議，爲緊急處分，不受憲法第三十九條或第四十三條所規定程序之限制」。又第二條規定「前項緊急處分，立法院得依憲法第五十七條第二款規定之程序變更或廢止之」。是則總統爲避免危難及應付財經重大變故，可依臨時條款規定，爲緊急處分，不須引用受有較多限制的緊急命令之規定，並可爭取時效。

二、設置動員戡亂機構之特權：

機構的設置，依中央法規標準法之規定，原應由立法院以法律定之，但臨時條款第四條規定「動員戡亂時期，本憲政體制，授權總統得設置動員戡亂機構，決定動員戡亂有關大政方針，並處理戰地政務」。是則動員戡亂機構的設置，可不須由立法院制定組織法，而逕由總統以命令行之。總統依此規定，於民國五十六年二月設置動員戡亂時期國家安全會議，在國家安全會議中並設國家建設委員會、國家安全局、國家總動

員委員會、戰地政務委員會、科學發展指導委員會等機構。

三、調整中央政府行政及人事機構之權：

　　臨時條款第五條規定「總統爲適應動員戡亂需要，得調整中央政府之行政機構、人事機構及其組織」。依據此一規定，總統乃於民國五十六年七月廿六日令頒行政院人事行政局組織規程，並於同年十月十六日成立人事行政局。

四、訂定增選及補選中央公職人員之權：

　　依臨時條款第六條規定，動員戡亂時期，總統得訂定辦法充實中央民意代表機構，不受憲法第二十六條、第六十四條、第九十一條之限制。而充實中央民意代表之方法，有增選與補選兩種，而適用之地區爲自由地區及光復地區，因人口增加者辦理增選，因出缺者辦理補選，再增加名額選出之國民大會代表，每六年改選，立法委員每三年改選，監察委員每六年改選。以期中央民意代表機構，可不斷獲得充實，及代表最新的民意。如民國五十八年三月廿七日，總統曾明令公布動員戡亂時期自由地區中央公職人員增選補選辦法，並分別於五十八年十二月辦理立法委員的增選與國大代表的增補選；其後於六十一年、六十四年、（中間停止二年）六十九年、七十二年十二月、七十五年十二月，又分別舉辦中央民意代表的增選。

五、召集國民大會討論創制複決之權：

　　依臨時條款第八條規定，在戡亂時期，總統對創制案或複決案認有必要時，得召集國民大會臨時會討論之。

六、宣告動員戡亂時期終止之權：

　　依臨時條款第十條規定，動員戡亂時期之終止，由總統宣告之。

第九項　副總統的地位與職權

在總統制的國家中，有設副總統者（如美國），有不設副總統者（如法國），我國則仿美制設副總統。副總統的地位、職權，在憲法中規定者甚少，但從設置副總統之用意，可作下列的分析：

一、具有副元首地位：

總統既爲國家的元首，則副總統自應被認爲國家的副元首。

二、副總統的職權：

主要有下列數種：

（一）備代理：依憲法第四十九條規定，總統因故不能視事時，由副總統代行其職權。

（二）備繼位：依憲法同條規定，總統缺位時，由副總統繼任。

（三）代表總統處理事務：如總統指派副總統，代表總統出國答聘（外交權），代表總統主持陸軍軍官學校畢業典禮並致詞（軍令權）等。至代表總統處理事務之多寡及其重要性，則須視總統對副總統的信任程度而定。

三、副總統的兼職：

我國總統，依憲法規定並不兼任行政首長，以保持其地位在五院之上，及以超然立場調解五院間的爭執。但在往年，常有副總統兼行政院長之事例，此爲期行政院的院務能予順利推動或有其作用，但從法理及副總統與行政院長的性質言，實有不宜。其情形爲：

（一）從人選的產生與負責對象言：副總統由國民大會選舉產生，自須對國民大會負責；而行政院長係由總統提名經立法院同意而任命，並對立法院負責。如由副總統兼行政院長，則同時須對國民大會及立法院負責，且國民大會是政權機關，立法院是治權機關，同一人同時向政權及治權機關負責，頗難理解。因此，不是失去國民大會選舉副總統的目

的，就是副總統在國民大會的積極支持下，使行政院長對立法院負責的意義爲之消失。

（二）從違法失職時的處理言：副總統如有違法失職，國民大會可予以罷免，而行政院長的違法失職，則由監察院彈劾而受懲戒，如副總統兼任行政院長遇有違法失職時，在事實上將難以處理，至少將會發生困擾。

故爲維護五權憲法的精神，政權與治權的劃分，及減少可能發生的困擾，副總統仍以不兼任行政院長爲宜。

第十項　我國總統與一般國家總統不同

在本章第二節中，曾舉出一般國家總統的四種類型，即美國式總統、法國式總統、德國式總統、瑞士式總統；如以權力的大小而論，則美國式總統權力最大，瑞士式總統權力最小，法國式及德國式總統居其中。根據本節以上各項所述，我國總統與上述四種類型的總統均有不同。茲就其不同點，簡述如下：

一、國民大會選舉產生：

我國總統係由國民大會選舉產生，雖爲間接選舉，但國民大會爲代表全國人民行使政權的機關，能充分代表民意，與由人民直接選舉者，並無多大區別。

二、地位在五院之上：

我國憲法是五權憲法，由五院行使統治權，而五院中三個院的院長，及兩個院的副院長與大法官及考試委員，均由總統提名，分別經立法院或監察院同意後任命。故總統的地位在五院之上，充分表現出總統爲國家的元首，地位崇高，受人尊敬。

三、對五權的爭執有調和權：

因我國的中央統治權係由五個院分別行使，因此五院對政策性、政治性的問題，見解可能會發生爭執，而此種爭執的解決，可由總統召集有關院院長會商解決之。因總統地位在五院之上，可以超然的立場，謀求院際間的和諧，政務的推行順利。

四、對行政立法兩院均可發生牽制作用：

在三權分立的民主國家，立法權與行政權關係最為密切，對國家的影響力亦最大，誰能牽制行政權或立法權，誰就有權力。我國雖為五權制的國家，但對國家影響力最大者仍為行政權與立法權。當行政權與立法權在政策上或法案上有歧見時，總統則可發生影響力，如總統支持行政權，則行政權將可影響立法權；如總統支持立法權，則立法權將可影響行政權。

五、總統的權力介於四種類型之中間：

一般國家四種類型的總統，法國式德國式總統權力，比美國為小，比瑞士為大。我國總統的權力，就以憲法條文的規定而論，其權力大致與法國總統相當，而比德國式總統權力略大，但與美國式總統相比仍屬遜色。

六、動員戡亂時期總統的權力：

如以總統的現在權力而論，則情形又有不同。因依動員戡亂時期臨時條款規定，在動員戡亂期間賦予總統若干特權，此種特權的賦予使我國總統的權力大為增加，其情況已超過法國式的總統，而逐漸接近於美國式的總統矣。

第五節　總統的幕僚機關及所屬機關

總統為國家元首，並統率全國陸海空軍，具有廣泛的職權，對其職

權的行使，自須有幕僚機關以輔助之，此即為總統府。在總統府之下，又設有若干委員會及國史館、中央研究院。因總統府及其所屬機構，非屬行政機關，無法向立法院提出法律案及預算案（通常由行政院代為提出），亦無提出施政方針及施政報告之責，立法委員亦無質詢之權。此外尚設有國家安全會議，其職權甚為廣大。茲分項簡述如後。

第一項　總統府

總統府置(一)資政若干人，由總統就勳高望重者遴聘之，對國家大計，得向總統提供意見，並備諮詢（此係客卿，並非一般職員）；(二)秘書長一人，承總統之命，綜理總統府一切事務，並指揮監督府內所屬職員；置副秘書長一人，輔助之；(三)參軍長一人，承總統之命，辦理有關軍務事項。

一、內部組織及職掌：

總統府設下列各局處室：即(一)第一局：掌理法令文告之宣達，文書之撰擬保管；印信之典守，會議紀錄等事項；(二)第二局：掌理機要文件之撰擬，機要文件之查簽及轉遞，調查資料之研究等事項；(三)第三局：掌理有關軍事命令之宣達，文件之承轉，及其他有關軍務事項；(四)第四局：掌理各項典禮、閱兵、出巡、授勳、國際禮儀、接待外賓等事項；(五)第五局：掌理印信關防官章之鑄造、勳章獎章獎旗紀念品之製發、法規及公報之編印、職員錄之刊行等事項；(六)第六局：掌理交際、交通、衛生、醫藥及庶務出納等事項；(七)機要室：掌理有關機要電務事項；(八)侍衛室：掌理有關侍衛事項；(九)人事處：掌理人事管理及奉交有關人事之查簽登記等事項；(十)會計處：辦理總統府歲計會計事項；(十一)統計處：辦理總統府統計事項。

二、重要職稱：

除資政、秘書長、副秘書長、參軍長外，並置有秘書、參事、參議、局長、副局長、科長，專員及參軍、參謀、副官等。

第二項　各種委員會及國史館

委員會較重要者有下列三個，另設掌理撰修國史的國史館。

一、國策顧問委員會：

由總統遴聘之國策顧問所組成，國策顧問除辦理總統交議之事項外，對於建國有關事項，得隨時向總統提供意見。

二、戰略顧問委員會：

由總統遴聘之戰略顧問所組成，戰略顧問除辦理總統交議之事項外，對於戰略及有關國防事項，得隨時向總統提供意見。

三、光復大陸設計委員會：

為研究光復大陸之方案而設，置委員若干人，由總統就出席第一屆國民大會第二次會議之國民大會代表，及原任行政院設計委員聘任之，均為無給職。置主任委員一人，主持會務，副主任委員二至三人，襄助會務。

四、國史館：

該館內部，設有史料處、徵校處、總務處、主計室及人事室等單位，並得酌設史料審查委員會。該館置館長一人，綜理館務，置副館長一人輔助之，另設纂修、協修、助修等職稱，分別掌理國史的撰修。

第三項　中央研究院

中央研究院，為國家最高學術研究機構，有其任務，其內部組織有研究機構與管理機構之分。茲簡說如下：

一、任　務：

中央研究的任務爲(一)進行其本身各研究所的科學研究工作；（二）領導、協助、連絡國內其他各研究機構及各大學與獨立學院的科學研究工作。

二、研究機構：

包括下列三種

(一)評議會：由經院士選舉並由總統聘任之評議員及當然評議員、中央研究院院長、總幹事、及直轄各研究所所長組織之，以院長爲評議會議長。其職掌爲：1.決定中央研究院研究學術的方針；2.促進國內學術的合作與互助；3.受中央政府的委託，從事學術的研究；4.受考試院的委託審查關於考試及任用人員的著作或發明事項。

(二)院士會議：院士爲終身名譽職，凡對所專習之學術有特殊著作發明或貢獻，或對所專習之學術之機構領導或主持五年以上成績卓著者，得由院士投票人數五分之四以上同意者，當選爲院士。院士會議每年舉行一次，由中央研究院院長召集之。院士會議之職掌爲1.議定國家學術方針；2.受政府之委託辦理學術設計、調查、審查及研究事項；3.選舉評議員及院士。

(三) 各研究所：依組織法規定，該院可設二十三個研究所，卽數學、天文、物理、化學、地質、動物、植物、氣象、哲學、教育學、中國文學、歷史語言、法律、經濟、社會、醫學、藥物學、體質人類學、工學、心理學、地理、考古學、民族學等研究所或研究室；目前已設者未及此數，且名稱亦不盡相同；各所設所長一人，由院長聘任，綜理所務並指導研究事宜；另設研究員、副研究員、助理究研員、及助理員。

三、管理機構：

主要有下列兩種

(一)院務會議：由院長、總幹事、研究所長、研究室主任，及管理

單位主管組成，以院長爲主席。其職掌爲： 1.審議各項法規； 2.審議工作進行方針； 3.審議圖書儀器設備事項； 4.審議研究人員著作及發明的獎勵事項； 5.審議與國內外學術機關聯絡事項； 6.審議預算及決算； 7.審查研究人員資格； 8.審議院長交議事項。

　　(二)總辦事處： 受院長及總幹事指揮監督，辦理一般行政事宜。

　　(三)人事委員會： 審議有關人事事項，並以總幹事爲主席。

第四項　國家安全會議

　　國家安全會議，係依動員戡亂時期臨時條款之規定而設置，其情況與總統府及其所屬機關不同。再國家安全會議係由總統擔任主席，故並非總統府的所屬機構。除其職權，另在第十八章第三節第三項中敍述外，其組織情形如下：

一、國家安全會議主席：

　　依動員戡亂時期國家安全會議組織綱要規定，總統爲國家安全會議主席，主持會議，總統因事不克主持時，由副總統代理之。

二、會議的組成：

　　國家安全會議，以副總統、總統府秘書長、參軍長、戰略顧問委員會主任、副主任、行政院院長、副院長、國防部長、外交部長、財政部長、經濟部長、參謀總長、國家安全會議秘書長、及總統指定之人員組成之，並出席會議。

三、會議的召開：

　　總統於必要時，得召開國家安全會議。特別會議，除上述組成人員出席外，並得指定立法、司法、考試、監察院院長、國民大會憲政研討會副主任委員、光復大陸設計研究委員會主任委員、國民大會秘書長、行政院有關部會首長及其他有關人員出席會議。

四、會議下設委員會：

國家安全會議，設國家建設研究委員會、國家安全局、科學發展指導委員會等機構，依其性質研究、設計、策劃及執行有關之業務。

五、國家安全會議秘書長與秘書處：

國家安全會議置秘書長承總統之命，依據國家安全會議之決議，處理會議事務，另置副秘書長若干人協助之。

國家安全會議設秘書處，承秘書長之命處理有關事務，及不屬於其他各機構職掌之事項。

六、會議決議之實施：

國家安全會議之決議，經總統核定後，依其性質，交主管機關實施。

第六節 總統與五院的關係

依憲法規定，總統與五院的關係甚為密切，茲按總統與五院之共同關係，總統與行政院關係，總統與立法院關係，及總統與司法、考試、監察院關係，分項簡述如後。至總統與國民大會的關係，在上章已有說明，不再贅述。

第一項 與五院的共同關係

主要有下列三種：

一、任免五院文武官員關係：

五院所屬的文武官員，除憲法及法律另有規定外，須報請總統任免之（憲法第四十一條）。

二、授與榮典關係：

應行授與榮典之人員，除由總統特贈或特授者外，應遞呈由主管院

報請總統核定後，授與或頒給之（憲法第四十二條）。

三、解決院與院間爭執關係：

　總統對於五院間的爭執，除憲法有特別規定者外，得召集五院院長會商解決之（憲法第四十四條）。

第二項　與行政院的關係

　總統與之關係最為密切者為行政院，茲分析如下：

一、提名及接受提請任命關係：

　行政院院長，由總統提名，經立法院同意後，由總統任命之。行政院副院長、各部會首長及不管部之政務委員，由行政院院長提請總統任命之（憲法第五十五、五十六條）。

二、副署關係：

　總統公布法律、發佈命令，須經行政院院長或行政院院長及有關部會首長之副署（憲法第三十七條）。

三、先經行政院會議議決關係：

　總統締結條約、宣戰、媾和、宣布戒嚴、行使大赦、發佈緊急命令、為緊急處分，須經行政院會議議決（憲法第三十八、三十九、四十、四十三、五十八條，臨時條款第一條）。

四、覆議之核可關係：

　行政院對立法院之決議，移請立法院覆議時，須報經總統核可（憲法第五十七條）。

五、接受辭職關係：

　行政院院長對經立法院覆議仍維持原決議，如認為不能接受而辭職時，應向總統提出辭呈（憲法第五十七條）。

六、代行職權關係：

　　總統副總統均缺位時，由行政院院長代行其職權；總統副總統均不能視事時，由行政院院長代行其職權；總統任滿解職，如屆期次任總統尚未選出或選出後總統副總統均未就職時，由行政院院長代行總統職權（憲法第四十九、五十條）。

七、預算決算之編列關係：

　　總統府及所屬機關之預算及決算，須送由行政院編入中央政府總預算及總決算（憲法第五十九、六十條）。

第三項　與立法院的關係

　　總統與立法院間，有下列各種關係。

一、任命同意關係：

　　行政院院長及監察院審計長，由總統提名經立法院同意後，方得任命（憲法第五十五、一百零四條）。

二、法律公布關係：

　　立法院通過之法律，移送總統及行政院，除移請立法院覆議者外，總統應於收到後十日內公布之（憲法第七十二條）。

三、覆議之核可關係：

　　行政院移請立法院覆議之案件，須先報經總統核可（憲法第五十七條）。

四、戒嚴及緊急命令之通過或追認關係：

　　總統依法宣布戒嚴，須經立法院之通過或追認；總統發布緊急命令，須提交立法院追認（憲法第三十九、四十三條）。

五、重要案件之決議關係：

　　總統行使締結條約及宣戰媾和權時，須經立法院之議決；總統行使大赦時，須經立法院之議決（憲法第三十八、四十、六十三條）。

六、召集臨時會關係：

總統得咨請立法院召開臨時會（憲法第六十九條）。

七、創制案之移送關係：

國民大會創制之立法原則，咨請總統移送立法院（國民大會創制複決兩權行使辦法）。

第四項 與司法、考試、監察院的關係

總統與司法、考試、監察三院的關係，雖不若與行政及立法院之密切，但仍有可述者如下：

一、與司法院的關係：

（一）提名與任命關係：司法院院長、副院長、大法官，由總統提名，經監察院同意後，方得任命（憲法第七十九條）。

（二）解釋法令關係：司法院對於總統公布的法律認為牴觸憲法，或發布的命令認為牴觸憲法或法律時，得以解釋宣布為無效（憲法第七十八、一百七十一、一百七十二條）。

（三）受懲戒關係：總統府及所屬機關人員因有失職或違法情事，被監察院彈劾者，送由司法院公務員懲戒委員會懲戒（憲法第七十七條）。

二、與考試院的關係：

（一）提名與任命關係：考試院院長、副院長及考試委員，由總統提名，經監察院同意後，方得任命（憲法第八十四條）。

（二）需用人員考試關係：總統府及所屬機關需用人員，可請考試院考選部辦理考試；需進用新人，可請考試院銓敘部分發（憲法第八十三、八十五、八十六條）。

（三）現職人員銓敘關係：總統府及所屬機關人員，其任用資格與俸級，須由考試院銓敘部銓定資格敘定級俸；其考績，須由銓敘部審定；

其保險，由銓敍部主管；其退休及亡故人員遺族之撫邮，須由銓敍部核定（憲法第八十三條）。

三、與監察院的關係：

(一)任命同意關係：司法、考試兩院院長副院長，及大法官與考試委員的任命，由總統提名經監察院同意後，方得任命（憲法第七十九、八十四條）。

(二)受糾舉及彈劾關係：總統副總統，監察院得提出彈劾；總統府及所屬機關人員，監察院如認爲有失職或違法情事，得提糾舉案或彈劾案，如涉及刑事，應移送法院辦理（憲法第九十七、一百條）。

(三)受財務審計關係：總統府及所屬關機之財務，受監察院所屬審計機關之審計（憲法第九十條）。

第八章　行　　政

國父遺教中對行政權有詳細的說明，一般國家的內閣有其不同的類型，我國憲法中的行政院有其獨特的性質、組織與職權，行政院有其應負的責任，行政院的所屬機關衆多，行政院與其他各院間亦有其一定的關係。茲分節敍述於後。

第一節　與本章有關的遺教要點

國父所提倡的萬能政府與五權分立，係闡明行政權的重點所在，建國大綱中對行政院的使命亦有規定，五五憲草對行政院亦有與目前不盡相同的設計。茲分項簡述如後。

第一項　萬能政府

國父主張要建設一個強有力的政府，並提出強有力政府的組織構想，同時強調要實現專家政治，及提出專家政治的做法。茲簡說如下：

一、建設強有力的政府：

國父在民權主義中說「如果在國家之內所建設的政府，只要他發生

很小的力量，是沒有力的政府，那麼這個政府所做的事業，當然是很小，所成就的功效，當然是很微。若是要他產生很大的力量，是強有力的政府，那麼這個政府所做的事業，當然是很大，所成就的功效，也當然是極大。假設在這個世界上的最大國家之內，建設一個極強有力的政府，那麼這個國家豈不是駕乎各國之上的國家？這個政府豈不是無敵於天下的政府？」。

二、強有力政府的組織：

　　國父在民權主義中又說「用五權憲法所組織的政府，才是完全的政府，才是完全的政府機關。有了這種政府機關，去替人民做工夫，才可以做很好很完全的工夫」。

三、實現專家政治的理想：

　　國父在民權主義中又說「現在歐美人無論做什麼事，都要用專門家。譬如練兵打仗，便要用軍事家。開辦工廠，便要用工程師。對於政治，也知道用專門家。至於現在之所以不能實行用政治專家的原因，就是由於人民的舊習慣還不能改變。但是到了現在的新時代……許多事情一定要靠專門家的」。

四、實現專家政治的方法：

　　國父講五權憲法時曾謂「當議員或官吏的人，必定要有才有德，或者有什麼能幹，才是勝任愉快的……我們又怎樣可以去斷定他們是合格呢？我們中國有個古法，那個古法就是考試」。

第二項　五權分立

　　國父在遺教中，曾對創立五權分立的原因，五權的意義，五權分立的作用，有所闡述；總統蔣公對五權分立政府，亦有所說明。其情形如下：

一、創立五權分立的原因:

　　國父在中國革命史中曾說「歐洲立憲之精義,發於孟德斯鳩,所謂立法、司法、行政,三權分立是矣。歐洲立憲之國莫不行之,然余遊歐美深究其政治法律之得失,如選舉之弊,決不可無以救之。而中國相傳考試之制、糾察之制,實有其精義,足以濟歐美政治法律之窮。故主張以考試糾察二權,與立法司法行政三權並立,合為五權憲法。更採直接民權之制,以現主權在民之實,如是余之民權主義,遂圓滿而無憾」。

二、五權分立的意義:

　　國父在採用五權分立以救三權鼎立之弊中曾謂「三權鼎立,雖有利益,亦有許多弊害,故鄙人於十年前即主張五權分立。何謂五權分立?蓋除立法、司法、行政外,加入彈劾、考試二種是矣。此二種制度,在我國並非新法,古時已有此制,良法美意,實足為近世各國模範。古時彈劾之制,不獨行之官吏,即君上有過,犯顏諫諍,亦不容絲毫假借。設行諸近世,實足以救三權鼎立之弊。至於考試之法,尤為良善」。又在五權憲法中說「中國亦有憲法,一個是君權,一個是考試權,一個是彈劾權」。

三、五權憲法的作用:

　　國父在五權憲法中又說「五權憲法就好像是一部大機器,大家想日行千里路,要坐自動車;想飛上天,就要駕飛機;想潛入海,就要乘潛水艇;如果要想治一個新國家,就不能不有這個新機器的五權憲法。下面第三圖,便是憲法裏頭構造的制度,好像機器裏分配成各部分一樣」。

四、先總統蔣公的補充:

　　先總統蔣公在總理遺教概要中說「總理參考歐美所行的行政、立法、司法三權分立的民主政制,以及中國固有的君權、考試、監察三權分立的利害得失,根據政治制度由簡趨繁的進化趨勢,與分工合作互相制衡

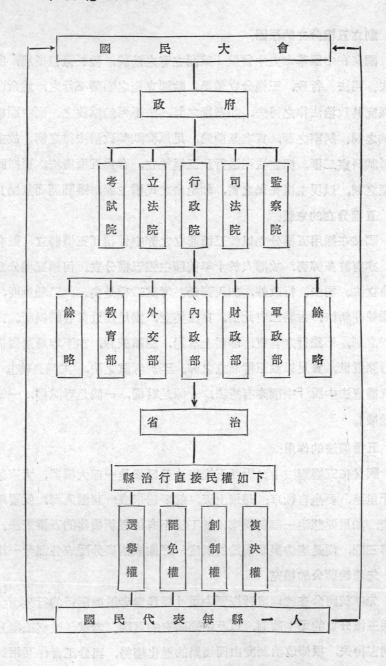

的原理，再參斟現在中國的國情，主張我們要依行政、立法、司法、考試、監察五種治權分立的原則來建設一部新的政治機器，就是一個新政府，來爲全體人民工作，爲整個國家造福。這樣五權分立的政府，就是世界上最新最完善的一部政治機器，卽是最能爲全體民衆造福的萬能的政府」。

第三項　建國大綱的指示

國父手訂的建國大綱，對行政院的規定有下列兩條：

一、第十九條：在憲政開始時期，中央政府當完成設立五院，以試行五權之治。其序列如下，曰行政院、曰立法院、曰司法院、曰考試院、曰監察院。

二、第二十條：行政院暫設如下各部，一、內政部，二、外交部，三、軍政部，四、財政部，五、農礦部，六、工商部，七、敎育部，八、交通部。

第四項　五五憲草對行政院的設計

五五憲草對行政院事權，共定有八條如下：

一、第五十五條：行政院爲中央政府行使行政權之最高機關。

二、第五十六條：行政院設院長副院長各一人，政務委員若干人，由總統任免之。前項政務委員不管部會者，其人數不得超過第五十八條第一項所定管部會者之半數。

三、第五十七條：行政院設各部各委員會，分掌行政職權。

四、第五十八條：行政院各部部長，各委員會委員長，由總統於政務委員中任命之。行政院院長副院長，得兼任前項部長或委員長。

五、第五十九條：行政院院長、副院長、政務委員、各部部長、各

委員會委員長，各對總統負其責任。

六、第六十條：行政院設行政會議，由行政院院長、副院長及政務委員組織之，以行政院院長爲主席。

七、第六十一條：左列事項，應經行政會議議決，（一）提出於立法院之法律案、預算案；（二）提出於立法院之戒嚴案、大赦案；（三）提出於立法院之宣戰案、媾和案、條約案，及其他關於重要國際事項之議案；（四）各部各委員會間共同關係之事項；（五）總統或行政院院長交議之事項；（六）行政院副院長、各政務委員、各部、各委員會提議之事項。

八、第六十二條：行政院之組織，以法律定之。

第二節　各國內閣的類型

各國實施內閣制者甚多，內閣制有其一般的特質，從行政權與立法權大小的比較，各國的內閣，大致可區分爲行政權優越的內閣，行政權與立法權相當的內閣，立法權優越的內閣。茲分項簡述如後。

第一項　內閣制的一般特質

一般國家的內閣制，大致均有下列特質：

一、行政權名義上屬於元首而實質上屬於內閣：

內閣是國家最高決定政策及統率行政的機關，凡由國家元首在名義上所享有的職權，實際上均由內閣執掌，國家的政行機關亦由其指揮監督。內閣是政府的中心，亦常是政府的代表，因此內閣制國家，如君主或總統更動，與政府無關，而內閣更動，則爲政府的改組。

二、行政權與立法權含有結合與對抗關係：

就行政權與立法權的關係言，一方面是兩權的結合，同時又是兩權的對抗。就結合而言，如內閣總理及內閣閣員，原則上由國會議員兼任，內閣得參與國會立法，如提出法案及參加討論等；惟結合的程度，各國情況不盡相同而已。再就對抗而言，國會有不信任投票權，如反對內閣的政策，卽可作不信任的決議，促使內閣的辭職；而內閣則有解散國會之權，如內閣認爲國會的決議不能代表人民的眞意，卽深信人民會贊成自己的政策時，得請求元首解散國會，重行選擧，選擧結果，如內閣勝利，則繼續留任；反之則內閣應予辭職；但此種對抗關係的運用，在各內閣制國家，又不盡相同。

三、內閣旣非純粹首長制亦非純粹合議制：

就內閣本身行使行政權的方式論，內閣是兼採首長制與會議制，有的國家在事實上稱內閣的首領爲首相或總理，但在法律上並不承認其爲首領，有的國家則在憲法上明定有內閣總理，以別於其他的閣員，故內閣是具有首長制特性的組織。但內閣的會議，又是集體行使權力的會議，一切政策及措施，均須經會議的決定，以貫徹內閣的整體性，故內閣又含有合議制的性質。

四、內閣負實際的行政責任：

就行政權行使的責任言，內閣是實際責任的負責者。而表示負責的方法就是副署，亦卽自己表示同意的行爲，故凡經內閣副署的案件，內閣卽須負責。所負的責任，則包括負法律的責任與政治的責任，前者負違犯法律的責任，後者負違反民意的責任，前者情形將會受到國會的彈劾，後者情況將會遭到不信任投票。再所謂負責，又有單獨負責與連帶負責之分，通常閣員對自己所主管事項，不論爲自己或所屬的行爲，應單獨負責，與內閣的其他閣員無關；閣員對內閣所決定的政策，則須負連帶責任，其結果將涉及內閣的整體。惟各內閣制國家，對負責制度的

具體規定，則又有不同。

以上四點，雖爲一般國家內閣制的特質，但因在程度上又各有不同，引致行政權與立法權的消長情況亦各有所別，故產生有不同類型的內閣。

第二項 行政權優越的內閣

英國及日本的內閣，可爲此種類型內閣的代表。玆以英國內閣爲例，簡說如下： ❶

一、國會與內閣權力已有改變：

過去多認爲英國國會有最高權力，國會有制定或廢止一切法律之權，有質詢、彈劾或不信任等控制內閣之權，內閣只是國會的行政委員會，國家一切重要問題須由國會審議，待國會決定後始能執行。但現今由於政黨政治的進步，情況已大有改變，國會議員多爲政黨黨員，而內閣總理則爲多數黨的黨魁，在名義上內閣須服從國會的決議，而事實上內閣總理卻可以黨魁資格，支配同黨議員，因此可操縱國會，使國會服從內閣的主張。從前國會可用立法權以牽制內閣，而現今內閣卻可支配立法權；以前內閣無論在名義及實際上均對議會負責，而現今內閣名義上雖仍是對議會負責，而實際上已是對人民負責。故現今內閣的行政權，已優越於國會的立法權。

二、選舉議員的目的已有不同：

英國昔日選舉議員的目的，在使其組織議會，行使立法權，控制政府的行爲；而現今選舉議員的目的，在使其組織政府，行使行政權兼立法權，以發揮政府的功能。但相反的亦可能發生若干流弊，如議員成爲投票的工具，代議制的議會政治名存實亡，議員在議會中完全以政黨利

---

❶ 參見左潞生著比較憲法，第三二三～三二四頁，國立編譯館，六十九年十月版。

益為前提；再由於立法專門化的結果，內閣兼行行政權與立法權，有背專業分工的原則。

三、內閣的組成：

英國內閣由首相一人及閣員若干人組織之，閣員人數無定額，隨事實需要而增減。首相名義上為國王所任命，但事實上國王必須選擇下議院多數黨領袖出任之，而國務員名單則由首相擬定呈請國王任命，國王不得拒絕，國務員中何人可以入閣，即何人可以出席內閣會議，則於國務院成立後由首相決定之。

四、內閣會議：

內閣會議由首相及閣員組織之，以首相為主席，國務員入閣者均參加會議，正常情況下每週舉行會議一兩次，緊急時可每天開會。內閣會議為保持閣員意見的一致與機密，須嚴守閣議的完整與閣議的秘密，其議決以各人意見趨於一致為準。

五、國務院：

為英國行政機關的總稱，現國務院有部會三十餘個，各部會長官在名義上由國王任命，可獨立執行政務，但事實上即以內閣為其統率。國務員約六七十人，有者為部長，有者為政務次長，有者為執政黨下議院的黨務員 (Whips)，有者為王室中的官吏 (如司庫大臣)。國務員均為政務官，隨政黨進退。

六、樞密院：

內閣雖為政府的中心，但法律上並無此機關，內閣對外發佈命令，須以樞密院 (Privy Council) 名義，發布樞密院令，樞密院組織龐大，本為內閣前身，現則只有其名，有委員三百餘人，凡曾任及現任國務員，均由國王任為委員，只要委員三人以上出席即可開會。因樞密院是法律上具有最高地位的行政機關，而國務院是樞密院的核心，而內閣

又是國務院的核心，而首相則爲內閣的首領。

第三項　行政權與立法權相當的內閣

屬於此種類型的內閣，可以現行德國及法國（第五共和）爲例，如詳加分析，德國內閣又略勝於法國內閣。兹就西德內閣，簡說如下：

一、內閣與議會的對抗關係：

依西德基本法第六十七條規定，「聯邦議會得對聯邦內閣總理表示不信任，惟須預先以其議員過半數選出繼任內閣總理，要求聯邦總統免去現任內閣總理，聯邦總統依此請求，任命被選人爲新總理；再此種提議與選舉之間，須隔有四十八小時」。此種規定，對多黨制的國家，頗能防止不信任權的濫用。又同法第六十八條第一項規定，「聯邦內閣總理要求信任之提議，若不能得到聯邦議會議員過半數之同意時，聯邦總統得依聯邦內閣總理之請求，於廿一日內解散聯邦議會，但聯邦議會若以議員過半數選出另一聯邦內閣總理，此解散權則即時消滅……」。再依同法第六十九條第三項規定，「聯邦內閣總理經聯邦總統之要求，聯邦內閣閣員經聯邦內閣總理或聯邦總統之要求，應繼續執行其職務至其繼任人任命時爲止」。此一規定，對西德內閣的穩定性甚有助益。

二、內閣的產生：

依西德基本法第六十三條規定，「聯邦內閣總理經聯邦總統提名，由聯邦議會不經討論選舉之；凡得聯邦議會議員過半數票者爲當選，聯邦總統應任命其人爲聯邦內閣總理；聯邦總統提名之候選人不 能 當 選時，聯邦議會得於投票後十四日內以議員過半數以上，選舉聯邦內閣總理，聯邦總統應於選舉後七日內任命之；被選人若未得半數票，聯邦總統應於七日內，或任命之，或解散聯邦議會」。故西德聯邦議會雖有選舉內閣總理之權，但若無法獲得過半數票，則總統可解散議會，以防止

聯邦議會的專橫。又依同法第六十四條規定，「聯邦內閣閣員，經聯邦內閣總理提名，由聯邦總統任免之」。

三、內閣會議:

內閣會議每週舉行一次，但作用不大，因若干重要問題，往往由內閣總理不經內閣會議而逕行決定。

四、內閣的職權與責任:

依西德基本法第六十五條規定，「聯邦內閣總理決定一般施政方針，並負責任；在此一般方針範圍內，聯邦內閣各個閣員，獨立管理自己專管職務，並負責任；聯邦內閣意見不一致時，由聯邦政府解決之；聯邦內閣總理，依聯邦政府所制定並經聯邦總統認可之處務規程，處理其職務」。由此規定，聯邦總理地位甚爲突出，而使閣員爲其屬僚，各個行政部門爲其附屬機關。

再西德內閣閣員人數，可隨需要而增減，行政部門的各部數亦不固定，部長均由閣員兼任，其中以經濟、內政、財政三部最爲重要。

第四項　立法權優越的內閣

此種類型的內閣，可以法國第三、第四共和的內閣爲例。茲簡述如下：❷

一、內閣受國會控制:

法國第三共和憲法，並無內閣名詞，至第四共和憲法，始有內閣及內閣總理的名詞，正式承認內閣的存在。依憲法規定，總統雖由國會選舉，但不向國會負責，國會爲監督政府，不能不使一個機關代總統向國會負責，因此，總統的任何公文須由國務員副署，而國務員全體則須向

❷　參見左潞生著比較憲法，第二九一，三二七～三二九頁，國立編譯館，六十九年十月版。

國會負責。因此法國第三、第四共和所謂內閣，實指國務員全體，而一切政策則由全體國務員所組成的內閣會議決定，國務總理則爲內閣會議的主席。如內閣不得國會信任，國務員全體或個人卽須辭職。由此觀之，法國第三、第四共和的內閣與英國內閣在形式上甚爲相似，而實際上卻有極大的差別。因法國爲多數黨的國家，通常爲多黨聯合執政，任何一黨不能在國會中獲得過半數的議席，亦卽任何一黨難以單獨組閣，須聯合數黨組織聯合內閣，分掌政權。內閣在政府雖爲行政首長，但在國會只是聯合執政各黨間的聯繫人而已，其他閣員多爲各友黨的重要分子，政見未必相同。故法國當時內閣，在名義上須尊重國會，而事實上則受國會的控制。

二、內閣的產生與更迭的頻繁：

如法國第四共和憲法第四十五條規定，「總統在每屆國會第一次開會時，或國會任期中遇到國務總理死亡、辭職或其他原因出缺時，提出國務總理的繼任人選，該人員須向下議院報告施政方針，如能得到下議院絕對多數的信任，總統始能正式任命爲國務總理，否則須另行提名」。此一規定，在多黨制的法國甚使產生內閣發生困難，而惟一辦法則爲多數協商，組成聯合內閣，多黨的聯合內閣，組閣困難而解體則極爲容易，因聯合內閣經歷艱辛而組成後，各執政黨因政見不同或利害衝突，致中途退出而喪失議會內絕對多數使內閣解體者極爲常見，故在第三共和存在的六十五年間（一八七五～一九四〇），內閣更迭一百零三次，平均壽命只七月有半；第四共和存在的十二年間（一九四六～一九五八），內閣更迭二十六次，平均壽命尚不及半年。

三、國務會議與內閣會議：

法國當時有兩種會議，一爲國務會議，由總統、國務總理及國務員組織之，以總統爲主席，但不參加表決；二爲內閣會議，由國務總理及

國務員組織之，以國務總理爲主席。國務會議爲憲法所定的會議，內閣會議爲政治性會議，未爲憲法所明定，但重要政策均在內閣會議中決定，國務會議只是形式上加以承認而已。

四、內閣的職權：

法國當時的內閣，是最高決策機構，各行政部爲執行機構。各行政部數在二十至三十之間，各部部長均由閣員兼任，但亦有不兼部的閣員，閣員由國務總理提請總統任命。法國當時的國務員就是閣員，國務總理亦以自兼內政、外交等部爲原則，不兼爲例外，此乃國務總理本職之實權有限，希以兼部而求施展。再法國的內閣雖更迭頻繁，但舊內閣的閣員轉任新內閣者甚爲常見，因而行政方針的改變不致太大。

第三節　行政院的性質

研究行政院的性質，首需了解行政的意義，而後敍述行政院的地位，再分析行政院受特別重視的原因。茲分項簡述如後。

第一項　行政的意義

行政有廣狹兩義。

一、廣義的行政：

乃指國家本於統治權的作用，所發動、推進及執行之一切事務，無論其爲立法、司法等，均包括在內，換言之，凡屬國家組織上各種機關的一切作用，即爲行政。故廣義的行政，與國家統治權整個作用之意義相當。

二、狹義的行政：

其範圍，三權憲法國家與五權憲法國家不同。在三權分立的國家，

所謂行政，係指不屬於立法、司法兩種機關之統治作用而言，亦卽除立法、司法以外的一切作用，均屬行政。但在五權分立的國家，其行政的範圍要比三權分立的國家爲狹，其所謂行政，係指不屬於立法、司法、考試、監察四種機關之統治作用而言，亦卽除立法、司法、考試、監察以外的一切作用，均屬行政。依國父五權憲法的遺敎，係將政權與治權分開，政權有選舉、罷免、創制、複決四個，由國民大會行使；治權有行政、立法、司法、考試、監察五個，分別由行政院、立法院、司法院、考試院、監察院行使，雖則現行憲法中所定的立法院、監察院已含有政權機關的性質，與國父遺敎本意未盡相符，但行政院所行使者仍只爲行政權，並未有所增減。因此，狹義的行政，亦就是行政機關本於行政權所爲之一切作用，至立法、司法、考試、監察機關，本於職權所爲之作用，則不得謂爲行政。

第二項　國家最高行政機關

依憲法第五十三條規定「行政院爲國家最高行政機關」。此所謂國家最高行政機關，有其形式上與實質上的意義。

一、形式上的意義：

包括下列三點

(一)有別於其他立法、司法、考試、監察最高機關：在五權憲法中，國家的最高機關有五種，除立法院、司法院、考試院、監察院各別爲國家最高立法、司法、考試、監察機關外，而行政院則爲國家最高行政機關。

(二)爲地方自治之最高監督機關：國家行政機關與地方自治機關，其性質雖有區別，但地方自治須受國家的監督，而監督地方自治之機關雖多，但仍以行政院爲最高之監督機關。

(三)最高行政機關非指某一人 而指綜合體： 所謂國家 最高行政機關，非指行政院長一人，而指行政院院長、副院長、各部會首長及不管部之政務委員之綜合體而言，而行政院直屬之各部會處局則不包括在內。各部會處局所掌管之事項雖亦爲行政院職權範圍內之一部分，但不得認各部會處局均爲國家最高行政機關。

二、實質上的意義：

包括下列四點

(一)在行政體系中有最高統率權： 國家的行政體系，上自行政院，下至省市政府、縣市政府、鄉鎮區公所，均包括在內，故屬於行政體系的機關衆多，層級分明，在這衆多的行政機關中，行政院是站在統率的地位，對所屬各級行政機關，具有統率之權。

(二)對國家的行政作用（狹義的）握有最高決策權： 凡是有關行政作用的各種法案，只行政院有提案權，行政院所屬各部會處局及省市政府，均無法律提案權，必須呈由行政院並以行政院名義，始能向立法院提出。

(三)對國家的行政作用有最高命令權： 國家所屬的各級行政機關，其指揮監督與命令服從關係極爲明顯，行政院具有最高命令權，行政院的命令全國行政機關均須服從，行政院可改變其他各級行政機關所發布的命令，行政院亦可變更其他各級行政機關依職權所爲之行政處分。

(四)最高行政機關的地位並不因其他機關行使職權而受影響： 如 1.總統雖爲國家元首，對外代表中華民國，統率全國陸海空軍，行使締結條約、宣戰、媾和、大赦、特赦、減刑、役權，任免文武官員及授與榮典，宣布戒嚴及發布緊急命令之權，但總統依法公布法律、發布命令，須行政院長副署，有者尚須先經行政院會議的議決，故總統並不綜攬行政權，而在行政作用中負最高之責任者，仍爲行政院。 2.立法院對行政院長人選雖有同意權，對行政院長及各部會首長雖有質詢權，對行政

所提法案雖有審議權，甚至可迫使行政院長接受其決議或辭職，但這些事項並非屬於行政作用，而已屬於立法權的行使範圍，故對行政院之行政機關的最高性，並無影響。3.司法院、考試院、監察院對全國各級行政機關所作之決定，及司法權、考試權、監察權對全國各機關公務人員及全國人民的運用情形，亦屬如此，並不影響行政院為國家最高行政機關的地位。

第三項　行政院受特別重視的原因

行政院與其他四院同為行使治權的機關，行政院與其他四院同為所主管部門職權之最高機關，但毋庸諱言的，行政院的形象卻超出於其他四院，行政院卻比其他四院更受到社會的重視，其主要原因如下：

一、總統所行使的職權與行政院關係最為密切：

如在上一章所敍述之總統職權中，如外交權、軍事權、任免權、立法權、司法救濟權、授與榮典權等，如以五院的職掌而言，大都屬於行政院的職掌，在處理程序上，有者須先經行政院會議的議決，有者雖不需經由行政院會議議決，但亦須行政院院長的副署。只有動員戡亂時期臨時條款中所賦予總統的特權，除為緊急處分仍須行政院會議議決外，則多可由總統獨自行使。由於職權關係的密切，故不論在朝或在野人士，對行政院給予特別的重視。

二、行政院業務繁所屬機關多人員眾：

五院雖居於同等地位，但從業務的繁複性、業務量、業務的變化性等考慮，則行政院超出其他四院甚遠。再因其他四院的業務範圍，在憲法中多以明文規定，除其業務量會因人口的增加、社會的發展，而略有增加外，其範圍不致有多大變動。行政院則不然，行政院的業務範圍，憲法中並未明定，因而在解析上言，凡不屬其他四院的業務，均為行政

院的主管業務，因此行政院的業務，其範圍將隨時代的進步而不斷擴大，其業務量將隨人口的增加而增加。

再就所屬機關數與人員數言，亦為其他四院所望塵莫及。據統計全國政府機關數（不論大小），行政院及所屬機關、公營事業及公立學校，佔全國機關數九○％以上；行政院及所屬之公務人員數，亦佔全國公務人員數九○％以上。機關多人員眾，亦增加了行政院的受人矚目。

三、民眾的生活問題須靠行政院來解決：

民眾生存於社會，常會發生許多切身有關的問題，如食、衣、住、行四大需要，須獲得適度的滿足，否則將難以生存；又育、樂兩大需要，亦須獲得解決，否則雖能生存於社會，但精神生活難以滿足。故民眾的生活問題中除民眾間的民事糾紛，民眾與社會秩序維護間的刑事糾紛，民眾與政府間的行政處分糾紛，須由司法院及所屬各級法院妥為解決外，民眾的六大需要，均須經由行政院及所屬機關的努力，始能得到解決。故在民眾心目中，行政院是最為重要的。

四、受國際上三權分立觀念的影響：

一般國家的政治權力，多以三權分立為基礎，亦即行政、立法、司法的三權分立，再國家均有元首的設置，不論其元首為總統或虛位的君主，通常行政權均由內閣主管，因此行政權與內閣常被結合在一起，此種觀念在我國亦甚為流行。因此憲法中雖無內閣的名詞，亦無閣揆與閣員的設置，但社會人士及新聞界，常引用內閣來稱呼行政院，閣揆來稱呼行政院院長，閣員來稱呼行政院的各部會首長及不管部的政務委員。在三權分立的國家，內閣當然是最重要的，其改組亦是最受矚目的，我國既常以內閣來稱呼行政院，那行政院當然就顯現出更為突出了。

第四節　行政院的組織

行政院的組織，有廣狹兩義，廣義的行政院，係包括行政院本身及其直屬之各部會處局署而言；狹義的行政院，係指行政院本身（含行政院秘書處等）而言，其直屬並另訂有組織法之各部會處局署，均不包括在內。本節係以狹義的行政院組織爲準。

憲法第五十四條規定「行政院設院長副院長各一人，各部會首長若干人，及不管部會之政務委員若干人」。又第六十一條規定「行政院之組織，以法律定之」。依憲法及行政院組織法之規定，行政院置正副院長、各部會首長及政務委員，行政院會議，行政院幕僚機關及院內各委員會，茲分項敍述如後。

第一項　正副院長各部會首長及政務委員

行政院院長與其他人員的產生方式不同。茲分析如下：

一、行政院院長的產生：

依憲法第五十五條規定「行政院院長由總統提名，經立法院同意任命之」。故行政院院長雖由總統任命，但須先經立法院同意，此同意權的行使，須經立法院院會經出席委員以無記名投票方式，有過半數委員的同意行之。惟總統若本於職權，留任原經同屆立法院所同意任命之行政院院長時，依照往例，則不須再經提請同意任命的程序。

再須注意者，行政院長並無任期的規定，其情形與由立法委員選舉產生之立法院院長，以立法委員之三年任期爲其任期；與由監察委員選舉產生之監察院院長，以監察委員之六年任期爲其任期，及與考試院院長任期爲六年者不同。因無任期規定，故各行政院長的任職期間多不相

同，至其解職之原因，有爲憲法所規定，有爲政治慣例使然，有爲公務人員任用及懲戒法律所明定者，如（一）行政院對立法院有關重要政策、法律案、預算案、條約案之決議，移請覆議案，未經總統核可，或爲立法院所否決時，行政院如不予接受，應即辭職；（二）行政院院長觸犯刑事法律，經法院判處罪刑並褫奪公權時，當然去職；（三）行政院院長違法失職，經公務員懲戒委員會議決撤職，因而去職；（四）總統向立法院提出新行政院院長人選，經其同意時，則原任院長辭職；（五）行政院院長基於其他原因主動向總統辭職而獲准時，即行離職。

二、行政院副院長、各部會首長及政務委員的產生：

依憲法第五十六條規定「行政院副院長、各部會首長及不管部會之政務委員，由行政院院長提請總統任命之」。故副院長、各部會首長及不管部會之政務委員，雖同爲總統任命，但在程序上，須由行政院院長提名，如不提名則不予任命。

行政院副院長、各部會首長及不管部會之政務委員，亦無一定任期，依政治慣例，這些人員既由行政院院長提請任命，則當行政院院長依規定去職或辭職時，亦應同時辭職。惟當行政院院長去職或辭職，而新任院長未到職前，原任副院長仍應暫行代理院長之職務。

再依行政院組織法規定，行政院各部會首長均爲政務委員，因此擔任各部會首長之政務委員，具有兩種身分，一爲政務委員，其情形與不管部會之政務委員同，出席院會，對會議事項均有發言權，不以某一部會的事項爲限；二爲部會首長身分，分別主管各部會的業務。

三、行政院設不管部會政務委員的原因：

主要爲（一）能以超然立場，協調各部會間的政策，以減少衝突與爭執；（二）可羅致各方人才，參加國家行政；（三）利於溝通各政黨間之政見，以消弭政潮於無形。

第二項　行政院會議的組織

行政院會議，依憲法規定而組織，有其議事的規則。

一、行政院會議的組織：

依憲法第五十八條規定「行政院設行政院會議，由行政院院長、副院長、各部會首長及不管部會之政務委員組織之，以院長為主席」。再依其議事規則，院長因事不能出席時，由副院長代理之，院長副院長均因事不能出席時，由出席者公推其中一人代理主席。

二、出席及列席人員：

上述人員均為法定的出席人員。此外尚有列席人員，其中又分(一)法定列席人員，如行政院秘書長、副秘書長、主計長、人事行政局長、新聞局長及其他經院長指定之機關首長；(二)各部會首長因事不能出席行政院會議時，得由各該部會副首長代表列席；(三)邀請有關人員列席備詢。列席人員，僅為陳述意見或備諮詢，無表決權。

三、會議的程序：

行政院會議，以院長、副院長、各部會首長及不管部會政務委員全體過半數之出席，為法定人數，會議議案，經院長核定，始得列議程，對會議議案以出席人數過半數之同意議決行之，但如院長或主管部首長有異議時，由院長決定之。由此可知院長在行政院會議中權力極大，且副院長、各部會首長及不管部會政務委員均由院長提請總統任命，不需經立法院同意，故行政院院長對副院長、各部會首長及不管部會政務委員自得隨意去職。基於這種原因，行政院會議雖為合議制，但卻具有首長制的意味。

四、會　期：

行政院會議每週舉行一次，必要時行政院院長得召開臨時會議，每

週之例會均在星期四上午舉行。

第三項　行政院幕僚機關

行政院的幕僚機構，其性質與行政院所屬之各部會及其他直屬機關不同。行政院各部會及直屬各機關的組織，均另以法律定之，而行政院幕僚機關組織則在行政院組織法中規定。行政院置秘書長、副秘書長各一人，秘書長爲幕僚長，承院長之命，處理本院事務，並指揮監督所屬職員，副秘書長承院長之命，襄助秘書長處理本院事務。

一、內部組織及職掌：

行政院設秘書處，其職掌爲(一)關於會議紀錄事項；(二)關於文書收發及保管事項；(三)關於文書分配撰擬及編製事項；(四)關於印信典守事項；(五)關於出納庶務事項。

行政院置參事，其職掌爲(一)關於撰擬法案命令事項；(二)關於審核行政法規事項；(三)關於審核所屬機關行政計畫及工作報告事項；(四)關於調查事項；(五)關於設計及編譯事項。

行政院設會計室、統計室、人事室，分別辦理歲計、會計、統計及人事事項。

二、主要職稱：

除秘書長副秘書長外，置參事、秘書、參議、科長、主任、科員等，分別主管及經辦有關事項。

第四項　行政院院內各委員會

依行政院組織法第十三條規定，行政院設訴願審議委員會；又依第十四條規定，行政院爲處理特定事務，得於院內設各種委員會。此種委員會，均由行政院自訂組織規程而設置，並屬行政院的院內單位，與依

組織法或組織條例而設置的八部二會及其他直屬機關，不盡相同。玆列舉如下：

一、訴願委員會：

行政院爲處理訴願案件，設訴願委員會，其委員由院長指派院內人員兼任之。

二、處理特定事務之委員會：

依行政院組織法第十四條規定，行政院爲處理特定事務，得於院內設各種委員會。根據此條規定而設置之委員會，其組織均由行政院以組織規程定之。嗣因此種委員會爲數甚多，且均有其經常性的固定職權，定有甚大的組織編制，立法機關乃要求改以法律定之，如行政院研究發展及考核委員會、行政院經濟建設委員會等，均先以組織規程定之，而後改以法律定之者。至目前此種委員會尚有：

(一)國立故宮博物院管理委員會：爲整理、保管、展出故宮博物院及中央博物院籌備處所藏之歷代古物及藝術品，並對中國古代文化藝術之研究，加強與其他國立研究機構之合作而設置。管理委員會下，設有國立故宮博物院。管理委員會之職務，有主任委員、副主任委員、委員、及其他幕僚職務等。

(二)行政院法規委員會：爲處理行政院法制事務而設置，分五科辦事，除主任委員、委員外，並置參事、科長等。

(三)北美事務協調委員會：爲負責處理協調中華民國與美國間一切有關事宜而設置，分組辦事，除主任委員、委員外，置有秘書長、副秘書長、組長等，並得在美國設辦事處及分處。

第五節　行政院的職權

行政院的職權，亦有廣狹兩義。從廣義言，包括本院及各部會處局署之全部職權，範圍極爲廣泛；從狹義言，僅指憲法及有關法律規定之職權而言。本節所述之職權，以狹義的職權爲限。並按本院的職權、院長的職權、副院長及政務委員的職權、及行政院會議的職權順序，分項簡述如後。

第一項　本院的職權

我國憲法對立法、司法、考試、監察四院之職掌均採列舉方式，既係列舉規定，則未被列舉者自不屬於其職權範圍。憲法對行政院的職權，則採概括規定，凡國家事項而不屬於其他四院之職權者，均屬於行政院的職權。

我國憲法及行政院組織法對行政院職權之規定，有屬於行政院者，有屬行政院院長個人者，除屬於行政院院長個人者於下一項敍述外，玆將憲法所賦予行政院的職權簡述如下：

一、法案提案權：

依憲法第五十八條第二項規定，行政院有向立法院提出法律案、預算案、戒嚴案、大赦案、宣戰案、媾和案、條約案及其他重要事項之權。依憲法同條規定，此種法案須先提經行政院會議議決，始得向立法院提出。至提出之期間，除預算案在憲法第五十九條有規定外，其餘法案並無限制。行政院所屬機關雖極爲衆多，但能向立法院提出法案由立法院完成立法程序者，只有行政院。

二、重要政策移請覆議權：

依憲法第五十七條第二項規定「立法院對於行政院之重要政策不贊同時，得以決議移請行政院變更之；行政院對於立法院之決議，得經總統之核可，移請立法院覆議」。於此須說明者有二：

(一)須是立法院對行政院所決定之重要政策不贊同：如並非行政院所決定的重要政策，而係立法院主動所爲議決之重要事項（參照憲法第六十三條），則行政院對立法院之該項決議，不得移請覆議，此時行政院除法律另有規定、或行政院本於裁量認爲可以接受或執行者外，並無必須接受或執行之義務，但得以通常行文程序向立法院說明不予執行之理由。

(二)所謂重要政策應以客觀之個別事實認定：重要政策，很難下一客觀的範圍或定義，如行政院與立法院對重要政策發生爭執時，應可請司法院作憲法疑義的解析，或依憲法第四十四條規定，由總統召集行政、立法兩院院長會商解決之。

三、法律案、預算案、條約案移請覆議權：

依憲法第五十七條第三款規定「行政院對於立法院決議之法律案、預算案、條約案，如認有窒碍難行時，得經總統之核可，於該決議案送達行政院十日內，移請立法院覆議」。於此須說明者有三：

(一)法律案、預算案、條約案三者係列舉規定或例示規定，學者間尙有爭執：有謂得移請覆議的法案，僅以法律案、預算案、條約案三種爲限。行政院對立法院所決議之戒嚴案、大赦案、宣戰案、媾和案，縱認爲窒碍難行時，亦不得移請覆議；其理由爲 1.若不以法律案等三種爲限，將失去其列舉的意義；2.覆議結果足以迫使行政院長接受或辭職，將影響政局安定；3.戒嚴案等四種法案，縱不適用覆議規定，但仍得適用通常程序向立法院說明不予執行之理由。❸

---

❸ 參見管歐著中華民國憲法論，第一三三頁，三民書局，六十六年八月版。

但亦有學者持不同看法，認爲憲法第五十七條第三項係例示規定，除法律案等三種外，戒嚴案等四種，行政院如認爲窒碍難行時，亦得移請覆議；其理由爲 1.覆議制度之主旨，在溝通立法、行政兩院之意見，審愼國務之進行，以發揮五權憲法的精神； 2.戒嚴等四種法案，對於國家利害之大，不在法律案等三種之下，如行政院認爲窒碍難行時，自應本擴張解析，許其提出覆議。❹

以上情形，只是學者的見解有所不同，立法、行政兩院間尚未遇及此一問題，只有等待將來遇及此一問題的爭執時，請司法院解析了。

(二)所謂窒碍難行並不限於全部窒碍難行：行政院對立法院決議之法律案等，如認有窒碍難行，並非須爲全部窒碍難行，若僅其中某條或某部分認爲窒碍難行時，亦得移請覆議。

(三)所謂立法院決議之法律案不以行政院提出者爲限：如由立法委員自行提出之法律案，或由其他三院所提出之法律案，經立法院決議後，法律之內容涉及行政院之職權，而行政院對涉及職權部分認爲窒碍難行時，應亦得移請覆議。反之，其他各院所提之法律案，縱認爲窒碍難行，各該提案之院，亦不得移請覆議。故移請覆議權，爲行政院所獨有。

上述二、三兩種的移請覆議，有其相同處及不同處，如在覆議前須經行政院會議之議決，並須經總統之核可，而後再由行政院移請立法院覆議，覆議時如經出席立法委員三分之二維持原決議或原案，行政院院長應卽接受或辭職，此爲二種相同者。又如一爲有關重要政策之決議，二爲法律案等法案的決議；一爲移請覆議之期間無限制，二爲移請覆議之期間有十日之限制；則又爲兩種所不同之處。

四、決算提出權：

依憲法第六十條規定，行政院於會計年度結束後四個月內，應提出

---

❹　參見林紀東著中華民國憲法析論，第二二八頁，自印，六十七年三月版。

決算於監察院。至各級機關決算之編送程序及期限，依決算法規定，由行政院定之。

五、重要政策決定權：

依憲法第五十七條第一項規定，行政院有向立法院提出施政方針及施政報告之責。此種施政方針及施政報告，自包括重要政策之決定在內。

第二項　行政院院長的職權

行政院院長，為國家最高行政機關之首長，職權繁重，依照憲法及行政院組織法之規定，其職權包括：

一、代行總統職權：

依憲法第四十九條至第五十一條規定，總統副總統均缺位時，由行政院院長代行總統職權；總統任滿解職，如次任總統尚未選出，或選出後總統副總統均未就職時，由行政院院長代行總統職權；行政院院長代行總統職權時，其期限不得逾三個月。

二、副署權：

依憲法第三十七條規定，總統依法公布法律、發布命令，須經行政院院長副署。

三、提請任命權：

依憲法第五十六條規定，行政院副院長、各部會首長及不管部會之政務委員，由行政院長提請總統任命之。

四、擔任行政院會議主席：

依憲法第五十八條規定，行政院設行政院會議，由行政院院長、副院長、各部會首長及不管部會之政務委員組織之，以院長為主席。

五、參與總統召集之會商：

依憲法第四十四條規定，總統對於院與院間之爭執，得召集有關各

院院長會商解決之。

六、參加五院長之委員會：

依憲法第一百一十五條規定，省自治法施行中，如發生重大障碍，由行政、立法、司法、考試、監察院院長組織委員會，提出方案解決之。

七、綜理行政院院務：

依行政院組織法第七條規定，行政院院長，綜理院務，並監督所屬機關。基於此一規定，憲法上所規定之行政院職權，事實上亦由行政院院長主持行使；行政院院長並得對所屬各級行政機關，發布命令及爲其他行政作用。

第三項　副院長及政務委員的職權

行政院副院長有其法定的職權，政務委員亦有其任務。玆分析如下：

一、副院長的職權：

行政院副院長，除輔佐院長處理院務，並出席行政院會議，及院長因事不能出席會議時由副院長代理主席外，遇有下列情況時，並須代理行政院院長之職務：

(一)院長辭職或出缺期間之代理：依憲法第五十五條前段規定，立法院休會期間，行政院院長辭職或出缺時，由行政院副院長代理其職務；但總統須於四十日內，咨請立法院召集會議，提出行政院長人選徵求同意。

(二)院長未任命前之暫時代理：依憲法第五十五條後段規定，行政院院長職務，在總統所提行政院院長人選未經立法院同意前，由行政院副院長暫行代理。

(三)院長因事故不能視事時之代理: 依行政院組織法第七條規定，行政院院長因事故不能視事時，由副院長代理其職務。

二、政務委員的職權:

主要爲經常出席行政院會議，發表意見，參加表決，及審查議案。必要時行政院院長可指派其擔任各種臨時任務，如主持議案審查會、主持特定任務的工作小組或委員會、主持各部會首長交接之監交等。

各部會首長係由政務委員兼任，除各依其部會組織法之規定，主管所屬部會之職掌外，並得行使政務委員的職權。

第四項　行政院會議的職權

行政院的職權，其行使方式，有者依法須經行政院會議之議決，有者須否提出行政院會議議決或由行政院院長逕自決定，可由行政院院長自行裁決。依行政院會議議事規則之規定，提出行政院會議議決之事項如下:

一、依法須提出行政院會議議決之事項:

(一)依憲法規定須提經行政院會議議決但不須提出立法院者: 如依據動員戡亂時期臨時條款規定所爲之緊急處分，須提行政院會議之議決，但不須提出於立法院。

(二)依行政院組織法規定須提出行政院會議議決者: 如依行政院組織法第六條規定，行政院經行政院會議及立法院之決議，得增設、裁併各部及各委員會，或其他所屬機關。

(三)依各部組織法規定須提出行政院會議議決者: 如行政院所屬各部之組織法，均規定有「就主管事務，對於各地方最高行政長官之命令或處分，認有違背法令或逾越權限者，得提經行政院會議議決後，停止或撤銷之」。

二、依法須提出立法院之事項：

（一）依憲法須提出立法院之法案須提出行政院會議議決者：如依憲法第五十八條第二項規定，應行提立法院之法律案、預算案、戒嚴案、大赦案、宣戰案、媾和案、條約案及其他重要事項，應提出行政院會議議決之。

（二）依有關法律規定除提出行政院會議議決外，尚須提出立法院者：如依行政院組織法第六條所定，行政院須增設、裁併各部會或其他所屬機關時，即屬如此。

三、涉及各部會共同關係之事項：

如依憲法第五十八條末段，涉及各部會共同關係之事項，須提出於行政院會議議決之。再此所謂共同關係事項，並非限於各部會間均有之共同關係事項，如只涉及數個部會之共同關係事項，自亦包括在內，此種事項可在院會討論時，獲得協調與解決。

四、其他重要事項：

此種事項範圍甚廣，除有往例可循，或行政規章有所規定者，多依往例或規定提出外，其餘須否提出行政院會議議決，多可由行政院院長裁決之，如認為須提出行政院會議，則可核定議案後列入議程，如認為無必要，則可不予核定議案，或逕行決定即可。就目前情況言，如各部會首長不能單獨決定事項，政策之決定，行政規章之核定，組織規程之核定，重要法令的解析，各直屬機關首長及副首長（八部二會首長除外）之任免等，均視重要事項，須提出行政院會議議決或核備。

第六節　行政院的責任

廣泛言之，行政院對國家行政及總統負有政治責任，對立法院更有

特定的責任，負責任的方式有集體與個別之分。從負責的觀點看，行政院雖近似內閣，但並非純粹的內閣。茲分項敍述如後。

第一項 對國家行政及總統的責任

行政院對國家行政及總統應負的責任，在憲法有明文規定。

一、對國家行政的責任：

國家的行政責任，亦可稱爲政治責任。依憲法第五十八條規定，行政院院長、各部會首長，須將應行提出立法院的法律案、預算案、戒嚴案、大赦案、宣戰案、媾和案、條約案及其他重要事項，或涉及各部會共同關係之事項，提出於行政院會議議決之。由此可知關於行政方面重要政策及重大措施，均須經由行政院會議之議決，亦卽由行政院負其責任。

二、對總統的責任：

依憲法第五十五條規定，行政院院長由總統提名經立法院同意後任命，故行政院院長須對總統負責。而負責的方式，依憲法第三十七條規定，則爲副署，卽總統依法公布法律、發布命令，須經行政院院長之副署，或行政院院長及有關部會首長之副署。副署則表示同意，旣爲同意卽須負責，因此在總統所行使之各種職權中，凡須由行政院院長副署者，行政院院長卽負有責任。

第二項 對立法院的責任

依憲法第五十七條規定，行政院須對立法院負責者，有下列三種不同情況：

一、報告施政及答覆質詢之責任：

憲法五十七條第一款規定「行政院有向立法院提出施政方針及施政

報告之責，立法委員在開會時，有向行政院院長及行政院各部會首長質詢之權」。玆分析如下：

(一)提出施政方針及施政報告：施政方針，指行政院院長就職時施政方針及每年度之施政方針而言；施政報告，指根據施政方針所爲之施政工作情形及結果提出報告；再如遇及外交內政上重要事件，行政院亦得自動的或經立法院之請求，專就該事件之施政方針或施政成果，提出報告。其所以須向立法院提出報告，實因立法院依憲法第六十三條規定，有議決法律案、預算案、戒嚴案、大赦案、宣戰案、媾和案、條約案及國家其他重要事項之權所致。

(二)提出質詢：行政院院長及各部會首長，提出施政方針及施政報告後，立法委員如有疑問或批評，自應准其提出質詢。惟宜注意者，(1)提出質詢者爲立法委員個人，而非立法院會議；(2)質詢僅能在開會時提出，非在開會時不得提出質詢，所謂開會包括院會及各委員會之會議；(3)質詢得以書面或口頭方式提出；(4)質詢的內容，依立法院議事規則第六十七條規定「立法委員對於行政院院長及各部會首長之施政方針、施政報告、及其他事項有疑問者，得提出口頭或書面質詢」。故並不以施政方針及施政報告的範圍爲限。

(三)答復質詢：依立法院議事規則第六十八條規定「立法委員即席提出之質詢，被質詢人應於每一質詢後，即時答復；但經質詢人同意，得定時口頭答復或改用書面答復；出席委員，對前項答復仍有疑問時，得再質詢」。同規則第七十條規定「被質詢人之書面答復，應於收到質詢後十日內，送由院長移送質詢人」。又同規則第七十條規定「質詢之提出，以說明其所質詢之主旨爲限，質詢之答復，不得超出質詢範圍之外；質詢事項不得作爲討論之議題」。又第七十二條規定「被質詢人除爲保守國防外交秘密者外，不得拒絕」。由上可知，質詢與答復，主要

目的在溝通行政院院長及各部會首長與立法委員相互間，對有關施政方針及施政報告內容的了解，並非對施政方針及施政報告的討論，故不得作爲討論議題，更不須作成決議。

(四)規定報告、質詢、答復之原因：行政院對立法院負責事項中，之所以規定報告、質詢與答復的原因，主要爲依憲法第五十八條，行政院有向立法院提出法律案、預算案、戒嚴案、大赦案、宣戰案、媾和案、條約案及其他重要事項之權，而立法院依憲法第六十三條，有議決法律案、預算案、戒嚴案、大赦案、宣戰案、媾和案、條約案及國家其他重要事項之權所致。

二、行政院的重要政策須獲得立法院贊同：

憲法第五十七條第二款規定「立法院對於行政院之重要政策不贊同時，得以決議移請行政院變更之；行政院對立法院的決議，得經總統之核可，移請立法院覆議；覆議時，如經出席立法委員三分之二維持原決議，行政院院長應卽接受該決議或辭職」。茲分析之：

(一)立法院對行政院重要政策有贊同與否之權：有關國家行政之重要政策，行政院固有決定權，但此種重要政策，關係國家政治及人民權益甚大，故仍須獲得立法院的同意，而立法院對行政院已經決定的重要政策，則有同意或不同意之權，如不同意時，則須由立法院作成決議，並移請行政院變更之。

(二)行政院對立法院的決議有提請覆議之權：如立法院不贊同行政院所決定的重要政策，並經決議移請行政院變更時，行政院如認立法院的決議爲有理由，則可自動改變 原已決定的政策，以符合立法院 的衆意；如行政院認爲原定重要政策爲正確時，則可移請立法院覆議，但須先報請總統的核可。如經總統核可，則表示總統支持行政院意見，如總統不予核可，則表示總統支持立法院意見，而只有依立法院之決議辦理。

　　(三)立法院對移請覆議案的處理: 行政院如報經總統核可，將立法院原決議案移請覆議時，則立法院須由院會對覆議案作成決議，如在覆議時經出席立法委員三分之二維持原決議，行政院應即接受該決議，亦即變更原定的重要政策，如仍不予變更，則行政院院長應即辭職，以示負責。如覆議時未能獲得出席立法委員三分之二維持原決議，則行政院仍可執行原定的重要政策。因覆議的維持原決議，須出席立法委員三分之二的通過，因此行政院如能獲得出席立法委員三分之一以上的支持，即可使立法院難以通過覆議案。故覆議案的成立比較難，即打銷則較易，此乃有助政治安定的設計之一。

三、立法院的決議案須行政院認爲可以執行:

　　依憲法五十七條第三款規定「行政院對於立法院決議之法律案、預算案、條約案，如認爲有窒礙難行時，得經總統之核可，於該決議案送達行政院十日內，移請立法院覆議; 覆議時，如經出席立法委員三分之二維持原案，行政院院長應即接受該決議或辭職」。茲分析之:

　　(一)行政院對法律案、預算案、條約案有移請覆議權: 依憲法第六十三條規定，立法院得決議之法案有七種，而行政院得以移請覆議的法案，則只列舉法律案、預算案、條約案三種，照文字解析應該如此，但亦有學者認爲應作擴大解析，包括七種法案在內。

　　(二)移請覆議須報經總統核可: 行政院雖有移請覆議權，但此權的行使，須報經總統核可。如奉總統核可，則表示總統支持行政院，如未奉核可，則表示總統支持立法院，故應否移請覆議，總統有核可與不核可之權。

　　(三)移請覆議須認爲立法院的決議窒礙難行: 立法院的決議案，多須由行政院執行，而執行時是否有窒礙困難，行政院自應有認定之權，如並無窒礙難行之處，則行政院沒有不執行的理由，如確認有窒礙難行，

而又立卽強迫行政院執行，亦非屬合理，故基於此種原因，行政院可報經總統核可，移請覆議。

再窒礙難行可指全案亦可指部分，如行政院認爲全案均屬窒礙難行，固可移請覆議，如僅係決議案中之某部分或某條某款窒礙難行，亦得移請覆議，而行政院不得將認爲窒礙難行部分逕予更改後執行。

(四)覆議須於決議案送達後十日內移送：因法案一經通過，卽須執行，如認有窒礙難行，應卽從速移請覆議，故定有十日的限制，如逾限而未移送，則不得再移請覆議，而須照決議案執行。

(五)立法院對移請覆議的處理：其情形與立法院的決議要求行政院變更重要政策，而行政院移請覆議的處理相似，此亦爲安定政治的設計之二。如立法院未能獲得出席立法委員三分之二維持原案，則立法院須重新依照立法程序進行法案的審議；如能獲得出席立法委員三分之二維持原案，則行政院仍應依照執行，如行政院院長不願依照執行時，應卽辭職，以示負責。

第三項　員責的方式

行政院對國家行政，對總統，對立法院所負的責任，因涉及人員的多寡，又有集體負責與個別負責之分。有的國家憲法，對集體負責或個別負責，定有明文。我國憲法雖未有明文規定，但從有關條文參看，大致亦可獲得結論。玆分析如下：

一、須集體員責者：

所謂集體負責，卽行政院院長、副院長、各部會首長、及不管部會政務委員，亦卽由組織行政院會議的成員共同負責，如須辭職則共同請辭。其情形爲：

(一)須集體負責的事項：依行政院會議規則規定，對依法須提出行

政院會議議決事項，依法須提出立法院事項，涉及各部會共同事項，及其他重要事項，均須經行政院會議議決。此種事項，包括法律案、預算案、戒嚴案、大赦案、宣戰案、媾和案、條約案，或涉及各部會共同關係之事項及其他重要事項，如發生責任問題，應由行政院集體負責。

(二)須集體負責的理由：行政院副院長、各部會首長及不管部會政務委員，係由行政院院長提請總統任命，而行政院會議亦由這些人所組織，對行政院會議議決之事項，自應共同負責。故如行政院院長依憲法第五十七條第二、第三款規定辭職時，副院長及各部會首長與不管部會政務委員，為表示負責態度，亦應集體請辭。

二、可個別負責者：

各部會首長，對各部會所主管之非屬重要政策事項，既不須行政院會議的議決，如發生責任問題，自應由部會單獨負責。再如組織行政院會議之成員，因個人原因而發生責任問題時，自亦應由個人負責，如須予辭職，個人辭職即可，不涉及集體請辭問題。

第四項　行政院與內閣的比較

就以上行政院職權與責任分析，吾人可再將之與一般國家的內閣情形，作大致的比較，以認定行政院是否即為一般國家的內閣。茲分析比較如下：

一、就行政權的歸屬比較：

(一)內閣制的行政權歸屬：純粹內閣制的內閣，係於政府之內設有兩種機關，一為元首，係形式上的行政機關，徒擁虛位，不負責任；一為內閣，為實際上行政機關，擔任實際政治與擔負行政責任。因內閣制的元首不負責任，故元首公布法律及發布命令，須由內閣總理及國務員副署。

(二)總統制的行政權歸屬: 純粹總統制的總統, 總統不但爲國家元首, 亦爲行政首長, 一切政策均由總統一人決定, 總統負實際的政治與行政責任, 內閣只是總統的幕僚與諮詢機關。

(三)我國行政權的歸屬: 我國憲法第五十三條規定, 行政院爲國家最高行政機關; 又五十八條規定, 行政院會議有議決應行提出立法院之法律案、預算案、戒嚴案、大赦案、宣戰案、媾和案、條約案及其他重要事項之權; 又規定行政院會議以行政院長爲主席, 總統並不參加。再依憲法第三十七條規定, 總統依法公布法律、發布命令, 須經行政院院長之副署或行政院院長及有關部會首長之副署。又我國憲法係以國父創立中華民國之遺敎爲依據而制定,國父的五權憲法,爲其重大發明之一。故行政權歸屬於行政院應屬無疑, 由此一觀點而論, 我國行政院與內閣制的內閣大致相同。

二、就行政權與立法權的關係比較:

(一)內閣制的行政權與立法權關係: 純粹內閣制的行政權須對立法機關 (議會) 負責, 因須對議會負責, 故 1.內閣總理的任命, 須獲議會的同意或信任; 2.議會如反對內閣的政策, 就表示對內閣不信任, 內閣便須辭職; 3.內閣對議會亦有解散議會之權, 以便重新辦理選舉, 探求眞正民意。

(二)總統制的行政權與立法權關係: 純粹總統制的行政機關 (卽總統) 不對立法機關 (卽議會) 負責, 而是直接對人民負責, 因此 1.總統不由議會選舉, 而與議員同樣的由人民選舉; 2.議會反對總統的政策時, 亦不能使總統去職; 3.總統亦無權解散議會。

(三)我國行政權與立法權的關係: 依憲法第五十五條規定, 行政院院長由總統提名, 經立法院同意任命之。又依第五十七條規定, 行政院對立法院負責。但行政院對立法院負責的方式, 卻與內閣制國家的規定

不同，立法院旣無法迫使行政院院長辭職（因爲行政院院長如接受立法院的決議或法案，卽可不須辭職），而行政院亦無解散立法院之權。再行政院依憲法第五十七條規定，將立法院的決議或法案，移請立法院覆議時，尙須報經總統之核可，此又與總統制的內閣相似。

三、行政院就是行政院並非內閣：

由上比較，就行政權的歸屬言，行政院爲內閣；就行政權與立法權關係言，行政院有三分之二屬總統制的內閣、三分之一爲內閣制的內閣；故內閣制內閣的程度較總統制內閣略高，但自動員戡亂時期臨時條款制定後，總統的職權增強，總統制內閣的程度又有增強。故現行的行政院，旣非內閣制的內閣亦非總統制的內閣，而是五權憲法的行政院。

第七節　行政院的所屬機關

行政院的所屬機關爲數衆多，除所屬之中央機關外，尙有地方機關，地方機關另在第十四章地方制度中敍述，中央機關方面，分八部二會及其他直屬機關兩項略予敍述，至各部會處局署之所屬機關則不再贅述。再行政院與所屬機關之關係，亦值得重視，乃另設一項簡述之。

第一項　行政院八部二會

依行政院組織法第三條規定，行政院設內政部、外交部、國防部、財政部、敎育部、法務部、經濟部、交通部、蒙藏委員會、僑務委員會，卽所謂八部二會，其首長均爲政務委員，茲依各該部會組織法之所定，簡說其職權、內部組織、及主要職稱如下：

一、內政部：

依內政部組織法規定，其組織爲(一)職權：內政部掌理全國內務行

政事務；內政部對於各地方最高行政長官，執行本部主管事務，有指示監督之責；內政部就主管事務，對於各地方最高級行政長官之命令或處分，認有違背法令或逾越權限者，得提經行政院會議議決後，停止或撤銷之。（二）內部組織：除設部長次長外，並設民政、戶政、役政、社會、地政、總務等司，人事、會計、統計等處及秘書室。（三）主要職稱：除部長、次長外，置有主任秘書、參事、技監、司長、處（會計、統計）長、專門委員、副司長、副處（會計、統計）長、秘書、視察、技正、科長、編審、專員等，分別主管及經辦有關業務。

二、外交部：

依外交部組織法規定，其組織為（一）職權：外交部主管外交事務；外交部對於各地方最高級行政長官執行本部主管事務，有指示監督之責。（二）內部組織：除設部長、次長外，並設亞東太平洋、亞西、非洲、歐洲、北美、中南美、條約、國際組織、情報、禮賓、總務等司，領事事務、檔案資料等處，及機要室；另設人事、會計等處。（三）主要職稱：除部長、次長外，置有主任秘書、參事、司長、處（會計）長、專門委員、秘書、副司長、副處長、科長、專員等，並另置顧問，分別主管及經辦有關業務。

三、國防部：

依國防部組織法規定，其組織為（一）職權：國防部主管全國國防事務；國防部對於各地方最高級行政長官執行本部主管事務，有指示監督之責；國防部就主管事務，對於各地方最高級行政長官之命令或處分，認為有違背法令或逾越權限者，得提經行政院會議議決後停止或撤銷之，但有緊急情形者，得呈請行政院院長先行飭令停止該項命令或處分之執行。（二）內部組織：除設部長、副部長、次長外，並設部長辦公室，人力、物力、法制等司，主計、軍法等局，及人事、會計等室。（三）主要

職稱: 除部長、副部長、次長外，文職部分置有參事、主任、司長、局長、副主任、副司長、副局長、處長、副處長、科長等，另置文武兼用的參謀、秘書、技正、專門委員、稽核、編審、專員等，分別主管及經辦有關業務。

四、財政部:

依財政部組織法規定，其組織爲(一)職權: 財政部主管全國財政; 財政部對於各地方最高級行政長官執行本部主管事務，有指示監督之責; 財政部就主管事務，對於各地方最高級行政長官之命令或處分認爲有違背法令或逾越權限者，得提經行政院會議議決後，停止或撤銷之。(二)內部組織: 除設部長、次長外，並設有關政、金融、總務等司，秘書室，及人事、會計、統計等處。(三)主要職稱: 除部長、次長外，置有主任秘書、參事、司長、處（會計、統計）長、副司長、專門委員、秘書、視察、稽核、科長、專員等，並得聘顧問，分別主管及經辦有關業務。

五、教育部:

依教育部組織法規定，其組織爲(一)職權: 教育部主管全國學術、文化及教育行政事務; 教育部對於各地方最高級行政長官執行本部主管事務，有指示監督之責; 教育部就主管事務，對各地方最高級行政長官之命令或處分，認爲有違背法令或逾越權限者，得提經行政院會議議決後，停止或撤銷之。(二)內部組織: 除設部長、次長外，並設高等教育、技術及職業教育、中等教育、國民教育、社會教育、體育、邊疆教育、總務等司，國際文化教育事業、學生軍訓等處，秘書室，及人事、會計、統計等處。(三)主要職稱: 除部長、次長外，置有主任秘書、參事、司長、處（會計、統計）長、督學，專門委員、副司長、副處（會計、統計）長、秘書、科長、視察、專員等，分別主管及經辦有關業

務。

六、法務部：

依法務部組織法規定，其組織爲（一）職權：法務部主管全國檢察、監所、司法保護之行政事務及行政之法律事務；法務部對於各地方最高級行政長官執行本部主管事務，有指示監督之責；法務部就主管事務，對於各地方最高級行政長官之命令或處分，認爲有違背法令或逾越權限者，得提經行政院會議議決後，停止或撤銷之。（二）內部組織：除設部長、次長外，並設有法律事務、檢察、監所、保護、總務等司，秘書室，及人事、會計、統計等處。（三）主要職稱：除部長、次長外，置有主任秘書、參事、司長、處（會計、統計）長、專門委員、副司長、副處（會計、統計）長、秘書、科長、編審、專員等，分別主管及經辦有關業務。

七、經濟部：

依經濟部組織法規定，其組織爲（一）職權：經濟部主管全國經濟行政及經濟建設事務；經濟部對於各地方最高級行政長官執行本部主管事務，有指示監督之責；經濟部就主管事務，對於各地方最高級行政長官之命令或處分，認爲有違背法令或逾越權限者，得提經行政院會議議決後，停止或撤銷之。（二）內部組織：除設部長、次長外，並設礦業、商業、水利、總務等司，國際合作、投資業務、技術等處，秘書室，及人事、會計、統計等處。（三）主要職稱：除部長、次長外，並置有主任秘書、參事、技監、司長、處（會計、統計）長、專門委員、副司長、副處（會計、統計）長、秘書、視察、技正、編審、科長、專員等，並得聘顧問，分別主管及經辦有關業務。

八、交通部：

依交通部組織法規定，其組織爲（一）職權：交通部主管全國交通行

政及交通事業；交通部對於各地方最高級行政長官執行本部主管事務，有指示監督之責；交通部就主管事務，對於各地方最高級行政長官之命令或處分，認爲有違背法令或逾越權限者，得提經行政院會議議決後，停止或撤銷之。(二)內部組織：除設部長、次長外，設有路政、郵電、航政、總務等司，秘書室及人事、會計、統計等處。(三)主要職稱：除部長、次長外，置有主任秘書、參事、技監、司長、處（會計、統計）長、專門委員、副司長、副處（會計、統計）長、秘書、技正、科長、編審、視察等，並得聘顧問，分別主管及經辦有關業務。

九、蒙藏委員會：

依蒙藏委員會組織法規定，其組織爲(一)職權：蒙藏委員會掌理蒙古西藏之行政事項及各種興革事項。(二)內部組織：除設委員長、副委員長外，並設總務、蒙事、藏事等處，會計、人事等室。(三)主要職稱：除委員長、副委員長、委員外，置有參事、處長、秘書、主任、科長、編譯等，並得聘顧問，分別主管及經辦有關業務。

十、僑務委員會：

依僑務委員會組織法規定，其組織爲(一)職權：僑務委員會掌理僑務行政及輔導華僑事業事務。(二)內部組織：除設委員長、副委員長外，並設第一、第二、第三、第四等處，僑生輔導、華僑證照服務、秘書等室，及人事、會計等室。(三)主要職稱：除委員長、副委員長、委員外，置有主任秘書、參事、處長、專門委員、副處長、秘書、視察、科長、專員等，並得聘顧問，分別主管及經辦有關業務。

第二項　其他直屬機關

行政院所屬機關，除八部二會外，尚有依行政院組織法第五條及第六條規定所設置之其他直屬機關，此種直屬機關，各有其單獨的組織法

或組織條例，爲獨立的機關，玆列舉如下：

一、中央銀行：

依中央銀行法規定，其組織爲(一)職權：中央銀行爲國家銀行，隸屬行政院；其經營目標爲促進金融穩定、健全銀行業務、維護對內及對外幣值之穩定，及於上列目標範圍內協助經濟之發展。(二)內部組織：除設理事會、監事會、總裁、副總裁外，並設業務、發行、外滙、國庫等局，金融業務檢查、經濟研究等處。(三)主要職稱：除總裁、副總裁外，置局長、處長、秘書、襄理、稽核、研究員、主任等，並得置顧問，分別主管及經辦有關業務。

二、行政院國軍退除役官兵輔導委員會：

依行政院國軍退除役官兵輔導委員會組織條例規定，其組織爲(一)職權：統籌國軍退除役官兵輔導事宜。(二)內部組織：除設主任委員、副主任委員外，並設第一、第二、第三、第四、第五、第六、第七、第八、第九等處。(三)主要職稱：除主任委員、副主任委員、委員外，置有秘書長、副秘書長、主任秘書、秘書、參事、處長、技正、科長等，分別主管及經辦有關業務。

三、行政院主計處：

依行政院主計處組織法規定，其組織爲(一)職權：掌理全國歲計、會計、統計事宜。(二)內部組織：除設主計長、副主計長外，並設第一、第二、第三、第四等局。(三)主要職稱：除主計長、副主計長外，置有主計官、局長、司長、處長、科長等，並得聘研究人員，分別主管及經辦有關業務。

四、行政院人事行政局：

總統依據臨時條款令頒行政院人事行政局組織規程規定，其組織爲(一)職權：在動員戡亂時期，統籌行政院所屬各級行政機關及公營事業

之人事行政，加強管理，並儲備各項人才；人事行政局有關人事考銓業
務，並受考試院之指揮監督。(二)內部組織：除設局長、副局長外，並
設第一、第二、第三、第四等處。(三)主要職稱：除局長、副局長外，
置有主任秘書、處長、科長等，並得置顧問，分別主管及經辦有關業務。

五、行政院新聞局：

依行政院新聞局組織條例規定，其組織爲(一)職權：新聞局主管闡
明國家政策，宣達政令、政績，輔導與管理大衆傳播事業及發布國內外
新聞等事項。(二)內部組織：除設局長、副局長外，並設有國內新聞、
國際新聞、出版事業、電影事業、廣播電視事業、資料編譯、視聽資
料、綜合計畫等處。(三)主要職稱：除局長、副局長外，置有主任秘
書、參事、處長、技正、科長等，分別主管及經辦有關業務。

六、行政院衞生署：

依行政院衞生署組織法規定，其組織爲(一)職權：衞生署掌理全國
衞生行政事務；本署對於省市衞生機關執行本署主管事務，有指導監督
之責；本署就主管事務，對於省市政府之命令或處分，認爲有違背法令
或逾越權限者，得報請行政院停止或撤銷之。(二)內部組織：除設署
長、副署長外，並設有醫政、藥政、食品衞生、防疫、保健等處。(三)
主要職稱：除署長、副署長外，置有主任秘書，技監、參事、處長、技
正、科長等，並得聘顧問，分別主管及經辦有關業務。

七、行政院環境保護署：

依行政院環境保護署組織條例規定，其組織爲(一)職權：環境保護
署主管全國環境保護行政事務，對省（市）環境保護機關執行本署主管
事務有指示監督之責，就本署主管事務，對省(市)政府之命令或處分，
認爲有違背法令或逾越權限，或應執行法令而不執行，得報經行政院停
止、撤銷或處理之。(二)內部組織：除署長、副署長外，設綜合計畫、

空氣品質保護及噪音管制、水質保護、廢棄物管理、衞生環境及毒物管理等處。(三)主要職稱：除署長、副署長外，置有主任秘書、技監、參事、處長、技正、科長等。

八、行政院原子能委員會：

依行政院原子能委員會組織條例規定，其組織爲(一)職權：主管綜合計畫、核能管制、輻射防護等事項。(二)內部組織：除設主任委員外，並設綜合計畫、核能管制、輻射防護、秘書等處。(三)主要職稱：除主任委員、委員、秘書長外，置技監、參事、處長、技正、科長等，分別主管及經辦有關業務。

九、行政院國家科學委員會：

依行政院國家科學委員會組織條例規定，其組織爲(一)職權：加強發展科學及技術研究。(二)內部組織：除設主任委員、副主任委員外，並設有自然科學發展、工程技術發展、生物科學發展、人文及社會科學發展、科學教育發展、國際合作、綜合業務、企劃考核等處。(三)主要職稱：除主任委員、副主任委員、委員外，置主任秘書、參事、處長、科長等，並得聘顧問，分別主管及經辦有關業務。

十、行政院勞工委員會：

依行政院勞工委員會組織條例規定，其組織爲(一)職權：勞工委員會，主管全國勞工行政事務，對省（市）政府執行本會主管事務有指示監督之責，就本會主管事務，對於省（市）政府之命令或處分，認有違背法令或逾越權限者，得報請行政院停止或撤銷之。(二)內部組織：除主任委員、副主任委員外，設勞資關係、勞動條件、勞工福利、勞工保險、勞工安全衞生、勞工檢查等處。(三)主要職稱：除主任委員、副主任委員、委員外，置有主任秘書、技監、參事、處長、技正、科長等。

十一、行政院農業委員會：

依行政院農業委員會組織條例規定，其組織為(一)職權：主管全國農林漁牧及糧食行政事務；本會對於省市政府執行本會主管事務，有指示監督之責；本會就主管事務，對於省市政府之命令或處分，認為有違背法令或逾越權限者，得報請行政院停止或撤銷之。(二)內部組織：除設主任委員、副主任委員外，並設企劃、農糧、林業、漁業、畜牧、輔導等處。(三)主要職稱：除主任委員、副主任委員、委員外，置主任秘書、技監、參事、處長、技正、科長等，分別主管及經辦有關業務。

十二、行政院文化建設委員會：

依行政院文化建設委員會組織條例規定，其組織為(一)職權：統籌規劃國家文化建設，發揚中華文化，提高國民精神生活。(二)內部組織：除設主任委員、副主任委員外，並設第一、第二、第三三處。(三)主要職稱：除主任委員、副主任委員、委員外，置主任秘書、參事、處長、技正、科長等，分別主管及經辦有關業務。

十三、行政院經濟建設委員會：

依行政院經濟建設委員會組織條例規定，其組織為(一)職權：從事國家經濟建設之設計、審議、協調及考核。(二)內部組織：除設主任委員、副主任委員外，設綜合計畫、經濟研究、部門計畫、人力計畫、住宅及都市發展、財務、管制考核、總務等處。(三)主要職稱：除主任委員、副主任委員、委員外，置主任秘書、參事、處長、技正等，並得聘顧問或研究員，分別主管及經辦有關業務。

十四、行政院研究發展考核委員會：

依行政院研究發展考核委員會組織條例規定，其組織為(一)職權：統籌辦理研究發展工作，推動計畫作業，加強管制考核及為民服務工作。(二)內部組織：除主任委員、副主任委員外，設研究發展、綜合計畫、管制考核、資訊管理等處。(三)主要職稱：除主任委員、副主任委

員、委員外，置有主任秘書、處長、科長等。

十五、其他機關：

如依行政院大陸委員會組織條例，所設置之**行政院大陸委員會**；依國立故宮博物院組織條例，所設置之國立故宮博物院；依行政院青年輔導委員會組織條例，所設置之行政院青年輔導委員會；及由行政院依法律授權訂定中央選舉委員會組織規程，所設置之中央選舉委員會。

第三項　行政院與所屬機關的關係

行政院與所屬機關的關係，因構成行政院會議的八部二會，依行政院組織法第十四條所設的委員會，及依行政院組織法第五、第六條所設之行政院直屬機關，有所不同。茲分析之：

一、行政院與八部二會的關係：

（一）八部二會是構成行政院的一分子：依行政院組織法，及依憲法第五十八條規定，行政院會議由行政院院長、副院長、各部會首長及不管部會之政務委員組織之，故八部二會的首長是構成行政院會議的一分子，八部二會亦是構成行政院的一分子，八部二會所提法案，須經行政院會議議決，並以行政院名義送立法院審議，部會的重要事項，亦須行政院會議議決。凡此，均表示八部二會是構成行政院的一分子。

（二）八部二會又是行政院的直屬機關：如不須經由行政院會議議決之事項，各部會如向行政院有所請示，通常須備函請行政院核示，有者須報行政院核備，行政院有所指示時，亦以函復請示之部會，其情形與一般上下級機關間的關係相同。由此觀之，八部二會又是行政院的所屬機關。

二、行政院與依組織法第十四條所設委員會的關係：

行政院組織法第十四條規定「行政院為處理特定事務，得於院內設各種委員會」，如國立故宮博物院管理委員會、行政院法規委員會等，均係依

組織法第十四條而設置，故均爲院內的委員會，其性質多以幕僚工作爲主，因此種委員會可視爲行政院的內部單位之一，其所以以委員會名義設置者，在便於羅致專才與集思廣益，其組織多以行政院自行核定的組織規程爲依據，其獨立性較之行政院直屬機關略差。

三、行政院與其直屬機關的關係：

如行政院主計處、行政院人事行政局、行政院新聞局、行政院國軍退除役官兵輔導委員會、行政院國家科學委員會等機關，旣非八部二會，亦非依行政院組織法第十四條規定而設的院內單位，而是依行政院組織法第五條及第六條，各有其組織法及具有完整獨立性的機關，惟隸屬於行政院而已。此種機關，與行政院間的關係，完全是上級與下級機關間的關係。惟行政院主計處、行政院人事行政局、行政院新聞局，與行政院會議關係極爲密切，首長亦列席行政院會議，故在無形中，含有構成行政院一分子的意味，但其地位比之八部二會又有不同，此三機關首長在行政院會議中，只有陳述意見及備詢，而無參加表決之權。

第八節　行政院與其他四院的關係

行政院與國民大會及總統間的關係，在第六、第七章末節中已有敍述，玆就行政院與立法院，行政院與司法院，行政院與考試院，行政院與監察院的關係，就憲法及有關法律之所定，分項簡述如後。

第一項　與立法院的關係

行政院與其他四院的關係中，以與立法院之關係最爲密切，玆分析如下：

一、任命同意關係：

行政院院長，由總統提名經立法院同意後任命之。如未獲立法院出席立法委員過半數之同意，總統則不得任命，勢須另行提名，再徵得立法院同意（憲法第五十五條）。

二、提出施政方針、報告與質詢關係：

行政院有向立法院提出施政方針與施政報告之責，立法委員在開會時，有向行政院院長及行政院各部會首長提出質詢之權。行政院院長及各部會首長，對所提質詢有答覆的義務（憲法第五十七條）。

三、對重要政策未獲贊同之移請覆議關係：

立法院對行政院之重要政策不贊同時，得以決議移請行政院變更之，行政院亦得經總統核可移請覆議。故立法院對行政院所定的重要政策，有贊同或不贊同之權，如不贊同則須以決議行之，再移請行政院變更。行政院對立法院移請變更的重要政策，有變更或不變更之權，但如不願變更時，須先報請總統核可後，始得移請立法院覆議。如立法院仍維持原決議時，則行政院院長只有接受或辭職的選擇（憲法第五十七條）。

四、對立法院決議法案之移請覆議關係：

行政院對立法院決議之法律案、預算案、條約案，如認有窒礙難行時，得經總統之核可，移請覆議。故行政院對法律案（不以行政院所提者為限）、預算案、條約案，雖經立法院決議，仍有考慮執行是否有窒礙之權，如認有窒礙難行（不論為全案或其中的一部分）之處，仍得移請立法院覆議，但須報經總統核可。如立法院經覆議仍維持原案時，則行政院院長只有接受或辭職的選擇（憲法第五十七條）。

五、行政院會議對法案及重要事項之議決須提出於立法院關係：

行政院會議議決之法律案、預算案、戒嚴案、大赦案、宣戰案、媾和案、條約案及其他重要事項，應提出於立法院。立法院對行政院會議之議決案提出立法院後，立法院通常按處理法案的程序進行，如其中涉

及重要政策而不贊同時，可以決議移請行政院變更，如係法案，在審議過程中自得予以修正後完成立法程序，移送行政院(憲法第五十八條)。

六、列席會議陳述意見關係：

立法院開會時，行政院院長及各部會首長，得列席陳述意見（憲法第七十一條）。

七、法律施行細則及有關辦法送備查關係：

行政院及所屬各主管機關，依法律授權所訂定的施行細則及有關辦法，除予下達或發布外，均應送立法院（中央法規標準法）。

八、預算決算之編列關係：

立法院之預算及決算，應送由行政院編入中央政府總預算及總決算（憲法第五十九、六十條）。

第二項　與司法院的關係

行政院與司法院關係，有者為憲法所定，有者為有關法律所定，茲分析如下：

一、法務行政與司法審判關係：

行政院之法務部，主管法務行政，如犯罪偵查、刑期執行、及一般法律事務等，而司法院掌理司法民刑事審判及公務員懲戒等，在業務上發生密切關係，故須隨時聯繫協調，以竟事功（憲法第七十七條、法務部組織法）。

二、行政院命令受司法院解釋約束關係：

行政院推動政務，須經常發布命令，如所發布命令經司法院大法官會議解釋，認為與憲法或法律相牴觸時，該命令即被宣布為無效（憲法第七十八、一百七十二條）。

三、解釋法令關係：

行政院適用憲法及法令發生疑義時，得請司法院解釋憲法及統一解釋法律及命令（憲法第七十八、一百七十一、一百七十三條）。

四、預算決算之編列關係：

司法院及所屬機關的預算及決算，須送由行政院編入中央政府之總預算與總決算（憲法第五十九、六十條）。

五、受懲戒關係：

行政院及所屬機關人員，因有失職或違法情事，被監察院彈劾者，送司法院公務員懲戒委員會懲戒（憲法第七十七條）。

六、行政訴訟關係：

行政院及所屬機關，如有違法之行政處分或決定，受損害之當事人，可依行政訴訟法之規定，向司法院行政法院提起行政訴訟，行政法院對行政訴訟案的判決書，就其事件有拘束各關係機關之效力（憲法第七十七條）。

第三項　與考試院的關係

行政院與考試院之關係，依憲法及有關法律規定，有下列各種：

一、預算決算之編列關係：

考試院及所屬機關之預算及決算，應送由行政院編入中央政府之總預算及總決算（憲法第五十九、六十條）。

二、需用人員考試關係：

行政院及所屬機關需用人員，可請考試院考選部辦理考試，需進用新人，由考試及格人員中分發任用（憲法第八十三、八十五、八十六條）。

三、現職人員銓敘關係：

行政院及所屬機關人員，其任用資格與俸級，須由考試院銓敘部銓定資格敘定級俸；其考績，須由銓敘部審定；其保險，由銓敘部主管；

其退休及亡故人員遺族之撫邮，須由銓敍部核定（憲法第八十三條）。

四、特種人事法規之會辦關係：

特種任用法規（如警察人員管理條例）及情形特殊之法規（如獎章條例），由行政院考試院會同辦理，如爲法案則會同向立法院提案，如爲規章則會同發佈。又如涉及財力負擔的人事行政措施，亦多須獲得行政院的同意（憲法第八十三條）。

五、人事考銓業務受監督關係：

行政院人事行政局，有關人事考銓業務，並受考試院之指揮監督（行政院人事行政局組織規程）。

第四項　與監察院的關係

行政院與監察院關係，依憲法及有關法律規定，有下列幾種：

一、預算決算之編列關係：

監察院及所屬機關之預算及決算，須送由行政院編入中央政府之總預算及總決算（憲法第五十九、六十條）。

二、提出決算關係：

行政院於會計年度結束後四個月內，應提出決算於監察院（憲法第六十條）。

三、受調查、糾正、糾舉及彈劾關係：

監察院爲行使監察權，得向行政院及各部會調閱其所發布之命令及各種有關文件。監察院得按行政院及其各部會之工作，分設若干委員會，調查一切設施，注意其是否違法或失職。監察院經各委員會之審查及決議，得提出糾正案，移送行政院及其有關部會，促其注意改善。監察院對行政院及所屬機關人員，認爲有失職或違法情事，得提出糾舉案或彈劾案。如涉及刑事，應移送法院辦理（憲法第九十五、九十六、九十七

條)。

四、受財務審計關係：

行政院及所屬機關之財務，受監察院所屬審計機關之審計（憲法第九十條）。

第九章　立　　法

　　國父孫中山先生，對立法權有獨特的看法，一般國家的立法機關有三種不同的類型，憲法所定的立法院，有其獨特的性質、一定的組織及明確的職權，與其他各院亦有特定的關係。茲分節敍述如後。

第一節　與本章有關的遺教要點

　　國父遺教中，曾批評一般國家代議制的缺點，並強調立法院為治權機關，五五憲草對立法院的設計，與現行憲法規定亦不盡相同。茲分項簡述之。

第一項　代議制的缺點

　　國父在遺教中，提到代議制的缺點有下列各處：

一、代議制只是間接民權：

　　國父在民權主義中說「歐美的民權，現在發達到了代議政體」。又謂「人民對於政府的權力，只能發出去，不能收回來」。再謂「間接民權就是代議政體，用代議士去管理政府，人民不能直接去管理政府」。

二、代議制不是真正的民權：

　　國父在三民主義之具體辦法中說「現在應該要愼重聲明的，是代議制度還不是眞正民權，直接民權才是眞正民權。美國、法國、英國雖然都是實行民權主義，但是他們還不是直接民權，是間接民權的主義。……直接民權共有四個，卽選舉權、罷免權、創制權和複決權，這四個權，便是具體的民權，像這樣具體的民權，才是眞正的民權主義」。

三、代議政體的缺點：

　　國父在民權主義中說「從前沒有充分民權的時候，人民選舉了官吏議員之後，便不能再問」。又說「所學到的壞處，却百十倍，弄到國會議員，變成猪仔議員，汚穢腐敗，是世界各國自古以來所沒有的，這眞是代議政體的一種怪現象。所以中國學外國的民權政治，不但學不好，反而學壞了」。❶

四、在縣實行直接民權在中央及省實行間接民權：

　　國父手訂建國大綱第九條，「一完全自治之縣，其國民有直接選舉議員之權，有直接罷免議員之權，有直接創制法律之權，有直接複決法律之權」。第廿四條，「憲法頒佈後，中央統治權卽歸於國民大會行使之，卽國民大會對中央官員有選舉權，有罷免權；對於中央法律有創制權，有複決權」。又第十六條，「省爲自治之監督單位，憲政開始時期，由國民代表會選舉省長」。

五、直接民權才是全民政治：

　　國父在民權主義中說「人民能够直接管理政府，便要人民能够實行四個民權，人民能够實行四個直接民權，才叫做全民政治」。又在國民要以人格救中國中說「民國是以四萬萬人爲主，我們要想是眞正以人民爲主，造成一個駕乎萬國之上的國家，必須國家的政治，做成一個全民政治」。

---

❶　周世輔著國父思想，第二〇二頁，參考華啓球著三民主義註析，三民書局，七十年九月版。

第二項　立法院是治權機關

國父遺敎中，表明立法院是治權機關之處有：

一、對憲法的解釋：

國父在中華民國憲法史前編序文中說「憲法者國家之構成法，亦卽人民權利之保障書也」。又在五權憲法講詞中說「憲法就是把一國治權分作幾部份，每部份都是各自獨立，各有所司的」。

二、創五權憲法的經過：

國父在中華民國憲法史前編序文中說「兄弟亡命各國的時候，便注意研究各國的憲法，研究所得的結果，見各國憲法只有三權，還是很不完備，所以創出這個五權憲法，補救從前的不完備」。

三、權能區分：

國父在民權主義中說「在我們的計畫中想造成新的國家，是要國家的政治大權，分開成兩個，一個是政權，要把這個大權完全交到人民的手裏，要人民有充分的政權，可以直接去管國事，這個政權就是民權。一個是治權，要把這個大權完全交到政府的機關內，要政府有很大的力量，治理全國事務，這個治權便是政府權」。

四、設立五院行五權之治：

國父手訂建國大綱第十九條，「在憲政開始時期，中央政府當完成設立五院，以試行五權之治，其序列如下，曰行政院、曰立法院、曰司法院、曰考試院、曰監察院」。

第三項　五五憲草對立法權的設計

五五憲草對立法院的規定，共計十三條，其內容爲：

一、第六十三條：立法院爲中央政府行使立法權之最高機關，對國

民大會負其責任。

二、第六十四條： 立法院有議決法律案、預算案、戒嚴案、大赦案、宣戰案、媾和案、條約案及其他關於重要國際事項之權。

三、第六十五條： 關於立法事項，立法院得向各院各部各委員會提出質詢。

四、第六十六條： 立法院設院長副院長各一人，任期三年，連選得連任。

五、第六十七條： 立法委員，由各省、蒙古、西藏及僑居國外國民所選出之國民代表舉行預選， 依下列名額， 各選出候選人名單， 於國民大會選舉之，其人選不以國民代表為限。(一)各省人口未滿五百萬者每省四人，五百萬以上未滿一千萬者每省六人，一千萬以上未滿一千五百萬者每省八人，一千五百萬以上未滿二千萬者每省十人，二千萬以上未滿二千五百萬者每省十二人，二千五百萬以上未滿三千萬者每省十四人，三千萬以上者每省十六人；(二)蒙古西藏各八人；(三)僑居國外國民八人。

六、第六十八條： 立法委員任期三年，連選得連任。

七、第六十九條： 行政、司法、考試、監察各院，關於其主管事項，得向立法院提出議案。

八、第七十條： 總統對立法院之議決案，得於公布或執行前提交復議。立法院對於前項提交復議之案，經出席委員三分之二以上之決議維持原案時，總統立即公布或執行之，但對於法律案、條約案，得提請國民大會複決之。

九、第七十一條： 立法院送請公布之議決案，總統應於該案到達後卅日內公布之。

十、第七十二條： 立法委員於院內之言論及表決，對外不負責任。

十一、第七十三條：立法委員除現行犯外，非經立法院許可，不得逮捕或拘禁。

十二、第七十四條：立法委員不得兼任其他公職或執行業務。

十三、第七十五條：立法委員之選舉，及立法院之組織以法律定之。

第二節 各國立法機關的由來與類型

一般國家均有立法機關（議會）的設置，在三權分立制的議會由來甚久，所謂議會又有一院制議會、兩院制議會與多院制議會的不同。玆分項簡述如後。

第一項 三權分立制議會的由來

議會的由來，可就其起源及性質分析之：

一、議會的起源：

大致可區分為三個時期，各有其特性。

(一)等級會議時期：近代的立法機關，實導源於歐洲中世紀的等級會議。歐洲中世紀封建制度盛行，君主為期與封建貴族彼此交換意見，協調利害關係，多有等級會議的召開，如英國的大會議(Great Council)，由貴族及僧侶組成；法國的等級會議，由貴族、僧侶及市民代表三級所組成；西班牙及葡萄牙的立法會議 (Cortes)，由大貴族、小貴族、僧侶及市民代表四級所組成。此時期之等級會議，均以代表各等級的利益為主，各等級個別開會，觀念歧異，權力分散，無完整體制；復因當時君權高張，不為君主所重視。

(二) 改變時期：等級會議的改變，逐漸走向現代議會的情況，可以英國的等級會議之發展為例。英國的大會議，原為貴族及僧侶所組

成，每年由國王召開三次或四次，為國王的諮詢機關及最高法庭，輔助國王決定政策、審判重要條件，制定或修改法律。後來國王為增加租稅，增加各縣選舉武士二人出席，擴大會議的組織，並改稱為國會 (Parliament)，但此時的國會，其實質仍為等級會議。及後國王因需要政費，乃又命各市選舉市民二人參加，因而會議的基礎再次擴大。直至愛德華一世 (Edward I,1272-1302)，復因需要戰費，於一二九五年召開模範國會 (Model Parliament) 除貴族、僧侶、武士、及市民代表外，更使各地方平民選舉代表參加，因而代表基礎更為擴大。其後大僧侶與貴族，因利害相同，合組一院形成上議院，武士與平民亦因利害相同，合組一院形成下議院。從此，上議院代表貴族，其議員由國王選任，下議院代表平民，其議員由平民選舉。至愛德華三世 (1327-1377) 時期，英國兩院制的議會遂正式完成。英國自國會制度建立後，其權限亦逐步增加，如一二一五年的大憲章，乃由於英王約翰 (King John, 1199-1216) 窮兵黷武，為橫征暴歛，受諸侯僧侶及庶民聯合迫請英王所簽署者；其中最重要者為第十二條「非經全國同意，不得征收免役稅及國王津貼……」，此乃後世「非經承諾，不得征收租稅」之起源。及至一六二八年之權利請願書，亦係國會為保障人民權利，對國王所為之請願而獲國王允許者，其中重要規定有「未經諸大主教，主教、伯爵、男爵、武士、城市民及其他自由民自願承諾者，則英國國王或其子嗣，不得向之征收貢稅或捐獻」，「非經法律正當程序之審判，不得將其驅逐離開其居住土地，亦不得予以逮捕拘禁，或取消其繼承權，或將其處死」。至一六八八年，經光榮革命由國會通過權利典章（The Bill Rights)，其中規定有「未經國會同意，而以王權停止法律或施行法律，均為僭越行使權力」，「未經國會同意，僭用王權征收租稅，以供王室之用……均屬非法」，「國會議員之選舉，必須自由」，「法院審判案件，

不得要求過多之保證金，亦不得科過多之罰金，又不得用殘酷非常之刑罰」，「爲解除一切痛苦，及爲增訂、加強與維護法律，國會須常開會」。由此可知，國會的權力已逐漸擴大。

（三）現代國會的產生：一七八七年，美國公布聯邦憲法，國會制度，乃在美洲生根，後經法國大革命，國會制度傳至法國，又轉播於大陸諸國，及後更普及於中南美洲及亞洲各國。至十九世紀末，除俄國外，世界各重要國家，幾乎無不採行。

二、議會的性質：

一般而論，議會是代表人民行使立法權的機關，而議會的議員，原則上又是由人民選舉而產生，然則議員與人民間的關係究竟如何，所謂代表人民究竟如何代表，此由於時代的進步，亦產生若干不同的學說，玆簡說如下：

（一）委託說：認爲議會的議員，各爲其本選舉區選民的受託人，亦即一方面認爲議會的議員與選民之間，含有一種私法的委託關係；二方面認爲此種委託關係，僅存於各議員與其本選舉區選民之間，並非存於議會整體與全國選民之間，或各議員與全國選民之間。此說在等級會議時期甚爲流行，不爲現代一般憲法或法律所採取。

（二）代表說：認爲議會整體爲全國人民的受託人，並具有特殊性質的委託關係，亦即一方面認爲國家主權屬於國民全體，而非屬於各個人民，一個選舉區的選民只是全國人民的一部分，而不是構成主權的主體，故一個選舉區的選民，不能認爲是主權者或委託人，而議會的個別議員亦不能受託於本選舉區的選民；二方面認爲議會整體所表示的意志，與人民全體所直接表示的意志相等，有拘束人民全體的效力，故議會整體與人民全體之間，實含有一種特殊的委託關係。根據此一學說，議會係受全體人民的委託，而非個別議員分別受各選舉區人民的委託。此說在

法國大革命時甚爲流行，直至目前仍爲多數人所主張。

(三)國家機關說：認爲選民全體與議會，各爲國家的機關，各有其職務，前者的任務爲選舉，後者的任務則在法定範圍內行使其議決權，故二者之間並無委託關係的存在，彼此的職權均來自憲法。此說多爲德國人所主張，法、意等國人士亦有贊成者。

以上三種學說，委託說與國家機關說，均過於極端，如委託說，議會的各別議員均須受各該選舉區選民的控制，且由於各選舉區選民的利益多不相同，則各議員的意見亦難趨於一致，因而立法與決議，均將發生極大困難與阻碍。而國家機關說，則認爲選民全體與議會之間無任何代表或委託關係，只是各行使憲法所賦與的職權而已，若果如此，則選民與議會的意見各行其是，而代議政體的意義亦將因而喪失，再如一般內閣制國家議會對行政首長的不信任投票與行政首長的解散議會，以探求眞正民意的措施，亦均將成爲無意義。因而此兩說均不甚適合，代表說則較能符合實際，故以代表說爲宜。

第二項　一院制的議會

一院制的議會，有其意義、理論與實例。

一、一院制議會的意義：

由選民選出的議員，組成一個團體，單獨行使國家最高立法權者，謂之一院制。一院制適合於下列情況之國家，即單一國家而在政治上社會上又無階級性者，以一個立法團體，代表人民行使立法權，則代表的基礎完整，意志統一，故應爲一院制。

二、一院制議會的理論：

包括(一)現代民主政治，旨在消滅特權及廢除不平等待遇，故不應有保持特權色彩的上議院存在；且事實上即使有兩院的國家，下院權力

日增，而上院已形同虛設，自可廢除。(二)人民的意志是一個總體，不應有兩個議院同時代表一個總體。(三)聯邦國家，亦應以統一為主，如保存上院，將有碍於統一。(四)兩院制使法律案不易成立，有碍政治及社會的改革與進步。(五)兩院制易引起議會內部的衝突，以致為行政機關所操縱，無法保有獨立的地位。

三、一院制議會的實例：

一院制的議會，法國以往曾經一再被採用，至第一次世界大戰後，如芬蘭、拉脫維亞、立陶宛、西班牙等，亦相繼引用；至第二次世界大戰後，中南美洲國家，如瓜地馬拉、巴拿馬、哥斯達黎加、薩爾瓦多等國家，及亞洲國家，如土耳其、印尼、泰國等國家，亦於憲法中規定為一院制議會。目前各國採用一院制議會者，幾佔半數。

第三項　兩院制的議會

兩院制議會，亦有其意義、理論與實例。

一、兩院制議會的意義：

凡由人民選舉或以其他方法產生的議員，組成兩個團體，共同行使國家最高立法權，兩個團體意見一致方能發生效力者，為兩院制議會。大致而言，下列情況適合於兩院制，即(一)聯邦國家，以下議院（或稱眾議院）代表人民，以上議院（或稱參議院）代表各邦，各有代表基礎，如美國是。(二)單一國家而政治上或社會上具有階級性者，如以下議院代表平民，以上議院代表特殊階級（如貴族、僧侶等），亦各有代表基礎，如英國是。

二、兩院制議會的理論：

包括(一)可防止立法的草率，上議院比較慎重，使下議院對法案不得不審慎考慮。(二)可減少立法機關的 專橫與腐化，因權力分散於兩

院，可發生牽制作用，任何一院不能任意作爲，可防止專制。(三)可緩和行政機關與立法機關間的衝突，任何一院與行政機關發生衝突時，另一院發揮緩和與調劑作用。(四)可平衡代表的利益，如一院代表平民，一院代表特殊階級或聯邦，可維持平民與特殊階級或聯邦間利益的平衡。

三、兩院制議會的實例：

兩院制最初發源於英國，上院代表貴族，下院代表人民，上院議員由國王任命，下院議員由人民選舉產生，在英國平常所謂國會，卽多指下院而言。美國亦爲兩院制議會，衆議院代表人民，參議院代表各州，兩院議員均由人民選舉。法國自第三共和起均採兩院制議會，但兩院的權力常有不同的消長，惟大致能使其平衡。十八、十九世紀，歐美各國制定的憲法，大多採兩院制，二十世紀的新憲法，採兩院制者更多，至目前各國採兩院制議會者，居大多數。

四、兩院制議會權力的分配：

兩院對權力的分配，各國情形不盡相同，惟大致可區分爲三種類型，卽(一)兩院權力完全平等或近於平等者：如法國第五共和的兩院，權力大致相等，又如美國的兩院，衆院雖有較大的財政權，但參院有較大的同意官員及締結條約權，故兩院的權力可謂相等。(二)兩院對財政權不等者：卽下院議員由人民選舉而產生，因此認爲財政權應由下議院決定，其餘職權，則兩院大致相等，如比利時、加拿大等國的兩院制議會大致如此。(三)兩院制議會權力完全不相等者：認爲上議院的設置，不在牽制下院，而在輔助下院，故下院的權力超過上院的權力甚多，如英國的兩院制權力分配，卽屬如此。

第四項　多院制的議會

多院制議會的意義、理論與實例如下：

一、多院制議會的意義:

　　凡由人民選舉或其他方法產生兩個團體以外，再有第三個團體或機關，同時行使最高立法權者，爲多院制議會。

二、多院制議會的理論:

　　由於經濟發展與社會進步，專業分工明顯，立法事務更趨複雜，某種特殊事項，非一般議會所能了解，因此乃有立法專門化的需要，如經濟立法、社會立法等，故於一般立法機關之外，尚有設立特種立法機關或團體以制定各特種立法的必要。因此在制度上或事實上，立法機關已不止兩院而已。

三、多院制議會的實例:

　　從形式上看，如法國一七九九年憲法，曾定爲四院制，即將立法權分屬於四個機關，一爲參政院，專司提出議案，議員由執政官任免；二爲議事院，專司討論參政院所提出之議案，無表決權，議員由納稅者間接選舉之；三爲立法院，專司決議案，議員由納稅者直接選舉之；四爲元老院，專司審查議案有無牴觸憲法,議員由執政官會同參政院選派之。奧國一九三四年憲法，亦曾採用四院制。南非現行憲法則採三院制。

　　如從實質上看，如法國第四共和憲法上所稱之經濟會議，第五共和憲法上所稱之經濟及社會會議，均係上下兩院之外的機構，其名義爲諮詢機關，事實上係從事專門立法（如經濟立法）。此種會議在憲法上雖未明定其爲立法機關，但實質上已從事於立法的工作。

第五項　議會的職權

　　一般國家的議會，不論其爲一院制、兩院制、多院制，其共同所有的職權，大致可歸納爲下列四種:

一、立法權:

即制定法律之權，所謂法律指經國家立法機關通過，元首公布，規定人民權利義務、國家機關組織職權，而有拘束力之條規而言。議會之所以有立法權，與法治思想的興起有密切關係，法治思想乃國家之一切施政，不任諸行政或司法官吏之自由意志決定，而應以法律之規定爲準繩，因此人民的自由與權利，由法律加以保障，人民所負義務，由法律予以明文規定；行政機關非依法律，不得限制人民的權利或課人民以義務；法院非依據法律，不得對人民施以逮捕、監禁、審問或處罰。而議會的議員爲人民所選舉，與人民關係最爲密切，立法權自應由議會所享有。

二、預算決議權：

預算係國家每年之歲入歲出，由政府於會計年度開始前，就歲入歲出之項目與數量，分別作成詳細的預算書，經議會通過後，始得據以爲收入及支出之行爲，議會對預算的決定權，即爲預算決議權。議會之預算決議權，係由租稅承諾權演變而來，因議員係由人民選舉，政府收取租稅須經議會的同意，未經同意之租稅不得收取，隨後對政府的經費開支亦須獲得議會的同意，因此乃形成預算的決議權。預算決議權，表面上看只是一種財務的決議權，實際上政府的各種政策能否實施，決定於議會能否通過實施該項政策所需的經費，故預算決議權，亦就等於是政府政策的決議權，如某項政策未能取得議會的同意，該項政策即無經費，因而該項政策亦就難以實現。因預算決議權是如此的重要，故在兩院制議會中，如兩院的權力有所不同時，則往往是有預算決定權的一院，具有較大的權力。

三、行政監督權：

此處所指的行政監督權，乃指議會對政府官員的彈劾權與不信任投票權而言。彈劾係議會對於元首或行政首長或其他重要官員，有違法行

爲時，向有審判權之機關，提出彈劾，予以罷免或懲戒，以維護國家與人民的利益而儆官邪。如爲兩院議會國家，則下院有彈劾權，而上院則有審判權，但審判權亦有歸屬於法院者。

不信任投票，有對內閣全體爲不信任投票者，有對內閣之某一或某少數閣員爲不信任投票者，而總統制（如美國）國家，則多無不信任投票的規定。在內閣制國家，認爲議員乃由人民選擧而來，可代表人民意志，而內閣係基於議會的信任而組成，故亦因議會之不信任而去職。但在多黨制國家的議會，因黨派衆多，內閣欲取得議會之多數的信任頗爲不易，如一任議會使用不信任投票權而不加以適度的限制或賦予內閣以對抗的力量，則將引起內閣變動頻繁，政局的動盪不安，故如議會有不信任投票權的國家，通常亦同時賦予內閣以解散議會的權力，以資對抗。如此，由於議會有不信任投票權，可使內閣施政深具信心，不至倒行逆施；復由於內閣有解散議會權，可使議會尊重內閣之施政，不敢輕率爲不信任投票之決議。

四、質詢權與調查權：

質詢權，係議會議員於議會開會時，就內閣之施政方針，施政報告或其他重要事項，對內閣總理或其閣員所爲之詰問。旣爲對內閣的質詢，故此乃內閣制國家的制度，總統制國家無有之。在內閣制國家，因內閣須對議會負責，亦卽對人民負責，故議會對內閣之施政有質詢之權，以瞭解政府的施政而利於審議法案及預算案。質詢通常有普通質詢與正式質詢兩種，前者係議員對某閣員掌管事項而爲質詢，僅屬質詢者與被質詢兩人間之口頭或書面的問答，不構成國會之辯論問題。後者係議員對內閣重要政策或措施而爲質詢，因關係重要，故常爲國會辯論之問題，且會引發對內閣不信任的投票，而更換內閣。

調查權係國會對政府機關、官員或人民，爲行使立法權、預算決議

權及行政監督權, 所為之調查權力。一般國家憲法賦予國會調查權之目的, 在調查各種實際情形及民間反應, 以供立法及決議預算之參考, 調查政府官吏有無違法失職以決定是否提出彈劾或不信任案, 國會行使調查權時, 多同時賦予召喚證人、處罰僞證等權力。國會的行使調查權, 固可發揮某種效果, 但若毫無限制任意為之, 則對政府的行政將產生過分干預, 影響推動施政的流弊, 因此學者多認為行使調查權應受下列限制, 即(一)調查權的行使, 不得破壞三權分立的原則; (二)調查事項, 應限於立法權的範圍; (三)國會倘無職務執行上的正當理由, 不得揭發個人私事; (四)調查本身, 須與國會的職務有關及有所幫助; (五)國會絕無只為暴露而揭發他人私事之權。及惟恐因調查而影響及審判, 妨害司法的獨立, 故一般國家多規定當國會調查之事件已繫屬於法院時, 應即中止調查。

第三節　立法院的性質

我國立法院, 從其組織與職權觀之, 具有治權與政權的雙重性質, 亦是我國最高的立法機關。茲分項述後。

第一項　是兼具治權與政權的機關

依憲法前言, 本憲法係依據　孫中山先生創立中華民國之遺教而制定; 國父遺教中之精華係主張權能區分, 亦即將政權與治權分開, 立法權則屬於政府的五個治權之一; 而現行憲法第六十二條卻又規定「立法院為國家最高立法機關, 由人民選舉之立法委員組織之, 代表人民行使立法權」, 是又與一般國家的國會相當。因而立法院究竟是治權機關抑是政權機關, 各界見仁見智, 頗多爭論, 茲就其理由簡說如下:

一、認立法院爲治權機關之理由:

(一)立法權爲治權: 依國父權能區分原則, 立法權屬於治權範圍, 爲五種治權之一, 五權憲法卽指五種治權構成中央政府制度之憲法, 立法權之本質旣爲治權, 則行使立法權之立法院應爲治權機關; 至立法委員雖爲民選, 但並不影響其爲治權機關的本質, 因行使治權者由人民選舉的並不少見, 如總統、副總統, 將來的省長, 現行的縣市長等, 均爲民選之治權機關的首長。

(二)立法院與國民大會並非平行機關: 依憲法第二十五條, 國民大會代表全國國民行使政權, 自不得再有第二個機關同時行使政權。再依憲法第二十七條第二項及國民大會創制複決兩權行使辦法規定, 國民大會創制之立法原則應由立法院制定爲法律, 立法院所決議之法律, 國民大會得行使其複決權, 以修正或廢止之, 是立法院不啻爲國民大會行使政權之對象, 而非與國民大會同時行使政權。

(三)立法院之職權並不包括政權: 政權係指選舉、罷免、創制、複決權而言, 除立法院的立法權得視爲具有創制權之性質外, 其餘三權立法院均不得行使, 故非政權機關。

(四)立法委員兼職限制及負責規定並非認定政權機關的標準: 如內閣制國家, 政權機關卽議會之議員可兼任閣員, 而我國立法委員則否。又立法委員在院內所爲言論及表決對外不負責任之規定, 只是在保障立法委員的言論自由, 與立法院之是否爲政權機關, 並無必然關係。

二、認立法院爲政權機關的理由:

(一)立法院代表人民行使立法權: 此爲憲法第六十二條所明定, 此與西歐學者認爲議會係代表人民行使職權之說相符, 而各國的國會, 其性質係屬政權機關, 故立法院爲政權機關。

(二)立法委員產生方法與國大代表同: 立法委員與國大代表, 均由

人民直接選舉，選舉人與被選舉人資格亦大致相同，所不同者立法委員選舉以省為選舉單位，而國大代表則以縣為選舉單位；國民大會既為民意機關及政權機關，立法院亦應與之相同。

　　(三)立法委員不得兼任官吏、表決及言論對院外不負責任：依憲法第七十五條，立法委員不得兼任行使治權的官吏，復因其係代表人民行使立法權，故依憲法第七十三條，其在院內之表決及言論對院外不負責任，此與一般治權機關之公務人員，其在機關內之行為對外仍須負責者不同。

　　(四)立法院之職權相當於外國之國會：如立法院對行政院院長任命之同意權、議決法案權、議決預算權、質詢權，行政院對立法院負責，可迫使行政院院長接受其決議或辭職等，均為一般國家國會所享有之權，故應為政權機關。再依司法院釋字第七十六號解釋，認為就憲法上之地位及職權之性質而言，應認國民大會、立法院、監察院共同相當於民主國家之國會，（解釋文見六章二節四項）。因大法官會議的解釋具有法律的效力，因而頗難認為立法院非政權機關。

三、立法院是兼具治權與政權性質的機關：

　　由上述各種理由觀之，頗難認立法院為純粹的治權機關或政權機關，而在法律上及事實上，均兼具有治權及政權的性質。

第二項　為國家最高立法機關

　　憲法所謂國家最高立法機關，包括下列各種意義：

一、為治權機關中之立法機關：

　　依憲法規定，立法院為中央政府行使統治權的五個院之一，故宜為治權機關，在治權機關中，自以立法院為立法機關，其他機關所需之法律，均由立法院制定。而國民大會雖有創制、複決法律之權，但國民大

會依憲法規定爲政權機關，並不影響立法院爲國家最高立法機關的規定。

二、爲國家法律之立法機關：

依憲法第一百七十條，法律，謂經立法院通過，總統公布之法律，立法院所制定者卽爲此種法律；依憲法第一百十三條及一百二十四條規定，分別由省議會及縣議會行使之立法權，嚴格言之不得稱爲法律。再立法院所制訂者爲國家法律，亦卽中央法律；而由省議會及縣議會所制定之法規，則屬地方的法規。

三、爲最高立法機關：

立法院及省、縣議會，依憲法規定雖同爲立法機關，但在地位上以立法院爲最高，省議會次之，縣議會又次之。但吾人須注意者，立法院之地位雖高於省、縣議會，但三者爲分別代表民意，故立法院不能指揮監督省議會，省議會亦不能指揮監督縣議會。

四、所制定法律具有最高效力：

惟此所謂最高效力，仍受兩種限制，一爲受國民大會之複決，二爲不得牴觸憲法，除此之外，立法院的法律卽具有最高效力，因依憲法第一百十六條及一百二十五條，省法規與國家法律牴觸者無效，縣單行規章與國家法律或省法規牴觸者無效。

第四節　立法院的組織

依憲法第七十六條規定「立法院之組織，以法律定之」。依憲法及立法院組織法規定，立法院由人民選舉之立法委員組織之。依立法院組織法及各委員會組織法規定，立法院設有院長、副院長，立法院的開會有立法院會議、全院委員會，及各委員會會議，立法院又設幕僚機關。玆分項簡述如後。

第一項　立法委員

立法委員由選舉而產生，有任期及兼職限制，具有身體及言論與表決的保障。茲分析如下：

一、立法委員的產生：

依憲法及立法院立法委員選舉罷免法規定，其要點爲：

(一)立法委員之選舉：依憲法第六十四條規定，立法委員依左列規定選出之，1.各省、各直轄市選出者，其人口在三百萬以下者五人，超過三百萬者每滿一百萬人增選一人；2.蒙古各盟旗選出者；3.西藏選出者；4.各民族在邊疆地區選出者；5.僑居國外之國民選出者；6.職業團體選出者。以上第二至第六款立法委員名額之分配以法律定之，以上各款婦女名額以法律定之。

(二)名額之分配：依民國三十六年六月十四日公布及同年九月二十九日修正的立法委員名額分配表，計全國各省直轄市選出代表名額爲六百二十二名，蒙古各盟旗爲二十二名，西藏爲十五名，各民族在邊疆地區者爲六名，僑居國外國民選出者爲十九名，各職業團體爲八十九名，共計爲七百七十三名(其中婦女名額至少爲八十二名)，但民國三十七年一月二十一日至二十三日全國各區同時投票選舉結果，共選出七百六十名(惟根據第一屆立法院集會報告，依法選出者實爲七百五十九名)。

二、立法委員候選人之資格：

依立法委員選舉罷免法規定，中華民國國民，年滿二十歲而無下列情事之一者，有選舉立法委員之權；年滿二十三歲而無下列情事之一者，有被選舉爲立法委員之權。所謂下列情事（即消極資格），包括 (一) 犯刑法內亂外患罪 經判決確定者；（二）曾服公務有貪污行爲 經判決確定者；（三）褫奪公權尚未復權者；（四)受禁治產之宣告者；（五)有精神病

者；(六)吸用鴉片或其代用品者。

　　但依動員戡亂時期公職人員選舉罷免法規定，對立法委員候選人資格，已有學歷或考試或年資之限制，並須經檢覈合格，其消極資格條款亦有增加，其情形與國大代表候選人資格同（參閱六章三節一項）。

三、立法委員的罷免：

　　依立法委員選舉罷免法規定，當選之立法委員得由原選舉區選舉人罷免之。又依動員戡亂時期公職人員選舉罷免法規定，立法委員得由原選舉區選舉人向選舉委員會提出罷免案，但就職未滿一年者，不得罷免；罷免案應附理由書，須有一定人數的提議及一定人數的連署，始得成立；舉行罷免投票前，並應將罷免理由書副本送交被罷免人，限期提出答辯書。

四、立法委員的任期與出缺的遞補：

　　依大法官會議釋字第二十二號解釋，立法委員依法行使憲法所賦予之職權，自屬公職；又依法支領歲費公費，應認為有給職。依憲法第六十五條規定「立法委員之任期為三年，連選得連任，其選舉於每屆任滿三個月內完成之」。由此觀之，立法委員的任期規定甚為明確，不若國民大會代表任期規定（每屆國民大會代表之任期，至次屆國民大會開會之日為止）之具有彈性。

　　依憲法規定，第一屆立法委員之任期，應於民國四十年五月七日屆滿三年，次屆立法委員應於民國四十年二月七日至五月六日這三個月內完成選舉。因當時國家發生重大變故，事實上無法辦理選舉，乃由總統諮商立法院繼續行使立法權一年，後又兩次延長任期一年。此種權宜措施實是可暫而不可久，行政院乃於民國四十三年一月二十三日經院會通過送請司法院解析，經同年同月司法院大法官會議釋字第三十一號解釋「憲法第六十五條規定立法委員之任期為三年，第九十三條規定監察委員

之任期爲六年，該項任期，本應自其就職之日起，至屆滿憲法所定之期限爲止。惟值國家發生重大變故，事實上不能辦理次屆選舉時，若聽任立法監察兩院職權之行使陷於停頓，則顯與憲法樹立五院制度之本旨相違。故在第二屆委員未能依法選出集會與召集之前，自應仍由第一屆立法委員、監察委員繼續行使其職權」。自此，立法委員的任期問題始告解決，惟所謂繼續行使其職權，並非延長其任期，而只是任期屆滿後繼續行使其職權。又動員戡亂時期增額選出之立法委員，仍須每三年改選。

依立法委員選舉罷免法規定，立法委員的職務，因任期屆滿而終止，但在任期中若因罷免、辭職或其他理由而出缺時，則由候補人依次遞補，其任期至原任期屆滿之日爲止。但自四十年五月後則未再遞補。

五、立法委員的言論及表決自由保障：

依憲法第七十三條規定「立法委員在院內所爲之言論及表決，對院外不負責任」。茲分析之：

(一)須爲在院內所爲之言論及表決：出席會議、發表言論及參加表決，乃爲立法委員職務上之行爲，因此立法委員在院內遂行職務所爲之言論與表決，對院外均不負責任。若立法委員於院外發表言論，不論爲職務上或非職務上，仍須負責任。

(二)須爲與職務有關的言論及表決：如在院內發表與職務無關的不法言論，對院外自仍須負責。司法院解字第三七三五號，對縣參議員曾作「縣參議員在會議時所爲無關會議事項之不法言論，仍應負責」及大法官會議釋字第一六五號解釋「地方議會議員……就無關會議事項所爲顯然違法之言論，仍難免責……」的解釋，在學理及法理上，此種解釋應可適用至中央民意代表，亦卽立法委員在院內會議時所爲無關會議事項之不法言論，仍應負責。

(三)只不負司法上的責任：所謂不負責任，只是司法上不負責任，

而政治上責任或民意機構自定的紀律責任，仍不得免除。如原選舉單位人民因立法委員言論不當而提出罷免，或由立法院長將言論不當的立法委員交付院內紀律委員會懲處，均爲法規所明定，證明其仍應負責。

至對立法委員爲何須給予言論及表決自由的保障，其理由與國大代表言論及表決自由的保障同，可參閱六章三節一項的敍述。

六、立法委員的身體自由保障：

依憲法第七十四條規定「立法委員，除現行犯外，非經立法院許可，不得逮捕或拘禁」。其情形與憲法第三十三條有關國民大會代表之保障相若，所不同者爲對國大代表的身體保障，以在會期中爲限，在會期外則不受特別的保障；而對立法委員的保障，則無在會期中的限制，換言之，立法委員在任期內，均受有此種不得逮捕或拘禁之保障。惟於此須注意者，在兩種情況下仍不受保障，卽一爲現行犯時，不予特別保障；二爲經立法院許可時，亦不予特別保障。至現行犯的內涵及須予特別保障的理由，可參見本書六章三節一項有關國大代表身體保障的敍述，此處不再重複。

七、立法委員的兼職限制：

(一)不得兼任官吏：依憲法第七十五條規定「立法委員不得兼任官吏」。因立法委員係依法行使憲法所賦予之職權，自爲公職，又立法委員依法支領歲費公費，自爲有給職，故有兼職之限制。參照大法官會議釋字第一號解析，立法委員如就任官吏，卽應辭去立法委員，其未辭職而就任官吏者，應於其就任時視爲辭職。釋字第二十四號解釋，公營事業之董事、監察人及總經理，應屬於公職及官吏之範圍，立法委員不得兼任。釋字第四號解釋，由政府派充之人員，不問其機構爲臨時或常設，應認其爲憲法第七十五條所稱之官吏，立法委員不得兼任。

(二)不得兼任國大代表：依司法院釋字第三〇號，憲法所定立法委

員不得兼任官吏，並非謂官吏以外之任何職業均得兼任，仍須視其職務之性質與立法委員職務是否相容而定；如依憲法第二十七條，國民大會可複決立法院所提憲法修正案，及制定辦法行使創制權複決權，若立法委員得兼任國大代表，是以一人兼任具有提案與複決或行使立法權與行使創制權複決權之兩種性質不相容的職務，顯與憲法第二十五條及六十二條所定精神不符，故立法委員不得兼任國大代表。

(三)不得兼任省縣議會議員：參照司法院釋字第七十四號解釋「國民大會代表係各在法定選舉單位當選，依法集會，代表全國國民行使政權。而省縣議會議員乃分別依法集會，行使屬於各該省縣之立法權。為貫澈憲法分別設置各級民意機關，賦予不同職權之本旨，國民大會代表自不得兼任省縣議會議員。」立法委員自以不兼任省縣議會議員為宜。

第二項　院長及副院長

依憲法第六十六條規定「立法院設院長副院長各一人，由立法委員互選之」。茲分析如下：

一、院長副院長的產生：

依立法委員互選院長副院長辦法規定，院長副院長選舉，應分別舉行，全體立法委員均為當然候選人，不須簽署或任何其他方式提名。選舉須有委員總數七分之一出席方得舉行，凡能得出席人數過半數票者為當選。第一次投票如無人得過半數票時，就得票較多之前二名重行投票，以得票較多者為當選。院長副院長經全體立法委員十分之一以上人數之提議，出席委員過半數之通過，得予改選。

二、院長副院長的職權：

立法院為合議制機關，立法院長與立法委員，均須透過院會始得行使職權，立法院長僅是名義上的首長，並無行政機關首長的特殊實權。

依憲法及立法院組織規定，其職權有：（一）召集國民大會臨時會，卽依憲法第三十條規定應補選或彈劾總統副總統時，由立法院院長通告集會。（二）立法院院長，參加由總統依憲法第四十四條召集之各院院長會議，以解決院與院間之爭執。（三）遇及省自治法施行中某條文發生重大障碍時，立法院院長參加由司法院院長依憲法第一百十五條規定所召集之五院院長會議，提出解決方案。（四）立法院院長，依立法院組織法規定綜理院務，並爲會議之主席，表決議案可否同數時，取決於主席。（五）立法院會議，依立法院組織法規定，由立法院院長擔任主席，維持會場秩序，如立法委員有違反議事規則或議場秩序之行爲，主席得警告或制止之，並得禁止其發言；其情節重大者，並得交由紀律委員會審議後，提出立法院會議決定懲戒之。（六）立法院院長，依立法院組織法規定，遴選立法院秘書長、副秘書長，經報告院會後任命之。（七）院長副院長係由立法委員兼任，因此立法委員得以行使的職權，院長副院長亦得行使之。

　　至副院長之職權，依立法院組織法規定，除平時襄贊院長處理院務，及院長因故不能視事時代理其職務外，並無其他特別之職權。

第三項　立法院的會議

　　立法院的會議，分常會及臨時會兩種，會議的召開有其一定的程序。茲分析如下：

一、常　會：

　　依憲法第六十八條規定「立法院會期，每年兩次，自行集會，第一次自二月至五月底，第二次自九月至十二月底，必要時得延長之」。故立法院的常會爲每年二次，前後共有八個月，必要時並得延長之。

二、臨時會：

依憲法第六十九條規定「立法院遇有左列情形之一者，得開臨時會，(一)總統之咨請；（二）立法委員四分之一以上之請求」。關於總統咨請召開臨時會者，一爲總統於發布緊急命令令後，依憲法第四十三條規定，於一個月內提交立法院追認時所召開之臨時會；二爲在立法院休會期間，行政院院長辭職或出缺時，除由副院長代理外，依憲法第五十五條規定，總統於四十日內咨請立法院召集會議，提出行政院院長人選徵求同意，所召開之臨時會。至立法委員請求召開臨時會者，只要遇及緊急重要事件，認有召集臨時會必要，且有四分之一以上的請求，即可召開。

三、會議的一般規定：

（一）會議的開議：立法院會議，多於每週二及週五舉行，必要時得增開會議；立法院會議非有立法委員總額七分之一之出席不得開議。如係修改憲法提案之會議，則依憲法第一百七十四條規定，須有立法委員四分之三之出席，方得開議。

（二）會議的主席：立法院會議由院長擔任主席，院長因故不能出席時，由副院長擔任主席；院長副院長均因事故不能出席時，由出席委員推一人爲主席。

（三）會議的形式：立法院會議，公開舉行之，但經主席或出席委員提議並有廿人以上之附議或連署，得改開秘密會議，並以在立法院定期院會以外之日期舉行爲原則。

（四）會議的決議：立法院會議的決議，以出席委員過半數之同意行之，可否同數時取決於主席。但憲法別有規定者依其規定，如立法院依憲法第一百七十四條規定提出憲法修正案時，應有立法委員四分之三之出席及出席委員四分之三之決議；及行政院依憲法第五十七條規定移請覆議時，立法院如須維持原決議或原案，則須經出席立法委員三分之二之決議。

第四項　立法院各種委員會

依憲法第六十七條規定「立法院得設各種委員會」。至各種委員會的組織法及職權，則於立法院及各委員會組織法中規定之。依立法院組織法規定，立法院內有常設委員會、特種委員會及全院委員會三類，其情形如下：

一、常設委員會：

（一）名稱：立法院設 1.內政委員會； 2.外交委員會； 3.國防委員會； 4.經濟委員會； 5.財政委員會； 6.預算委員會； 7.教育委員會； 8.交通委員會； 9.邊政委員會； 10.僑政委員會； 11.司法委員會； 12.法制委員會。

（二）組織：各委員會由立法委員組織之，以九十人為最高額，每一委員以參加一委員會，但得就其志願參加另一委員會。各委員會各置召集委員，其名額以各委員會參加委員人數比例定之，即委員十人以下者設召集委員一人，十一人至二十人者二人，二十一人以上者三人，由參加委員會之委員互選之。

（三）職權：各委員會會議，由召集委員隨時召集之，委員十分之一以上請求時亦得召集之，開會時以召集委員一人為主席，有委員五分之一出席方得開會，出席委員過半數之同意方得決議，可否同數時取決於主席。依憲法第六十七條規定，各種委員會得邀請政府人員及社會上有關係人員到會備詢。依憲法提出於立法院之議案，由機關提出者，應先經有關委員會審查，再報告院會討論，但必要時亦得逕提院會討論；議案由立法委員提出者，應先提出院會討論。此外，委員會亦審議立法院院會交付審查之人民請願案。

二、各特種委員會：

立法院共設有五個特種委員會，各有其組織及職權。

(一)立法委員資格審查委員會：由各選舉單位各推選委員一人組織之，每會期改選一次，負責審查立法委員之資格事宜。

(二)程序委員會：由立法院各常設委員會於每期集會之第一週內，各推委員二人組織之，負責立法院會議之編列議事日程事宜。

(三)紀律委員會：由立法院各常設委員會召集委員組織之，負責審議立法委員違反議事規則或其他妨碍議場秩序之行爲事宜。

(四)經費稽核委員會：由院會推選委員組織之，負責立法院經費之稽核事宜。

(五)公報指導委員會：由院會選舉委員九人組織之，每年改選一次，負責指導立法院公報及立法專刊編輯發行事宜。

三、全院委員會：

此乃專爲審查行政院院長及審計部審計長人選之是否同意，及審查行政院移請覆議案及總預算案而設者，其與立法院會議不同者，爲(一)參加全院委員會審查者，係委員以個人資格參加，而非以委員會委員身分參加；(二)出席人數之規定，並非須與立法院會議相同；(三)立法院會議之發言次數與時間多有限制，而全院委員會則無限制；(四)立法院會議的主席由院長擔任，而全院委員會之主席則另推主席；(五)全院委員會審查通過案件，仍須提報立法院院會。❷

第五項　立法院幕僚機關

立法院置秘書長一人，爲幕僚長，經院長遴選報告院會後由政府特派之，副秘書一人，經院長遴選報告後，由政府簡派之。秘書長承院長

---

❷ 參見羅志淵著中國憲法與政府，第五四一～五四二頁，國立編譯館，六十六年十一月版。

之命，處理本院事務，並指揮監督所屬職員，副秘書長承院長之命，襄助秘書長處理本院事務。

一、內部組織及職掌：

　　立法院設秘書處分組室辦事，其職掌如下：（一）關於議程編擬事項；（二）關於會議紀錄事項；（三）關於本院日記事項；（四）關於本院新聞編輯發布及聯絡事項；（五）關於立法資料蒐集管理及編纂事項；（六）關於文書收發分配撰擬及印刷事項；（七）關於檔案管理事項；（八）關於印信典守事項；（九）關於出納庶務交際事項；（十）關於警衞事項。

　　立法院設主計處及人事室，依法律規定，分別辦理歲計、會計、統計及人事事項。

二、主要職稱：

　　除秘書長、副秘書長外，置有秘書處長、秘書、主任、科長、編審、編輯、專員、速記長等，分別主管及經辦有關業務。

　　另立法院各委員會，為準備及編擬各委員會審查法案之資料及紀錄審查會之發言，置有專門委員、主任秘書、科長等職稱。

第五節　立法院的職權

　　依我國憲法規定，立法院的職權包括制定法律權，議決預算權，議決戒嚴、大赦、宣戰、媾和、條約案權，議決國家其他重要事項權，質詢權及同意權等。立法委員亦有其個別行使的職權。茲就以上內容分項簡述如後。

第一項　制定法律權

　　依憲法第六十三條規定，立法院有議決法律案之權。茲按法律案的

含義、提案、審議、覆議、公布等分析之。

一、法律案的含義：

依中央法規標準法規定，法律應經立法院通過，總統公布，左列事項應以法律定之，即(一)憲法或法律有明文規定應以法律定之者；(二)關於人民之權利義務者；(三)關於國家各機關之組織者；(四)其他重要事項應以法律定之者。

立法院對法律的制定，須經一定的程序，稱爲立法程序。

二、提　案：

即有法律之提案權者，向立法院提出法律草案以供討論，爲立法程序之第一個。一般國家對法律提案權之歸屬不盡一致，有專屬於議會者（如美國），有專屬於政府者（如奧國），有屬於政府及議會雙方者（大多數國家）。我國依憲法及大法官會議解析，下列機關或人員，有法律提案權：

(一)行政院：憲法五十八條規定，行政院設行政院會議，……行政院院長，各部會首長，須將應行提出於立法院之法律案，……提出於行政院會議議決之。故行政院院長或各部會首長雖無單獨提案權，但行政院則有法律提案權。

(二)考試院：憲法第八十七條規定，考試院關於所掌事項，得向立法院提出法律案。

(三)監察院：憲法雖未明定監察院有法律提案權，但依民國四十一年五月二十一日司法院大法官會議釋字第三號解釋「……以職務需要言，監察司法兩院，各就所掌事項需向立法院提案，與考試院同。考試院對於所掌事項，既得向立法院提出法律案，憲法對於司法監察兩院就其所掌事項之提案，亦初無有意省略或故予排斥之理由。法律案之議決，雖爲專屬立法院之職權，而其他各院關於所掌事項知之較稔，得向立法

院提出法律案， 以爲立法意見之提供者， 於理於法， 均無不合。……
……」。因此監察院關於所掌事項，得向立法院提出法律案。

（四）司法院：憲法亦未明定司法院有法律提案權，但依大法官會議
釋字第三號，認爲監察院就所掌事項有法律提案權時，文意中已暗示司
法院亦宜有法律提案權，只因未有明文認定，故仍無法確定。直至民國
七十一年五月二十五日司法院大法官會議第一百七十五號解釋，認爲司
法院爲國家最高司法機關，基於五權分治彼此相維的憲政體制，就其所
掌有關司法機關的組織及司法權行使事項，得向立法院提出法律案。

（五）立法委員：立法院爲制定法律之機關，立法院由人民選舉之立
法委員組織之，而提案又爲制定法律程序之一，故立法委員自應有法律
提案權。雖然憲法並無明文規定，但依立法院組織法第七條有規定「立
法委員提出之議案，應先經院會討論」；又依立法院議事規則規定，「立
法委員提出之法律案應有三十人以上之連署」， 故立法委員亦有法律提
案權。

（六）人民的請願：依憲法第十六條規定，人民有請願之權。又依立
法院議事規則規定，人民請願文書經審查得成爲議案，成爲議案後，其
處理程序適用關於委員提案之規定。因此如人民的請願案能成爲議案，
亦卽等於人民的請願亦有法律提案的效果。

二、審　議：

法律案提出後，卽進入第二個程序審議，一般國家爲期審議法案能
够愼重，故採三讀會進行，我國亦不例外。依立法院議事規則規定，三
讀的進程爲：

（一）第一讀會：先由主席將議案宣付朗讀，政府提出之議案於朗讀
標題後，卽交付有關委員會審查。但有出席委員提議，二十人以上之連
署或附議，經出席委員通過，得逕付二讀；立法委員之提案於朗讀後，

提案人得說明其旨趣，經大會討論後，應議決交付審查或逕付二讀或不予審議。有關議案之交付審查，情形如下：

　　1.交付有關委員會：依議案之性質，決定交付審查之委員會，大致而言，行政院之提案，視其內容所歸屬之部會交付相對的委員會審查，如法案內容屬內政部主管者，則交內政委員會審查；考試院提案及一般機關之組織法，則交法制委員會審查；司法院提案則交司法委員會審查；監察院提案則視其內容交法制委員會或司法委員會審查。再如一個法案的內容涉及數個委員會時，則交數個委員會共同審查，並指定其中一個委員會為主審委員會。

　　2.審查：各委員會的審查法案，係屬第一讀會的主要部分。審查會日期由負責審查的委員會召集委員決定，當第一次舉行時，通常由召集委員約請有關部會或機關首長或政務次長，列席備詢。在審查條文之前，先請有關機關首長說明提案的目的與重要內容，而後再由參加審查的立法委員提出詢問，並由列席首長答覆，答覆後依例退席。並即開始審查。如一次會未能審查完畢時，則定期再開第二次、第三次等審查會，直至審查完畢為止。

　　審查會審查之法案，如係新提之法案，則以逐條討論逐條通過方式進行，如對通過條文有異議的委員，得請保留在院會的發言權。如係請修正的法案，則只審查所修正的法條，其未提請修正者，則不予審查。

　　3.製作審查報告並推定報告人：當法案審查完畢後，應製作審查報告書，說明審查經過，如對原案有修正者並說明修正的理由。並由審查委員會推定委員（通常推定負責審查本法案的召集委員）向大會報告。

　　(二)第二讀會：由審查委員會審查完畢的法案提報院會後，即由院會進行第二讀會。第二讀會是先就法案作廣泛的討論，而後再進行逐條

討論逐條通過方式進行。廣泛討論後，如有立法委員提議經二十人以上連署或附議，經表決通過，得重付審查或撤銷之。逐條討論時如有修正，以書面提出者須有十人以上之連署，以口頭提出者須經二十人以上之附議，始得成立。修正動議應連同原案未提出修正部分，先付討論，修正動議在未議決前，原動議人徵得連署人或附議人之同意，得撤回之。

法律案在二讀會逐條討論有一部分已經通過，其雖仍在進行中，如對本案立法原則有異議，由出席委員提議，五十人以上連署或附議，經表決通過，得將全案重付審查。

再二讀會逐條討論通過時，多以無異議通過方式通過，如因意見爭執不下時，則暫予保留另定期舉行表決。

(三)第三讀會：應於第二讀會之下次會議舉行之，如由出席委員提議，三十人以上連署或附議，經表決通過，得於二讀會繼續進行三讀會。開會時，應議決整個法案之可否，除發現議案內容有相互牴觸或與憲法及其他法律牴觸者，應作修正外，只得為文字之修正，不得變更原意。

經第三讀會通過之法律案，即謂已完成立法程序。

三、覆　議：

完成立法程序之法律案，應即咨請總統公布並送行政院。依憲法第五十七條第三款及立法院議事規則規定，行政院對於立法院決議之法律案，如認為窒碍難行時，得經總統之核可，於該決議送達行政院十日內，移請立法院覆議。此時立法院應召開全院委員會審查，審查後提出院會，就維持原決議或原案，以無記名投票表決，如贊成維持票數達出席委員三分之二，即維持原決議或原案；如未達出席委員三分之二，即不維持原決議或原案。此種覆議，並非一般的立法程序，而是遇及特殊情況時所用的一種特別的程序。

四、公　布:

　　法律雖由立法院完成立法程序而成立，但法律的效力尚須經公布後始能發生。依憲法第三十七條規定，總統依法公布法律。又依憲法第七十二條規定，立法院法律案通過後，移送總統及行政院，總統應於收到後十日內公布之。法律之由總統公布，一方面指對法律的認可，二方面指命令有關機關執行，法律公布時應刊登政府公報，並於公布後一定日期內生效。

第二項　議決預算權

　　議決預算權，屬財政監督權的一種，包括對總預算的議決及總決算的審議。茲簡說如下:

一、議決預算權:

　　依憲法第五十九條規定「行政院於會計年度開始三個月前，應將下年度預算案提出於立法院」。依預算法規定，總預算案經行政院會議決定後交中央主計機關主編，由行政院於三月底以前提出立法院審議。依憲法第六十三條規定，立法院有議決預算案之權。茲分析如下:

　　(一)預算案須由行政院提出: 立法院雖有議決預算案之權，但不能自提預算案，而預算案須由行政院向立法院提出。良以預算案為一種財務收支的計畫，亦是一種財務的法律，因為財務收支計畫，而財務的收與支的預測，自以行政院最為了解，故預算案須由行政院提出; 因預算又是財務的法律，故須由立法院審議與議決。

　　(二)預算案須由立法院審議: 立法院係由人民選舉之立法委員所組成，預算與人民的經濟生活關係最為密切，故預算案雖由行政院提出，但須由立法院審議，並由立法院完成立法程序後，由總統公布施行。

　　(三)審議預算之限制: 立法院審議各種法律案，原則上均無何種限

制的規定，亦卽立法院於審議提案時，可予全部照案通過，亦可全部修正通過，亦可全部予以否決。但立法院於審議行政院所提之預算案時，依憲法第七十條規定，卻不得爲增加支出之提議。因如作增加支出之提議，卽須同時增加收入，此不僅有背設立議會的原意，亦將因此而增加人民的負擔，更可能因立法委員有偏私而浪費公帑，故不予允許。惟所謂不得爲增加支出之提議，乃僅指就行政院所提出預算案之經費總數額而言，若就預算案所列科目之經費數額，挹彼注此，或就科目有所變更，或另案提議舉辦某種事業，而須間接的增加支出時，則不在上述限制之列。

　　(四)預算未能及時議決時之補救：依預算法規定，行政院應於三月底前，將下年度總預算提出立法院審議，立法院應於五月底前決議，於六月十五日前送請總統公布。如預算案未能如限完成時，則應由立法院議定補救辦法通知行政院，俾國家政務不因預算之未完成法定程序而受影響。

二、審議決算：

　　依憲法第六十條規定「行政院於會計年度結束後四個月內，應提出決算於監察院」。又憲法第一百零五條規定「審計長應於行政院提出決算後三個月內，依法完成其審核，並提出審核報告於立法院」。又依決算法規定，審計長應編造最終審定數額表並提出審核報告於立法院；立法院對審核報告中有關預算之執行、政策之實施及特別事件之審核、救濟等事項，予以審議；立法院審議時，審計長應答覆質詢並提供資料，審議結果由監察院咨請總統公告。茲分析之：

　　(一)總決算由行政院編製：中央政府各機關之預算執行結果，應由行政院彙編爲總決算。

　　(二)總決算由監察院審核：行政院應於會計年度結束後四個月內，

編製總決算送請監察院審核，監察院設有審計部，而財務及總決算之審核則由審計機關負責。

(三)總決算由立法院審議：審計長應於接到行政院所提總決算後三個月完成其審核，並編造最終審定數額表，提出審核報告於立法院。立法院審議總決算之審核報告時，重點放在預算執行政策之實施及特別事件之審核救濟等事項，如有疑義，可通知審計長或編造決算機關首長列席備詢。

(四)總決算結果由總統公告：總決算經立法院審議後，卽由監察院將最終審定數額表，咨請總統公告，但其中應守秘密部分可不予公告。

第三項　議決戒嚴大赦宣戰媾和條約案權

依憲法第六十三條規定，立法院有議決戒嚴案、大赦案、宣戰案、媾和案、條約案之權。除戒嚴、大赦、宣戰、媾和、條約的意義，在第七章第四節總統之職權中已有敍述外，玆將這些法案之提案與議決之關係簡說如下：

一、**須由立法院議決之原因**：戒嚴、大赦、宣戰、媾和、條約，對人民權益影響極大，關係國家利害極爲深遠，故此類事項須由人民選舉立法委員所組成的立法院議決，以昭愼重及反映民意。

二、**由行政院提案**：

戒嚴、大赦、宣戰、媾和、條約案，雖由立法院議決，但提案機關卻仍爲行政院，亦卽行政院對戒嚴、大赦、宣戰、媾和、條約案有向立法院之提案權，因此類事項並非其他各院所掌理故其他各院並無提案權。再依憲法第五十八條規定，行政院院長、各部會首長，須將應行提出於立法院之戒嚴案、大赦案、宣戰案、媾和案、條約案，提出於行政院會議議決之，更可證明應由行政院提案。

第四項　議決國家重要事項權

依憲法第六十三條規定「立法院有議決……及國家其他重要事項之權」。所謂國家其他重要事項係何所指，玆分析之:

一、廣義的國家其他重要事項:

可指總統及行政、司法、考試、監察各院所掌管之事項，均屬國家重要事項，如凡所有國家重要事項，不論何一部門掌管，均須經由立法院決議，則非憲法立法之道，亦與憲政體制（不論爲三權憲法或五權憲法）不合。再憲法對總統及五院的職權，有者採列舉規定（如考試院職權），有者採概括規定（如行政院職權），因此亦不能謂凡憲法未明文列舉之職權均爲國家其他重要事項，均須經立法院議決，否則與行政院的職權就會發生牴觸。故所謂國家其他重要事項，不宜採廣義說。

二、狹義的國家其他重要事項:

應指憲法第六十三條所列舉之法律案、預算案、戒嚴案、大赦案、宣戰案、媾和案、條約案以外之其他憲法或法律所規定，或與立法院職權具有密切關係而非總統及其他各院所能單獨決定者爲限。如依此解析，則應包括下列各種議決權:

(一)變更重要政策之議決權: 依憲法第五十七條，立法院對於行政院之重要政策不贊同時，得以決議移請行政院變更之。

(二)移請解嚴之議決權: 依憲法第三十九條，立法院認爲必要時，得決議移請總統解嚴。

(三)不同意緊急命令之議決權: 依憲法第四十三條，總統發布緊急命令，須於一個月內提交立法院追認，如立法院不同意時，該緊急命令立卽失效。

(四)變更或廢止緊急處分之議決權: 依動員戡亂時期臨時條款規

定，總統在動員戡亂時期，爲避免國家或人民遭遇緊急危難或應付財政經濟上重大變故，得經行政院會議之決議爲緊急處分；立法院對前項緊急處分，得依憲法第五十七條第二款規定之程序變更或廢止之。

(五)國庫補助各省經費之議決權：依憲法第一百零九條規定，各省辦理事務經費不足時，經立法院議決，國庫補助之。

(六)解決中央省縣事權爭議之議決權：依憲法第一百十一條規定，遇有未列舉事項發生時，其事務有全國一致之性質者屬於中央，有全省一致之性質者屬於省，有一縣之性質者屬於縣，遇有爭議時，由立法院解決之。

(七)擬定憲法修正案之議決權：依憲法第一百七十四條，由立法院立法委員四分之一之提議，四分之三之出席，及出席委員四分之三之決議，擬定憲法修正案，提請國民大會複決。

三、可能發生的爭執：

除憲法及法律明定須由立法院議決之國家重要事項外，其他與立法院職權有密切關係之國家重要事項，多與行政院有關，因此對同一重要事項，立法院認爲與其職權有密切關係，而行政院則認爲屬其職權範圍之內者，自有發生之可能。遇此情況，如屬憲法適用的疑義，自可請司法院解釋，如認爲已屬院與院的爭執事項，則應依憲法第四十四條，由總統召集行政院立法院院長會商解決之。

第五項　質詢權與同意權

質詢權與同意權均屬監督權的範圍。質詢權是議會議員對於行政部門所掌管之事務或政策，以書面或口頭方式提出詢問，要求部會首長答覆，以了解其施政情形及事實眞相的方法。同意權是議會對行政部門任用高級主管人員之同意，及對行政部門所決定之政策之同意而言。我國

憲法及有關法規，亦有類似的規定。茲分析如下：

一、質詢權：

依憲法第五十七條第一項規定，立法委員在開會時，得向行政院院長及行政院各部會首長提出質詢，由此可知，質詢權是由立法委員個別於開會時行使者，至質詢之內容，並不以行政院的施政方針及施政報告為限，亦可及於其他有疑問事項。被質詢人對質詢事項應予答覆，除為保守國防、外交秘密外，不得拒絕答覆。立法委員對答覆仍有疑問時，得即席再質詢，但質詢事項不得作為討論之議題。

二、同意權：

立法院所行使之同意權，有對人同意權與對政策同意權兩種。茲分析如下：

(一)對人同意權：指對特定職務人員之任用，有同意之權。依憲法第五十五條及第一百零四條，行政院院長由總統提名，經立法院同意任命之；監察院設審計長，由總統提名，經立法院同意任命之。立法院對同意權之行使，應將提名案送交全院委員會審查後，提出院會以無記名投票表決方式為之，全院委員會審查時，如認有必要，得由立法院請總統通知被提名人，提出施政意見。院會之表決以得票過半數者為同意，如得票未達過半數者為不同意，均咨覆總統。

(二)對政策同意權：依憲法第五十七條第二款，立法院對於行政院之重要政策不贊同時，得以決議移請行政院變更之。但此種同意權並不是絕對的，行政院對於立法院的此種決議，得經總統之核可，移請立法院覆議，覆議時，如經出席立法委員三分之二維持原決議，行政院院長應即接受該決議或辭職。

第六項　立法委員的職權

以上所述的立法院之職權，除質詢權外，係以立法院會議名義行使之職權。但立法院係由人民選舉之立法委員所組成，而立法委員個人，依立法院組織法及立法院議事規則規定，在會議中亦有其個人的職權，除質詢權前經敍述外，尚有下列四種：

一、出席會議權：

立法委員有出席立法院會議、全院委員會及各委員會會議之權。

二、發言權：

依通例，凡有出席會議權者，在會議中卽有發言權。且立法委員之發言權，除有違反議事規則或其他妨碍會場秩序，得由主席加以禁止外，其所發之言論，對院外不負責任，任何人及任何機關均不得藉用任何名義剝奪立法委員之發言權，或禁止其在何時間或對何議案不得發言。

三、提案權：

依通例，有出席會議權者，在會議中亦有提案權。立法委員亦有提案權，惟須有法定人數之連署，如所提者爲法律案或對行政院重要政策之不贊同請予變更案時，應有三十人以上之連署，如爲其他法案，除別有規定外，應有二十人以上之連署。

四、表決權：

係表決議案可否通過之權力，此乃發言權及提案權運用的結果。立法委員在院內所爲之表決，對院外不負責任，但對關係及其個人本身之議案，不得參與表決。

第七項　與一般國家國會的比較

根據以上對立法院的組織與立法院的職權之敍述，立法院與一般國

家的國會相比時，可發現有其相同與相異之處。茲分析比較如下：

一、相同之處：

　　(一)組成分子：立法院由人民選舉之立法委員組成之，此與一般國家國會之議員（一院制的國會，兩院制的下議院，多院制的下議院）由人民選舉者相同。

　　(二)行使職權：立法院有議決法律案、預算案、戒嚴案、大赦案、宣戰案、媾和案、條約案及國家其他重要事項之權；對行政院院長及監察院審計長之任命有同意權。凡此職權，亦為一般國家之國會（一院制的國會、兩院及多院制的下議院及上議院）所行使者。

二、相異之處：

　　(一)機關性質：國父　孫中山先生是主張政權與治權分開的，而政府的五權即為治權，故國民大會是代表全國國民行使政權，而立法院卻行使政府的立法權（治權），故我國立法院，應是治權機關。一般國家則無政權與治權分開的觀念，因此亦無國會究竟是政權機關或治權機關的問題，而國會就是國會。

　　(二)行政與立法機關的相對關係：一般國家的內閣（行政）與國會之間，多存有一種相互尅制的關係，即國會可以經由不信任投票迫使內閣解體，內閣亦可解散國會以探求真正的民意。如此相互尅制，可使雙方均不致濫用權力，使政局趨於安定。而我國立法院與行政院間，立法院既無迫使行政院院長辭職的有力工具（行政院院長只要接受立法院的議決，即可不辭職），而行政院更無解散立法院之權力。

三、立法院是五權憲法的立法院：

　　基於以上分析，吾人既不必硬將行政院比之為一般國家的內閣，亦不必強將立法院比之為一般國家的國會，因為立法院是五權憲法的立法院。

第六節　立法院與其他三院的關係

立法院與國民大會、總統、行政院間之關係，已分別在第六章第六節、第七章第六節、第八章第八節中敍述外，茲就立法院與司法院、考試院、監察院之關係，分項簡述如後。

第一項　與司法院的關係

依憲法及有關法律之規定，立法院與司法院間的關係有：

一、法律與司法審判關係：

法院依據法律獨立審判。民事法律所未規定者依習慣，無習慣者依法理。行為之處罰，以行為時之法律有明文規定者為限。故立法院所通過之法律，司法院所屬機關及各級法院，須作為審判之依據（憲法第八十條）。

二、解釋法律關係：

司法院解釋憲法，並有統一解釋法律及命令之權。故立法院雖有制定法律之權，但對法律並無解釋權，解釋法律是屬司法院的職權，如某法律或某條文，經司法院解釋認為與憲法牴觸時，則該法律為無效（憲法第七十八、一百七十一條）。

三、就所掌事項提法律案關係：

司法院就其所掌有關司法機關的組織及司法權行使事項，得向立法院提出法律案（大法官會議釋字第一七五號）。

四、列席會議陳述意見關係：

立法院開會時，司法院院長及所屬機關首長，得列席陳述意見（憲法第七十一條）。

五、議決大赦案補救司法之窮關係：

立法院有議決大赦案之權。依赦免法規定，大赦之效力爲(一)已受罪刑之宣告者其宣告爲無效；（二)未受刑之宣告者 其追訴權消滅。 故大赦之議決，對司法可發生甚大影響力，因而可用以救濟司法上的缺陷（憲法第六十三條)。

六、審議預算及決算關係：

司法院及所屬機關的預算及決算案，須由立法院審議（憲法第五十九、六十、六十三、一百零五條)。

七、受懲戒關係：

立法院秘書處人員，因有失職或違法情事，被監察院彈劾者，應送公務員懲戒委員會懲戒（憲法第七十七條)。

八、法律施行細則及有關辦法送備查關係：

司法院及所屬機關，依據法律授權所訂定之施行細則及有關辦法，須送立法院備查（中央法規標準法)。

第二項　與考試院的關係

依憲法及有關法律之規定，立法院與考試院之關係有：

一、就所掌事項提法律案關係：

考試院關於所掌事項，得向立法院提出法律案(憲法第八十七條)。

二、列席會議陳述意見關係：

立法院於開會時， 考試院院長及所屬機關首長， 得列席陳述意見（憲法第七十一條)。

三、需用人員考試關係：

立法院秘書處需用人員,可請考試院考選部辦理考試；需進用新人,可請考試院銓敍部分發（憲法第八十三、八十五、八十六條)。

四、現職人員銓敍關係：

立法院秘書處人員，其任用資格與俸級，須由考試院銓敍部銓定**資格**敍定級俸；其考績，須由銓敍部審定；其保險，由銓敍部主管；**其退休**及亡故人員遺族之撫邮，須由銓敍部核定（憲法第八十三條）。

五、審議預算及決算關係：

考試院及所屬機關的預算案與決算案，須由立法院審議（憲法第五十九、六十、六十三、一百零五條）。

六、法律施行細則及有關辦法送備查關係：

考試院及所屬機關，依據法律授權所訂定之施行細則及有關辦法，須送立法院備查(中央法規標準法)。

第三項　與監察院的關係

依憲法及有關法律之規定，立法院與監察院之關係有：

一、任命同意關係：

監察院之審計長，由總統提名，經立法院同意後任命之（憲法第一百零四條）。

二、提出審核報告於立法院關係：

審計長應於行政院提出決算後三個月內，依法完成其審核，並提出審核報告於立法院（憲法第一百零五條）。

三、就所掌事項提法律案關係：

監察院就所掌事項，得向立法院提出法律案（大法官會議釋字第三號）。

四、召集國民大會關係：

監察院對於總統副總統之彈劾案，須有全體監察委員四分之一以上之提議，全體監察委員過半數之審查及決議，向國民大會提出之。依監

察院之決議，對於總統副總統提出彈劾案時，應由立法院院長通告召集
國民大會臨時會（憲法第三十、一百條）。

五、列席會議陳述意見關係:

立法院開會時，監察院院長及所屬機關首長，得列席陳述意見（憲
法第七十一條）。

六、受糾舉及彈劾關係:

立法院秘書處人員，監察院如認有失職或違法情事，得提糾舉案或
彈劾案，如涉及刑事，應移送法院辦理（憲法第九十七條）。

七、審議預算及決算關係:

監察院及所屬機關的預算案及決算案，須由立法院審議（憲法第五
十九、六十三、一百零五條）。

八、法律施行細則及有關辦法送備查關係:

監察院及所屬機關，依據法律授權所訂定之施行細則及有關辦法，
須送立法院備查（中央法規標準法）。

九、受財務審計關係:

立法院之財務，受監察院所屬審計機關之審計（憲法第九十條）。

第十章 司 法

　　國父孫中山先生，對司法的遺敎甚爲少見，各國司法制度有其特徵，我國司法院有其特別的性質、組織與職權，憲法對司法的獨立與法官的保障亦有規定，司法院有其所屬機關，司法院與考試、監察院間亦具有一定的關係。玆分節敍述如後。

第一節　與本章有關的遺敎要點

　　玆就國父對司法人員的看法與五五憲草對司法院的設計，分項簡述如後。

第一項　對司法人員與司法機關的看法

　　主要包括下列兩點：

一、司法人員是審判官：

　　國父於民國十年七月對中國國民黨特設辦事處講五權憲法時，曾謂『在行政人員方面，另外立一個執行政務的大總統，立法機關就是國會，司法人員就是裁判官，和彈劾與考試兩個機關，同時一樣獨立的』。

二、裁判人民的機關已經獨立:

國父於民國前六年十月十七日民報紀元節講演中華民國憲法與五權分立時，曾謂「況且照心理上說，裁判人民的機關（意指司法機關），已經獨立，裁判官吏的機關（意指監察機關），却仍在別的機關之下，這也是論理上說不去的，故此這機關（意指監察機關）也要獨立」。

第二項　五五憲草對司法權的設計

五五憲草對司法院的規定共計七條，其內容爲:

一、第七十六條: 司法院爲中央政府行使司法權之最高機關，掌理民事、刑事、行政訴訟之審判及司法行政。

二、第七十七條: 司法院設院長、副院長各一人，任期三年，由總統任命之。司法院院長對國民大會負其責任。

三、第七十八條: 關於特赦、減刑、復權事項，因司法院院長依法律提請總統行之。

四、第七十九條: 司法院有統一解釋法律命令之權。

五、第八十條: 法官依法律獨立審判。

六、第八十一條: 法官非受刑罰或懲戒處分或禁治產之宣告，不得免職，非依法律，不得停職、轉任或減俸。

七、第八十二條: 司法院之組織及各級法院之組織，以法律定之。

第二節　各國司法制度簡述

一般國家均有司法制度，其情況頗爲相似，玆按司法獨立的由來及要件，司法制度的體系與特質，英美法三國司法制度的比較，解釋憲法的機關，對法官的保障等，分項簡述如後。

第一項 司法獨立的由來與要件

司法獨立爲一般國家所採用，司法獨立有其原由，司法獨立有其須予具備的要件，玆分析如下：

一、司法獨立的由來：

昔日君主時代，所有權力集於一身，自無司法獨立之可言，及後國會制度逐漸形成，乃有兩權論的產生，認爲國家的職權只有兩種，卽制定法律與執行法律而已。如法儒裴德露米 (Beathelemy) 曾謂「制定法律，執行法律，此外無位置以容他權」。古德諾 (Goodnow) 亦謂「國家之職權只有兩種，一爲政治，一爲行政；政治之職權，所以發表國家之意思及決定國家之政策，行政之職權，在於執行此種政策及意思」。

孟德斯鳩乃提倡三權分立說，以期互相牽制，互相調和。孟德斯鳩認爲「司法權若與立法權相結合，則司法者同時就是立法者，人民的生命和自由，將給武斷的法律所蹂躪；司法權若與行政權相結合，則司法官同時就是行政官，更容易利用暴力壓迫人民」。自三權分立之學說盛行，司法權乃逐漸由行政權中脫離，以達防止專制與保護人權的目的，因而司法制度乃漸趨獨立。

二、維護司法獨立的要件：

爲維護司法制度能予眞正的獨立，須對法官及獨立審判，有特別的保障規定始能見效，而此種特別的保障包括：

(一)法官地位的保障：卽對法官的地位，在憲法或法律中加以特別的保障，使不爲富貴所引誘，不爲威武所屈辱，不爲權勢所脅迫，如一般國家憲法，對法官的地位，多有「非依法定原因，不得將其免職或轉任」，及法官俸給「非依法律不得減俸」等之規定。

(二)獨立審判的保障：在行政機關，機關首長及上級機關對所屬均

有強力的指揮監督權，上級與下級間具有命令與服從關係，如有不服從情事，則須受到懲處。在司法機關則以審判獨立爲要務，上級對下級，法院首長對法官，在審判上不得有所干預，對司法案件中事實的認定、法條的適用、量刑的輕重等，均須由法官獨立爲之，以求公平與保障民權。故一般國家的憲法，多有「法官依據法律，獨立審判，不受任何干涉」的規定。

(三)審判公開的保障：秘密審判，易發生枉法徇私、蹂躪人權之情事，如公開審判，則法官在衆目所視下，不敢枉法徇私。因此部分國家的憲法，亦明文規定審理案件須公開行之。如日本一九四六年憲法第三十七條，即規定「任何刑事案件，被告均有受公平法院，迅速公開裁判之權」，及第八十二條規定「裁判之審理及判決，應在公開法庭行之」。

(四)縝密的審判手續：爲期審判能毋枉毋縱，對審判的手續須作縝密的規定，一般國家的憲法，對於提審及審判手續，多作詳盡的規定，尤以刑事審判爲然，蓋如稍有疏忽，即將產生冤獄，危害人民之生命自由。

(五)規定審級制度：一般國家的司法機關，恒有審級制度的規定，如最高法院、高等法院、地方法院，乃審級制度之最普通者，訴訟先向地方法院提起；不服地方法院判決者，可上訴於高等法院，請求撤銷原判決，而另爲判決；不服高等法院判決者，且可上訴於最高法院。當審級較多時，雖有影響司法審判的效率，但卻可減少冤獄的發生。此所以部分國家在憲法中明定有審級制度，如比利時憲法第三十條規定「司法權由各級法院行使之」，日本憲法第七十六條規定「司法權屬於最高裁判所及依法設置之下級裁判所」，即屬其例。●

● 參見林紀東著比較憲法，第四八五～四八六頁，五南圖書出版公司，六十九年二月版。

第二項 司法制度的體系與特質

一般國家的司法制度，在體系上有二元主義與一元主義之別，而司法制度又有其共同的特質。兹分析如下：

一、司法制度的體系：

(一)一元主義：卽所有人民與官吏，在法律上一律平等，受同一法律的管轄，因而法院亦只有一個系統，卽任何案件，依照案情，分別由一個系統下之各級法院審判，是爲法律與法院的一元主義，如英國美國的司法制度卽係如此，世稱英美法系。

(二)二元主義：卽將法律分爲普通法與行政法，一般人民的民刑案件，適用普通法；官吏身分而作之行爲，如有違法情事，則適用行政法；因此法院亦分爲兩個系統，一爲普通法院，管轄一般人民的民刑案件；一爲行政法院，管轄官吏之違法行爲。此爲法律與法院的二元主義，歐洲大陸國家多採用之，世稱大陸法系。

二、司法制度的特質：司法權與行政權雖同爲執行法律，但兩者間卻有下列的不同：

(一)作用不同：行政作用是爲人民服務，謀求社會福利，以整個社會爲對象，並非以某人或某少數人的個別利益爲目的，故行政作用是積極性的。司法作用是保障人民權利，維持社會秩序，是從個別案件著手，如司法機關審理民刑訴訟案件，其直接目的在爲特殊受害的當事人，用國家的權力，排除其所受之損害，而使之得到保障，故司法作用是消極性的。

(二)作法不同：行政工作的作法，在原則上是主動的，行政機關處理各種業務，雖亦有基於人民的請求而處理者，但一個大有爲的政府，多是基於人民和社會的需要，主動的去推動各種政務，使全民受益。審

判工作的作法，卻是被動的，如法院向採不告不理的原則，必須待提起控訴，始採取行動，不但民事審判為然，即使刑事審判亦必待檢察官提起告訴後始予審理；再司法機關是處於第三者的仲裁地位，對訴訟案件具有利害關係的原告與被告，此雙方當事人可為個人可為團體，亦可為國家，其情形與行政工作之行政機關本身為當事人而非第三人者不同。

（三）關係不同：行政機關之上下級間，有著嚴格的指揮監督關係，下級須服從上級，行政機關的違法或不當處分，上級機關亦得撤銷或變更。各級法院，在審判上卻是完全獨立的，由法官憑事實與法律作獨立審判，不受上級法院或司法機關的指揮監督或干涉。

第三項　英美法三國司法制度的比較

英國、美國、法國的司法制度，各有其特點，亦各具有代表性。茲分析如下：❷

一、英國司法制度：

（一）習慣法與制定法的消長：英國採用習慣法（Common Law），注重實際、應變、有效與靈活，為其一大特點。所謂習慣法，主要的來源是法院法官的判例，不經立法程序，而有法的效力，故又稱判例法；判例法適用的範圍最廣，對於同級法院或下級法院之關於將來與成案相同或類似的案件，均有拘束力。除此之外，國王與人民簽訂的協定、官廳成例、盛行的宗教法、羅馬法及法學名著，均為構成習慣法的淵源。衡平法（Equity Law），係早年國王對於法院依照習慣法不能解決的訴訟，行使其特權，憑公理與公道所作的判斷，以救濟習慣法之窮者，經時間的累積，乃成為法律的一部分。在早年英國的司法制度中，衡平法

---

❷　參見左潞生著比較憲法，第四七二～四八三頁，國立編譯館，六十九年十月版。

與習慣法相近，適用法律時以習慣法爲主，衡平法爲輔，當依習慣法不能爲公平的判決時，則適用衡平法處理，惟衡平法僅適用於民事，而不適用於刑事。

制定法 (Stature Law)，指在國會產生前由國王制定的法律，及在國會產生後由國會創制的法律，以及官吏和政府機關所定的規章而經國會認可者，均包括在內。英國早年以習慣法爲主，及後由於制定法的不斷增多，其在司法制度中已漸趨重要，有代替習慣法的趨勢。

(二)民刑分離的法院組織：英國法院的組織，採民刑分離制。民事法院，凡財產案件、標的較低者歸郡法院 (County Court) 裁判，無陪審員；財產標的較高者，得請求陪審員出席；此種法院在區內各地按時巡廻開庭，故又稱巡廻法庭 (Circuit Court)。不服郡法院判決者，可上訴於高等法院 (High Courts of Justice)，高等法院各庭審判的案件，可上訴於民事上訴法院 (Court of Appeal)，高等法院與民事上訴法院，又合稱爲最高法院 (Supreme Court of Judicature)。如訴訟人不服民事上訴法院的裁判時，可再上訴於上議院的特設法庭。

刑事法院，最低級的刑事法院稱爲治安法院 (Justice of Peace Courts)，因所在地區之不同又有各別的名稱，專門處理輕微或準刑事案件。不服治安法院判決者，可上訴於季審法院 (Court of Quart Sessions)，如係初審案件則採陪審制，如係受理上訴案件則不採陪審制。凡較重的犯罪，皆歸巡廻高等法院(Assige of the High Court)審理，此種法院每年巡行各郡，採陪審制。此外尙有中央刑事法院(The Central Criminal Court)，受理刑事案件，凡不服季審法院、巡廻高等法院、中央刑事法院判決者，均可上訴於刑事上訴法院 (Court of Criminal Appeal)，一般刑事上訴案件，多以此爲終審。但案情特別重大者，被告不服上訴法院判決時，得再上訴於上議院特設法庭。

(三)其他特點: 如法官多由所謂大律師 (Barrister) 中選拔，高級法院法官由英皇任命，中下級法院法官由司法大臣任命，專任法官一經任用即為終身職，非有重大過失或被宣告破產，不得免職，法官俸給比一般文官與 律師為優厚。 陪審制度歷史悠久， 有大陪審團、 小陪審團、 特別陪審團之分， 各別職司公判、 考察， 檢驗白癡、 胎兒、 驗尿等工作， 各陪審團之陪審員， 有其一定的資格條件， 陪審員因傳喚而無故不到庭者， 處罰金。 再律師制度亦有足可述者， 律師分大律師與小律師 (Solicitor)， 大律師可出庭辯護， 小律師只能撰寫訴狀， 大律師有很高的社會聲譽， 故法官多經此選拔， 欲充任大律師， 須為英國人民， 加入法律協會為會員， 在法律學校研習法律期滿考試及格， 並曾隨大律師學習期滿， 復經考試及格， 並向法律協會登錄， 始能開業， 如有違法失職或品德不端情事， 經懲戒委員會審查屬實者， 立即取消執照。

二、美國司法制度:

(一)劃分聯邦與各州司法權: 美國為聯邦國家， 依憲法規定， 聯邦法院只能管轄憲法上所列舉的案件， 即 1.以事件之性質為準應歸聯邦法院管轄者， 有 ① 因聯邦憲法、 聯邦法律， 或聯邦條約而發生之訴訟案件； ②關於海事或海上的訴訟案件； 2.以當事人的性質為準應歸聯邦法院管轄者， 有(1)關於外國大使、 公使或領事的訴訟案件； (2)以聯邦為一方當事人的爭議； (3)兩州或多州間的爭議； (4)一州與他州人民的爭議； (5)一州人民與他州人民的爭議； (6)當事人雖是同一州的人民， 但其所爭的土地卻在另州領土之內的爭議； (7)某州或其人民與外國或外國人民之間的爭議。

除憲法規定由聯邦法院管轄之案件外， 其餘均歸各州法院管轄。

(二)聯邦與州各設有法院: 美國的聯邦與各州，聯邦有聯邦的法院，各州有各州的院， 分別管轄其所屬案件。

(三)聯邦法院的組織: 美國聯邦的法院, 共分三級, 即 1.爲地方法院 (District Court), 美國全國分爲四十八個司法區, 每區置一地方法院,推事人數隨事務繁簡而定,推事由總統提名經參議院同意後任命之;地方法院管理法定一切案件, 亦非固定於一個地方, 隨時在區內各地開庭。 2.上訴法院 (Court of Appeal), 美國全國分爲十個司法巡迴區, 每區設一上訴法院, 推事人數不等, 每次開庭由推事二人合議, 如二人意見相反, 則移最高法院審理; 推事由總統提名經參議院同意任命之, 上訴法院在各處巡迴開庭, 受理地方法院的上訴案件, 除法律違憲問題外, 其判決有最後確定力, 不許上訴; 但最高法院可應訴訟人請求, 於上訴法院尚未宣判前,將案件移歸最高法院審理。 3.最高法院(Supreme Court), 設於華盛頓, 以推事九人組織之, 其中一人爲院長, 開庭時以院長爲主席, 採合議制, 至少須有六人出席, 判決以多數意見定之, 推事由總統提名經參議院同意後任命之。最高法院受理的案件, 包括 (1) 最高法院有初審權的案件(如關於外國大使、公使或領事的訴訟案件); (2)聯邦下級法院或各州最高法院的上訴案件; 及(3)涉及是否牴觸聯邦憲法、聯邦法律或聯邦條約案件, 均得上訴於最高法院。聯邦最高法院倘認聯邦或各州法律爲違憲, 只能拒絕執行該項法律使其不能生效, 而不能取銷該項法律使其根本消滅。

三、法國司法制度:

(一)法律採二元主義: 法國的法律有普通法與行政法之分, 普通法以民法、刑法、民訴法、刑訴法、商法爲主, 法律條文規定均甚詳密, 法院解釋法律之權至爲狹小。而行政法, 則大部分爲判例法, 以歷來行政法院的判決與解釋爲其主要部分。其所以區分爲普通法與行政法之原因, 多爲受法人孟德斯鳩三權分立學說的影響, 認爲司法作用與行政作用不同, 故應嚴格分立, 普通法院不得審判官吏職務上行爲, 而須另設

行政法院，以防止普通法院之干涉，及使人民權益獲得更多的保障（因行政法院可使國家負賠償責任）與提高行政效能（因不受普通法院管轄，則官吏執行法令可更積極少顧忌）。

（二）法院採二個體系：法國法院的組織，普通法院與行政法院分立（英國法院雖民刑分院，但均適用同一法律，故仍爲一個體系），前者適用普通法，後者適用行政法。普通法院審理民刑案件，其組織採四級三審判，所謂四級，即自最低級之治安法官，而初級法院（或稱郡法院），上訴法院，至最高法院；所謂三審，即如治安法官爲初審，則以初級法院爲二審，上訴法院爲三審，如以初級法院爲初審，則以上訴法院爲二審，最高法院爲三審。行政法院則分爲二級，初級爲地方行政法院，數省設置一所，爲行政訴訟的初審法庭；高級爲中央行政法院，主要爲行政訴訟的終審法庭。此外尚有各種輔助法院，如勞動法院、商業法院、權限爭議裁判法院等。

（三）其他特點：強調司法獨立與法治主義，法國自大革命後，歷次憲法對此均有強調。法官爲終身職，司法機關應保證遵守「保護個人自由，不受非法拘禁」的原則。另總統爲保障司法權獨立，設有司法最高會議，協助處理司法事務。

第四項　解釋憲法的機關

一般國家具有憲法解釋權的機關，可歸納爲四類如下：

一、立法機關解釋憲法：

即以國會爲解釋憲法的機關，如英、法、比等國。理由是認爲法官的職責只在適用法律，法律如有疑義，須由法院申請國會解釋。由立法機關來解釋憲法，將使憲法與法律失卻明顯的區別，更易使立法機關的立法意思代替憲法意思，殊有不宜，故採此制之國家極少。

二、司法機關解釋憲法:

由法院解釋憲法，亦稱司法審查制 (Judicial Review)，創始於美國，其後中南美各國多採用之。美國的司法審查制，憲法並無明文規定，而是由多年來習慣所形成，尤以一八〇三年聯邦最高法院院長馬歇爾 (John Marshall) 在 Marbury V. Madison 案的判決中，曾堅決主張「法律若和憲法牴觸，法院得根據憲法，拒絕執行該項法律」，及一八一〇年在 Fletchery V. Pech 案的判決中，堅決主張「聯邦最高法院有審查州立法是否違背聯邦憲法之權」，自此即成爲定例。惟司法審查制中，聯邦最高法院審判與憲法問題有關的案件時，得附帶審查其所適用之法律有無違憲，若認有違憲，則可否認其效力而拒絕適用。至其餘國家採司法審查制者，則在憲法中予以明定。

對司法審查制尚須說明者，即 1.法院須有訴訟案發生時，才能考慮有關法律之是否違憲，而不能自動審查法律內容有無違憲；2.判決只能拘束當事人，不能及於他人；3.判決只能拘束自己的下級法院。因此以美國而言，案件未上訴由聯邦最高法院判決之前，不能確定是否違憲，必經聯邦最高法院判決後，聯邦法院及各州法院始均受其拘束。

三、特殊機關解釋憲法:

即由政府設置專門而獨立的機關，擔任解釋憲法的任務。如捷克一九二〇年憲法規定，置憲法法院負責審查有無實質違憲之責。奧國一九二九年憲法規定，置憲法法院負責審查法律與命令，凡聯邦或各邦法律或命令有違憲時，得以判決撤銷其全部或一部。西班牙一九三一年憲法規定，設憲法保障法院，以審查法律之是否違憲。西德一九四九年基本法規定，設聯邦憲法法院，擔任聯邦法律或各邦法律在形式上及實質上是否適合基本法，或各邦法律與其他聯邦法律有無牴觸案件之審判。亞洲各國的戰後新憲法，亦多採此制。

四、由公民複決:

即以公民團體爲憲法的最終解釋者。如瑞士，雖將憲法解釋權授與聯邦議會，但聯邦議會所通過的法律，如經三萬公民之要求或八邦政府的要求，便須提交人民複決，如多數公民認爲違憲，自可經由複決而否決之。

第五項　對法官的保障

各國憲法對於法官的保障，多設有明文，以期能正心誠意依據法律而善盡其職責。法官保障由來已久，早在一二一五年的英國大憲章，即有法官應獨立審判不受任何干涉之規定，及後各國憲法亦多仿傚之，廿世紀的各國憲法，亦屬如此。再觀各國憲法對法官保障的重點，可歸納爲二，即獨立審判的保障與身分地位的保障。茲分述如下:

一、獨立審判的保障:

指法官對於民刑訴訟的審判，須依據法律，獨立行使職權，不受任何干涉；政府、議會、政黨各方面，須遵重法官之獨立審判，不得加以干擾，否則屬違憲行爲，應受彈劾與制裁。茲舉數國憲法所定爲例如下: (一)西德基本法第九十七條規定，法官獨立行使職權，惟須服從法律；(二)日本國憲法第七十六條第三項規定，裁判官依其良心獨立行使職權，僅受本憲法及法律之拘束；(三)大韓民國憲法第七十七條規定，法官依憲法及法律，獨立審判；(四)巴拿馬共和國憲法第一百七十條規定，法官執行職務應爲獨立，不受憲法及法律以外之約束，但低級法官，須服從其高級官吏，依法律理由，撤銷其所擬判決詞或修改之。

上述「依據法律獨立審判，避免外來干涉」，用意良佳，惟如此只能在法言法，依照法律文字之規定適用法律，可能發生惡法亦法之流弊。因此有的學者，認爲法官依據法律獨立審判，不應只解爲消極的保

障法官獨立審判不受干擾之意，亦應解爲法官應根據正義公平之觀念，憲法及法律之精神，針對社會之環境而爲審判之意。❸

二、身分地位的保障:

指法官非因法定原因，非經法定手續，不受免職、停職、轉任、減俸等處分而言。一般事務官的保障係由法律所規定，而對法官的保障，則多由憲法所規定；再事務官的保障，多只限於不得無故免職、停職，而法官的保障，則尚包括不得無故轉任、減俸在內；故法官的保障遠較一般事務官的保障爲強。兹舉若干國家憲定實例如下：（一）英國王位繼承法第三條規定「法官任職，須行爲良好；非經國會的咨請，不得將其免職」。（二）美國聯邦憲法第三條第一項規定「最高法院與下級法院之法官，爲終身職；於規定期間，應受俸給；該項俸給，在任期內不得減少」。（三）西德基本法第九十七條之二規定「正式任命之正規專任法官，非受法院之判決，且依法定理由與程序，不得違反其意志，在其任期屆滿之前，令其免職、永久或暫時停職、轉任或退職；法律得規定終身職法官之退休年齡；法院之組織或其管轄區有變更時，得令法官轉任於其他法院，或令其退職，但須支領全額俸給」。（四）日本國憲法第七十八條規定「裁判官，除經裁判決定，因身心故障不能執行職務之情形外，非經正式彈劾，不得罷免；裁判官之懲戒處分，不得由行政機關爲之」。（五）巴西聯邦憲法第九十五條規定「除本憲法所規定各種限制外，法官有下列保障，1.終身職，即非受司法判決不得免職；2.不得更動，但主管高級法院正法官，若以三分之二之多數，認爲公共利益上有必要時，不在此限；3.不得減俸；4.法官年達七十歲或患有惡疾者，有退休之義務；法官服公職，依法定計算法已達三十年者，有退休之權利；法官退

---

❸ 參見林紀東著比較憲法，第五三〇頁，五南圖書出版公司，六十九年二月版。

休時，仍領俸給全額」。

第三節　司法院的性質

司法院，依憲法規定為國家最高司法機關，依五權憲法的精神又為治權機關。茲分項說明如後。

第一項　國家最高司法機關

欲了解國家最高司法機關的性質，須先了解司法的意義，而後了解最高的用意。茲分析如下：

一、司法的意義：

司法一詞，就現行有關法令言之，得分狹義、廣義、最廣義三種。所謂狹義的司法，僅指司法審判而言，即指各級法院所為民事、刑事案件之審判。所謂廣義的司法，則指民事、刑事、行政訴訟之審判，公務員之懲戒，及憲法之解釋與法令之統一解釋。所謂最廣義的司法，則除含廣義的意義外，並包括司法行政事務在內。依我國憲法第七章所定之司法，係相當於廣義的意義。

二、國家最高司法機關的意義：

須從組織體系與監督關係分別言之：

(一)從組織體系言：國家的司法機關，在民刑事審判方面，有最高法院、各高等法院及各地方法院；在行政訴訟審判方面，有行政法院；在公務員懲戒方面，有公務員懲戒委員會。這些機關在組織體系上，均隸屬於司法院，司法院之上再無其他司法機關，故司法院為國家最高司法機關。

(二)從監督關係言：從組織體系上，司法院固為國家最高司法機關，

但其本身並不掌理實際的審判或議決事項，司法院雖爲各級法院、行政法院及公務員懲戒委員會之上級機關，但對所屬各級法院所爲之判決，對公務員懲戒委員會所爲之議決，事前旣無指揮之權，事後亦無覆核或變更撤銷之權，此與行政院爲國家最高行政機關，對所屬各級行政機關有實質上之指揮監督權者不同。但此並不足影響及司法院的地位。

正因如此，或有以爲司法院之設似屬多餘，其實不然，其理由爲1.司法院所屬各機關雖爲各自獨立行使職權，互不從屬，但亦因此而有設一統率機關的必要，以爲司法權完整性的象徵；2.依憲法第一百十五條，省自治法施行中，如因其中某條發生重大障碍，經司法院召集有關方面陳述意見後，由行政院院長、立法院院長、司法院院長、考試院院長與監察院院長組織委員會，以司法院院長爲主席，提出方案解決之；由此可見司法院在實施省自治法擔負有維護憲政的責任；3.依憲法第七十八條規定，司法院解釋憲法，並有統一解釋法律命令之權；又第七十九條規定，司法院設大法官若干人；又依司法院大法官會議法規定，大法官會議以司法院院長爲主席；凡此均可了解司法院在維護憲法中具有重要的任務，其設置自亦更有必要。❹

第二項　是治權機關

依五權憲法的精神，政權由國民大會代表全國國民行使，其內容包括選舉、罷免、創制、複決四權；治權則由政府行使，其內容包括行政、立法、司法、考試、監察五權，除行使立法、監察兩權的立法院及監察院，因各係由人民選舉之立法及監察委員所組成，其與行政權的關係在憲法中亦有特別的規定，已含有政權性質者外，行使司法權之司法

❹ 參見羅志淵著中國憲法與政府，第五五四～五五五頁，國立編譯館，六十六年十一月版。

院，屬於治權機關應屬無疑。然其與其他治權機關仍有下列的不同：

一、司法院所屬各級司法機關均爲獨立行使職權：

各審判民事刑事案件的各級法院，法官是依據法律獨立審判，不受外來的干涉，法官的身分地位亦有特別的保障。行政法院雖係審理行政訴訟，但評事的審判行政訴訟案件，仍屬依據法律及有關行政規章，獨立審判，不受行政法院院長及司法院的干涉，且評事的身分地位，亦受到與法官同樣的保障。公務員懲戒委員會，雖係受理違法失職公務員之懲戒案件，但懲戒委員同樣的亦是獨立決議，不受懲戒委員會委員長及司法院的干涉，而懲戒委員的身分地位保障，亦與法官同。

二、司法院所屬各級機關均爲中央機關：

依憲法第一百零七條規定，司法制度由中央立法並執行之，地方政府不能立法亦不能執行。司法院所屬審理民事刑事案件的各級法院，雖分布全國各地，但均屬中央機關的分機關，而非屬地方政府管轄的地方機關。

第四節　司法院的組織

依憲法第八十二條規定「司法院及各級法院的組織，以法律定之」。依憲法及司法院組織法之規定，司法院置有院長、副院長，院內並設有大法官會議及司法院會議，人事審議委員會，及司法院幕僚機關。茲分項簡述如後。

第一項　院長副院長

司法院院長副院長，就其產生、職權及任期分析如下：

一、院長副院長的產生：

依憲法第七十九條規定，司法院設院長副院長各一人，由總統提名，經監察院同意任命之。此乃鑒於司法院院長副院長之職務重要，對維護憲政負有相當責任，故須經國家最高監察機關同意，以昭鄭重。

二、院長的職權：

主要有下列各種：

(一)綜理院務及監督所屬機關：此為司法院組織法所明定。

(二)擔任大法官會議主席：此為司法院組織法及大法官會議法所明定。基此規定，乃於總統、副總統就職時，擔任監誓人。

(三)擔任五院院長委員會主席：依憲法第一百十五條，省自治法施行中，如因其中某條發生重大障礙，經司法院召集有關方面陳述意見後，由五院院長組織委員會，以司法院院長為主席，提出方案解決之。

(四)擔任變更判例會議主席：依司法院變更判例會議規則規定，最高法院各庭審理案件關於法令上之見解，與其判決先例有異時，應由最高法院院長呈請司法院院長召集變更判例會議決定之；變更判例會議，由司法院院長主席。

三、副院長的職權：

主要為司法院院長因故不能視事時，由副院代理其職務；大法官會議司法院院長不能主席時，以副院長為主席。以上職權均為司法院組織法及大法官會議法所明定。

四、院長副院長的任期：

司法院院長及副院長，在憲法及司法院組織法中均未規定任期，此與立法院院長副院長以三年為其任期，監察院院長副院長及考試院院長副院長各以六年為其任期者不同。惟司法院院長副院長既由總統提名與任命，即含對總統負責之意，總統任期既為六年，則在新舊任總統改選時，在理論上應請辭職，故亦可認為其任期為六年。

第二項　大法官會議

大法官會議由大法官組成，掌管憲法的解釋及法律命令之統一解釋。茲就大法官之產生資格、任期及大法官會議組織，簡說之。

一、大法官的產生：

依憲法第七十九條規定，司法院設大法官若干人，掌理本憲法第七十八條規定事項，由總統提名，經監察院同意任命之。其須經監察院同意之理由，與院長副院長之須經其同意者同。

二、大法官的應具資格：

大法官雖爲特任官，但有資格的規定，此乃由於大法官係高度法學專業性的職務，故須對法學有高深造詣者始可擔任。依司法院組織法規定，大法官應具有下列資格之一，即(一)曾任最高法院推事十年以上而成績卓著者；(二)曾任立法委員九年以上而有特殊貢獻者；(三)曾任大學法律主要科目教授十年以上而有專門著作者；(四)曾任國際法庭法官或有公法學或比較法學之權威著作者；(五)研究法學，富有政治經驗，聲譽卓著者。再爲期大法官能包括各種不同造詣的法學專家，又規定具有上述任何一款資格之大法官，其人數不得超過總名額三分之一。

三、大法官的任期：

依司法院組織法規定，大法官之任期，每屆爲九年；大法官出缺時，其繼任人之任期至原任期屆滿之日爲止。

四、大法官會議的組織：

除大法官會議之職權與解釋憲法及法令之程序，另在第五節司法院的職權中敍述外，依司法院組織法規定，大法官會議由大法官十七人組織之，大法官會議並以司法院院長爲主席。再依大法官會議法規定，大法官會議記錄，資料蒐集，及其他有關大法官會議事務，由司法院院長

指派職員擔任之。

第三項　司法院會議

司法院，依司法院會議規則規定，設有司法院會議，其出席人員及會議事項如下：

一、出席人員：

司法院會議之出席人員，包括司法院院長、副院長、值月大法官及院長視議案性質商請出席之大法官，最高法院院長，行政法院院長，公務員懲戒委員會委員長，司法院秘書長，副秘書長。另司法院各廳、處長及院長指定之本院與院屬各機關有關人員，得列席會議。

司法院會議以院長爲主席，院長因事不能主席時，由副院長代理之。

二、會議事項：

提出司法院會議事項，包括(一)司法院及所屬各機關之重要工作報告；(二)關於提出立法院之法律案；(三)關於施政綱要及概算事項；(四)關於司法院發布之重要規程章則事項；(五)院長或出席人員認爲應提出會議之其他重要事項。

三、其　他：

司法院會議以每月舉行一次爲原則，會議議案應列入議程，其內容繁複者，主席得指定人員予以審查。會議之發布新聞、議程編訂、會議記錄等事務，由司法院秘書辦理之。

第四項　人事審議委員會

依司法院組織法規定，司法院設人事審議委員會，其組織及職掌如下：

一、組　織：

人事審議委員會, 由司法院院長、副院長、秘書長、最高法院院長、行政法院院長、公務員懲戒委員會委員長爲當然委員, 其餘委員, 由司法院長就高等法院以下各級法院院長及其他必要人員中 指派 兼 任 之。

二、職 掌：

人事審議委員會, 依法審議各級法院推事、行政院評事、及公務員懲戒委員會委員之任免、轉任、遷調、考核、獎懲事項。

第五項 司法院幕僚機關

司法院置秘書長, 爲幕僚長, 承院長之命, 處理本院事務, 並指揮監督所屬職員; 副秘書長, 承院長之命, 襄助秘書長處理本院事務。其情形如下：

一、內部組織及職掌： 包括

(一)第一廳：掌理關於民事訴訟審判、財務案件之行政事項; 關於非訟事件、公證事件、提存事件、破產事件、民事強制執行之管理事項; 關於民事有關司法法規之研擬事項。

(二)第二廳：掌理關於刑事訴訟審判、少年事件處理、交通案件之行政事項; 關於刑事有關司法法規之研擬事項。

(三)第三廳：掌理關於行政訴訟審判、公務員懲戒審議 之行政事項; 關於行政訴訟及公務員懲戒有關司法法規之研擬事項。

(四)第四廳：掌理關於法院組織之規劃與調整, 法院行政之研究發展, 法院業務之檢查、考核, 司法風紀之維護, 司法機關之便民服務及訴訟輔導, 司法制度、司法機關組織等法規之研擬, 外國司法制度、判例、法律之編譯、介紹事項。

(五)秘書處：掌理關於文書之收發、分配、繕校及保管, 文稿之撰

擬、審核及文電之處理，大法官會議之記錄及各種司法會議之籌劃、議事，施政計畫及工作報告之彙編，印信典守，院令之發布及公報之編印、發行，司法法規、圖書、刊物之蒐集、出版及管理，公產、公物及車輛之管理，房舍修監及其監督，款項出納，事務管理、公共關係事項。

（六）人事處、會計處及統計處：分別掌理人事、歲計、會計及統計事項。

二、主要職稱：

除秘書長、副秘書長外，置有廳長、處長、參事、秘書、編纂、專門委員、科長、專員等，分別主管及經辦有關業務。

第五節　司法院的職權

依憲法及有關法律規定，司法院的職權可歸納爲六種，即民事刑事審判、行政訴訟、公務員懲戒、解釋憲法、審查省自治法及法律提案權。茲分項簡述如後。

第一項　民事刑事審判權

依憲法第七十七條規定「司法院……掌理民事、刑事、行政訴訟之審判，及公務員之懲戒」。民事審判及刑事審判意義各有不同，我國民事刑事審判係採三級三審制。茲分析如下：

一、民事審判的意義：

指民事訴訟之審判權，而民事訴訟爲關於民事上法律關係之爭訟，即人民私法上權利受私人之侵害時，請求法院爲一定裁判之爭訟，其訴訟之手續，爲民事訴訟法、強制執行法等法律所規定。

二、刑事審判的意義：

指刑事訴訟之審判權，而刑事訴訟爲適用刑事上法律之爭訟，即人民有無犯罪行爲，如有犯罪行爲時應適用何種法條處罰，以達使犯罪人改過自新之爭訟，其訴訟之手續，爲刑事訴訟法等法律所規定。

三、三級三審制:

我國民事刑事訴訟，係採三級三審制。所謂三級，指地方法院、高等法院及最高法院; 所謂三審，指不服地方法院判決者，得上訴於高等法院; 不服高等法院之判決者，得上訴於最高法院，是爲終審。

第二項　行政訴訟權

對行政訴訟權須予研究者，爲行政訴訟的意義，得提起行政訴訟的條件及人員，行政訴訟的受理，及判決的效力等。玆分析如下:

一、行政訴訟的意義:

指人民因中央或地方機關之違法處分，致損害其權利，經依訴願法提起再訴願，而不服其決定，或提起再訴願逾三個月不爲決定時，向行政法院提起之訴訟。

二、得提起行政訴訟的條件及人員:

得提起行政訴訟的條件，包括(一)行政訴訟係對中央或地方機關之違法處分而提起，逾越權限或濫用權力之行政處分，以違法論; (二)須因機關之違法處分，致人民的權利受損害; (三)須經依法提起再訴願而不服其決定，或提起再訴願已逾三個月不爲決定，或延長再訴願決定期間逾二個月不爲決定時。

得提起行政訴訟的人，則以原提起再訴願之人及不服再訴願決定之人爲限。惟依司法院以往的解釋（非大法官會議解釋）及行政法院的判例，均認爲官吏雖係人民，然人民與官吏身分有別，其因官吏身分受行政處分者，非以人民身分因官署處分受損害者可比，故不得提起訴願及行政訴訟。但大法官會議釋字第一八七號解釋「公務人員依法辦理退休

請領退休金，乃行使法律基於憲法規定所賦予之權利，應受保障；其向原服務機關請求核發服務年資或未領退休金之證明未獲發給者，在程序上非不得依法提起訴願或行政訴訟」，及釋字第二四三號解釋「中央或地方機關依公務人員考績法或相關法規規定，對公務員所為之免職處分，直接影響其憲法所保障之服公職權利，受處分之公務員自得行使憲法第十六條訴願及訴訟之權，不服考績再覆審之決定者，應許其提起行政訴訟，方符合有權利即有救濟之法理」之後，原有官吏不得提起訴願及行政訴訟之解釋，已有改變。

三、行政訴訟的受理：

行政訴訟案件，由行政法院受理審判。行政法院對行政訴訟案件，應先審查書狀，認為不應提起行政訴訟或違背法定程序者，應以裁定駁回之；行政訴訟受理後，應將書狀副本送達被告，並限定期間命其答辯；行政法院亦得以職權調查事實，逕為判決；行政訴訟就書狀判決之，但認為必要或依聲請人聲請，得指定日期傳喚原告、被告及參加人到庭為言詞辯論；當事人對行政法院之判決，具有法定情形之一者，得向該院提起再審之訴。

四、判決的效力：

對行政法院的裁判，不得上訴或抗告；行政法院之判決，就其事件，有拘束各關係機關之效力；行政訴訟判決之執行，由行政法院報請司法院轉有關機關執行之。

第三項　公務員懲戒權

公務員懲戒權的行使，包括懲戒事由，懲戒程序，懲戒處分，及懲處的執行。茲分析如下：

一、懲戒事由：

公務員有違法、廢弛職務或其他失職行爲，依公務員懲戒法規定，應受懲戒。所稱違法，不以違反法律爲限，凡違反命令性質之行政規章及命令時，亦包括在內；所稱廢弛職務或失職行爲，應依據有關法規及事實認定之。

二、懲戒程序：

(一)移付：監察院或各院部會首長或地方最高行政長官，對違法失職公務員，得移付司法院公務員懲戒委員會懲戒。

(二)審議及決議：懲戒委員會接獲移付懲戒案後，必要時得先行調查眞相，並將移付懲戒之原送文件抄交被付懲戒人命其提出申辯書，必要時並得命其到場質詢。對決議作成決議書，由出席委員全體簽名，並應以出席委員過半數之同意行之。

(三)送達：懲戒決議書，應由懲戒機關送達被付懲戒人，通知監察院及被付懲戒人所屬官署，並送登公報。

(四)再審議：具備一定條件者，移付機關或受處分人，得請再審議。

三、懲戒處分：

懲戒機關所爲之懲戒處分，視公務員違失情節分下列六種，(一)撤職，除撤其現職外，並於一定期間停止任用，其期間至少爲一年；(二)休職，除休其現職外，並不得在其他機關任職，其期間爲六個月以上，休職期滿應許其復職；(三)降級，依其現任之俸級，降一級或二級改敍；(四)減俸，依現有之月俸減百分之十至二十支給，其期間六月以上一年以下；(五)記過，一年內記過三次者，依其現職之俸級降一級改敍；(以上休職、降級、減俸、記過，並規定於一定期間不得晉敍、升職或調任主管職務)；(六)申誡，以書面爲之。

四、執 行：

薦任以上公務員之懲戒處分案，由司法院呈請總統轉令執行；委任

公務員之懲戒處分等，由司法院逕函被付懲戒人所在機關執行。

第四項　解釋憲法及統一解釋法律命令權

依憲法第七十八條規定「司法院解釋憲法，並有統一解釋法律及命令之權」。第一百七十三條規定「憲法之解釋，由司法院爲之」。第一百七十一條規定「法律與憲法牴觸者無效，法律與憲法有無牴觸發生疑義時，由司法院解釋之」。第一百七十二條規定「命令與憲法或法律牴觸者無效」。第一百十二條規定「省得召集省民代表大會，依據省縣自治通則，制定省自治法，但不得與憲法牴觸」。第一百十四條規定「省自治法制定後，即須送司法院，司法院如認爲有違憲之處，應將違憲條文宣布無效」。第一百十六條規定「省法規與國家法律牴觸者無效」。第一百十七條規定「省法規與國家法律有無牴觸發生疑義時，由司法院解釋之」。第一百二十二條規定「縣得召開縣民代表大會，依據省縣自治通則，制定縣自治法，但不得與憲法及省自治法牴觸」。第一百二十五條規定「縣單行規章，與國家法律或省法規牴觸者無效」。茲就以上十個條文之規定及大法官會議法之主要內容，歸納分析如下：

一、解釋憲法及法令的機關：

司法院的大法官會議，爲解釋憲法及統一解釋法令的機關。憲法雖規定司法院解釋憲法與法令，但眞正解釋憲法與法令者爲司法院大法官會議。大法官會議由大法官十七人所組成，大法官會議以司法院院長爲主席，院長不能主席時，以副院長爲主席。司法院秘書長應列席大法官會議。

司法院解釋憲法乃理之當然，然何以司法院又統一解釋法律及命令？對此大法官會議曾於民國三十八年一月六日作釋字第二號解釋，其文爲「憲法第七十八條規定，司法院解釋憲法，並有統一解釋法律及命令之權，其於憲法則曰解釋，其於法律及命令則曰統一解釋，兩者意義

顯有不同。憲法第一百七十三條規定，憲法之解釋由司法院爲之，故中央或地方機關，於其職權上適用憲法發生疑義時，即得聲請司法院解釋。法律及命令與憲法有無牴觸發生疑義時，亦同。至適用法律或命令，發生其他疑義時，則有適用職權之中央或地方機關，皆應自行研究，以確定其意義，而爲適用，殊無許其聲請司法院解釋之理由。惟此項機關適用法律或命令時，所持見解與本機關或他機關，適用同一法律或命令時，所已表示之見解有異者，苟非該機關依法應受本機關或他機關見解之約束，或得變更其見解，則對同一法律或命令之解釋，必將發生歧異之結果，於是乃有統一解釋之必要，故限於有此種情形時，始得聲請統一解釋……」。由此可知統一解釋法律命令，只許在特定情況下始得聲請之。

二、解釋憲法及法令的目的與作用：

茲以憲法言之，解釋憲法的目的與作用，在以往以尋求憲法本身所蘊涵的意思，及探求制憲者的意思爲目的，其主要作用在宣示憲法客觀與主觀的意思，而不在解決當前的具體問題，換言之，祇是靜態的說明憲法的原意，而非動態的應用憲法來解決當前問題。

現今解釋憲法的目的，無不在求憲法的有效施行，因而解釋憲法的作用，除解釋憲法的疑惑，填漏補隙及定紛止爭外，更須推陳出新，隨政治的發展，使憲法不斷的成長。更有甚者，解釋憲法已不再偏限於機械的文理解釋，而逐漸重視機動的法理解釋，此亦部分國家的憲法制定期間雖已久遠，但憲法仍能隨政治的發展而繼續存在與成長的原因。

解釋法律與命令，亦含有此種意味。

三、解釋憲法及法令的依據：

綜觀自大法官會議成立以來至五十六年七月止，解釋憲法時的依據而論，大致可歸納爲下列六種：❺

---

❺ 參見謝瀛洲著中華民國憲法論，第二八五～二九四頁，明昌製版公司，六十五年十月版。

（一）依據憲法條文之原文爲合理之解釋者：如對憲法第十八條所稱公職之涵義，曾解釋「憲法第十八條所稱之公職，涵義甚廣，凡各級民意代表，中央及地方機關之公務員，及其他依法從事於公務者均屬之」（見四十三年釋字第四十二號）。對憲法第八十條所謂依據法律獨立審判之意義，曾解釋「憲法第八十條之規定，旨在保障法官獨立審判，不受任何干涉，所謂依據法律者，係以法律爲審判之主要依據，並非除法律以外與憲法或法律不相牴觸而有效之規章均行排斥而不用，至縣議會行使縣立法之職權時，若無憲法或其他法律之根據，不得限制人民之自由權利」（見四十三年釋字第三十八號）。

（二）本於孫中山先生之遺敎作爲解釋之依據者：如對監察院關於所掌事項，是否得向立法院提出法律案問題，曾解釋「……我國憲法依據孫中山先生創立中華民國之遺敎而制定，載在前言，依憲法第五十三條（行政）、第六十二條（立法）、第七十七條（司法）、第八十三條（考試）、第九十條（監察）等規定建立五院，本憲法原始賦與之職權，各於所掌範圍內爲國家最高機關，獨立行使職權，相互平等，初無軒輊，以職務需要言，監察司法兩院各就所掌事項須向立法院提案，與考試院同，考試院對於所掌事項旣得向立法院提出法律案，憲法對於司法監察兩院就其所掌事項之提案，亦初無有意省略或故予排除之理由，法律案之議決，雖爲專屬立法院之職權，而其他各院關於所掌事項知之較稔，得各向立法院提出法律案以爲立法意見之提供者，於理於法均無不合……」（見四十一年釋字第三號）。

（三）參照各國憲政體例作爲解釋之依據者：如對國民大會、立法院、監察院三者而論，何者相當於各國憲法上之國會問題，曾解釋「我國憲法係依據孫中山先生之遺敎而制定，於國民大會外並建立五院，與三權分立制本難比擬，國民大會代表全國國民行使政權，立法院爲國家

最高立法機關，監察院為國家監察機關，均由人民直接間接選舉之代表或委員所組成，其所分別行使之職權，亦為民主國家國會重要之職權，雖其職權行使之方式如每年定期集會多數開議多數決議等，不盡與各民主國家國會相同，但就憲法上之地位及職權之性質而言，應認國民大會、立法院、監察院共同相當於民主國家之國會」（見四十六年釋字第七十六號）。

（四）依據制憲之實錄作為解釋之參考者：如對國民大會代表得否兼任官吏問題，曾解釋「查制憲國民大會，對於國民大會代表不得兼任官吏及現任官吏不得當選為國民大會代表之主張，均未採納，而憲法第二十八條第三項僅限制現任官吏不得於其任所所在地之選舉區當選為國民大會代表，足見制憲當時並無限制國民大會代表兼任官吏之意，故國民大會代表非不得兼任官吏」（見四十六年釋字第七十五號）。

（五）依據普通法律之文義為憲法之解釋者：如對憲法第三十三條、第七十四條及第一百零二條現行犯的意義，曾解釋「1.憲法上所謂現行犯，係指刑事訴訟法第八十八條第二項之現行犯，及同條第三項以現行犯論者而言；2.遇有刑事訴訟法第八十八條所定情形，不問何人均得逕行逮捕之，不以有偵查權人未曾發覺之犯罪為限；3.犯瀆職罪收受之賄賂，應認為刑事訴訟法第八十八條第三項第二款所稱之贓物，賄賂如為通貨，依一般觀察可認為因犯罪所得，而其持有並顯可疑為犯罪人者，亦有上述條款之適用」（見五十年釋字第九十號）。

（六）依據社會情勢需要而為解釋以利憲政之推行者：如對憲法所稱國民大會代表總額，應以何者為計算標準問題，曾解釋「憲法所謂國民大會代表總額，在當前情形，應以依法選出而能應召集會之國民大會代表人數為計算標準」（見四十九年釋字第八十五號）。

四、解釋權的範圍：

即司法院對何種事項有解釋權？依大法官會議法規定「大法官會議解釋憲法之事項如左，（一）關於適用憲法發生疑義之事項；（二）關於法律或命令有無牴觸憲法之事項；（三）關於省自治法、縣自治法、省法規及縣規章有無牴觸憲法之事項。前項解釋之事項，以憲法條文有規定者為限」。又規定「中央或地方機關就其職權上適用法律或命令所持見解，與本機關或他機關適用同一法律或命令時，所已表示之見解有異者，得聲請統一解釋，但該機關依法應受本機關或他機關見解之拘束，或得變更其見解者，不在此限」。依憲法有關條文及大法官會議法之上述規定，可知司法院解釋憲法及統一解釋法律及命令之範圍，共有下列兩類及十二種情況的解釋：

（一）含義的解釋：包括 1. 憲法含義的解釋； 2. 法律含義的統一解釋； 3. 命令含義的統一解釋。

（二）有無違憲的解釋：包括 1.法律有無牴觸憲法的解釋； 2.命令有無牴觸憲法的解釋； 3.省自治法有無牴觸憲法的解釋； 4.命令有無牴觸法律的解釋； 5.省自治法有無牴觸法律的解釋； 6.省法規有無牴觸法律的解釋； 7.縣單行規章有無牴觸法律的解釋； 8.縣自治法有無牴觸省自治法的解釋； 9.縣單行規章有無牴觸省法規的解釋。

以上十二種解釋中，關係最大者為法律有無牴觸憲法，命令有無牴觸憲法及命令有無牴觸法律之三種解釋。再以上十二種解釋，直接間接都與憲法的解釋有關，故司法院所握有之憲法解釋權，實較一般國家解釋憲法機關之職權為大。

五、解釋憲法的程序：

依大法官會議法的規定，程序有四：

（一）解釋的聲請：凡具有下列情況者得聲請解釋，即 1.中央或地方機關於其行使職權適用憲法發生疑義時，或因行使職權與其他機關職權

發生適用憲法的爭議時，或適用法律與命令發生有牴觸憲法的疑義時；2.人民於其憲法上所保障的權利遭受不法侵害，經依法定程序提起訴訟，對於確定終局裁判所適用的法律或命令有牴觸憲法之疑義者；3.中央或地方機關就其職權上適用法律或命令，所持見解與本機關或他機關適用同一法律或命令時所已表示之見解有異者，得聲請統一解釋，但該機關依法應受本機關見解的拘束，或得變更其見解者不在此限。

聲請解釋機關有上級機關者，其聲請應經由上級機關層轉，上級機關對於不合規定者不得爲之轉請，其應依職權解決者亦同。

(二)解釋的審查：大法官會議接受請解釋案件，應先推定大法官三人審查，除不合大法官會議法規定不予解釋者應敍明理由報會決定外，其應予解釋的案件應提會討論，此類解釋案件於推定大法官審查時，得限定提會時間。提會討論的解釋案件，應先由會決定原則，推大法官起草解釋文，會前印送全體大法官，再提會討論後決定之。大法官會議解釋案件，應參考制憲及立法資料，並得依請求或逕行通知聲請人及其關係人到會說明。

(三)解釋的決議：大法官會議解釋憲法，應有大法官總額四分之三的出席，暨出席人四分之三的同意，方得通過，可否同數時，取決於主席。大法官會議以司法院院長爲主席，不能主席時以副院長爲主席。大法官會議的表決，以舉手或點名爲之，必要時得經出席人過半數的同意，採用無記名投票。大法官遇解釋與其本身有利害關係的案件，應行廻避。

(四)解釋的公布：大法官會議的解釋文，應附具解釋理由書，連同各大法官對該解釋的不同意書，一併由司法院公布之，並通知本案聲請人及其關係人。

六、解釋的效力：

一般國家對解釋憲法的效力，通常有三種不同的規定，即(一)否認

制：亦稱美國制，卽對認爲違憲之法律或命令，可否認其效力而拒絕適用。(二)撤銷制：又稱奧國制，卽對法令之一部或全部被判決爲違憲或違法時，卽取銷其一部或全部，使之喪失效力，原則上被宣告爲違憲的法律，應自判決公布之日起失效；惟如有必要，可規定自判決公布之六個月後失效。(三)制裁制：指對制定與憲法相牴觸之法令或行爲者，給予適當的拘束與處罰。

我國大法官會議解釋的效力，係採撤銷制，其情形爲(一)法律或命令經大法官會議判定爲違憲或違法者，無效（見憲法第一百七十一條第一百七十二條）；(二)省自治法經解釋認爲違憲者，自始無效（見憲法第一百十四條）；(三)在實行中之法律或命令，經解釋宣布爲違憲或違法者，自宣布之日起無效；(四)經解釋認爲法律之一部或某條項爲違憲，可宣布該部或該條項爲違憲而失效，但必須其餘部分可以獨立存在，否則等於宣布其全部爲無效。司法院於民國七十三年一月二十七日公布之大法官會議釋字第一八五號解釋「司法院解釋憲法……其所爲之解釋，自有拘束全國各機關及人民之效力，各機關處理有關事項，應依解釋意旨爲之，違背解釋之判例當然失其效力；確定終局裁判所適用之法律或命令，或其適用法律、命令所表示之見解，經本院依人民聲請解釋認爲與憲法意旨不符，其受不利確定終局裁判者，得以該解釋爲再審或非常上訴之理由，已非法律見解歧異問題」。

第五項　法律提案權

憲法並未賦予司法院有法律提案權，只因監察院在憲法中亦未定有法律提案權，後經四十一年五月二十一日司法院大法官會議釋字第三號解釋，已認定監察院關於所掌事項，得向立法院提出法律案。因而司法院有無法律提案權，卽成爲大家關切的所在。乃於民國七十一年五月二

十五日由於監察院之聲請，由司法院作成釋字第一七五號解釋，其情形為：

一、解釋文：

司法院為國家最高司法機關，基於五權分治彼此相維之憲政體制，就其所掌有關司法機關之組織，及司法權行使之事項，得向立法院提出法律案。

二、解釋理由：

依解釋理由書所載，主要為：

（一）基於五權分治的憲政體制：……司法院為國家最高司法機關，基於五權分治彼此相維的憲政體制，並求法律制定之臻於至當，司法院就其所掌事項，自有向立法院提出法律案之職責。且法律案之提出，僅為立法程序之發動，非屬最後之決定，司法院依其實際經驗與需要為之，對於立法權與司法權之行使，當均有所裨益。

（二）適應世界憲政趨勢：按尊重司法，加強司法機關之權責，以保障人民之權利，乃現代國家共赴之目標，為期司法法規更能切合實際需要，而發揮其功能，英美法系國家最高司法機關，多具有此項法規制定權，大陸法系國家，亦有類似之制度，晚近中南美各國憲法，復有明定最高司法機關，得為法律案之提出者。足見首開見解，不僅合乎我國憲法之精神，並為世界憲政之趨勢。且自審檢分隸後，司法院所掌業務日益繁重，為利司法之改進……以貫徹弘揚憲政之本旨……得向立法院提出法律案。

第六節　獨立審判與法官保障

在本節中首須說明者，為法官的含義，次討論獨立審判與法官保障，

再說明法官與大法官的區別。茲分項簡述如後。

第一項　法官的含義

依憲法第八十條規定「法官須超出黨派以外，依據法律獨立審判，不受任何干涉」。茲就法官的含義分析之:

一、廣義與狹義的法官:

所謂廣義的法官，包括擔任審判任務之推事及擔任偵查起訴任務之檢察官而言; 狹義的法官，則專指在各級法院擔任審判任務之推事而言。憲法第八十條所稱法官，依現制而言，似限於各級法院之推事; 又行政法院之評事與公務員懲戒委員會之委員，雖其任用資格與普通法院推事不盡相同，但性質上亦以審判爲任務，且亦獨立行使職權，亦宜認屬本條所稱之法官。

二、大法官會議解釋:

釋字第十三號解釋謂「憲法第八十一條所稱法官，係指同法第八十條之法官而言，不包含檢察官在內，但實任檢察官之保障，依同法第八十二條，及法院組織法第四十條第二項之規定，除轉調外，與實任推事同」。因檢察官所行使之職權，如實施偵查，提起公訴等，均有準司法之性質，與國權民權關係甚大，爲免被權勢所屈，俾能忠於執行職務，自宜給予相當之身分保障。

第二項　獨立審判

獨立審判，包括憲法第八十條所定之超出黨派以外，依據法律獨立審判，及不受任何干涉而言，茲分析之:

一、超出黨派以外:

何謂超出黨派，向有二種界說，一爲法官不得加入任何黨派，已加

入者應卽退出， 以期與黨派不發生任何關係， 以保持政治之中立性；二爲法官可具有政黨黨籍，但不得參加黨團活動，以免受政黨力量的影響，致喪失其公正性。以上兩說各有理由，惟一般認爲第一說爲限制過嚴，不易徹底執行，故以第二說較爲合理。

二、依據法律獨立審判：

所謂法律，本有廣狹兩義，廣義除指立法院制定總統公布之法律外，尚包括憲法及各機關發布之規章及命令；狹義則謂只包括立法院制定並經總統公布之法律爲限。但四十三年八月廿七日公布之司法院大法官會議釋字第卅八號解釋，則謂「憲法第八十條之規定，旨在保障法官獨立審判，不受任何干涉，所謂依據法律者，係以法律爲審判之主要依據，並非排除法律以外，與憲法或法律不相牴觸之有效規章，均行排斥而不用……」。故依大法官會議解釋，法律的含義應採廣義說。

三、法官對認有瑕疵之法律命令有無拒絕適用之權：

對此一問題，學者通常有三說，卽一爲法官對所依據之法律或命令，認有瑕疵時，有拒絕適用之權力；二爲法官無拒絕適用之權力；三爲對認有瑕疵的法律，無拒絕適用之權力，但對認有瑕疵的命令或規章，有拒絕適用的權力。以上三說雖各有理由，但依憲法規定司法院旣有廣泛的解釋憲法與法律及命令之權，法官如認所依據之法律有瑕疵時，似可請司法院解釋；如認命令有瑕疵時，一因此類案件甚多，如均須一一請求司法院解釋，實過於繁瑣，二因命令只係主管機關所發布，司法機關並非須受其約束，法官自可拒絕適用，故以第三說較爲適當。

民國六十二年十二月廿四日，大法官會議應監察院聲請，對此問題亦曾作釋字第一三七號解釋，並由司法院公布，其解釋文爲「法官於審判案件時，對於各機關就其職掌所作有關法規析示之行政命令，固未可逕行排除而不用，但仍得依據法律， 表示其合法適當之見解」。 其情形

與上述第三說相當。

四、不受任何干涉：

即法官審判案件期中，不受任何的干涉，如不受輿論的干涉，即在審判期間輿論界對案情不應作評論，即有評論，法官自可不予理會；在審判期間，案情不受其他機關的調查，如監察院對審判進行中的案件，通常暫行停止調查；審判案件不受上級法院、本級法院、及司法最高機關的干涉，因最高法院及高等法院，對審判中的案件，不可對下級法院下達審判的指示，本級法院的院長，亦不得對審判案件的法官下達審判的指示。

第三項　法官的保障

依憲法第八十一條規定「法官為終身職，非受刑事或懲戒處分，或禁治產之宣告，不得免職；非依法律，不得停職、轉任或減俸」。本條係對法官保障的規定，除法官的含議，經於第一項說明外，茲分析如下：

一、終身職：

係指非依憲法或法律規定，不得將其非自願的去職；再公務人員退休法中雖有命令退休的規定，但該法明定命令退休不適用於法官，因此法官不得命令其退休。但法官之離職或退休係屬自願者時，仍得准其離職或退休，如請辭職時之准其辭職，請自願退休時之准其退休。

二、法官受免職之限制：

以下列情形為限：

(一)受刑事處分時應予免職：刑事處分，指因犯罪行為與受刑事法上刑罰或保安處分而言，不以刑之執行為限，但須曾受刑之宣告，故雖受緩刑之宣告，亦屬本條所稱之受刑事處分。

(二)受撤職懲戒處分時應予撤職：依公務員懲戒法規定，公務員違

法、廢弛職務或其他失職行為，應受懲戒；懲戒處分共分六種，以撤職的懲戒處分為最嚴重，受撤職處分者，除撤其現職外，並於一定期間停止任用，其期間至少為一年。

（三）具有公務人員消極資格之一者應予免職：依公務人員任用法規定，有下列情形之一者，不得為公務人員，即 1.犯內亂外患罪判決確定； 2.曾服公務有貪污行為經判決確定； 3.依法停止任用或受休職處分尚未期滿者； 4.褫奪公權尚未復權者； 5.受禁治產之宣告尚未撤銷者。以上 1. 2. 4.原屬刑事處分， 3.原屬懲戒處分。

一般學者，認為對法官的保障既憲法定有明文，則其保障應較一般公務人員為嚴密，對於法官的免職，應經司法程序確定者為限，如只經行政程序，雖有法律根據，亦不得予以免職。因此依考績法規定考績列丁等或一次記兩大過者，仍不得免職；又如已逾命令退休年齡者，經合格醫師證明有精神病者，雖公務人員任用法上有不得任用之規定，亦不得逕行免職。

三、非依法律不得停職： 其情形有

（一）公務員懲戒法規定：受休職處分者，除休其現職外，並不得在其他機關任職，其期間至少為六個月，休職期滿，許其復職。懲戒機關對於受移送之懲戒案件，認為情節重大者，得通知該管長官，先行停止被付懲戒人之職務；又長官對於所屬公務員移送監察院審查或公務員懲戒委員會審議，而認為情節重大者，亦得依職權先行停止其職務。又公務員有下列情事之一者，其職務當然停止，即 1.刑事訴訟程序實施中被羈押者； 2.依刑事判決確定受褫奪公權之宣告者； 3.依刑事判決確定受拘役之宣告在執行中者。

（二）監察法規定：被糾舉人員之主管長官或其上級長官接到糾舉書後，……至遲應於一個月內依公務員懲戒法之規定予以處理，並得先予

停職或爲其他急速處分，其認爲不應處分者，應卽向監察院聲復理由。

（三）公務人員考績法規定：年終考績結果，應自次年一月起執行；專案考績應自銓敍機關核定之日起執行。但年終考績及專案考績應予免職人員，自確定之日起執行，未確定前得先行停職。

四、非依法律不得轉任：

所謂轉任有兩種解釋，一爲由法官調任非法官，一爲由甲地區或法院之法官調任至乙地區或法院之法官。此處所謂非依法律不得轉任，應指非依法律不得轉任非法官而言，至於由甲地區或法院調任乙地區或法院者，係爲應業務需要而調度，自不得爲保障法官而不顧業務。此法官調任非法官，則須具有該非法官職務的任用資格，再法官爲終身職，如調任爲非法官則此種終身受保障的權利將被剝奪，如非由於法官本人自願或無法律根據，實不應予以轉任。

五、非依法律不得減俸：

依法律減俸之規定爲懲戒降級或減俸。依公務員懲戒法規定，降級依其現職之俸級，降一級或二級改敍，自改敍之日起，非經過二年不得敍進；受降級處分而無級可降者，比照每級差額減其月俸，其期限爲二年。又減俸依其現在之月俸，減百分之十或百分之二十支給，其期間爲六月以上一年以下。

上述對法官的保障，依大法官會議釋字第十三號解釋（見本節第一項），實任檢察官之保障，除轉調外，與實任推事同。

第四項　一般法官與大法官的區別

一般法官與大法官，雖均以法官名之，但卻有不同。茲分析如下：

一、產生方法不同：

依憲法第七十九條，大法官由總統提名，經監察院同意任命之。一

般法官則適用一般公務人員之任用程序而任用。

二、所需資格不同：

　　依司法院組織法規定，大法官被提名人，須有下列資格之一，卽(一)曾任最高法院推事十年以上而成績卓著者；(二)曾任立法委員九年以上而有特殊貢獻者；(三)曾任大學法律學主要科目教授十年以上而有專門著作者；(四)曾任國際法庭法官或有公法學或比較法學之權威著作者；(五)研究法學富有政治經驗聲譽卓著者。一般法官所應具備之資格，則於法院組織法中規定，並因法院的級別及法官職務的職等而異。

三、職等不同：

　　大法官爲特任；一般法官除最高法院院長以推事兼任者爲特任外，餘爲簡任或薦任。

四、職權不同：

　　大法官掌理解釋憲法及統一解釋法律命令之權；一般法官掌理民事刑事訴訟案件之審判，且依據法律獨立審判。

五、任期不同：

　　大法官任期爲九年；一般法官則爲終身職，並無任期規定。

六、保障不同：

　　大法官職務並無保障；一般法官因其爲終身職，故非受刑事或懲戒處分，或禁治產之宣告，不得免職；非依法律，不得停職、轉任或減俸。

第七節　司法院的所屬機關

　　司法院所屬機關，主要包括各級法院，行政法院及公務員懲戒委員會。茲分項簡述如後。

第一項 各級法院

司法院所屬之法院，原只有最高法院，嗣因監察委員酆景福等五十一位委員，對於高等法院及地方法院，究應隸屬於行政院之司法行政部抑隸屬於司法院，函請司法院解釋，大法官會議就此聲請於民國四十九年八月十五日作成釋字第八十六號解釋「憲法第七十七條所定司法院為國家最高司法機關，掌理民事刑事之審判，係指各級法院民事刑事訴訟之審判而言，高等法院以下各級法院，既分掌民事刑事訴訟法之審判，自亦應隸屬於司法院」。在解釋理由書中，並說明其有關法令並應予以分別修正，以期符合憲法第七十七條規定之本旨。

直至民國六十八年及六十九年，始將有關法律如行政院組織法、司法院組織法、法務部組織法、法院組織法等先後修正公布，而高等法院及地方法院，亦正式改隸司法院。

各級法院之組織，於法院組織法中規定甚詳，茲按最高法院、高等法院、地方法院的組織、職權及主要職稱，分析如下：

一、最高法院

(一)職權：最高法院為全國民刑訴訟法之終審機關，除部分特定案件不得上訴於第三審外，最高法院管轄 1. 不服高等法院及其分院第一審判決而上訴之刑事訴訟案件； 2. 不服高等法院及其分院第二審判決而上訴之民事刑事訴訟案件； 3. 不服高等法院及其分院裁定而抗告之案件； 4. 非常上訴案件。

(二)組織：最高法院設於中央政府所在地，置院長，綜理全院行政事務，兼任推事並充庭長；設民事庭、刑事庭，均為合議制，書記廳，得分科辦事；並設有會計、統計、人事室，分別辦理歲計、會計、統計及人事管理工作。另設民刑庭總會，以解決法律疑義問題，統一各庭之

法律見解，及研討制定判例要旨。另附設有律師懲戒覆審委員會及司法院寃獄賠償覆議委員會，分別受理律師懲戒之覆審及寃獄賠償之覆議事件。

(三)主要職稱：除院長外，置有庭長、推事、書記官長、主任、書記官等；分別主管及經辦有關業務。

二、高等法院

(一)職權：高等法院管轄 1.關於內亂、外患及妨害國交之刑事第一審訴訟案件；2.不服地方法院及其分院第一審判決而上訴之民事、刑事訴訟案件 3.不服地方法院及其分院裁定而抗告之案件；4.受理選舉訴訟（依民事訴訟程序採合議制審理，並應先於其他訴訟審判之，以一審終結，不得上訴，但得提起再審之訴）。

(二)組織：高等法院設於省或特別區域，其區域遼闊者，應設高等法院分院，首都及院轄市亦得設高等法院。置院長（由推事兼任）綜理全院行政事務並監督所屬行政事務，設民事庭、刑事庭，均爲合議制，另設會計、人事、統計等室。

(三)主要職稱：除院長外，並置庭長、推事、書記官長、主任、書記官等，分別主管及經辦有關業務。

三、地方法院

(一)職權：地方法院管轄民事、刑事第一審訴訟案件，及非訟事件如登記、註冊或公證等。

(二)組織：地方法院設於縣或市，但縣市之區域狹小者，得數縣市設一地方法院，其區域遼闊者，得設地方法院分院。置院長（由推事兼任）綜理全院行政事務，得設民事庭、刑事庭。地方法院審判案件，以推事一人獨任之，但案件重大者，得以三人合議行之。另設人事、會計、統計等室。

(三)主要職稱: 除院長外, 並置庭長、推事、書記官長、主任、書記官等, 分別主管及經辦有關業務。

第二項 行政法院

採大陸法系國家, 多於普通法院之外, 另設行政法院以受理行政訴訟, 並自成一體系。我國雖亦採大陸法系的體制, 設有行政法院, 但與一般國家不同者, 乃我國行政法院爲司法院的一部分, 而具有較濃的司法色彩。玆就現行行政法院的職權、組織及主要職稱, 分析如下:

一、職 權:

依行政法院組織法規定, 行政法院掌理全國行政訴訟審判事務; 再依行政訴訟法規定, 對得提起行政訴訟之事項, 採概括規定, 卽人民因中央或地方官署之違法處分, 致損害其權利, 經依訴願法提起再訴願而不服其決定, 或爲提起再訴願逾三個月不爲決定者, 得向行政法院提起行政訴訟。對提起之行政訴訟案件, 行政法院有受理及審判之權, 行政法院如認起訴爲有理由時, 應以判決撤銷或變更原處分或決定, 如認起訴爲無理由時, 應以判決駁回之。行政法院採一審制, 故對其判決不得上訴或抗告, 但具有特定情形者, 得提起再審之訴。

二、組 織:

行政法院置院長, 綜理全院行政事務, 兼任評事並充庭長; 內部組織分設二庭或三庭, 庭長由評事遴充, 監督各庭事務; 行政法院審判, 以評事五人的合議行之, 並以庭長爲審判長。另設人事、會計、統計等室。

三、主要職稱:

除院長外, 設有庭長、評事、書記官長、主任、書記官等, 分別主管及經辦有關業務。評事並須具有下列條件, 1.年滿三十歲; 2.在教育

部認可之國內外專科以上學校修習政治、法律學科三年以上畢業; 3. 曾任簡任公務員二年以上確有成績者。

對行政法院評事的保障，依大法官會議釋字第一六二號解釋「行政法院院長、公務員懲戒委員會委員長，均係綜理各該機關行政事務之首長，自無憲法第八十一條的適用。行政法院評事、公務員懲戒委員會委員，就行政訴訟或公務員懲戒事件，分別依據法律，獨立行使審判或審議之職權，不受任何干涉，依憲法第七十七條、第七十八條規定，均應認係憲法上所稱之法官。其保障，應本發揮司法功能及保持法官職位安定之原則，由法律妥爲規定，以符憲法第八十一條之意旨」，應準用法官的規定。

第三項　公務員懲戒委員會

公務員的懲戒機關，各國頗不一致，如美英國家，多由參議院或貴族院審判被彈劾的官員；如西德則設有公務員懲戒機關掌理懲戒事宜；如日本國家公務員懲戒，則由主管機關（各省）懲戒之。我國則於司法院下設公務員懲戒委員會，掌理公務員的懲戒事宜。茲依公務員懲戒委員會組織法規定，分析如下：

一、職　權：

公務員懲戒委員會，掌管公務員之懲戒事宜。詳言之，監察院認爲公務員有違法失職情事應付懲戒時，應將彈劾案連同證據，移送公務員懲戒委員會審議；又各院部會長官或地方最高行政長官，對被糾舉之所屬職員需予懲處，或對委任以下所屬職員違法失職須予懲處者，亦應將糾舉案或自行調查事證等，移送公務員懲戒委員會審議（但薦任以下公務員記過或申誡之懲戒處分，但逕自爲之）。經審議認爲應予懲處者，應按情節輕重分別予以撤職、休職、降級、減俸、記過或申誡之處分；

如認為有刑事嫌疑者，應分別送該管法院或軍法機關審理。又懲戒處分的決議原為一審制，自七十四年公務員懲戒法修正後，已有再審議的規定。

二、組　織：

除置委員長（並兼任委員）及委員外，審議懲戒案件採合議制，應有委員七人以上之出席，由委員長為主席。公務員懲戒委員會依法審議懲戒案件，不受任何干涉。另設人事、會計、統計等室。

三、主要職稱：

除委員長、委員外，並置有書記官長、主任、科長、書記官等，分別主管及經辦有關業務。委員並須具下列條件，1.年滿四十歲；2.於政治法律有深切研究；2.曾任簡任職公務員五年以上或薦任職公務員十年以上者。委員的保障，依大法官會議釋字第一六二號解釋（見上述第二項），準用法官的規定。

第四項　學者對行政司法機關隸屬的看法

行政院前設有司法行政部（現改組為法務部），又高等及地方法院前係隸屬於司法行政部（現已改隸司法院），學者對此等機關的隸屬問題，頗有不同意見，有贊成隸屬司法院者，有贊成隸屬行政院者，目前此一問題雖已解決，但學者的不同意見，仍有參考價值，茲擇要述之：

一、對司法行政部之隸屬問題

（一）贊成隸屬司法院之理由：包括1.憲法上依據，即憲法第七十七條明定司法院為國家最高司法機關，掌理民事、刑事、行政訴訟之審判及公務員之懲戒；則附屬於民刑事審判之司法行政事務，自應由司法院掌理。2.維持司法審判權之統一，即職司第三級審判之最高法院隸屬司法院，而職司第一、第二級審判的地方法院及高等法院，卻隸屬行政院系統，而形成割裂之現象，影響司法審判權之完整，為維護審判權之完

整，應改隸司法院。 3.保持司法審判權之獨立，即司法審判之主要精神，即為獨立審判，行政院富有政治性及變動性，司法行政部隸屬於行政院，難免有利用職權以干涉審判之虞，若改隸於司法院，則可無此現象，且可避免因立法委員對行政院長及司法行政部長之質詢，而間接影響司法之審判。 4.符合法律規定，即司法行政部如改隸司法院，則全國各級法院均由司法院行使其最後監督權，正符合司法院為國家最高司法機關的規定。

(二)贊成隸屬行政院之理由：包括 1.符合制憲精神，即民國卅五年政治協商會議修改憲法十二原則之第四項為「司法院即為國家最高司法機關，不兼管司法行政，由大法官組織之，大法官由總統提名，經監察院同意任命之」，後被採納於憲法草案，並訂為司法院為國家最高審判機關，掌理民事、刑事、行政訴訟之審判及憲法之解析。 如司法行政部隸屬行政院，與憲法草案（不是五五憲草）較為相符。 2.符合憲政國家體制，即一般憲政國家，均以行政首長或內閣統轄司法行政權，憲法採行政權對立法權負責的制度，故司法行政部應隸屬行政院，俾對立法院負責；至立法委員對行政部門的質詢，正所以防止司法審判上可能發生的流弊。 3.不會影響及司法權的完整性，即司法權的完整係指司法審判權之完整言，司法行政部雖隸屬於行政院，但第一、第二審級法院之判決，仍得上訴於第三審級之最高法院，故與司法審判權的完整並無影響。 4.不影響司法獨立，即司法獨立是指法官依據法律獨立審判，不受任何干涉，法官的職務亦為憲法所保障，此為任何機關均須遵守者，並不因司法行政部之隸屬行政院或司法院而有不同。 5.司法行政須配合整個國策，即司法行政事務，如司法制度的建立與改革，檢察制度的加強，辯護制度的改進，公證制度的推行，調解制度的運用，保安處分的實施，司法人才的培訓等，均與整個國家的政策有密切關係，並須相互

配合，如司法行政部隸屬於行政院，則在配合國策上將更為有利。

二、對高等、地方法院之隸屬問題

（一）贊成隸屬司法院之理由：包括 1.順應民主法治國家成規，即現代民主法治國家之司法制度，鮮有將掌理民事、刑事訴訟之法院隸屬於司法行政部門者，我國將高等、地方法院隸屬於司法行政部，各該法院司法人員之任用、考績、獎懲、升遷、調職等，統由該部管轄，殊有違常軌。 2.為符合憲法規定，即我國憲法第七十七條，明定司法院為國家最高司法機關，掌理民事、刑事、行政訴訟之審判及公務員之懲戒，而今第一、第二審級法院隸屬於行政院之司法行政部，將司法審判系統割裂，為符憲法規定，自有將之改隸於司法院之必要。 3.司法與行政應各自獨立，即憲法第八十條所定之法官須超出黨派以外，依據法律獨立審判，不受任何干涉云云，其主旨乃在使法官脫離行政權力之干涉，獨立行使審判權，如將之隸屬於司法院，則此種目的較易達到。 4.與司法行政部名稱不符，即既以司法行政為名，則不應將職司司法審判之高等及地方法院歸其隸屬，以免名實不符，及啟人有行政干涉審判之疑慮。

（二）贊成隸屬行政院之理由：包括 1.司法行政與司法審判有別不必強求合一，即司法行政僅指行政上之統屬關係，司法審判則指審判上之分級而言，憲法第七十七條所稱司法院為國家最高司法機關，應指在司法審判系統上處於最高地位而言，並非謂全國各級法院之行政，亦須置於司法院監督之下，故各級法院之司法行政由司法行政部監督，並無不可。 2.高等及地方法院之司法審判仍為最高法院之下級機關，即高等及地方法院在司法行政系統上雖隸屬於司法行政部，但在司法審判系統上，仍為司法院所屬最高法院之下級機關，故對司法院之審判權的完整並無影響。 3.獨立審判不受隸屬之影響，即法官依據法律獨立審判，不受任何干涉的要求，為憲法所明定，任何機關均須予以尊重，故不因隸屬於

司法院或行政院而有所影響。 4.改隸司法院仍有困擾，卽高等及地方法院如直隸於司法院，則司法院將取司法行政部而代之，最高法院與高等及地方法院在司法行政系統仍有割裂；如高等及地方法院隸屬於最高法院，則以原職司司法審判的最高法院，兼掌司法行政事務，亦尚缺乏法律依據。

第八節　司法院與其他兩院的關係

司法院與國民大會、總統、行政院、立法院間的關係，已分別在第六、第七、第八、第九章之末節中敍述，玆再就司法院與考試院及監察院的關係，分項簡述如後。

第一項　與考試院的關係

依憲法及有關法律規定，司法院與考試院關係如下：

一、解釋法令關係：

考試院適用憲法或法令發生疑義時，可請司法院解釋憲法及統一解釋法律及命令（憲法第七十八、一百七十一、一百七十三條）。

二、需用人員考試關係：

司法院及所屬機關需用人員，可請考試院考選部辦理考試；需進用新人，可請考試院銓敍部分發（憲法第八十三、八十五、八十六條）。

三、現職人員銓敍關係：

司法院及所屬機關人員，其任用資格與俸級，須由考試院銓敍部銓定資格敍定級俸；其考績，須由銓敍部審定；其保險，由銓敍部主管；其退休及亡故人員遺族之撫邮，須由銓敍部核定（憲法第八十三條）。

四、受懲戒關係：

考試院及所屬機關人員，如因違法或失職情事，被監察院彈劾時，應送公務員懲戒委員會審議（憲法第七十七條）。

五、行政訴訟關係：

考試院及所屬機關，如有違法之行政處分或決定，受損害之當事人，可依行政訴訟法之規定，向司法院行政法院提起行政訴訟，行政法院對行政訴訟案的判決書，就其事件有拘束各關係機關之效力（憲法第七十七條）。

第二項 與監察院的關係

司法院與監察院的關係，主要有下列各種：

一、解釋法令關係：

監察院適用憲法或法令發生疑義時，可請司法院解釋憲法及統一解釋法律及命令（憲法第七十八、一百七十一、一百七十三條）。

二、任命同意關係：

司法院院長、副院長、大法官，由總統提名，經監察院同意後任命之（憲法第七十九條）。

三、受彈劾關係：

司法院及所屬機關人員，如有違法失職情事，監察院得提出彈劾；如涉及刑事，應移送法院辦理（憲法第九十九條）。

四、行使調查權關係：

監察院對司法院及所屬機關行使調查權時，得調閱司法院及所屬機關所發布之命令及各種有關文件（憲法第九十五條）。

五、受懲戒關係：

監察院秘書處及所屬機關人員，如有違法失職情事，被監察院提出彈劾時，應移送司法院公務員懲戒委員會審議（憲法第七十七條）。

六、受財務審計關係:

司法院及其所屬機關之財務，須受監察院所屬審計機關之審計（憲法第九十條）。

第十一章 考　　試

國父有關考試權的遺教甚多，並特加讚揚。我國考試制度有其悠久
的歷史，各國考試權的歸屬有其不同的類型，我國考試院有其獨特的性
質，有其法定的組織與職權，有其所屬機關，考試院與監察院間亦有其
一定的關係。茲就以上主題，分節敍述如後。

第一節　與本章有關的遺教要點

國父早在上李鴻章書中，卽曾陳述有關考試權的問題，亦曾讚揚考
試的優良傳統，主張考試權須從行政權獨立，提倡公務人員及公職人員
須經由考試及格，五五憲草對考試權亦有特別的設計。茲分項簡述如後。

第一項　上李鴻章書中所提問題

國父在民國紀元前十八年五月，曾向李鴻章提出救國大計書，茲摘
錄其中數段，以了解國父對用人問題的看法：

一、用人爲富強之大經治國之大本：

國父謂「竊嘗深維歐洲富強之本，不盡在於船堅礮利，壘固兵強，

而在於人能盡其才， 地能盡其利， 物能盡其用， 貨能暢其流。 此四事者，富強之大經，治國之大本也」。

二、提出人盡其才的三要領：

國父謂 「所謂人能盡其才者， 在教養有道， 鼓勵以方， 任使得法也」。

三、提出教養有道的方法：

國父謂「夫人不能生而知， 必待學而後知； 人不能皆好學， 必待教而後學。 故作之君， 作之師， 所以教養之也。……凡天地萬物之理， 人生日用之事， 皆列於學之中， 使通國之人， 童而習之， 各就性質之所近而肆力焉。又各設有專師， 津津啓導， 雖理至幽微， 事至奧妙， 皆能有法以曉喩之， 有器以窺測之。其所學由淺而深， 自簡及繁， 故人之靈明日廓， 智慧日積也。質有愚智， 非學無以別其才； 才有全偏， 非學無以成其用。有學校以陶冶之， 則智者進焉， 愚者止焉， 偏才者專焉， 全才者普焉。……若非隨人而施教之， 則賢才亦無以學而自廢， 以至於湮沒而不彰。泰西人才之衆多者， 有此教養之道也」。

四、提出鼓勵以方的方法：

國父謂「……人之才志不一……。至中焉者， 端賴乎鼓勵以方， 故泰西之士， 雖一才一藝之微， 而國家必寵以科名， 是故人能自奮， 士不虛生。……又學者倘能窮一新理， 創一新器， 必邀國家之上賓， 則其國之士， 豈有不專心致志者哉？此泰西各種學問所以日新月異而歲不同， 幾於奪造化而疑鬼神者， 有此鼓勵之方也」。

五、提出任使得法的方法：

國父謂 「 今使人於所習非所用， 所用非所長， 則雖智者無以稱其職， 而巧者易以飾其非。如此用人， 必致野有遺賢， 朝多倖進。……總之， 凡學堂課此一業， 則國家有此一官， 幼而學者， 即壯之所行， 其學

而優者則能仕，仕則恪守一途，有升遷而無更調。夫久任則閱歷深，習慣則智巧出，加之厚其養廉，永其俸祿，則無瞻顧之心，而能專一其志。此泰西之官無苟且，吏盡勤勞者，有此任使之法也」。

第二項　考試有優良的傳統

國父對考試的優良傳統與良善方法，曾有下列的講述：

一、考試的特色：

國父在民權主義中謂「……至於歷代舉行考試，拔取眞才，更是中國幾千年的特色，外國學者近來考察中國的制度，便極讚美中國考試的獨立制度，也有倣效中國的考試制度去拔取眞才，像英國近來舉行文官考試，便是說是從中國倣效過去的，不過英國的考試制度，只考試普通文官，還沒有達到中國考試權之獨立的眞精神」。

二、考試方法良善：

國父在採用五權分立制以救三權鼎立之弊講詞中謂「至於考試之方法，尤爲良善，稽諸古昔，泰西各國大都係貴族制度，非貴族不能作官。我國昔時雖亦有此弊，然自世祿之制廢，考試之制行，無論貧民貴族，一經考試合格，即可作官，備位卿相，亦不爲僭。此制最爲平允，爲泰西各國所無。厥後英人首倡文官考試，實取法於我，而法德諸國繼之。……要之，有考試制度，以選拔眞才，則國人倖進之心，必可稍稍歛抑」。

第三項　考試權須從行政權獨立

國父不但提倡考試權，更主張考試權須從行政權獨立，並以五權分立制以救三權鼎立之弊。

一、考試權從行政權獨立：

國父於民報紀元節講中華民國憲法與五權分立時，曾謂「英國首先做行考選制度，美國也漸取法。大凡下級官吏，必要考試合格，方得委任。自從行了此制，美國政治方有起色。但是他只能用於下級官吏；並且考選之權，仍然在行政部之下，雖少有補救，也是不完全的。所以將來中華民國憲法，必要設獨立機關，專掌考選權，大小官吏必須考試，定了他的資格。無論那官吏是由選舉的，抑或由委任的，必須合格之人方得有效。這便可以除卻盲從濫選，及任用私人的流弊。中國向來銓選，最重資格，這本是美意，但是君主專制國中，黜陟人才，悉憑君主一人的喜怒，所以雖講資格，也是虛文。至於社會共和的政體，這講資格的法子，正是合用。因為那官吏不是君主的私人，是國民的公僕，必須十分稱職，方可任用。但是考選權如果屬於行政部，那權限未免太廣，流弊反多，所以必須成了獨立機關，纔得妥當」。

二、採五權分立制以救三權鼎立之弊：

國父講採用五權分立制以救三權鼎立之弊時，謂「何為五權分立？蓋除立法、司法、行政外，加入彈劾、考試二種是已。此兩種制度，在我國並非新法，古時已有此制，良法美意實足為近世各國模範。古時彈劾之制，不獨行之官吏；卽君上有過，犯顏諫諍，亦不用絲毫假借。設行諸近世，實足以救三權鼎立之弊」。

第四項 公務公職人員須經考試

國父曾數次提到官吏與議員須經由考試，茲摘述二則如下：

一、官吏或議員的才德須由考試認定：

國父於對中國國民黨特設辦事處講五權憲法時，曾謂「民選是一件很繁雜的事，流弊很多。因為要防範那些流弊，便想出限制人民選舉的方法，定了選舉權的資格，要有若干財產才有選舉權，沒有財產的就沒

有選舉權。這種限制選舉，和現代平等自由的潮流是相反的。……最好的補救方法，祇有限制被選舉權，要人民個個都有選舉權。……究竟要選舉什麼人才好呢？如果沒有一個標準，單行普通選舉，也可以生出流弊。……依兄弟想來，當議員或官吏的人，必定是有才有德，或者有什麼能幹，才是勝任愉快的。如果沒有才，沒有德，又沒有什麼能幹，單靠有錢來做議員或官吏，那末將來所做的成績，便不問可知了。……我們又是怎樣可以去斷定他們是合格呢？我們中國有個古法，那個古法就是考試」。

國父又謂「如果實行了五權憲法以後，國家用人行政都要照憲法去做。凡是我們人民的公僕，都要經過考試，不能隨便亂用。……沒有考試，就是有本領的人，我們也沒有方法可以知道，暗中便埋沒了許多人才。並且因為沒有考試制度，一般不懂政治的人，都想去做官，弄到弊端百出。在政府一方面是烏煙瘴氣，在人民一方面，更是非常的怨恨。……好比舉行省議會選舉，要選八十個議員，如果定了三百個人是有候補議員資格的，我們要選八十個議員，就在這三百人中來選舉。若是專靠選舉，就有點靠不住。……有一次美國有兩個人爭選舉，一個是大學畢業出身的博士，一個是拉車子出身的苦力，到了選舉投票的時候，兩個人便向民眾發表演說，運動選舉。……選舉結果，果然是車夫勝利。……所以美國的選舉常常鬧笑話。如果有了考試，那末必要有才能有學問的人，才能够做官，當我們的公僕」。

二、建國大綱中的指示：

國父手訂的建國大綱第十五條，曾指示「凡候選及任命官員，無論中央與地方，皆須經中央考試銓定資格者乃可」。

第五項　五五憲草對考試權的設計

五五憲草對考試院的規定，僅有下列四條：

一、第八十三條：考試院爲中央政府行使考試權之最高機關，掌理考選銓敍。

二、第八十四條：考試院設院長副院長各一人，任期三年，由總統任命之。考試院院長對國民大會負其責任。

三、第八十五條：左列資格應經考試院依法考選銓定之。(一)公務人員任用資格；(二)公職候選人資格；(三)專門職業及技術人員執業資格。

四、第八十六條：考試院之組織，以法律定之。

第二節　我國考試制度的沿革

我國考試制度，創始於秦漢魏晉，經隋唐宋而定制，至元明清而大備，至其餘任用、俸給、考績、退休、撫邮亦有足可述者。兹分項簡述如後。

第一項　秦漢魏晉的創始

秦漢魏晉的考試制度，雖爲創始階段，但仍各有其特色。兹分析如下：

一、秦之選試：

秦有公開選試之制，大凡中上級官員以選賢方式進用，下級官吏則以考試進用，對學養優良者，則可不經考試，逕行徵用。

二、漢之察擧、射策與課試：

(一)察舉：兩漢取仕，多用察舉方式，其情形有下列三種，卽 1.察舉，指一經察舉，卽任爲官吏，不須再經策試；察舉又有孝廉、茂材、賢良之分。 2.對策，係經對策後進用，對策內容多以當世要務爲主，成績優良者，則任以掌論議或諫諍之官，其中又分賢良方正，直言之士，有道之士三類。 3.特種選舉進用，根據當時需要規定科目，令臣下辟舉而後任官；其特選之科目有四科之辟，四行之選，明經之舉等。

(二)射策：指將難問疑義，書之於策，不使彰顯，有欲射者，隨其所取，以知優劣；此乃爲非現任官吏而能勤學者，所開之入仕門徑。

(三)課試：係從博士弟子課試任官之法；青年俊秀，由太常選拔就業於博士者，謂博士弟子；現任官吏被推舉選拔受業於博士者，謂同博士弟子。博士弟子每年課試一次，能通一藝以上者，卽授以官職。

三、魏晉之察舉、九品中正及選用國子生太學生：

(一)察舉：多承漢制。

(二)九品中正：出於魏文帝時九品官人之法，當時權立九品，主要在評紋朝中官員之品德才能；旋變爲在每郡置中正一人，掌九品官人之法，選舉人才，對該郡出身的官吏，就其功德才行，加以評紋，定以等級；後又變爲門第之品評，致有「上品無寒門，下品無世族」之弊；九品中正之制，至隋唐統一後始罷。

(三)選用國子生太學生：就讀國子學及太學者，稱國子生及太學生，國子生太學生有逕予任官者，亦有經射策或舉明經或孝廉後任官者。

第二項 隋唐宋的定制

及至隋唐，考試乃成爲定制，其名稱雖不盡相同，但考試用人的規模已經建立。茲分析如下：

一、隋之歲貢

隋統一後，鑑於九品中正流弊甚深，遂以歲貢及特科之法取士，開考試用人之先河。

二、唐之貢舉與制舉

（一）貢舉：唐之貢舉多參考隋之歲貢而酌加修正，參加貢舉之人員，有來自鄉貢與館學兩途；主持考試之機關，初屬吏部，後歸禮部。貢舉係分科舉行，如秀才、明經、進士、明法、書學、算學等科，皆其主要者。

（二）制舉：係天子以制詔取士，被制舉之人爲無出身或未曾任官者，由禮部考試；被制舉人爲有出身及曾任官者，由吏部考試，並常由天子親試；制舉之科目，有博學鴻詞、賢良方正、直言極諫等科；制舉之考試科目，包括文、判、策等；制舉及弟者，有甲乙之分。

三、宋之貢舉、制舉與學試

（一）貢舉：宋之貢舉多仿唐制，但更完備；考試採三試制，卽鄉貢、省試、殿試。考試又分常科及特科，如進士科、明經科、明法科等爲常科；而特科則爲某科特定人員所舉辦之特種考試，其科別視需要而定。

（二）制舉：由天子臨時設科，無定法，如賢良方正、茂才異科等；應試科目隨科別而異常。宋代應制舉者，多由進士出身並任官後再爲應試，及第後則分別改官。

（三）學試：天下士人不限有無學籍，皆得赴試本經，一場中者入上庠爲外舍生；再如公試中等，則升補內舍；再兩年一次，試升上舍；上舍試中優等者釋褐，以分數多者爲狀元，稍次者稱上舍及第，並賜予官職。

第三項 元明清的大備

元明清的考試制度，已近大備，包括科舉、雜科與學校入仕等。茲分析之：

一、科 舉：

元明清之科舉，均分鄉試、會試、殿試三試舉行。

(一)鄉試：由地方官府舉辦，每三年舉行一次。鄉試中式者，在元代有名額限制。明代鄉試中式者稱舉人，鄉試科目，第一場爲試經義，第二場試禮、樂、詔、表、箋，第三場試經史時務策。清代鄉試中式者亦稱舉人，鄉試科目仍以文、詩、策爲主，分三場舉行，參加鄉試者，除由提學考選之生儒外，在國子監肄業之貢、監生亦得應試。

(二)會試：鄉試合格者，會試於京師。在元代，爲辦理會試設知貢舉及同知貢舉官各一人；考試科目大致與鄉試同；錄取名額約爲鄉試錄取總額三分之一。在明代，設主考二人、同考八人、提調一人、監試二人，其他尚有彌封、謄錄、對讀、受卷等員司；考試科目特重經義，且體用排偶，俗稱八股，並分三場舉行，及第者以進士稱之。在清代，設主考官、副考官及同考官，由進士出身之大學士、尚書以下副都御史以上官員擔任；應試科目與鄉試同，以文、詩、策爲主，分三場舉行，錄取名額按地區酌定，中式者爲進士。

(三)殿試：會試中式者由天子親試，稱爲殿試。在元代設監試官及讀卷官；考試科目以策爲主，及格者賜進士及第或進士出身或同進士出身。在明代，爲輔弼天子殿試，設有讀卷官以殿閣學士充之，又設彌封官及管卷官，負責彌封試卷及收受試卷；考試科目以策試爲主；殿試後除一甲三人（天子制定爲狀元、榜眼、探花）賜進士及第外，其餘二甲若干人賜進士出身，三甲若干人賜同進士出身。在清代，殿試設有讀卷

官，考試科目以策試爲主，內容多屬當世事務，名第第一甲三人，爲狀元、榜眼、探花，賜進士及第；二甲若干人賜進士出身；三甲若干人賜同進士出身。

（四）任官職：科舉及第人員，卽取得任官資格，多卽授以官職。在元代，第一名賜進士及第者任從六品官，第二名以下及第二甲出身者任正七品官，第三甲出身者任正八品官；其職務爲知州事、州判官、縣尹、編修等。在明代，第一甲第一名任從六品官，第二第三名任正七品官；第二甲任從七品官，第三甲任從八品官；其職務爲修撰、編修、給事、知州、知縣等。在清代，舉人及進士及第者均可授以官職；舉人及第者，可任知縣、教諭、訓導等職；進士及第出身者，除進士第一甲第一名爲修撰，第二第三名爲編修外，其餘第二第三甲人員，多以庶吉士、各部主事、知縣等職務任用。

二、雜　科：

臨時根據需要而選拔。如元代有茂才異等、廉能、童子舉等雜科；有者根據保舉而逕行擢用，有者於保舉後入國子學接受教育。在明代保薦之科目甚多，如賢良、孝廉、秀才、明經、醫科、教職等；除醫科及教職須經考試後錄用外，其餘各科人員，一經保舉卽可量才任職。在清代有皇帝親詔徵求特異之人的制科，如博學鴻詞科、經濟特科等；又對翰林院之編修等官，在職期間，天子常舉行考試，並依據考試成績，量才升遷。

三、學校入仕：

在元代設有國子學，國子生經貢試或登進士後卽可任官；地方亦設有學校，畢業者由地方政府薦舉或自行辟用爲僚屬。在明代設有國子監，入學者稱監生，監生學成卽可任官職；地方亦廣設學校，生員人數衆多，生員由學校選拔後多參加鄉試。在清代設有國子學，貢生監生學滿

可考試出仕或參加鄉試；地方亦普設學校，學校生員成績優異者可入國子學；此外又有恩貢、優貢、拔貢等，學校員生經科試入等者，可參加鄉試。

第四項 歷代官吏任用俸給考績退休撫郵簡述

我國自秦漢以來，即有任用、俸給、考績、退休、撫郵制度，其內容由簡而繁，由部分而完整。茲分析如下：

一、任 用：

任用制度，是以官品、官職及任免三者為中心。

(一)官品：在秦漢以官秩稱之，秩次共分十六等，以示其地位之高低；至魏晉置九品，即第一至第九品；至隋官品仍分九品，但各有正從，共為十八品；至唐在從四品以下又各分上下，合計為三十個品級；宋元之官品又各分為十八品；明清仍延用十八品級。

(二)官職：即官員所擔任之職稱，如丞相、御史、縣令等屬之，官職高者，秩次或官品亦高，兩者大致相配合；魏晉官職漸趨複雜，有公、大將軍、尚書令、州刺史、尚書郎、丞等，官職與官品仍作適度的配合；宋元之官職，為數更多，與官品仍大致相配；明清之官職，更趨複雜，其與官品仍有一定的配置，如以清代言，正一品的官職為太師、太傅、太保、大學士；從一品的官職為尚書、都察院左右都御史；正二品的官職為太子少傅、總督、侍郎；從二品的官職為巡撫、布政使；從四品的官職為知府，翰林院侍讀學士；從五品的官職為御史，知州；正七品的官職為知縣；正八品的官職為縣丞；正九品的官職為縣主簿等。

(三)任免：秦漢對任命及遷調官職之方式即有多種，如拜、徵、領或兼、行、守、遷、辟除等；至官職之免除，則有懲戒免官及依願免官之分。至魏晉隋唐的任免，其任命及遷調之方式，又逐漸增加，免官事

由與秦漢同。及至宋元明清，任命及遷調之方式，更增多至數十種，而免除官職的方式，亦有增多，如明代卽有褫職、革職、削籍、免、除名；在清代更有革職而永不敍用者。

二、俸　給：

秦漢魏晉，實施穀斛俸給，俸給按秩次或官品分別規定其應發穀物斛數，斛數之多少，依秩次及官品高低而定。隋唐宋施行田祿俸錢之制，如隋按官品給俸祿外，尚有職分田；在唐有田祿俸料；宋代有祿田及職田。元明清則實施俸祿之制，如元代依官品高下及官職大小，分訂月支銀錠；明則按官品定年祿米石數；清對一般文官有官俸及祿米，另京官有恩俸，在外官有養廉銀等。

三、考　績：

在漢代以上計與刺察爲考績之方法。至魏晉隋唐，考績漸趨嚴密。如魏晉隋之考核，唐之考課，猶以唐的考課，更爲嚴密，如以"四善"、"二十七最"及"九等"之法，考流內官；以"功過行能"及"四等"方法，考流外官。宋代考核不若唐代之完整，有關考核項目，常因需要而增列及調整。元代採行止考核，官吏之個人功過，須書於"行止簿"，以憑考核。明代對官員之考核，係先定職務之繁簡，再在考核期間考核其是否稱職，而後再根據考核結果定其獎懲；又定有考察之法，以貪、酷、浮躁、不及、老、病、罷、不謹等八目爲考察之重點，又有京察外察之別。清代則有京察、大計之分；前者係本"考以四格"，"糾以公法"原則辦理，四格乃指守、政、才、年四者，作決定去留的依據；八法乃指貪、酷、罷軟無爲、不謹、年老、有疾、浮躁、才力不及，如經考核有八法情事者，須予處分；後者，由督撫聚其屬官功過事蹟，註考繕冊，送吏部會同都察院審核，經考核如合於無加派、無濫刑、無盜案、無錢糧拖欠、無倉庫虧空、民生所得、地方日有起色者，則予舉之。

四、退休撫邺:

漢魏晉及隋，有退休之制，即所謂七十致仕，退休時或恩賜其俸給，或拜以閒職，以終其身。至唐宋元明清之退休制度，漸趨完整；如唐代對退休者可先晉官品再予致仕，或准予致仕後再晉官品，尚有另賜財物者，官員在任內死亡，該月俸料全給，並另贈一個月之俸錢爲賻儀，對位高重臣死亡者，多追贈官品，有時並賜以諡號；宋代之退休撫邺，與唐代相仿；元代亦行七十致仕之制，對退休者賜半祿終身亦有賜以全祿者，對翰林等官可不須致仕，元代高級官員死亡者，多賜以諡號以表其行，更有同時贈以官職者；明代雖亦行七十致仕之制，但年力衰邁不能任事者，雖年未七十亦可致仕，並有晉升官品，及給予終身俸或半俸者，已退休官員基於天子特命，仍可再出任官職；官員在職亡故者，由公家給驛送歸葬，對已退休官員死亡者，亦多予贈官並賜諡；清代仍以七十爲致仕之期，但對戀職不去而被議者，則勒令致仕，對退休者多給以半俸或全俸，已退休官員雖不再執行職務，仍得保有原官職之銜及原頂戴；官員如在職亡故，則多依規定贈與官銜，如總督死亡者贈以太子少保，知縣亡故者贈銜知府是。

第三節　各國考試權的類型

一般國家的考試權，有隸屬於總統的行政權之下者，有隸屬於內閣的行政權之下者，有設首長制的機關主持考試權者，有設委員會主持考試權者。茲分項簡述如後。

第一項　隸屬總統行政權之考試權

隸屬於總統行政權之考試權，在美洲國家中甚爲常見，茲舉美國與

巴西爲例，分析如下：

一、美　國：

依美國一九七八年文官改革法規定，總統之下設人事管理局（Office of Personnel Management），其主要職掌包括（一）在聯邦人事管理及勞工與管理當局關係上，充任總統左右手的角色；（二）協助各機關對人力資源作有效運用，以期更好的完成任務與方案；（三）推行文官法律、規則及規章；（四）授予各機關人事權限，但仍受既定標準的約束並受人事管理局的監督。

美國除人事管理局外，又設功績制保護委員會，其主要任務爲（一）準司法性的任務：又包括 1.聽審及決定申訴案；2.基於特別檢察官的請求，委員會的任一委員對涉及被禁止的人事措施，得停止該人事措施爲期十五日，並可再延長卅日，委員會於獲得特別檢察官的同意，可延長至認爲適當的任何期限；3.遇及下列情況時，委員會基於特別檢察官的請求，可命令原有人事措施予以改正，卽於相當期間後機關不按特別檢察官的建議採取行動以改正被禁止的人事措施時，或被禁止的某種人事措施而其所涉及的事項係不能向委員會申訴時。（二）監視功績制的任務：又包括 1.進行文官及其他功績制的特別研究，並將所得與建議向總統及國會提出報告；2.審查人事管理局之規則與規章；3.向國會提出年度工作報告，包括對人事管理局活動之審查意見。及（三）執行特別權力：又包括委員會對特別檢察官所舉發的公務員，可予以懲處，其處分包括免職、降等、停止任用、停職、申誡、或處一千元以下罰金等。

二、巴　西：

依該國憲法及文官法規定，於總統下設公務行政部（簡稱 DASP），其主要職掌，除包括人事方面之管制遴用與分類、對待遇提出勸告、訂定規章、晉升與訓練、組織與方法、行政分析、研究視察、調查與考察

等外，尚包括預算的職掌，如預算的準備、分類與管制、預算與行政分析等。

第二項　隸屬內閣行政權之考試權

將考試權隸屬於內閣行政權的國家甚多，玆舉英、法、德、日、韓國之例如下：

一、英　國：

英國的人事主管機關，於一九八一年改組爲管理及人事部，首長由首相兼，樞密院國務次級大臣，負行政責任。其主要職掌爲(一)有關人事管理計劃、人事服務事項；(二)有關各部效率的查核、檢討，措施與功能檢討，管理制度發展事項；(三)有關機關組織，公務員行爲，退休及安全事項；(四)有關公務員甄選、進用、訓練、醫務，及一般人事管理事項。

二、法　國：

依法國一九四六年文官規章之規定，設立文官局，負責執行文官規章的任務。文官局隸屬總理府秘書處，總理是負責文官事務的最高人，凡涉及公共行政與公務員的規章，均須由總理簽名或副署。文官局的主要職掌，包括(一)監視各機關對文官法的適用；(二)決定遴選公務員之一般規定及公務員訓練之實施；(三)監視各機關對公務員分類、俸給、福利制度等的 原則之適用；(四) 行政機關的改革與 行政事務的改善；(五)有關人事制度各種記錄的管理與統計；(六)各種有關資料之集中與統一管理。

三、日　本：

依日本國家公務員法規定，在內閣所轄之下，置人事院。人事院由人事官三人組織之，以其中一人爲總裁，人事院爲委員會之組織，出席

人事院會議並有表決權者，只有人事官三人。人事院之職權，具有相當獨立性，其職掌包括(一)關於俸給、勤務條件改善及人事行政改善之勸告；(二)關於職位分類、考試、任免、俸給、訓練等事項；(三)關於保障、苦情之處理、其他關於職員的人事行政公正之確保及職員利益之保護事項。此外人事院就其所掌事務，得制定人事院規則；人事院為實施國家公務員法之規定，及實施人事院規則，得發佈指令。

人事院本院為決議機關，其決議須由另一機關執行，因此在人事院下設事務總局，以期上承人事院會議之決議，下對執行機構行使指揮監督權，使上層的決議與下層之執行機構相互結合，使政令得以順利推行。

四、泰　國：

依泰國公務員法規定，設文官委員會，置委員十二至十五人；委員會主席由總理兼任。文官委員會之職權，包括(一)向部長會議作有關人事行政政策及人事制度之提議或勸告；(二)發布為實施文官法所需要之規章與指令；(三)解析文官法及解決實施時所發生之問題；(四)在各機關實施文官法之過程中，給予勸告、解析、管制、監督及視察；(五)對不依文官法執行或執行不當之機關，向總理報告以便總理考慮及發布糾正命令；(六)向部長會議提供改進福利措施之建議；(七)核發公務員之再任或任用證書及規定應支俸給；(八)遂行本法及其他法律所賦予之其他職權。

五、韓　國：

韓國於內閣總理之下，設總務處，總務處長官具有內閣閣員身分。其主要職掌包括(一)人事政策的發展；(二)總統任命人員的推薦與管理；(三)政府機關中人事事務的控制與監察；(四)訓練計畫的管理，各主要機關人員的訓練，及非政府機關人員之選擇性訓練；(五)三職等以上公務員懲戒行動的管理；(六)待遇制度的改進與政府公務員俸表之訂

立；（七）一般考試計劃的訂定，及重要考試的安排與管理；（八）退休金
及福利待遇制度的管理。總務處之下，另設有申訴審查委員會，以保障
公務員之不受非法之懲戒。

第四節　考試院的性質

我國考試院，有其崇高的地位，特定的性質，並獨立於行政權之外，
與一般國家的考試權有其不同之處。兹分項簡述如後。

第一項　國家最高考試機關

依憲法第八十三條規定「考試院爲國家最高考試機關，掌理考試、
任用、銓敍、考績、級俸、陞遷、保障、褒奬、撫邮、退休、養老等事
項」。兹分析如下：

一、國家最高考試機關：

所謂國家最高考試機關，乃別於國家屬於治權系統之其他最高機關
而言，因考試權與其他行政權、立法權、司法權、監察權，同爲行使治
權的機關，在所行使的治權範圍內，均爲國家的最高機關，其他四院旣
分別規定爲國家最高機關，故考試院亦規定爲國家最高考試機關，以示
考試院與其他四院完全屬於平等地位。

二、其他行使考試權的機關均隸屬於考試院：

其他行使考試權的機關，如考選部係以舉辦各種考試爲其主要職掌，
銓敍部係以辦理任用、銓敍、級俸、考績、陞遷、保障、褒奬、撫邮、
退休、養老等業務爲其主要職掌；行政院人事行政局係以在動員戡亂時
期，統籌行政院所屬各級行政機關及公營事業之人事行政，加強管理，
並儲備各項人才爲其主要職掌，及各機關之人事機構係以辦理各該機關

之人事管理工作爲其主要任務；而這些機關及機構，或爲隸屬於考試院
（如考選部、銓敍部），或其人事考銓業務兼受考試院之指揮監督（如
行政院人事行局），或其人事管理工作受銓敍部之監督考核（如各人事
機構）。由此亦可知，考試院爲實質的國家最高考試機關。

三、考試院與總統雖有隸屬關係，但並不影響其地位：

　　總統爲國家元首，就行文程式上，考試院對總統用呈，總統對考試
院用令，其情形與行政院、司法院相同，並不影響 考試院爲國家最高
考試機關的地位，其情形亦與不影響行政院、司法院爲國家最高行政機
關、司法機關的地位同。

第二項　具有獨立行使的性質

　　考試權的行使，具有介於行政權行使與司法權行使之間的性質，行
政權的行使不具獨立性，司法權的行使則具有完全的獨立性，而考試權
的行使，則旣非不具獨立性，亦非具有完全獨立性。

　　政治的進步，須得有兩種力量，一爲動的力量，一爲定的力量。

一、動的力量：

　　有動的力量，政治才有活力，才能向前推進而不固步自封；有定的
力量，行政才能按部就班，循序推進而不致紊亂。故在憲政制度之下，
政務官是隨政黨勢力的盛衰而進退，此乃產生政治動力之源。

二、靜的力量：

　　一般文官（卽事務官）制度，則所以使事務官安於其位，使各獻一
技之長，窮年累月，精益求精，不受政黨勢力的盛衰而影響其地位，如
此使人事得以安定，使行政得以循序而進，故文官制度爲產生政治定力
之源。因此文官制度在政黨政治極爲發達的國家，是具有中立性的，而
且亦有此必要的。建立文官制度是考試權的主要任務，因而此亦爲考試

權行使的特性。❶

第三項　獨立於行政權之外

國父在遺教中指示考試院須要從行政權分離，而自成一獨立機關，再加上監察權的獨立，而成為五權憲法的基本架構。因考試權獨立於行政權之外，故可作下列的分析：

一、考試權並非行政權：

如行政權均歸由行政院行使，則考試權不得稱為行政權，否則考試權亦將歸由行政院行使，與憲法所定考試院為國家最高考試機關已有牴觸。故在五權憲法言，考試權就是考試權，而非行政權，因而考試機關就是考試機關，而非行政機關。

二、五權不只是分工尚有相互的管轄：

國家治權分為行政、立法、司法、考試、監察五種，分別歸由行政、立法、司法、考試、監察五院主管，此乃五權的分工。但五院及其各別所屬機關中的法制、人事、經費等，則又有相互管轄的關係，如立法、司法、考試、監察機關的經費，由行政院管轄；行政、司法、考試、監察機關的法制，由立法院管轄；行政、立法、司法、監察機關人員的考試（含銓敍等）由考試院管轄，人員違法失職的糾彈，由監察院管轄，人員違法失職的處罰，由司法院管轄。

第四項　與一般國家的區別

國父將考試權予以獨立的作用，在救三權鼎立之弊。而現行憲法是依據國父遺教而制定者，故我國的考試權與一般國家的考試權自有不同。

---

❶ 參見羅志淵著中國憲法與政府，第五七六頁，國立編譯館，六十六年十一月版。

玆分析如下:

一、五權分立的考試權:

我國是五權分立的國家，考試權與行政權同樣的，各爲五權之一，地位平等，相互獨立，各有所司。一般國家是三權分立，卽立法、行政、司法，故只有行政權而無與之地位相等各自獨立的考試權，而行政權的內涵中，則包括有公務人員的考試、任用、俸給、考績、退休、撫邺等業務。換言之，五權分立制中的考試權，是將三權分立制行政權中有關公務人員考試、任用、俸給、考績、退休、撫邺等業務，從行政權中分離，使成爲獨立的一權。

二、五權分立的考試院:

我國實施五權憲法，故在憲法中明定考試院爲國家最高考試機關。一般國家是三權分立，故有關公務人員之考試、任用、俸給、考績、撫邺、退休等業務，仍受國家最高行政機關（在總統制國家卽爲總統，在內閣制國家卽爲內閣）的管轄，亦卽在總統或內閣之下，置文官部（或其他與之相當的機關），主管文官的考試、任用等業務，並受總統或內閣總理的監督，故主管文官制度的機關，並非國家最高機關，而只是國家最高行政機關的所屬機關。

第五節　考試院的組織

依憲法第八十九條規定，考試院之組織，以法律定之。依憲法及考試院組織法規定，考試院，置有院長，副院長及考試委員，爲討論及決議人事政策，設有考試院會議，並另設有幕僚機關。玆分項簡述如後。

第一項　院長、副院長及考試委員

考試院院長、副院長及考試委員，有其一定的產生程序與職權。玆分析如下：

一、院長、副院長及考試委員的產生：

依憲法第八十四條規定「考試院設院長、副院長各一人，考試委員若干人，由總統提名，經監察院同意任命之」。此種情形，與司法院院長、副院長、大法官之任命，須由總統提名經監察院同意者，甚為相似。蓋國父既將考試權列為五權之一，考試院既憲定為國家最高考試機關，則構成考試院之高層首長級人員的任命，自應極為愼重，並須經監察院的同意。惟於此值得注意者，行政院院長雖亦由總統提名經立法院同意後任命，但副院長及各部會首長與不管部會政務委員，卻由行政院院長提稱總統任命，故行政院院長與各部會首長及不管部政務委員之間，多少含有統屬的意味，故行政院會議的主席（院長擔任）的職權極大，其情形與考試院甚有不同。

再須加以說明者，考試委員雖由總統提名經監察院同意任命，但總統須就具有一定資格之人員中提名，與考試院院長副院長可不受一定資格限制者不同。依考試院組織法規定，考試委員須具有下列條件之一，卽(一)曾任考試委員聲譽卓著者；(二)曾任典試委員長而富有貢獻者；(三)曾任大學教授十年以上聲譽卓著，有專門著作者；(四)高等考試及格二十年以上，曾任簡任職滿十年並達最高級，成績卓著，而有專門著作者；(五)學識豐富有特殊著作或發明，或富有政治經驗聲譽卓著者。

二、院長、副院長的職權：

(一)擔任考試院會議主席：依考試院組織法規定，考試院設考試院

會議（會議詳後），並以院長爲主席；　院長不能出席時，　以副院長爲主席。

(二)綜理院務：依考試院組織法規定，考試院院長綜理院務，並監督所屬機關。考試院院長因故不能視事時，由副院長代理其職務。

(三)參與五院院長所組織之委員會：依憲法第一百十五條規定「省自治法施行中，如因其中某條發生重大障碍，經司法院召集有關方面陳述意見後，由行政院院長、立法院院長、司法院院長、考試院院長與監察院院長組織委員會，以司法院院長爲主席，提出方案解決之」。

(四)參與院與院間爭執之會商：依憲法第四十四條規定「總統對於院與院間之爭執，除本憲法有規定者外，得召集有關各院院長會商解決之」。

三、考試委員的職權：

(一)出席考試院會議：討論及決議憲法第八十三條所定職掌之政策及有關重大事項。

(二)主持或參與典試：舉辦考試時，須組織典試委員會主持典試事宜，典試委員會之委員長，多由考試委員擔任；典試委員則分別由考試委員及外界學者專家擔任，分別參與命題、閱卷、及出席典試委員會決定錄取標準等事宜。

四、院長、副院長及考試委員的任期：

依考試院組織法規定，考試院院長、副院長、考試委員之任期爲六年，前項人員出缺時，繼任人員之任期至原任期屆滿之日爲止。依照往例，每屆考試院長、副院長、考試委員均於當年九月一日就職，至第七年之八月卅一日屆滿。

第二項 考試院會議

考試院會議，依考試院組織法而設置，其組織及職掌如下：

一、組 織：

考試院會議，採合議制，由考試院院長、副院長、考試委員、考選、銓敘兩部部長組織之。又考試院秘書長、主任秘書、首席參事及考選、銓敘兩部次長，均應列席，必要時，院長並得指定有關人員列席備詢。

考試院會議以院長為主席，院長不能出席時，以副院長為主席，副院長亦不能出席時，由出席人員中公推一人為主席。會議每星期舉行一次，必要時得召集臨時會議或停止舉行會議。

二、職 掌：

依考試院會議規則規定，左列事項應列入討論事項，即(一)關於考銓政策之決定；(二)關於院部施政方針、計劃及預算之審定；(三)關於提出立法院之法律事項；(四)關於院部發布及應由院核准之重要規程、章則及事例；(五)關於舉行考試與分區決定及主持考試人選之決定；(六)關於分區視導考銓行政計劃之決定；(七)關於考選部銓敘部共同關係事項；(八)法定出席人員提議有關考銓事項；(九)其他有關考銓重要事項。以上九種討論事項，亦即考試院組織法第七條所稱決定憲法第八十三條所定職掌之政策及其有關重大事項。

三、討論與決議：

考試院會議須有法定出席人過半數之出席，方得開會，經出席人過半數之同意，方得決議；可否同數時取決於主席。討論之議案，得經主席徵求出席人多數之同意交付審查，審查會視討論案件之性質，以法定出席人員五人至九人組織之，必要時並得交全體出席人審查；審查會於

議案審查完畢後，由召集人作成審查報告，提出院會討論。考試院院會議決事項，由院長執行之。

第三項　考試院幕僚機關

考試院置秘書長一人，爲幕僚長，承院長之命處理本院事務並指揮監督所屬職員，其餘組織及職掌情形如下：

一、組織及職掌：

考試院設秘書處，其職掌包括(一)關於會議記錄事項；(二)關於文書收發及保管事項；(三)關於文書分配撰擬及編製事項；(四)關於印信典守事項；(五)關於出納庶務事項。

另置參事，掌理關於考選、銓敍等法案命令之撰擬、審核事項。及設會計、統計及人事室，依法律之規定分別辦理歲計、會計、統計及人事事項。

考試院設訴願審議委員會，以辦理訴願案件。

二、主要職稱：

除置秘書長、參事外，尚置有主任秘書、專門委員、秘書、主任、科長、專員等，分別主管及辦理有關事項。

第六節　考試院的職權

與考試院職權有關之憲法條文，共計五條，即第八十三條規定「考試院爲國家最高考試機關，掌理考試、任用、銓敍、考績、級俸、陞遷、保障、褒獎、撫邮、退休、養老等事項」。第八十五條規定「公務人員之選拔，應實行公開競爭之考試制度，並應按省區分別規定名額，分區舉行考試，非經考試及格者，不得任用」。第八十六條規定「左列

資格，應經考試院依法考選銓定之，(一)公務人員任用資格；(二)專門職業及技術人員執業資格」。第八十七條規定「考試院關於所掌事項，得向立法院提出法律案」。第八十八條規定「考試委員須超出黨派以外，依據法律獨立行使職權」。考試院依據上列規定，提出多種法案，經完成立法程序並總統公布後，以為行使憲法所定職權的依據，如公務人員考試法、任用法、俸給法、考績法、保險法、退休法、撫邮法等。

茲依據上述憲法及有關法律規定，將考試權歸納為考選權，銓敘考核權，保險退撫權，法律提案權。考試委員獨立行使職權，及對考試院職權的問題等六項，簡述如後。

第一項 考 選 權

對考選權的行使情形，就理論、原則及重要規定三方面，分析如下：

一、理論根據：

考選人員，係以人有個別差異說及能力可以測量說為基礎。所謂個別差異說，指人由於遺傳、成熟、環境與學習的不同，致產生了人與人間的個別差異，如智力、性向、成就（指經由後天學習而得的學識、經驗與技能）等，各人多有不同，此亦即所謂人的能力是有個別差異的，各種能力完全相同的人，是極為少見的。所謂能力可以測量說，指人的能力之高低或差異，是可以測量出來的，並發展出各種用以測量人的能力差異的技術，如智力測驗、性向測驗、成就測驗等。人既有個別的差異，而且此種差異又可用適當的方法予以測量出來，因而在多數的應考人中遴選出最優秀的人員，亦就有了理論上的根據。

二、考選的原則：

行使考選權通常係根據下列原則進行：

(一)配合任用需要：考選人員的目的在任用，因此考選工作必須配合任用的需要，如在任用上需要某種專業及資格水準的人，則考選該種專業及資格水準的人；在任用上需要多少人，則考選多少人；在任用上何時需要人，則何時考選人員。

(二)公開競爭考選：所謂公開競爭考選，包括下列六種意義，即 1.要有足夠的宣傳，使大眾均了解考選機關要舉辦某種考試；2.要有充分時間可以報考；3.應考資格的規定要切合實際情況，使多數人具有應考資格；4.參加應考者，要不分黨派、種族、膚色、血統、宗敎、性別，一視同仁；5.任用職務的高低，須依其所具有資格條件與工作能力決定；6.競爭考試結果須予公布，使大眾均能了解並可查詢。

(三)採用隨機選樣進行：擔任一種職務所需要的資格條件（含所需智力、性向、成就及體格），內容是極爲繁複的，於公開考選時，不可能對全部的所需資格條件均加以測驗，而只能選擇一部分的資格條件加以測驗，如對所選部分的資格條件經測驗結果，認爲成績優良，則推斷認爲全部的資格條件成績亦屬優良。此種對部分的資格條件的選擇，應根據隨機選樣的原則進行，不可基於個人好惡而有偏頗。

(四)測驗應注意及信度與效度：所謂信度，指一種測驗分數的可靠性或穩定性，如對同一應考者，隔一段期間後再作第二次測驗，視其前後兩次測驗分數是否相近，如極爲相近則表示信度高，如相距甚遠則表示信度低。所謂效度，指一種測驗能測量到它所企圖測量的程度，測驗的效度愈高，則愈能達到所欲測量的目的。信度與效度低的測驗，將會失去測驗的作用，將無從測驗出眞正的優秀者。

(五)考選方式根據考選內容選用：考選方式可有多種，如筆試、著作發明審查、口試、實地考試、測試等，究應選用何種或那數種方式來應用，應視考選的內容來決定。如對學術性理論性內容的考選，可選筆

試或著作發明審查方式；對操作性技術性內容的考選，可選實地考試方式；對與人應對、儀態、言辭等內容的考選，可選口試方式；對耳、眼、手等並用的考選內容，可選用測試方式等。

三、行使考選權的重要規定：

茲依現行各種有關法律之所定，就考試體系、考試種別、等別與類科，應考資格與應試科目，及考試程序四部分，分析如下：

（一）考試體系：包括 1.公務人員考試，凡考試及格者可取得公務人員的任用資格； 2.專門職業及技術人員考試，凡考試及格者可取得專門職業之執業資格； 3.公職候選人考試，凡考試及格者可取得公職候選人的資格。以上三個體系之每一個體系的考試，有其考試的種別、等別、類科。每一類科有其應考資格與應試科目。每種考試體系，於舉行考試時有其考試的程序。

（二）考試種別、等別與類科：茲以公務人員考試體系 為例說明如下：

1.考試種別

依公務人員考試法規定，公務人員考試分下列五種：

(1)高等考試。

(2)普通考試。

(3)特種考試。

(4)升等考試。

(5)檢定考試。

2.考試等別

依公務人員考試法及升等考試法規定，各種公務人員考試之等別區分如下：

(1)高等考試，及格者取得薦任六職等之任用資格。

(2)普通考試，及格者取得委任三職等之任用資格。

(3)特種考試，分甲、乙、丙、丁四個等別；甲等考試及格者，取得簡任十職等之任用資格；丁等考試及格者，取得委任一職等之任用資格；乙等及丙等考試及格者，其任用資格之取得與高等及普通考試同。

(4)升等考試，分屜員升委任、委任升薦任、薦任升簡任三個等別，考試及格者分別取得委任一職等、薦任六職等、簡任十職等之任用資格。

(5)檢定考試，分高等及普通二個等別，及格者分別取得應高等及普通考試之資格。

3.考試類科

各等別考試之考試類科，區分情形如下：

(1)高等考試、普通考試、特種考試及升等考試各等別之類科，按擬任職務所屬之職系，並參照與該等別應考資格相當學校系科區分情形，予以設定。如屬地政職系之職務，參照大學或高中學校地政系科之區分，可設定高等或普通或乙等或丙等之地政類科考試。

(2)檢定考試之類科，可參照高等及普通考試之類科，而設定與之相當的類科。如設定高等會計類科之檢定考試，經考試及格者，可參加公員人務高等或乙等考試會計類科之考試，如再經考試及格者，即可取得薦任六職等會計職系職務公務人員之任用資格。

由上可知，考試種別、等別與類科區分甚為複雜，考試機關究應舉辦何種別及等別與類科的考試，完全要配合各用人機關之任用計劃而擬定。

(三)應考資格與應試科目：茲以簡薦委公務人員之高等考試及普通考試的應考資格與應試科目為例，說明如下：

1.應考資格：可分兩部分，一為消極資格，即凡具有某種情事者

即不得應考，依現行規定，此種不得應考情事，包括(1)犯刑法內亂外患罪經判決確定者；(2)曾服公務有侵佔公有財物或收受賄賂行爲經判決確定者；(3)褫奪公權尚未復權者；(4)受禁治產之宣告尚未撤銷者；(5)吸食鴉片或其他毒品者。

二爲積極資格，即須具某種條件方得應考，依現行規定，應高等考試各類科考試者，須具有下列條件之一，即(1)公立或立案之私立專科以上學校或經教育部承認之國外專科以上學校相當系科畢業者；(2)高等檢定考試相當類科及格者；(3)普通考試相當類科及格滿三年者。應普通考試各類科考試者，須具有下列條件之一，即(1)具有應高等考試之資格者；(2)公立或立案之私立高級中等學校畢業者；(3)普通檢定考試相當類科及格者。至何種系科始爲相當系科，何種類科始爲相當類科，則視所舉辦之考試類科的性質，由考試院決定之。

2.應試科目：高等及普通考試各類科之應試科目，分普通科目與專業科目兩部分。普通科目按等別規定，凡屬同一等別之各類科均共同適用，通常以國父遺敎、憲法、國文爲範圍；專業科目按類科分別規定，並依擬任職務所需的學識、經驗、技能，並參照學校相當系科的課程而訂定，如高等考試教育行政類科之應試專業科目，有教育哲學、教育心理學、中外教育史、教育行政、歐美教育制度、心理及教育測驗或教育統計。

(四)考試程序：各種體系的考試，其考試程序大致分爲：1.公告、報名及審查應考資格；2.組織試務機構及辦理試卷彌封；3.組織典試機構及入圍；4.考試及監試；5.閱卷及計算成績；6.決定錄取標準及榜示；必要時尚有實習之規定，俟實習期滿考核成績合格後，始行完成考試程序，發給考試及格證書。關於實習可否作爲考試程序之一，原頗有爭議，但自大法官會議釋字第一五五號解釋「考試院爲國家最高考試機

關，得依其法定職權，訂定考試規則及決定考試方式，……關於實習之
規定暨實習辦法之規定，均未逾越考試院職權之範圍，對人民應考試之
權亦無侵害，與憲法並不牴觸」。此一爭議，始獲澄清。

第二項　銓敘考核權

憲法第八十三條所列之十一項考試院職掌中，任用、銓敘、級俸、
考績、陞遷、保障、褒獎等，均包括在銓敘考核權範圍之內。茲就現行
之重要規定爲準，按任用銓敘及陞遷、俸給、考績、保障與褒獎等，分
析如下：

一、任用銓敘及陞遷：

任用，指機關首長對考試及格分發或自行甄審合格之人員，派以適
當職稱，並指定在適當職位上工作，以求人盡其才事竟其功；銓敘指銓
定人員的資格，敍定其應支的俸級；陞遷指現職人員由原職務改調至同
等的或較高的或較低的他職。任用、銓敘及陞遷人員時，係根據下列原
則，卽(一)任用之職稱及員額，須以組織法規所定者爲限；(二)被任用
之人員須具有一定的條件，卽一方面須具有任用資格，所具有之學識、
才能、經驗須與擬任職務相當，一方面並不得具有受重大刑事處分及精
神病等的消極條件；(三)任用案經銓敘機關不予審查或審查不合格者，
各機關卽不得任用；(四)任用人員須以考試及格者爲優先，無適當考試
及格人員時，以具有考績升等或經銓敘合格資格者任用之；(五)任用人
員須初任與升調並重；(六)機要人員得不須任用資格；(七)任用人員尚
須受若干限制。

二、俸　給：

指各組織對經任用之人員，爲酬勞其服務、安定其生活及維護其地
位，所定期給付之俸薪與加給。訂定俸給時，係根據下列原則，卽(一)

訂定俸額的基準表；（二）規定各種職務人員俸額之起止俸級；（三）訂定新進及原有人員敍俸的原則；（四）規定加給的名稱，標準及支給的條件；（五）防範俸給的濫支。

三、考 績：

指各級主管人員，對所屬人員之言行及工作情況，隨時予以考核紀錄，於屆滿一定期間時，再作綜合考績，並視考績成績之優劣，予以獎懲，以獎優汰劣。辦理考績係根據下列原則，即（一）考績須能客觀公平確實；（二）考績須以言行與績效兼顧；（三）考績須平時與定期兼施；（四）平時考核與定期考績間應有適當配合；（五）考績須由主管逐級考核依序審定；（六）對考績被淘汰者須給予聲請覆審機會。

四、保障與褒獎：

指各機關對經任用之人員，一方面對其生活、工作與人事處理，給予適度的安全感與公正感；二方面並採取有效措施，激勵其意願與潛能，以發揮工作績效及擴增工作成就。實施保障與褒獎，係根據下列原則，即（一）保障的範圍宜包括生活保障、工作保障、人事處理公正保障三方面；（二）保障須適度，過多與過少的保障均屬不當；（三）保障的寬嚴宜與進用人員的條件之寬嚴取得配合；（四）褒獎宜採多種方式；（五）褒獎方式宜配合受獎人的需要與願望；（六）褒獎須及時，逾時的褒獎將會失去意義。

第三項 保險退撫權

憲法第八十三條所定之撫卹、退休、養老及現行的保險規定，均可歸入保險及退撫權。

一、保 險：

指根據危險分擔及世代互助原則，聚集各機關所補助及員工所自繳

的經費，設置爲基金，於員工發生保險事故時，由基金給付經費支應，以保障員工生活增進工作效率之措施，故保險亦屬生活保障的一種。實施保險係根據下列原則，卽(一)保險項目須以維護員工生活安定所必須者爲限，如保險項目過多將增加員工繳費負擔，如項目過少將難以保障生活安定；(二)保險費，除按月由員工自繳外，並須由機關按月補助，其補助數額應較自繳數額爲高；(三)保險給付，應訂定給付標準，在不影響基金之虧損原則下，給付標準應盡量提高；(四)承保機關應由公立機構擔任；(五)保險制度應由主管機關負責維護，保險業務應設立監理機關監督；(六)規定保險基金發生盈虧時之處理；(七)嚴限保險事務費用；(八)保險帳册單據免予課稅。

二、撫　邮：

指各機關對在職亡故員工，爲酬庸其生前服務及功績，給予其遺族撫邮金，以安撫遺孤生計。實施撫邮係根據下列原則，卽(一)撫邮之目的在維護遺族生計；(二)給予邮金之多寡宜以生前任職年資、俸額及功績爲依據；(三)給予邮金的方式應有多種，以使遺族根據需要自行選擇；(四)撫邮經費以由政府負擔爲原則；(五)規定遺族之範圍及請領撫邮金之順序；(六)明定撫邮金終止、喪失、停止及恢復之條件；(七)規定請領邮金權利的保障，及不行使請領權時之消滅時效。

三、退休養老：

指各機關對任職已久或年事已高或身體衰病，致難勝任職務之人員，予以退休，並依其服務年資給予退休金及適度生活照顧，以資酬謝及安度晚年。推行退休養老係根據下列原則，卽(一)退休養老以酬庸及照顧老年生活爲目的；(二)退休分自願退休及命令退休兩種，並分定應行具備的條件；(三)依服務年資及俸額核給退休金；(四)支領退休金方式應設計多種，以便退休人員根據自己需要而選用；(五)退休經費以

由政府負擔爲原則；（六）規定退休金之喪失、停止與恢復之條件；（七）明定退休金權利之保障及不請領退休金時之消滅時效；（八）領月退休金人員死亡時，對其遺族酌給撫慰金；（九）規定照顧退休人員生活之範圍。

第四項　法律提案權

考試院之法律提案權，爲憲法第八十七條所明定。茲就考試院提出法律案之程序分析之：

一、主管部草擬：

考試院所提之法律案，均以考選權、銓敍考核權、保險退撫權爲範圍，考選權由考選部主管，而銓敍考核及保險退撫權則由銓敍部主管。因此考試院所提之法律案，多先由考選部或銓敍部擬具法律案草案，再報考試院核議，至各部擬具法律案草案，自亦有其一定的程序。

二、提考試院會議討論：

法律案既須由考試院向立法院提出，而考試院會議又是考試院本身的決策性會議，自須提出考試院會議討論。復因法律案內容繁複而重要，故多先交付審查，有時並交付全院審查會審查，而後再提報院會。院會討論結果，除全案被否決者外，多爲修正後通過。

三、由考試院送請立法院審議：

由考試院送立法院的法律提案，仍屬草案，必待立法院三讀通過並由總統公布後，始能成爲正式的法律。

第五項　考試委員獨立行使職權

此爲憲法第八十八條所明定。茲分析如下：

一、考試委員須超出黨派以外：

憲法第八十條曾規定法官須超出黨派以外，今第八十八條復規定考試委員須超出黨派以外，由此可表現出法官與考試委員的職務，有其與一般公務人員職務不同之處。惟所謂須超出黨派以外，依一般的通解，並非謂考試委員不得加入政黨或須脫離黨籍，乃謂不為政黨所左右，或以黨籍之意識而非法行使其職權。再憲法既規定考試委員須超出黨派，則考試委員職務當具有中立性及專門性者，其進退當不受政潮的影響，其任期亦宜較長，期能秉公主持考試，從事客觀的研究考銓政策。現行憲法第八十四條又規定考試委員由總統提名經監察院同意任命之，考試院組織法又規定考試委員任期為六年，似又含有與政黨同進退之意，此前後兩條的含義似不甚和諧。

二、考試委員依據法律獨立行使職權：

此又與憲法第八十條之法官依據法律獨立審判的規定，有其相似之處。此處所謂依據法律，應同樣可適用大法官會議釋字第三八號解釋「……所謂依據法律者，係以法律為審判之主要依據，並非除法律以外與憲法或法律不相牴觸之有效規章，均行排斥而不用……」。考試委員的職權，主要為出席考試院會議及主持或參與典試，如出席考試院會議，所發表之決策性意見，自須受憲法及法律的約束，如人事法律有不當，則應依修法程序先進行修法，在未修法前，不得作成違法的決議；再在出席會議期間，自須遵守考試院會議規則之規定。如係主持典試，自須遵守典試法及考試院根據典試法而訂定的各種規章的規定；如係參加典試，則命題、評分等事項，自須遵守各該有關的規定。故所謂依據法律，應指依據憲法、法律、及與憲法法律不相牴觸之有關規章而言。

再所謂獨立行使職權，指考試委員行使職權時，除應依據法律外，不再受其他的干涉，而本自己的學識、才能、經驗，作最明知的判斷，

在考試院會議時提供最恰當的建言，在主持或參與典試時作成最公正的決定。

第六項　與考試權有關的問題

考試院自依憲法規定行使考試權以來，將近四十年，學者對考試權的意見甚多，其較爲重要者有分區定額錄取應否維持，公職候選人應否考試兩點。茲分析如下：

一、分區定額錄取應否維護：

憲法第八十五條中，規定有「公務人員之選拔，應實行公開競爭之考試制度，並應按省區分別規定名額，分區舉行考試」，此卽所謂「分區定額錄取」，現行的高普考試，仍採分區定額錄取的原則，但由於運用的方法甚爲巧妙，至形式上仍保持着並不違憲，而實質上則已相去甚遠。按分區定額錄取的考試制度，在我國歷史上固有先例，意在使文化落後之省分人員與文化較爲進步之省分人員，有同等參加政治之機會，不至流於偏枯，其用意未可厚非；現代聯邦國家，亦有規定聯邦政府用人，應按各邦人口數作適當配額，以期各邦人員均有服務聯邦政府之機會，以增加各邦對聯邦的向心力。但由於此一規定，則將發生下列的不良影響，卽(一)考試無法根據成績爲錄取標準，致每有將考試成績較佳者因已錄取足額而不取，或對成績較差者因未錄取滿額而錄取，此乃與客觀標準鑑衡人才之基本精神相違背。(二)以考試選拔者爲事務官而非政務官，政務官或有區分省籍之必要，而事務官所注意者爲學識、才能與經驗，自無分省籍分區錄取名額之必要。(三)以考試選拔任用者爲公務員而非民意代表，民意代表或有代表地方利益之必要，而公務員之執行職務，均以法令爲依據，自不得因省籍之不同而有差別。(四)我國昔日之所以有按省籍分定錄取名額，乃因當時並無決策人員與執行人員

（或政務官與事務官之分），或民意代表與公務員之分，且交通不便，文化水準相差懸殊，故按省籍分定錄取名額或有必要，而今日參以以上所述及交通之發達，文化水準差距之日益縮少，則實無必要，故不宜輕易倣效。❷

二、公職候選人應否考試：

公職候選人考試，在國父遺教及建國大綱中迭有指示，五五憲草第八十五條亦規定公職候選人資格，應經考試院依法考選銓定之。在行憲前，國民政府於民國二十九年曾公布有「縣市參議員及鄉鎮民代表候選人考試條例」，民國三十二年又公布有「省縣市公職候選人考試法」，將公職候選人考試分為甲、乙兩種，甲種考試及格者得為省縣參議員候選人，乙種考試及格者得為鄉鎮民代表鄉鎮保長候選人。

現行憲法，因受政治協商會議影響，為遷就當時政治環境，未將公職候選人考試規定於憲法之中，由於憲法既無明文規定，考試院乃將公職候選人之考試停止舉辦，在行憲時所制定之「國民大會代表選舉罷免法」及「立法院立法委員選舉罷免法」，對國大代表及立法委員均無依法考試以取得候選人資格之規定，殊屬遺憾。嗣由於多年來舉辦選舉之結果，未能盡如人意，兼以每次選舉時收買賄賂或地方勢力操縱選舉之事屢見不鮮，各方乃又提出公職候選人應經考試以提高公職人員素質的主張，但亦有反對者，一時爭論甚為熱烈，雙方所持論點如下：

（一）贊成舉辦公職候選人考試之理由：包括 1.根據憲法前言，現行憲法係依據國父遺教而制定，而公職候選人考試乃國父遺教中之主要部分，故舉辦公職候選人考試，與憲法精神相符。2.現代各級立法機關的任務已與往日不同，不但任務繁重且須專業知識，故須舉辦公職候選人考試提高人員素質，以期勝任職務。3.公職候選人考試，不僅理論上有

❷ 參見林紀東著中華民國憲法析論，第二八四～二八五頁，自印，六十七年三月版。

其需要，在各國實體法上，亦有明文規定採用者（如二次世界大戰前之南斯拉夫）。4. 憲法雖無正面規定公職候選人考試，但憲法第十八條「人民有應考試服公職之權」，故並未禁止不得舉辦公職候選人考試；又憲法第一百三十條「……除本憲法及法律別有規定者外，年滿二十三歲者有依法被選舉之權」，由此可知制定公職候選人考試法舉辦考試以銓定公職候選人資格，亦與憲法第一百三十條旨意相合。5. 以考試方法銓定公職候選人資格，係爲貫徹選賢與能及提高公職候選人水準的應有措施。

　　(二)反對舉辦公職候選人考試之理由：包括 1. 對失職的公職人員，採用創制、複決、罷免制度已足可補救。2. 我國教育尚不夠發展，文盲仍多，若採公職候選人考試，則農工分子很難獲得候選人的資格，如此選舉將爲少數知識分子所獨占，有失全民政治的目標。3. 考試爲治權，而選舉、罷免、創制、複決則爲政權，舉辦公職候選人考試，無異是以治權來控制政權，從民權主義立場似解析不通。4. 憲法雖無禁止舉辦公職候選人考試的規定，但公職候選人考試之議，在制憲時雖一再提出，但已一再被否決，可見制憲會議係否定公職候選人考試者，因此不宜舉辦。❸

　　在此爭論時期，考試院於四十二年曾發布「臺灣省縣市長候選人員資格檢覈規則」，嗣後經多次修正爲「臺灣省暨臺北市公職候選人資格檢覈規則」，並辦理公職候選人之資格檢覈，但曾無法律的依據。

　　直至民國六十九年五月公布動員戡亂時期公職人員選舉罷免法，其第二條規定「本法所稱公職人員，指 1. 中央公職人員，卽國民大會代表，立法院立法委員，監察院監察委員；2. 地方公職人員，卽省（市）

───────────

❸　參見陳水逢著中華民國憲法論，第四一五～四一七頁，中央文物供應社，七十一年十月版。

議會議員，縣（市）議會議員，鄉（鎮市）民代表會代表，縣（市）長，鄉（鎮市）長，村里長」。其第三十一條規定「選舉人年滿二十三歲得登記為公職人員候選人；但監察委員候選人須年滿三十五歲；縣（市）長候選人須年滿三十歲，鄉（鎮市）長候選人須年滿二十五歲……」。其第三十二條規定「登記為公職人員選舉候選人，除由農民團體、漁民團體、工人團體選出之國民大會代表、立法委員、村里長候選人外，應具備下列之學、經歷，……。前項各款學經歷之認定以檢覈行之。公職候選人檢覈規則由考試院定之。本法施行前經公職候選人資格檢覈合格者，得不再經檢覈，取得各該公職候選人資格」。又其第三十四條，規定不得申請登記為候選人之消極條件共八種。而考試院乃依據選舉罷免法第三十二條，於同年六月訂定動員戡亂時期公職候選人檢覈規則施行，至此公職候選人檢覈制度乃告正式建立，惟暫以動員戡亂時期為限。

第七節　考試院的所屬機關

考試院的所屬機關，主要有考選部、銓敘部、考銓處、典試委員會、受監督的人事機關，受監督的人事機構等，茲分項簡述如後。

第一項　考選部

依考試院組織法規定，考試院設考選部，其組織另以法律定之。茲依考選部組織法規定，就考選部的職權，內部組織及職掌，主要職稱等分析如下：

一、職　權：

考選部掌理全國考選行政事宜，考選部對於承辦考選行政事務之機關，有指示監督之權。

二、內部組織及職掌：

考選部設下列各司室，即(一)考選規劃司，掌理考選制度、考選政策研擬，考試類科、應試科目、應考資格研究等事項；(二)高普考試司，掌理公務人員、專門職業及技術人員高普考試，公務人員升等考試及檢定考試等事項；(三)特種考試司，掌理公務人員、專門職業及技術人員特種考試等事項；(四)檢覈司，掌理各種檢覈考試等事項；(五)總務司，掌理文書、事務及不屬其他司室主管事項；(六)秘書室，掌理文稿撰擬、施政計畫等事項；(七)資訊管理室，掌理考選業務資訊作業之規劃、協調及執行等事項。另設會計、統計、人事室，分別辦理歲計、會計、統計及人事管理工作。考選部於必要時，得設各種委員會。

三、主要職稱：

考選部除置部長，綜理部務，監督所屬職員，及次長輔助部長處理部務外，並置有司長、參事、秘書、專門委員、科長、視察、編纂、主任等職務，分別主管及經辦有關業務。

第二項 銓敍部

依考試院組織法規定，考試院設銓敍部，其組織另以法律定之。茲依銓敍部組織法規定，就銓敍部之職權，內部組織及職掌，主要職稱等分析如下：

一、職 權：

銓敍部掌理全國文職公務員之銓敍，及各機關人事機構之管理事項。

二、內部組織及職掌：

銓敍部設下列各司及委員會，即(一)法規司，掌理人事政策、人事法規之研擬、人事機構及人事人員之管理等事項；(二)銓審司，掌理一般公務人員任免、升降、轉調、敍資、考績考成及敍級敍俸審查等事項；(三)特審司，掌理特種公務人員任免、升降、轉調、敍資、考績

考成及敍級敍俸審查等事項；（四）退撫司，掌理公務人員保險、退休、撫邮金審查，及公務人員養老、進修等事項；（五）登記司，掌理公務員調查登記及人事資料管理等事項；（六）總務司，掌理公文收發、檔案管理、經費出納及事務管理等事項；（七）秘書室，掌理文書處理、會議、新聞等事項；設銓敍審查委員會，掌理各種審查案之覆核事項；另設會計室、統計室分別辦理歲計、會計及統計等工作。

三、主要職稱：

銓敍部除置部長，綜理部務，監督所屬職員及機關，及設次長輔助部長處理部務外，另置有司長、參事、秘書、專門委員、視察、科長、主任、專員等職務，分別主管及經辦有關業務。

第三項　考　銓　處

依考試院組織法規定，考試院得於各省設考銓處，其組織以法律定之。茲就考銓處組織條例所定，分析其職權、內部組織及職掌，主要職稱如下：

一、職　權：

考試院在一省或二省以上之地區設考銓處，掌理各該省區內之考選、銓敍事宜，並分別受考選委員會（即現今之考選部）銓敍部之指揮監督；考銓處依考試院之指定，彙辦院轄市考選銓敍事宜。

二、內部組織及職掌：

分設三至五科辦事，就下列職掌中分管之，即（一）各種考試之籌辦及試務事項；（二）委任職公務員資格級俸之審查、考績考成及升降轉調審查、獎勵及退休撫邮之初審等事項；（三）委任職公務員之登記及考取人員之分發事項；（四）省政府以下各機關人事機構之指導事項。

三、主要職稱：

考銓處除置處長，綜理處務並監督所屬職員外，另置秘書、科長、專員等職務，分別主管及經辦有關業務。另置會計員、統計員，分別辦理歲計、會計及統計事項。

考試院原在臺灣省設有考銓處，自政府遷臺後，卽行撤銷，未再設置，但考銓處組織條例並未廢止。

第四項 典試委員會

依典試法規定，依考試法舉行考試時，除檢覈外，其典試應設典試委員會辦理，但考試院認有情形特殊時，典試工作得派員或交由考選機關或委託有關機關辦理，又典試委員會於考試完畢後撤銷。故典試委員會爲臨時的組織，但從考試觀點，卻爲極其重要的組織。茲就典試法所定，分析其組織及職權如下：

一、組　織：

典試委員會以典試委員長一人，典試委員若干人組織之；典試委員人數，依考試類科及應試科目之多寡，由考試院定之。典試委員長，及相當高等或普通考試之典試委員，均須具有一定條件之人員方得擔任。

二、職　權：

典試委員會依照法令及考試院會議之決定，行使其職權，下列事項應由典試委員會決議行之，卽(一)考試日程之排定；(二)命題標準及評閱標準之決定；(三)擬題及閱卷之分配；(四)應考人考試成績之審查；(五)錄取最低標準之決定；(六)彌封姓名冊之開拆及對號；(七)及格人員之榜示；(八)其他應行討論事項。

第五項 受指揮監督的機關——行政院人事行政局

行政院在動員戡亂時期，爲統籌所屬各級行政機關及公營事業機構

之人事行政，加強管理，並儲備各項人才，特設人事行政局。故行政院人事行政局，為行政院之所屬機關，但該局組織規程第一條後項又規定「人事行政局有關人事考銓業務，並受考試院之指揮監督」，是以人事行政局又為受考試院指揮監督之機關。茲就該局組織規程之所定，分析其職權、內部組織及職掌，主要職稱如下：

一、職　權：

統籌行政院所屬各級行政機關及公營事業機構之人事行政，加強管理，並儲備各項人才。有關人事考銓業務，並受考試院之指揮監督。

二、內部組織及職掌：

共分四處四室，即(一)第一處，掌理綜合統籌各級行政機關及公營事業之人事管理，人事政策及人事法規之研議及建議，各級人事機構設置變更之擬議審核、人事人員派充遷調考核獎懲之擬議，戰地及收復地區人事制度之規劃研擬，及各項人才之儲備事項；(二)第二處，掌理簡任以上人員派充遷調之研議審核，組織法規及員額編制之研議審核，公營事業首長及董監事派充遷調審核，及各機關需用人員之統籌分發擬議事項；(三)第三處，掌理考核制度之規劃及增進效率之擬議，現職人員調查考核，考績獎懲之核議，政績業績考核資料之整理，人員訓練進修之規劃擬議，及請勛榮典及褒揚案件之擬議事項；(四)第四處，掌理員工待遇獎金及福利規劃擬議，保險改進建議，退休撫邮之規劃核議，人事資料調查統計分析登記，及人事業務研究發展事項；(五)秘書室，掌文書事務；(六)安全室，掌理安全保防；(七)會計室，辦理歲計、會計並兼辦統計；(八)人事室，辦理人事管理。該局因業務需要得設置各種委員會。又該局於各級人事機構組織、編制、人員派充核定後，均報送銓敍部備查。

三、主要職稱：

人事行政局除置局長綜理局務並指揮監督所屬職員，及副局長襄助局長處理局務外，並置有主任秘書、處長、秘書、副處長、主任、專門委員、視察、科長、專員等職務，分別主管及經辦有關業務。

第六項 受監督的人事機構

依人事管理條例規定，中央及地方機關之人事管理，除法律另有規定外，由考試院銓敍部依本條例行之。茲依該條例所定，就人事機構設置、組織及職掌分析如下：

一、各人事機構之設置：

總統府、五院、各部、會、處、局、署，各省（市）政府，設人事處或人事室；總統府所屬各機關，各部、會、處、局、署所屬各機關，各省（市）政府廳、處、局，各縣（市）政府，各鄉（鎮市區）公所等，設人事室或置人事管理員。人事處室之設置及其員額，由各機關按其事務之繁簡、編制之大小、與附屬機關之多寡，酌量擬訂，送由銓敍部審核，但必要時得由銓敍部擬定之，人事管理員之設置亦同。

二、各人事機構的職掌：

包括(一)本機關人事規章之擬訂；（二）本機關職員送請銓敍案件之查催擬議，考勤紀錄及訓練籌辦，考績考成籌辦，撫邮簽擬，福利規劃，任免遷調獎懲及人事登記，俸級簽擬等事項；（三）本機關需用人員舉行考試之建議，人事管理改進建議，人事案件依法核辦，人事調查統計等事項；（四）關於銓敍機關交辦事項。

三、人事管理人員：

人事管理人員由銓敍部指揮監督，仍應遵守各機關之處務規程，並秉承原機關主管長官依法辦理其事務。人事主管人員之任免，由銓敍部依法辦理，佐理人員之任免，由各該主管人員擬請銓敍部依法辦理。

第八節　考試院與監察院的關係

考試院與國民大會、總統、行政院、立法院、司法院之關係，已分別在各該章之末節中敍述，茲就考試院與監察院的關係，依憲法及有關法律之規定，分一般關係及監試關係，簡述如後。

第一項　一般關係

考試院與監察院之一般關係，有下列五種：

一、任命同意關係：

考試院院長、副院長、考試委員，由總統提名，經監察院同意後任命之（憲法第八十四條）。

二、需用人員考試關係：

監察院秘書處及所屬機關需用人員，可請考試院考選部辦理考試；需進用新人，可請考試院銓敍部分發（憲法第八十三、八十五、八十六條）。

三、現職人員銓敍關係：

監察院秘書處及所屬機關人員，其任用資格與俸級，須由考試院銓敍部銓定資格敍定級俸；其考績，須由銓敍部審定；其保險，由銓敍部主管；其退休及亡故人員遺族之撫邺，須由銓敍部核定（憲法第八十三條）。

四、受彈劾關係：

考試院及所屬機關人員，如有違法失職情事，監察院得提出彈劾，如涉及刑事，應移送法院辦理（憲法第九十九條）。

五、行使調查權關係：

　　監察院對考試院及所屬機關行使監察權時，得調閱考試院及所屬機關所發布之命令及各種有關文件（憲法第九十五條）。

六、受財務審計關係：

　　考試院及所屬機關之財務，受監察院所屬審計機關之審計（憲法第九十條）。

第二項　監試關係

　　依監試法規定，監試關係如下：

一、派員監試：

　　凡組織典試委員會辦理之考試，應咨請監察院派監察委員監試；凡考試院派員或委託有關機關辦理之考試，得由監察機關就地派員監試。

二、監試事項：

　　典試委員會開會時，應請監試人員列席；下列事項應於監試人員監視中爲之，卽(一)試卷之彌封；（二）彌封姓名冊之固封保管；（三）試題之繕印、封存及分發；（四）試卷之點封；（五）彌封姓名冊之開拆及對號；（六）應考人考試成績之審查；（七）及格人員之榜示及公布。

三、發現弊端之處理：

　　監試時如發現有潛通關節，改換試卷或其他舞弊情事者，應由監試人員報請監察院依法處理。

四、監試後之處理：

　　考試事竣，監試人員應將監試經過情形，呈報監察機關。

第十二章 監 察

國父生前對監察制度曾多有讚揚，我國監察制度亦確有其悠久的歷史，各國對監察權的行使有其不同的類型，現行監察院有其獨特的性質與組織，並有其特定的職權，監察院有其所屬機關，監察院與立法及司法院間的關係尚有疑義。茲就以上各點，分節敍述之。

第一節 與本章有關的遺教要點

國父對監察權，有很高的評價，五五憲草對監察院亦有其設計，茲分項簡述如後。

第一項 對監察權的評價

對監察權，國父曾提出三點看法:

一、認爲監察權有優良的傳統:

國父於中國國民黨特設辦事處講五權憲法時，曾謂「說到彈劾權，在中國君主時代，有專管彈劾的官，像唐朝諫議大夫和清朝御史之類，就是遇到了君主有過，也可冒死直諫。這種御史，是耿直得很，風骨凜

然。譬如廣州廣雅書局裏頭，有一間十先生祠，那就是祭祀清朝諫臣的，有張子洞的題額『抗風軒』三個字。這三個字的意思，就是說諫臣有風骨，能抗君主。可見從前設御史台諫的官，原來是一種很好的制度」。

二、認爲監察有很好的成績：

國父講民權主義時曾謂「中國古時舉行考試和監察的獨立制度，也有很好的成績，像滿清的御史，唐朝的諫議大夫，都是很好的監察制度。實行這種制度的大權，就是監察權，監察權就是彈劾權，外國現在也有這種權，不過把它放在立法機關之中，不能够獨立成一種治權罷了」。

三、採用五權分立制以救三權鼎立之弊：

國父於杭州陸軍同袍社演講採用五權分立制以救三權鼎立之弊時，曾謂「何爲五權分立？蓋除立法、司法、行政外，加入彈劾、考試二種而已。此二種制度，在我國並非新法，古時已有此制，良法美意足爲近世各國模範。古時彈劾之制，不獨行之官吏；卽君上有過，犯顏諫諍，亦不用絲毫假借。設行諸近世，實足以救三權鼎立之弊」。

四、監察權需要從立法權獨立：

國父於民報紀元節講中華民國憲法與五權分立時，曾謂「一爲糾察權，專管監督彈劾的事。這機關是無論何國皆必有的，其理爲人所易曉。但是中華民國憲法，這機關定要獨立。中國從古以來，本有御史台主持風憲，然亦不過君主的奴隸，沒有中用的道理。就是現在立憲各國，沒有不是立法機關兼有監督的權限。那權限雖然有強有弱，總是不能獨立，因此生出無數弊病。比方美國糾察權歸議院掌握，往往擅用此權，挾制行政機關，使他不得不俯首聽命。因此常常成爲議院專制，除非有雄才大略的大總統，如林肯、麥堅尼、羅斯福等，纔能達到行政獨立之目的。況且照心理上說，裁制人民的機關（指司法機關），已經獨立，裁制

官吏的機關（指彈劾機關），卻仍在別的機關之下，這也是論理上說不過去的。故此，這機關也要獨立」。

第二項 五五憲草對監察權的設計

五五憲草對監察院的規定，共有十一條如下：

一、第八十七條：監察院為中央政府行使監察權之最高機關，掌理彈劾、懲戒、審計，對國民大會負其責任。

二、第八十八條：監察院為行使監察權，得依法向各院、各部、各委員會提出質詢。

三、第八十九條：監察院設院長、副院長各一人，任期三年，連選得連任。

四、第九十條：監察委員由各省、蒙古、西藏及僑居國外國民所選出之國民代表各預選二人，提請國民大會選舉之，其人選不以國民代表為限。

五、第九十一條：監察委員任期三年，連選得連任。

六、第九十二條：監察院對於中央及地方公務員違法或失職時，經監察委員一人以上之提議，五人以上之審查決定，提出彈劾案。但對於總統、副總統及行政、立法、司法、考試、監察各院院長、副院長之彈劾案，須有監察委員十人以上之提議，全體監察委員二分之一以上之審查決定，始得提出。

七、第九十三條：對於總統、副總統、行政、立法、司法、考試、監察各院院長、副院長之彈劾案，依前條規定成立後，應向國民大會提出之。在國民大會閉會期間，應請國民代表依法召集臨時國民大會，為罷免與否之決議。

八、第九十四條：監察委員於院內之言論及表決，對外不負責任。

九、第九十五條：監察委員除現行犯外，非經監察院許可，不得逮捕或拘禁。

十、第九十六條：監察委員不得兼任其他公職或執行業務。

十一、第九十七條：監察委員之選舉及監察院之組織，以法律定之。

第二節　我國監察制度的沿革

我國自秦漢以來，就有監察制度的建立，至隋唐而日趨充實，及宋元明清而更加發揚，民初亦有監察制度的規定。再我國早先的監察制度，其任務有兩種，一為監察失策，是為諫官；一為監察違法，是為御史。諫官與御史的職權，本有明顯的區分，但自南宋以後漸次混同，至元遂令御史兼諫官之職。茲分項簡述如後。

第一項　秦漢的建制

茲就諫官與御史之制，分析如下：

一、秦漢的諫官：

秦時有廷議之制，始皇之議帝號、廢封建，皆下其議於羣臣，但最後決定者仍為始皇，故廷議名義上是博採衆議，事實上是假博議之名，以掩飾獨裁之實。漢代亦有廷議，參加人員並不固定，每隨事件之性質而改變其人選，除公卿外，常令大夫參加，而大夫係掌論議，得諫政治得失。光武中興，仍循前制。

二、秦漢的御史：

御史制度雖由來已久，但行之最見成功者為西漢一代。漢承秦制，御史府置御史大夫一人，有御史中丞，外督部刺史，內領侍御史，監察內外羣官（御史中丞及侍御史所察何事，無精確資料可考，而部刺史所

察，則以詔書六條爲限）。彼等均獨立行使職權，御史中丞不受御史大夫之指揮，部刺史及侍御史亦不受御史中丞的指揮，彼等惟有在不妨害其獨立行使監察權的範圍內，始接受職務上的監督。換言之，御史大夫對於御史中丞，御史中丞對於部刺史及侍御史，只能監督其使不廢弛職務，及制止其違法行使職權而已。❶

第二項　隋唐的充實

至隋唐，一面承秦漢之制，一面又予以充實，其諫官與御史制度如下：

一、隋唐的諫官：

隋興，諫官有散騎常侍、諫議大夫及給事中，皆屬門下省。至唐，又置拾遺、補闕。給事中、諫議大夫仍屬門下省，散騎常侍、補闕、拾遺屬中書省，其職與前代之諫官相同，掌規諫諷諭，且得封駁制勅。

二、隋唐的御史：

隋置御史台大夫一人，其屬有治書侍御史二人，侍御史八人，殿內侍御史及監察御史各十二人；煬帝改制，省殿內侍御史，增監察御史爲十六人，此數者皆掌侍從糾察，似只糾察內官。另置司隸台，大夫一人，別駕二人，分察畿內；刺史十四人，巡察畿外各郡，所察依漢六條之制，惟內容與漢稍有不同。

及唐興，廢司隸台，置御史大夫一人，中丞二人佐之，其屬有三院，一爲台院，置侍御史六人，掌糾舉百寮；二爲殿院，置殿中御史九人，掌殿庭供奉之儀；三爲察院，置監察御史十五人，以六條巡按州縣，其六條內容與隋又有不同。❷

---

❶ 參見薩孟武著中國憲法新論，第四六三～四六八頁，三民書局，六十三年九月版。

❷ 參見薩孟武著中國憲法新論，第四六八～四六九頁，三民書局，六十三年九月版。

第三項 宋元明清的發揚

及至宋元明清，監察制度又有若干改變。分析如下：

一、宋元明清的諫官：

至宋，廢補闕、拾遺，置司諫正言，並與散騎常侍、諫議大夫均分為左右，左屬門下省，右屬中書省，凡朝政闕失，大臣百官任非其人，三省至百司事有違失，皆得諫正。中書省另置有中書舍人四人，凡事有失當，除授非其人，則論奏封還詞頭；門下省亦置有給事中四人，若政令有失當，除授非其人，則論奏而糾正之。御史與諫官合稱台諫，給事中與中書舍人合稱為給舍，此四者乃合稱台諫給舍。南宋，則因諫官逐漸侵奪御史之權，兩者漸趨混同。元代乃不設諫官，由御史台糾察百官善惡及糾察得失。明代雖有諫官，但又行御史之權。清代，初於都察院外置六科給事中，自為一署，掌檢六部百司之事，及後詔以六科隸都察院，於是諫官與御史又合而為一。

二、宋元明清的御史：

宋之御史台，掌糾察官邪，肅正綱紀，乃以監察為職。御史台置御史大夫一人，御史中丞一人，其屬沿唐制亦設三院，一為台院，置侍御史一人，掌貳台政；二為殿院，置侍御史二人，掌以儀法糾百官之失；三曰察院，置監察御史六人，掌分察六曹及百司之事，糾其謬誤，大事則奏劾，小事則舉正。元置御史大夫二人，中丞二人；另置殿中侍御史二人，專劾百官朝會之失儀；監察御史三十二人，分察內外翬官。明將御史台改為都察院，置左右都御史、左右副都御史及左右僉都御史等，都御史職司糾劾百官，提督各道；所謂各道指十三道監察御史，共一百餘人，主察內外百司之官邪，凡政事得失，軍民利病，皆得直言無避；有大政，集闕廷預議焉。及至清代，都察院專掌風憲，以整飭綱紀為

職， 凡政事得失、 官方邪正， 有關國計民生之大利害者， 皆得言之， 是乃彈劾官邪之外， 又得評論政事得失。都察院置左右都御史及副都御史；另置監察御史，掌糾舉內外百官之官邪，分十五道（卽十五個監察區）行使職權。 ❸

第四項　民初的監察制度

民國成立至行憲期間，亦有其監察制度，其情形爲：

一、肅政院時期：

民國初年，曾於平政院之下設肅政院，獨立行使糾察官邪之責，並監視平政院裁決之執行。至民國五年裁撤。

二、初次成立監察院：

民國十五年國民政府在廣州成立之後，在五權制規模尙未具備前，卽遵照黨的決議而成立監察院。惟當時監察權的行使，僅在委員五人之下，設置五局，旋改爲三局，以司政治上的監察；嗣後監察院組織經數度修改，逐漸擴大職權，至十六年奠都南京後，乃將審計權併入監察權範圍之內。

三、實行五院制的監察院：

民國十七年，國民政府開始實行五院制，監察院之組織又隨而修正，至二十年，訓政時期改制後之監察院始正式成立。及民國卅六年，中華民國憲法公布施行，監察院又重行改組，是卽現行的監察院。

第三節　各國監察權的類型

一般國家的監察權，大都歸由議會行使，如爲兩院制的國家，則大

❸ 參見薩孟武著中國憲法新論，第四七〇～四七四頁，三民書局，六十三年九月版。

多爲下院司彈劾上院司審判。茲分項簡述如後。

第一項　議會行使監察權

　　一般國家的議會，不論爲一院制或兩院制，對於監察權的行使，在憲法中均明定歸屬於國會。茲舉數例如下：

一、英　國：

　　英國高級文官，不論爲職務上的違法行爲，或私人的違法行爲，或是政策的錯誤，議會均可提出彈劾。至一般文官，因無特殊權勢，上級長官可予以免職，法院亦可予以審判，故不須議會彈劾。惟自一八〇五年以後，內閣如有政策錯誤，議會可行使不信任投票，以促使內閣的去職；且司法制度又更趨健全，對有違法行爲者，已可由法院審判，故議會雖仍有彈劾權，但已很少行使。

二、美　國：

　　依據美國過去彈劾案的實例，總統、部長及法官等，均曾爲國會行使彈劾的對象。關於彈劾的罪行，包括叛逆罪、賄賂罪及其他重罪惡行。依美國憲法第三條第三項規定，「背叛合衆國作戰，依附、幫助或安慰合衆國之敵人者，犯叛國罪……」，是爲叛逆罪的認定；至所謂賄賂罪，則由刑法規定之；所謂重惡罪行，則由國會認定之。故美國國會的行使彈劾權，不論爲職務上違法行爲，或屬私人的違法行爲，均得爲之。至於一般文官的違法行爲，則由法院審判之。

三、法　國：

　　依法國第四、第五共和憲法的規定，總統僅對叛逆罪負責而受國會的彈劾；國務員僅對職務上重罪負責而受國會的彈劾，至於國務員私人的違法行爲，則由法院裁判之。

四、其　他：

依瑞士憲法規定，聯邦行政及聯邦司法之最高監督權，屬於國會兩院。又如比利時憲法規定，下議院有權控訴各閣員。

第二項　下院司彈劾上院司審判

如為兩院制的國家，對監察權的行使，大部採分工方式，即下院司彈劾，上院司審判；但亦有由其他機關司審判者。茲舉例說明如下：

一、英　國：

自中世紀時期，下議院對英王的屬官，即有提出彈劾案之權，上議院則有審判彈劾之權，直至今日還是如此，未有改變。

二、美　國：

依聯邦憲法第一條第三項第六款規定，參議院有審判一切彈劾案之權，無論何人，非經出席參議員三分之二人數的同意，不得為有罪之宣告。同法第二條第四項規定，總統、副總統、及聯邦政府各級文官，受叛逆罪、賄賂罪或其他重罪輕罪之彈劾而定讞時，應受免職處分。

三、比利時：

依比國憲法規定，下議院有權控訴各閣員，但其審判，則須移送於唯一有裁判閣員之權的最高法院。

四、瑞　士：

依瑞士聯邦憲法規定，設置聯邦行政懲戒法院，以審判行政懲戒案件。是以瑞士對政府的監督權雖屬於國會，但行政懲戒案件，則由特別設立之法院審判之。

由以上二項，可見各國監察權的行使，多屬於立法機關，正因如此，難免發生若干弊端，即(一)在政黨政治國家，如執政黨在議會政黨中佔多數，將不會發生監督作用，縱令是壞的政府仍可繼續執政；如執政黨在議會政黨中佔少數，則將受過分的監督，縱令是好的政府亦難以

穩固。(二)立法機關的主要任務是立法，如立法人員只盡心力於對政府的監督，將廢弛其立法的本職工作。(三)如監察權操之於上下兩院，則更使政府有難於應付之苦。

第四節 監察院的性質

我國監察院，兼具有治權與政權機關的性質，爲國家最高監察機關。茲分項簡述如後。

第一項 是兼具治權與政權的機關

監察院的性質甚爲獨特，卽一方面爲治權機關，一方面又有政權機關性質，同時又被解釋爲國會，與美國參議院相似。茲分析如下：

一、是治權機關：

國父提倡五權憲法，施行五權之治，而五權則爲行政、立法、司法、考試、監察，並分別由行政院、立法院、司法院、考試院、監察院行使。故監察院爲治權機關應無疑義。

二、兼具政權機關性質：

監察院之所以有兼具政權性質，乃監察院係由監察委員所組成，而監察委員係由民選而產生，多少代表民意，對行政、司法、考試三院所屬人員，可行使糾舉、彈劾之權，又對司法院院長、副院長、大法官，及考試院院長、副院長、考試委員的任用，行使同意權，故又具有政權機關性質。

三、被解析爲相當於國會：

司法院大法官會議釋字第七六號解釋，認爲就憲法上之地位及職權之性質而言，應認國民大會、立法院、監察院共同相當於民主國家之國

會(解釋文見六章二節四項)。雖有學者對此一解釋並不贊成，但旣有此解釋，則監察院已由治權機關而被認爲相當於國會矣。❹

　　復因美國有衆議院與參議院兩院，而我國有立法院與監察院兩院，因此常將監察院比爲美國的參議院，此種比擬雖有其相似之處，但仍有差異所在，如美國衆議院有彈劾權，而參議院有審判權，而監察院則只有彈劾權而無審判權(審判權屬司法院)；美國參議院行使同意權之人員範圍甚廣，除聯邦高級官員外，尙包括外交人員，而監察院的同意權，只限於司法考試兩院的院長、副院長、大法官及考試委員。

第二項　國家最高監察機關

　　憲法第九十條規定「監察院爲國家最高監察機關，行使同意、彈劾、糾舉及審計權」。玆分析如下：

一、國家最高監察機關：

　　所謂國家最高監察機關，指監察院之上，更無其他監察機關存在，在國家監察權的治權系統中，監察院是國家的最高機關。

二、與其他四院列在平等地位：

　　監察院雖爲國家最高監察機關，但與國家最高行政機關的行政院，國家最高立法機關的立法院，國家最高司法機關的司法院，及國家最高考試機關的考試院，列在平等的地位。監察院行使糾舉彈劾權的對象，雖爲各院及其所屬的公務人員，及對行政措施雖有糾正以促進改善之權，但其地位並非超越其他四院之上，而係與之平等。

---

❹　參見薩孟武著中國憲法新論，第三〇二頁，三民書局，六十三年九月版。

第五節　監察院的組織

依憲法第一百零六條規定，監察院之組織，以法律定之。依憲法及監察院組織法規定，監察院由監察委員所組成，院長副院長，由監察委員選舉產生，監察院有院會、各委員會及幕僚機關。茲分項簡述如後。

第一項　監察委員

監察委員由民選產生，有任期，言論及身分保障，並不得兼任職務。茲分析如下：

一、監察委員的產生：

依憲法第九十一條規定「監察院設監察委員，由各省市議會、蒙古西藏地方議會，及華僑團體選舉之。其名額分配依左列之規定，卽(一)每省五人；(二)每直轄市二人；(三)蒙古各盟旗共八人；(四)西藏八人；(五)僑居國外之國民八人」。是以監察委員乃由省市議會議員，蒙古西藏地方議會議員，及華僑團體會員代表所選舉，亦卽間接選舉產生，並非由人民直接選舉而產生。選舉時，由選舉人就候選人名單中，以無記名單記法圈選一人(或以限制連記投票法行之)，以得票較多數之候選人爲當選。又各省選出之監察委員五人中，須有婦女名額一人。行憲後首屆監察委員總額應爲二二三人，但已選出者僅一八〇人，除已亡故及陷大陸者外，在臺之監委包括增額選出者約八〇人。

二、監察委員之候選人資格：

原規定爲以依法有選舉權、年滿三十五歲者爲合格，僑居國外國民監察委員候選人，並應居住該區合計三年以上者方可。但依動員戡亂時期公職人員選舉罷免法規定，監察委員候選人須專科以上學校畢業或高

等考試以上及格並具經驗四年以上，或曾任省(市)議員以上公職一任以上，並經檢覈合格；至消極資格限制，與國大代表同(參閱六章三節一項)。

三、監察委員的罷免：

　　依監察委員選舉罷免法規定，當選之監察委員得由原選舉區選舉人罷免之。又依動員戡亂時期公職人員選舉罷免法規定，監察委員得由原選舉區選舉人向選舉委員會提出罷免案，但就職未滿一年者，不得罷免；罷免應附具理由書，須有一定人數的提議及一定人數的連署，始得成立；舉行罷免投票前，並應將罷免理由書副本送交被罷免人，限期提出答辯書。

四、監察委員的任期與出缺的補選：

　　依大法官會議釋字第二二號解釋，監察委員與立法委員同樣的，為公職與有給職。依憲法第九十三條規定，監察委員之任期為六年，連選得連任。第一屆察監委員之任期早已屆滿，惟因值國家發生重大變故，無法辦理改選，乃於民國四十三年一月廿九日經司法院大法官會議釋字第三一號解釋，仍由第一屆監察委員行使其職權，但此乃繼續行使職權，並非謂任期的延長。監察委員如在任期內因罷免而去職，或因辭職亡故等原因而出缺，則應舉行補選，非如國民大會代表之可由候補人補實，補選繼任人員之任期，以至原任期屆滿之日為止。

　　惟於此須說明者，在動員戡亂時期依總統訂頒之辦法，以增加名額所選出之監察委員，依臨時條款規定，仍須每六年改選，此乃與非增加名額選出之監察委員不盡同也。

五、監察委員的言論及表決自由保障：

　　憲法第一百零一條規定「監察委員在院內所為之言論及表決，對院外不負責任」。言論及表決之須予保障的理由，與人身保障同。再監察委員言論及表決之保障，以在院內所為者為限，如在院外所為，則不予

特別保障。再所謂言論，參照大法官會議釋字第一六五號「地方議會議員……就無關會議事項所為顯然違法之言論，仍難免責」之解釋，應以與執行職務有關者為範圍，與執行職務無關之私人攻訐言論，仍不能免責；再所謂免責，只是對院外免責，院內基於維護風紀，仍得為必要的懲處。其餘請參閱第九章四節一項有關立法委員保障之敍述。

六、監察委員的身體自由保障:

憲法第一百零二條規定「監察委員，除現行犯外，非經監察院許可，不得逮捕或拘禁」。蓋監察委員職司糾彈，如不予保障，則難免行事有所顧忌，對監察權之行使將發生阻礙，且有失監察權獨立之尊嚴。惟此種人身保障並非絕對，如係現行犯仍可逮捕或拘禁（參見六章三節一項）；雖非現行犯，如經監察院許可仍可逮捕或拘禁。

七、監察委員的限制兼職:

憲法第一百零三條規定「監察委員不得兼任其他公職或執行業務」。此一規定較對立法委員限制兼任官吏的規定為嚴。因所謂公職，其範圍較官吏為大，依大法官會議釋字第四二號解釋，公職係包括各級民意代表、中央地方機關公務員，及其他依法令從事於公務者皆屬之。又釋字第二四號解釋，公營事業機關之董事、察監人及總經理，均屬公職，監察委員不得兼任。又釋字第八一號解釋，民營公司的董事監察人及經理人，所執行之業務，應屬憲法第一百零三條所稱執行業務範圍之內，監察委員不得兼任。又釋字第二〇號解釋，醫務人員既須領證書始得執業，且經常受主管官署之監督，其業務與監察職權顯不相容，不得兼任。對監察委員兼職限制之所以特別嚴格，係因監察委員職司糾彈全國公務人員之大責，如准其兼任職務，則不免因私利而多顧忌，必將影響及職權的行使。

第二項　院長副院長及其職權

該憲法第九十二條規定「監察院設院長副院長各一人，由監察委員互選之」。茲分析如下：

一、院長副院長的產生：

院長、副院長，均由監察委員互選產生。因其爲互選產生，故每一監察委員均爲當然候選人，當選爲院長副院長後，其監察委員仍予存在，並不因當選而喪失。再因監察委員之任期爲六年，由監察委員互選產生之院長副院長的任期，亦爲六年。再因院長副院長由互選而產生，故監察院院會爲合議制，而非首長制。

二、院長的職權：

依憲法及有關法律規定，其職權爲：

(一)擔任監察院會議主席：依監察院組織法規定，監察院會議由院長副院長及監察委員組織之，以院長爲主席。

(二)綜理院務：監察院組織法規定，監察院院長綜理院務，並監督所屬機關。

(三)應總統召集會商解決院與院間爭執：依憲法第四十四條規定，總統對於院與院間之爭執，除本憲法有規定者外，得召集有關各院院長會商解決之。

(四)參加院長委員會解決省自治法障碍：憲法第一百十五條規定，省自治法實施中，如因其中某條發生重大障礙，經司法院召集有關方面陳述意見後，由五院院長組織委員會，以司法院院長爲主席，提出方案解決之。

(五)列席立法院陳述意見：憲法第七十一條規定，立法院開會時，關係院院長及各部會首長得列席陳述意見。

三、副院長職權：

除出席監察院會議外，院長因故不能視事時，由副院長代理其職務。

第三項 監察院會議

依監察院組織法規定，監察院會議由院長、副院長及監察委員組織之，並以院長為主席。茲依監察院會議規則之規定，擇要分析如下：

一、一般規定：

監察院會議每月舉行，須有全體委員五分之一以上之出席，方得開會，以出席過半數之同意，方得決議，年度總檢討會議，出席及決議人數亦同。會議以院長為主席，院長因事故不能出席時，以副院長為主席，院長副院長均因事故不能出席時，由出席委員互推一人為主席。本院各委員會之工作，由各委員會召集人於本院會議時提出報告。

二、議案討論與表決：

提案之提出以書面行之。本院會議時，監察委員於報告事項或討論事項完畢後，得提出臨時動議，但以極待決定之特殊事由者為限，並應有委員二人以上之附議。議事日程由秘書長編擬，經院長轉送程序委員會審定。討論時委員每次發言不得逾十分鐘，每一委員就同一議題之發言以一次為限，主席對於每案之討論，認已達對表決之程度時，徵詢出席委員同意後，得宣告停止討論。表決方法以口頭、舉手或起立行之，必要時得舉行投票。聲請覆議，須有出席委員六分之一以上之提議，三分之一以上之同意，始得開議。

三、其 他：

規定會議紀錄、秩序維護等。

第四項　各委員會

依憲法第九十六條規定「監察院得按行政院及其各部會之工作，分設若干委員會，調查一切設施，注意其是否違法或失職」。監察院組織法亦規定監察院得分設委員會，其組織另以法律定之。茲分析如下：

一、職司調查之委員會的組織：

依監察院委員會組織法規定，監察院設左列委員會，即(一)內政委員會；(二)外交委員會；(三)國防委員會；(四)財政委員會；(五)經濟委員會；(六)教育委員會；(七)交通委員會；(八)司法委員會；(九)邊政委員會；(十)僑政委員會。監察院對各委員會，得視實際需要，由全體委員過半數之出席，出席委員過半數之決議增設或合併。目前監察院的委員會，除將邊政及僑務合併爲一個委員會外，其餘均照舊。

以上各委員會，由監察委員以自由認定方式分任之，每一委員以參加三委員會爲限，每一委員會人數不得超過三十人；委員會委員不及二十人者設召集人一人；二十人以上者設召集人二人，由各該委員會互選之，任期一年，不得連任，並不得兼任他委員會召集人。各委員會由召集委員或委員三人以上提議召集之，過半數委員出席方得開會，經出席委員過半數同意方得決議。

二、職司調查之委員會的職權。

依監察法規定，監察院於調查行政院及其所屬各機關之工作及施政後，經各有關委員會之審查及決議，得由監察院提出糾正案，移送行政院或有關部會，促其注意改善。由此觀之，職司調查的各委員會之職權，在審查及決議對行政院及所屬機關之工作及施政，注意其是否違法或失職，並提出糾正促其注意改善。

三、特種委員會：

監察院之委員會，除委員會組織法設置之委員會外，尚有依監察院會議決議而設立之特種委員會，如(一)經費稽查委員會；(二)會議程序委員會；(三)糾彈案件暨院會決議案辦理進度檢察委員會；(四)公報編輯委員會；(五)整飭委員會；(六)法規研究委員會；(七)審計研究委員會等。主要目的在處理各該委員會之目的事務。

第五項　監察院幕僚機關

監察院置秘書長一人，為幕僚長，由院長就監察委員外遴選提請任命，承院長之命，處理本院事務，並指揮監督所屬職員。

一、內部組織及職掌：

(一)秘書處：監察院設秘書處，分組室辦事，其職掌為 1.關於會議紀錄事項；2.關於派查案件及蒐集有關資料事項；3.關於文書收發及保管事項；4.關於文書分配撰擬及編製事項；5.關於印信典守事項；6.關於出納庶務事項。

(二)置參事：掌理撰擬、審核關於監察之法案、命令事項。

(三)設會計處、統計室及人事室：分別辦理歲計、會計、統計及人事事項。

二、主要職稱：

除置秘書長及參事外，另置主任秘書、秘書、組（室）主任、稽核、調查專員、編纂、科長、編審、速記長等職稱，分別主管及辦理應辦事項。

第六節　監察院的職權

依憲法規定，監察院的職權包括有同意權、調查權、糾正權、糾舉

權、彈劾權、審計權、法律提案權等。除同意權及法律提案權，對總統
副總統之彈劾權，及院長副院長之選舉等，係由院會行使外，其餘調查
權、糾舉權、彈劾權，係由監察委員行使，糾正權係由委員會行使，審
計權則由審計部行使。茲分項簡述如後。

第一項 同 意 權

憲法第七十九條、第八十四條、第九十條及第九十四條，是監察院
行使同意權的依據，茲分析如下：

一、須經同意方得任用之人員：

司法院院長、副院長、及大法官，考試院院長、副院長、及考試委
員，須由總統提名經監察院同意後任命之。

二、須經監察院同意的理由：

司法考試兩院院長及副院長，職責重要，大法官及考試委員不但地
位清高，且須獨立行使職權，故其任用須經監察院同意任命，以昭慎
重。

三、行使同意權的程序：

監察院行使同意權，對總統提名之人員，須先由全院委員審查會就
所附送履歷證件加以審查，全院委員審查會由委員互推一人爲主席，其
會議以秘密方式行之，經審查後再提出監察院會議投票。依憲法第九十
四條及監察院行使同意權辦法規定，監察院行使同意權時，須有全體監
察委員過半數之出席，出席委員過半數之議決行之。

第二項 調 查 權

憲法第九十條、第九十五條、第九十六條及監察法，是監察院行使
調查權的法律根據。茲分析如下：

一、調查權是先行程序：

監察院依憲法第九十條規定行使同意、彈劾、糾舉及審計權，及依第九十七條規定提出糾正案時，通常均須經過調查的程序，基於調查權作調查後，始作是否同意，及是否提出彈劾、糾舉或糾正案，及審定財務的收支，故調查權的行使範圍極為廣泛。

二、行使調查權之機構或人員：

調查權由何機構或人員行使，憲法與監察法的規定不盡相同。依憲法第九十六條規定「監察院得按行政院及其各部會之工作，分設若干委員會，調查一切設施，注意其是否違法或失職」。故憲法原意，各種委員會是以行使調查權為其主要任務。但依監察院各委員會組織法規定「各委員會討論事項如左，(一)監察院會議交議事項；(二)委員提議事項；(三)由其他委員會移送與本委員會有關之事項；(四)院長交議事項。負擔此種任務的委員會，在性質上已與負責審查法案的委員會相當，非復以調查一切設施為其主要任務的委員會。因此監察法乃規定調查權由監察委員行使。❺

三、調查權的行使方式：

依監察法規定，監察院為行使監察職權，得由監察委員持監察證或派員持調查證，赴各機關、部隊、公私團體調查檔案冊籍及其他有關文件，各該機關部隊或團體主管人員及其他關係人員不得拒絕，遇有詢問時，應就詢問地點負責為詳實之答覆，作成筆錄，由受詢人署名簽押。調查人員必要時得臨時封存有關證件，或攜去其全部或一部，此項證件之封存或攜去，應經該主管長官之允許，除有妨礙國家利益者外，該主管長官不得拒絕。調查人員必要時，得通知當地政府、法院、警察機關

❺　參見羅志淵著中國憲法與政府，第六四三頁，國立編譯館，六十六年十一月版。

或其他有關機關協助，並得就指定案件或事項，委託其他機關調查。

由上可知，我國現行制度，監察委員可單獨行使調查權，甚至可由助理人員代行。行使調查權人與受調查機關接觸時，為免發生法定行為以外的干預，應審慎進行。

第三項　糾正權

憲法第九十條、第九十六條、第九十七條及監察法規定，是監察院行使糾正權的依據。茲分析如下：

一、糾正權的對象：

依憲法第九十六條規定「監察院得按行政院及其各部會之工作，分設若干委員會，調查一切設施，注意其是否違法或失職」。是以行使糾正權的對象，為行政院及其各部會，亦即限於行政院及其所屬機關，而不及於其他各院。

惟此所謂行政院及其各部會，應包括地方行政機關及公營事業在內，因省市縣市等地方行政機關及公營事業，均為行政院所屬機關，其業務亦均在行政院及各部會之直接或間接監督下之故。

二、糾正權的內容：

糾正權的行使內容，以注意行政院及其各部會之工作及一切設施是否有違法或失職為範圍。如認有違法或失職情事，則依憲法第九十七條第一項規定「監察院經各該委員會之審查及決議，得提出糾正案，移送行政院及其有關部會，促其注意改善」。而監察法亦規定，監察院於調查行政院及其所屬各機關之工作及設施後，經各有關委員會之審查及決議，得由監察院提出糾正案，移送行政院或有關部會，促其注意改善。

三、行使糾正權的時機：

既名為糾正，顧名思義，應行使於事後，而非行使於事前，因事前

並無違法失職之可言，亦無注意改善之可能。如欲於事前預防某種違法失職情事可能的發生，則只得以建議方式行之，與糾正自有不同。

四、糾正權的效力：

依監察法規定，行政院或有關部會接到糾正案後，應即為適當之改善與處置，並應以書面答覆監察院，如逾二個月仍未將改善與處置之事實答覆監察院時，監察院得質問之。但如受糾正機關對監察院之質問，仍不予答覆或雖答覆而監察院仍認為不滿意時，則憲法及法律未再規定處理的方法。因此，學者對糾正權的效力有下列三種不同的看法：

(一)改提糾舉案或彈劾案：認為自法理上言，監察院自得依據憲法第九十七條第二項規定，對於負有答覆責任之該機關主管人員，提出糾舉案或彈劾案，以期貫徹糾正權之作用，發揮其效力。❻

(二)糾正案對行政機關無拘束力：認為糾正案提出後，行政院及有關部會，是否須受其拘束，依照糾正案之意旨而改變其措施，尤為可研究之問題。吾人以為糾正案僅有引起注意的作用，對於受移送者，並無拘束力，並認為監察法第二十五條規定，是否合於憲法之精神，實不無研究之餘地。❼

(三)監察院對於設施是否失當不宜過問：認為監察院對於設施是否失當，依理不宜過問，否則政策問題與法律問題混為一談，將踏上明代科道之爭。我國現有立法院，依其法律制定權及預算議決權，自可評論設施是否失當，今又許監察院糾正設施之失當，是則今日監察院已非我國固有的御史，而是承襲元代以後的制度。倘立法院認為適當的設施予以同意，而監察院乃認為失當而欲糾正，則將如何處理？縱令總統得依憲法第四十四條規定，召集行政、立法、監察三院院長會商解決之，但

---

❻ 參見管歐著中華民國憲法論，第二二九頁，三民書局，六十六年八月版。

❼ 參見林紀東著中華民國憲法析論，第二九○～二九一頁，自印，六十七年三月版。

各院間的職權區分，似仍不無研究的餘地。❻

第四項　糾　舉　權

憲法第九十條、第九十七條及監察法，乃監察院行使糾舉權的依據。
茲分析如下：

一、糾舉權的對象：

依憲法第九十七條第二項規定「監察院對於中央及地方公務人員，
認爲有失職或違法情事，得提出糾舉案或彈劾案，如涉及刑事，應移送
法院辦理」。是以行使糾舉案之對象，爲中央及地方公務人員。又依憲法
第九十九條規定「監察院對司法院或考試院人員失職或違法之彈劾，適
用憲法第九十五條、第九十七條及第九十八條之規定」，則憲法第九十
七條所定行使糾舉權的對象，似又不包括考試院及司法院人員。

基於以上規定，對司法院或考試院人員之違法失職，監察院可否提
出糾舉，似不够明確。因而有者認爲不包括在行使糾舉權範圍之內，有
者認爲應包括行使糾舉權範圍之內，其應行包括在內的理由，爲糾舉與
彈劾均係以違法失職之公務人員爲對象，且彈劾案之情節較糾舉案之情
節爲嚴重，彈劾案既可包括司法院及考試院人員，則對情節較輕之糾舉
案，應無排除司法院及考試院人員之理。

再須注意者，所謂行政院及所屬機關公務人員，應包括地方行政機
關及公營事業人員在內。

二、糾舉權的內容：

依憲法第九十七條第二項規定，是以對中央及地方公務人員認爲有
失職或違法情事爲限，如無失職或違法情事，自不得提出糾舉。惟所謂
違法失職，在解釋上，違法指違反法規而言，即於執行職務之際，因故

❽　參見薩孟武著中國憲法新論，第三一三～三一四頁，三民書局，六十三年
九月版。

意或過失，牴觸法規、不適用法規、誤用法規等均包括在內，且不以致國家或人民發生一定損害為要件；至失職其範圍更為廣泛，凡政治上責任、政策有瑕疵，判斷有錯誤，畏罪規避、推諉稽延、坐失時機、貽誤失察等，均可包括在內。

三、糾舉的程序：

依監察法規定主要包括

(一)提出：監察委員對於公務人員認為有違法或失職之行為，應先予以停職或其他急速處分時，得以書面提出糾舉。

(二)審查：書面糾舉，應經其他監察委員三人以上之審查及決定。糾舉案經審查認為不成立，而提案委員有異議時，應即將該糾舉案另付其他監察委員會三人以上審查，為最後之決定。

(三)由監察院送交：經審查決定之糾舉案，由監察院送交被糾舉人員之主管長官或其上級長官，其違法行為涉及刑事或軍法者，應逕送各該管司法或軍法機關依法辦理。

(四)糾舉權的效力：被糾舉人員之主管長官或其上級長官接到糾舉書後，除關於刑事或軍法部分另候各該管機關依法辦理外，至遲應於一個月內依公務員懲戒法之規定予以處理，並得先予停職或為其他急速處分，其認為不應處分者，應即向監察院聲復理由。被糾舉人員之主管長官或其上級長官，對於糾舉案不依上述規定處理，或處理後監察委員認為不當時，得改提彈劾案，如被糾舉人員因改被彈劾而受懲戒時，其主管長官或其上級長官，應負失職責任。

第五項　彈劾權

憲法第九十條、第九十七條、第九十八條、第九十九條、第一百條及監察法規定，為監察院行使彈劾權的依據。茲分析如下：

一、彈劾權的對象：

憲法第九十七條及第九十八條，均規定監察院對於中央及地方公務人員……；第九十九條復規定，監察院對於司法院或考試院人員……；第一百條又規定，監察院對於總統副總統……。由此可知，彈劾權的行使對象，不但包括中央及地方所屬機關人員，且包括司法院及考試院人員（有認爲係專指依法獨立行使職權之法官及考試委員者❾），並包括總統及副總統。再依大法官會議釋字第十四號解釋，對彈劾權之行使範圍曾謂「在制憲者之意，當以立監委員爲直接或間接之民意代表，均不認爲監察權行使之對象，至立監兩院其他人員與國民大會職員，總統府及其所屬機關職員，自應屬監察權行使範圍，故憲法除規定行政、司法、考試三院外，復於第九十七條第二項及第九十八條另有中央公務人員之規定。國民大會代表爲民意代表，其非監察權行使對象，更不待言，自治人員之屬於議事機關者，自亦非監察權行使之對象」。故行使彈劾權的對象，極爲廣泛。但事實上監察院所行使的監察權次數，又是糾舉案比彈劾案多，此乃糾舉權的行使比彈劾權爲簡易，糾舉權對一般違法失職案件行使而彈劾權則對重大違法失職案件行使之故。

二、彈劾權的內容：

行使彈劾權的內容與糾舉權同，即以對於公務人員認爲有失職或違法情事爲前提，如無違法失職情事，自不得提出彈劾案。

三、彈劾權的行使程序：

依監察法規定，監察院之行使彈劾權，除對總統、副總統提出彈劾案時，依憲法第三十條（即依監察院之決議，對於總統副總統提出彈劾案）及第一百條（即監察院對於總統副總統之彈劾案，須有全體監察委員四分之一以上之提議，全體監察委員過半數之審查及決議，向國民大

---

❾　耿雲卿著中華民國憲法論，下冊第一三〇頁，華欣文化事業中心印行。

會提出之）規定辦理外，對其餘公務人員之彈劾程序爲：

（一）提出：監察委員對於公務人員，認爲有違法或失職之行爲，應向監察院提彈劾案。彈劾案之提議以書面爲之，應詳敍事實，在未經審查決定前，原提案委員得以書面補充之。

（二）審查：彈劾案經提案委員外之監察委員九人以上之審查及決定。如經審查認爲不成立而提案委員有異議時，應卽將該彈劾案另付其他監察委員九人以上審查，爲最後之決定。

（三）移付懲戒：彈劾案經審查及決定成立後，監察院應卽向懲戒機關提出之。如認爲被彈劾人員違法失職之行爲情節重大有急速救濟之必要者，得通知該主管長官爲急速救濟之處理，主管長官不爲急速救濟之處理者，於被彈劾人員受懲戒時，應負失職責任。又如認爲被彈劾人員違法或失職之行爲有涉及刑事或軍法者，除向懲戒機關提出外，並應逕送各該管司法或軍法機關依法辦理。

（四）彈劾權行使的特別規定：彈劾案之審查委員，與該案有關係者，應行廻避；監察院院長對於彈劾案，不得指使或干涉；監察院人員對於彈劾案，在未經移付懲戒機關前，不得對外宣洩。此種特別規定，對糾舉案準用之。

四、彈劾權的效力：

彈劾案經向懲戒機關提出及移送司法或軍法機關後，各該管機關應急速辦理。又懲戒機關於收到被彈劾人員答辯時，應卽通知監察院轉知原提案委員，原提案委員如有意見，應於十日內提出轉送懲戒機關。懲戒機關對彈劾案逾三個月尙未辦結者，監察院得質問之，經質問後並經調查確有故意拖延之事實者，監察院對懲戒機關主辦人員得提糾舉案或彈劾案。被彈劾人員在懲戒案進行期間，如有依法升遷，應於懲戒處分後撤銷之，但其懲戒處分爲申誡者，不在此限。

五、糾正權、糾舉權及彈劾權的區別：

以上三項所敍述之糾正權、糾舉權及彈劾權，有其不同之處，茲再分析如下：

(一)行使權力者不同：糾正案乃由監察院之各委員會行使，應先經有關委員會之審查及決議；而糾舉權彈劾權，係由監察委員行使，即由委員提出，並經其他委員的審查及決定，不須經提案委員之所屬委員會之審查及決定。

(二)行使權力的對象不同：糾正案之糾正對象爲事，亦即行政院及其所屬各機關的違法或失職的工作及設施；而糾舉案及彈劾案之對象爲人，亦即爲違法失職的公務人員。

(三)行使權力的範圍不同：糾正權的行使範圍，以行政院及其所屬之部會等行政機關爲限；而糾舉權及彈劾權之行使範圍，則除行政機關之人員外，並包括司法院及考試院人員在內。

(四)向之提出的機關不同：糾正案係向行政院或有關部會提出；糾舉案則向被糾舉人員之主管長官或其上級長官提出；而彈劾案乃向懲戒機關（即司法院公務員懲戒委員會）提出。

(五)行使權力的目的不同：行使糾正權之目的，在促使被糾正機關之工作及設施之注意改善；糾舉權之目的，在使被糾舉人之主管長官或其上級長官，對被糾舉人先予以停職或其他急速處分；彈劾權之目的，在使被彈劾者予以懲戒處分。

(六)行使權力的嚴重性不同：就三者的嚴重性而言，以彈劾權的行使爲最嚴重，糾舉權次之，糾正權之嚴重性，則視其內容而定。

第 六 項　審 計 權

憲法第九十條、第一百零五條及監察院組織法，爲監察院行使審計

權的依據。茲分析如下:

一、向監察院提出決算:

憲法第六十條規定，行政院於會計年度結束後四個月內，應提出決算於監察院。

二、依法完成決算之審核:

憲法第一百零五條規定，審計長應於行政院提出決算後三個月內，依法完成其審核，並提出審核報告於立法院。所謂依法完成其審核，卽依審計法之規定辦理審核。

三、審計法對審計權的重要規定:

依審計法規定，審計權的行使對象，主要爲(一)公務審計; (二)公有營業及公有事業審計; (三)財物審計; (四)考核財務效能; (五)核定財務效能。

四、審核決算的程序;

依決算法規定，其程序爲

(一)決算的審核: 決算由審計機關審核，審核時規定有應注意事項，認有必要時對決算得予修正。

(二)向立法院提出審核報告: 決算完成審核後，審計長應編造最終審定數額表，並提出審核報告於立法院。

(三)決算案的審議: 立法院對審計長之審核報告，應就有關預算之執行、政策之實施，及特別事件之審核、救濟等事項，予以審議。

(四)決算的公告與處理: 總決算之最終審定數額表，由監察院咨請總統公告; 監察院對總決算及附屬單位決算綜計表審核報告所列應行處理之事項，應分函有關機關分別處理。

第七項　法律提案權

憲法並未明定監察院對主管事項有法律提案權，但經司法院大法官會議釋字第三號解釋後，卽享有此一職權。玆分析如下：

一、憲法未明定法律提案權：

憲法對監察院的職權，規定爲行使同意、彈劾、糾舉、審計、調查、糾正權，並未如考試院「關於所掌事項，得向立法院提出法律案」之規定。司法院的情形，亦與監察院相似。

二、監察院聲請解析的原因：

司法院大法官會議四十一年六月二十日公布之釋字第三號解釋，係由監察院聲請解釋，其原因爲監察院先後擬訂監察法、監察院各委員會組織法草案，經咨請立法院完成立法程序後，嗣准咨復，以依據憲法規定，監察院向立法院提出法律案，似無條文之根據，除將所送草案，改由立法委員及法制委員會（立法院）另案提出外，原咨退還監察院。監察院乃咨請司法院解釋。

三、解析監察院有提案權的理由：

主要有（一）在制憲國民大會，認爲各院皆可提案，並無考試院應較司法監察兩院，有何特殊理由，獨需提案之主張。（二）依據　孫中山先生創立中華民國之遺敎建置五院，各於所掌範圍內，爲國家最高機關，獨立行使職權，相互平等，初無軒輊；以職務需要言，監察司法兩院各就所掌事項，需向立法院提案，與考試院同。（三）基於五權分治，平等相維之體制，監察院關於所掌事項，得向立法院提出法律案。

自此以後，監察院得向立法院提出法律案。

第八項　其他職權

依有關法律之規定，監察院尚有巡察權及監試權。玆分析如下：

一、巡察權：

依監察法及其施行細則規定，其情形為：

(一)巡察方式：監察委員得分區巡迴監察，其中又分兩種，(一)為監察院各區行署監察委員依規定分區巡迴監察；(二)為監察院經院會決議，推選監察委員就指定地區巡迴監察。

(二)巡察時應注意事項：巡察時，應按照各級機關之施政計畫及預算實地考核，如發現公務人員有違法失職情事，應依法提議糾舉或彈劾，其有急速處分之必要者，得摘要以電報提議，經審查決定先行提出，再行補具詳細事實。巡察時，並應注意人民生活、社會狀況及政令推行情形，倘發現有糾正事項，應送有關委員會依法糾正。又所受人民書狀，如認有急速處理之必要者，應先就地調查，依法處理。

(三)目前巡察規定：分中央機關巡察與地方機關巡察兩部分。前者，以中央各有關部會及其所屬機關為對象，分內政、外交、國防、財政、經濟、教育、交通、司法、邊政、僑政十組進行，每組巡察委員二人，由監察院各該委員會推選委員擔任，於每年十一月間出發巡察。後者，按地區分十三組進行，巡察委員由監察委員自由報名參加，每組委員二人，每年九月間出發巡察。

二、監試權：

依監試法規定，舉行考試時，除檢覆外，應由考試院咨請監察院派員監試。至監試權之內容，請參閱第十一章第八節第二項的敘述。

第七節　監察院的所屬機關

監察院的所屬機關，有審計部、監察委員行署，茲分項簡述如後。

第一項　審計部及派駐單位

憲法第九十條、第一百零四條、第一百零五條，監察院組織法與審計部組織法，為設置審計部行使審計權的依據。茲分析如下：

一、審計部的職掌：

依監察院組織法規定，監察院設審計部，其職掌為(一)監督政府所屬全國各機關預算的執行；(二)核定政府所屬全國各機關收入命令及支付命令；(三)審核政府所屬全國各機關財務收支及審定決算；(四)稽察政府所屬全國各機關財務及財政上不法或不忠於職務之行為；(五)考核政府所屬全國 各機關財務效能；(六)核定各機關人員 對於財務上之責任；(七)其他依法律應行辦理之審計事項。

二、審計部的組織：

依審計部組織法規定，審計部雖稱為部，但與一般的部不盡相同。如審計部設審計長及副審計長，而非設部長及次長，審計長的產生，依憲法第一百零四條規定「監察院設審計長，由總統提名，經立法院同意任命之」。審計部置審計官，設審計會議，由審計長、副審計長及審計官組織之，舉凡重要審計事務，皆由審計會議議決行之，頗有合議制意味。審計部內部設廳而非設司，第一廳掌普通公務審計，第二廳掌國防經費審計，第三廳掌特種公務審計，第四廳掌公有營業及公有事業審計，第五廳掌財物審計。另設覆審室、秘書室、總務處，及會計、統計及人事室，分別掌理覆審、秘書、總務、歲計會計、統計及人事工作。

三、主要職稱：

除置審計長、副審計長、審計官外，並置參事、稽察、處長、專門委員、主任、科長專員等，廳長及覆審室主任由審計官兼任，副廳長由稽察兼任。分別主管及經辦有關業務。

四、派駐單位：

依審計部組織法規定，審計部於各省（市）設審計處，於各縣（市）

酌設審計室，掌理各該地方政府及其所屬機關之審計事項，並得由審計部指定兼辦就近之中央及地方機關審計事項。又中央及地方各特種公務機關、公有營業機關，公有事業機關，得設審計處室，掌理各該組織範圍內之審計事項。目前審計部在省及直轄市政府，分設有省及市審計處，特種公務機關（如國防部）及規模龐大的公有營業（如臺灣銀行），公有事業（如臺電公司），多設有審計處室，在各縣市政府，分別或合設有審計室。此種審計處、室，均爲審計部所屬之中央機構。

第二項　監察委員行署

監察院組織法及監察委員行署組織法，爲設置監察委員行署及行使職權的依據。玆分析如下：

一、監察委員行署之設置：

依監察院組織法規定，監察院視事實之需要，得將全國分區設監察院監察委員行署，其組織另以法律定之。全國經劃分爲十七個區，設十七個監察委員行署。

二、監察委員行署的組織：

每一監察委員行署，由全體監察委員，依照迴避本區原則，推選委員三人主持，任期一年，不得連任。監察委員行署採合議制，設行署委員會議，以議決有關行署事項。

三、監察委員行署的職權：

行署委員只能依監察法所定程序，向行署提出糾正糾舉或彈劾案，而行署只能作提案的決定，至於糾正糾舉或彈劾案的能否成立，尙須提請監察院依法定程序，交付有關委員會或三人及九人委員審查決定。故監察委員行署亦可說是監察院派駐各地區行使監察權的耳目。

第八節　監察院與各院關係的疑義

監察院與國民大會、總統、行政院、立法院、司法院、考試院間的關係，已分別在第六至第十一章之末節中有所敍述，不再重複。惟監察院與行政院及司法院間，尚有若干法無明文而曾引起爭論的關係疑義，茲分項簡述如後，以供再進一步的研究。⑩

第一項　監察院與行政院關係的疑義

此兩院間的關係疑義，有四點：

一、地方自治機關審計權之疑義：

行政院及其所屬行政機關之財務，監察院有其審計權，各機關的年度決算，亦應由審計機關審核（憲法第九十條）。但實行地方自治後，各自治行政機關的財務及決算，應否仍由監察院所屬之審計機關行使審計權，在法理上原無定論。惟依民國七十八年三月十七日司法院公布之大法官會議釋字第二三五號解釋，認為中華民國憲法採五權分立制度，審計權乃屬監察權之範圍，應由中央立法並執行之，此觀憲法第九十條及第一〇七條第十三款規定自明。隸屬於監察院之審計部於省（市）設審計處，並依審計法第五條辦理各該省（市）及其所屬機關財務之審計，與憲法並無牴觸。是則監察院對地方自治行政機關的財務及決算，應有審計權。

二、監察院對行政院的建議有無拘束力之疑義：

行政院及所屬機關與人員，如有違法或失職情事，監察院自有糾正、糾舉及彈劾權（憲法第九十七條），但監察院如僅對行政院提供建議性之意見，對行政院有無拘束力，法無明文規定，易生疑義。

⑩　參見管歐著中華民國憲法論，第二三一～二三二頁，三民書局，六十六年八月版。

三、監察院可否邀請行政首長作施政報告及答覆詢問之疑義：

　　監察院可否邀請行政院院長及各部會首長，列席監察院會議報告施政及答覆詢問，各方曾有不同看法，在實際上亦曾邀請列席報告及接受邀請報告，此在事實上當可加強兩院間的相互了解，惟在法律上似缺明確的規定。

四、行使調查權涉及妨害國家利益認定之疑義：

　　監察院調查人員，封存或攜去被調查行政機關之有關證件，是否發生妨害國家利益得以拒絕之認定問題，應由該機關之主管長官認定抑由調查人員認定，此亦有待於明確的規定。

第二項　監察院與司法院關係的疑義

　　此兩院間的關係疑義，為法官依法獨立審判與監察權調查詢問如何並行不悖的問題。

一、獨立審判與調查詢問各有依據之疑義：

　　法官依據法律獨立審判（憲法第八十條），監察院依法使行監察權（憲法第九十條），在憲法上各有其依據，自不待論。惟如在法院偵查或審判中之案件，監察院監察委員或所派調查人員，可否向承辦該案之推事、檢察官等，調閱該案件之檔案及有關文件，及對該案有所詢問？司法人員對於監察院的調查詢問，可否予以拒絕？曾引起不同看法。

二、暫時的協議：

　　對以上疑義，為求監察權之順利行使，及兼能維護司法獨立精神，於四十四年十一月，行政院、司法院及監察院代表，會商監察院對司法及軍法機關行使調查權之程序問題時，曾獲致協議，即監察院自可儘量避免對於承辦人員在承辦期間實施調查，但如認承辦人員有枉法失職之重大情節，需要即為調查者，監察院自得斟酌情形，實施調查。

三、對辦結案件之調查詢問自不得拒絕:

　　監察院對於司法機關已偵查終結爲不起訴處分，或已判決確定案件之調查詢問，司法人員自不得拒絕詢問，自不待言。

第十三章　中央與地方的職權

　　國父對中央與地方權限劃分的指示甚多，一般國家對中央與地方權限的劃分有其不同的類型，我國憲法對中央與地方權限的劃分則採均權制度。茲分節敍述如後。

第一節　與本章有關的遺教要點

　　國父對均權制度，在遺教中曾有詳盡的敍述，　國父亦主張中國應為單一國而反對聯省自治，建國大綱對均權制度亦有明白規定。茲分項簡述如後。

第一項　均權制度

　　國父對均權制度的看法，及先總統蔣公對均權制度的解析如下：

一、國父對均權制度的看法：

　　國父在中華民國建設之基礎的演講中，曾謂「權之分配，不當以中央或地方為對象，而當以權之性質為對象。權之宜屬於中央者，屬之中央可也；權之宜屬於地方者，屬之地方可也。例如軍事外交，宜統一不

宜分歧，此權之宜屬於中央者也。敎育、衞生，隨地方情況而異，此權之宜屬於地方者也。更分析以言，同一軍事也，國防固宜屬之中央，然警備隊之設施，豈中央所能代勞，是不宜屬之地方矣。同一敎育也，濱海之區宜側重水產，山谷之地宜側重礦業或林業，是固宜予地方以措置之自由。然學制及義務敎育年限，中央不能不爲劃一範圍，是中央亦不能不過問敎育事業矣。是則同一事實，猶當於某程度以上屬之中央，某程度以下屬之地方。……要之，研究權力之分配，不當挾一中央或地方之成見，而惟以其本身之性質爲依歸。事之非舉國一致不可者，以其權屬於中央；事之因地制宜者，以其權屬於地方。易地域的分類，而爲科學的分類，斯爲得之，斯乃近世治政治學者所已知已行，初無俟聚訟爲也」。

二、均權主義的政策：

中國國民黨第一次全國代表大會宣言中，曾指出「凡事務有全國一致之性質者劃歸中央，有因地制宜之性質者劃歸地方；不偏於中央集權制或地方分權制」。

三、先總統蔣公對均權的闡述：

先總統蔣公在總理遺敎概要第二講中，曾謂「所謂均權，乃是指由國家最高機關，按事務之性質而將各種事權分別劃歸中央與地方政府，所謂不偏於中央集權或地方分權，這是總理從事實上解決中央與地方政府間一切不應有的爭議之具體辦法，可說是最合理的一種調整。……今後我們要達到全國一致的目的，在中央必須根據因地制宜的原則，使全國各地方都能夠發展進步，旣不與拘泥束縛，尤不可任意摧殘，各地方則須完全改革過去割據的惡習，竭誠擁護中央的統一，來建設文明強盛的新國家」。

第二項　單一國而非聯省自治

國父對單一國與聯省自治，曾有不同主張。

一、主張單一國制：

國父於民國二年八月二十八日所發表之國民黨政見宣言中，對政體的主張，曾主張單一國制，謂「單一國制與聯邦國制，其性質之判別，眾人皆知。而吾國今日之當採單一國制，已無研究之餘地。臨時約法已規定我國爲單一國制，將來憲法亦必採用單一國制，自不待言。惟今尙多有未能舉單一國制之實者，故吾黨不特主張憲法上採用單一國制，並力謀實際上單一國制之精神」。

二、反對聯省自治：

國父於中國國民黨第一次全國代表大會宣言中，曾斥聯省自治派之不當，謂「此派之擬議，以爲造成中國今日之亂象，由於中央政府權力過重，故當分其權於各省；各省自治已成，則中央政府權力日削，無所恃以爲惡也。曾不思今日北京政府權力，初非法律所賦予，人民所承認，乃由大軍閥攘奪而得之。大軍閥旣挾持暴力，以把持中央政府，復利用中央政府，以擴充其暴力。吾人不謀所以毀滅大軍閥之暴力，使不得挾持中央政府以爲惡，乃反欲藉各省小軍閥之力，以謀削減中央政府之權能，是何爲耶？推其結果，不過分裂中國，使小軍閥各佔一省，自謀利益，以與挾持中央政府之大軍閥相安於無事而已，何自治之足云？夫眞正的自治，誠爲至當，亦誠適合於民族之需要與精神。然此等眞正的自治，必待中國全體獨立之後始能有成，中國全體尙未獲得自由，而欲一部份先能獲得自由，豈可能耶？故知爭回自治之運動，決不能與爭回民族獨立之運動分道而行，自由之中國以內始能有自治之省。一省以內所有經濟問題、治政問題、社會問題，惟有於全國之規模中始能解決。則

各省眞正自治之實現，必須全國國民革命勝利之後，亦已顯然，願國人一思之也」。

第三項　建國大綱的指示

國父手訂建國大綱第十七條，曾作如此規定，卽「在此時期（卽訓政時期），中央與省之權限，採均權制度，凡事務有全國一致之性質者劃歸中央，有因地制宜之性質者劃歸地方，不偏於中央集權，或地方分權」。

第二節　各國中央與地方分權的類型

一般國家中央與地方權限的區分，自權限分配的偏重看，有中央集權與地方分權之分；自權限分配的方法看，有立法與執行合一，及立法與執行分開之別。玆分項簡述如後。

第一項　中央集權制

中央集權制有其意義，亦有其優缺點，採中央集權制者，多爲單一國制。玆分析如下：

一、中央集權制的意義：

凡一個國家的政治作一個整體，國家的權力皆集中於中央政府，憲法對中央與地方的權力，並無劃分的規定，所謂地方政府，只是中央爲便利推行政務而設的派出機關，因地方政府不能自主，各事必須聽命於中央，地方政府行使權力時，須經中央的核准。但實施中央集權制的國家，中央集權的程度仍有差異，如法國及英國均爲單一國，但法國國家的中央集權程度，就比英國的中央集權程度爲高。

二、中央集權制的優點：

一般而言，其優點爲：（一）可加強國家的統一性，不易造成地方割據或分裂的局面；（二）因國家權力集中，事權統一，故指揮靈活，責任分明；（三）中央所訂定的國家政策，能予貫徹，並推行於全國；（四）全國制度劃一，可謀求各地的均衡發展；（五）地方行政由中央政府主持，可免畸重畸輕之弊。

三、中央集權制的缺點：

一般而論，其缺點爲（一）由於事權集中於中央，中央政府易走向專制獨裁；（二）各地方情況常有不同，施行統一制度的中央集權制，難於適應各地方的個別需要；（三）所有事務均集中於中央，致增加國庫的負擔；（四）地方自治難以實現，地方人民難以參與地方事務的決策，有背促進民權之道。

由上可知，中央集權有利亦有弊，一個國家應否採中央集權制，集權的程度如何，須視一個國家的政體、歷史傳統、民情、與鄰國的關係等因素考慮而定。

第二項　地方分權制

地方分權制，亦有其意義與優缺點，聯邦國家,大都採地方分權制。茲分析如下：

一、地方分權制的意義：

凡一個國家的權力，由憲法規定分配於中央及地方（但亦有只列中央權限，而剩餘權歸地方者，如美國；亦有中央與地方權限並列者，如加拿大），中央與地方各有其權力，在各自權限內，其決定不受他方的干預，地方的權力亦非由中央授與，亦非中央所得限制，中央與地方權力的分配如須變更，應經雙方的同意。但分權的程度仍有不同，如美國

為實施分權制較為徹底者，而戰前的德國，雖亦為聯邦國家，但事實上等於是中央集權。

二、地方分權制的優點：

一般優點有(一)地方政府的施政，能針對各別的特別環境及需要，不僅易於推行，且人民亦更能受惠；(二)地方人民有充分 參與意見機會，地方政府亦更能尊重當地民意；(三)地方政務中央不得干預，故不致流於中央專制。(四)國家事務既分由中央與地方掌理，將可減輕國庫的財政負擔。

三、地方分權制的缺點：

主要為(一)由於地方各自為政，政出多門，會影響及國家制度的統一性；(二)地方權力過大時，會形成地方割據，甚至形成國家的分裂；(三)易養成地方人士及官員的偏狹觀念，而地方政務亦易為派系所把持；(四)各地方財務狀況不同，致形成地方偏榮偏枯現象。

由上觀之，地方分權制亦是利弊互見，各聯邦國家的地方分權程度，亦須視國情而定，難求一致。

第三項　立法權與執行權合一的劃分

此乃事權劃分的方式之一，其情形如下：

一、意　義：

實施地方分權的國家，在劃分權限時，將事項的立法權與執行權同時劃分由中央或地方者，稱為立法權與執行權合一的劃分。

二、實　例：

如美國，原則上不劃分立法權與執行權，凡由中央立法之事項，則由中央執行之；凡由各邦立法之事項，亦由各邦執行之。美國聯邦憲法第一條第十項，乃列舉聯邦的事權，亦即各邦不得行使之職權。美國聯

邦憲法第十條又增修規定「本憲法所未授與聯邦或未禁止各邦行使之權力，皆由各邦或人民保有之」，故美國聯邦憲法對國家權力的分配，是對中央權限採列舉規定，地方權限採概括規定。又如加拿大，係將中央與地方事權，雙方列舉，如有未列舉的事項發生時，除其性質關係地方者屬各邦外，歸中央。美國的事權列舉方式，目的在限制聯邦而保護各邦；加拿大的事權列舉方式，其目的在限制各邦而保護聯邦。

三、利　弊：

將立法權與執行權合一的劃分，其優點爲(一)對中央立法事項，能由中央貫徹執行；(二)對中央事權能全國一致的推行，不因地方情況的不同而有差異。其缺點爲(一)中央事務過於繁忙，對所有中央事權難以全面推行；(二)中央事權的執行，在執行程序方法上難以適應各地方的需要。

第四項　立法權與執行權分開的劃分

此乃另一種劃分的方式，其情形如下：

一、意　義：

實施地方分權的國家，在劃分權限時，將事項的立法權與事項的執行權分開，可同時或分別劃分由中央或地方者，稱爲立法權與執行權分開的劃分。

二、實　例：

如瑞士，將中央事權分爲三類：（一）爲由聯邦立法並由聯邦執行者；(二)爲由聯邦立法但委由各邦執行者；(三)聯邦既不立法亦不執行但保有監督權者。又如奧地利一九二〇年憲法，對中央事權亦分爲三類，即(一)爲立法權與執行權均屬中央；(二)爲立法權屬聯邦而執行權屬各邦；(三)爲立法原則的立法權屬中央，而發佈施行細則及其執行權則屬

於各邦者。

三、利　弊

將立法權與執行權分開的劃分，其優點爲：（一）中央能有足够的人力與經費，來掌握立法權，使政策能予實現；（二）各種政策由地方執行時，對執行的程序、方法等，能適應各地方的需要。其缺點爲：（一）由各地方執行中央立法事項，由於各地方官員的能力及人力經費情況的不同，易使中央政策變質；（二）各地方與地方間，易出現實行中央政策成果之偏榮偏枯現象，致同樣的政策，在各地方獲致不同的效果。

第三節　均　權　制

我國憲法對中央與地方權限的劃分係採均權制。均權制有其意義與優點，我國係依事權性質列舉中央與地方權限，列舉時立法權與執行權得分開，並定有賸餘權歸屬的原則。玆分項簡述如後。

第一項　均權的意義與優點

均權制有其意義，並有顯著的優點。玆分析如下：

一、意　義

所謂均權制，指對中央與地方權限的劃分，爲免發生中央集權或地方分權之缺失，乃改以事務之性質爲準劃分，凡事務有全國一致之性質者，劃歸中央；凡事務有因地制宜之性質者，劃歸地方；不偏於中央集權或地方分權。此亦卽　國父之所主張與現行憲法所採納者。

二、對均權制應有的認識：

我國的均權制，（一）不但爲中央與省的均權，同時亦爲中央與縣的均權，及省與縣的均權；此由中央立法事項得交由省或縣執行，及省立

法事項得交由縣執行之規定可以知之。(二)中央與地方雖採均權制度,但均之權,只限於行政權及立法權,至於司法權,乃專屬於中央立法並執行之事項(憲法第一百零七條第(三)(四)款),監察權及考試權之性質,亦應認為純屬於中央之職權,而不屬於地方,故皆無均權之可言。❶

三、優　點:

採均權制的優點甚多,如(一)避免極端,即中央地方權限既採均權制,不偏於中央集權或地方分權,則可免去中央專制或地方割據之弊;(二)可消除及融化中央與地方的界限,使各有應得的權力,各有應盡的責任,中央與地方間及地方與地方間和諧相處;(三)適合我國國情,因我國幅員遼闊,如中央集權無法兼顧各地方之事務,如地方分權又將造成中央的無權,而均權制則能使中央與地方兼顧;(四)富有彈性,因均權制既以事務之性質為劃分標準,則對中央與地方權限的劃分,只作原則性的規定,遇及特種情況時,自可作適度的調整。

第二項　依事權性質列舉中央與地方權限

憲法第一百零七條至第一百十條,係依事務性質,列舉中央及地方權限的規定,而地方權限又按省及縣分別規定,故我國的均權制,是依事務性質,按中央、省、縣三級,分別列舉其權限者。茲分析如下:

一、中央專屬權:

亦即立法權與執行均專屬中央,而地方既不能立法亦不能執行之權限。依憲法第一百零七條規定「左列事項由中央立法並執行之:(一)外交;(二)國防與國防軍事;(三)國籍法,及刑事民事商事之法律;(四)司法制度;(五)航空、國道、國有鐵路、航政、郵政及電政;(六)中央財政與國稅;(七)國稅與省稅縣稅之劃分;(八)國營經濟事業;(九)幣

❶　參見管歐著中華民國憲法論,第二三九頁,三民書局,六十六年八月版。

制及國家銀行；（十）度量衡；（十一）國際貿易政策；（十二）海外之財政經濟事項；（十三）其他依本憲法所定關於中央之事項」。

以上十三項事權，依其性質可歸納爲三類，卽（一）爲全國一致性事項，如上述第（二）至第（十）款，均有全國一致性的必要，自以由中央立法並執行之爲宜。（二）爲國家對外事項，如第（一）款外交、第（十一）款國際貿易政策及第（十二）款國際財政經濟事項，自應列爲中央專屬權。（三）憲法所定關於中央之事項，在憲法之其他條文中，旣已明定爲中央之職權，自應由中央行使之，如國民大會應由總統或立法院長召集，糾正、糾舉、彈劾、審計權，應由監察院行使等，皆憲法已有明定，自應屬中央權限。

二、立法權屬中央但執行權可由中央或交由地方者：

憲法第一百零八條規定「左列事項由中央立法並執行之,或交由省、縣執行之，卽（一）省縣自治通則；（二）行政區劃；（三）森林工礦及商業；（四）教育制度；（五）銀行及交易所制度；（六）航業及海洋漁業；（七）公用事業；（八）合作事業；（九）二省以上之水陸交通運輸；（十）二省以上之水利、河道及農牧事業；（十一）中央及地方官吏之銓敍、任用、糾察及保障；（十二）土地法；（十三）勞動法及其他社會立法；（十四）公用徵收；（十五）全國戶口調查及統計；（十六）移民及墾殖；（十七）警察制度；（十八）公共衞生；（十九）賑濟、撫邺及失業救濟；（二十）有關文化之古籍、古物及古蹟之保存。前項各款，省於不牴觸國家法律內，得制定單行法規」。

對此須說明者，（一）本條各款事項之立法權仍專屬於中央，亦卽表示這些事項的基本政策須保持全國的一致性，而不允許各地方自定政策。（二）這些事項依據立法的執行，可由中央自行執行，亦可由中央交由省或縣執行，因此這些事項，地方最多只有執行權，而且此種執行權是由

中央所交付，並非地方所固有，中央既可交由地方執行，對已交由地方
執行的權，自亦可向地方取回。(三)既可交由地方執行，且省得於不牴
觸國家法律內，制定單行法規，則可知國家對這些事項，只求基本政策
的一致，各地方執行時，只要與法律不牴觸，如省得自制定單行法規執
行，至縣於執行時，是否在不牴觸法律及省單行法規內，自訂單行規章，
在憲法雖未明定，但解釋應爲肯定，既得由省、縣自行制訂法規或規
章，則表示這些事項，在各地方是容許有差異性的，俾能適應各地方的
特殊需要。

三、立法權屬省但執行權可由省或交由縣者:

憲法第一百零九條規定「左列事項，由省立法並執行之，或交由縣
執行之: (一)省教育、衛生、實業及交通; (二)省財產之經營及處分;
(三)省市政; (四)省公營事業; (五)省合作事業; (六)省農林、水利、
漁牧及工程; (七)省財政及省稅; (八)省債; (九)省銀行; (十)省警政
之實施; (十一)省慈善及公益事業; (十二)其他依國家法律所賦予之事
項。前項各款，有涉及二省以上者，除法律別有規定外，得由有關各省
共同辦理。各省辦理第一項各款事務，其經費不足時，經立法院決議，
由國庫補助之」。

對此須說明者: (一)本條所定各款事項，均屬地方事權，中央既不
立法亦不執行，且其中絕大部分爲省自治事項。(二)本條所定各款事
項，立法權爲省所有，亦表示這些事項的基本政策由省決定，以保持全
省的一致性; 至其執行可由省自行執行，或由省交由縣執行，故縣對這
些事項的執行權並非固有，而是由省所交，省當然亦得收回。(三)這些
事項既可交由縣執行，則表示對這些事項的處理，在不牴觸省立法的既
定政策下，仍得容許各縣間的差異，以期適應各縣的特殊需要。(四)對
同一事項，涉及二省以上者，除法律別有規定外，得由二省以上共同立

法，共同執行，或共同交由縣執行。（五）省或縣均為國家的一個部分，省或縣執行這些事項所需經費不夠時，得請由國庫補助，但須經立法院的決議。另依憲法第一百四十七條規定，中央為謀省與省間之經濟平衡發展，對貧瘠之省，亦應酌予補助；省為謀縣與縣間之經濟平衡發展，對於貧瘠之縣，應酌予補助。由是觀之，對省與縣的補助，並不以辦理本條所列事項為限。

四、縣專屬權：

　　即立法權及執行權均為縣所有者。依憲法第一百十條規定「左列事項由縣立法並執行之：（一）縣教育、衛生、實業及交通；（二）縣財產之經營及處分；（三）縣公營事業；（四）縣合作事業；（五）縣農林、水利、漁牧及工程；（六）縣財政及縣稅；（七）縣債；（八）縣銀行；（九）縣警衛之實施；（十）縣慈善及公益事業；（十一）其他依國家法律及省自治法賦予之事項。前項各款，有涉及二縣以上者，除法律別有規定外，得由有關各縣共同辦理」。

　　對此須說明者：（一）本條所列各款事項，大部分均屬縣自治事項，且須因地制宜，故憲法明定為縣之專屬權，不但由縣立法，且亦由縣執行之。（二）所列事項，涉及二縣以上者，由有關各縣共同辦理，自包括共同立法與共同執行在內。（三）縣執行各事項所需經費，如有不足，本條憲法雖未規定補助，但各省自得依憲法第一百四十七條規定，酌予補助。

　　由上說明，我國憲法，不但列舉中央、省與縣的權限，其情形與美國及加拿大頗有類似之處，但對各事權之立法權與執行權得予分開，則與美國及加拿大不同，而與瑞士及奧國的立法例甚為相似。

第三項　剩餘權的歸屬

憲法第一百零七條至第一百十條，雖已將中央、省、縣的事權，作分別的列舉，但因國家事務極為繁複，無法列舉無餘，因此就發生未被列舉的剩餘權問題。此種剩餘權的歸屬，有憲法明定歸由各邦者（如美國），有明定歸由中央者（如加拿大），如對事權的歸屬發生爭執時，有由司法機關裁定者（如美、加等國），有由憲法法院裁定者（如奧、捷等國）。我國憲法對剩餘權的歸屬，在憲法第一百十一條已有明定。茲分析如下：

一、憲法的規定：

憲法第一百十一條規定「除第一百零七條、第一百零八條、第一百零九條及第一百十條列舉事項外，如有未列舉事項發生時，其事務有全國一致之性質者屬於中央，有全省一致之性質者屬於省，有一縣之性質者屬於縣。遇有爭議時，由立法院解決之」。

二、仍依事務之性質決定剩餘權的歸屬：

國父一再強調中央與地方權限的劃分，應依事務之性質為準。憲法第一百零七條至第一百十條所列舉之事項，亦符合以事務性質為準劃分的原則。因此，對未列舉之剩餘權的歸屬，亦依此原則決定，以求前後的一致，貫徹國父均權制度的發明。

三、如有爭議由立法院解決之：

剩餘權的歸屬，雖有原則可循，但對事務性質是否有全國一致或全省一致或全縣一致之性質，在認定時仍可能發生爭議，遇及此種情形，則須由第三者來決定，依我國憲法規定，解決此種爭議的權限，由立法院行使。

第四項　我國是否仍為單一國

我國既採均權制，中央與地方的權限均在憲法上予以列舉，而所謂剩餘權又不是當然歸屬中央，而須依事務的性質來決定其歸屬。似此，難免會引發一個疑問，則我國究竟是聯邦國還是單一國。我國學者對此一問題亦有論列，大致的看法是我國仍是單一國，雖有分權但不影響國家統一性。茲分析如下：

一、我國仍是單一國：

認為一個國家是否為聯邦國，可由兩個標準決定之：（一）為地方團體是否有自主組織權及制定根本組織法；（二）地方團體有無選任代表組織一個院，參加中央政府行使立法權。如地方團體具有這兩種權限，就是聯邦國家，兩種權限只具備其一或均不具備，就是單一國家。如以此兩種標準來衡量我國憲法之所定，則地方團體均無此種權限。如憲法雖規定省民代表大會得制定省自治法，縣民代表大會得制定縣自治法，但省及縣自治法，均須依據省縣自治通則而制定（憲法第一百十二條、第一百二十二條），而省縣自治通則則屬中央立法（憲法第一百零八條），省法規及縣單行規章與國家法律牴觸者無效（憲法第一百十六條、第一百二十五條），故省縣的自主組織權極為有限。再以參與中央政事的標準而論，各省及縣並無直接或間接參與中央政務之權，不能選任代表參加立法，我國國民大會代表及立法委員都是代表人民，而不是代表各省或縣，監察委員雖由各省議會選舉，但監察院並不參與立法，故與此一標準亦不相符。由上觀之，我國仍是單一國而非聯邦國。❷

二、並不影響國家的統一性：

除省縣自治通則由中央立法，可約束省縣自治法，不使地方職權過

---

❷　參見劉慶瑞著中華民國憲法要義，第二三六頁，自印，七十二年二月版。

於擴大以影響國家統一性外，尚有(一)地方人民所享有之選舉、罷免、創制、複決四權，均須依據法律行使，而法律由立法院所制定，足可規範地方人民對政權的行使。(二)中央法律的效力，在省法規及縣單行規章之上，故中央自可約束省法規及縣單行規章的範疇。(三)中央與省及縣對剩餘權之歸屬，如有爭議時，仍須由中央的立法院解決之，足可控制地方職權的過於膨脹。

第十四章　地方制度

國父有關地方自治的遺敎甚多，各國地方制度大致可區分爲若干類型，我國省自治、縣自治及市均爲憲法所明定，特殊的地方亦定有自治制度，自治法規有其效力，地方自治仍須受中央的監督。茲分節敍述於後。

第一節　與本章有關的遺敎要點

國父遺敎中，對地方自治的意義及地方自治的工作，均有所闡釋，對省縣地位亦有政策性的宣示，建國大綱對地方自治更有較詳的規定，五五憲草對地方自治亦有其設計。茲分項簡述如後。

第一項　地方自治的意義

國父曾闡述地方自治的意義與重要性。茲摘錄如下：

一、地方自治的意義.

國父在講辦理地方自治是人民的責任時，曾謂「將地方上的事情，讓本地方的人民自己去做，政府毫不干涉，便叫地方自治」。國父在地

方自治開始實行法中，曾謂「地方自治，當以實行民權、民生兩主義爲目的」。又謂「民國人民當爲自計，速從地方自治，以立民國萬年有道之基，宜取法乎上，順應世界之潮流，採擇最新之理想，以成一高尚進化之自治團體，以謀全數人民的幸福」。

二、地方自治的重要性：

國父在中華民國建設之基礎中，曾謂「當知中華民國之建設，必當以人民爲基礎，而欲以人民爲基礎，必當先行分縣自治」。又謂「蓋無分縣自治，則人民無所憑藉，所謂全民政治必無由實現；無全民政治，則雖有五權分立，國民大會，亦未由舉主權在民之實也」。國父在講自治制度爲建國之礎石時，曾謂「自治者，民國之礎也。礎堅而國固，國固則子子孫孫同受福利」。又謂「三千縣之民權，猶三千塊之石，礎堅則五十層之崇樓不難建立。建屋不能猝就，建國亦然，當有極堅毅之精神，而以極忍耐之力量行之。竭五年十年之力，爲民國築 此三千之礎石，必可有成」。國父在講地方自治爲社會進步之基礎時，曾謂「政治與社會互有關係，而政治之良，必導源於社會。欲社會進步而行地方自治，譬如造屋之先奠基礎，而地方自治，即其基礎也」。

第二項　地方自治的中心工作

國父對地方自治的做法，在地方自治開始實行法中，指示甚詳，其要者有：

一、地方自治的試辦：

國父於地方自治開始實行法中，曾謂「地方自治之範圍，當以一縣爲充分區域。如不得一縣，則聯合數鄉村，而附有縱橫二三十里之田野者，亦可爲一試辦區域。其志向當以實行民權、民生兩主義爲目的。故其地之能否試辦，則全視該地人民之思想知識以爲斷。若自治之鼓吹已

成熟，自治之思想已普遍，則就下列六事試辦之，俟收成效，然後陸續推及其他」。

二、地方自治的六項中心工作：

(一)清戶口：不論土著或寄居，悉以現居是地者爲準，一律造冊列入自治之團體，悉盡義務，同享權利。地方之人有能享權利而不必盡義務者，其一爲未成年之人，其二爲老年人，其三爲殘疾之人，其四爲孕婦。

(二)立機關：戶口旣清之後，便可從事於組織自治機關。凡成年之男女，悉有選舉權、創制權、複決權，罷官權。

(三)定地價：其法以地價之百分抽一，爲地方自治之經費。隨地主之報多報少，所報之價，則永以爲定。此後凡公家收買土地，悉照此價，不得增減。而此後所有土地之買賣，亦由公家經手，不得私相授受。原主無論何時，只能收回此項所定之價，而將來所增之價，悉歸於地方團體之公有。如此則社會發達，地價愈增，則公家愈富。

(四)修道路：道路者，文明之母也，財賦之脈也。吾人欲由地方自治所以圖文明進步，實業發達，非大修道路不爲功。所謂人民義務之勞力，宜首先用之於此。道路宜分幹路支路兩種，此等車路宜縱橫遍布於境內，並連接於鄰境。築就之後，宜分段保管，時時修理，不使稍有損壞。

(五)墾荒地：荒地有兩種，其一爲無人納稅之地，當由公家收管開墾。其二爲有人納稅而不耕之地，此種荒地當科以價百抽十之稅，至開墾完竣之後爲止，如三年後仍不開墾，則當充公，由公家開墾。開荒之工事，則由義務勞力爲之。

(六)設學校：凡在自治區域之少年男女，皆有受敎育之權利。學費、書籍與學童之衣食，當由公家供給。學校之等級，由幼稚園而小學而中

學，當陸續按級而登，以至大學而後已。敎育少年之外，當設公共講堂、書庫、夜學，爲年長者養育知識之所。

三、其他工作：

以上自治開始之六事，如辦有成效，當逐漸推廣，及於他事。此後之要事，爲地方自治團體所應辦者，則農業合作、工業合作、交易合作、銀行合作、保險合作等事。此外更有對於自治區域以外之運輸、交易，當由自治機關設專局以經營之。此卽自治機關職務之大槪也。

第三項　對省縣的政策宣示

中國國民黨第一次全國代表大會宣言中，曾有下列政策的宣示：

一、省的地位：

各省人民得自定憲法，自舉省長，但省憲不得與國憲相牴觸；省另一方面爲本省自治之監督，一方面受中央指揮，以處理國家行政事務。

二、縣的地位：

確定縣爲自治單位，自治之縣其人民有直接選舉及罷免官吏之權，有直接創制及複決法律之權。

第四項　建國大綱的指示

國父手訂建國大綱，有關地方自治者有：

一、第八條： 在訓政時期，政府當派曾經訓練、考試合格之人員，到各縣協助人民籌備自治。其程度以全縣人口調查淸楚，全國土地測量完竣，全縣警衞辦理妥善，四境縱橫之道路修築成功，而其人民曾受四權使用之訓練，而完畢其國民之義務，誓行革命之主義者，得選舉縣官，以執行一縣之政事；得選舉議員，以議立一縣之法律，始成爲一完全自治之縣。

二、第九條：一完全自治之縣，其國民有直接選舉官員之權，有直接罷免官員之權，有直接創制法律之權，有直接複決法律之權。

三、第十四條：每縣地方自治政府成立之後，得選國民代表一人，以組織代表會，參預中央政事。

四、第十六條：凡一省全數之縣皆達完全自治者，則爲憲政開始時期，國民代表會得選舉省長，爲本省自治之監督。至於該省內之國家行政，則省長受中央之指揮。

五、第十八條：縣爲自治之單位，省立於中央與縣之間，以收聯絡之效。

六、第二十三條：全國有過半數省分達至憲政開始時期，卽全省之地方自治完全成立時期，則開國民大會決定憲法而頒布之。

第五項　五五憲草對地方制度的設計

五五憲草對地方制度的規定，共有十八條如下：

一、第九十八條：省設省政府，執行中央法令及監督地方自治。

二、第九十九條：省政府設省長一人，任期三年，由中央政府任免之。

三、第一百條：省設參議會，參議員名額每縣市一人，由各縣市議會選舉之，任期三年，連選得連任。

四、第一百零一條：省政府之組織，省參議會之組織、職權，及省參議員之選舉、罷免，以法律定之。

五、第一百零二條：未經設省之區域，其政治制度以法律定之。

六、第一百零三條：縣爲地方自治單位。

七、第一百零四條：凡事務有因地制宜之性質者，劃爲地方自治事項。地方自治事項，以法律定之。

八、第一百零五條：縣民關於縣自治事項，依法律行使創制、複決之權，對於縣長及其他縣自治人員，依法律行使選舉、罷免之權。

九、第一百零六條：縣設縣議會，議員由縣民大會選舉之，任期三年，連選得連任。

十、第一百零七條：縣單行規章與中央法律或省規章牴觸者無效。

十一、第一百零八條：縣設縣政府，置縣長一人，由縣民大會選舉之，任期三年，連選得連任。縣長候選人，以經中央考試或銓定合格者為限。

十二、第一百零九條：縣長辦理縣自治，並受省長之指揮，執行中央及省委辦事項。

十三、第一百一十條：縣議會之組織、職權，縣議員之選舉、罷免，縣政府之組織及縣長之選舉、罷免，以法律定之。

十四、第一百十一條：市之自治，除本節規定外，準用關於縣之規定。

十五、第一百十二條：市設市議會，議員由市民大會選舉之，每年改選三分之一。

十六、第一百十三條：市設市政府，置市長一人，由市民大會選舉之，任期三年，連選得連任。市長候選人，以經中央考試或銓定合格者為限。

十七、第一百十四條：市長辦理市自治，並受監督機關之指揮，執行中央或省委辦事項。

十八、第一百十五條：市議會之組織、職權，市議員之選舉罷免，市政府之組織，及市長之選舉、罷免，以法律定之。

第二節　各國地方制度的類型

地方自治的實施，與一個國家是否爲中央集權或地方分權，並無必然關係。地方權限甚大的國家，固可實施地方自治（如英國）；中央集權的國家，亦可實施地方自治（如法國）。又憲法內是否列有地方自治的章節條文，與是否爲聯邦國亦無必然關係。如比利時是單一國，然其憲法中有地方制度一章，規定了地方制度的原則；又如意大利共和國憲法第五條規定「意大利爲單一而不可分之共和國，承認且促進地方自治……」，其第五章又規定地方制度，尤其關於州之組織，規定甚詳，並承認其有立法權、行政權及財產權，州之下爲鄉鎮，亦承認其爲自治團體。由此可知，不論爲單一國或聯邦國，憲法中皆可有地方制度，實施地方自治，並非只限於聯邦國。我國雖爲單一國，在憲法中自亦可規定地方制度與實施地方自治。

一般國家的地方制度，大致可區分爲若干類型。茲以英國、美國、法國爲例，分項簡述如後：

第一項　英國的地方制度

英國爲單一國，但地方權限甚大，各級地方政府享有高度自治權，惟各級地方政府皆係國會立法所設置，其管轄區域及職權更爲國會立法所規定。茲就英國現行各級地方制度簡述之。

一、郡（County）：

爲英國最高地方行政區域單位，又分歷史郡與行政郡兩種。前者僅爲議會議員選舉及司法行政區域，而後者即爲現行的最高地方行政區域，全國共有六十二郡。郡置郡議會，由議員、參議員及議長組織之，

議員由郡民直接選舉，參議員由議員選舉，議長由議員參議員選舉之，郡議會行使法定各項職權。郡的行政工作，由各種委員會分任之。

二、區 (District)：

為第二級行政區域單位，又分鄉區與城區兩種。鄉區由一個或數個教區組成，設鄉區議會，議員由區內鄉教區按人口比例選出，鄉區議會主要職權，為執行公共衞生法令，管理經營公路，得徵收區稅，並得委任區的常任有給職員。城區是郡的一部分，凡人口稠密之地，郡議會卽有權設置為城區，設城區議會，議員由區內居民選舉，除保有鄉區議會之職權外，並管理建築及發給執照等事務。

三、教區 (Parish)：

為最低級的地方行政區域單位，亦分鄉教區與城教區兩種。鄉教區有教區集會，由有選民資格者組織之，人口較多者更有教區議會，議員由教區集會推選之，教區議會可推派代表出席地方稅局、管理慈善事業、及與鄉區議會協議教育、衞生、道路等行政工作，無教區議會者，由教區集會代為處理上述工作。城教區係座落於城區及普通市內的教區，由於市政府的發達，目前城教區除純粹宗教及慈善效用外，其餘工作均移轉由城區議會或普通市議會處理。

四、市 (Borough)：

為特別地方行政區域單位，又分郡市與普通市兩種。郡市，依一九三三年地方政府法規定，凡人口在七萬五千以上之普通市，可請求改為郡市。郡市自成獨立單位，享有郡的權利，與郡的地位相等，地理上雖位於郡之內，但不受郡的管轄。郡市設郡市議會，議員由市民直接選舉之，由議員選舉參議員，再由議員及參議員聯合選舉市長，並為議會主席，議會行使法定職權，並為最高決策機關。行政工作由議會組織各委員會分任之，日常事務由議會委任若干常任職員擔任之。普通市，凡人

口五萬以上的區域，可請求改爲普通市，普通市雖有較大的自治權，但在政治上及地理上仍爲所在郡的一部，爲第二級的地方行政區域單位。普通市設有市長，組織市政府，並具有法定的地位與權力。

五、倫敦（London）：

分倫敦城，倫敦行政郡，及倫敦首都警察區。倫敦城位於倫敦中心區，有獨立的法人資格，不受郡政府統治，一切事務由參議會、衆議會及市議會，分別管理。倫敦行政郡，卽所謂大倫敦，由郡議會統治之.郡議會的組成與權限，與一般郡議會相似。倫敦行政郡劃分爲二十八個首都市，各有市議會、市長，其組織與普通市大致相同，各市之間又組有聯絡機關卽首都市常設聯合委員會，其目的爲在共同利益問題上，採一致行動。倫敦首都警察區，專管全部警察事宜。

第二項　美國的地方制度

美國爲聯邦國，故其地方制度與單一國的地方制度有別，州爲一級地方組織，州之下爲郡，郡之下爲鎮；另尙有市及哥倫比亞特區。茲簡說如下：

一、州：

美國的州，有其州憲法、州長、州議會及州法院。

（一）州憲法：美國各州均有其憲法,各州的憲法大多有其相似之處,如憲法之主要內容多爲 1.人民的權利與義務； 2.州政府的組織； 3.州財政的經理； 4.經濟利益的管制； 5.教育及社會福利的舉辦； 6.憲法修訂程序的規定等。

（二）州長：州長皆由民選，爲州的最高行政長官，任期爲二年或四年，連選得連任。州長的職權，包括任命州內的行政人員，督導行政，統籌州的財政，向議會提出咨文，對議會通過的法律有交回覆議權，對

州法院所判決的罪犯有赦免權等。

（三）州議會：多採兩院制，參議會與衆議會分享立法權。議員由人民選舉，選民的選舉權由各州自行規定，參議員的任期爲二年或四年，衆議員的任期爲二年，議長由議員推選，其設有副州長者，由副州長擔任參議會主席。州議會的職權甚爲廣泛，在不違背聯邦憲法及州憲法之原則下，可爲本州制訂一切必要的法律。

（四）州法院：各州皆有自己所屬的法院，且有最高法院，上訴法院及地方法院之分。

二、郡：

美各州各劃分爲郡，郡爲州政府所建，但亦有規定須經州議會決議者。各州的郡數不等，有者只設數郡，有者設二百餘郡，郡政府設於郡鎮，地方法院及郡政府所屬各機關亦然。郡政府多爲委員制，郡政府的主要職權，有徵收郡稅、編訂郡預算、修建道路、管理公共建築及排水工程，主持公濟等。

三、鎮：

亦有稱鎮區或特區者，鎮的組織由州議會規定，鎮有準法團的地位，重要事務由全體公民在鎮民大會中議定之。

四、市：

美國的市有市憲，市政府。

（一）市憲：依一般州憲法的規定，市憲有三種，1.爲自治市憲，卽由州憲法授權市自訂憲法，但不得與州憲法相牴觸。2.分級市憲，卽由州憲法按人口等條件，分市爲若干級，並事先制定各級市的市憲，各市可按本市所屬級別，選用事先定好的市憲。3.模範市憲，卽將市憲應行包括之內容，列舉於模範市憲內，各市可在不牴觸模範市憲的原則下，訂定自己的市憲。

　　(二)市政府：有三種類型，1.爲市長議會制，卽市政府的組織原則，與聯邦政府及州政府大致相似，市長與市議會的關係，採用分權及制衡原則。2.爲市委員會制，卽行政與立法不分，而以全權付託於民選的市委員會，以簡化市政機構及加強行政效能，市委員人數自三人至七人不等，各委員主管一個局，市長只是擔任委員會會議的主席，及在典禮上充任市的代表，其實權則與其他委員同。3.爲市經理制，係以企業管理的原則，應用於市政府組織之中，將市的政策決定權，授予一個委員會或市議會，猶如公司的董事會，其行政工作則由委員會或市議會所推選之執行人負責，所有行政人員亦由該執行人任免及監督。

五、哥倫比亞特區：

　　美國的哥倫比亞特區，與倫敦郡相似，地位獨立，組織特別，不屬州政府管轄，直接受聯邦政府管理。

第三項　法國的地方制度

　　法國的地方制度，有高度的劃一性，卽同一級的地域單位，皆有同樣的性質，適用同一法律。法國的地方行政組織，區分爲省、區、縣、市四級，另有巴黎，爲首都所在地。玆簡述如下：

一、省：

　　省爲最高的行政區域，兼爲自治單位，有公法人的地位。省設省長，組織省政府，爲省的執行機關，省長一方面是中央官員，執行國家公務，一方面又是省的行政長官，執行省議會所有的決議案。省長由總統任命，無一定任期。省又設省議會，享有地方自治權，由民選的議員組織之。省議會的職權，包括1.獨立的職權，卽議決案毋須經其他機關的核准卽可生效者；2.受限制的職權，卽議案須經國會或總統核准始能生效者；3.諮詢的職權，卽向中央政府提供建議性之意見者，並無拘束力。

二、區：

　　省之下分區，區並非自治單位，無公法人地位，亦無自己預算。區設區長，由總統任命，其身份爲中央官員或爲省長的代表，一切須秉承省長意旨行事。區原設有區議會，其職權極爲有限，後被廢止。

三、縣：

　　區之下分縣，縣旣非自治團體，亦非行政區域，只是選舉區兼司法區，縣亦爲治安法官所在地。

四、市：

　　縣之下分市，爲基層地方行政區域，同時爲自治單位，有公法人地位，各市設市長及市議會。市長，組織市政府，爲市的執行機關。市長一方面爲市的行政長官，執行地方自治職務，一方面又是中央政府官員，執行國家公務。市議會，是市的議事機關，享有地方自治權，由民選的議員組織之。市議會的職權，大致與省議會相似，包括 1.獨立的職權，即議決案即可生效者； 2.受限制的職權，即議決案須經其他機關核准方能生效者； 3.諮詢的職權，即向省長提供建議。

五、巴　黎：

　　因爲法國首都，故其組織及區劃係以特別法規定。其區域包括巴黎市，賽納 (Seine) 省及奧西 (Oise) 省的五個市，亦即所謂大巴黎。其中巴黎市通稱爲市區，包括二十個市政區，各設市長一人，巴黎市設有市議會，由民選市議員組織之；其中賽納省設省長及省議會，省長兼行巴黎市長職權，並得列席巴黎市議會；其中奧西省五個市，與一般市的規定相似。

第三節　省　自　治

我國地方制度應否入憲，以往頗有爭論。有主張既非聯邦國家則不應規定於憲法，致妨碍國家之統一者；有主張應規定於憲法者，以為地方自治，必須附與憲法上之保障，否則中央政府隨時可以侵犯地方之自治權。其實地方制度之應否規定於憲法，並非以是否為聯邦國以為斷，而須視國情而定，卽使為單一國家，按照其國情的需要，而將地方制度定於憲法，自屬無妨。如地方制度規定洽當，雖為單一國亦無形成地方割據之可能，雖為聯邦國亦無中央集權之實現，此亦為我國雖為單一國，仍將地方制度入憲之原因。●

我國的省，有其一定的性質，省縣自治通則為中央立法，而省縣自治通則又為制定省自治法的依據，省自治法又為省民大會所制定，省設省政府與省議會，現行的省政府與省議會與憲定者不盡相同。茲分項簡述如後。

第一項　省的性質

我國憲法所定的省，一方面為地方的自治體，另一方面又為國家的行政體。茲分析如下：

一、省為自治體：

依憲法第一百十二條規定「省得召集省民代表大會，依據省縣自治通則，制定省自治法，但不得與憲法牴觸」。在本條文中，雖無「省實行省自治」的文句，但省既得召集省民大會，並依據省縣自治通則，制定省自治法，則其為自治體應屬無疑。省既為自治體，卽屬自治團體，

● 參見張知本著憲法學，第四三二～四三三頁，三民書局，六十四年八月版。

惟省自治體是否具有法人資格，因憲法未有明定，只有待於將來省縣自治通則如何規定。如將來規定省自治體具有法人資格，則得爲權利義務之主體，並因而可確定及提高自治體之地位，可充分發揮自治權，免受中央或上級機關的任意干預；更可貫徹自治的主旨，自己處理自己的事務。

二、省爲行政體：

省同時亦爲國家的行政體，因依憲法第一百零八條所規定之二十種事項，除由中央立法外，其執行亦得中央交由省執行，如交由省執行時，則省在執行該交辦事項時，其身分爲國家的行政體。再縣市自治事項之指導監督，須由省負責，此種指導監督權的行使，亦屬行政權的作用。故省同時兼有行政體的性質。

第二項　省縣自治通則

依憲法第一百十二條及第一百二十二條，省自治法及縣自治法，均須依省縣自治通則而制定，而省縣自治通則爲中央立法，惟至今省縣自治通則尚未完成立法程序，其內容如何尚難以確定。茲就經立法院大部分二讀通過之省縣自治通則草案的主要內容，略予引述，以見一般。

省縣自治通則草案，全文共八十條，分七章。

一、第一章總則：

要點有(一)規定省縣均爲法人，分別處理省縣自治事項；(二)省縣政府執行上級政府依法委辦事項，應受上級政府之指揮監督；(三)省縣之設置廢止及區域之變更，依法律之規定行之。

二、第二章居民及公民：

要點爲規定居民公民之意義，及其權利與義務。

三、第三章自治事項：

要點爲規定由省辦理之自治事項，及分由 縣鄉鎭辦理之 自治事項（憲法第一百零九條所列事項應爲省自治事項之依據，憲法第一百一十條所列事項應爲縣自治事項之依據）。

四、第四章自治組織:

要點有（一）規定省議會、省政府、縣議會、縣政府、鄉鎭民代表會、鄉公所等各級機構的組織及職權；（二）立法機關議員均由民選，且有完整的立法權及廣泛的財政監督權；（三）行政機關採首長制，由地方公民直接選舉罷免之；（四）議會與行政首長係分別對人民負責。

五、第五章自治財政:

要點爲規定省縣鄉鎭之收入項目，及其支出之準則。

六、第六章自治監督:

係規定自治監督系統與監督方法者，要點爲:

（一）議決案的覆議: 省（縣）政府對於省（縣）議會之議決案，如認爲有窒碍難行時，得於該議決案送達省（縣）政府十日內，敍明理由，呈請行政院（省政府）核可後，於十日內送請省（縣）議會覆議，覆議時如經出席議員三分之二維持原案，省（縣）政府應卽接受。鄉鎭民代表會與鄉鎭公所之爭議，由縣政府解決之。

（二）解散重選: 省（縣）議會及鄉（鎭）民代表會之決議，如違背憲法，經司法院解析無效仍不遵守者，上級自治監督機關，得遞級呈准，予以解散重選。

（三）省長之免職與改選: 省長如有1.違背憲法或法律，經司法院解析無效仍不遵守; 2.受徒刑之宣告; 3.依法應受撤職之懲戒處分等情事之一時，中央政府得予以免職，並令依法改選。

第三項 省民代表大會與省自治法

依憲法第一百十二條規定「省得召集省民代表大會，依據省縣自治通則，制定省自治法，但不得與憲法牴觸。省民代表大會之組織及選舉，以法律定之」。又第一百十三條規定「省自治法應包含左列各款，（一）省設省議會，省議會議員由省民選舉之；（二）省設省政府，置省長一人，省長由省民選舉之；（三）省與縣之關係。屬於省之立法權，由省議會行之」。茲就省民代表大會及省自治法之情況，分析如下：

一、省民代表大會：

（一）省民代表大會的性質：省民代表大會的任務，為制定省自治法，其情況與國民大會制定憲法者甚為類似。故省民代表大會為省的政權機關，與行使省立法權之省議會不同，因此省民代表大會亦不須為常設機關。

（二）省民代表大會的組織：因省民代表大會的組織及選舉的法律尚未制定，因此省民代表如何選舉，由誰召集，多少期間召開一次等，均有待於將來組織及選舉法的規定。學者中亦有提出其組織與選舉的構想者，即省民代表大會的代表名額，應分配於所轄之各縣市，惟因省屬的縣市為數多寡不一，因而人口與代表的比例名額，亦應作彈性的規定，但一般言之，代表不宜少於五十，多於二百；至省民代表的選舉與罷免及保障，均可仿照國民大會代表之規定辦理。❷

（三）省民代表大會的職權：省民代表大會的主要職權為依據省縣自治通則，制定省自治法，至於省自治法應包含的內容，在憲法第一百十三條已有明定。惟學者對省民大會應否為常設機關的看法不盡一致，有

---

❷ 參見謝瀛洲著中華民國憲法，第二四八頁，明昌製版公司，六十五年十月版。

謂省民大會於省自治法制定後，其任務就算完成，卽可自行解散者。❸
但亦有認爲應擴大省民大會之職權，除制定省自治法外，尙須包括修正
省自治法，選舉省長，罷免省長及各廳長，創制及複決省法律者，如此
則將成爲常設的機關。❹

二、省自治法:

省自治法應包含的事項，固在憲法第一百一十三條已有規定，但省
自治法之內容自可不限於此。因省自治法須依據省縣自治通則而制定，
而省縣自治通則尙未完成立法程序，故吾人只能從省縣自治通則的草案
中，作大致的推測而已。

三、省自治法實施障碍的解決:

依憲法第一百一十五條規定「省自治法施行中，如因其中某條發生
重大障碍，經司法院召集有關方面陳述意見後，由行政院院長、立法院
院長、司法院院長、考試院院長與監察院院長組織委員會，以司法院院
長爲主席，提出方案解決之」。此處所謂重大障碍，係指非主管機關所
能單獨解決之障碍，如省自治法與省自治法間的衝突，省自治法與國家
法律間的矛盾等之重大障碍而言，旣非省自治機關，亦非行政院或司法
院所能解決，故須由五院院長會商，提出方案解決之。

第四項 憲定的省政府與省議會

憲法對省政府及省議會的組織及職權，只有極簡要的規定，其詳情
有待於將來組織法規的訂定。茲分析如下:

一、省政府:

憲法第一百一十三條中，除「省設省政府，置省長一人，省長由省

---

❸ 參見張幼農著中國憲法與三民主義，第二〇二頁，五十年四月版。
❹ 參見謝瀛洲著中華民國憲法，第二四九頁，明昌製版公司，六十五年十月
版。

民選舉之」的規定外，其餘均有待於省縣自治通則、省自治法及省法規中之明定。惟從憲法之所定，吾人可知者爲(一)將來省政府係採首長制，省長並由民選，至省政府應設之所屬機關，自當視省的需要而定。(二)省長的職權，應包括1.受中央之委託執行中央事項；2.依憲法及省自治法之規定，執行屬於省政權限內之事項，但省長的此項職權，須受省議會議決的約束。3.省以上級自治團體行政首長資格，監督所屬各縣執行省委辦及縣自治事務。(三)省長既由省民選舉，則亦當可由省民罷免。

二、省議會：

除「省設省議會，省議會議員由省民選舉之。屬於省之立法權，由省議會行之」經由憲法第一百一十三條規定外，其餘亦有待於省縣自治通則、省自治法及省法規的明定。惟從憲法已有之規定，吾人可知者爲(一)省議會由民選的省議員所組成。(二)省議會既爲行使省立法權，則應屬省的治權機關，但因其省議員係由民選，故亦含有政權性質。(三)省議會爲常設機關，其所行使的立法權，一般而言當包括1.議決省自治事項；2.議決省單行法規；3.議決省預算及審核決算；4.議決省稅、省公債及其他增加省民負擔事項；5.議決省公有財產及公營事業之經營處分；6.議決省政府提議事項；7.聽取省政府施政計畫、施政報告及向省政府提出詢問；8.接受人民請願；9.其他依法賦予之職權。(四)省議員既由省民選舉產生，則自可由省民罷免。

第五項　現行的省政府與省議會

由於省縣自治通則及省自治法尚未制定，故憲法所定的省政府與省議會，尚無法成立。但臺灣爲我國復興基地，須有健全的省政府以執行施政，及健全的省議會以推行民主政治。因此乃以國民政府公布的省政府組織法、行政院頒布的省政府合署辦公暫行規程及臺灣省議會組織

規程爲依據，設立臺灣省政府及臺灣省議會。茲分析如下：

一、省政府：

　　依省政府組織法規定，設置省府委員會，依法行使職權。凡有關
命令之發佈、修正或撤銷所屬各機關及縣市政府之命令或處分等重大事
項，均須經委員會議決始得爲之。復依省府合署辦公暫行規程及行政院
決議，及臺灣省政府合署辦公施行細則規定，省政府置委員二十三人，
合署辦公單位計有民政、財政、教育、建設、農林等五廳；秘書、社
會、交通、衞生、警務、新聞、地政、兵役、勞工、環境保護、主計、
人事等十二處，及糧食局、住宅及都市發展局等，分別掌理所主管業
務。除上述合署辦公單位外，尚有隸屬於省府及隸屬於省府合署辦公各
單位之所屬機關。

二、省議會：

　　現行臺灣省議會的前身爲臺灣臨時省議會，再前身爲省參議會。依
臺灣省議會組織規程規定，省議會議員，由各縣市民選舉產生，選出議
員人數按縣市人口比率規定，議長副議長由議員互選產生。省議會的職
權包括(一)議決有關人民權利義務之省單行規章；(二)議決省預算及審
議省決算之審核報告；(三)議決省財產之處分；(四)議決省屬事業機構
組織規程；(五)議決省政府提議事項；(六)建議省政興革事項；(七)接
受人民請願；(八)其他依法律賦予之職權。

　　省政府對省議會以上第(一)至(五)各款議決案，如認爲窒碍難行
時，可請省議會覆議，覆議時如有議員出席三分之二維持原案，省政府
應卽接受。又省議會議決之事項，與憲法或中央法令牴觸者無效。

第四節　縣　自　治

　　在縣自治中，須予討論者有縣的性質，縣民代表大會與縣自治法，

憲定的縣政府與縣議會，現行的縣政府與縣議會等。茲分項簡述如後。

第一項　縣的性質

依憲法第一百二十一條規定，縣實行縣自治。第一百二十七條規定「縣長辦理縣自治，並執行中央及省委辦事項」。由此可知，縣與省同樣的兼有兩種性質。茲分析如下：

一、縣為自治體：

憲法既明定縣實行縣自治，則縣為自治體已屬顯然。同時依憲法第一百二十二條規定，縣得制定縣自治法，更可證明縣為自治體。此與建國大綱所稱縣為自治單位，亦屬相符。再從省自治體與縣自治體而言，縣自治體比省自治體更為重要，蓋依憲法第一百二十三條所定，縣民關於縣自治事項之職權，比省民對省自治事項之職權更為強大。

二、縣亦為行政體：

憲法第一百二十七條既明定，縣長並執行中央及省委辦事項，則縣長於辦理中央或省委辦之事項時，其身分即為中央或省的行政體。再依憲法第一百零八條規定，該條之事項得由中央交由縣執行之，憲法第一百零九條規定事項，得由省交由縣執行之，故縣之同時為行政體，應屬無疑。

第二項　縣民代表大會與縣自治法

依憲法第一百二十二條規定「縣得召集縣民代表大會，依據省縣自治通則，制定縣自治法，但不得與憲法及省自治法牴觸」。茲分析如下：

一、縣民代表大會的性質：

依憲法規定，縣民代表大會的任務，為依據省縣自治通則，制定縣自治法，如縣自治法一經制定完成，即可解散，嗣後如須修訂縣自治法

時，則可再行集會或重新舉行選舉縣民代表後再行集會。故縣民代表大會只是制定自治法的機關，而非如省民代表大會之含有政權性質的機關。

二、縣民大會：

在縣是由縣民直接行使政權的，故憲法第一百二十三條規定「縣民關於縣自治事項，依法律行使創制、複決之權，對於縣長及其他縣自治人員，依法律行使選舉、罷免之權」。由此更可知縣民大會才是縣的政權機關。

三、縣自治法：

縣自治法係由縣民代表大會，依據省縣自治通則而制定，因省縣自治通則未有完成立法程序，故縣自治法亦未有制定。至於縣自治法內包括的縣自治事項，主要應依據憲法第一百一十條所列由縣立法並執行之事項而訂定。又縣民依憲法第一百二十三條所定之創制、複決、選舉、罷免權的行使，在將來縣自治法中，亦將有所規定。

第三項　憲定的縣政府與縣議會

依憲法第一百二十六條規定「縣設縣政府，置縣長一人，縣長由縣民選舉之」。又第一百二十四條規定「縣設縣議會，縣議會議員由縣民選舉之。屬於縣之立法權，由縣議會行之」。茲分析如下：

一、縣政府：

縣設縣政府，爲全縣最高之自治行政機關，亦爲治權機關，縣政府置縣長一人，由縣民選舉產生，縣長一方面辦理縣自治事項，一方面又辦理中央或省之委辦事項，至縣政府之設局科室等及其職掌，只有待於省縣自治通則及縣自治法的規定。縣政府的職權，一般言之，應包括(一)辦理縣自治事項；(二)執行中央及省之委辦事項；(三)指導監督鄉鎮等基層的自治事項。

二、縣議會：

縣設縣議會，由縣民選舉之議員組織之，縣議會行使縣的立法權，故縣議會為治權機關，但縣議員係由民選，故又含有政權機關性質。縣議會所行使的立法權，若分析之，當包括(一)議決縣自治事項；(二)議決縣單行規章；(三)議決縣預算及審核縣決算；(四)檢查公庫；(五)議決縣稅、縣公債及其他增加縣民負責事項；(六)議決公有財產、公營事業之經營處分；(七)議決縣政府提議事項；(八)聽取縣政府施政計畫、報告，及向縣政府提出詢問；(九)接受人民請願；(十)其他依法賦予之職權。

第四項　現行的縣政府與縣議會

臺灣省政府為提早實施縣市地方自治，乃在省縣自治通則及縣自治法未制定前，先於三十九年四月十四日公布「臺灣省各縣市實施地方自治綱要」（後經多次修正），明定縣為法人，縣設縣議會以為縣的意思機關；並於同月公布「臺灣省各縣市議會議員選舉罷免規程」，「臺灣省各縣市議會組織規程」（均經多次修正），先後成立縣市議會。另一方面，臺灣省政府又公布「臺灣省各縣市組織規程準則」，及縣市長選舉罷免的法規。臺灣省各縣市的地方自治，於焉實施，此種地方自治，雖非根據省縣自治通則與縣自治法辦理，但其基本精神與原則，應屬相同。茲依上述規定，分析如下：

一、縣政府：

依臺灣省各縣市組織規程準則規定，縣政府置縣長，由縣民選舉，縣長綜理縣政並指揮監督所屬機構及職員，其受上級機關之委任者，並得監督省屬分支機構及職員。縣政府置主任秘書，為幕僚長。縣政府並設民政、財政、建設、教育、工務、農業、國宅、社會等局，地政、兵

役等科，秘書、計畫、主計、人事等室，分別掌理各該主管業務。另設警察、衞生局、稅捐稽征處爲附屬機關。

二、縣議會：

依臺灣省各縣市議會組織規程規定，縣議會由縣民選舉的議員所組成，議長副議長由議員互選之。縣議會的職權爲(一)議決縣自治事項；(二)議決縣單行規章；(三)議決縣預算及審議縣決算之審核報告，但對縣預算不得爲增加支出之提議；(四)議決縣市與其地方自治團體間之公約；(五)議決縣所屬事業機構組織規程；(六)議決增加縣民、縣庫負擔事項；(七)議決縣財產之經營及處分；(八)議決縣政府及議員提議事項；(九)接受人民請願案；(十)其他依法賦予之職權。

縣議會依職權所爲之決議案，縣政府應照執行，如認爲窒礙難行時，可請縣議會覆議，覆議時如有出席委員三分之二維持原決議，縣政府應即接受。又縣議會議決事項，與中央法令或省法規牴觸者無效。

第五節　市及特殊地方自治制度

市分直轄市與市兩種，蒙古及西藏的自治制度，憲法亦有特別的規定。茲分項簡述如後。

第一項　憲定的直轄市與市

依憲法第一百一十八條規定「直轄市之自治，以法律定之」。又第一百二十八條規定「市準用縣之規定」。茲分析如下：

一、直轄市：

指直轄於行政院的市，其地位與省相當。因直轄市之自治以法律定之，故直轄市爲自治體，其自治係以法律定之，與省之由省民代表大會

依據省縣自治通則制定省自治法者不同。直轄市政府除執行市自治事項外，尚須執行中央委辦事項，故亦具有行政體性質。至市政府的組織及市議會的職權等，只有待將來直轄市自治法的規定。

二、市：

因憲法明定市準用縣之規定，故市與縣性質相同，同為自治體，市亦與縣同樣的實行市自治，市長由民選，市議會由民選的議員組成，議長及副議長由議員互選產生。市除執行本身自治事項外，並應執行中央及省委辦事項，故市與縣同樣的又具有行政體的性質。市議會的職權，亦應與縣議會職權相同。

第二項　現行的市政府與市議會

現行的市制，有直屬於行政院的直轄市，直屬於省政府的省轄市，及直屬於縣政府的縣轄市三種，市議會亦有三種。茲分析如下：

一、直轄市：

依市組織法規定，凡人民聚居地方，具有下列情形之一者，設直轄市隸屬行政院，即(一)首都；(二)人口在百萬以上者；(三)在政治、經濟、文化上有特殊情形者。直轄市政府的組織與直轄市議會的組織，茲以行政院發布之臺北市各級組織及實施地方自治綱要、臺北市政府組織規程及臺北市議會組織規程的規定為例，說明如下：

(一)臺北市政府：置市長一人，在直轄市之自治法律未公布前，暫由行政院依法任命，受行政院之指揮監督，綜理全市行政，並指揮監督所屬人員。臺北市政府設民政、財政、教育、建設、工務、社會、警察、衛生、勞工、交通、環境保護等局，秘書、地政、國宅、新聞、主計、人事等處，為處理特定事務，並設有委員會。市之下為區，設區公所，處理區的事務。

（二）臺北市議會: 由市公民選舉市議員組織之，議長副議長由議員互選產生，為市之立法機關，行使市之立法權。市議會之職權為 1.議決有關人民權利義務之單行規章；2.議決市預算及審議市決算之審核報告；3.議決市屬事業機構之組織規程；4.議決市財產之處分；5.議決市政府提議事項；6.建議市政府興革事項；7.接受人民請願；8.其他依法律賦予之職權。

市政府對市議會以上第一至第五各款的議決認為窒碍難行時，可請市議會覆議，覆議時如有出席議員三分之二維持原案，市政府應卽接受。又市議會議決之事項與憲法或中央法令牴觸者無效。

二、省轄市及市議會:

依臺灣省各縣市實施地方自治綱要規定，凡人民聚居地方，具有下列情形之一者，得設市直隸於省政府，卽（一）省會；（二）人口在五十萬以上者；（三）在政治、經濟、文化上地位重要，其人口在二十萬以上者。省轄市的性質、市政府的組織、市議會的組織與職權等，均與縣政府及縣議會同，不再贅述。

三、縣轄市與市民代表會:

依臺灣省各縣市實施地方自治綱要規定，凡（一）縣政府所在地；（二）工商業發達、財政充裕、交通便利、公共設施完備、其人口在十五萬人以上者，由縣政府提經縣議會通過後，呈報省政府核定設縣轄市。縣轄市設市政府，置市長，由市民選舉產生。另設縣轄市民代表會，市民代表由市民選舉產生，設代表會主席及副主席，由市民代表互選產生。市民代表會之職權，大致與縣議會的職權性質相似，惟其範圍僅限於縣轄市區域而已。

第三項　蒙古各盟旗地方自治

依憲法第一百一十九條規定「蒙古各盟旗地方自治制度，以法律定之」。蒙古各盟旗地方自治制度，既規定以法律定之，則表示並不適用省縣自治通則及省縣自治法的規定，其主要原因爲蒙古各盟旗情形特殊之故。依行憲前有關法律之規定，蒙古地區分爲盟、部、旗各級，茲分析如下：

一、盟：

直隸於行政院，軍事、外交及其他國家行政，均統一於中央，僅於法律之下，行使其治理權；各盟設盟政府，爲行政機關，各盟並設盟民代表會議，掌理盟之立法、設計、監察等事項。

二、部：

係與盟同等之區域，其組織與盟同，部設部政府及部民代表會議。

三、旗：

分爲三種，其一爲特別旗，直隸於行政院，其地位與盟相當；其二爲盟屬之旗，乃直隸於盟；其三爲部屬之旗，乃直屬於部；此三者之組織相同，即各旗有旗政府，爲行政機關，有旗民代表會議，爲立法機關之性質。❺

第四項　西藏自治制度

依憲法第一百二十條規定「西藏自治制度，應予以保障」。茲分析如下：

一、西藏的特殊性：

西藏地方因種族、宗教、社會組織及文化習尚，均與各省區迥然不

---

❺　參見管歐著中華民國憲法論，第二六七頁，三民書局，六十六年八月版。

同，爲尊重西藏地區人民之政治制度，不但不須適用各省依據省縣自治通則所制定的自治法，且亦不須另行制定法律，而僅對其原有的地方自治制度予以保障。故其情形，比蒙古地方更爲特殊。

二、西藏的自治制度：

行憲前，西藏的行政組織尙乏法律的明確規定。惟大致而言，西藏的政治制度，是以達賴爲最高首長，總攬政治、宗教兩大權，達賴之下，置有藏王，藏名「司倫」，爲噶布倫（即出政廳之意）會議主席，頗與內閣總理之地位相當，其下分設各部，分掌政事。此亦可謂爲其固有的自治制度。❻

第六節　自治法規與其效力

實施地方自治之各種自治法規，多由各自治機關訂定，而自治機關又有省（市）自治機關與縣（市）自治機關之別，因而自治法規與憲法及國家法律之間的效力關係如何，省（市）與縣（市）自治法規間的效力關係又應如何，憲法有加以明定的必要。茲依憲法之所定，分項簡述如後。

第一項　省自治法規

省自治法規，包括省自治法、省法規。茲分析如下：

一、省自治法不得牴觸憲法，並須卽送司法院，違憲條文無效：

憲法第一百一十二條規定，「制定省自治法，但不得與憲法牴觸」。又第一百一十四條規定，「省自治法制定後，須卽送司法院，司法院如認爲有違憲之處，應將違憲條文宣布無效」。因憲法爲國家的根本大法，

❻　參見管歐著中華民國憲法論，第二六七～二六八頁，三民書局，六十六年八月版。

而省自治法只是省的根本大法，省爲國家的一部分，省自治法自不得牴觸憲法。司法院爲掌理解析憲法的機關，爲期省自治法不致發生違憲，乃要求省自治法制定後，卽須送司法院以便進行審查，如經審查認爲有違憲之處，司法院立卽將違憲的條文宣布無效，此種無效應認爲自始無效。

二、省法規不得牴觸國家法律，如有疑義由司法院解釋：

憲法第一百一十六條規定，省法規與國家法律牴觸者無效。又第一百一十七條規定，省法規與國家法律有無牴觸發生疑義時，由司法院解釋之。於此須說明者有：

(一)省法規的範圍：所謂省法規，自包括省議會所制定的各種法規，及省政府於其職權及授權範圍內所制定的法規而言。惟由省民代表大會依據省縣自治通則所制定之省自治法，是否列爲省法規殊值考慮，如亦認爲省法規，則省自治法自不得與國家法律相牴觸，如認爲不屬省法規，則省自治法可牴觸國家法律。因省自治究竟只是地方自治，地方自治法規應不能牴觸國家法律，否則因實施地方自治而危及國事，故省自治法仍應認屬省法規，不得與國家法律牴觸。

(二)省法規不得牴觸中央命令：憲法只規定省法規與國家法律牴觸者無效，但省法規如與中央命令相牴觸時是否亦屬無效，則未有規定。因此，有認爲憲法旣無明文規定，則應仍屬有效；有認爲中央命令，其效力普及於全國各地，中央對地方有指揮監督權，省法規如與中央命令有所牴觸，自應認爲無效。惟在現行臺灣省議會組織規程或臺灣省各縣市議會組織規程中，均有議會議決事項與中央法令或省法規牴觸者無效的規定，基此一事實，似以後說爲妥。

(三)有無牴觸之疑義由司法院解析：省法規固不得牴觸國家法律，但如有關機關對有無牴觸的看法不一致，或有無牴觸發生疑義時，則必須有一機關作最後的認定，此亦卽爲憲法的解釋權，自應由司法院大法

官會議解釋認定。

(四)省法規自不得牴觸憲法：省法規旣不得牴觸國家法律，而國家法律又不得牴觸憲法（憲法第一百七十一條），則省法規自不得牴觸憲法，不須再行規定。

第二項　縣自治法規

縣自治法規，包括縣自治法、縣單行規章。玆分析如下：

一、縣自治法不得與憲法及省自治法牴觸：

依憲法第一百二十二條，縣自治法不得與憲法及省自治法牴觸。因縣自治法，爲縣民代表大會依據省縣自治通則而制定，其不得牴觸憲法之理由，與省自治法不得牴觸憲法者同。縣自治法爲適用於省內一個縣的自治法，省爲維持各縣間的一致性，縣自治法自亦不得與省自治法相牴觸，如縣自治法可牴觸省自治法，則省自治將趨於瓦解，自屬不許。

二、縣單行規章不得與國家法律或省法規牴觸：

憲法第一百二十五條規定「縣單行規章，與國家法律或省法規牴觸者無效」。玆說明如下：

(一)縣單行規章與省法規的用詞：**憲法中對省用「省法規」，對縣則用「縣單行規章」**，其用詞雖有不同，而**實質意義上並無多大區別**，均泛指一般法令規章而言，惟此處省法規之法，並非指國家法律。

(二)縣單行規章的範圍：縣單行規章，自包括由縣議會制定的規章，及縣政府本於職權或授權所制定之規章，惟縣自治法是否包括在內，雖不無疑問，但仍以包括在內爲宜，其理由與省自治法應包括在省法規內者相同。

(三)縣單行規章不得牴觸中央命令及省命令：縣單行規章固不得牴觸國家法律或省法規，但可否與中央命令及省命令相牴觸，憲法並未明

定，因而有可以牴觸與不得牴觸的不同見解。但依法理及實際情況而論，仍以不得牴觸爲宜，其理由與省法規不得牴觸中央命令者同。

　　(四)縣單行規章與國家法律或省法規或中央命令或省命令牴觸者無效：如屬牴觸國家法律而無效者，應由司法院宣布；如爲牴觸中央命令者，應由中央主管機關宣布無效；如爲牴觸省法規或省命令者，應由省政府宣布無效。

　　總之，省縣自治法規，均須與憲法、國家法律及中央命令不相牴觸，縣自治法規尙不得與省法規及省命令相牴觸，此爲必備的條件。省、縣議會之行使立法權，制定省、縣自治法規時，若與憲法或法律不相牴觸，自可作爲司法審判的依據。又省、縣議會，若無憲法或其他法律之根據，不得以議決限制人民之自由及權利。

第七節　地方自治的監督

　　實施地方自治，中央對之仍須加以監督，自治監督的方式有多種，監督的程度有寬嚴的不同，臺灣實施地方自治亦有監督的規定。茲分項簡述如後。

第一項　監督的需要

　　實施地方自治，中央對地方仍須加以監督，單一制的國家，更屬如此。茲說明需要性如下：

一、就中央政府言：

　　地方的政治由原有的官治，於地方自治後轉變爲民治；地方政府的首長由原有的官派，於地方自治後轉變爲民選。遇此情形，中央將何以統馭省，省將何以統馭縣，自須透過自治監督而作某些的管制。如中央

不再加以某種的管制，則地方必表現出各自爲政的現象，甚或尾大不掉，地方割據，使原有一統的國家，成爲四分五裂的局面，自非中央實施地方自治之本意。

二、就民衆利盆言：

一般而言，如無適當的自治監督，則自治政府易陷於下列錯失：

（一）濫發公債：因地方行政首長及議會議員，均由人民選舉產生，享有選舉權者，同時多爲負擔納稅義務者，當預算支出預算收入時，地方行政及立法部門，爲免觸怒選民，多不敢創立新稅或增加稅率，而以發行公債彌補赤字，以求苟安於一時。致使債務之收入，如非用於生產建設，將愈陷愈深，財務困難越來越大。

（二）浪費公帑：地方首長既由選舉而產生，對支持選舉之人不得不予以酬庸，致常有巧立名目，創立機關，增加員額，以安挿競選功臣者。此等人員，既缺少行政經驗，對於公帑更不知愛惜，致形成浪費，增加人民的稅負。

第二項　監督的方式

中央對地方自治既有監督的必要，則監督的方式自宜作適當的規定。茲就一般所採用的監督方式，說明如下：

一、立法權的監督：

卽透過中央立法權的運用及限制地方立法權來監督者，如（一）運用中央立法權監督者，如規定省縣自主組織權的範圍（省縣民代表大會雖有制定省、縣自治法之權，但須依據省縣自治通則而制定，且制定的省、縣自治法不得與憲法相牴觸），以適度限制自治權而收自治監督之效果者。（二）限制地方立法權者，如規定省法規、縣單行規章不得與國家法律相牴觸，縣單行規章不得與省法規相牴觸，如有牴觸則屬無效，以增

加對地方議會立法權的約束，而收監督之效。(三)代議決權者，卽屬於下級立法機關職權範圍內之事項，下級立法機關不爲議決，而基於監督之作用，由上級立法機關代爲議決，如省經省議會之決議，令縣議會列入某項預算。此種立法監督，亦是各種監督方式中之最重要者。

二、行政權的監督：

　　指由行政機關或上級自治機關以行政處分來監督下級自治機關的監督。其中又可分(一)指示監督權，如各部組織法中多規定有「對於各地方最高級行政長官，執行本部主管事務，有指示監督之責」的文句，卽其證明。(二)撤銷處分權，如各部組織法亦規定有「就主管事務，對於各地方最高級行政長官之命令或處分，認爲違背法令或逾越權限者，得提經行政院會議議決後，停止或撤銷之」的條文，故撤銷權亦爲行政監督的方法之一。(三)解決紛爭權，如在省縣自治通則草案中，曾規定有「省自治監督機關爲行政院，縣自治監督機關爲省政府，鄉鎭自治監督機關爲縣政府，故省與省間發生事權爭議時，由行政院解決之；縣與縣間發生事權爭議時，由省政府解決之；鄉鎭與鄉鎭間發生事權爭議時，由縣政府解決之」。(四)代執行權，卽下級行政機關職權範圍內之事項，下級機關怠於行使時，由上級行政機關命令督促其執行。

三、司法權的監督：

　　卽司法機關根據對憲法及國家法律的解釋權，而對自治機關所作之監督。如自治法規有無牴觸憲法或牴觸國家法律，應由司法院解釋，如經解釋認爲有牴觸憲法或國家法律時，則該牴觸部分之自治法規，被宣布爲無效。司法機關不但有解釋憲法之權，且有統一解釋法律命令之權，如自治法規及自治機關的命令經解釋有牴觸憲法、國家法律或中央命令者，同樣可宣布其無效。

四、考試權的監督：

地方自治機關的 公務人員， 須經考試及格進用， 其任用資格、 級俸、考績、退休、撫邮等，須經銓敍機關審定，是以地方自治機關的用人，係受着考試院的監督。

五、監察權的監督:

監察院對中央及地方公務人員，認有違法或失職情事，得提出糾舉案或彈劾案，因而自治機關的公務人員，仍受着監察權的監督。又地方自治機關的財務，亦受監察院審計機關的審核，此乃財政上的監督。

第三項　監督程度的寬嚴

中央對地方自治機關，固可採各種不同方式加以監督，但監督寬嚴的程度，仍有加以注意之必要，蓋監督過嚴與過寬均有所不宜。茲分析如下:

一、監督過寬之缺失:

在一般的國家中，中央對地方監督程度最寬者爲美國。美國的州之自治權，爲憲法所賦與，且極爲完備，州不但具有行政權、立法權，且有司法權，各州的人事權亦均自訂制度自行管理，聯邦無從干預。州以下的郡，其自治權亦甚爲廣泛，少受州政府的約束。監督程度的過寬，固表示地方有高度的自治權，符合地方自治的旨意，但其最大的缺失，將爲失去國家的統一性，中央無法指揮地方，而各地方亦各自爲政，幾乎各自成爲獨立國，所謂國家亦將只是有名無實。

二、監督過嚴之缺失:

在一般的國家中，中央對地方監督程度最嚴者爲法國。法國之地方制度，雖劃分爲省、區、縣等數級，除省有部分自治權外，區只是一種行政區，旣非法人，亦非眞正的自治體。中央對於省、省對於區、區對於縣，均保有極廣泛的監督權。如對行政機關之人的監督方面，中央對

地方首長，保有完全的任命權與免職權，地方首長具有兩種身分，一爲中央之代表，執行中央命令；一爲自治機關首長，執行自治事務。又如對立法機關之人的監督方面，議會的議員雖爲民選，但法國總統基於內閣或內政部長之意見，可將民選的議會予以解散。再如對行政機關之事的監督方面，中央可命令地方機關首長有所爲或有所不爲，並規定上級地方機關首長可撤銷下級機關首長的命令；又中央法定的事務地方機關首長怠於行使時，上級可命令其執行，如仍無效果，上級可代爲執行或派代表執行之。又如對立法機關之事的監督方面，地方議會的決議，依其效力之強弱可分三種，一爲陳述性的決議，只有提供上級參考的效力，是否採納全由上級決定；二爲批准性的決議，其決議須經上級核准或決議後經一定期間未經上級撤銷者，始屬生效；三爲獨立性的決議，一經決議卽可生效者。

如監督過嚴，則將失去地方自治的意義，所謂自治亦只是一個名義罷了。

三、折衷的監督：

自治監督之過寬與過嚴，旣均有缺失，則須尋求折衷的監督。亦卽對人方面的監督，凡是有政務性的職務，盡量由地方人民選舉產生，至一般公務人員，則與中央公務人員同樣的依法管理。對事方面的監督，以採用立法監督及司法監督爲原則，亦卽以制度來規範地方自治，地方自治有違反憲法、國家法律或中央命令者，由司法機關對其違反部分宣布無效。至行政監督、考試權及監察權監督，則以地方違反中央重要之政策時，始予運用，以期在不影響中央法規及重要政策之原則下，保持地方相當高度的自治。

第四項　臺灣省現行的自治監督

依臺灣省各縣市實施地方自治綱要及有關法規的規定，對自治監督的要點，分析如下：

一、規定監督機關：

縣市自治之監督機關為省政府，鄉鎮縣轄市自治之監督機關為縣政府。縣市與縣市間，或鄉鎮縣轄市與鄉鎮縣轄市間發生事權爭議時，分別由各該自治監督機關解決之。

二、決議案之覆議：

縣市議會或鄉鎮縣轄市民代表會依職權所為之決議案，縣市政府或鄉鎮縣轄市公所認為窒碍難行時，報經省政府或縣政府核可後，送請覆議，如經覆議有出席人員三分之二維持原議時，應卽接受。

三、規定解除職務、免職及停職的條件：

縣市長、縣市議員、鄉鎮縣轄市長、鄉鎮縣轄市民代表，具有自治綱要所定情事之一者，應分別予以解職、免職或停職。

四、當選者得由原選舉區公民罷免：

依原定臺灣省各縣市公職人員選舉罷免規程，及動員戡亂時期公職人員選舉罷免法規定，縣市長、縣市議員、鄉鎮縣轄市長及市民代表，得由原選舉之公民投票罷免之。

五、出缺時派員代理：

縣市長、鄉鎮縣轄市長，因去職、休職、停職、服兵役或死亡，應分別由省、縣政府派員代理。

六、撤銷決議或解散重選：

縣市議會及鄉鎮縣轄市代表會之決議，如有違背基本國策情事，經令撤銷後仍不遵辦者，分別由省及縣市政府報經行政院及省政府核准後，

予以解散重選。

七、考核獎懲:

省及縣政府，對下級自治機關應考核其成績，依法予以獎懲。

八、職員適用公務員規定:

實施地方自治機關職員均爲公務員，適用公務員有關法令。

第十五章　選舉、罷免、創制、複決

　　依國父的遺教，政權應與治權分開，政權是公民權，治權是政府權，全國公民藉政權以控制政府的治權。　政權即是選舉、罷免、創制、複決，由於政權與治權劃分的理想，並未爲憲法所完全接受，故憲法第十二章乃以選舉、罷免、創制、複決四權名稱，來代替中華民國的政權。

　　國父對選舉、罷免、創制、複決四權，有其獨特見解，各國人民對此四權的行使，有其不同的類型，再選舉、罷免、創制、複決四權各有其意義與作用。茲分節敍述於後。

第一節　與本章有關的遺教要點

　　國父在遺教中，曾主張以革命民權代替天賦人權，實現全民政治，提出直接民權與間接民權的解析，並在建國大綱中規定四權的行使。茲分項簡述如後。

第一項　天賦人權與革命民權

　　國父對天賦人權學說的由來分析甚詳，爲免除天賦人權的流弊，乃

創革命民權之說。玆引述如下:

一、天賦人權說:

國父在民權主義中謂「至於歐洲在兩三百年以前，人民所受不自由不平等的痛苦，眞是水深火熱，以爲非爭到自由平等，甚麼問題都不能解決，所以拼命去爭自由與平等」。又謂「佔了帝王地位的人，每每假造天意，做他們的保障，說他們所處的特殊地位，是天所授予的，人民反對他們，便是逆天。無知識的民衆，不曉得研究這些話是不是合理，只是盲從附合，爲君主爭權利，來反對有知識的人民去講平等自由。因此贊成革命的學者，便不得不創天賦人權的平等自由這一說，以打破君主專制」。又謂「講到民權的歷史，大家都知道法國有一位學者，叫盧梭，盧梭是歐洲主張極端民權的人。因爲他的民權思想，便發生法國革命。盧梭一生民權思想最要緊的著作是民約論，民約論中立論的根據，就是說人民的權利是生而自由平等的。各人都有天賦的權利，不過人民從來把天賦的 權利放棄罷了。 所以這種言論，可以說 民權是天生出來的」。天賦人權說流行後，的確發生了效果，那就是國父所講的「歐洲的帝王，便一個一個不推自倒了」。

二、革命民權說:

國父在民權主義中曾謂「民約論中立論的根據，是說人民的權利沖生而自由平等的，這種言論，可以說民權是天生出來的。但就歷史上進化的道理說，民權不是天生的，是時勢潮流所造就出來的。故推到進化的歷史上，並沒有盧梭所說的那種民權事實，這就是盧梭的言論沒有根據」。對時勢潮流造就民權的經過， 國父又謂「推求民權的來源， 我們可以用時代來分析。再概括的說一說，第一個時期，是人同獸爭，不是用權，是用氣力；第二個時期，是人同天爭，是用神權；第三個時期，是人同人爭，國同國爭，這個民族同那個民族爭，是用君權；到了現在

的第四個時期，國內相爭，人民同君主相爭，在這個時代之中，可以說是善人同惡人爭，公理同強權爭。到這個時代，民權漸漸發達，所以叫做民權時代」。革命民權最初見於中華革命黨黨章，其第三條謂「凡非黨員，在革命時期之內，不得有公民資格」。嗣後在中國國民黨第一次全國代表大會宣言中曾載有「蓋民國之民權，唯民國之國民，乃能享有之，必不輕授此權於反對民國之人，使得藉以破壞民國。詳言之，凡眞正反對帝國主義之團體及個人，均得享有一切自由及權利，而凡賣國罔民忠於帝國主義及軍閥者，無論其團體及個人，均不得享有此等自由及權利」。總統蔣公在總理遺教六講中，曾解析謂「總理所主張的民權，不能隨便賦予不了解革命主義以及沒有誓行革命主義決心的一切人，並不是國家對於民權有所靳而不予，乃是爲實現眞正的民權而設定此必要之條件以爲之保障。所以本黨所主張的革命民權，不是天賦人權」。

第二項　全民政治

　　國父極力主張全民政治，並對其意義與貢獻有所說明。

一、全民政治的意義：

　　國父在民權主義中謂「全民政治是什麼意思呢？就是從前所講過了的，用四萬萬人做皇帝」。在講五權憲法時，又謂「中華民國主權屬於國民全體的那一條，是兄弟所主張的」。在講中華民國建設之基礎時曾謂「欲實行民治，其方略如……全民政治。人民有選舉權、創制權、複決權、罷免權」。在民權主義中又謂「人民有了這四個權，才算是充分的民權，能實行這四個權，才算是徹底的直接民權。……要人民能夠直接管理政府，便要人民能夠實行這四個民權，人民能夠實行這四個民權，才叫做全民政治」。

二、全民政治的貢獻：

國父講三民主義爲造成新世界之工具時，曾謂「我們想造成一個完完全全的新世界，一定要用三民主義來做建設這個新世界的工具，大概的講，就是要把民有、民治、民享三個主義一齊實行，人民的生計權利，才有眞正的自由平等」。在民權主義中又謂「我們國民黨提倡三民主義來改造中國所主張的民權，是和歐美的民權不同。我們拿歐美已往的歷史來做材料，不是要學歐美，步他們的後塵，是用我們的民權主義，把中國改造成一個全民政治的民國，要駕乎歐美之上」。在講國民要以人格救國時又謂「眞正的全民政治，必須先要有民治，然後才能够說眞是民有，眞是民享」。

第三項　直接民權與間接民權

國父在遺敎中，對間接民權甚有批評，並主張直接民權。

一、間接民權的意義與缺失：

國父在民權主義中謂「歐美的民權，現在發達到了代議政體」。又謂「間接民權就是代議政體，用代議士去管理政府，人民不能直接去管理政府」。又謂「中華民國成立以來，學歐美的代議政體，好處一點亦未學到，所學到的壞處，卻是百十倍，弄到國會議員，變成豬仔議員，污穢腐敗，是世界各國自古以來所沒有的，這眞是代議政體的一種怪現象。所以中國學外國的民權政治，不但學不好，反而學壞了」。

二、主張直接民權：

國父在講三民主義具體辦法時曾謂「現在應該要愼重聲明的，是代議制度還不是眞正民權，直接民權才是眞正民權。美國、法國、英國雖然都是實行民權主義，但是他們還不是直接民權，是間接民權的主義。……直接民權共有四個，即選舉權、罷免權、創制權和複決權，這四個權，便是具體的民權，像這樣具體的民權，才是眞正的民權主義」。在

民權主義中又謂「人民有了四個民權，才算是充分的民權，能夠實行這四個民權，才算是徹底的直接民權。從前沒有充分民權的時候，人民選舉了官吏議員之後，便不能再問，這種民權是間接民權。間接民權就是代議政體，用代議士去管理政府，人民不能直接去管理政府。要人民能夠直接管理政府，便要人民能夠實行這四個民權」。在中國國民黨第一次全國代表大會宣言中曾稱「民權主義，於間接民權之外，復行直接民權，即爲國民者不但有選舉權，且兼有創制、複決、罷免諸權也」。

第四項　建國大綱的指示

建國大綱第三、第九、第十四、第二十四條，對民權有明確的指示。

一、第三條：其次爲民權。故對於人民之政治知識能力，政府當訓導之，以行使其選舉權，行使其罷免權，行使其創制權，行使其複決權。

二、第九條：一完全自治之縣，其國民有直接選舉官員之權，有直接罷免官員之權，有直接創制法律之權，有直接複決法律之權。

三、第十四條：每縣地方自治政府成立之後，得選國民代表一員，以組織代表會，參預中央政事。

四、第二十四條：憲法頒布之後，中央統治權則歸於國民大會行使之，即國民大會對於中央政府官員，有選舉權，有罷免權，對於中央法律，有創制權，有複決權。

第二節　各國人民行使四權的類型

依各國憲法的規定，人民對此種權利之行使，有者只限於對人的選

舉權與罷免權，有者尚包括對事的創制權與複決權，至行使權利之程序規定，則又多有不同。茲按美國、瑞士、德國、韓國及日本行使四權情形，分項簡述如後。

第一項　美　國

美國聯邦及州憲法規定人民行使四權之情形為：

一、選舉權：

依聯邦憲法第一條第二項規定「衆議院，以各州人民每二年所選舉之議員組織之。各州選舉人，應具該州議員之選舉人所需之資格，凡年齡未滿二十五歲，為合衆國國民未滿七年，及當選時非其選出州之居民者，不得為衆議員」。由此可知，美國衆議員由人民選舉，選舉人應具資格由各州自行規定，當選衆議員者須年滿二十五歲以上，為合衆國國民滿七年以上，且為被選州之居民。美國總統、副總統、各州州長、州議會議員、及部分法官，亦均由人民選舉。

二、罷免權：

美國各邦，在一九○五年已開始採用罷免權，至第一次世界大戰後，始成為全國性制度。美國各州對於議員均有罷免權；若干州對於民選的行政官，有承認其本區選民，滿足法定人數時，得要求本區選民全體投票，以罷免其職務；極少數之州，對於民選法官，有採用罷免制者，亦有採用所謂「撤銷判決」制者，即選民對於法官不逕採罷免制，而對於法院的判決，得要求投票撤銷之。

三、創制權：

各州人民對創制權的行使，僅能對於普通立法適用之，而對於憲法之修改，則不能行使其創制權。至行使創制權的方法，如俄勒岡、科羅拉多等州則須有選民百分之十五之署名，方得請求創制某種法律。

四、複決權:

各州所採用之複決權制度,其行使範圍,多以憲法條文爲限,惟其中亦有數州,對其他法律案之制定,仍須交由人民複決者。如係爲憲法案,應即將其提議交付公民複決,如係爲普通法律案,則多須經立法機關議決後,再交付公民複決。

第二項 瑞 士

瑞士聯邦憲法及各邦法律規定人民行使四權之情形爲:

一、選舉權:

憲法第七十四條規定「凡瑞士人民年滿二十歲,在其住所地之州法律管轄內,未被褫奪公權者,均參加選舉, 及有投票權」。 又第七十五條規定「凡有選舉權之瑞士公民,不屬於僧侶者,皆得被選爲國民議會議員」。由此可知,瑞士國民議會議員, 凡屬僧侶不得當選外, 其餘人民的選舉權與被選舉權的條件,均屬相同,凡年滿二十歲且未被褫奪公權者,均有選舉權與被選舉權。

二、罷免權:

瑞士各邦,對於民選的行政官,有承認其本區選民,滿足法定人數時,得要求本區選民全體投票,以罷免其職務。又各州對於本州議會全體,得要求全體公民投票解散,另爲新議會之選舉,此乃向全院議員之行使罷免權。

三、創制權:

瑞士聯邦人民, 僅能對於憲法的修改, 行使其創制權,而對於普通立法, 則不能行使之。又瑞士聯邦內各州,則承認人民對於憲法修改與普通立法,均得行使其創制權。至行使創制權的方法,瑞士聯邦憲法規定,人民對於憲法提修正時,得以普通文字提出一種大綱,不必備製修

正草案，聯邦議會接得此項大綱後，如表示同意，即按照大綱製作修正案，交付公民表決；如不同意此一大綱，即以此一大綱遞付公民表決，俟通過後，再製作修正案交公民複決；又聯邦憲法規定，須有五萬選民之署名，方得提議為憲法之修正。

四、複決權：

瑞士聯邦及各州，不僅承認人民對於憲法案，可以行使其複決權，對於普通法律，亦承認可以行使複決權。人民提議修正憲法時，即應將其提議交付公民複決，如係提議修正普通法律案時，則多係經立法機關議決後，再交付公民複決。再瑞士各州，其公民每年必有一次或兩次的會合，以行使複決權。

第三項　德　　國

德國聯邦憲法規定人民行使四權之情形為：

一、選舉權：

西德基本法第二十條第二款規定「一切國權均來自國民。國權由國民以選舉及人民投票，並由立法、行政及司法機關個別行使之」。由此可知，西德的國權，由國民行使，其方式之一為選舉，如選舉立法議會議員，行政首長及部分法官，分別在立法、行政、司法部門各別行使國家主權；方式之二為人民投票，亦即人民投票方式罷免被選舉人，或複決立法議會所制定之法律等。

二、罷免權：

在威瑪憲法第四十三條第二項曾規定「聯邦大總統在任期終了前，亦得因聯邦議會之議決，實行國民投票，使大總統解職。聯邦議會之議決，須得三分之二以上同意。聯邦議會為上開議決時，聯邦大總統當然停止其職務。國民投票結果，否決大總統解職案時，視為新當選，聯邦

議會當然解散」。是則在威瑪憲法時代，大總統可因國民投票而罷免。

三、創制權：

德國在威瑪憲法，承認人民對於憲法修改與普通立法，均得行使其創制權。至行使創制權的方法，依該憲法第七十三條規定「有選舉權者十分之一，請願提出法案時，亦應付國民投票。此項請願應提出詳細之法律案，政府應附具自己意見，將此法律案提出於議會，若議會不加以任何變更，可決國民所請願之法律案時，不必舉行國民投票。預算、租稅法及俸給法，除經大總統命令者外，不得交付國民投票……」。

四、複決權：

德國威瑪憲法第七十三條前兩項規定「議會議決之法律，大總統在公布之前，得於一個月內，先付國民投票。因議會議員三分之一以上請求，而延期公布之法律，經有選舉權者二十分之一之聲請時，應付國民投票」。由此可知，複決權之行使，有由大總統交付行使者，有由人民的聲請而行使者。

第四項　韓國及日本

韓國人民的行使政權，只及於選舉、創制與複決權；日本人民的行使政權，則及於選舉、罷免及複決權。

一、韓　國：

如一九六二年修正之該國憲法第二十一條規定「國民年滿二十歲者有依法選舉公務員之權」，至其選舉權行使的範圍與應具要件等，則有賴於法律的規定。又第一百十九條規定「修改憲法之提案，由合法選出並在職之國會議員三分之一以上，或有國會議員選舉權之選民五十萬人以上之贊成提出之」。又第一百二十一條規定「憲法修改案經國會可決後，應於六十日內提交國民複決，並須有有國會議員選舉權之選民過半

數之投票及投票之過半數以上之贊成」。

二、日　本

　　如一九四六年該國憲法第十五條規定「公務員之選定或罷免，爲國民固有之權利」。又第七十九條規定「……最高裁判所裁判官，應於任命後，舉行衆議院議員選舉時，交付國民審查。經過十年後，並應於舉行衆議院議員總選舉時，再交付審查，以後亦同。於前項情形，如投票者多數可決罷免裁判官時，應罷免該裁判官」。又第九十六條規定「本憲法之修改，應經各議會全體議員三分之二以上之贊成後，由國會發議，並應向國民提案經其承認」。日本人民行使選舉、罷免、複決權的範圍，除憲法所定者外，仍有賴於其他有關法律的規定。

第三節　選舉權

　　選舉權有其意義與範圍，選舉權與被選舉權的規定常有不同，選舉有區域代表與職業代表之分，選舉時多劃分有選舉區，選舉方法有若干原則性的規定，當選票額的計算常有不同，對選舉活動多有制裁，選舉發生弊端應以選舉訴訟解決，對婦女及生活習慣特殊地區選舉多有保障。玆分項簡述如後。

第一項　選舉權的意義

　　選舉權的意義，有不同的學說。玆說明如下：

一、選舉權的意義：

　　選舉權，是具有公民資格的人民，得以書面或非書面的表示意思的方法，選舉國家特定機關或團體之特定人員的權利。在參政權中，以選舉權最爲重要，行使的機會最多。但選舉權究竟是什麼，一般而言，有

下列三種不同的學說。

二、選舉權是人民的固有權利說:

此說以盧梭的主權論爲依據，認爲主權旣屬於人民，則選舉爲表示
人民共同意志行使主權的最重要方法，故選舉權是人民當然的權利，旣
不是國家憲法或法律所賦予，也不是國家憲法或法律所能限制。因此一
方面選舉權是人民固有的權利，除不能表示意志或顯然妨害公共秩序者
外，國家不能限制人民的選舉權；另一方面選舉權旣是人民固有的權利，
人民便有行使與不行使此種權利的自由。此一學說曾風行一時，並爲一
般國家所接受，於現今言，如謂選舉權爲人民固有權利，可不受國家憲
法或法律限制，則顯與事實不符，但選舉權爲一種權利，則仍爲大多數
國家所公認。

三、選舉權是人民的社會職務說:

此說爲德國拉龐 (P. Laband) 等所主張，認爲選舉權不是人民固
有的權利，而是國家法律所賦予；國家賦予人民以選舉權的原因，是爲
了全社會的利益，而非爲了私人的利益，人民行使選舉權是國家法律授
予人民的社會職務。因此一方面選舉旣是國家所授予的社會職務，國家
爲著全社會的利益，自得加以適當的限制；另一方面選舉權旣是職務，
則享有此種權利者便有履行的義務，國家得施行強制投票。此一學說亦
曾風行一時，且有的國家 (如比利時及瑞士)，並在憲法中明定選舉權
是選民的義務，惟此說認爲行使選舉權完全是爲了社會利益，未免陳義
過高，故未爲多數國家所採用。

四、選舉權是人民的權利彙職務說:

此說爲法人狄驥 (L. Duguit) 所主張，認爲選舉權是人民的權利，
但亦是人民的職務，此種權利並非人民所固有，而是國家所賦予，賦予
權利是爲著私人的利益，同時亦是爲著社會的利益，故選舉權乃是含有

職務性的權利。基於此種論點,故1.選擧權旣爲國家法律所賦予的權利,因此凡合於某種法定條件者,均得行使選擧權,亦得不行使選擧權,但如國家無故剝奪此種權利,則人民可向法院申訴。2.選擧權旣爲職務性的權利,則此種權利與普通權利不同,不容讓與或委託他人行使,或自行宣告拋棄而告消滅,國家必要時可禁止其拋棄,並採行強迫投票制。此說目前爲一般國家所採用。

第二項　選擧權的行使範圍

得以行使選擧權的人員範圍,各國情況不盡一致,我國行使選擧權的人員範圍,則法有明定。茲分析如下:

一、一般國家行使選擧權的人員範圍:

大致而言,有下列三種類型:

(一)規定議員由人民選擧者:此爲一般民主國家所施行,不論爲國家的議會議員,或地方議會議員,均由人民選擧產生,而議會的議長則由議員互選產生。因議會是代表民意的機關,故議員須由民選。

(二)規定議員及國家元首及地方政府首長由人民選擧者:此爲部分民主國家所施行,除各級議會的議員由人民選擧產生外,國家的元首或正副元首,及各級地方政府首長,亦由人民選擧產生,其民主的程度,已比前種情況的國家爲高。

(三)規定議員、首長及部分法官均由人民選擧者:在民主國家中,只有少數國家人民選擧權的行使範圍,可及於各議會的議員,各級政府的首長,及部分的法官,如美國、瑞士及日本,卽屬其例。

二、我國行使選擧權的人員範圍:

依憲法規定,總統、副總統由國民大會選擧產生;國民大會代表、立法院立法委員由人民選擧產生;監察委員由各省市議會選擧產生;省

議會議員及省長，由省民選舉產生；縣議會議員及縣長，由縣民選舉產生。

再依「動員戡亂時期公職人員選舉罷免法」規定，屬中央公職人員之國民大會代表、立法院立法委員、監察院監察委員；屬地方公職人員之省（市）議會議員，縣（市）議會議員，鄉（鎮、市）民代表會代表，縣（市）長，鄉（鎮、市）長，村、里長，均由人民直接選舉產生，但監察委員仍由省（市）議會議員選舉之。至總統及副總統，則依憲法規定仍由國民大會選舉產生。

換言之，我國人民行使選舉權的範圍，及於各級議會議員及各級政府首長，而不及於法官。

第二項　選舉權與被選舉權

選舉權為國家法律所賦予，須具有某種法定條件者始得享有之；被選舉權亦為國家法律所賦予，其應具備之法定條件，通常較選舉權之條件為嚴。茲說明如下：

一、選舉權的取得條件：

依憲法第十七條規定「人民有選舉……之權」。又第一百三十條規定「中華民國國民年滿二十歲者，有依法選舉之權……」。既稱依法選舉之權，則法律尚可規定其他必要的法定條件。各國實施選舉，為期已久，對取得選舉權之條件限制，由嚴而寬，由不合理的限制而趨向合理的限制。其情形為：

（一）過去嚴而不合理的限制：在實施選舉的歷史過程中，女性曾被限制參加選舉；在等級會議時期，以納稅或財產為取得選舉權的條件；採取兩院制的國家，曾對第二院（或上院）議員，須由具有社會身分或門第者選舉產生；有若干種族並存的國家，對受歧視的種族，常不賦予

選舉權，以達到控制政治的目的；部分國家對選舉權的行使，曾加以須具某種敎育資格的限制。凡此種對性別、財產、階級、人種、敎育等條件的限制，在以往甚爲常見，但在今日，此種限制，大多被認爲不合理，而先後被取銷。

(二)現今的一般限制：現今一般國家對取得選舉權的法定條件，比以往的規定爲寬，且亦較爲合理。大致而言，取得選舉權的條件，分兩部分，即積極條件與消極條件：

1.積極條件，爲取得選舉權者所必須具有的條件，主要爲①國籍，即具有所在國國籍者；②年齡，即須達法定成年者，但各國對成年年齡的規定並不一致；③居住，即須在選舉區居住達一定期間者，但對居住期間的長短，各國規定不一。

2.消極條件：爲取得選舉權者所不得具有的條件，如具有此種消極條件，則雖同時具有積極條件，仍不得有選舉權。主要的消極條件爲①由於能力上的原因者，如心神喪失或精神耗弱而被法院依法宣告禁治產，或心神喪失身體殘廢致不能勝任職務者；②由於法律上的原因者，如因有犯罪行爲 被法院宣告褫奪公權者；③ 由於政治上原因者，如因過去政治上的經歷而剝奪某種人之選舉權（如蘇俄對帝政時代曾任過警察、憲兵、特務的人，不許其行使選舉權）。

(三)我國的規定：對選舉權的取得，在積極條件方面，除憲法所定中華民國國民年滿二十歲之國籍及年齡條件外，依國民大會代表選舉法、立法院立法委員選舉罷免法、及動員戡亂時期公職人員選舉罷免法的規定，尚須在各該選舉區居住六個月以上者。在消極條件方面，依國民大會選舉罷免法及立法院立法委員選舉罷免法規定，爲①犯刑法內亂外患罪經判決確定者，②曾服公務有貪污行爲經判決確定者，③褫奪公權尚未復權者，④受禁治產之宣告者，⑤有精神病者，⑥引用鴉片或其

他代用品者；而依動員戡亂時期公職人員選舉罷免法規定，其消極條件只規定爲①褫奪公權尚未復權者，②受禁治產宣告尚未撤銷者。

二、被選舉權的取得條件：

依憲法第一百三十條規定「……除本憲法及法律別有規定者，年滿二十三歲者，有依法被選舉之權」。一般國家對被選舉權的取得亦規定有要件，其要件內容亦與選舉權的取得要件不盡相同，因爲選舉權只是作投票的行爲而已，而被選舉權是當選後須擔任公職，其所須具的條件自可有所不同，否則將難以勝任公職。

（一）一般國家的規定：一般國家對被選舉權取得的條件，亦可分積極條件與消極條件兩類：

1.積極條件：爲取得被選舉權所必須具有的要件，主要爲①國籍，如國籍因歸化而取得，通常須於取得國籍後若干年，始得有被選舉權；②年齡，其規定有三種方式，一爲取得選舉權與被選舉權之年齡相同者（如瑞士），二爲取得被選舉權的年齡高於取得選舉權者（如我國），三爲取得被選舉權之年齡低於取得選舉權者（一九一五年前的丹麥）；③居住，卽須在該國或該選舉區之居民或居住若干期間者。

2.消極條件：不得有被選舉權之消極條件，與不得有選舉權的消極條件大多相同，但亦有再增列因職務上的原因，而停止其被選舉權者，如①辦理選舉事務的官員，②現役軍人，③現任文官，④在校肄業之學生。

（二）我國現行的規定：在積極條件方面，除依憲法第一百三十條規定須具有中華民國國籍（但依動員戡亂時期公職人員選舉罷免法規定，回復中華民國國籍須滿三年，因歸化而取得中華民國國籍者須滿十年），年滿二十三歲（但憲法第四十五條規定被選爲總統副總統者須年滿四十歲，依動員戡亂時期公職人員選舉罷免法規定，監察委員候選人須年滿

三十五歲，縣市長候選人須年滿三十歲，鄉鎮市長候選人須年滿二十五歲）外，各候選人尚須分別具備下列學經歷，其認定並須經考試院依公職候選人檢覈規則規定檢覈合格。即 1.國民大會代表、立法委員候選人，須高級中等以上學校畢業或普通考試以上考試及格或曾任省（市）議員以上公職一任以上；2.監察委員候選人，須專科以上學校畢業或高等考試以上及格並具行政經驗四年以上，或曾任省（市）議員以上公職一任以上；3.省（市）議員候選人，須高級中等以上學校畢業或普通考試以上考試及格或曾任縣（市）議員以上公職一任以上；4.縣（市）議員候選人，須國民中學以上學校畢業或丁等特種考試以上考試及格或曾任鄉（鎮、市）民代表以上公職一任以上；5.鄉（鎮、市）民代表候選人，須國民中學以上學校畢業或丁等特種考試以上考試及格或曾任鄉（鎮、市）民代表以上公職、村里長一任以上；6.縣（市）長候選人，須專科以上學校畢業或高等考試以上考試及格，並具行政經驗四年以上或曾任縣（市）議員或鄉鎮長以上之公職一任以上；7.鄉（鎮、市）長候選人，須國民中學以上學校畢業或普通考試以上考試及格，並具行政經驗四年以上或曾任鄉（鎮、市）民代表以上之公職一任以上；8.村里長候選人，須國民小學以上學校畢業或丁等特種考試以上考試及格或曾任鄉鎮民代表或村里長以上公職一任以上。

在消極條件方面，依動員戡亂時期公職人員選舉罷免法之規定爲：

1.不得登記爲候選人者：有下列情事之一者，不得登記爲候選人，①曾因內亂、外患行爲犯罪，經判決確定者；②曾因貪汚行爲犯罪，經判決確定者；③曾犯第八十七條至第九十一條之罪（即妨害選舉各罪中情節較重者）或刑法第一百四十二條、第一百四十四條之罪，經判決確定者；④犯前三款以外之罪，判處有期徒刑以上之刑確定尚未執行或執行未畢者，但受緩刑宣告者不在此限；⑤受保安處分宣告確定，尚未執

行或執行未畢者；⑥受破產宣告確定，尚未復權者；⑦依法停止任用或受休職處分，尚未期滿者；⑧褫奪公權尚未復權者；⑨受禁治產宣告，尚未撤銷者。

　　2.不得申請登記爲候選人者：下列人員不得申請登記爲候選人，①現役軍人或警察；②現在學校肄業學生；③辦理選舉事務人員；④現任公務人員不得在任所所在地，申請登記爲國民大會代表候選人。

第三項　區域代表制與職業代表制

　　舉行選舉，須先組成選舉團，而組成選舉團的方式，有以區域爲準與以職業團體爲準之分。

一、區域代表制：

　　凡人民選舉代表，以地方區域如一省、一縣（市）、一鄉（鎮、市）之類爲區分選舉團之依據者，稱爲地域代表制或區域代表制。現今各國議員的選舉，大都採用地域代表制。因在地域經濟時代，同一地方的人常有一種連帶關係，對地域觀念甚爲強烈，每爲地域利益而努力與奮鬥，因此以地域爲區分選舉團的依據，使各地域均得有機會選出本地域的代表，參與國事，實非無因。

二、職業代表制：

　　凡人民選舉代表，以職業團體如工會、商會、農會、漁會、律師公會、婦女會等爲選舉團體，各自選出其會員爲代表者，爲職業代表制，此乃後於地域代表制的代表制。因自地域經濟發展爲國民經濟，交通發達，人民徙遷無定，且各種職業團體爲謀求本身團體的利益，紛紛組織會社，各成員對職業團體的關切，已勝過對地域團體的關切，因而對選舉代表，乃有職業代表制的產生。

三、對職業代表制的不同論點：

有持贊成者，有持反對者，各有其理由。

(一)贊成職業代表制的理由：包括1.職業團體將成爲國家社會的基本組織，人類社會將職業分工而結合，職業代表制可使議會制度與社會組織更能配合；2.近來職業團體日趨發達，立法工作日益複雜而分工，議會若羅致各種職業的專門人才，當更能適應立法的需要；3.各職業團體成員，對職業團體的利益將更趨關切，職業代表制最能符合職業團體成員的願望。

(二)反對職業代表制的理由：包括1.職業團體的重要性與各別成員的人數很難認定，因而對各職業團體代表的人數不易分配；2.職業團體所選出代表，將各以職業團體的利益爲優先，因而各職業團體代表在議會將常處於對立，阻碍立法，增加糾紛；3.對整體性的立法問題，各職業團體代表多爲見樹不見林，將難獲得適當解決。

在各國的憲法中，對代表制的採用有四種情況，一爲曾採全部職業代表而廢止地域代表制者，如一九二四年至一九三六年間的蘇聯；二爲兼採職業代表制但職業代表機關的立法權較小於地域代表機關者，如德國威瑪憲法所定之聯邦經濟會議；三爲兼採職業代表制與地域代表制且賦予同等之法權者，如我國憲法關於國民大會代表及立法委員之選舉；四爲放棄職業代表全部爲地域代表制者，如我國現行省縣市議員之選舉。故職業代表制之須否兼採，及其立法權限如何，須視國情的需要而定，並無必須兼採或不得兼採之說。

第四項　選舉區的劃分

舉行選舉時，地域代表的選舉區劃分有大小的不同，且各有優缺點，職業代表亦有其選舉區。國民大會代表及立法院立法委員選舉罷免法及現行公職人員選舉罷免法，對選舉區亦均有規定。玆分析如下：

一、大選舉區制:

凡一選舉區可選出代表二名以上者，為大選舉區或稱複數選舉區。採大選舉區的優點，有(一)減少死票的數目，即選舉時少數黨或派別，能運用選舉技術，將票數集中於某一候選人時，亦可能選出一名代表，頗合比例代表制的精神，不致抹殺少數人的意見；(二)減少選舉的舞弊，因選舉區大，候選人競選活動範圍廣，選民人數衆多，選舉賄賂、收買、干涉、脅迫等的舉動不易發生；(三)容易羅致人才，因選舉區大，候選人選擇範圍廣，賢能人士易被選出。採大選舉區的缺點，有(一)促使小黨林立，因每一選舉區能選出二人以上，各小黨派均可運用技術，集中選票選出代表一人，因而議會中亦隨而小黨林立，增加執政黨決策的困難；(二)增加選舉費用，即候選人為期當選，須深入每一地區訪問每一選民，且隨時須與其他候選人競爭，致競選費用支出龐大；(三)補缺選舉甚為困難，當代表出缺致影響及開會時，須舉行補選，但因選舉區大，每舉行一次補選，均將增加政府及候選人的負擔。

二、小選舉區制:

凡每一選舉區僅能選出代表一名者，稱為小選舉區制或單數選舉制。採小選舉區制的優點，為(一)易促成兩大黨對立的政局，因每一選舉區只能選出代表一人，故在選舉區內小黨派難以獲勝，自會漸趨消失，而依附於大黨，乃成為兩大黨輪流執政的局面；(二)違法競選易於取締，因選舉區小，對競選舞弊情事，易於徹底取締；(三)易於判斷候選人的才識品德，因候選人只有一人，地區又小，當地人對候選人的才識品德自較為了解；(四)節省候選人費用，因地區小，選民少，競選活動費用當可減少。採小選舉區的缺點，為(一)增加死票數字，因只能選出一人，而選舉的勝利常屬於大黨，因而小黨的票數皆成死票；(二)利用劃分選舉區獲利，因選舉區小，選民少，執政黨可依據黨員分佈情形，劃

分選區，使在多數選區均能獲得當選；（三）不易選出人才，因選區小，選區內不易發掘人才，因而亦不易羅致人才；（四）易於發生選舉舞弊，因選區小，選民少，有力人士易於進行收買、利誘、脅迫等不法情事，使選舉蒙羞。

三、職業代表制的選舉區：

以上大選舉區與小選舉區，係爲地域代表選舉的劃分。而職業代表制的選舉區，則多以職業團體爲選舉區，如同一職業團體須選出代表二名以上時，亦可稱爲大選舉區，如只選出代表一名時，亦可稱爲小選舉區。其大小選舉區制的優缺點，大致與地域代表制之大小選舉區的優缺點相似。

四、我國對選舉區的規定：

依憲法第二十六條規定，國民大會代表選舉，每縣市及其同等區域各選出代表一人，但其人口逾五十萬人者，每增加五十萬人增選代表一人。是則以採小選舉區爲原則。依憲法第六十四條規定，立法委員選舉，各省、各直轄市選出者，其人口在三百萬以下者五人，其人口超過三百萬者，每滿一百萬人增選一人。是又爲採大選舉區制。

再依現行動員戡亂時期公職人員選舉罷免法規定，（一）國民大會代表由直轄市及縣（市）選出者，以其行政區域爲選舉區，並得在其行政區域內劃分選舉區；（二）立法委員由省（市）選出者，以其行政區域爲選舉區，並得在其行政區域內劃分選舉區；（三）省議員由縣（市）選出者，以其行政區域爲選舉區，直轄市議員選舉以其行政區域爲選舉區，並得以其行政區域內劃分選舉區；（四）縣（市）議員、鄉（鎮、市）民代表選舉以其行政區域爲選舉區，並得各在其行政區域內劃分選舉區；（五）縣（市）長、鄉（鎮、市）長、村里長選舉，各依其行政區域爲選舉區；（六）國民大會代表、立法委員由職業團體選出者，以同類職業團

體爲選舉區；國民大會代表由婦女團體選出者，以省（市）婦女團體爲選舉區；以上大致能符合憲法所定的精神。

由以上規定，吾人可知所謂大小選舉區的區分，主要係根據須選出之代表是否爲二人以上或只限於一人而認定，與地域範圍的大小並無絕對的關係，如縣（市）長選舉，因每縣（市）各只能選出一人，故縣（市）的地域爲小選舉區；而縣（市）議員選舉，如將縣（市）劃分爲幾個選舉區，每一選舉區各選出議員二人以上，則各該選舉區均爲大選舉區，但其地域的面積卻比縣（市）長選舉所稱的小選舉區還要小得多。

第五項　選舉方法

依憲法第一百二十九條規定「本憲法所規定之各種選舉，除本憲法別有規定外，以普通、平等、直接及無記名投票之方法行之」。本條所稱「本憲法所規定之各種選舉」，指關於國民大會代表、立法院立法委員、監察院監察委員、總統及副總統、省議會議員、省政府省長、縣（市）議會議員及縣（市）長之選舉等。所指「本憲法別有規定」，指依第二十七條規定，總統副總統選舉爲國民大會職權；依第九十一條規定，監察院監察委員之選舉採間接選舉制等而言。本條所稱「普通、平等、直接及無記名投票」，即本項所稱之選舉方法。又憲法第一百三十一條規定「本憲法所規定各種選舉之候選人，一律公開競選」。其公開競選，亦併同選舉方法，分析如下：

一、普通選舉：

普通選舉是對限制選舉而言。所謂限制選舉，指選舉權的取得，須受貧富、敎育、種族、階級、性別等條件之限制者，此種限制在行使選舉權的初期，甚爲普遍，及至現代，已先後取銷。凡不受此類限制的選

舉，稱爲普通選舉。

惟吾人須注意者，所謂普通選舉，並非謂只要是人就一定有選舉權，而仍須受某種條件（認爲是合理的條件）的限制。如一般而言，選舉權的取得，仍須具有本國國籍，已達成年，及未在刑事自由刑之執行期間，未被褫奪公權，未受禁治產之宣告，無精神病等情事者爲限。

二、平等選舉：

平等選舉乃對不平等選舉而言。不平等選舉，指對普通選民只有一個投票權，對特殊資格選民，則可有數個投票權，乃行使選舉權的變態，如英國在一九一八年以前曾有以住宅爲取得選舉權之條件，致同一人在不同選舉區均有住宅時，則在不同選舉區分別行使選舉權；又如比利時於一八九三年憲法曾規定因選舉權人條件的不同，各別賦予一投票權、二投票權及三投票權者。此種不平等選舉，亦稱複數選舉權制，在今日已極爲少見。平等選舉，指凡有選舉權資格的人，地位平等，每人只有一個投票權，且所投之票效力相等，此乃各國所通行的選舉權制。

三、直接選舉：

直接選舉乃對間接選舉而言。間接選舉，指先由選舉人選出代表人，再由代表人代表選舉權人行使選舉權，以選出被選舉人。採用間接選舉制之理由，爲（一）選民知識水準不一，對被選舉人之才識品格不够了解，故宜先選出代表人再由代表人選出被選人，以選出理想的人選；（二）選舉地域過廣，來回交通不便或經費困難，如舉行間接選舉則可減少困難。間接選舉目前雖亦爲各國有所採行，但究無法保證被選人卽是選舉人所願選舉之人，對選舉人的權利不無影響，故雖有採用，但不如直接選舉之普遍。直接選舉，指由選舉權人親自逕行選出被選人，毋需經過複選之程序者。此種選舉最能表達民意，亦較符合民主政治的原則，故爲一般民主國家所重視，其適用範圍亦較間接選舉爲廣。我國除

總統、副總統及監察委員係採用間接選舉外，餘均採直接選舉。

四、無記名選舉：

無記名選舉亦稱祕密選舉，係對記名或公開選舉而言。記名選舉，指在選舉票上須同時記載（或圈定）被選舉人與記載選舉人之姓名的選舉。記名投票制，係選民究選舉何人，能為他人知悉，如口頭表決、舉手表決等亦屬之，因此種選舉制對選民威脅太大，違反選舉原意，已為一般國家所放棄。無記名投票，指在選舉票上僅記載（或圈定）被選舉人之姓名而不記載選舉人自己姓名的選舉。無記名投票選舉的優點，為(一)可以保障選舉人之真正自由選舉意旨，不致遭受他人之脅迫；(二)競選人之威脅利誘等行為，難以奏效，可保持選舉的公正；(三)選舉人既不須記名，則心理上無所顧忌，可增加投票率。故為各國所通行。

五、公開競選：

指候選人以均等機會，公開表明其政策主張，以爭取選票之選舉。公開競選為現代選舉制度所共守的原則，不僅以憲法所規定之選舉為限，即使憲法未有規定的選舉，如鄉（鎮市）長、鄉（鎮市）民代表之選舉等，亦均以公開競選行之。

除上述五種，為我國憲法所定外，尚有自由投票與單記投票，亦為我國現行選舉制度所常採用。茲一併說明如下：

六、自由投票：

自由投票乃對強迫投票而言。強迫投票，係以選舉權為社會職務之理論為根據，認行使選舉權為社會的職務，是以享有選舉權者，則應履行投票的義務，倘不予履行，則國家得予強制之或懲罰之；如比利時對不投票之初犯，由法院予以譴責或小額罰金，累犯則遞增罰金或停止選舉權數年；又如德國巴雅恩（Bayern）等邦，規定每次選舉如投票人數不及選民總數三分之二時，則舉行第二次選舉，其經費則由第一次選

舉時放棄選舉者負擔。自由投票，指選舉權人是否放棄投票，可由選舉權人自由決定，國家不得加以干涉，此乃認爲選舉權爲人民的權利之自然結果，現代多數民主國家，尤其是人口衆多的國家，都採自由投票制，我國亦然。

七、單記或連記投票：

　　單記投票係對連記投票而言。連記投票，指選舉人得於選票上記載（或圈選）候選人二名以上者謂之，連記投票只能適用於大選舉區的選舉，且連記投票亦有不公之處，如某選舉區每一選舉人只能連記二名候選人，而另一選舉區每一選舉人則可連記五名，如此選舉人的選舉權價值則有差異，又如可以全部連記，則對多數黨有利，而不利於少數黨，故此種投票制並不多用。單記投票，指選舉人在選票上（不論選出的名額爲多少人），只能記載（或圈選）一名候選人者謂之，採用此制，每一選舉人只能選舉一人，故各人的投票權價值是相等的，較爲公平。我國現行各種選舉，多採單記投票法，但亦偶有採用連記投票法者，如依七十八年二月三日修正公布之動員戡亂時期公職人員選舉罷免法規定，對監察委員選舉，由省（市）議會議員以無記名限制連記投票法行之，其連記人數以不超過應選名額三分之一爲限，即爲其例。

第六項　當選票額的計算

　　就選舉權行使之結果，對當選票額的計算，其方式有多數代表法、少數代表法、比例代表法三種。玆分析如下：

一、多數代表法：

　　凡在一選舉區內，候選人依應選出名額，以得票較多者當選謂之，亦稱多數選舉法。多數代表法有利於多數黨而不利於少數黨。通常又分下列兩種：

　　(一)單記多數代表法：卽選舉人投票時只能記載（或圈選）一人，並以得票較多數或絕對多數者爲當選。此種方法只能適用小選舉區，而當選者常爲擁有多數選民的黨派所獨佔，但就全國各選舉區綜合觀之，每個政黨的當選人數與該黨的所得總票數，常常出現不成比例的事實，甚或得票最多的政黨，在全國的選舉中反而遭受敗績，故甚不公平。

　　(二)連記多數代表法：此種方法僅適用於大選舉區，卽選舉人於投票時可同時記載（或圈選）二人以上，並以得票較多數或絕對多數者爲當選。此種方法，可使票數較多的政黨，以一票之差壟斷該選舉區之全部當選人，而致少數黨全軍覆沒，如有某選舉區應選出議員三名，選民支持甲黨者一萬人，支持乙黨者五千人，支持丙黨者四千人，如支持甲黨的選舉人均連記圈選張、王、陳某三人，則該三人可各得一萬票，全部當選，而乙、丙兩黨的人則無一人可以當選，其不公平比單記多數代表法更甚。

二、少數代表法：

　　此種方法，可使少數黨亦可選出一部分當選人，但只能適用於大選舉區。通常又分下列三種：

　　(一)有限投票法：又稱減記投票法或有限連記法，卽選舉人不對議員名額全部作連記（或圈選）投票，而只對其中一部分作連記（或圈選）投票，而使少數黨亦可選出少數當選人者謂之。如支持甲黨選民爲三千人，支持乙黨選民爲二千人，當選名額爲五名，選舉人只能連記三人，則甲黨固可當選三人，但乙黨亦可能當選二人。此種方法較多數代表法爲合理，但須各黨能夠正確估計敵我雙方所得的票數，並推薦適當人數的候選人，同時對其所得票數能作一適當的分配時，始能見效。

　　(二)重記投票法：亦稱累積投票法，卽選舉人對當選議員名額全部作連記（或圈選）投票，同時又准許選舉人連記（或圈選）不同的候選

人或合記同一的候選人，而以得票數較多者當選。應用此種方法，少數
黨可將其能控制的票數集中於少數人或某一人，而使該少數或某一人當
選，如某選舉區當選名額為三人，選舉人投票時可連記（或圈選）甲、
乙、丙三人，或甲、甲、乙兩人，或甲、甲、甲一人，如有選民六千
人，支持甲黨者四千，均連記張、王、陳三人，則各得四千票，而支持
乙黨的選民雖只有二千人，但均連記李某一人，則李某可得六千票，則
該李某必可當選。

（三）單記投票法：即選舉人投票時，只能連記（或圈選）一位候選
人，以得票較多者為當選。此種方法，亦可使少數黨有獲得當選人的機
會，如選民一萬人，支持甲黨者六千人，支持乙黨者四千人，當選名額
為三人，則乙黨選民可集中投票於一人，而甲黨選民則須分別投票於二
人，該乙黨的候選人可以四千票當選，而甲黨的候選人可當選二名。

三、比例代表法：

大體上亦屬少數代表法的一種，使各政黨能按照自己所得票數的比
例，多數黨選出多數當選人，少數黨選出少數當選人。屬於此種方法的
設計，種類甚多，據說可達數百種，此種方法與上述各種方法之不同處
有：

（一）當選票數一定：採其他方法的選舉，何人當選須比較各候選人
所得票數而定，凡多得一票者就可當選，故當選人的票數並不一定。在
比例代表法，乃須先決定當選商數，候選人所得票數達到當選商數時即
可當選，因此各政黨可依當選商數與該黨可得票數，算出各該黨所應得
的議席，至當選商數的計算方法，又有多種。

（二）餘票及廢票的轉讓：採其他方法的選舉，選民投給某候選人的
票，即成為該候選人所得之票，不問該候選人得票多少或是否當選，均
不能再行轉讓。在比例代表法，當候選人得票達到當選商數之後，可將

多餘之票轉讓給別的候選人，如候選人因得票較少無當選希望時，亦可將其所得之票（此種票在其他選舉方法中即視為死票）轉讓於別人，至其轉讓之方法又有多種。

比例代表制的選舉方法與當選票額的計算，如與其他選舉方法與當選票額計算相比較，其優缺點為：

(一)優點：包括 1.使少數黨亦可選出相當數目的當選人參與政事；2.能達到「一人一票及一票一價」的要求，以保障選舉的平等。

(二)缺點：包括 1.易導致多黨林立，政黨內閣不易建立，即使建立亦不穩固；2.內容複雜，手續煩瑣，辦理選舉耗費時日；3.使選民與議會之間，介入強有力的政黨力量，殊有失直接選舉的本意。

依現行動員戡亂時期公職人員選舉罷免法第六十一條規定「選舉之投票，由選舉人於選舉票圈選欄上，以選舉委員會製備之圈選工具圈選一人，但監察委員選舉，其圈選人數以不超過規定之連記人數為準」。又依第六十五條規定「公職人員選舉，按各選舉區應選出之名額，以候選人得票比較多數者為當選，票數相同時以抽籤決定之」。故我國現行的當選票額計算方法，如在小選舉區，則屬單記多數代表法；如在大選舉區，則屬少數代表法之單記投票法。但監察委員選舉則屬少數代表法中之有限投票法（減記投票法）。

第七項　選舉制裁

選舉制裁，係指在選舉活動期中，對於妨害選舉者之取締與處罰而言。為保障人民行使選舉權，一般國家對妨害選舉者，多有取締與處罰的規定，我國則於憲法、刑法及其他有關法規中，亦作明確的規定。茲分析如下：

一、嚴禁威脅利誘：

憲法第一百三十二條規定「選舉應嚴禁威脅利誘……」。至何種行
為係構成威脅利誘，如何嚴禁，則有待有關法律之規定。

二、妨害選舉罪：

刑法中經定有妨害投票罪一章，對妨害選舉的行為，列舉有(一)妨
害投票自由罪；(二)投票受賄罪；(三)投票行賄罪；(四)誘惑投票罪；
(五)妨害投票正確罪；(六)妨害投票事務罪；(七)妨害投票秘密罪等七
種。至其處罰則視情節自處罰金、拘役至有期徒刑不等。

三、妨害選舉行為與處罰：

動員戡亂時期公職人員選舉罷免法，對妨害選舉行為與處罰規定，
甚為詳盡，茲舉其要者如下：

(一)選舉活動期間之禁止行為：主要有1.候選人不得接受外國團體
或個人之捐助（第四十五條之二）；2.候選人或其助選員競選言論，不
得有下列情事，即①煽惑他人犯內亂罪或外患罪，②煽惑他人以暴動破
壞社會秩序，③觸犯其他刑事法律規定之罪（第五十四條）；3.候選人
或其助選員競選活動，不得有下列行為，即①在政見發表會外另行公開
演講，②於規定期間或每日起止時間之外從事競選活動，③結眾遊行，
④發動選舉人簽名或於廣播、電視播送廣告，從事競選活動；⑤燃放鞭
炮（第五十五條）；4.競選活動期間政黨不得有之行為，其內容大致與
候選人及其助選員不得有之行為相似（第五十五條之一）；5.競選活動
期間，除候選人及其助選員或政黨依本法規定從事競選活動外，任何人
不得有下列行為，即①公開演講為候選人宣傳，②自行製作或張貼傳
單、標語、壁報為候選人宣傳，③以未經許可為競選活動使用之宣傳車
輛或擴音器為候選人宣傳，④結眾遊行為候選人宣傳，⑤發動選舉人簽
名或利用大眾傳播工具刊登廣告為候選人宣傳，⑥為候選人燃放鞭炮（
第五十六條）。

（二）違反規定之處罰：除違反上述選舉活動期間禁止行爲者應依其情節分別處有期徒刑及罰鍰外，尚有對以下不法行爲者（含候選人、助選員及他人）科處徒刑，卽1.利用競選或助選機會公然聚衆，以暴動破壞秩序者（第八十七條）；　2.意圖妨害選舉或罷免，對於公務員依法執行職務時施強暴脅迫者（第八十七條之一）；　3.對於候選人或具有候選人資格者，行求期約或交付賄賂或其他不正利益，而約其放棄競選或爲一定之競選活動，或候選人或具有候選人資格者，要求期約或收受賄賂或其他不正利益，而許以放棄競選或爲一定之競選活動者（第八十九條）；　4.以強暴脅迫或其他非法之方法，妨害他人競選或使他人放棄競選，或妨害他人爲罷免案之提議連署或使他人爲罷免案之提議連署者（第九十條）；　5.意圖使候選人當選或不當選，以文字圖畫錄音錄影演講或他法，散布謠言或傳播不實之事，足以生損害於公衆或他人者（第九十二條）；　6.意圖妨害或擾亂投票、開票而抑留、毀壞、調換或奪取投票櫃、選舉票、罷免票、選舉人名冊、投票報告表、開票報告表、開票統計或圈選工具者（第九十五條）。

四、違反規定之偵查與處理：

中央公職人員選舉，由最高法院檢察署檢察長督率各級檢察官；地方公職人員選舉，由該管法院檢察處首席檢察官督率所屬檢察官，分區查察，自動檢舉有關妨害選舉、罷免之刑事案件，並接受機關、團體或人民是類案件之告發、告訴、自首，卽時開始偵查，爲必要之處理。

第八項　選舉訴訟

選舉訴訟，乃因選舉事件發生爭議，依循訴訟程序，由法院裁判解決。一般國家的立法例，對選舉訴訟的受理機關規定不一，有規定由議會管轄者，如法、日、德、美國等；有規定由普通法院管轄者，如英國

等；有規定由特別法院管轄者，如奧國、巴西等。我國的選舉訴訟則由普通法院管轄。茲就憲法及有關選舉法規對選舉訴訟之規定，及選舉法規所定之選舉訴訟與刑法所定妨害投票罪之區別，分析如下：

一、受理機關：

依憲法第一百三十二條規定「……選舉訴訟，由法院審理之」。依照國民大會代表選舉罷免法及立法院立法委員選舉罷免法規定，選舉訴訟歸高等法院管轄，應先於其他訴訟審判之，無高等法院者，首都高等法院就書面審理裁判之，以一審終結。又依司法院解字第三一六四號及第三九三〇號解釋，選舉訴訟，應由普通法院依民事訴訟程序審判。動員戡亂時期公職人員選舉罷免法，對選舉罷免訴訟亦規定有(一)國民大會代表、立法委員、監察委員、省（市）議員、縣（市）長、縣（市）議員、鄉（鎮、市）民代表、鄉（鎮、市）長、村里長之選舉、罷免訴訟第一審，由該管地方法院或其分院管轄，不服第一審而上訴之選舉罷免訴訟，由該高等法院或其分院管轄，法院設選舉法庭，採合議制審理。

二、訴訟程序：

選舉如認有弊端，須於限期內提出訴訟，如依國民大會代表選舉罷免法及立法院立法委員選舉罷免法規定，「選舉人或候選人確認辦理選舉人員或其他選舉人，候選人有威脅利誘或其他舞弊情事時，得自選舉日期起十日內提起訴訟」；「選舉人或候選人確認當選人資格不符或所得票數不實，以及候選人確認其本人所得票數被計算錯誤時，得自當選人姓名公布日起十日內提起訴訟」。動員戡亂時期公職人員選舉罷免法，對選舉罷免之訴訟程序規定如下：

(一)以選舉委員會為被告之選舉或罷免無效之訴：選舉委員會辦理選舉、罷免違法，足以影響選舉或罷免結果者，檢察官、候選人、被罷

免人或罷免案提議人，得自當選人名單或罷免投票結果公告之日起十五日提起之。

(二)以當選人爲被告之當選無效之訴：如認有當選票數不實、不依規定自辦政見發表會、越區從事選舉活動情事者，選舉委員會、檢察官或同一選舉區之候選人，得自公告當選人名單之日起十五日內提起之。又候選人名單公告後，經發現候選人在公告前或投票前有不得爲登記爲候選人之情事者，於其任期或規定之日期屆滿前提起之。

(三)以罷免案提議人或被罷免人爲被告之罷免案通過或否決無效之訴：罷免案之通過或否決，其票數不實足以影響投票結果者，選舉委員會、檢察官、被罷免人或罷免案提議人，得於罷免投票結果公告之日起十五日內提起之。

(四)選舉人檢具事證之舉發：選舉人發覺有構成選舉無效、當選無效或罷免無效、罷免案通過或否決無效之情事時，得於當選名單或罷免投票結果公告之日起七日內，檢具事證向檢察官或選舉委員會舉發之。

(五)優先審判二審終結：選舉、罷免訴訟，設選舉法庭，採合議制審理，並應先於其他訴訟審判之，**以第二審終結**，受理上訴之法院（卽該管高等法院或其分院）應於三個月內審結。選舉、罷免訴訟程序，準用民事訴訟法之規定。

三、判決效力：

依國民大會代表選舉罷免法及立法院立法委員選舉罷免法規定，如判決選舉無效者，應卽重新辦理選舉；如判決當選無效者，應由候補人依次遞補。又依動員戡亂時期公職人員選舉罷免法規定，其情形爲(一)選舉或罷免無效之訴，經法院判決無效確定者，其選舉或罷免無效，並定期重行選舉或罷免；(二)當選無效之訴，經判決無效確定者，其當選無效；(三)罷免案通過或否決無效之訴，經法院判決無效確定者，其罷

免案之通過或否決無效，並定期重行投票；(四)選舉無效或當選無效之判決，不影響當選人就職後職務上之行為；又罷免案之通過經判決無效者，被罷免人之職務應予恢復。

四、刑法上妨害投票罪與選舉法規上選舉訴訟的區別：

此兩者，雖均屬有關投票及選舉的訴訟，但其不同處有三：

(一)當事人不同：妨害投票罪之原告，除得為被害人告訴及第三者告發外，則為檢察官，被告為妨害投票之人。選舉訴訟之原告，可為選舉委員會、檢察官、選舉人、候選人、被罷免人或罷免案提議人；被告可為選舉委員會、當選人、罷免案提議人或被罷免人。

(二)審級不同：妨害投票罪，適用一般訴訟管轄等級之三級三審制；選舉訴訟則以該管高等法院管轄為原則，且以一審終結。

(三)目的不同：妨害投票罪，屬於刑事訴訟範圍，乃以處罰犯罪者為目的；選舉訴訟並非以有犯罪行為為其要件，乃以確認選舉之是否有效為其目的。

第九項　婦女及生活習慣特殊國民之選舉

憲法第一百三十四條規定「各種選舉，應規定婦女當選名額，其辦法以法律定之」。又第一百三十五條規定「內地生活習慣特殊之國民代表名額及選舉，其辦法以法律定之」。是為憲法對婦女及生活習慣特殊國民選舉之特別規定，換言之即對當選名額的保障規定。茲分析如下：

一、保障當選名額的理由：

以婦女言，我國施行男女平等之法律，為時未久，婦女之社會關係與男女不盡相同，婦女與男子如站在同等地位上競選，或可能趨於劣勢，為提高女權，增加婦女參政機會，在目前仍有規定婦女當選名額的必要。生活習慣特殊之國民，指非居住於邊疆地區，而係居住於內地，但其生

活習慣與一般國民不同，且顯具有特殊性之國民而言，如居住於內地各省之回民藏民，居住於湖南廣西之苗民是，為期增加此類國民之參政機會，對其當選名額，亦應加以適度的保障。

二、保障當選名額的範圍：

亦即何種選舉，對婦女及生活習慣特殊國民須給予當選名額的保障。先就婦女言，依憲法規定係包括各種選舉，故範圍極廣，包括憲法第二十六條所定婦女團體所選出之國民大會代表之名額以法律定之，憲法第六十四條所定婦女在第一項各類之名額以法律定之。又依國民大會代表選舉罷免法規定，婦女團體應選名額為一百六十八名；立法院立法委員選舉罷免法規定，立法委員名額在十名以下者，婦女當選名額定為一名，超過十名者，每滿十名應有婦女當選名額一名。監察院監察委員選舉罷免法規定，每省監察委員名額中，婦女當選名額定為一名。又依動員戡亂時期自由地區增加中央民意代表名額辦法規定，在自由地區國民大會代表之增加名額中，婦女團體選出代表七人；增額立法委員名額在五人以上十人以下者應有婦女當選名額一人，超過十人者每滿十人應有婦女當選名額一人；省市選出之增額監察委員，應各有婦女當選名額一人。再依臺灣省議會組織規程及臺灣省各縣市議會組織規程，對省議員及縣市議員的婦女名額，均有保障的規定。

再以生活習慣特殊國民之保障當選名額言，憲法第一百三十五條所稱「國民代表」究何所指，依現行法制而言，依國民大會代表選舉罷免法規定，內地生活習慣特殊的國民代表，應選出代表十七名，而立法委員及監察委員選舉罷免法中則無此一規定，故生活習慣特殊國民選舉之保障名額，似限於國民大會代表。但為增加生活習慣特殊國民之參政機會，似宜包括立法委員及監察委員在內，如依動員戡亂時期自由地區增加中央民意代表名額辦法規定，國民大會代表之增加名額，由自由地區

山胞選出代表二人，內平地山胞及山地山胞各一人；立法委員之增加名額，由自由地區山胞選出者二人，內平地山胞及山地山胞各一人。又依臺灣省議會組織規程及臺灣省各縣市議會組織規程，對平地山胞及山地山胞，亦分別規定有應選名額。臺灣省地區的山胞，其生活習慣極為特殊，其居住地為內地各省而非邊疆地區，對其應選名額的規定，亦屬當選名額保障的一種。

三、受保障名額者當選票額的計算：

　　既屬當選的保障名額，則其當選票額之計算，不能完全照一般的規定辦理。如依動員戡亂時期公職人員選舉罷免法規定，公職人員選舉，按各選舉區應選出之名額，以候選人得票比較多數者為當選，票數相同時以抽籤決定之；但有婦女當選名額其當選人少於應行當選名額時，應將婦女候選人所得選舉票單獨計算，以得票較多數者為當選。

第四節　罷　免　權

　　罷免權的情形，除其制裁與訴訟，併在上節第七、第八項中已有敍述外，茲就罷免權的意義，罷免權的行使範圍，及行使罷免權的程序與限制，在本節中分項敍述如後。

第一項　罷免權的意義

　　罷免權有其意義與作用，行使罷免權亦有其利弊，罷免權與彈劾權有其區別。茲分析如下：

一、罷免權的意義：

　　卽人民或其代表，本於自己的意思，利用投票方法，對於選舉產生的官員或議員，於其任期未滿以前，令其去職之權利。罷免權是因選舉

權而產生，係救濟選舉流弊的一種方法，罷免權須與選舉權相輔而行。

二、罷免權的作用：

選舉權與罷免權二者，實爲人民控制民選人員的重要方法，人民有了選舉權始可選賢與能，爲人民服務，有了罷免權始能淘汰庸劣，並使原當選人員不敢爲非作歹或懈怠職責，進而能重視民意及擔負責任。故罷免權亦爲貫徹選舉制度的必要措施。

三、行使罷免權的利弊：

學者對行使罷免權亦有不同的看法，贊成行使罷免權者，其理由爲(一)在民主政治下，國家的最高權力旣屬國民全體，則民選的官吏或議員只是國民公意的代表，對違反公意或不盡職的民選人員，國民自得罷免之；（二）在民主政治下選舉產生的人員，由於選舉尙難做到絕對公正，當選者難免有良莠不齊，如不給予人民以罷免之權作事後救濟，將貽誤民主政治的發展；（三）如人民保有罷免權，則可減少當選人之怠忽職責，蔑視民意及舞弊專斷等不法行爲。

至不贊成罷免權之行使者，其理由則爲(一)挫折當選人之勇氣與奮發精神，不敢有所作爲，只好敷衍塞責以保持其職位；（二）難以吸引有爲及才能優異之人，致當選者並非全屬賢能者；（三）罷免案的提出通常只須小部分公民的簽署，且易被他人操縱，致使被罷免者並非眞正應予罷免的人員。

對罷免權的行使，雖有贊成與不贊成之說，但一般而論，行使罷免權究屬利多而弊少，不但一方面可發生預防作用（預防當選人之玩忽職責與蔑視公意），一方面尙可發生淘汰作用（對眞正玩忽職責與蔑視公意者，不待其任滿而提前去職）。故一般國家多採用之。

四、罷免權與彈劾權的區別：

罷免權與彈劾權，其行使結果雖均可達到不法人員的去職，但有下

列的不同：

(一)行使主體不同：罷免權由選民直接行使，與選舉權同樣係屬政權性質；而彈劾權在各國係由議會行使，在我國則由監察委員行使，乃為間接的民權作用，係屬治權性質。

(二)行使程序不同：罷免權係由選舉人依罷免程序而行使，罷免案一成立，被罷免者卽須去職；而彈劾權係屬罷免或懲處的先行程序，並非卽為罷免之決定，如監察院對總統副總統之提出彈劾案，須經國民大會作為罷免與否的決議；監察委員對一般公務員所提出之彈劾案，須經司法院公務員懲戒委員會為須否懲處及如何懲處之決定。

(三)行使之對象不同：罷免權之行使，係以由選舉產生之官吏或議員為對象，而彈劾權的行使對象，係以一般公務員為對象，包括民選的公務員與任命的公務員在內。

第二項　罷免權的行使範圍

得以行使罷免權的人員範圍，各國情形亦不盡一致，我國罷免權的行使有其一定的對象。茲分析如下：

一、一般國家行使罷免權的人員範圍：

大致而言，一般國家有三種不同規定：

(一)適用於議會議員者：又可分為二種，一為僅適用議員個人之罷免者，卽由原選舉區的選民，以法定人數的連署，要求本區選民投票，罷免本區選出之議員而另選他人抵補；如美國各州及蘇聯等均屬其例。二為適用於議會全體者，卽全國選民得以法定人數的連署，要求全國或全州選民舉行投票，決定解散議會而舉行新議會的選舉；如瑞士及德國各邦卽屬其例。

以上兩種罷免的規定，各有其理由。由原選舉區罷免個別議員之理

由，為 1.議員旣由選擧區選出，自應由原選擧區予以罷免，且可不因此
而影響及整個議會； 2.當個別議員被罷免時，對其他議員可知所儆惕。
但主張由全國（或全州）作整個議會之罷免者，其理由則為 1.議員為全
國人民的代表，並非選擧區的代表，故應以整個議會為罷免對象； 2.現
代民主政治為政黨政治，選民選擧者為政黨而非個別議員，故罷免不應
為個別議員，而應為由政黨所支配的整個議會； 3.現代民主政治，一方
面以議會監督政府，另方面又由人民監督議會，故人民有以罷免權解散
議會之權。

以上對議員的兩種罷免規定，各有其理由。惟大致而言，如採小選
擧區制者，罷免宜以議員個人為妥；如採大選擧區，則不妨以整個議會
為罷免對象。

(二)同時適用於行政官吏者：即選民除可罷免民選的議員外，尚可
罷免民選的行政官吏，如美國各州及瑞士各邦是。

(三)適用於法院法官者：又可分為兩種，一為直接對民選法官予以
罷免者，如美國大多數的州採行之；二為可撤銷判決者，即選民對法院
的判決，由法定人數之簽署，要求全體選民投票撤銷之，但不直接罷免
法官，美國少數州採行之。

二、我國的規定：

依憲法第十七條規定「人民有選擧、罷免……之權」。憲法第廿七
條規定，國民大會有罷免總統副總統之權。憲法第一百三十三條規定「被
選擧人得由原選擧區依法罷免之」。又依國民大會代表、立法院立法委
員、監察院監察委員選擧罷免法，動員戡亂時期公職人員選擧罷免法，
及臺灣省議會議員、各縣市公職人員、臺北市及高雄市公職人員選擧罷
免規程，均採由原選擧區選民，就個別議員或民選的縣（市）長、鄉
（鎮市）長、村里長行使罷免權。

第三項 行使罷免權的程序與限制

行使罷免權爲求愼重，有其一定的程序，復爲避免濫用罷免權而影響政治安定，多有其若干限制。玆分析如下：

一、行使罷免權的程序：

玆以動員戡亂時期公職人員選舉罷免法之所定，簡說如下：

(一)罷免案的提出：公職人員之罷免，得由原選舉區選舉人向選舉委員會提出罷免案。罷免案應附理由書，以被罷免人原選舉區選舉人爲提議人，提議人之人數須達一定的標準，現役軍人、警察或公務人員不得爲罷免案提議人。

(二)罷免案之成立：選舉委員會收到罷免案提議後，應於十五日內查對其提議人，如合於規定，卽通知提議人之領銜人於十日內領取連署人名册，並於一定期間內徵求連署者，罷免案之連署，以被罷免人原選舉區選舉人爲連署人，其人數須達一定標準。罷免案經查明連署合於規定後，選舉委員會應卽爲罷免案成立之宣告，並將罷免理由書副本送交被罷免人，於十日內提出答辯書。選舉委員會應於被罷免人提出答辯書期間屆滿後五日內予以公告。

(三)罷免投票：罷免投票應於罷免案宣告成立後三十日內爲之。罷免案投票結果，投票人數合於一定標準，而同意罷免票多於不同意罷免票者，卽爲通過。罷免案通過者，被罷免人應自公告之日起，解除職務，被罷免人自解除職務之日起，四年內不得爲同一公職人員候選人。

二、行使罷免權的限制：

罷免權的行使，固可發揮民選人員爲非作歹的預防及汰劣作用，但亦易爲少數野心家所利用，引致政治的不安，因此一般國家對罷免權的行使，多設有如下列的限制：

(一)時間上的限制：即選民對民選官吏或議員是否賢能，必須給予相當期間的考驗，始可認明，因此一般國家多規定選民對於當選人員，非經就職相當期間後不得提出罷免案，至任職期間之長短不甚一致，有爲三個月或六個月或一年者。

(二)再罷免的限制：即選民對當選人提出罷免案，如罷免案未獲通過，則對同一當選人在同一任期內，不得再爲罷免之提議或原聲請罷免人不得再爲罷免的申請。

(三)簽署人數的限制：即爲防止罷免案爲少數人所濫用，一般國家均規定罷免案之提出與成立，均須有一定人數的簽署始能有效，並給被罷免者提出申辯機會。如美國各州規定簽署人數，以該被罷免人當選時所得票數爲計算依據，少者規定須在百分之十以上，多者規定須在百分之五十五以上，一般的規定則須爲百分之十至廿五。

(四)罷免原因的限制：即選民對當選人提出罷免時，須當選人有受罷免之原因者爲限。一般國家對當選人有違法或失職情事者，依規定多可提出罷免，此種「違法失職」即爲受罷免的原因，換言之如當選人無違法失職之情事，選民自不得對之提出罷免。

三、我國對行使罷免權限制的規定：

依現行動員戡亂期間公職人員選舉罷免法規定，其限制爲(一)公職人員就職未滿一年者不得罷免；(二)罷免案否決者，在該被罷免人之任期內，不得對其再爲罷免案之提議；(三)罷免案之提議人人數，國民大會代表、立法委員、省（市）議員、縣（市）議員、鄉（鎮市）民代表，須爲原選舉區應選出之名額除該選舉區選舉人總數所得商數百分之五以上；監察委員，須爲原選舉區之省（市）議會議員總數百分之十以上；縣（市）長、鄉（鎮市）長、村里長，須爲原選舉區選舉人總數百分之二以上；(四)罷免案之連署人數，國民大會代表、立法委員、省

（市）議員、縣（市）議員、鄉（鎮市）民代表，須爲原選舉區應選出之名額除該選舉區選舉人總數所得商數百分之十五以上；監察委員，須爲原選舉區之省（市）議會議員總數百分之二十以上；縣（市）長、鄉（鎮市）長、村里長，須爲原選舉區選舉人總數百分之十八以上。至受罷免之理由，法無明文規定，只有「罷免案應附理由書」的字樣，究竟何種理由始可構成罷免案，只有待選民與選舉委員會的認定了。

第五節　創制權

創制權有其意義，行使創制權的範圍不盡相同，行使創制權有其程序與方式，行使創制權亦有其效力與限制。茲分項簡述如後。

第一項　創制權的意義

創制權，係指公民得以一定人數的簽署，自行或建議制定或修改法律或憲法的權利，故創制權亦稱造法權。茲分析如下：

一、創制權是公民直接參與立法：

本來制定或修訂立法係屬議會的職權，但如掌理治權的立法機關怠於行使其職權，或所制定的法律不能滿足人民的需求，則人民基於主權在民的論點，可直接創制法律或修改法律，以應人民的需求，以濟立法權之窮與救立法權之偏。

二、創制權是政權立法：

立法機關屬於治權範圍，立法機關的立法稱爲治權立法，而人民行使創制權，係屬行使政權，故基於創制權所制定的立法，稱爲政權立法。因治權須受政權的監督，故有時政權立法的效力要高於治權立法。

三、對創制權利弊的論點：

創制權的行使，其利弊究竟如何，各方看法不盡一致，大致可歸納爲：

(一)行使創制權的利：包括 1.人民直接制定法律，最能表達及符合人民之眞正意思；2.立法機關的失職或不周，可藉人民創制權的行使而獲得補救；3.人民參政的興趣，可藉行使創制權而提高，人民參政的機會亦可因而增加；4.人民所創制的法律，最能切合各地方的特殊環境與需要。

(二)行使創制權的弊：包括 1.立法須有高深的專門學識，人民多缺乏此種爲立法所需要的條件，故對直接創制法律常不能勝任愉快；2.立法機關的主要職權爲立法，如人民可創制法律，將削弱立法機關的權責，違反代議制度的本意；3.人民創制法律係以羣衆的意思爲意思，而羣衆意思易爲少數人所操縱利用；4.各地方人民均可行使創制權，可能破壞法律的普遍性及國家的統一性。

創制權雖有其利弊，但其弊未始不可設法加以補救，故行使創制權仍屬對人民有利。創制權初施行於瑞士及美國各州，及後德國威瑪憲法亦採用創制權，乃逐漸爲一般國家所採用，我國憲法亦有創制權的規定。

第二項　創制權的行使範圍

一般國家對行使創制權的範圍，有可創制憲法者，有僅可創制法律者，有可兼行憲法與法律的創制者。茲分析如下：

一、制憲的創制：

即公民對於憲法的修改，得提出法案者稱之。如瑞士聯邦只許公民提出憲法修正案。

二、立法的創制：

即公民對於普通法律，可提出法案者稱之。如西班牙一九三一年憲法

第六條第二項規定「人民得行使創制權向國會提出法律案」，即屬其例。

三、兼行憲法及立法的創制：

即公民可對憲法或法律，均可提出法案者稱之。如美國各州、瑞士各邦、及德國威瑪憲法的規定，均屬其例。

四、我國憲法對創制權的行使範圍：

依憲法第十七條規定「人民有……創制……之權」。又憲法第廿七條規定，國民大會有修改憲法之職權。因其係代表全國國民行使政權之機關，其修改憲法，自屬創制權的行使，故為憲法的創制。又憲法第一百二十三條規定「縣民關於縣自治事項，依法律行使創制複決之權……」。又第一百三十六條規定「創制複決兩權之行使，以法律定之」。因人民行使創制複決兩權的法律尚未制定，其行使創制權的範圍如何，尚難認定，惟大致而言，其行使範圍可能只及於法律而不及於憲法，甚或只限於縣民對縣自治事項之行使創制與複決權。

惟於此須說明者，國民大會第四次大會依據動員戡亂時期臨時條款當時第四項規定所制定之「國民大會創制複決兩權行使辦法」（於五十五年八月八日總統令公布），規定國民大會對於中央法律有創制其立法原則之權，對於中央法律有複決之權，是又為立法的創制。至其詳細內容，已在第六章第四節中有所敍述，不再重複。

第三項　行使創制權的程序、方法與方式

各國公民行使創制權，其程序、方法與方式，頗有不同。茲分析如下：

一、行使創制權的程序：

大致而言，其程序與罷免案程序甚為相似，如(一)簽署創制法案的申請書；(二)受理申請書機關審核；(三)將申請書公告，由各界辯論；

(四) 立法機關審議; (五) 交付公民投票等。至於申請書的簽署人數多寡，各國規定不一，如瑞士規定對聯邦憲法創制案須有五萬公民的簽署，如德國威瑪憲法規定關於憲法或法律的創制案須有公民十分之一的連署，又如美國俄亥俄州對法律的創制案須有公民百分之三的連署等。

二、行使創制權的方法:

創制權的行使方法可分兩種，(一)爲直接創制，卽公民所提出的法案，卽交公民投票表決者稱之，如瑞士聯邦、美國各州中有採用之。(二)爲間接創制，卽公民所提出的法案，須先交議會表決，如議會通過卽可成爲法律，如議會不通過，始將原法案與議會修正的法案，一同提交公民表決者稱之，美國各州中亦有採用此制者。

三、行使創制權的方式:

創制權的行使，其方式亦可分爲兩種，卽(一)爲立法原則創制，卽公民的創制權，只提示立法的原則，而根據原則之法律案的起草則歸由議會。如瑞士聯邦對憲法的全部修正，公民只能提出原則的法案，聯邦議會如同意其原則，卽依原則制定完整的法案交付公民複決; 如聯邦議會不同意其原則，則應先將原則的法案交付公民投票表決，如爲公民所贊成，再由聯邦議會制定法案，再交由公民複決。(二)爲條文創制，卽由公民提出完整的法律案，請求議會通過者。如瑞士聯邦憲法之部分修正案及美國部分的州卽採此種方式。

此兩種創制權的行使方式，如以理論言，似以條文創制爲宜，更能表明公民眞正的公意; 但從實務言，則又以原則創制爲妥，因立法工作須由具有專門學識者擔任，一般公民頗難勝任立法的工作，如只作原則的創制，而立法的專門性工作則歸由立法機關擔任，自較爲適切。

四、我國行使創制權的程序、方法與方式:

依憲法第廿七條第一項第三款規定，國民大會對制憲的創制，應屬

直接創制與條文創制；至國民大會對立法的創制，依國民大會創制複決兩權行使辦法規定，應屬間接創制與原則創制。至依憲法第一百二十三條所定縣民對縣自治事項的創制，除屬立法創制可以確定外，究竟為直接創制抑間接創制，為原則創制抑條文創制，其程序又如何，只有待於將來法律的規定了。至於省民對省自治事項有無創制權，則憲法未有明文規定。

第四項 行使創制權的效力與限制

公民行使創制權所制定的法律，其效力有不同的論點，行使創制權為免發生流弊，多有限制的規定。茲分析如下：

一、公民創制法律的效力：

對效力的看法有兩種不同論點，即(一)認為法律經公民投票決定者，比議會制定的法律，應有優越力，議會不得自由改廢之，否則公民創制便無意義；美國有些州的規定，凡公民創制並經公民投票決定的法律，除人民表示同意外，議會不得改廢之，即為此種論點的實例。(二)認為公民表決的法律與議會議決的法律，在階位上並無高低之別，因而議會可任意改廢之；如德國威瑪憲法，則無不得改廢之規定。但亦有調和上述兩種論點而作不同的主張者，即法律經人民投票而通過者，該議會不得改廢之，但議會改選之後，即不受此約束，因改選的議會是人民最新的公意，自可不受以往人民公意所創制法律之約束，如德國 Bremen 邦之制即屬如此。

二、行使創制權的限制：

公民的創制權，對其創制的內容並非毫無限制，大致而言，如預算案，租稅案，兵役案以及戒嚴、宣戰、媾和、條約等案，一般國家均禁止公民創制。因以上各案均與人民義務有關，為免公民利用創制而逃避

義務，致影響國家安全，故禁止公民行使創制權，但禁止之範圍大小，
則各國又不甚相同。

三、我國憲法的規定：

因憲法第一百三十六條所指創制複決兩權之行使的法律尚未制定，
對創制權制定法律的效力及行使創制權內容如何限制，尚不得而知。但
國民大會依動員戡亂時期臨時條款規定所制定之「國民大會創制複決兩
權行使辦法」的規定，國民大會所創制之立法原則，立法院不得變更；
又國民大會創制之立法原則，經完成立法程序後，非經國民大會決議，
立法院不得修正或變更。由此規定，依據創制權所制定之法律，其效力
較立法院所制定的法律爲高。至於行使創制權的內容，在該兩權行使辦
法中，並無限制的規定，因而應解析爲不受限制。

第六節　複　決　權

公民行使複決權，亦有其意義，複決權有其行使範圍，行使複決權
的方法與程序頗有不同，行使複決權亦有其效力與限制。茲分項簡述如
後。

第一項　複決權的意義

複決權是公民以法定人數及依一定程序，對憲法或立法機關所通過
之法律，行使其最後決定之權。茲分析如下：

一、複決權亦是公民直接參與立法：

立法權原操之於立法機關，但如立法機關濫用立法權，或制定不符
合民意或違反民意之立法，則基於主權在民的論點，人民自有權加以糾
正，此乃除創制權之外尚須有複決權的原因。故複決權同爲人民直接參

與立法之權。

二、複決權與創制權須相輔爲用：

創制權乃由公民直接制定新法律之權，複決權乃公民對立法機關所制定之法律直接行使其最後決定權。創制權與複決權雖有不同，但二者須相輔爲用，不可偏廢。

三、複決權亦是政權立法：

複決權係政權之一種，由人民行使，且屬立法權之一種，故爲政權立法，與由立法機關所行使之治權立法不同，其情形正與創制權屬於政權立法者同。

四、行使複決權之利弊：

行使複決權對立法機關之立法權自有影響，但複決權亦確有其需要，因此對行使複決權的利弊，就有不同論點，其情形正與行使創制權之利弊相同，在前節第一項已有引述，不再重複。

第二項　複決權的行使範圍

一般國家對公民行使複決權的範圍，有限於憲法的複決者，有限於普通法律之複決者，有兼採憲法與立法之複決者，我國憲法對複決權行使範圍另有規定。茲分析如下：

一、憲法複決：

指對立法機關或制憲機關所通過的憲法案或憲法修正案，由公民運用複決權予以複決者。如美國各州，多採用制憲複決之制度。

二、立法複決：

指對立法機關所制定之普通法律，由公民運用複決權予以複決者。如瑞士有若干邦，則採立法複決之制。

三、兼採憲法及立法複決者：

指對立法機關（或制憲機關）所制定之憲法或憲法修正案，及所制定之普通法律，由公民運用複決權予以複決者。如美國少數的州及瑞士大多數的邦，均兼採憲法及立法複決制。

四、我國憲法的規定：

憲法第十七條規定「人民有 …… 創制複決之權」；又第廿七條規定，國民大會有複決立法院所提之憲法修正案；第一百二十三條規定，縣民關於縣自治事項依法律行使創制複決之權；第一百三十六條規定，創制複決兩權之行使以法律定之；及依國民大會創制複決兩權行使辦法規定，國民大會對中央法律有複決權等觀之，國民大會具有憲法複決及立法複決之權，至人民將來行使複決權之範圍如何，除縣民對縣自治事項有複決權外，其餘尚有待法律之規定。

第三項　行使複決權的方式與程序

公民固可行使複決權，但行使的方式與程序，各國不甚一致，我國除國民大會創制複決兩權行使辦法中有所規定外，其餘尚無法律之規定。茲分析如下：

一、行使複決權的方式：

大致而言，可分下列四種：

（一）諮詢複決：指憲法或法律未制定或修改前，立法機關先交付公民公決，以決定其應否制定或修改之謂。如瑞士聯邦憲法規定，倘聯邦議會兩院對憲法應否修改有不同意見時，應先交公民公決，以定其需否修正。

（二）批准複決：指憲法或法律案經立法機關制定或修正後，應將法案交付人民公決，以獲得公民的批准。如瑞士少數邦的憲法，規定凡增加稅率至一倍以上等之重要法律案，須經公民投票批准。

(三)強制複決: 指憲法案或法律案，經制憲機關或立法機關通過之後，必須經過公民複決始能有效成立者。美國各州及瑞士各邦中，對憲法的修正多採強制複決制，對於普通法律案亦間有採用強制複決制者。

(四)任意複決: 指憲法或法律案，不一定須交付複決，但人民或其他機關要求交付複決時即須交付複決，如未有要求時，即不交付複決而逕可生效。一般採用複決權的國家，對普通法律案的複決，大都為任意複決。

二、行使複決權的程序:

行使複決權的國家，對任意複決都有程序的規定。

(一)請求: 其情形又有下列四種:

1.由公民請求: 此為最常用的程序,即凡立法機關通過的法律案，得由公民提出請求複決，但須有法定人數公民的簽署，以防止複決權的濫用。

2.由行政機關請求: 如德國威瑪憲法曾規定，在內閣與議會發生衝突時，准許總統於改組內閣或解散議會之外，得將聯邦議會通過的法律，於一個月內在該法律未公布前，提交公民複決，使政府藉公民投票以協調內閣與議會間的衝突。

3.由議會請求: 指由議會主動將制定的法律案交付複決。如奧國一九二〇年憲法曾規定，議會通過之法案，得經議會決議或議會議員半數的請求提交人民複決，以救濟立法的粗疏與緩和輿論的攻擊。

4.由地方議會請求: 指中央的法律案得由地方議會請求複決。如瑞士聯邦議會制定的法律，得由八個邦議會議決請求提交公民複決; 又如意大利憲法規定，法律如有五個省議會的請求，應即舉行公民投票。

(二)公告: 不論由何者請求，於請求成立時，應即將交付複決之法案予以公告，使公民了解法案內容，以便抉擇。

(三)投票: 公告期間多有一定，公告期間過後即在預定日期舉行投票。

三、我國憲法的規定:

除公民之行使複決權，尚有待將來法律的規定外，國民大會的行使複決權，對於憲法係採用強制複決（憲法第廿七條），對於中央制定的法律，依國民大會創制複決兩權行使辦法規定，係採任意複決，即須有國民大會代表總額六分之一的簽署方能提出複決案。

第四項　行使複決權的效力與限制

公民行使複決權的結果，其效力如何，論點並不一致，複決權的行使為防止發生弊端，多有某些限制。茲分析如下:

一、行使複決權的效力:

在觀點上，雖有經行使複決權的法律案的效力，有應優於一般法律及應與一般法律相等的不同，但一般國家多採納前一論點，即認為經複決權行使而生效的法律，其效力應優於未經行使複決權而生效的法律，其情形與行使創制權所制定的法律，其效力優於一般法律者同。亦即普通法律與經行使複決權而生效之法律牴觸者,普通法律應予修改或廢止，並規定於一定期間不得再行提出或制定。

二、行使複決權的限制:

複決權如被輕易的使用，究竟是容易發生弊端的，因此一般國家對複決權的行使，亦多加以限制。其限制通常有(一)時間的限制，即行使複決權的要求或交付，須在法定期間以內。(二)簽署人數的限制，即要求行使複決權時，簽署人數須達法定人數以上。(三)複決內容的限制，即有關財政問題（如租稅、預算），大赦，特赦，國際條約等法案，多禁止公民複決，如意大利共和憲法即有類此規定。

三、我國憲法的規定：

　　除公民行使複決權的效力與限制，有待將來法律規定外，國民大會
對行使複決權的效力，在國民大會創制複決兩權行使辦法中已有規定，
卽國民大會複決成立之法律，經公佈後生效，非經國民大會決議，立法
院不得修正或廢止；經複決修正或否決或廢止之法律，立法院不得制定
相同之法律。至國民大會行使複決權的限制方面，依憲法第一百七十四
條規定，立法院擬定憲法修正案提請國民大會複決時，須由立法院立法
委員四分之一之提議，四分之三之出席，及出席委員四分之三之決議，
且此項修正案應於國民大會開會前半年公告之。

第十六章　基本國策

　　我國憲法為迎合現代憲法的潮流，乃專列基本國策一章。國父遺教中有關基本國策的指示甚多，一般國家對基本國策的入憲乃近代之事，基本國策的規定與一般條文的規定甚有不同。我國的基本國策，區分為國防、外交、國民經濟、社會安全、文化教育、邊疆地區等六部分。茲就以上情形分節敍述之。

第一節　與本章有關的遺教要點

　　國父的遺教中，對基本國策有屬求國際與經濟地位平等者，有屬平均地權者，有屬節制資本者，有屬經濟利益調和者，有屬民生六大需要者；又中國國民黨第一次全國代表大會宣言及建國大綱，對基本國策亦有宣示與指示；五五憲草亦有基本國策的規定。茲分項簡述如後。

第一項　求國際與經濟地位平等

有關謀求國際地位平等與經濟地位平等的遺教，主要有：

一、求國際地位平等：

國父講女子要明白三民主義時稱「甚麼是民族主義呢？就是要中國和外國平等的主義，要中國和英國、法國、美國那些強盛國家都是一律平等的主義」。又在講要改造新國家當實行三民主義時謂「民族主義卽世界人類各種族平等，一種族不爲他種族所壓制」。在手著本三民主義中曾謂「夫漢族光復，滿清傾覆不過只達到民族主義之一消極目的而已。從此當努力猛進，以達到民族主義之積極目的也。積極目的爲何？卽漢族當犧牲其血統、歷史與夫自尊自大之名稱，而與滿蒙回藏之人民，相見以誠，合爲一爐而治之。以成一中華民族之新主義。如美利堅之合黑白數十種之人民，而治成一世界之冠之美利堅民族主義，斯爲積極之目的也」。在中國國民黨第一次全國代表大會宣言中有云「民族主義有兩方面之意義；一則中國民族自求解放，二則中國境內各民族一律平等」。建國大綱中有云「其三爲民族。故對國內之弱小民族政府當扶植之，使之能自治；對於國外強權侵略，政府當抵禦之」。

二、求經濟地位平等：

國父在民生主義闡明民生的意義謂「民生就是人民的生活，社會的生存，國民的生計，羣衆的生命」。在軍人精神敎育中謂「故民生主義，則爲打破社會上不平之階段也」。在黨員須宣傳革命主義中謂「民生主義，就是弄到人人生計上經濟平等」。在民生主義中又謂「我們要解決民生問題，不但是要把這四種需要（卽食衣住行）弄到很便宜，並且要全國的人民都能够享受」。又謂「我們三民主義的思想，就是民有、民治、民享。這個民有、民治、民享的意思，就是國家是人民所共有，政治是人民所共管，利益是人民所共享」。

第二項　平均地權

平均地權是國父的重大發明，對須平均地權的理由及其實施方法，

與須耕者有其田的理由及其實施方法,指示甚詳。茲擇其要者摘錄如下:

一、平均地權方面:

　　國父在民生主義中,先謂地主的利益是不勞而獲,卽「由此可知可見土地價值之能夠增加的理由,是由於衆人的功勞,衆人的力量,地主對於地價漲跌的功勞,是沒有一點關係的。所以外國學者認地主由地價增高所獲的利益,名之為不勞而獲的利益,比較工商業的製造家,要勞心勞力買賤賣貴,費許多打算許多經營,才能夠得到利益,便大不相同」。又謂「要把社會上的財源弄到平均,……我們的頭一個辦法,就是解決土地問題。……我們所用的辦法,是很簡單很容易的,這個辦法就是平均地權」。在講平均地權時又謂「地權旣均,資本家必捨土地投機事業,以從事工商,則社會前途,將有無窮之希望。蓋土地之面積有限,工商業之出息無限,由是而製造事業日繁」。在三民主義之具體辦法中又謂「土地問題實在很大的,我們要預防這種由於土地的關係,有貧者愈貧富者愈富的惡例,便非講民生主義不可。要講民生主義,又非用從前同盟會所定平均地權的方法不可」。

　　至實施平均地權的方法,國父在民生主義中先主張地主報價,卽「在利害兩方面相互比較,他一定不情願多報,亦不情願少報,要定一個折衷的價值,把實在的市價報告到政府。地主旣是報折衷的市價,那麼地主和政府,自然是兩不吃虧」。再主張照價徵稅,在講實行新社會革命中謂「以南京土地較上海黃浦灘土地,其價相去不知幾何,但分三等,必不能得其平。不如照價徵稅,貴地收稅多,賤地收稅少」。又主張照價收買,卽在民生主義中謂「講到照價抽稅照價收買,就有一重要事件要分別清楚,就是地價是單指素地來講,不算人工改良及地面之建築,比方有一塊地,價值是一萬元,而地面是樓宇是一百萬元,那麼,照價抽稅,照值百抽一來算,只能抽一百元。如果照價收買,就要給一萬元

地價之外，另要補回樓宇之價一百萬元了。其他之地，若有種樹、築堤、開渠各種人工之改良者，亦要照此類推」。而後再主張漲價歸公，卽在民生主義中謂「因爲地價漲高，是由於社會改良和工商業進步。中國的工商業，幾千年都沒有大進步，所以土地價值常常經過許多年代，都沒有大改變。如果一有進步，一經改良，像現在的新都市一樣，日日有變動，那種地價便要增加幾千倍或者是幾萬倍了。推到那種進步和改良的功勞，那是由衆人的力量經營而來的。所以由這種改良和進步之後，所漲高的地價，應該歸之大衆，不應該歸之私人所有」。

二、耕者有其田方面：

國父首先闡明耕者有其田是在解決農民問題與增加糧食生產，卽在民生主義中謂「中國現在雖然是沒有大地主，但是一般農民有九成都是沒有田的，他們所耕的田，大多是屬於地主的，有田的人自己多不去耕。照道理來講，農民應該是爲自己耕田，耕出來的農品，要歸自己所有。現在的農民，都不是耕自己的田，都是替地主來耕田，所生產的農品，大半是被地主奪去了，這是一個很重大的問題，我們應該馬上用政治和法律來解決，如果不能解決這個問題，民生問題便無從解決」。在講耕者有其田時又謂「假若耕田所得的糧食，完全歸到農民，農民一定更高興去耕田的，大家都高興去耕田，便可以多得生產」。

至實施耕者有其田的方法，國父先後提出授田、租田、保障農民權益及限田的主張，卽先在第一次全國代表大會宣言中謂「國民黨之主張則以爲農民之缺乏田地淪爲佃戶者，國家當給以土地，資其耕作，並爲之整頓水利，移植荒徼，以均地方」。在實業計畫蒙古新疆移民項內又謂「土地應由國家收買，以防專占投機之家，置土地於無用，而遺毒害於社會。國家所得土地，應均爲農莊，長期貸諸於民。而經營之資本、種子、器具、屋宇，應由國家供給，以實在所費本錢，現款取償，或分

期難還」。在民生主義中又謂「我們要增加糧食生產，便要規定法律，對於農民的權利，有一種鼓勵，有一種保障，讓農民自己多得收成」。在中國國民黨改進宣言中有云「由國家規定土地法，使用土地法及地價稅法，在一定時期後，私有之土地所有權，不得超過法定限度」。

第三項　節制資本

節制資本亦爲國父的重大發明，一方面主張節制私人資本，另一方面又提倡發達國家資本，並各別闡述其理由與辦法。茲就其指示之重要者摘錄如下：

一、節制私人資本方面：

國父先對節制資本的意義作一解析，而後再提出節制私人資本的理由爲反對少數人壟斷，預防貧富不均及防範資本主義的禍害。　國父在中國國民黨第一次全國代表大會宣言中謂「凡本國人或外國人之企業，或有獨佔性質，或規模過大爲私人之力所不能辦者，如銀行、鐵路、航路之屬，由國家經營之，使私有資本制度，不能操縱國民之生計，此則節制資本之要旨也」。在講民生主義之真義時謂「夫吾人所以持民生主義者，非反對資本，反對資本家耳。反對少數人佔經濟之勢力，壟斷社會之富源耳」。在民生主義中又謂「我們主張解決民生問題的方法，不是先提出一種毫不合時用的劇烈辦法，再等到實業發達以求適應，是要用一種思患預防的辦法，來阻止私人的大資本，防備將來社會貧富不均的大毛病」。又在軍人精神教育中謂「三十年後，產生多數資本家實殊非淺鮮。第就吾國現勢而論，此民生主義爲預防政策，但須研究對於將來之資本家加以如何之限制，而不必遽各國將資本家悉數掃除」。

至節制私人資本的方法，則提出限制私人企業範圍，社會與工業改良，征收直接稅及分配社會化四種。　國父在實業計畫第一計畫中謂「中

國實業之開發，應分兩路進行：(一)個人企業，(二)國家經營是也。凡夫事物之可以委諸個人，或其較國家經營爲適宜，應任個人爲之，由國家獎勵，而以法律保護之。……至其不能委諸個人或有獨佔性質者，應由國家經營之」。在民生主義中謂「就是用政府的力量改良工人的教育，保護工人的衞生，改良工廠和機器，以求安全和極舒服的工作。能够這樣改良，工人有做工的能力，便極願意去做工，生產的效力便是很大。這種社會進化事業，在德國實行最多，並且最有成效。近來英國美國也是一樣做行，也是一樣的有成效」。又謂「行這種方法，就是用累進稅率，多征資本家的所得稅和遺產稅。行這種稅法，就可以令國家的財源，多是直接由資本家而來。資本家的入息極多，國家直接征稅，所謂多取之而不爲虐。……歐美近來實行直接征稅，增加了大財源，所以便有財力來改良種種社會事業」。又謂「有了買賣制度以後，一切日常消耗貨物，多是由商人間接買來的，商人用極低的價錢，從出產者買得貨物，再賣到消費者，一轉手之勞，便賺許多佣錢，這種貨物的分配制度，可以說是買賣制度，亦可以說是商人分配制度，消耗者在這種商人分配制度之下，無形中受很大的損失，近來研究這種制度，可以改良，可以不必由商人分配，可以由社會組織團體來分配，或者由政府來分配。……像用這種分配的新方法，便可省去商人所賺的佣錢，免去消耗者所受的損失，就這種新分配方法的原理講，就可以說是分配之社會化」。

二、發達國家資本方面：

　　國父首先闡述須發達國家資本的理由，再提出發達國家資本的方法。在民生主義中謂「我們在中國要解決民生問題，想一勞永逸，單靠節制資本的辦法，是不足的。現在外國所行的所得稅，就是節制資本之一法。但他的民生問題，究竟解決了沒有？中國不能和外國比，單行節制資本是不足的。因爲外國富，中國貧，外國生產過剩，中國生產不足，所以

中國不單是節制私人資本，還要發達國家資本」。

　　至發達國家資本的方法，國父在民生主義中謂「要解決民生問題，一定要發達國家資本，振興實業。振興實業方法很多，第一是交通事業，像鐵路、運河，都要大規模的建築。第二是礦產，中國礦產極其豐富，貨藏於地，實在可惜，一定要開關。第三是工業，中國的工業非要趕快振興不可，中國工人雖多，但是沒有機器，不能和外國人競爭」。又謂「把電車、火車、輪船，以及一切郵政電訊交通的大事業，都由政府辦理，用政府的大力量去辦那些大事業」。至其詳細辦法，則在實業計畫內另有規書。

第四項　經濟利益的調和

　　國父認為經濟利益相調和，才是社會進化的原因，而階級戰爭只是社會進化中所發生的病症。茲擇要摘錄如下：

一、社會進化是由於經濟利益相調和:

　　國父在民生主義中謂「馬克斯定要有階級戰爭，社會才有進化，階級戰爭是社會進化的原動力，這是以階級戰爭為因，社會進化為果。我們要知道這種因果的道理，是不是社會進化的定律？便要考察近來社會進化的事實」。國父經考察近來社會進化事實的結果，乃謂「社會之所以有進化，是由於社會上大多數經濟利益相調和，不是由於社會上大多數的經濟利益的衝突。社會上大多數經濟利益的調和，就是為大多數謀利益；大多數有利益，社會才有進步」。

二、階級戰爭是一種病症

　　國父在民生主義中謂「社會上大多數經濟利益之所以要調和的原因，就是因為要解決人類生存問題，……人類因為要不間斷的生存，所以社會才有不停止的進化。……階級戰爭不是社會進化的原因，階級戰爭是

社會當進化的時候，所發生的一種病症」。 又謂「馬克斯研究社會問題所有的心得，只見到社會進化的毛病，沒有見到社會進化的原理，所以馬克斯只可說是一個社會病理家，不能說是一個社會生理家」。

第五項　民生六大需要

國父自民國十三年一月廿七日起，開始講三民主義，民生主義只講了四講，尚有兩講未講完，便因赴韶關督師北伐而停止，不幸於十四年三月十二日在北平與世長辭。先總統　蔣公繼國父之志，於民國四十一年十一月十二日發表民生主義育、樂兩篇補述，連同　國父親講的食、衣、住、行，乃成為民生六大需要。玆依次擇要摘錄如下：

一、食的問題：

　　國父在民生主義中謂「吃飯問題就是頂重要的民生問題，如果吃飯問題不能夠解決，民生主義就沒有方法解決，所以民生主義的第一個問題，便是吃飯問題」。又謂「我們現在講民生主義，就是要四萬萬人都有飯吃，並且要有很便宜的飯吃，要全國的個個人都有便宜飯吃，那才算是解決了民生問題」。至解決吃飯問題的方法，在糧食生產方面，提出「要用機器代手工，用化學肥料，輪流耕植各種植物或經常交換種子，用科學方法消除動植物的害蟲，新式製造罐頭，依賴運輸調劑糧食，防止水災旱災等七種方法」，「還須注意到分配問題」。

二、衣的問題：

　　國父在民生主義中謂「宇宙萬物之中，只是人類纔有衣穿，而且是文明的人類纔有衣穿，……穿衣就是民生的第二個問題」。對解決穿衣問題的方法，提出「改良衣服原料的生產；打破外來的經濟壓迫，實行保護本國的工業政策；取消不平等條約，實行關稅自主，保護本國工業；由國家設置大規模的縫紉廠，大量製造衣服，以供人民穿用」。

三、住的問題：

國父在實業計畫第五計畫中，對建築則提出「如製造磚瓦則須建窰，木材須建鋸木工廠，鐵架須建製鐵工廠，此外須設石工場、士敏土工場、三合土工場等」；對居室之建築則提出「此類居室之建築，須依一定規範。……一切居室設計，皆務使居人得其安適」。對家具製造則提出「一切家具，亦須改用新式者，以圖國人之安適，而應其需要」。對電信設備則提出「無論城鄉各家，皆宜有電話，故當於中國設立製造電話器具工廠，使其價甚廉」。

四、行的問題：

國父在實業計畫第五計畫中，對大路的建造則提出「提議造大路一百萬英里，是須按每縣人口之比率，以定造路之里數」。對製造自動車則提出「可設立製造自動車之工場，……所造之車，當合於各種用途，爲農用車、工用車、商用車、旅行用車、運輸用車等，此一切車以大規模製造，實可較今更廉，欲用者皆可得之」。對燃料供給則提出「除供給廉價車之外，尚須供給廉價燃料，否則人民不能用之。故於發展自動車工業之後，即須開發中國所有之煤油礦」。

五、育的問題：

先總統蔣公在育的問題篇中對解決人口問題提出：(一)依據實業計畫之精神，使全國經濟平均發展，全國人口均衡分佈；(二)工業礦業及漁牧事業，依各地資源分佈的實況，使其發展，各地人口之分佈，應使其適於資源的開發與利用；(三)城市與鄉村均衡發展，要做到城市鄉村化，鄉村城市化，每一家庭都得到充分的空間和健康的環境。

對養育問題則提出：(一)設立公共婦產醫院、設立兒童教養院、設立托兒所、設立兒童保健院，以協助人民解決兒童問題。(二)要從提高國民生活水準，普及國民衛生教育，普設防治醫院，實行疾病保險，以

解決生理的疾病問題；要減少疾病的發生和傳染，防止車禍傷害，訓練
殘廢使之能就業，以解決生理的殘廢問題；要從改良監獄、創設精神病
院、心理衞生所等事項著手，以解決心理上的疾病問題；要從建設精神
病院管制蔴醉品各方面著手，以解決心理上的殘廢問題。(三)要從保障
婚姻安全、減低離婚率、輔導就業、取締游民、設置游民習藝所、乞丐
妓女收容所，加以訓練，使能就業，以解決鰥孤獨問題。(四)要建立老
年退休制度、建立養老制度、設立養老院，使老年人能獲得安靜的生活，
以頤養天年。(五)應多設殯殮場所、公墓，戒除一切浪費，使喪葬問題
能得到合理解決。

　　對教育方針則提出今天應該注意的是：(一)要以四育六藝為教育的
內容；(二)要以促進社會進步與民族復興為教育的使命；(三)要以充實
學生生活的內容為教育的任務；(四)要以陶冶學生性格改正學生行為為
教育的目標；(五)要使社會教育設施配合學校教育的發展；(六)要使各
種文化宣傳工具與學校教育配合。

　　對教育的範圍，則提出兒童強迫教育與成人識字運動、家庭生活教
育、公民教育、職業生活教育、小學教育、成人教育、國民軍訓、童子
軍、勞動服務等九個部門。

六、樂的問題：

　　先總統蔣公在樂的問題篇中對康樂的意義曾謂「怎樣纔是健全的國
民呢？第一就是一般國民的身心能够保持平衡；第二就是一般國民的情
感與理智能够保持和諧」。又謂「身心保持平衡，纔是真實的健康；情
感與理智得到和諧，纔是正當的娛樂」。

　　對康樂的環境，曾提出兩大原則，即：(一)城市鄉村建設的原則，
在市鄉建設計畫中，對於城市要使每一家庭享有充分的空間，不祇是住
宅能够稍為寬舒，並且公共的體育場和遊息場所也要以人口為比例來開

關和建設；對於鄉村亦要使其能享受公共衞生和公用事業的便利。（二）
山林川原的設計，包括森林計畫，必須從水土的保持，以及國家資源與
國民健康和遊行娛樂等幾方面來著眼；　川流的整理，　須注意灌溉、交
通、動力、漁撈、風景的欣賞與泛舟的娛樂；　城市建設，要城市鄉村
化，城市能享受園林景色，園林所佔的空間要以人口爲比例來計算，公
園、兒童公園及運動場，都應該以人口爲比例來建設。

對解決康樂問題的方法，提示對心理的康樂方面，要從改進音樂、
歌曲、書畫、彫刻、戲劇、電影、廣播及維護宗教著手，以增進國民的
精神娛樂；對身體的康樂方面，要從清潔、秩序、節制著手，以養成國
民的健康習慣，並倡導射擊、駕駛、游泳、滑冰、滑雪、國術著手，以
培養國民的健康技能。

第六項　政綱與政策

第一次全國代表大會宣言所提示之國民黨的政綱與政策，足可代表
國父當時對基本國策的看法。其內容爲：

一、對外政策：

包括：（一）一切不平等條約，如外人租借地、領事裁判權、外人管
理關稅權、以及外人在中國境內行使一切政治的權力，侵害中國主權者，
皆當取消，重訂雙方平等互尊主權之條約。（二）凡自願放棄一切特權之
國家，及願廢止破壞中國主權之條約者，中國皆將認爲最惠國。（三）中
國與列強所訂其他條約，有損中國利益者，須重新審定，務以不害雙方
主權爲原則。（四）中國所借外債，當在使中國政治上、實業上，不受損
失之範圍內，保證並償還之。（五）庚子賠款當完全畫作教育經費。（六）
中國境內不負責任之政府，如賄選僭竊之北京政府，其所借外債，非以
增進人民之幸福，乃爲維持軍閥之地位，俾得行使賄買、侵吞盜用，此

等債款中國人民不負償還之責任。(七)召集各省職業團體、社會團體組織會議，籌備償還外債之方法，以求脫離因困頓於債務而陷國際的半殖民地之地位。

二、對內政策:

包括(一)關於中央及地方權限，採均權主義。凡事務有全國一致之性質者劃歸中央，有因地制宜之性質者劃歸地方；不偏於中央集權制或地方分權制。(二)各省人民得自定憲法，自舉省長，但省憲不得與國憲相牴觸；省長一方面爲本省自治之監督，一方面受中央指揮，以處理國家行政事務。(三)確定縣爲自治單位，自治之縣其人民有直接選舉及罷免官吏之權，有直接創制及複決法律之權；土地之稅收，地價之增益，公地生產及山、林、川、澤之息，礦產水力之利，皆爲地方政府之所有，用以經營地方人民之事業，及應育幼、養老、濟貧、救災、衞生等公共之需要；各縣之天然富源及大規模之工商業，本縣資力不能發展興辦者，國家當加以協助，其所獲之純利，國家與地方均之；各縣對於國家之負擔，當以縣歲入百分之幾爲國家收入，其限度不得少於百分之十，不得超過百分之五十。(四)實行普通選舉制，廢除以資產爲標準之階段選舉。(五)釐訂各種考試制度，以救選舉制度之窮。(六)確定人民有集會、結社、言論、出版、居住、信仰之完全自由權。(七)將現時募兵制度漸改爲徵兵制度，同時注意改善下級軍官及兵士之經濟狀況，並增進其法律地位；施行軍隊中之農業敎育及職業敎育，嚴定軍官之資格，改革任免軍官之方法。(八)嚴定田賦地稅之法定額，禁一切額外徵收如釐金等類，當一切廢絕之。(九)清查戶口，整理耕地，調查糧食之產銷，以謀民食之均足。(十)改良農村組織，增進農人生活。(十一)制定勞工法，改良勞動者之生活狀況，保障勞工團體，並扶助其發展。(十二)於法律上、經濟上、敎育上、社會上確認男女平等之原則，助進女權之發

展。（十三）勵行教育普及，以全力發展兒童本位之教育，整理學制系統，增高教育經費，並保障其獨立。（十四)由國家規定土地法、土地使用法、土地徵收法及地價稅法；私人所有土地，由地主估價呈報政府，國家就價徵稅，並於必要時得依報價收買之。(十五)企業之有獨佔的性質者，且爲私人力所不能辦者，如鐵道、航路等，當由國家經營管理之。

第七項　建國大綱的指示

國父手訂建國大綱中，涉及本章基本國策者有：

一、第二條：建設之首要在民生，故對於全國人民食衣住行四大需要，政府當與人民協力，共謀農業之發展，以足民食；共謀織造之發展，以裕民衣；建築大計畫之各式屋舍，以樂民居；修造道路運河，以利民行。

二、第四條：其三爲民族。故對於國內之弱小民族，政府當扶植之，使之能自決、自治。對於國外之侵略強權，政府當抵禦之，並同時修改各國條約，以恢復我國際平等，國家獨立。

三、第十條：每縣開創自治之時，必須先規定全縣私有土地之價。其法由地主自報之，地方政府則照價徵稅，並可隨時照價收買，自此次報價之後，若土地因政治之改良、社會之進步而增價者，則其利益當爲全縣人民所共享，而原主不得而私之。

四、第十一條：土地之歲收、地價之增益、公地之生產、山林川澤之息、礦產水力之利，皆爲地方政府之所有，而用以經營地方人民之事業，及育幼、養老、濟貧、救災、醫病與夫種種公共之需。

五、第十二條：各縣之天然富源，及大規模之工商事業，本縣之資力不能發展興辦而須外資乃能經營者，當由中央政府爲之協助，而所獲

之純利，中央與地方政府各佔其半。

第八項　五五憲草對基本國策的設計

五五憲草中，定有第六章國民經濟，第七章敎育，係屬基本國策的規定，共有二十三條。茲照錄如下：

一、國民經濟章：

共列十五條：（一）第一百十六條：中華民國之經濟制度，應以民生主義爲基礎，以謀國民生計之均足。（二）第一百十七條：中華民國國內之土地，屬於國民全體；其經人民依法取得所有權者，其所有權受法律之保障及限制。國家對於人民取得所有權之土地，得按照土地所有權人申報或政府估定之地價，依法律徵稅或徵收之。土地所有權人對於其所有土地，負充方使用之義務。（三）第一百十八條：附著於土地之礦，及經濟上可供公衆利用之天然力，屬於國家所有，不因人民取得土地所有權而受影響。（四）第一百十九條：土地價值非因施以勞力資本而增加者，應以徵收土地增值稅方法，收歸人民公共享受。（五）第一百二十條：國家對於土地之分配、整理，以扶植自耕農及自行使用土地人爲原則。（六）第一百二十一條：國家對於私人之財富及私營事業，認爲有妨害國民生計之均衡發展時，得依法律節制之。（七）第一百二十二條：國家對於國民生產事業及對外貿易，應獎勵、指導及保護之。（八）第一百二十三條：公用事業及其他有獨占性之企業，以國家公營爲原則，但因必要，得特許國民私營之。國家對於前項特准之私營事業，因國防上之緊急需要，得臨時管理之，並得依法律收歸公營，但應予以適當之補償。（九）第一百二十四條：國家爲改良勞工生活，增進其生產技能，及救濟勞工失業，應實施保護勞工政策。婦女、兒童從事勞動者，應按其年齡及身體狀況，施以特別之保護。（十）勞資雙方，應本協調互助原則，發展生

產事業。(十一)第一百二十六條：國家為謀農業之發展及農民之福利，應充裕農村經濟，改善農村生活，並以科學方法，提高農民工作效能。國家對於農產品之種類、數量及分配，得調節之。(十二)第一百二十七條：人民因服兵役、工役或公務，而致殘廢或死亡者，國家應予以適當之救濟或撫恤。(十三)第一百二十八條：老弱殘廢，無力生活者，國家應予以適當之救濟。(十四)第一百二十九條：左列各款事項，在中央應經立法院之議決，其依法律得以省區或縣市單行規章為之者，應經各該法定機關之議決。1.稅賦、捐費、罰金、罰鍰或其他有強制性收入之設定，及其徵收率之變更；2.募集公債、處分公有財產或締結增加公庫負擔之契約；3.公營、專賣、獨占或其他有營利性事業之設定或取銷；4.專賣、獨占或其他特權之授予或取銷。省區及縣市政府非經法律特許，不得募集外債，或直接利用外資。(十五)第一百三十條：中華民國領域內，一切貨物應許自由流通，非依法律不得禁阻。關稅為中央稅收，應於貨物出入國境時徵收之，以一次為限。各級政府不得於國內徵收貨物通過稅。對於貨物之一切稅捐，其徵收權屬於中央政府，非依法律不得為之。

二、教育章：

共計八條，即(一)第一百三十一條：中華民國之教育宗旨，在發揚民族精神，培養國民道德，訓練自治能力，增進生活知能，以造成健全國民。(二)第一百三十二條：中華民國人民受教育之機會，一律平等。(三)第一百三十三條：全國公私立之教育機關一律受國家之監督，並負推行國家所定教育政策之義務。(四)第一百三十四條：六歲至十二歲之學齡兒童，一律受基本教育，免納學費。(五)第一百三十五條：已逾學齡未受基本教育之國民，一律受補習教育，免納學費。(六)第一百三十六條：國立大學及國立專科學校之設立，應注重地區之需要，以維持各地

區人民享受高等教育之機會均等，而促進全國文化之平衡發展。（七）第一百三十七條：教育經費之最低限度，在中央為其預算總額百分之十五，在省區及縣市為其預算總額百分之三十。其依法律獨立之教育基金並予以保障。貧瘠省區之教育經費，由國庫負擔之。（八）第一百三十八條：國家對於左列事業及人民，予以獎勵或補助。1.國內私人經營之教育事業，成績優良者；2.僑居國外國民之教育事業；3.於學術技術有發明者；4.從事教育成績優良，久於其職者；5.學生學行俱優，無力升學者。

第二節　基本國策的入憲

基本國策的入憲，係廿世紀初的情事，自有其原因，並由德國威瑪憲法開其端，隨後一般國家漸將基本國策規定入憲法。玆分項簡述如後。

第一項　基本國策入憲的原因

基本國策有其意義，基本國策入憲的原因，有屬社會的有屬憲法功能的。玆分析如下：

一、基本國策的意義：

指一個國家一切政策活動的大原則，舉國上下共同努力奮鬥的大目標。故基本國策只是一種方針的規定，僅指示政府以行動的方針，至如何循著方針進行，則有待於有關法律的制定，與政府依照所定法律的執行。

二、由於社會發展原因使基本國策入憲：

自工業革命後，由於工業的漸發達，不僅生產組織隨之發生變化，人民生活方式亦隨著改變，而人類社會亦發生了許多嚴重的問題，如失業問題、勞資問題、貧富懸殊問題、社會安全問題、國民教育問題，甚

而涉及國防外交問題等。國家對此類重大問題的基本方針，不得不有所
宣示，以期一方面作爲政府施政的依據，另一方面使全國人民有所了解
與增加對政府的支持。

三、由於憲法功能原因使基本國策入憲:

以往一般國家憲法所規定者，多只注重國家體制，政治權力的運作，
人民權利義務，及憲法的修改與解析等，故憲法的功能多是消極的，對
政府的作爲是具有規範性與限制性的。由於人類社會的改變，公共事務
的增繁，人民需要層次的提升，憲法要求於政府的作爲，亦大爲增加，
以加強爲民服務。故憲法的功能已由消極的限制，走向積極的指導，在
憲法中增列基本國策的規定，對政府的一切施政與作爲，正可發揮指導
的作用。

第二項　德國威瑪憲法開其端

一九一九年德意志聯邦憲法（卽威瑪憲法），共計兩編十二章，第
二編之第二章共同生活、第四章敎育及學校、第五章經濟生活，均屬國
家的基本政策的規定，爲以往各國憲法體例中所無者。其主要內容爲:

一、共同生活:

特別包括(一)婚姻爲家庭生活及保持與增殖民族之基礎，受憲法之
特別保護；（二)養育子女完成其肉體精神及社會的能力，爲兩親之最高
義務，且爲其自然之權利；（三)聯邦各邦及公共團體，應保護少年，勿
使爲過分勞動，或使在道德上精神上肉體上，遭受遺棄；（四)官吏爲全
體之使用人，非一黨派之使用人等。

二、敎育及學校:

主要包括(一)藝術學術之研究及講授，應享有自由，聯邦及各邦應
予以保護，並促進其發展；（二）爲敎育少年之必要，應設置公的營造

物，其設備應由聯邦各邦及公共團體協力爲之；（三)所有學校，應服從聯邦與邦之監督，並得使公共團體參與其事；（四)各級學校應以德國國民性及國際協調精神爲基礎，以完成學生之道德修養、公民應具之思想人格及專門技能等。

三、經濟生活：

主要包括（一)經濟生活之秩序，以使各人得到人類應得之生活爲目的，並須適合正義之原則；法律上之強制，限於防止侵害權利或公共福利上之重大必要時，始得爲之；（二)所有權受憲法之保障，其內容及界限，由法律規定之；公共徵收，限於公共福利之需要且具有法律之根據者，始得爲之；所有權包含義務，所有權之行使，應同時顧及公共福利；（三)土地之分配及利用，應由聯邦及邦加以監督，以防止其濫用；（四)聯邦得依據法律，準用公共徵收之規定，將私人經濟企業之適於社會化者，移歸公有；（五)爲維持健康及勞動能力，保護產婦，及防護因年齡、病弱與生活變化，以致經濟上結果惡劣起見，聯邦應設置社會保險制度，並使被保險人參與其事；（六)所有德國人民，均負有以其精神及肉體力量，爲適於公共福利勞動之道義上義務，但不得妨碍人身自由；所有德國人民，均應與以依其經濟勞動，取得其生活資料之機會，對於未與以適當之勞動機會者，應支給必要之生活費用等。

第三項　各國憲定基本政策的情況

自威瑪憲法將基本國策納入憲法之後，各國隨後所制定的憲法，亦每將部分基本國策予以入憲。其情形如：

一、荷蘭憲法（一九五三年修正）：

設有國防、財政、教育、經濟等章。

二、泰國憲法（一九五二年修正）：

設有國家政策之指導原則一章。其大意爲保持國家獨立，與其他各國協力促進世界和平；　爲國家獨立，　維持軍隊；　爲促進公共安寧及繁榮，維持國內秩序；獎勵私經濟之發明，講求調整公共事業及私經濟企業之經營方法；促進並維持教育，設置教育組織爲國家專屬之義務，扶助研究機構得以從事其業務；傳染病之預防及撲滅，國家應爲國民無償行爲之規定等。

三、菲律賓憲法（一九四六年修正）：

設有公務人員、天然資源之保存及利用等條款。

四、巴西憲法（一九四六年制定）：

設有經濟及社會秩序，家庭教育及文化，軍隊，公務員等篇章。

五、巴拿馬憲法（一九四六年制定）：

設有家庭，工作，國民文化，公共衞生及社會福利，鄉民及原住民等章。

六、日本憲法（一九四六年制定）：

設有財政，地方自治，戰爭之放棄等章。

七、韓國憲法（一九四八年制定）：

設有經濟、財政、地方自治等章。

由上可知，將基本國策入憲已爲一普遍的現象，但入憲的基本國策的範圍，及其規定之詳簡（有者僅數條，有者將近百條），則因各國情形而有不同。

第四項　對基本國策應有的認識

基本國策的入憲，雖已爲一般國家所採用，但對基本國策的規定，大多爲大政策的宣示與施政目標的揭示，因此其情形與憲法之其他條文的規定頗有不同。研究憲法的學者乃提出對基本國策的應有認識，尤以

下列四點最爲重要:

一、基本國策只是目標多無強行性質:

　　基本國策，多爲國家施政目標之所在，懸的以赴，爲政府努力之方向，因此政府必須妥爲籌劃，逐步制定法規，依序施行。換言之，對基本國策的施行，多須經一過渡期間，俟一切條件許可時，方能施行，吾人不能謂憲法所定之基本國策，必須與其他憲法條文之立刻施行。故基本國策雖屬憲法中之重要部分，但原則上多無立即強行性質，但所定之基本國策有屬可立即施行者，自宜立即施行。

二、未達或超過目標者不得指爲違憲:

　　基本國策既多無強行性質，則政府於施行基本國策時，如其施行之結果未達基本國策所定之目標（如各級政府之敎育經費未達憲法第一百六十四條所定之總預算之百分比），或施行之結果超過基本國策所定之目標（如憲法第一百四十三條原規定爲人民依法取得之土地所有權仍予保障，但四十三年公布之耕者有其田條例對地主所有之耕地，有強制徵收分配於自耕農之規定）者，只須與憲法所定基本國策之本旨相符，均不能謂爲違憲。

三、基本國策仍須盡力施行:

　　基本國策雖多無強行性質，實有施政結果未達或超過基本國策所定目標者雖不能認爲違憲，但基本國策之執行力並不因此而減損，政府仍須盡力施行憲定的基本國策，以其成果來取得人民的擁戴。因此基本國策中，環境許可立即施行者，應立即施行，不能因無強行性質而故意擱置。在施行中，除有特殊困難或特殊原因外，施行結果應使儘量符合憲定的目標，不得以未達或超過目標並不構成違憲爲由，而懈怠或故意超過。

四、與基本國策相背的措施仍屬違憲:

基本國策雖多無強行性質，施行結果未達或超過目標者雖不認爲違憲，但不得因此而輕視基本國策的規定，更不可採取與基本國策本旨相背的措施，如果有此種背離基本國策的施政，自應仍認爲違憲，由司法院將其有關法規命令宣佈爲無效。

基本國策既有此種性質，則對基本國策的制定不得不予愼重。有不宜列入基本國策者則不宜列入，如有必須立卽施行的政策，不宜列入基本國策，而應改列至其他章節；如在可見的將來仍無法施行者，亦不宜列爲基本國策；致使基本國策的規定形同具文，減弱基本國策的重要性與影響人民對政府的信心。

第三節　國　　防

我國憲法所定的基本國策，共分國防、外交、國民經濟、社會安全、敎育文化、邊疆地區六節。玆先就國防言之。

國防的基本國策，爲憲法第一百三十七條至第一百四十條所明定，主要包括國防的目的與組織，軍隊國家化，文武分治三部分，玆分項簡述如後。

第一項　國防的目的與組織

憲法第一百三十七條規定「中華民國之國防，以保衞國家安全，維護世界和平爲目的。國防之組織，以法律定之」。玆分析如下：

一、國防的目的：

國防基本政策的目的有二

（一）對內是保衞國家安全：保衞國家安全，是立國的根本，亦爲國家生存發展、防範外國入侵、維護公共秩序、社會安和樂利、提高人民

生活水準的前提，因之憲法乃將保衞國家安全定爲國防目的之一。

（二）對外是維持世界和平： 近世紀由於國際關係的日趨密切與複雜，國際間的紛爭可影響及國家的安全，國家政局的動盪會影響及國際間的和平，故國家與國際關係極爲密切，爲期國家能在國際間生存與發展，除保衞國家安全外，尚須維護世界和平，如世界不得安寧，國家的安全亦將難以保衞。因此我國對國防的目的，除保衞國家安全外，尚須對外要維護世界和平，同時亦昭示我國並無侵略他國的野心。

二、國防的組織：

爲保衞國家安全與維護世界和平，自需建立起健全的國防組織，使一旦發生戰爭，即可迅速動員克敵致勝。國防組織，包括陸海空軍的編制與管理，軍事行政機關的組織，軍用物資的經理，兵員的徵補與訓練等，由於現代戰爭的複雜，牽涉範圍之廣，因而國防組織亦極爲繁複，且需隨國際情勢的變動及科技的發展，而隨機應變，故國防組織須授權由法律制定。依現行國防部組織法規定，國防部主管全國國防事務；國防部對於各地方最高級行政長官執行本部主管事務，有指示、監督之責；國防部本部設人力、物力、法制、主計、軍法等司；國防部設參謀本部，掌理人事、情報、作戰、教育訓練、後勤、軍醫、計畫、政治作戰及特業參謀等聯合參謀業務，下轄陸軍、海軍、空軍、聯合勤務各總司令部，憲兵司令部及軍管區司令部，其組織另以法律定之。

第二項　軍隊國家化

憲法第一百三十八條規定「全國陸海空軍，須超出個人、地域及黨派關係以外，效忠國家，愛護人民」。又第一百三十九條規定「任何黨派及個人，不得以武裝力量爲爭之工具」。此即軍隊國家化之意，茲分析如下：

一、軍隊的中心任務爲効忠國家與愛護人民：

軍隊旣爲國家所建立，自爲國家所有，其目的爲保衞國家安全與維護世界和平，故軍隊的中心任務，應爲効忠國家，而非効忠某一政黨或某一地區或某一個人；應爲愛護人民全體，而非愛護某一部分人或某一地區的人或某一個人。

二、軍隊須超出個人、地域及黨派關係以外：

在民國初年軍閥割據時期，軍隊是有地域性的，且爲個人所有，故其所効忠者爲軍閥所盤據的地區及軍閥個人。又政黨爲政治理想相同的一羣人的結合，只能以政治理想及選舉方法而獲取政權，不得以武力爲工具參與政爭，此乃民主國家所遵循者，爲期軍隊不爲個人、地區或政黨所有，故在憲法中明定，軍隊須超出個人、地域及黨派（並非禁止軍人加入政黨）關係以外，以眞正軍隊爲國家所有，効忠國家。

三、軍隊不得作爲黨派及個人的政爭工具：

民初的軍閥割據，因軍隊爲地域及個人所有，故軍閥常利用其所有的軍隊力量，作爲組閣或倒閣的本錢，作爲勾結同謀者或排除異己的工具，致政局始終難獲安定。政黨係民主政治中所不可缺少者，且政黨往往是多黨並存，如政黨均可保有自己的軍隊，則更將利用軍隊力量作爲政治鬥爭的工具，對國家的安全與政局的安定，影響必將更大，故在憲法中亦明文加以禁止，不得以武力爲政爭工具。

第三項　文武分治

憲法第一百四十條規定「現役軍人不得兼任文官」。此乃文武分治之意，茲分析如下：

一、現役軍人的含義：

現役軍人，指現時服務於陸海空軍之軍官及士兵而言。因之，依兵

役法規定而除役之軍人，固不得稱爲現役軍人；卽使爲現役期滿已退伍者，雖並未除役之軍人，仍不得稱爲現役軍人；再如現役軍人而未達退伍規定而僅係停役者，仍得外調爲文官（卽外職停役），故停役者亦非此處所指的現役軍人．

二、文官的含義：

文官係對武官而言，凡政府機關公務人員、公營事業人員、公立學校敎職員、各級民意機構代表、及地方自治團體之公務人員，均包括在內。蓋旣爲文武分治，則武職人員不得兼任武職以外之一切文職。

三、非現役軍人自得擔任文職：

如除役的軍人、退役的軍人，甚至停役的軍人，旣非屬現役軍人，自得依法擔任文官，而不受憲法本條的限制。

四、文武分治目的在預防軍人干政：

憲法制定本條之目的，在防止現役軍人以其軍事力量干預政治，與憲法第一百三十九條所定有同樣的作用。誠以民主政治，必須以政見及人民投票方法取勝，絕對禁止利用武裝力量干預政治而取勝，此亦爲民主政治可貴之處。

第四節 外 交

憲法第一百四十一條規定「中華民國之外交,應本獨立自主之精神,平等互惠之原則，敦睦邦交，尊重條約及聯合國憲章,以保護僑民權益,促進國際合作，提倡國際正義，確保世界和平」。此卽爲外交的基本政策，條文雖只有一條，但已充分表明了我國外交政策的精神與原則，外交的方針及外交的目標。茲分項簡述如後．

第一項　外交的精神與原則

我國外交的精神是獨立自主，外交的原則是平等互惠。茲分析如下：

一、獨立自主：

一個獨立的國家，即為一完全主權國，對外能自由決定外交政策，自由派遣使節，自由與外國締結條約，自由對外宣戰，自由媾和，凡此均不受任何國家或外來力量的干預與支配。故外交的獨立自主，為一個完全主權的國家所不可缺少者，也是一個完整的國際人格的特質，倘有所缺少，則不能稱為一個完全主權的國家。我國為一具有完全主權的國家，其外交自立以獨立自主為其基本精神。惟須注意者，一個國家的獨立自主精神固須受到他國的尊重，但亦應尊重他國的獨立自主，不得對他國加以任何的干預或侵犯。此亦為國際法之基本原則。

二、平等互惠：

亦即國際間的平等權，同為國際法的基本原則。國家不論其大小，國力的強弱，在國際法上均承認其地位一律平等，均得享有同等的權利與負擔同等的義務，使彼此地位相同，相互之利益均等。如甲乙兩國間簽訂條約時，不僅簽約雙方的國家地位平等，雙方相互間所享有的利益與所負擔的義務，亦應相互受惠相互履行，如甲國所得利益多於乙國所得者，乙國所盡義務大於甲國所盡者，甚或只有偏面的享受利益或負擔義務，均不屬平等互惠，均係不平等條約或不平等待遇，不得允許其存在。故此一平等互惠的原則，正可發揮獨立自主的精神。

第二項　外交的方針

在獨立自主的精神與平等互惠的原則要求下，所應有的外交方針或基本措施，則為敦睦邦交與尊重條約及聯合國憲章。茲分析如下：

一、敦睦邦交：

現代國際關係日趨複雜，國與國間的相互依賴與相互影響作用，亦在日趨強化。一個國家爲求自身的生存與發展，及謀求國際間的和平，與他國的交往自屬不可避免。在與他國交往時，應和睦相處，鞏固友誼，增加相互間的了解，以減少糾紛，進而維護國際間的和平。

二、尊重條約：

敦睦邦交的結果，我國與他國間必將在平等互惠的原則下，簽訂各種條約，爲維護我國與他國間的和睦關係，對此種已簽訂的條約必須遵守，並受其約束，而不得偏面毀約。

三、尊重聯合國憲章：

聯合國憲章係爲維護世界和平所訂定的公約，我國爲聯合國創始會員國之一，並簽字於憲章之上，自應尊重與遵守，以示我國維護和平的誠意與決心。或謂尊重條約及聯合國憲章並無入憲的必要，再如遇及條約及聯合國憲章有所修改時，仍須尊重該條約及憲章，殊屬不智。其實條約之訂定旣本於平等互惠原則，自應尊重，如與平等互惠有背時，則屬不平等之條約，自可不予遵守。再聯合憲章如有改變而影響及我國的主權時，我國自再無遵守的義務。由是觀之，在憲法中明定尊重條約及聯合國憲章自無不可。

第三項　外交的目標

在憲法中所明定的外交目標，有保護僑民利益，促進國際合作，提倡國際正義，確保世界和平。茲分析如下：

一、保護僑民利益：

我國人民分居於國外者，爲數達二千餘萬人，僑民對國家貢獻極多，尤以國民革命期間，依賴於華僑的幫助更大，故有「華僑爲革命之母」

的話。僑民在他國定居，自應受當地國之法律的支配，惟居在地國的司法手續如對僑民有不公之處，而受害之僑民又無救濟之方法時，僑民的祖國自有經由外交程序與僑民所在國政府談判解決，以盡保護僑民利益之責。

再以外僑之居住我國者而言，對外僑的利益亦須負起保護之責，使其生命財產獲得與國內人民同樣的保障。

二、促進國際合作：

國際事務，日趨繁多，其中且有若干事務，非某一國家所能舉辦或推行，而須國與國間之合作，為明示我國對處理國際事務的基本態度，乃以促進國際合作為處理國際事務的目標。對國際的組織，盡量參加為會員，並以合作的態度，會同他國處理國際事務，以保持國與國間的和諧，國際問題之和平解決。

三、提倡國際正義：

國際和平，必須基於正義而非基於強權，正義獲得伸張，國際和平纔能確保；如強權獲得抬頭，則強凌弱、眾暴寡，世界將永得不到安寧。我國憲法所定提倡國際正義的目標，極為正確，值得我們去努力，以期能以正義的精神力量，發揚人性，促進世界大同。

四、確保世界和平：

聯合國憲章雖為謀求國際和平所訂定之公約，但只靠公約本身，並不能真正保障國際間的和平，主要的還是需要各會員國表明確保世界和平的誠意與決心。我國憲法將確保世界和平訂為外交的目標，足證有確保世界和平的誠意與決心，並循由外交途徑來達成此一目標。

第五節　國民經濟

我國憲法對國民經濟基本政策的規定，共計有十條。其主要內容包括有平均地權，節制資本，農業工業化，經濟平衡發展與貨物自由流通，金融機構的普設與管理，扶助並保護僑民事業。茲分項簡述如後。

第一項　平均地權

憲法第一百四十二條規定「國民經濟應以民生主義為基本原則，實施平均地權，節制資本，以謀國計民生之均足」。第一百四十三條規定「中華民國領土內之土地屬於國民全體，人民依法取得之土地所有權，應受法律之保障與限制，私有土地應照價納稅，政府並得照價收買。附著於土地之礦，及經濟上可供公衆利用之天然力，屬於國家所有，不因人民取得土地所有權而受影響。土地價值非因施以勞力資本而增加者，應由國家徵收土地增值稅，歸人民共享之。國家對於土地之分配與整理，應以扶植自耕農及自行使用土地人為原則，並規定其適當經營之面積」。以上兩條之規定，一方面揭示出國民經濟的總目標，二方面表明經由民生主義之平均地權與節制資本來達成目標，而平均地權的實行，則本著四個大原則進行。茲分析如下：

一、國民經濟的總目標在謀國計民生之均足：

國計民生的含義，亦可用國父對民生的解析來表示。國父謂「民生就是人民的生活、社會的生存、國民的生計、羣衆的生命」；所謂均足亦即均富，一方面求均，一方面求富，須使均與富兩者兼有。因國父鑒於資本主義造成了貧富不均的現象，致流弊甚大，而共產主義又違反人性，妨害社會進步，其禍害所及更有甚於資本主義者，因而乃內察國情，

外省時勢，發明了中和而進步的民生主義，以謀人民生活的均與富。故國民經濟的總目標定爲國計民生之均足，正是代表國父民生主義理想的實現。

二、國計民生之均足經由平均地權與節制資本來達成：

一個目標的達成，須經由某種程序或政策。而國計民生均足之目標，則經由實施平均地權與節制資本兩大政策來實現，故平均地權與節制資本均是一種政策，謀國計民生的均足始是目的。

三、實施平均地權的原則：

一種政策的實施，須基於某種原則來指導，除節制資本部分在第二項敍述外，實施平均地權政策的原則，依民生主義及憲法第一百四十三條的規定，主要包括下列五個：

(一)土地公有的原則：憲法所定「中華民國領土內之土地，屬於國民全體」，卽爲土地公有原則的表示。吾人須注意者，土地既屬於國民全體，故爲國民全體之公益而利用之，因此私人雖可依法取得土地所有權，仍不能違反國民之公益，政府爲國民公益之必要，自可徵收私人所有之土地或加以限制。憲法又規定「人民依法取得之土地所有權，應受法律之保障與限制」，此乃爲便於人民使用土地及鼓勵開發土地資源起見，於法律許可範圍內，不僅允許人民可依法取得土地所有權，法律對之並宜予以保障，但此種保障均以不妨害國民之公益爲前提，如私人對其所有土地之使用有妨害及國民之公益時，法律自得加以限制。現行土地法對此均有規定。

(二)照價徵稅與照價收買的原則：憲法規定「私有土地應照價納稅，政府並得照價收買」，如此，人民對私有土地應照價納稅，足可防止地主對於地價以少報多的流弊；政府對人民土地可照價收買，足可防止地主對於地價以多報少的弊端。可促使地主對於地價之申報不敢多報或少

報。現行的土地稅法及土地法，對照價納稅與照價收買，均有詳盡的規定。

(三)漲價歸公的原則：憲法規定「土地價值非因施以勞力資本而增加者，應由國家徵收土地增值稅，歸人民共享之」，乃漲價歸公原則的揭示。土地價值之增加，如由於地主投入勞力或資本所致者，則土地價值增加之利益，自應由地主享有；但如土地價值之增加，並非由於地主之投入勞力或資本，而係由於社會改良或工商業進步所致者，對地主而言，此乃不勞而獲，其土地價值增加之利益，不應由地主享有，而應由國家徵收土地增值稅，以造福人民，歸人民共享之。因徵收土地增值稅的做法，比完全將漲價歸公較爲緩和與易行，故憲法採用之。

(四)耕者有其田的原則：憲法規定「國家對於土地之分配與整理，應扶植自耕農及自行使用土地人爲原則，並規定其適當經營之面積」，此乃耕者有其田原則的揭示。我國農民以往多爲地主耕田，耕田的收成須將大部繳給地主，故地主能不耕而獲，耕田者受到剝削。爲期農民能耕種屬於自己的田，不但可增加產量，且可不再受地主的剝削，因此乃有三七五減租條例及實施耕者有其田條例的公布與施行。

(五)天然資源國有的原則：憲法規定「附著於土地之鑛，及經濟上可供公衆利用之天然力，屬於國家所有，不因人民取得土地所有權而受影響」，此乃天然資源國有原則的昭示。因蘊藏於地下之鑛，及經濟上可供公衆利用之天然力，其影響於公衆的利益極大，故宜由政府開發利用，以造福人民，不因人民取得土地之所有權而受影響。有了此種規定，積極方面可增進社會公共福利，消極方面可避免私人利用土地所有權而阻碍天然資源的開發，及防止私人利用土地所有權而獲取暴利。

第二項　節制資本

我國憲法第一百四十四條規定「公用事業及其他有獨佔性之企業，以公營為原則，其經法律許可者，得由國民經營之」。又第一百四十五規定「國家對於私人財富及私營事業，認為有妨害國計民生之平衡發展者，應以法律限制之。合作事業應受國家之獎勵與扶助。國民生產事業及對外貿易，應受國家之獎勵、指導及保護」。由上列規定，可知節制資本的政策，包括節制私人資本與發達國家資本兩部分，每部分又各含有若干原則。茲分析如下：

一、節制私人資本的原則：

憲法所定「國家對於私人財富及私營事業，認為有妨害國計民生之平衡發展者，應以法律限制之」，此即節制私人資本的原則。所謂私人財富就是私人資本，私營事業就是私人資本所經營的事業。國家對於私人財富及私營事業，原應予以法律保障，但如私人資本過於集中，致發生操縱壟斷生產市場之弊端時，為求國計民生之均足與平衡之發展時，自應以法律限制之。此乃民生主義與自由放任不採干預政策之資本主義的不同處，亦是民生主義與不承認私有之共產主義的相異處。

二、獎勵合作事業、國民生產事業及對外貿易的原則：

憲法所定「合作事業應受國家之獎勵與扶助。國民生產事業及對外貿易，應受國家之獎勵、指導及保護」，即屬此一原則的宣示。合作事業是基於「人人為我，我為人人」的平等互助所舉辦的事業，如生產合作社，運銷合作社，消費合作社，信用合作社等。合作事業，在限制私營事業上有節制資本作用，在減少中間剝削及發展國民經濟上，有增進國民利益的功能，故應由政府予以獎勵，如經營合作事業遭遇及困難，政府應予以扶助。復因我國生產落後，對國民從事生產事業而無集中資

本操縱壟斷生產市場之虞者,及爲促進生產與發展產業所爲之對外貿易,政府自應予以獎勵, 在技術程序方法上加以指導, 並採取保護措施, 以維護其權益及保護其生存與發展。

三、發展國家資本的原則:

憲法所定「公用事業及其他有獨佔性之企業, 以公營爲原則」, 乃此一原則的宣示。如憲法第一百零七條第五、第八項事業應由國家經營之, 第一百零八條第三、第七項事業應由中央或省或縣經營之, 第一百零九條第四、第五、第六等項事業應由省或縣經營之, 乃根據此一原則之具體的規定。因公用事業及其他有獨佔性之企業, 須有鉅額資本, 私人難以經營, 且與國民生活有密切關係, 亦不宜由私人經營, 如銀行、郵電、水電、交通等事業, 均應由國家經營, 如此, 不但可預防私人資本之集中而產生資本主義經濟制度的流弊, 由國家經營後且可以其經營所得利益歸於國家, 由人民共享其利益。

四、依法許由國民經營之原則:

憲法所定「其經法律許可者, 得由國民經營之」, 乃此一原則的明示。因可能影響及國計民生之事業爲數衆多, 如均須由國家經營, 也許會發生財力、人力諸方面的困難, 爲期不影響公營事業的經營與發展, 於必要時, 亦得將其中部分准由國民經營之, 並誘導私人資本於正途, 但此種准許國民經營之公營事業及經營方針, 須以法律制定並經主管機關的許可, 以預防發生私人資本過於集中與操縱壟斷國計民生之流弊。民國四十二年政府曾公布公營事業移轉民營條例, 其第三條規定下列公營事業不得移轉民營, 卽直接涉及國防機密之事業, 專賣或獨佔性之事業, 大規模公用或有特定目的事業。換言之, 除此三種公營事業外, 其餘公營事業視情形自得移轉民營, 卽屬其例。

第三項　農業工業化

憲法第一百四十六條規定「國家應運用科學技術，以興修水利、增進地力、改善農業環境、規劃土地利用、開發農業資源，促成農業之工業化」。茲分析其政策與原則如下：

一、確立農業工業化的政策：

我國自古以來爲以農立國，農業爲國本所關，農業之興衰，直接影響及國計民生，故不得不予重視。爲期振興農業、增加生產以富裕民生，乃確立農業工業化的政策，以爲振興農業的依據。至如何來實現農業工業化的政策，則定出五個原則。

二、運用科學技術興修水利原則：

振興農業首要條件爲水利，興建水庫、水土保持、疏濬河道、建立灌漑系統等，均爲農業生產所不可少者，此類工程的進行，並須運用科學技術爲之。

三、運用科學技術增進地力原則：

增進地力即增加土地的生產能力，如運用科學技術改進施肥方法、調節施肥種類、逐步改變土地性質、增加土地養分，輪流種植不同農作物，以提高土地的生產力，亦爲振興農業所不可缺者。

四、運用科學技術改善農業環境原則：

農業環境包括範圍甚廣，凡影響農業興衰之社會、政治、經濟建設等均屬之。如國民對農民的尊重、家庭制度與農業的配合、政策上對振興農業採取積極與鼓勵扶植措施、農業生產道路的興建、農業機械的引用等，均屬農業環境範圍，應隨時注意改善，以利農業的發展。

五、運用科學技術規劃土地利用原則：

土地的面積是有限的，以有限土地上的農業生產，來供應不斷增加

的人口之需用，必將有時而窮，因而如何運用科學技術來規劃提高土地利用，亦爲當務之急。如實施各種用地的分區，如工業區、住宅區、遊覽區、農業區等；及各區土地的重劃，如工業區內的土地重劃、農業區及住宅區內土地的重劃，以提高土地的利用力，不使有荒廢的土地，無利用價值的土地。

六、運用科學技術開發農業資源原則：

有土地就有農業資源，但農業資源須運用科學技術加以開發始能利用與加以培植始能取用。如原有農、林、漁、牧各種資源的開發利用，與對已開發利用後所缺少之農、林、漁、牧資源之有計劃的種植與培育，以期農業資源可取之不盡用之不竭。

第四項　經濟平衡發展與貨物自由流通

憲法第一百四十七條規定「中央爲謀省與省間之經濟平衡發展，對於貧瘠之省，應酌予補助。省爲謀縣與縣間之經濟平衡發展，對於貧瘠之縣，應酌予補助」。又第一百四十八條規定「中華民國領域內，一切貨物應許自由流通」。此乃對經濟平衡發展與貨物自由流通政策的規定。茲分析如下：

一、經濟平衡發展的政策：

我國幅員廣大，因受地理環境的限制，致在教育、交通、經濟、甚至政治上，頗多差異，致同爲中國國民，而共享的利益卻有厚薄之分。爲期人民共享的利益能盡量相當，則須謀求經濟的平衡發展，不使有偏榮偏枯的現象存在。至實現經濟平衡發展政策的原則，則採酌予補助經費的辦法，亦即中央對貧瘠的省應酌予補助，省對貧瘠之縣應酌予補助，以期貧瘠的省或縣獲得補助後，使經濟可獲得快速的發展。再如中央或省對貧瘠的省或縣給予補助後，對其經濟發展的做法自可予以指導，其

經濟發展的績效亦可加以考核，使中央與省的政策更可在受補助的省或縣貫徹實施。

二、貨物自由流通的政策：

貨物之自由流通，亦爲促使全國經濟平衡發展的條件。國父在上李鴻章書中卽提出貨暢其流的主張，並認應取消一切通過稅，才能抵制外國貨物的進口，發達本國的工商業。貨物如能在國內有自由流通，必會降低貨物的價格，增加全國人民享受廉價貨物的利益，貨物銷路暢旺，因而又可刺激生產，發展工商業，實爲一舉數得。

第五項　金融機構的普設與管理

憲法第一百四十九條規定「金融機構，應依法受國家的管理」。又第一百五十條規定「國家應普設平民金融機構，以救濟失業」。此乃確定金融機構普設與管理的政策。兹分析如下：

一、普設平民金融機構：

金融機構，依其主要任務之不同，可區分爲若干類，而平民金融機構，則以服務一般民衆爲對象的金融機構而言，如各地所設置的土地銀行、農民銀行等，卽屬平民金融機構。設置平民金融機構之主要任務，在救濟平民的失業，因平民多無資本，欲自行從事創業，可向平民金融機構以較低利息貸款，作爲創業的資本。故平民金融機構的普遍設置，可協助平民創業，增加就業機會，因而亦可減少失業人數。

二、金融機構的管理：

此處所稱金融機構，包括各種公營私營銀行、郵政儲金匯業局、信託局、錢莊、信用合作社等。金融機構本以活潑資金的融通，鼓勵民間的儲蓄，及輔助工商業的發展爲主要任務，故其與社會經濟及人民生活間具有密切的關係，爲免擾亂金融、影響國計民生、破壞社會秩序計，

自應受國家的管理，至於管理的原則，則另由法律制定之。

第六項　扶助並保護僑民事業

憲法第一百五十一條規定「國家對於僑居國外之國民，應扶助並保護其經濟事業」，此乃對僑民事業扶助與保護政策的宣示。茲分析如下：

一、扶助並保護僑民事業的需要：

我國僑居國外之僑民，數達二千餘萬，過去僑胞資助國民革命及工商業、教育事業，其功不可沒，但自二次世界大戰後，由於各國華僑人數增多，經濟事業有相當成就，乃引起僑居地政府與人民的妒忌，於是先後採取排華政策，致使僑民經濟事業蒙受摧殘，故我國政府自有出面扶助並保護之必要。

二、扶助並保護僑民事業的措施：

如華僑在僑居地之經濟事業，應由駐外使領館的經濟專業單位或專人，向華僑提供扶助及發展經濟事業的意見，如華僑經濟事業受到僑居地政府之非法的不平等待遇致蒙受利益之損失者，應運用外交途徑以保護之；再華僑回國投資者，應予以特別優待；華僑資金的融通與結匯，應給予便利等。凡此均屬在憲法所定政策下，政府應有的措施。

第六節　社會安全

現代國家，對社會安全的政策均予特別重視，故在憲法所定之基本國策中，多包括有社會安全的政策。我國憲法對社會安全，亦有明確的政策規定，條文共有六條，其內容包括保障工作機會，改善勞農生活，促進勞資協調合作，實施社會保險制度，維護民族生存發展等。茲分項簡述如後。

第一項　保障工作機會

憲法第一百五十二條規定「人民具有工作能力者，國家應予以適當之工作機會」。此乃保障工作機會政策的宣示。茲分析如下：

一、保障工作機會與工作權應予保障不同：

憲法第十五條所定「人民的工作權應予保障」，係消極的，指已有工作的人民，對其工作權應予以保障，不使無故被剝奪。有關公務人員及勞工的管理法規中，對工作權的保障多有相當的規定。而此所稱「國家應予以適當之工作機會」，是積極的，對沒有工作者或原有工作而現已失業者，由政府給予適當工作機會，同時一個無工作的國民，亦可請求政府給予工作機會，故與憲法第十五條所定的意義不同。前者在保障人民的權利，後者給予工作的機會，以減少失業及促進就業，進而安定社會與繁榮社會；故前者列在人民之權利義務章，後者列在社會安全章。

二、保障工作機會以具有工作能力者爲限：

工作能力爲擔任工作之必備條件，如對未具工作能力者給予工作機會，則將難以勝任工作，對個人與政府均屬不利，故保障工作機會以對具有工作能力者爲限。

三、對有工作能力而失業者輔導其就業：

基於保障工作機會的政策，政府對有工作能力而失業者，應輔導其就業。目前各級政府，多設置有就業輔導機構，以接受具有工作能力而失業者，依據其專長介紹有關公民營機構就業，有時亦接受用人機構的委託，遴選具有工作能力而未有工作機會者，送由用人機構遴用。凡此均屬保障工作機會政策的實施，且著有成效。

四、給予職業訓練後輔導就業：

憲法原規定係對具有工作能力者應予以適當工作機會，對未具有工

作能力者，則不負給予工作機會的責任。近年來政府爲進一步的增加就業機會，乃將未具工作能力者，先予以職業訓練，經由訓練取得某種工作的專長後，再輔導其就業，可謂已超出憲法所期望的程度。目前各種職業訓練所的設置，再輔以就業輔導的輔導就業，已獲得顯著的績效。

第二項　改善勞農生活

憲法第一百五十三條規定「國家爲改良勞工及農民之生活，增進其生產技能，應制定保護勞工及農民之法律，實施保護勞工及農民之政策。婦女兒童從事勞動者，應按其年齡及身體狀態，予以特別之保護」。此乃有關改善勞農生活政策的規定。茲分析如下：

一、改善勞農生活的含義：

所謂改善勞農生活，指(一)改良勞工及農民的生活，增進勞工及農民的生產技能，其做法爲透過保護勞工及農民法律之制定，來實施保護勞工及農民的政策。(二)對從事勞動的婦女兒童，應依其年齡高低及身體發育狀態，分別加以特別的保護。

二、改良勞工生活方面的法律規定：

經制定之改良勞工生活的法律甚多，茲就勞動基準法、勞工安全衞生法及勞工保險條例中擇其有關之重要規定，簡述如下：

(一)勞動基準法：1.雇主不得以強暴、脅迫、拘禁或其他非法之方法，強制勞工從事活動；2.非有特定情形，雇主不得預告勞工終止契約；3.勞工工資由勞雇雙方議定之，但不得低於基本工資；4.事業單位如有盈餘，對全年無過失之勞工應給與獎金或分配紅利；5.勞工每日正常工作時間不得超過八小時，每週工作總時數不得超過四十八小時；6.勞工每七日中至少應有一日休息，勞工在同一雇主或事業單位繼續工作滿一定期間者，每年應給予特別休假；7.勞工依規定退休者應給予退休金；

8.勞工因遭遇職業災害而致死亡、殘廢、傷害或疾病時，雇主應依規定予以補償；　9.雇主僱用勞工人數在三十人以上者，應訂立工作規則；　10.為協調勞資關係，促進勞資合作，提高工作效率，事業單位應舉辦勞資會議。

（二）勞工安全衞生法：　1.雇主對特定事項，應有必要之安全衞生設施；　2.雇主於僱用勞工時應施行體格檢查，經檢查發現勞工不適從事某種工作時，不得僱其從事該種工作；　3.在特定環境中工作的勞工，其工作時間應予減少。

（三）勞工保險條例：　1.勞工保險分普通事故保險與職業災害保險兩種，前者分生育、傷病、醫療、殘廢、老年、死亡六種，後者分傷病、醫療、殘廢、死亡四種；　2.勞工普通事故保險費率為投保薪資 6～8％，由雇主與勞工分擔；　3.參加保險之勞工，發生保險事故者，可享受免費醫療或支領一定標準的現金給付。

三、改良農民生活方面之措施：

政府在此方面已採之措施甚多，除制訂三七五減租條例、實施耕者有其田條例、農業發展條例，使農民增加收益、協助農民取得自己的耕地、加速農業現代化、提高農民生活水準之外，其餘如農貸的擴充，稅捐的減免，歉收季節田賦的免徵，保障農產品之合理價格，建立農業保險與災害補償制度、實施農民保險等，均屬改良農民生活的有效措施。再如農作物之實施輪植，土地品質的改良，農機具的引進與推廣，耕作及種植技術的指導，農作物病蟲害的防治，施肥方法的指導等，均屬增進農民生產技能的有效措施。

四、婦女兒童之特別保護：

在勞動基準法及勞工安全衞生法中，對婦女及兒童之從事勞動者，均有其特別保護的規定。如（一）十五歲以上未滿十六歲之受僱從事工作

者爲童工，童工不得從事繁重及危險性之工作，每日之工作時間不得超過八小時，例假日不得工作，不得於午後八時至翌晨六時之時間內工作；(二)女工不得於午後十時至翌晨六時時間內工作；女工分娩前後應停止工作，給予產假；女工在姙娠期間如有較爲輕易工作得申請改調，雇主不得拒絕；子女未滿一歲須女工親自哺乳者，雇主應每日另給哺乳時間二次；(三)雇主不得僱用童工、女工從事坑內工作，處理爆炸性引火性等物質之工作，散佈有毒氣體或有害輻射線場所內之工作，有塵埃、粉末散佈場所之工作，運轉中機器或動力傳動裝置危險部分之掃除上油檢查修理或上卸皮帶等工作，超過二二〇伏特電力線之合接、已溶礦物或礦渣之處理、鍋爐燒火、及其他危險性工作。

第三項　促進勞資協調合作

憲法第一百五十四條規定「勞資雙方應本協調合作原則，發展生產事業。勞資糾紛之調解與仲裁，以法律定之」。此乃有關勞資合作發展事業與勞資糾紛調解仲裁政策的規定。茲分析如下：

一、勞資合作發展事業：

共產主義所倡導的階級鬪爭與勞資對立，只有使生產事業提早蕭條與毀滅，故國父出而提倡社會經濟利益的相調和，勞資雙方的協調與合作，以發展生產事業。依現行勞動基準法規定，各事業應舉辦勞資會議的規定中，卽包括有勞雇雙方溝通意見加強合作之方法，其目的卽在協調合作來發展生產事業。

二、勞資糾紛調解仲裁：

對勞資糾紛之調解與仲裁，則制定有勞資爭議處理法，其中規定有(一)勞資爭議的處理機關，爲調解委員會及仲裁委員會；(二)調解委員會置委員三至五人，由主管官署代表及爭議當事人雙方代表所組成，調

解會已經召開而委員拒絕出席致調解無從進行者，以調解不成論；調解成立時，視同爭議當事人間之契約；（三）仲裁委員會置委員九至十三人，由主管機關及其他有關機關代表及勞資雙方所選定之仲裁委員所組成，勞資爭議案件未經調解程序者不得付仲裁，爭議當事人對仲裁委員會之裁決不得聲明不服，此項裁決視同爭議當事人間之契約。

　　對勞資爭議之處理前曾另訂有動員戡亂期間勞資糾紛處理辦法，依該辦法規定，設勞資評斷委員會，其評斷事項包括工人待遇調整、勞資糾紛之緊急處理、交通公用及公營事業勞工糾紛之處理事項，勞資評斷委員會之裁決，任何一方有不服從時，主管機關得強制執行。自勞資爭議處理法於七十七年六月修正公布後，該辦法已廢止。

第四項　實施社會保險制度

　　憲法第一百五十五條規定「國家爲謀社會福利，應實施社會保險制度。人民之老弱殘廢，無力生活及受非常災害者，國家應予以適當之扶助與救濟。」此乃社會保險與社會救助政策的規定。茲分析如下：

一、社會保險：

　　實施社會保險之目的，在謀求增進社會福利。社會福利之範圍甚廣，有關人民幸福、安寧、康樂等均包括在內。社會保險制度，原屬保險制度的一種，凡屬國家的人民均在保險之列，是一被保險人數最多、內容最複雜、所需經費最龐大的保險制度。我國依憲法規定，最後目標自爲實施社會保險制度，因目前尚難立卽施行，故乃按被保險人性質，分別建立不同的保險制度，如適用於勞工之勞工保險制度、適用於公敎人員的公務人員保險制度、適用於軍人的軍人保險制度，適用於私立學校敎職員之私立學校敎職員保險制度等，均已實施且有成效；再如農民保險制度亦在試辦之中。當社會各種人員均分別納入各該保險制

度後，也許會統合建立爲一個社會保險制度，以達到增進社會福利的目的。

二、社會救助：

社會救助之目的，在實現「老有所終、壯有所用、幼有所長、矜寡孤獨廢疾者皆有所養」的理想。依此一政策的宣示，所採取之措施有救濟院、習藝所、婦女敎養所之設置，病患貧民的救濟，急難扶助、災害救濟及多令救濟的實施，並有老人福利法、社會救助法、殘障福利法之公布與施行等，均屬其顯著者。

第五項　維護民族生存發展

憲法第一百五十六條規定「國家爲奠定民族生存發展之基礎，應保護母性，並實施婦女兒童福利政策」，此乃保護母性與婦女兒童福利政策的宣示。又第一百五十七條規定「國家爲增進民族健康，應普遍推行衛生保健事業及公醫制度」，此乃保健公醫政策之規定。玆分析如下：

一、保護母性：

母性懷孕產子，撫養民族幼苗，對國家民族貢獻至大。且母性影響幼兒及兒童的人格與發育亦爲最多，爲期保有健全的國民，自應對母性特加保護，如婦女分娩期間給予假期，在懷孕期間調整轉爲較易的工作，對婦女生育者給予補助等，均屬保護母性之措施。

二、實施婦女兒童福利政策：

爲奠定民族生存發展之基礎，除應特別保護母性外，尙須實施婦女兒童福利政策，以增進婦女兒童的幸福與安樂，如托兒所的設置，幼稚園的添設，兒童營養的改善，女性假期的特別規定等，均屬婦女兒童福利的措施，有助於婦女的幸福與兒童的健全與發育。

三、保健公醫的推行：

爲增進國民的健康，應普遍推行衛生保健事業，如實施國民健康定期檢查，各種流行病的預防，環境衛生的強化，國民營養的改善，衛生教育的實施等均有助於國民健康的維護。在公醫方面，如免費醫療的施行，平民診所的設立，免費注射及免費檢查的實施，均屬其顯著者。

第七節　教育文化

憲法以十條的篇幅，明定各種有關教育文化的政策，包括教育文化的宗旨，教育機會的均等，教育文化的監督，教育均衡發展與社會教育，教育經費與教育文化的獎勵等。茲分項簡述如下：

第一項　教育文化的宗旨

憲法第一百五十八條規定「教育文化，應發展國民之民族精神、自治精神、國民道德、健全體格、科學及生活知能」。是爲五種教育文化宗旨的政策。茲分析如下：

一、發展民族精神：

民族乃一羣具有共同血統、語文、信仰、風俗、生活方式及具有共同意識之人的集團，民族精神亦爲民族生存發展的基礎，故每一民族都需發展民族精神。國父曾指示恢復民族精神須具兩個條件，即一爲能知，即大家知道我們民族當前所處地位的危險性，二爲合羣，即要結合國族團體用四萬萬人的力量去奮鬪。而發展民族精神的內涵，則包括在恢復固有道德方面，應恢復固有的忠孝仁愛信義和平之八德，在恢復固有智識迎頭趕上歐美方面，爲恢復大學八目的政治哲學及學習歐美長處。此種民族精神的發展，自應列爲教育文化的宗旨。

二、發展自治精神：

　　自治精神指人民自己管理自己之事的精神，地方自治制度的施行，即屬自治精神的擴展。此種自治精神的培養與發展，自有賴於教育文化的推行， 使人民均培養成富有自治精神的國民， 地方自治能予順利實施，民主政治的基礎得以確立。

三、發展國民道德:

　　忠孝仁愛信義和平是固有的國民八德,禮義廉恥是固有的國之四維。教育文化的宗旨，不但要恢復此種八德與四維，還須適應當前國家的需要作進一步的發展，使每一國民，均有高尚的健全的道德，均能愛護國家。

四、發展健全體格:

　　欲求國家之富強康樂， 除發展國民道德外， 尚須使每一國民具有健全的體格，故發展健全體格亦應列為教育文化的宗旨。

五、發展科學及生活智能:

　　科學智識為一個現代的國民所不可缺少者， 國家民族之生存乃至世界文化之進步， 均有賴於國民科學智識能否發展， 國民的科學智識愈發展， 則征服自然的能力亦愈強， 是則對國家乃至世界文化， 均受其利。再人是合羣的動物， 國家是個合羣的團體,人與國家均須求生存與發展，因此國民不但個人需要生存， 國民的團體更需要生存， 而生存必須具有生活的智能， 使國民與國民間能和諧合作， 和平共存。但國民此種科學智識與生活智能， 均有賴於教育文化的推行， 故亦為教育文化的宗旨。

第二項　教育機會的均等

　　憲法第一百五十九條規定「國民受教育之機會一律平等」。第一百六十條規定「六歲至十二歲之學齡兒童， 一律受基本教育， 免納學費。其貧苦者， 由政府供給書籍。已逾學齡未受基本教育之國民， 一律受補習

教育，免納學費，其書籍亦由政府供給」。第一百六十一條規定「各級政府應廣設獎學金名額，以扶助學行俱優無力升學之學生」。此乃有關教育機會均等之基本政策的宣示，內中包括受教育機會平等，受基本教育，受補習教育、扶助升學等。茲分析如下：

一、受教育機會平等：

指國民有接受教育之同等機會，不因性別、種族、階級、年齡、宗教信仰而有區別。在往昔，人民受教育的機會，多爲男性、有資產者、上流社會人士所獨佔，致大多數平民均無受教育機會，文盲人數佔國民的大半。及社會進步，民主政治流行，受教育的限制逐步解除，而走向教育機會的平等。故教育機會平等，已爲一般國家憲法所共有的規定。

二、受基本教育：

推行基本教育，是促使教育機會平等的最重要規定。前項所述教育文化的五種宗旨，卽民族精神、自治精神、國民道德、健全體格、科學及生活智能的發展，均有賴於教育文化的推行，尤有賴於基本教育的推展。因受基本教育者爲六歲至十二歲的兒童，兒童的可塑造性最高，故在兒童階段所受的教育，對一個人的一生影響最大。再依照國民教育法的規定，義務教育的年限已由六年延長爲九年，換言之，六歲至十五歲的學童，均須接受國民教育，因此對教育文化的宗旨，更可達成。再基本教育爲每一兒童均須接受者，爲免增加一般家庭對子女基本教育的經費負擔，故憲法明定免納學費；對家境貧苦者，除免納學費外，其所需書籍亦由政府供應。因有此種優待的規定，才會使六歲至十五歲的學童，能眞正的均接受國民教育，以臺灣地區學齡兒童接受國民教育的人數，已達全部學齡兒童全部人數的百分之九十九以上。

三、受補習教育：

推行補習教育，係補國民教育之不足的重要規定。因國民教育有年

齡的限制，如屆齡兒童因特殊原因而無法接受國民教育（如身居國外，或身體或心理上原因等），或已逾學齡（如在實施國民教育時已超過學齡）致未有接受國民教育者，則應一律受補習教育。受補習教育與受基本教育同樣的，均有義務性質，故對受補習教育者，其學費免予繳納，其所需書籍亦由政府供給。補習教育法，即為推行補習教育的主要法規。

四、扶助升學：

國民教育與補習教育，均屬義務教育性質，且具有強制性，故均需一律接受。但其他教育則無強制性與義務性，如高級中等學校教育，專科學校教育、大學教育等，則入學者須經由競爭性的考試，入學與否一憑自己意願決定，學費書籍費等，亦須由學生自行負擔。但如有學識品行具屬優異的學生，因生活困難難以負擔費用致無力升學時，憲法乃規定予以扶助，使其能予升學繼續深造。此種扶助的方式，則為各級政府在學校廣設獎學金名額，並規定取得獎學金的學生在學行方面應具有的條件，如此對學識品行優異的學生，即可獲得升學的機會。

第三項　教育文化的監督

憲法第一百六十二條規定「全國公私立之教育文化機關，依法律受國家之監督」。茲分析如下：

一、教育文化機關之範圍：

教育文化機關包括各級學校、圖書館、博物館、科學館、社教館及其他以教育為目的之機關，不論為國立或省（市）立或縣（市）立，或為民間所舉辦者，均屬之。

二、依法受國家監督：

教育文化工作，影響國家社會的教育水準，影響人民的品德智能，關係極大，故必須由國家依法監督之。國家監督教育文化之機關為教育

部, 依教育部組織法規定, 教育部主管全國學術、文化及教育行政事宜;
教育部對於各地方最高級行政長官執行本部主管事務, 有指示、監督之
責; 又教育部就主管事務, 對各地方最高行政長官之命令或處分, 認有
違背法令或逾越權限者, 得提經行政院會議議決後, 停止或撤銷之。由
此規定, 教育部對全國教育文化業務, 均有監督之權, 但對地方機關之
教育文化業務, 自得授權由地方政府監督。至教育部監督教育文化業務
的標準, 自須另由法律定之。

第四項　教育均衡發展與社會教育

憲法第一百六十三條規定「國家應注重各地區教育之均衡發展, 並
推行社會教育, 以提高一般國民之文化水準, 邊遠及貧瘠地區之教育文
化經費, 由國庫補助之。其重要之教育文化事業, 得由中央辦理或補助
之」。此乃對各地區教育平衡發展、推行社會教育、教育文化經費之補
助, 重要教育文化事業之由中央辦理等政策的規定。茲分析如下:

一、注重各地區教育之均衡發展:

我國地區廣大, 人民衆多, 各地區的天然資源、經濟發展與文化水
準, 常有不同, 因而影響及各地區人民智識水準的高低、社會生活程度
的差異、人民在政治上影響力的強弱等, 此種情形的存在, 實非國家
之福。欲求一般國民文化水準的提高, 則首須注重各地區教育的均衡發
展, 由於教育的獲得均衡發展, 則各地區人民的智識水準亦可提高, 社
會生活程度的差異可以消除, 人民在政治上的影響力亦可趨於平衡。

二、推行社會教育:

爲提高一般國民之文化水準, 除注意各地區教育之均衡發展外, 尚
須推行社會教育。社會教育係指學校教育以外之各種教育設施而言, 如
圖書館、博物館、科學館等。社會教育之重要性並不亞於學校教育, 且

國民受學校教育的期間要比受社會教育期間為短，國民從社會教育所得的知識，常比從學校教育所得者為多，至如學校教育不夠普遍發展或國民未受完各階段學校教育者，則更有賴於社會教育功能之發揮了。故推行社會教育，為憲法所宣示的教育文化政策之一。

三、邊遠及貧瘠地區教育文化經費之補助:

其目的在使各地區教育獲得均衡的發展。因國家是整體的，不論何地區的國民，其教育文化均應注意其均衡的發展。但我國地區遼潤，各地區經濟發展程度不同，有的地區極為富裕，有的地區則甚為貧瘠，對邊遠及貧瘠地區的教育文化事業，如在經費方面均需自行籌措，必將影響及該地區教育文化的均衡發展，致使該地區的國民文化水準難以提高，因此憲法乃規定對邊遠及貧瘠地區之教育文化經費，由國庫補助之。

四、邊遠及貧瘠地區重要教育文化事業的辦理:

為期獲得各地區教育的均衡發展，除對邊遠及貧瘠地區之教育經費由國庫補助外，對其重要教育文化事業，亦得由中央辦理或補助之。如邊遠地區的高等教育及重要社會教育設施，可由中央直接辦理，或對其重要的教育文化事業予以經費上的補助，使其能自行辦理。

第五項　教育經費與教育文化的獎勵

憲法第一百六十四條規定「教育、科學、文化之經費，在中央不得少於其預算總額百分之十五，在省不得少於其預算總額百分之二十五，在縣市不得少於其預算總額百分之三十五。其依法設置之教育文化基金及產業，應予以保障」。第一百六十五條規定「國家應保障教育、科學、藝術工作者之生活，並依國民經濟之進展，隨時提高其待遇」。第一百六十六條規定「國家應獎勵科學之發明與創造，並保護有關歷史文化藝術之古蹟古物」。又第一百六十七條規定「國家對左列事業或個人，予以

獎勵或補助，（一）國內私人經營之教育事業成績優良者，（二）僑居國外國民之教育事業成績優良者，（三）於學術或技術有發明者，（四）從事教育久於其職而成績優良者」。此四條乃屬教育經費與教育文化工作的獎勵，其政策包括教育經費額度的規定，教育基金及產業的保障，教育工作者生活的保障，科學發明的獎勵，古蹟古物的保護，及教育事業及個人的獎助等。茲分析如下：

一、教育經費額度的規定：

教育與文化為立國的根本，科學的倡導更為現代國家的要務，但教育、科學、文化的發展均需巨額經費，憲法乃明定各級政府須支應教育、科學及文化事業的經費額度，即在中央政府，其教育、科學、文化經費不得少於中央政府預算總額百分之十五；在省（市）政府，為不得少於其預算總額百分之二十五；在縣（市）政府，不得少於其預算總額百分之三十五。惟此種總額，依大法官會議釋字第七七號解釋，係指編製當時在歲出總額所佔之比例數而言，至追加預算，不包括在該項預算總額之內。憲法對基本國策之實施明文規定經費額度者，只有教育經費一種，由此可見憲法對教育、科學、文化之重視。

二、教育文化基金及產業的保障：

教育文化事業不但需款甚巨，且屬百年大計，為一長期的工作，因而不論為政府或民間，對教育文化的發展，常有設置教育文化基金或設定為產業以其孳息所得支應教育費用者，為期教育文化基金或產業之不受侵害，教育文化的發展不因而受影響，乃於憲法明定對其基金或產業應予以保障。至如何保障則有待於法律的制定。

三、教育工作者生活的保障：

教育文化的工作既如此的重要，從事教育、科學、藝術工作者，生活多較為清苦，因此為使此種工作者能終身從事教育、科學、藝術工作，

不見異思遷，半途而廢，對其生活須予以保障，如在政府教育機關從事此方面之工作者，給予合理俸給，私人從事此種工作者，政府得予以補助或獎勵。再一個國家的國民生活水準，係隨着國家經濟的發展而提高者，爲期從事此方面工作的工作者，其生活水準不落人後，故憲法又規定應依國民經濟之進展，隨時提高其待遇。

四、科學發明的獎勵：

我國的科學發展，落後先進國家者甚多，國家爲鼓勵國民從事於科學的發明與創造，以期迎頭趕上先進國家的科學水準，乃於憲法明文規定對科學之發明與創造的獎勵。至獎勵的辦法，自有待於教育主管機關的訂定。

五、古蹟古物的保護：

我國有五千年的歷史，所遺留的古蹟古物極多，爲珍重這類文化遺產，自須加以特別的保護。再古蹟古物的保存與展覽，可使國民了解我國歷史的悠久與文化的發展，進而更愛護國家，故憲法亦定其爲基本政策之一。現行的古蹟古物保護法，則依據憲法所定政策而制定者，將古蹟視其年代予以分級、保護，以供遊覽觀賞；對古物依年代及性質予以分類、保管與展覽，以供觀賞，凡此皆屬具有績效者。

六、教育事業及個人的獎助：

爲期教育文化的發展，不但政府應有一定額度的經費，對教育基金及事業的保障，對教育工作者生活的保障，對科學發明與創造之獎勵，尤須對私人經營之教育事業及個人，予以獎勵與補助。對私人經營之教育事業及個人的獎助，包括下列四種情形：

（一）國內私人經營之教育事業成績優良者：如私人所設立學校，其辦理教育成績優良者，應由教育行政主管機關予以獎勵或補助其經費，私人辦理圖書館等社會教育工作而著有成績者，政府亦應予以獎勵或補助。

(二)僑居國外國民之教育事業成績優良者：我國僑居國外國民人數
衆多，其華僑教育之良窳，影響華僑對我政府的向心力與對我國家的愛
國心極大，故對僑居國外之國民，其辦理華僑教育等事業具有成績者，
更須予特別的獎勵或補助。

(三)於學術或技術有發明者：學術與技術的發明，為國家各種建設
的基礎，不僅可提高人民生活水準，更可使國家致於富強康樂。國民之
對於學術或技術有新發明者，國家自應對之予以獎勵或補助，並有助於
學術與技術的發展。

(四)從事教育久於其職而成績優良者：從事教育事業者，生活多較
為清苦，茲能以安貧樂道之心，長期從事傳道、授業與解惑工作，已屬
不易，如具有成績，更屬難得，故國家應予獎勵或補助其費用。我國現
今對優良教師的表揚及發給獎品與獎金等措施，亦屬此一政策的施行。

第八節　邊疆地區

邊疆地區常與外國鄰接，是國防的前衞，國家安全的屏障，故國家
須予以特別保障。邊疆地區的民族，尤以我國北方、西北與西南邊區的
民族，其生活方式與國內人民頗多差異，更有特種保障的必要，故憲法
定有邊疆地區一節，宣示保障地位與扶植自治，及發展文經與土地使用
的基本政策。茲分項簡述如後。

第一項　保障地位與扶植自治

憲法第一百六十八條規定「國家對於邊疆地區各民族之地位，應予
以合法之保障，並於其地方自治事業，特別予以扶植」。茲就保障民族
地位與扶植地方自治事業分析如下：

一、保障民族地位:

我國憲法除於第五條明定「中華民國各民族一律平等」外,復於本條作保障邊疆地區各民族地位的規定,由此可見對邊疆民族的重視。我國北方、西北、西南邊疆民族,文化較爲落後,邊疆地區經濟未能開發,交通不便,致使政治、**經濟**、社會等情況與內地不盡相同,因此憲法乃特別規定其各民族地位應予合法的保障。所謂合法的保障,其保障的方式與程度,自應以法律定之。

二、扶植地方自治事業:

邊疆地區各民族,由於敎育文化、政治、經濟之較爲落後,故對其地方自治事業,須由國家予以特別的扶植,如輔導當地人民對四種政權的行使,對該地區實施地方自治時應有的各種建設,如整理戶口、設學校、築道路等,亦須由國家予以特別的協助。如邊疆地區的地方自治事業不能發展或發展過慢,則邊疆地區各民族的地位,在實質上亦無法與其他民族保持眞正的平等。

第二項　發展文經與土地使用

憲法第一百六十九條規定「國家對於邊疆地區各民族之敎育、文化、交通、水利、衞生,及其他經濟、社會事業,應積極舉辦,並扶助其發展;對於土地使用,應依其氣候,土壤性質,及人民生活習慣之所宜,予以保障及發展」。此乃憲法對扶助發展文經事業及保障發展土地使用政策的規定。茲分析如下:

一、扶助發展文經事業:

邊疆地區各民族的文經事業,均較內地爲落後,爲鞏固邊疆的安全與使邊疆地區各民族的地位獲得眞正的平等,國家對邊疆地區各民族的文經事業,包括敎育、文化、交通、水利、衞生、及其他經濟、社會事

業，應予以有力的扶助，如經費的補助、技術的指導、人才的供應等，以期該地區各民族的文經事業，獲得發展，與內地的文經發展獲得均衡。

二、保障發展土地使用：

　　邊疆地區的土地使用，由於邊區氣候與內地不盡相同，邊區土壤地質亦多與內地有別，邊區人民的生活習慣亦與內地人民有異，對邊區土地的使用原則與方法，亦不能完全引用內地所使用者。因此政府對邊區土地使用，亦應作因地因人制宜的措施，以保障其土地獲得有效的使用與高度的發展。

第十七章　憲法的施行與修改

國父對憲法的施行，有其一向的看法，各國對憲法施行與修改亦多有規定，我國憲法的公布與施行有其程序，憲法的修改有其一定的機關與程序。茲分節敍述如後。

第一節　與本章有關的遺教要點

國父於民國八年所著革命方略與五權憲法文中，即謂「予之於革命建設也，本世界進化之潮流，循各國已行之先例，鑑其利弊得失，思之稔熟，籌之有素，而後訂爲革命方略，規定革命進行之時期爲三，第一爲軍政時期，第二爲訓政時期，第三爲憲政時期……」。其後國父手著之建國大綱，更是依此三個時期的區分，分別規定建國之大事。茲擇要摘錄分項簡述如後。

第一項　軍政時期

軍政時期的任務與完成，國父的主張爲:

一、任　務:

在軍政時期，一切制度悉隸於軍政之下，政府一面用兵以掃除國內之障碍，一面宣傳主義以開化全國之人心，而促進國家之統一。先總統蔣公解析說「這是說明軍政時期的工作，在以革命武力掃除一切建設的障碍，打破分崩離析割據分爭的封建局面，完成國內的統一。凡是違反三民主義的一切習慣思想言論制度等等，都是我國革命的對象。我們要將這一切障碍掃除肅清之後，纔能重新建設起一個光明燦爛的新中國。」

二、任務完成之日：

凡一省完全底定之日，則爲訓政開始之時，而軍政停止之日。先總統蔣公解析說「這一條是說明軍政訓政以一省爲單位。這實在是因時因地制宜的道理，那一省完全底定，那一省軍政的目的就算達到，就可以開始訓政，不必等待全國軍政結束以後，纔各省同時開始訓政，如此就可以儘快推進革命的工作，而由訓政時期過渡到憲政時期」。

第二項　訓政時期

訓政時期的任務與完成，國父的主張是：

一、任　務：

在訓政時期，政府當派曾經訓練考試合格之人員，到各縣協助人民籌備自治。其程序以全縣人口調查清楚，全縣土地測量完竣，全縣警衞辦理妥善，四境縱橫之道路修築成功，而其人民曾受四權使用之訓練，而完畢其國民之義務，誓行革命之主義者，得選舉縣官，以執行一縣之政事；得選舉議員，以議立一縣之法律；始成爲一完全自治之縣。一完全自治之縣，其國民有直接選舉官員之權，有直接罷免官員之權，有直接創制法律之權，有直接複決法律之權。每縣地方自治政府成立之後，得選國民代表一人，以組織代表會，參預中央政事。

二、任務完成之日：

凡一省全數之縣，皆達完全自治者，則爲憲政開始時期。國民代表會得選舉省長，爲本省自治之監督，至於該省內之國家行政，則省長受中央的指揮。

第三項　憲政時期

國父對憲政時期的任務與憲政告成的主張爲：

一、任　務：

在憲政開始時期，中央政府當完成設立五院，以試行五權之治。其序列如下：曰行政院，曰立法院，曰司法院，曰考試院，曰監察院。憲法草案，當本於建國大綱，及訓政憲政兩時期成績，由立法院議訂，隨時宣傳於民眾，以備到時採擇施行。全國有過半數省分達至憲政開始時期，卽全省之地方自治完全成立時期，則開國民大會，決定憲法而頒布之。

二、憲政告成之時：

憲法頒布之日，卽爲憲政告成之時，而全國國民則依憲法行全國大選舉，國民政府則於選舉完畢之後三個月解職，而授政於民選之政府，是爲建國之大功告成。憲法頒布之後，中央統治權歸於國民大會行使之，卽國民大會對於中央政府官員，有選舉權，有罷免權；對於中央法律，有創制權，有複決權。

第二節　各國對憲法施行與修憲的規定

一般國家的憲法，對其施行多有所規定。修憲有其原因，有其範圍與方式，有其程序，有其限制，有其一定的效力。茲分項簡述如後。

第一項　憲法的施行

各國對憲法的施行，多有其意義，且定有生效日期，施行的程序，與施行後的效力，但其規定內容則頗有不同。茲分析如下：

一、施行的意義：

憲法的施行，指憲法於合法的公布之後，依照法定程序，由有權執行機關，予以實施之謂。因憲法為國家根本大法，凡國家的重大事項，多予入憲，故其內容廣泛、性質複雜，因而對憲法的施行，常有許多準備工作須先行完成或於施行後逐步規劃進行，是以憲法公布施行之日，並非一定即為憲法內容完全施行之時，此乃與一般法律之公布施行，不甚相同。

二、施行日期：

各國憲法對於施行的日期，規定頗不一致，就形式上言，大致有下列三種：

(一)自公布之日起施行：如巴西聯邦憲法第二百十八條規定「本憲法及憲法暫行規定，……自公布之日起生效」。韓國一九四八年憲法第九十九條規定「憲法自制定該憲法之國會議長公布之日起施行」。又如西德基本法第一百四十五條規定「本基本法於公布日終了時發生效力」。均屬其例。

(二)公布後經過相當日期後施行：即公布憲法與施行憲法之日期不同者，如意大利共和國憲法中規定「憲法在制憲會議通過後五日內，由國家臨時主席公布，於一九四八年一月一日施行」。又如日本新憲法第一百條規定「本憲法自公布之日起計算，滿六個月後施行」。

(三)上兩種方式的綜合規定：如巴拿馬憲法第二百五十八條規定「本憲法自批准日起，對於國家發生效力；自政府公報刊佈十五日後，對

全國發生效力；上項刊布，應於批准後三日內為之」。

　　吾人須注意者，憲法雖定有施行及生效日期，但對部分條文之施行尚須制定法律以為施行依據時，則仍須俟該有關法律制定並公布施行後，始能真正的施行與生效。遇此情形，吾人不能謂其為違憲。故憲法的施行，應就憲法條文與個別條文分別觀之。

三、施行的程序：

　　憲法由於內容的廣泛與複雜，故其真正的實施，尚須經過一定的程序，如補充性法律的制定，須經過的認可程序，須予準備的手續等。如憲法條文中有「依法」，「另以法律定之」等文字者，則該條的實施須待法律制定並公布施行後，始能真正的實施。又如西德基本法第一百四十四條規定「本基本法須經施行本法之德國各邦三分之二人民代表機關之承認」，在未經承認前自無法實施。又如日本新憲法第一百條規定「為施行本憲法所必須之法律之制定，參議院議員之選舉，召集國會之手續，及施行憲法所必要之準備手續，得於前項期日（即六個月）前為之」。均屬其例。

四、施行的效力：

　　憲法一經實施，即有拘束一切法律、命令及機關的效力，凡法律與命令與憲法牴觸者，應予廢止或宣布為無效。如西德基本法第二十條規定「立法應受憲法的拘束，行政及司法應受法律的拘束」。比利時憲法第一百三十八條規定「法律、命令、章程、及其他行為之牴觸憲法者，應自憲法生效之日起，均予廢止」。日本新憲法第九十八條規定「本憲法為國家之最高法規，違反其規定之法律、命令、詔勅、及其他關於國務行為之全部或一部，均無效」。又如巴拿馬憲法第二百五十七條規定「凡牴觸本憲法之法律，廢止之；凡法律、條例、規程、命令、及其他規定，於本憲法公布時業經實施而不牴觸本憲法，亦不牴觸將來制定之

法律者，均繼續有效」。

第二項　修憲的原因

各國對憲法的制定，雖均極爲愼重，其內容亦多屬政策性的規定，但由於範圍廣泛，遇及情勢特殊時仍須予以修正。引致憲法須予修正的原因與目的，大致有：

一、因社會經濟的變革而需要修憲：

憲法爲國家的根本大法，固須求其穩定，而不得任意修憲，但遇及社會及經濟上的重大變革，致原有憲法規定不能適應時，自須加以修正，否則所謂憲法將成爲死的憲法而非活的機關了。如自二次世界大戰後一般國家的憲法，多有所修正，而修正的內容，對經濟及社會政策方面，多有所規定，以因應當時的需要。

二、因政治民主的變革而需要修憲：

一個國家的政治民主化，有運用革命手段而造成者，亦可運用修憲而逐步實現者。如用革命手段，多將原有憲法廢棄而另制定新憲法，自不得謂爲修憲；如運用修憲而逐步走向民主，乃屬最爲理想的方式。如英國的政治民主，並非由於革命，而是由國會陸續制定與一般國家憲法有關的法律，而逐步實現者。

三、修憲的目的：

修憲的原因固可分爲社會經濟的變革原因與政治民主的變革原因兩類，而修憲的目的亦可分爲兩類，且視修憲的原因不同而異。即因社會經濟等原因而修憲者，其目的在適應社會及經濟發展的需要，促使人民生活水準的提高；其因政治民主原因而修憲者，其目的在防止政治性革命情勢的爆發與維護政局的安定。但有時雖爲適應社會經濟的變革原因而修憲，如此種社會經濟的變革，致使民不聊生時，亦會引發政治性的

革命，因此其修憲之目的，可謂兼有適應社會及經濟的發展與防止政治
性革命的爆發兩者。

第三項　修憲的範圍與方式

各國對修憲的範圍與方式，有於憲法中明文規定者，有只規定修憲
的範圍而未規定方式者，有對修憲的範圍與方式均未作規定而完全憑法
理的解析者。茲分析如下：

一、全部修改：

指將憲法全部條文均作修正，此種修正等於以新憲法代替舊憲法，
大多一個國家內部發生政變，或與外國打仗戰敗時，所出現的修憲，如
一九四八年日本的新憲法，一九五八年的法國第五共和憲法等，均屬其
例。故此種修憲在正常情況下極為少見。

二、部分修改：

指將憲法中的部分條文予以修改。其情形又有下列三種，（一）修改
條文，即就原有條文加以修改，使之成為新條文。此種修改，牽動不廣，
能改正憲法的部分缺失，故應用機會較多；（二）增補條文，即不廢止原
條文，而另行增加新條文，或列於憲法正文之外，或附於原有條文之後，
如美國憲法的修正，多採此種方法；（三）刪除條文，指廢除原有條文，
而不修正或另增條文，如法國於一八七九年以修憲程序廢除一八七五年
公權組織法第九條有關中央政府所在地之規定，即屬其例。

三、定期修改：

指明定憲法每隔若干年必須修改一次者。如葡萄牙一九一一年憲法
第八十二條規定，憲法每隔十年修改一次；波蘭一九二一年憲法第一百
二十五條規定，憲法每隔二十五年修改一次。此種方式應用者甚少，因
定期強制修改憲法，實弊多而利少。

四、非正式修改：

指採用其他方法，以變更憲法內容，而與正式修改憲法有相似作用者謂之。如某些國家，常運用憲法的解析、憲法的習慣與學理，來改變或補充原有憲法的意義。採用高度剛性憲法的國家，因修改憲法所受限制甚多，乃常運用此種不正式修改的方法，來達到正式修改的目的，使憲法更能靈活運用。

第四項　修憲的程序

一般國家對修憲的程序規定，不盡相同，但大致可區分為提案、決議、公佈三個大程序，有時在大程序中尚可區分為若干小程序，至每一程序的權責機關，又各有不同。茲分析如下：

一、提　案：

憲法修正案的提案機關，有下列各種：

(一)由人民提議者：如瑞士憲法第一百二十條及第一百二十一條規定，有公民五萬人以上之連署即可提案修正憲法。又如德國威瑪憲法第七十六條規定，人民可行使創制權提出憲法修正案。

(二)由地方議會提議者：如美國聯邦憲法第五條規定，如經三分之二之州議會之請求時，國會應召集憲法會議，以提議修改憲法。惟美國近百餘年來未有運用。

(三)由國會提案者：如土耳其憲法第一百零二條規定，憲法之修正案，至少須有國民大會全體議員三分之一之簽署，始得提議。又日本新憲法第九十六條規定，本憲法之修改，應經各議院全體議員三分之二以上之贊成後，由國會發議，並應向國民提議案經其承認。再如美國聯邦憲法第五條規定，國會如經參衆兩院三分之二議員人數之通過，得提議修改憲法。均屬其例。

(四)由特定機關提案者: 如日本明治憲法第七十三條規定, 本憲法之條款, 將來有修正必要時, 以勒令將議案付帝國議會議決之 (卽由元首提案修正)。瑞典憲法第八十一條規定, 國王得提議修憲。 又如泰國一九四九年憲法第一百七十三條規定, 政府亦得提議修憲。西班牙一九三一年憲法第一百二十五條規定, 修改憲法亦得由政府提議。凡此均規定修憲由元首或政府提案。

二、議 決:

當憲法修正案提出後, 通常則由有議決權之機關進行議決。但亦有將議決程序再區分爲審定程序、起草程序與議決程序三個者, 亦卽將審定程序與起草程序作爲議決程序的先行程序。其情形如下:

(一)審定程序: 卽在憲法修正案提出後, 由法定有權機關, 對憲法之應否修正, 作原則上的審查與決定之程序。如瑞士憲法第一百二十條規定, 倘國會兩院中之一院提出修改聯邦憲法全部之議案而其他之一院不予同意者, 或經五萬公民簽署提議修改憲法之全部者, 在此兩種情形下, 其應修改與否, 均應提交瑞士公民投票決定之。

(二)起草程序: 在決定憲法應加修改後, 由法定有權機關對決定修改部分, 作具體的擬定草案之程序。如比利時憲法第一百三十一條規定, 立法機關有宣告憲法某條須加修正之權, 兩院於上述宣告後, 卽當然解散, 新議院依第七十一條規定召集之, 新議院應與國王共同決定提交修正之各點, 而後由兩院議員三分之二以上之出席, 出席人數三分之二以上之決議修正之。

(三)議決程序: 憲法修改案的議決機關, 依各國憲法規定有下列四種類型:

1.由國會議決: 卽將憲法修正案之最終議決權, 交由普通立法機關之國會行使, 但對議決憲法修正案時應受特別之限制者。如 (1) 提高

出席人數及贊成通過之人數（一般國家多屬之）；或(2)憲法修正案須由新國會議決（如荷蘭、比利時）；或(3)憲法修正案須由兩院開聯席會議議決（如海地）。

　　2.由人民複決：即修憲案經國會通過後，尚須交由人民複決作最後決定。其中又分(1)強制複決，即修憲案必須交付人民複決者（如希臘、瑞士、日本）；(2)任意複決，即修憲案須由人民或其他機關之要求，始交付人民複決者（如德國、意大利）。

　　3.由地方議會複決：即由國會議定之憲法修正案，交由各地議會複決（如美國）。

　　4.由憲法會議複決：即由國會議定的憲法修正案，交議會以外的特定機關議決（如印尼）。

三、公　布：

　　憲法修正案經有權議決機關通過後,須經公布手續，始告完成修憲。各國對修憲的公布亦有不同：

　　(一)君主國：凡屬君主國，修憲案的公布，不論憲法有無明文規定，均屬君主，如挪威一八一四年憲法及日本新憲法，均規定君主有公布憲法修正案之權。再由於君主立憲與責任內閣制的發展，事實上君主只有公布權而無拒絕公布之權。

　　(二)共和國：共和國憲法修正案的公布權，多屬總統，如德國威瑪憲法，西德基本法，意大利共和憲法，均明文規定由總統公布。又如美國法國憲法雖未作明文規定，但徵諸往例亦均由總統公布。再共和國的總統固有憲法修正案的公布權，惟對總統有無要求覆議之權，則多無規定，但德國、波蘭、智利諸國憲法，則規定准許總統行使覆議權，如德國總統對修憲案有不滿意處，可將修憲提付公民複決；波蘭總統對修憲通過國會兩院後，可於六十日內交付國會再議，倘兩院仍通過原案時，

總統得解散國會; 智利總統如不同意憲法修正案, 可交國會兩院覆議, 覆議如經三分之二維持原案, 總統又可提付人民複決。由此觀之, 少數國家總統對修憲案的覆議權甚爲強大。

<h2 style="text-align:center">第五項　修憲的限制</h2>

憲法雖可修改, 但憲法究竟是國家根本大法, 如可以任意修正, 對其期間及修改內容毫不加以限制, 亦非安定政局, 維持社會秩序之道, 故一般國家雖允許憲法之修改, 但亦常加以若干限制, 以保持憲法的穩定性。至限制之法, 則多爲修改期間的限制與修改內容的限制兩種.

一、修憲期間的限制:

即規定在某一定期間內不得修改憲法者。如日本明治憲法及比利時一八三一年憲法, 均規定在國家置攝政時, 不得修改憲法的任何條文。再如一九二七年希臘憲法第一百二十五條明文規定, 自憲法公布之日起五年內不得修改。又如一七八七年美國聯邦憲法第五條規定, 聯邦憲法在一八〇八年前, 不得用任何方式修改禁止販賣奴隸人口, 及未得各州同意不得剝奪各州在參議院中與他州平等之選舉權。

二、修憲內容的限制:

即規定憲法中某些事項或規定, 不得修改。如法國第四共和及第五共和憲法, 意大利共和憲法, 一九二四年土耳其憲法等, 均規定共和政體不得修改。一八六四年希臘憲法規定, 憲法的根本規定不得變更。西德基本法規定, 憲法第一條 (保障人權) 及第二十條 (規定德國爲民主社會聯邦國) 所規定之基本原則不得修改等均屬之。

<h2 style="text-align:center">第六項　修憲的效力</h2>

就形式言, 憲法一經修改公布, 對修正部分即具有執行力、確定力

及拘束力，對於有關事項，無論法院判決、憲法習慣及法理解析等，均應受修正條文所作規定的約束，其與修正條文相牴觸者一律無效或應予廢止。但就實質言，修憲的效力，亦常受著下列的限制：

一、受執行程序的限制：

即某種修正條文的眞正實施，尚須另制定法律時，則在該實施的法律未有制定前，憲法修正案的規定，仍難予實施。如美國聯邦憲法修增條款之第十三條第二項、第十四條第五項、第十五條第二項、第十九條第二項，均明定「國會有制定適當法律以執行本條之權」，則在國會未制定適當法律前，各該條卽難以實施。

二、受施行時間的限制：

如修正案的實施尚規定有其他時間之條件時，則不能確定發生效力。如美國聯邦憲法修增之第二十條第六項、第二十一條第三項、第二十二條第二項，均規定「本條除經全國四分之三州於國會提出本條之日起七年內，批准爲合衆國憲法之修正案外，不發生效力」，換言之這三條增修案，在未經四分之三批准前不發生效力，又在七年內未批准者，亦不發生效力。

三、受憲法根本精神的限制：

修改憲法與制定憲法不同，制定憲法是憲法的新創，當然可不受任何的限制，而修改憲法只是原有憲法的修改，而原有憲法均有其基本精神，如基本精神有所改變，則屬原有憲法的廢棄而另制定新憲法，不能稱爲憲法的修改。因此如憲法的修正條文，涉及原有憲法基本精神之改變時，亦難謂爲有效。

第三節　憲法的公布與施行

我國憲法係由國民政府於三十六年元旦公布，並由國民大會議定施行之準備程序，訓政時期因而結束，另有實施程序及效力等。茲分項述後。

第一項　憲法的公布

我國憲法並未明文規定修改的憲法應由何機關公布，但就下列情況而言，修改憲法的公布權應屬於總統：

一、總統有公布法律權：

依憲法第三十七條規定，總統依法公布法律、發布命令。故憲法修正案的公布，在法理上應屬於總統。

二、總統公布憲法臨時條款的先例：

我國憲法臨時條款，自民國三十七年五月十日由總統令公布施行後，經於民國四十九年三月十一日第一次修正、民國五十五年二月十二日第二次修正及同年三月二十二日第三次修正、民國六十一年三月二十三日第四次修正，前後均由總統公布施行。臨時條款爲憲法的一部分，多次修正均由總統公布施行，故憲法修正案的公布權應屬總統。

三、總統制國家的憲法修正案多由總統公布：

總統制國家的憲法，不論憲法修正案的公布權誰屬有無規定，依例均由總統公布，此乃通例，故我國亦應作如此解析。

第二項　施行之準備程序

憲法第一百七十五條第二項規定「本憲法施行之準備程序，由制定憲法之國民大會議定之」。此乃指憲法本身之準備程序，國民大會依此

規定,於民國三十五年十二月二十四日議定憲法實施之準備程序十項(可併爲八項),並於民國三十六年元旦由國民政府公布。其內容如下:

一、限期完成有關法律的修改或廢止:

自憲法公布之日起,現行法令之與憲法相牴觸者,國民政府應迅速分別予以修改或廢止,並應於依照本憲法所產生之國民大會集會以前,完成此項工作。

二、限期制定有關法律:

憲法公布後,國民政府應依照憲法之規定,於三個月內制定並公布下列法律,(一)關於國民大會之組織,國民大會代表之選舉、罷免;(二)關於總統副總統之選舉、罷免;(三)關於立法委員之選舉、罷免;(四)關於監察委員之選舉、罷免;(五)關於五院之組織。

三、首屆監察委員選舉之變通:

依照憲法應由各省市議會選出之首屆監察委員,在各省市議會未正式成立以前,得由各省市現有之參議會選舉之,其任期以各省市正式議會選出監察委員之日爲止。

四、限期完成選舉:

依照本憲法產生之國民大會代表,首屆立法委員與監察委員之選舉,應於各有關選舉法公布後六個月內完成之。

五、國民大會、立法院及監察院之召集:

依憲法產生之國民大會,由國民政府主席召集之。首屆立法院,於國民大會閉幕後之第七日自行集會。首屆監察院,於國民大會閉幕後由總統召集之。

六、合法之集會及召集:

依憲法產生之國民大會代表、立法委員及監察委員,在第四條規定期限屆滿,已選出各達總額三分之二時,得爲合法之集會及召集。

七、制憲國民大會代表之職責與任期：

制定憲法之國民大會代表，有促成憲法施行之責，其任期至依憲法選出之國民大會代表集會之日為止。

八、設憲政實施促進委員會：

憲法通過後，由制定憲法之國民大會代表組織憲政實施促進委員會，其辦法由國民政府定之。

第三項　訓政時期的結束

依國父手著建國大綱第五條規定，建國之程序分為三期，一曰軍政時期，二曰訓政時期，三曰憲政時期。國民政府自民國十七年北伐成功，統一全國，至民國二十年六月一日公布中華民國訓政時期約法之日，為軍政時期；自訓政時期約法公布施行後至民國三十六年十二月二十五日中華民國憲法施行之日，則為訓政時期；自中華民國憲法施行之日，即為憲政時期。由訓政進入憲政，為期訓政時期之結束有所依據，乃制定訓政時期結束程序法，並於民國三十六年十二月二十五日由國民政府公布施行。其要點如下：

一、國民政府主席、國民政府委員會、及其五院外之直轄機關，行使原有之法定職權，應於依憲法產生之總統就職之日，即行停止。

二、立法院行使原有之法定職權，應於依憲法產生之首屆立法院集會之日，即行停止。

三、監察院行使原有之法定職權，應於依憲法產生之首屆監察院集會之日，即行停止。

四、行政院、司法院、考試院，行使原有之法定職權，應於依憲法產生之各該院改組完成之日，即行停止。

五、省市縣現有民意機關及行政機構行使原有之法定職權，應於依

憲法選舉或改組完成之日，卽行停止。

第四項 憲法規定事項之實施程序

憲法第一百七十五條第一項規定「本憲法規定事項，有另定實施程序之必要者，以法律定之」。玆分析如下：

一、實施程序與準備程序不同：

實施程序，指憲法條文所定事項之實施程序；而上述之準備程序，指憲法本身在實施前應有之準備程序，如國民大會代表、立法委員及監察委員，須在行憲前舉行選舉，並於行憲時集會或召集，方得行使依憲法所賦予之職權。

實施程序固爲憲法條文所定事項而制定，但並非謂每一條文所定事項均須制定實施程序，而係以有必要者爲限，且此種實施程序須以法律定之。

二、憲法條文中有「依法」或「依法律」字樣者須制定實施程序：

我國憲法條文中，有「依法」（如第四十二條總統依法授與榮典）或「依法律」（如第十九條人民有依法律納稅之義務）字樣的條文甚多，此種條文所定事項之實施，須以法律爲根據，在法律未制定前自無法實施，故此種法律乃必要的實施程序，應先以法律制定之。

三、憲法條文中有「由法律另定」或「以法律定之」字樣者須制定實施程序：

我國憲法條文所定事項，多爲政策性之宣示，而政策的實施，又多須規定其原則及程序，因此種原則及程序無法在憲法中作詳明的規定，乃不得不授權以法律規定，此乃有不少條文中均有「由法律另定」或「以法律定之」字樣的原因，故這些條文的實施又須另訂實施程序。

四、憲法條文明定爲中央立法之事項須制定實施程序：

　　憲法第一百零七條及第一百零八條中，共有三十三種事項，須由中央立法者，因而這些事項的實施，自須由法律規定其實施程序。

五、法律的含義：

　　依憲法第一百七十條規定「本憲法所稱之法律，謂經立法院通過，總統公布之法律」。因而憲法所定事項之實施程序，均須由立法院通過，並由總統公布後，對該條文所定事項，始能眞正的實施。

第五項　憲法的效力

　　我國憲法第一百七十一條規定「法律與憲法牴觸者無效。法律與憲法有無牴觸發生疑義時，由司法院解釋之」。又第一百七十二條規定「命令與憲法或法律牴觸者無效」。此乃有關憲法效力的規定，除司法院之解釋憲法及法令在第十章第五節中已有敍述外，玆就憲法之效力簡析如下：

一、法律與憲法牴觸者無效：

　　憲法爲國家根本大法，其效力自應高於其他法律，故規定法律與憲法牴觸者無效。惟憲法規定係屬無效，與部分國家規定爲廢止者不盡相同，旣屬無效，則自不得再予引用，至其廢止則尚須經由廢止的手續。如遇及法律的規定與憲法的條文規定或與憲法的基本精神有無牴觸，各有關機關間或有關機關與關係人間，發生疑義時，則依規定程序請司法院解釋之。

二、命令與法律或憲法牴觸者無效：

　　法律爲立法院制定與總統公布，而命令爲各機關所發布，故法律的重要性自比命令爲重要，因而命令不得與法律相牴觸，更不得與憲法相牴觸，如有牴觸則屬無效，命令旣屬無效，則應由原發布命令機關予以撤銷。如一種命令的內容與法律或憲法有無牴觸發生疑義時，則發布該

命令的機關或與該命令有利害關係的當事人，在解析上亦應依規定程序請司法院解釋之。在本條雖無後項「由司法院解釋之」之規定，但依憲法第七十八條司法院有統一解釋法律及命令之權的規定，自應仍由司法院解釋之。

三、省縣自治法、省法規及縣單行規章牴觸法律或憲法者無效：

憲法第一百十二條規定，省自治法不得與憲法牴觸；第一百二十二條規定，縣自治法不得與憲法牴觸；第一百十六條規定，省法規與國家法律牴觸者無效（自亦不得牴觸憲法）；第一百二十五條規定，縣單行規章與國家法律牴觸者無效（自亦不得牴觸憲法）；故這些法規與憲法牴觸者，均屬無效。

第四節　憲法的修改

我國憲法對憲法的修改規定甚爲明確，但此乃從形式而言，如從實質而言，憲法的內容亦可運用修改條文以外的他種方法，來達到適度改變憲法內容的目的。玆分國民大會的修憲，立法院提案國民大會複決的修憲，及解釋憲法以達修憲目的三項，簡述如後。

第一項　國民大會的修憲

依憲法第一百七十四條第一項規定「憲法由國民大會代表總額五分之一之提議，三分之二之出席，及出席代表四分之三之決議，得修改之」。玆分析如下：

一、國民大會爲修憲機關：

國民大會爲制憲機關，且依憲法第二十五條規定，爲代表全國國民行使政權的機關，其有權修改憲法乃屬理之當然。

二、修憲須有代表總額二分之一的贊成：

國民大會的修憲，依規定須有代表總額三分之二之出席，及出席代表四分之三的決議，始得成立，若此則 $\frac{2}{3} \times \frac{3}{4} = \frac{6}{12} = \frac{1}{2}$。故修憲欲求成立，須有代表總額二分之一的贊成始能通過。

第二項　立法院提案國民大會複決的修憲

憲法第一百七十四條第二項規定「憲法之修改，由立法院立法委員四分之一之提議，四分之三之出席，及出席委員四分之三之決議，擬定憲法修正案，提請國民大會複決。此項憲法修正案應於國民大會開會前半年公告之」。此乃憲法所定修憲的第二種方式，茲分析如下：

一、立法院只能擬定修憲案：

立法院並非修憲機關，故只能擬定憲法修正案。立法院擬定修正案時，尚須具備下列條件，即(一)須有立法委員四分之一的提議，四分之三的出席，及出席委員四分之三的決議。此處雖未明定「總額」兩字，但為慎重其事，自宜以總額為計算標準，換言之立法院須有立法委員總額過半數之贊成，始能擬定憲法修正案。(二)修憲的提案須於國民大會召開前半年公告之，其目的在使全國人民皆能獲知修憲案的內容，且有充分時間的考慮，反映於國民大會代表，於舉行複決時作一定奪。

二、由國民大會複決：

修憲案既由立法院提出，則已成法規的形式，對文字用語不須再加細酌，且修憲案又於半年前公告週知，故國民大會只須以複決方法決定應否修憲即可，亦即只能對立法院所擬定之憲法修正案作可與否的決定，不能對其文字加以修改，此乃本項憲法規定之所以用複決或非如第一項憲法規定之用議決的原因。但亦有持不同看法者。 ⓫

三、複決的程序：

⓫　參見林紀東著中華民國憲法析論，第四〇〇～四〇一頁，自印，六十七年三月版。

複決的程序，憲法並無規定，但因憲法係國家根本大法，在複決時自應愼重其事，因而國民大會舉行複決時，其出席人員及複決成立所需之人數，亦應依本條第一項的規定。

第三項　解釋憲法以達修憲目的

此乃屬於實質修憲的方式。憲法的內容的確可經由解釋而獲得適度的改變，此種情況在世界各國亦甚爲常見。

一、以美國爲例：

如美國立國已二百年有餘，但其憲法修改者並不多，主要乃因美國聯邦最高法院，對憲法的解釋甚具彈性，能依據國家情勢的演變，對同一條文或事項，作不同意義的解釋，使得對憲法所定事項，能賦予時代的新意義，使憲法不過於呆板而影響及國家的發展與進步。

二、我國憲法的解釋：

我國司法院大法官會議，乃解釋憲法的會議，自行憲以來至民國七十三年十二月底，對憲法已作了第一百九十一號的解釋，其中部分確已達到適度改變憲法內容的效果。如釋字第三號解釋監察院得向立法院提出法律案；第三十一號解釋在第二屆立法委員監察委員未能依法選出集會與召集之前，自應仍由第一屆立法委員監察委員繼續行使其職權；第七十六號解釋應認國民大會、立法院、監察院，共同相當於民主國家之國會；第八十五號解釋國民大會代表總額應以依法選出，而能應召集會之國民大會代表人數爲計算標準；第八十六號解釋高等法院以下各級法院，旣分掌民事刑事訴訟之審判，自亦應隸屬於司法院；第一百七十五號解釋司法院就其所掌有關司法機關之組織及司法權行使之事項，得向立法院提出法律案。凡此均屬其著者。

第十八章　從臨時條款到憲法
增修條文

　　中華民國憲法於民國三十六年十二月二十五日施行後，由於大陸情勢逆轉，乃於三十七年四月由國民大會制定動員戡亂時期臨時條款，並由國民政府於同年五月十日公布施行。直至民國八十年五月一日廢止，並於同日公布中華民國憲法增修條文，使我國憲政改革進入一新的階段。茲就動員戡亂時期臨時條款、憲法增修條文二部分，分節敍述如後。

第一節　臨時條款的制定、實施與廢止

　　制定動員戡亂時期臨時條款有其原因，臨時條款由國民大會制訂並經數次修訂，臨時條款內容需作簡析，臨時條款有其特定性質，臨時條款施行四十三年後，由於情勢改變乃予廢止。茲分項敍述之。

第一項　制定臨時條款的原因

　　國民大會之所以要制定臨時條款，其原因為行憲戡亂同時並舉，詳情可從莫德惠代表等之提案及王世杰代表的說明得知。茲簡說如下：

一、莫德惠等之提案:

國大代表莫德惠等七七一人，向第一屆國民大會第一次會議提出如下建議「我國行憲伊始，正值動員戡亂之非常時期，欲早竟剿匪之全功，速救人民於水火，必須使政府切實負責，俾一切措施，得以適應時機；爰在不變更憲法條文之範圍內，提請依照憲法第一百七十四條第一款之程序，制定動員戡亂時期臨時條款，一俟動員戡亂時期終止，此項條款即予廢止，庶幾行憲戡亂，同時並舉。茲制定動員戡亂時期臨時條款如下：『總統在動員戡亂時期，為避免國家或人民遭遇緊急危難，或應付財政經濟上重大變故，得經行政院會議之決議，為緊急處分，不受憲法第三十九條或第四十三條所規定程序之限制。前項緊急處分，立法院得依憲法第五十七條第二款之程序，變更或撤銷之。動員戡亂時期之終止，由總統宣告，或由立法院咨請總統宣告之』。

二、王世杰代表的說明:

王代表於說明提案要旨時曾謂「我們七百餘人提這個議案，其根本目的，在求行憲戡亂並行不悖。我們知道，現在政府有兩大任務，一為開始憲政，一為動員戡亂。但在憲法裏，對於政府在變亂時期的權力，限制甚嚴。如果沒有一個適當的辦法補救，則此次國民大會閉會以後，政府實行憲政，必有兩種結果，一為政府守憲守法，但不能應付時機，敉平叛亂，挽救危機；一為政府為應付戡亂需要，蔑視憲法或曲解憲法條文，使我們數十年流血革命，付了很大犧牲而制定的憲法，變為具文。我們提這個案，以沉重的心情，要使國民大會休會以後，真正能行憲而且能戡亂，故有此提案。第二、本案提出的補救辦法，在我們商討的時候，曾有人認為可以採取決議案的方式，由大會通過授權總統處置戡亂，無庸修改憲法。這個意見，我們考慮結果，認為不當。因為大會決議案不能與憲法有同等效力，影響憲法條文，說到修改憲法，同仁見

仁見智，各有不同。一般社會人士認為目前修改憲法，有損憲法尊嚴。但我們的提案是有時間性的，僅能適用於戡亂時期，變亂平定以後，條文的效力便要消失。我們考慮了很久，也參考了其他國家的先例，所以我們不用大會的決議，亦不作憲法本身的修正[1]，僅僅係在憲法條文之後，再加一個臨時性的條款，其制定的方式，仍照修憲方式，俾與憲法是有同等效力。第三，我們所提出的臨時條款只牽涉憲法第三十九條與第四十三條。憲法第四十三條，如果沒有另外條款的補充，在緊急有重大變故時，政府必會被迫採取違憲違法的措施，或者貽誤時機，坐使事態擴大。憲法第三十九條總統依法宣布戒嚴須經立法院之通過或追認，換句話說，總統宣布戒嚴，必須經過立法程序，在立法院開會期間，必得立法院之通過，在立法院休會期間，亦須事後提交追認。此種規定，在戡亂期間，對於一切應變之處置，是有窒礙的。我們對於憲法本身固不願意輕易修改，但對此兩條文，如無補充規定，則將來不是只能行憲不能戡亂，便是只能戡亂不能行憲。同時我們顧慮到，為防止總統與行政院濫用職權，故有『前項緊急處分，立法院得依憲法第五十七條第二款規定之程序，變更或撤銷之』之規定，一面也是尊重了立法院的尊嚴。其次戡亂終止以後，總統不宣告撤銷時，也可以『由立法院咨請總統宣告之』。在憲法條文之外，如果再補充了我們所提議的臨時條款，我們相信在負責的政府裏，一定可以守法，也一定可以戡亂，這樣雙重的目的就可以達到』。

第二項　臨時條款的制定與修訂

　　臨時條款經由提案而制定，經過一次的認定繼續有效，及先後四次的修訂。其情形如下：

一、臨時條款的制定：

國民大會根據莫德惠代表等七七一人的提案，經討論斟酌後，依修憲程序於三十七年四月十八日通過定案，並於同年五月十日，由國民政府公布施行。其主要內容為賦予總統以緊急處分權及宣告動員戡亂時期之終止；並規定第一屆國民大會應由總統至遲於民國三十九年十二月二十五日以前召開臨時會，討論有關修改憲法各案，如屆時動員戡亂時期尚未宣告終止，國民大會應決定臨時條款應否延長或廢止。

二、決定臨時條款繼續有效：

臨時條款公布後未久，即大陸淪陷，國家發生重大變故，國大代表散居各地，集會不易，致未能依臨時條款所定期間召集國民大會臨時會，討論修憲問題及決定臨時條款之應否延長或廢止。及至民國四十三年二月，第一屆國民大會第二次會議召開，始於同年三月十一日，經全體一致決議，臨時條款繼續有效。

三、第一次修訂：

第一屆國民大會第三次會議，於四十九年三月十一日修訂臨時條款，並由總統於同年三月十一日公布施行。其主要內容為增加動員戡亂時期總統、副總統得連選連任及得設置機構研擬創制、複決兩權之行使辦法之規定。

四、第二、第三次修訂：

民國五十五年二月三日，總統召開第一屆國民大會第一次臨時會，商討國民大會行使創制、複決兩權問題，旋又召開會議，修改臨時條款，於同年二月十二日公布；同年二月十九日又召開國民大會第四次會議，再修改臨時條款，並由總統於同年三月二十二日公布施行。其主要內容為增加授權總統得設置動員戡亂機構，得調整中央政府之行政機構及人事機構之規定。

五、第四次修訂：

民國六十一年三月十七日，在第一屆國民大會第五次會議中，又修訂臨時條款，並於同年三月二十三日由總統公布施行。其主要內容為增加總統得訂頒辦法充實中央民意代表機構之規定。

第三項　臨時條款內容簡析

經第四次修訂之臨時條款，共計十一條，茲簡析如下：

茲依照憲法第一百七十四條第一款程序，制定動員戡亂時期臨時條款如下：

一、總統在動員戡亂時期，為避免國家或人民遭遇緊急危難，或應付財政經濟上重大變故，得經行政院會議之決議，為緊急處分，不受憲法第三十九條或第四十三條所規定程序之限制。

簡析：(一)賦予總統以緊急處分的權力。

(二)使用權力的時期：總統為緊急處分之時期，以動員戡亂期間為限，只要在動員戡亂期間，不問立法院是在開會或是在休會，均可行使。動員戡亂期間，始自臨時條款由前國民政府公布施行之日起，至由總統宣告終止之日止。

(三)為緊急處分須有法定原因：總統行使緊急處分權，須以避免國家或人民遭遇緊急危難，或應付財政經濟上重大變故所必要者為限，但此種緊急危難或重大變故的規定，甚為抽象而概括，並不限於天然災害、疫癘等特殊之事實，故其範圍較憲法第四十三條所定之「遇有天然災害、疫癘」的規定為廣泛。

(四)為緊急處分須經法定程序：總統為緊急處分之前，須先經行政院會議之議決，事實上亦往往由行政院提請總統為之，行政院為提請之前，自須經行政院會議之議決。

(五)為緊急處分時不受憲法第三十九條之限制：依憲法第三十九條

之規定，總統宣告戒嚴，須 1.依法爲之，亦卽有法定原因時始能依法定程序及辦法宣告戒嚴； 2.須經立法院的通過或追認，卽如在立法院開會期間宣告戒嚴時， 應經立法院之通過； 如在立法院休會期間宣告戒嚴時， 則於宣告戒嚴後須提請立法院追認； 3.立法院認爲必要時得決議移請總統解嚴，卽立法院於總統提請追認時，不予追認而以決議移請總統解嚴， 或立法院雖通過或追認戒嚴在先，但因情勢改變認爲必要時，亦得以決議移請總統解嚴。而總統依臨時條款第一條爲緊急處分時，則不受憲法第三十九條限制，既不須立法院通過，亦不須提請立法院追認，更不須依戒嚴法之規定。

(六)爲緊急處分時不受憲法第四十三條之限制：依憲法第四十三條規定，總統發布緊急命令，須 1.限於國家遇有天然災害、疫癘或財政經濟上有重大變故的特殊原因； 2.在立法院休會期間，如在立法院開會期間則根本無發布緊急命令之權； 3.經過行政院會議之決議； 4.依據緊急命令法發布，但緊急命令法尚未制定； 5.於發布緊急命令後一個月內提交立法院追認； 6.如立法院不同意時，該緊急命令立卽失效。由此可知總統發布緊急命令所受限制甚多。而臨時條款所規定之緊急處分，不論立法院是開會或休會均得爲之，且不須依據緊急命令法，爲緊急處分後亦不須提交立法院追認，因而亦不發生如立法院不同意該緊急處分卽行失效的問題。

二、 前項緊急處分， 立法院得依憲法第五十七條第二款規定之程序，變更或廢止之。

簡析：依臨時條款第一條的規定，總統行使緊急處分權，固可不受立法院的干預， 但依臨時條款第二條規定， 立法院亦非毫無過問之權力。依本條規定，立法院得依憲法第五十七條第二款規定之程序，變更或廢止之。換言之， 卽立法院如不贊同總統之緊急處分時， 得以決議移

請行政院變更或廢止之；如行政院不同意立法院之決議，自得報經總統核可，移請立法院覆議；立法院覆議時，如經出席立法委員三分之二維持原決議，行政院院長接受立法院覆議之結果，應報請總統將原有緊急處分予以變更或廢止。

三、動員戡亂時期，總統副總統得連選連任，不受憲法第四十七條連任一次之限制。

簡析：依憲法第四十七條規定，總統副總統之任期為六年，連選得連任一次。此一規定在平時自屬適當，一般國家亦以得連任一次為限，但在動員戡亂時期，國家情勢動盪不安，因此對領導中心的鞏固乃極為重要者，總統副總統為領導中心的所在，如對連選連任不加次數限制，自可收鞏固領導中心，維護國家安定之效，且可駕輕就熟，更有利於反攻復國的大業，故本條的規定，有其深長的意義。

四、動員戡亂時期，本憲政體制，授權總統得設置動員戡亂機構，決定動員戡亂有關大政方針，並處理戰地政務。

簡析：訂定本條之理由，依據當時提案的說明為「……惟揆諸現行憲法，在平時洵屬民主之常軌，在戰時則殊難適應圓滿實行統帥權之要求。際此敵疲我興之重大剝復關頭，實有迅赴機宜，以竟全功之必要。且戰時授權總統，民主國家先例具在，都能克著成效，制敵機先有助國家利益之保衛，與戰鬥任務之達成，則當此反攻時機即臨最後成熟之時，授權總統，成立動員戡亂機構，貫徹統帥權實施，以肆應今後情勢發展，爭取反共勝利成果，實已刻不容緩」。故規定本條之主要目的，在貫徹統帥權的實施，以肆應情勢發展，爭取反共勝利成果。

依憲法及有關法律之規定，國家機關的組織須以法律定之，國家行政事務由行政院主管，並須由行政院會議之議決，行政院須對立法院負責。而依臨時條款本條之規定，總統可以命令設置動員戡亂機構（國家

安全會議即根據本條規定由總統令設置），有關動員戡亂大政方針（如關於動員戡亂大政方針、國防重大政策、國家建設計畫綱要、總體作戰之策定及指導、國家總動員之決策與指導、戰地政務之處理等），均可由總統主持之動員戡亂機構決議，並經總統核定後，按其性質交主管機關實施，不須再制定法律，或經由行政院會之議決，或由行政院對立法院負責。由此可知總統權力之強大。

五、總統為適應動員戡亂需要，得調整中央政府之行政機構、人事機構及其組織。

簡析：為授權總統得調整中央政府之行政機構、人事機構及其組織。如行政院人事行政局，即係依本條規定，由總統核定公布行政院人事行政局組織規程後於五十六年九月十六日成立者。依該局組織規程第一條之規定，行政院在動員戡亂時期，為統籌行政院所屬各級行政機關及公營事業機構之人事行政，加強管理，並儲備各項人才，特設人事行政局。人事行政局有關人事考銓業務，並受考試院之指揮監督。依憲法、銓敘部組織法及人事管理條例規定，各機關人事業務均直接受銓敘部指揮監督，而銓敘部又隸屬於考試院，自行政院人事行政局成立後，行政院所屬各級行政機關及公營事業機構的人事機構（佔全國政府機關及公營事業機構數百分之九十五以上），改受人事行政局之指揮監督，故對銓敘部的職權影響甚大，人事行政局之考銓業務雖仍受考試院指揮監督，但考試院對人事行政局監督之有效性，自不如對銓敘部對各人事機構之監督有效。由此更可知此類規定之影響。

六、動員戡亂時期，總統得依下列規定，訂頒辦法充實中央民意代表機構，不受憲法第二十六條、第六十四條及第九十一條之限制：

（一）在自由地區增加中央民意代表名額，定期選舉，其須由僑居國外國民選出之立法委員及監察委員，事實上不能辦理選舉者，得由總統

訂定辦法遴選之。

(二)第一屆中央民意代表，係經全國人民選舉所產生，依法行使職權，其增選、補選者亦同。

大陸光復地區次第辦理中央民意代表之選舉。

(三)增加名額選出之中央民意代表，與第一屆中央民意代表，依法行使職權。

增加名額選出之國民大會代表，每六年改選，立法委員每三年改選，監察委員每六年改選。

簡析：(一)「動員戡亂時期，總統得依下列規定，訂頒辦法，充實中央民意代表機構，不受憲法第二十六條、第六十四條及第九十一條之限制」。此所謂充實中央民意代表機構，乃將中央民意代表機構的代表或委員，予以增加名額充實之，不使因年老而降低活力及因凋謝而減少人數過多，致影響及中央民意代表機構應有的功能。所謂不受憲法第二十六條、第六十四條及第九十一條限制，係指不受各該條對國民大會代表、立法委員及監察委員選出區域及選出名額之限制而言。

(二)「在自由地區，增加中央民意代表名額，定期選舉，其須由僑居國外國民選出之立法委員及監察委員，事實上不能辦理選舉者，得由總統訂定辦法遴選之」。此所謂自由地區，係指實際上由政府所統治的地區而言，在自由地區增加國大代表、立法委員及監察委員之名額，不以地域之代表爲限，亦包括國大代表及立法委員之職業團體及婦女團體代表在內。至由僑居國外國民選出者，則以立法委員及監察委員爲限，並未包括國大代表，或因認爲國大代表尙無增選必要所致。再僑居國外國民的選舉，在平時也許可行，但在動員戡亂時期，在僑居地辦理選舉，殊爲不可能，因此乃規定「事實上不能辦理選舉者，得由總統訂定辦法遴選之」，此與憲法第一百二十九條規定，並無牴觸，因「憲法別

有規定」者可以例外也。

（三）「第一屆中央民意代表，係經全國人民選舉所產生，依法行使職權，其增選者亦同，大陸光復地區，次第辦理中央民意代表之選舉」，此乃強調第一屆中央民意代表，係大陸淪陷前，經全國人民選舉所產生，自能充分代表全國人民的民意，雖任職至今已逾三十年，但在大陸未有光復前，仍繼續依法行使職權，其依民國五十八年三月廿七日公布「動員戡亂時期自由地區中央公職人員增選補選辦法」規定，所增選補選的中央民意代表，亦與第一屆中央民意代表共同依法行使職權。當大陸光復時，則視光復的先後，依次辦理中央民意代表選舉，大致而言，宜先在光復地區辦理地域代表的選舉，俟全部光復時，則再辦理職業代表及婦女代表的選舉。

（四）「增加名額選出之中央民意代表，與第一屆中央民意代表依法行使職權。增加名額選出之國民大會代表每六年改選，立法委員每三年改選，監察委員每六年改選。」此處所指增加名額選出之中央民意代表，與上述增選補選的中央民意代表不同，增加名額選出之中央民意代表，自應與第一屆中央民意代表共同依法行使職權，在地位與權責方面，自不應分有軒輊。惟增加名額之中央民意代表，乃由自由地區所選出，且增選之目的在充實中央民意機構，爲期自由地區之選民，能經常的表現民意，經常的有選舉中央民意代表之權，則對增額中央民意代表自有定期舉行改選之必要，故依憲法對國大代表、立法委員及監察委員任期的規定，在臨時條款中明定，國大代表應每六年改選，立法委員應每三年改選，監察委員應每六年改選。

七、動員戡亂時期，國民大會得制定辦法，創制中央法律原則與複決中央法律，不受憲法第二十七條第二項之限制。

簡析：爲國民大會得提前行使創制權複決權之基本規定。依照憲法

第二十七條規定，關於創制權與複決權，須俟全國有半數之縣市，曾經行使創制複決兩權時，始得由國民大會制定辦法並行使之。依此規定，則大陸未有光復前，國民大會將永無行使創制複決兩權的可能，國民大會代表們爲期解除上述的限制，復認爲目前修改憲法亦非所宜的情況下，乃以臨時條款方式明定國民大會提前行使創制複決兩權的需要。有了此條的規定，國民大會自可訂定創制權複決權行使辦法，不再受憲法第二十七條第二項的限制。國民大會基於此一規定，乃於五十五年二月間舉行第四次大會時，制定國民大會創制複決兩權行使辦法，並由總統於同年八月八日公布，但未定施行日期。

八、在戡亂時期，總統對於創制案或複決案認爲有必要時，得召集國民大會臨時會討論之。

簡析：本條與第七條規定密切相關，因國民大會的行使創制複決兩權，玆事體大，對立法院的職權亦將發生直接影響，故爲愼重計，於本條規定總統對於創制案或複決案認爲必要時，得召集國民大會臨時會討論之。再國民大會如依照創制複決兩權行使辦法規定，行使創制權或複決權時，自須在國民大會開會期間行使，如國民大會開會期間未能行使，則只有召開臨時會行使了。但依本條規定，國民大會如因行使創制權或複決權而召開國民大會臨時會討論時，則其召集臨時會之權在總統，必須總統有必要時始予召集，如認無必要自可不予召集，而國民大會只得在常會期中討論了。

九、國民大會於閉會期間，設置研究機構，研討憲政有關問題。

簡析：本條爲國民大會於閉會期間，得設置研究機構研究憲政有關問題的規定。因國民大會具有修憲之權，對創制複決兩權又得提前行使，爲期國民大會對此等職權，均能運行恰當與善盡職責，及對其他有關憲政問題能有深切了解與擬具妥當計畫與辦法，以發揮憲政功能起

見；復因國民大會常會期間，因多無法作深切的討論；故本條規定於國民大會閉會期間，設置機構研討憲政有關問題。我國現有的國民大會憲政研討委員會，即係根據本條規定而設置者。

十、動員戡亂時期之終止，由總統宣告之。

簡析：本條係規定動員戡亂時期之終止，由總統宣告之。動員戡亂時期，係有時間性者，將來光復大陸國家情勢安定後，動員戡亂時期自將終止，惟究應何時始認為動員戡亂時期的終止，其決定權完全屬於總統，既不需行政院會議的決議，亦不須立法院的咨請，但總統決定動員戡亂時期之終止時，應行宣告週知。

十一、臨時條款之修訂或廢止，由國民大會決定之。

簡析：本條係規定臨時條款之修改權或廢止權，屬於國民大會。因臨時條款為國民大會所制定，其修改權應由國民大會所保有，自不待言。惟臨時條款之廢止，本條規定亦屬國民大會之權，且不附以任何條件，因而可能發生動員戡亂時期雖經總統宣告終止但臨時條款並未由國民大會廢止，或動員戡亂時期未經總統宣告終止而臨時條款已由國民大會廢止的情形。如屬前一種情形，將不致發生重大影響，如屬後一種情形，則將嚴重影響動員戡亂的成敗，故將來在處理上，自宜盡量求其一致。

第四項　臨時條款的性質

臨時條款的性質，可從形式上、效力上及特性上三點說明之。

一、從形式上言：

臨時條款為憲法的附則。憲法的附則，係憲法對於特定事項需作特別規定時，所作的附加條款。由於廿世紀，社會情勢變化劇烈，政治問題日趨複雜，某些事項已非憲法所能預定，制憲機關為使政府具有較大的應變能力，以適應時勢的需要，多規定附則條款，其後乃為一般國家

所沿用。如一九四六年法國第四共和憲法、日本憲法、巴西憲法，一九四七年意大利憲法、菲律賓憲法，一九四八年韓國憲法，一九四九年西德基本法，一九五八年法國第五共和憲法案，均有附則的規定。

二、從效力上言：

臨時條款有其優先、適用範圍及適用時間。其情形爲：

(一)效力的優先： 動員戡亂時期臨時條款，乃由國民大會依據憲法第一百七十四條之修憲程序而制定，故具有憲法的效力。復因臨時條款制定在憲法之後，且爲憲法之特別規定，依後法優先於前法、及特別法優先於普通法之原則，凡臨時條款與憲法條文就同一事項而作不同之規定時，應先適用臨時條款之規定。惟須注意者，遇此情形憲法原有的有關規定，並不因此而廢止或根本失其效力，而只是其適用爲臨時條款所排斥，致其效力隱而不現，但臨時條款一旦廢止，則憲法原有的規定，卽表現出其固有的效力。

(二)效力的範圍： 臨時條款所能發生的效力範圍，則以臨時條款中所規定的事項爲限，如超越明文所規定的範圍，自無效力可言。換言之，臨時條款未規定之事項，仍依憲法原有之規定，故臨時條款的效力，在範圍上是不完整的，是有限度的。

(三)效力的時間： 旣名爲動員戡亂時期臨時條款，則臨時條款的適用時間，只限於動員戡亂期間，如動員戡亂時期經由總統宣告終止，則在法理上言，臨時條款則不能再行適用。再因臨時條款爲國民大會所制定，自得由國民大會廢止，如經廢止自亦將失其效力。但如動員戡亂時期已宣告終止，而國民大會未將臨時條款廢止時，則該臨時條款是否仍屬有效問題，似值得研究，惟因此種情形與戒嚴法的情形相似，吾人可解釋爲在臨時條款未廢止前，如宣告動員戡亂時期終止，則自宣告之日起不再適用，再如一旦又宣告爲動員戡亂時期時，則又可適用。

三、從特性上言：

對臨時條款的特性，通常有下列各種說法卽：

(一)授權法說：謂臨時條款係國民大會授權總統，在動員戡亂期間所得行使的特別權力，以加強戰時統率權的運用，其性質與一般國家在戰時多由國會制定授權法案，授權政府在戰時所行使之職權相同，故臨時條款乃爲授權法的性質。此說對臨時條款權力的來源，雖有明確的說明，但對臨時條款與憲法間的關係，則未有闡釋。

(二)戰時憲法說：謂臨時條款旣適用於動員戡亂時期，故實爲戰時憲法性質，此與僅適用平時的憲法不同。此說確能說明臨時條款在戰時所可發生的效用，但臨時條款所規定之事項，並不完整，且有些事項仍須依據憲法之規定爲之，如臨時條款所規定之緊急處分，立法院仍得依據憲法第五十七條第二款規定之程序變更或廢止之。再臨時條款所未規定者，仍適用憲法之規定，二者同時存在。故臨時條款尙難謂爲戰時憲法。

(三)憲法的一部分說：謂臨時條款乃爲憲法的一部分，附隨憲法而存在，與憲法所規定之其他部分，同爲國家的根本大法。此說以臨時條款爲憲法的一部分，固有其是處，但事實上臨時條款與憲法對有關事項的規定，並不一致，故不能同時適用，如臨時條款所規定之緊急處分權，與憲法第三十九條及第四十三條不能同時並用；臨時條款對總統副總統連選連任規定，與憲法第四十七條所定之連任一次，亦不能並存。若認臨時條款爲憲法的一部分，則其內容有互相矛盾牴觸之處，應爲法律所不容。故憲法的一部分說仍有待斟酌。

(四)凍結憲法說：謂臨時條款性質，等於原憲法的修正，原憲法之條文與之牴觸者均失其效力，而以臨時條款所規定者爲適用之依據。其與通常所稱憲法修正案不同者，乃原憲法經修正後，其被修正之條文卽

行廢止，而臨時條款僅凍結憲法中暫不適用之條文而已，時機一至，原有條文即仍恢復其效力。因此雖有臨時條款之存在，而憲法仍不失其完整性。

(五)憲法的特別法說：謂臨時條款係爲憲法之特別性質。臨時條款與憲法同時並存，僅於臨時條款所規定事項與憲法所規定之同一事項，彼此有不同時，應先適用臨時條款之規定，此時憲法之有關規定並非廢止而失其效力，只是其適用爲臨時條款所排斥，致其效力隱而不現，若臨時條款一旦廢止，則憲法所規定者，即表現出其原有的效力。故臨時條款與憲法的關係，一如特別法與普通法的關係，適用特別法優於普通法的原則，來認定臨時條款與憲法間的關係。

以上五種對臨時條款性質的說法，從臨時條款權力的來源、效力、適用的時間性、與憲法間的關係等觀點而論，似以憲法的特別法說較能彙顧。

第五項　臨時條款的實施與廢止

臨時條款自三十七年五月十日公布施行以來，先後引用臨時條款計二十餘次，該臨時條款直至八十年五月一日始行廢止。其情形如下：

一、臨時條款之實施：

被引用以採取措施中之特別重要者有：

(一)民國三十七年八月十九日：爲應付財政經濟上之重大變故，總統引據臨時條款第一條，發布財政經濟緊急處分令。

(二)民國三十七年十二月十日：總統引據臨時條款規定，宣告全國戒嚴（新疆、西康、青海、臺灣四省及西藏除外）。

(三)民國四十八年八月卅一日：民國四十八年八月七日，臺灣省中南部遭遇六十年來所未有之水災，總統爲救濟善後復興重建，對當時施

行之稅法及各級政府預算爲必要的變更，俾統籌運用爭取時效，以應付財政經濟上的重大變故，乃引據臨時條款第一條發布水災緊急處分令。

（四）民國四十九年三月廿一日：第一屆國民大會第三次會議依據臨時條款第三條，排斥憲法第四十七條總統只能連任一次的規定，選舉先總統蔣公爲第三任總統。

（五）民國五十五年二月八日：國民大會第四次大會，引據當時臨時條款第六條（即現行第七條），排斥憲法第二十七條第二項規定，制定國民大會行使創制複決兩權辦法，並於同年八月八日由總統公布。

（六）民國五十五年七月一日：國民大會依據當時臨時條款第八條（即現行第九條），成立國民大會憲政研討委員會，研討憲政有關問題。

（七）民國五十六年二月一日：總統引據臨時條款第四條規定，制定國家安全會議組織綱要，並於同年二月十六日成立國家安全會議，以決定動員戡亂有關大政方針並處理戰地政務。

（八）民國五十六年七月廿七日：總統引據臨時條款第五條，制定行政院人事行政局組織規程，並於同年九月十六日成立行政院人事行政局，以統籌行政院所屬各級行政機關及公營事業機構的人事行政，加強管理，並儲備各項人才。

（九）民國五十六年八月十七日：總統引據臨時條款第四條決定動員戡亂有關大政方針的授權，決定國民教育的年限應延長爲九年，以提高國民智能，充實戡亂建國力量，令由行政院擬訂九年國民教育條例，完成立法程序，自五十七學年度起實施。

（十）民國五十八年三月廿七日：總統引據當時臨時條款第五條，制定「自由地區中央公職人員增選補選辦法」公布施行，並於同年十二月分別辦理選舉，計選出國大代表十五人，立法委員十一人，監察委員二人。

（十一）民國六十一年六月廿九日：總統引據臨時條款第六條，制定「動員戡亂時期自由地區增加中央民意代表名額選舉辦法」公布施行，並於同年十二月至翌年二月分別辦理選舉，計選出增額國大代表五十三人，立法委員五十一人，監察委員十人；民國六十四年十二月，復辦理增額立法委員期滿改選；以後並繼續辦理。

（十二）民國六十七年十二月十六日：正值舉行增額中央公職人員選舉之際，美國片面宣布與我斷絕外交關係，使全國人民悲憤填膺，總統為避免國家遭遇緊急危難，乃引據臨時條款第一條，發布緊急處分，令正在進行之選舉延期舉行，並停止一切活動，軍事單位採取全面加強戒備之必要措施，行政院經設會應會同財政部、經濟部、交通部，採取維持經濟穩定及持續成長之必要措施。

（十三）民國六十八年一月十八日：總統引據臨時條款第一條，發布補充命令，令在增額中央民意代表選舉延期舉行期間，暫仍由原增額選出之中央民意代表行使職權，至定期舉行選舉所選出之增額中央民意代表開始行使職權之日止。

（十四）民國六十八年十月八日：自菲律賓突宣布擴充領海為十二浬，並實施二〇〇浬經濟海域後，對我國漁權影響極大，乃經行政院會議決議，將我國領海擴充為十二浬，經濟海域為二〇〇浬，總統引據臨時條款第四條，交國家安全會議研議後，正式宣布。

（十五）民國六十九年六月十一日：總統引據臨時條款第六條，廢止「動員戡亂時期自由地區增加中央民意代表名額選舉辦法」，另制定「動員戡亂時期自由地區增加中央民意代表名額辦法」，及修正「動員戡亂時期僑選立法委員及監察委員遴選辦法」。

（十六）民國七十六年七月十五日：總統根據臨時條款第一條，宣告解嚴。

(十七)民國七十七年一月十三日：總統經國先生逝世，繼任總統依臨時條款第一條，下令在國喪期間（一個月）停止聚衆集會、遊行暨請願等活動。

二、臨時條款的廢止

因第一屆國民大會第二次臨時會於制定憲法增修條文後，即議決廢止動員戡亂時期臨時條款（依原動員戡亂時期臨時條款規定，臨時條款之修正或廢止由國民大會決定之），總統乃於五月一日公布憲法增修條文之同時廢止動員期戡亂時臨時條款，並自即日生效。動員戡亂時期臨時條款已完成歷史任務，乃功成身退。

第二節　憲法增修條文的制定與實施

制定憲法增修條文有其原因，經由國是會議的召開，執政黨憲改小組的研擬，國民大會第二次臨時會的召開與制訂，增修條文內容需作簡析，增修條文有其特定性質，憲法增修條文經公布施行，施行後尚有後續工作。茲分項敍述如後。

第一項　制定憲法增修條文的原因

制定憲法增修條文，係基於朝野修憲要求所採取之措施，而要求修憲之原因，大致有下列數種：

一、政治方面遠因：其重要者有

(一)民主憲政的趨勢：中華民國憲法自制定公布後不久，國內情勢逆轉，爲期一面行憲、一面戡亂，乃有動員戡亂時期臨時條款之制定，政府遷臺時並宣布戒嚴，其目的在希望早日反攻大陸，完成統一大業。一方面由於戒嚴，人民的自由權利受到若干影響，一方面由於臨時條款

的施行，使憲法中部分條文暫停適用，對民主憲政的實施，自亦因而打了一些折扣。但民主憲政是大勢所趨，無法抗拒，因而廢止臨時條款、宣告解嚴、回歸憲法等呼聲，亦就不斷高張，因而朝野逐漸形成回歸憲法及修憲等共識。

(二)政治意識的覺醒：自政府遷臺初期，臺灣地區人民生活清苦，物質生活尚難獲得適度滿足，因而人民期望於政府者，祇是獲得豐衣足食而已。在此期間，[政府先後實施三七五減租、耕者有其田、發展經濟，使國民所得不斷增加，使人民有着安定的適度滿足的物質生活，倒亦相安無事。但當人民的物質生活獲得適度滿足後，慾望不但不會因此而終止，反而會產生更高層次的慾望，亦即在精神生活方面的爭取表現與獲得滿足。在民主時代精神生活之最受到重視者，輒為政治意識的覺醒，亦即人人欲參與政治，去實現自己的理想與抱負。因而對戒嚴與臨時條款的實施，難免發出抱怨之聲，進而提出了修憲甚或重新制憲的主張。

(三)自由權利意識的抬頭：民主國家對人民的自由權利意識是受到高度重視的，因而人民不斷的爭取自由權利，政府亦設法高度保障人民的自由權利，憲法中亦多列舉出人民的自由權利。當國家實施戒嚴或在憲法附則中增加對原有人民自由權利的限制時，自會引起人民的反感，尤其在自由權利意識抬頭的時候，更會引起人民的不滿，因而回歸憲法、修憲或制憲的主張，亦就在社會上不斷的出現，致政府不得不加以重視。

(四)解嚴的宣告更助長了政治與自由權利意識的高張：政府遷臺後，為適應民主潮流，乃於七十六年七月十五日宣告解嚴，並同時制定了國家安全法、人民團體法、集會遊行法，對人民的自由權利作適度的規範。但人民認為既宣布解嚴，則在戒嚴期間所制定有關規範人民自由權利的法規皆應廢止，使人民的自由權利回歸憲法之規定與保障。此種

自由權利意識的高張，致使憲法臨時條款亦受到批評。

(五)萬年國會的受到批評：在行憲時選舉產生之第一屆國民大會代表、立法委員、監察委員，自民國三十七年行憲以來，除老成凋謝及辭職者外，始終未有改選，在此期間雖有增額選舉的規定，但增額人數在國會中仍居少數，而民主國家的國會成員，是需要反映最新民意的，因此均規定每隔若干年就需改選，以最新的民意來監督政府施政。但我國在行憲時所選舉產生的國大代表及立監委員，由於第二屆國民大會代表未有產生及依大法官會議釋字第三十一號解釋，迄今已四十餘年，其不能代表最新民意已可想見，更何況其選民及選區均在大陸，更難以代表民意。此種現象在民主國家可謂絕無僅有，致改革國會之呼聲乃不斷出現，因而朝野乃有廢止臨時條款、修改憲法，變更大法官會議釋字第三十一號解析的主張。

二、對大陸戰略方面遠因：其主要者有

(一)由反攻大陸轉向為確保臺澎金馬地區安全：動員戡亂時期臨時條款的制定，原為適應動員戡亂及行憲需要而來，故政府遷臺初期，在戰略上是俟機軍事反攻大陸統一中國。但由於數十年來的情勢演變，似已轉向於確保臺澎金馬地區的安全，以防範中共的武力犯臺。

(二)以軍事統一中國轉變為以三民主義統一中國：反攻大陸統一中國就是以軍事統一中國的構想，而以三民主義統一中國，是以實施三民主義在政治上、經濟上、文化上等方面所獲致的成果，來同化大陸的政治、經濟、文化，最後達到統一中國的目的。

(三)從兩岸隔絕到兩岸交流：在政府遷臺初期，兩岸是不允許往來的，故相互隔絕。但近數年來，已不再談論兩岸隔絕，反而談兩岸交流。雙方均認為中國只有一個，大陸及臺灣都是中國的一部分。政府方面除成立行政院大陸委員會外，更提出兩岸人民關係條例法案送立法院

審議，臺灣民間對大陸更是往返頻繁。由國家統一委員會所訂定的國家統一綱領，更將國家統一分為近程、中程、遠程三階段，並由行政院作為規劃大陸政策的主要依據。

三、經濟方面遠因：其主要者有

(一)大陸經濟作定點的開放：大陸經濟政策略作開放，經濟特區漸次設立，再加大陸地區遼闊、人口眾多、消費市場極為可觀，勞力豐沛、工資低廉等因素，致外國前往大陸投資者，亦常有所聞。

(二)解嚴初期影響社會安定國內商人出國投資：當解嚴初期，國內新成立政黨達數十個，報禁開放後各型報紙如雨後春筍，及少數在野黨的政爭手段激烈，乃引致社會不安，部分資本雄厚的商人，乃萌生向國外投資的意願，而大陸亦自然而然成為投資的對象。因此商人大陸考察團、有關兩岸商務的基金會等，亦漸次成立，並展開活動。使得臺灣與大陸的經濟關係，越來越密切。

四、總統的就職宣示：基於以上政治方面、戰略方面、經濟方面的遠因，使政府對憲法及臨時條款問題，不得不作審慎的考慮與變革。此種改革的宣示，在李登輝先生於民國七十九年五月二十日就任第八任總統時，在文告中已有明確宣示，由於此一宣示，乃加速了憲改的腳步，李總統文告中曾有下列的一段「中華民國憲法是根據國父孫中山先生遺教制定，旨在明權能之分，合中外之長，建立健全的民主體制。但在制定過程中，既多周折妥協，施行伊始，又逢戰亂頻仍，審時度勢，乃有動員戡亂時期臨時條款之制定。四十餘年來，在先總統蔣公及故總統經國先生的先後領導下，此一苦心設計，對維護復興基地之安全，開創臺灣經濟奇蹟，功不可沒。然而，隨著國內情勢之演變，國人對民主法治的要求，日益殷切，復興基地的政治環境，也非昔比。大家已經確認，惟有憲政體制的正常發展，才是落實民主政治的坦途。因此登輝希望，

能於最短期間，依法宣告終止動員戡亂時期，同時參酌多年累積的行憲經驗與國家當前環境的需求，經由法定程序，就憲法中有關中央民意機構、地方制度及政府體制等問題，作前瞻與必要的修訂，俾爲中華民族訂定契合時代潮流的法典，爲民主政治奠立百世不朽的宏規。此一艱鉅工程，不是一蹴可幾，政府必將以最大的誠意與無私的精神，廣徵各界建言，謹愼積極進行，務望在國人共同參與策勉下，以兩年爲期促其實現」。

李總統在同年五月廿二日中外記者招待會中，宣稱「動員戡亂時期一年內終止，憲政改革兩年內完成」，若此無形中對終止動員戡亂時期、廢止臨時條款及憲政改革工作，已訂出了時間表。

第二項　召開國是會議

召開國是會議，是開展憲改工作的第一步，亦是廣徵各界建言的具體措施。其經過情形如下

一、國是會議之籌備：

事實上在李總統當選中華民國第八任總統後，於七十九年四月間已指示總統府蔣秘書長彥士開始籌備國是會議，並成立籌備委員會，展開各項籌備工作。於六月間核定國是會議出席人員一百五十人，容納政府官員、民意代表、朝野政黨人士及各階層代表分五組討論五項議題，卽國會改革、地方制度、中央政府體制、憲法（含臨時條款）修訂方式或有關問題、大陸政策與兩岸關係五個，每組三十人，先分組討論，再綜合討論。爲免討論過程中引起過多的堅持與爭論，並規定對出席人員所發表意見只作紀錄與歸納，不作決議。

二、國是會議之召開：

國是會議於七十九年六月廿八日起在圓山大飯店召開，爲期六天。

在第一天開幕及第六天閉幕時，李總統均曾到會致辭，在開會期間，李總統亦常蒞會旁聽。在開幕辭中，李總統曾謂：「國是會議所達成之結論，依法定程序，化為政策，澈底執行，務使改革目標，能如期達成」。在閉幕辭中，李總統曾謂：「本次會議，經由熱烈的討論，大多數意見傾向於以修憲的方式，解決當前憲政的爭議。此一基本方向，維護了憲法的延續與一貫，使我們能在不損及國家主權完整的前提下，為國家的統一前途保留下最大的發展空間，令人深感欣慰，也必將獲得全民及歷史的肯定。……登輝希望，今後經由政府各有關機關不懈的努力，能盡速研訂憲政改革的具體程序及時限，務使本次會議的結論，澈底落實，以不負各位及全體國人的殷切期望。……會議的閉幕，即是行動的開始。……然而登輝在此要鄭重指出，任何改革的措施必須在維護復興基地安全的前提下進行，任何改革的構想，不僅在求理論的周延與完美，更要兼顧現實的需要與可行」。

以上李總統在閉幕中之致辭，對臺獨想法（中共一再表示如臺灣獨立將以武力解決）與重新制憲的主張，已有了明確的答覆。

三、國是會議的共識與不同意見：

國是會議籌備委員會召集人及身為國是會議主席之一的總統府蔣秘書長彥士，於國是會議結束後，向執政黨提出國是會議報告，其中對五項議題的共識及不同意見如下：

(一)國會改革問題：包括

1.有關第一屆資深中央民代退職問題：所有出席人都認為第一屆資深民代立即退職，對於退職期限有四種不同意見，即①儘速退職；②七十九年底退職；③八十年七月退職；④依大法官會議解析八十年底以前退職（多數意見）。

註：大法官會議依立法院請求，於七十九年六月廿一日作成釋字第

二六一號解析,其主文謂:「中央民意代表之任期制度為憲法所明定,第一屆中央民意代表於當選就任後,國家遭遇重大變故,因未能改選而繼續行使職權,乃為維繫憲政體制所必要,惟民意代表之定期改選,為反映民意,貫徹民主憲政之途徑,而本院釋字第卅一號解析,憲法第二十八條第二項及動員戡亂時期臨時條款第六條第三款,既無使第一屆中央民意代表無限期繼續行使職權或變更任期之意,亦未限制次屆中央民意代表之選舉。事實上,自中華民國五十八年以來,中央政府已在自由地區辦理中央民意代表之選舉,逐步充實中央民意機構。為適應當前情勢,第一屆未定期改選之中央民意代表,除事實上已不能行使職權或經常不行使職權者,應即查明解職外,其餘應於中華民國八十年十二月卅一日以前終止行使職權,並由中央政府依憲法之精神,本解析之意旨及有關法規,適時辦理全國性之次屆中央民意代表選舉,以確保憲政體制之運作」。

2.有關國民大會問題:絕大多數反對維持現狀。對於國民大會存廢,有兩種不同意見,即①主張廢除國民大會;②主張採用選舉人或委任代表制方式保留國民大會(多數意見)。

3.有關監察院問題:①主張單一國會者認為監察院功能不彰,應予廢除;②主張保存監察院者認為應加改進,如改由直接民選(多數意見)。

4.有關新國會產生的時間問題:與第一屆資深民代退職期限有關,主要可分為①八十年七月底以前;②八十一年七月底以前兩種意見。

5.有關新國會的名額問題:主張保留立法院作為單一國會者,認為一二○人至一五○人為宜,又以主張一五○人為多數。

6.有關海外僑選代表問題:主要有三種不同意見,即①廢除後併入全國不分區名額(多數意見);②無條件廢除;③維持現狀。

7.有關職業代表問題：主要有三種不同意見，即①廢除後併入全國不分區名額（多數意見）；②無條件廢除；③維持現狀。

8.有關婦女代表問題：主要有三種不同意見，即①廢除後併入全國不分區名額（多數意見）；②無條件廢除；③維持現狀。

9.有關應否設置大陸代表問題：主要有兩種意見，即①以政黨比例選舉產生全國不分區代表（多數意見）；②設置大陸代表。

10.有關選舉風氣淨化問題：依法嚴辦金錢與暴力污染選舉，擴大公費選舉，提高參選者素質。

（二）地方制度問題：包括

1.地方制度合憲化與法制化問題：多數出席人員一致主張地方自治應予合憲化與法制化，對於實施方式則有四種主張，即①凍結憲法中的若干條文，在修憲條文中授權立法院另訂「國家統一前（或自由地區）省縣地方制度條例」；②回歸憲法，由立法院制定「省縣自治通則」實施省縣地方自治；③以修憲或附加條款方式規定「省之內閣制」或實施聯邦制；④不能回歸憲法，應循制憲方式；依臺灣本身發展，實行地方自治。

2.行政區域重劃問題：多數出席人員認為目前省與中央的「單一關係」應予改善，可以國土重劃方式，變更行政區域，對於實施方式主要意見有①採多省制，省不必虛級化；②採多市制，省可虛級化；③將臺灣劃為多個行政區域或地區建設委員會。

3.地方首長民主化問題：出席人員一致認為省縣市長民選是地方自治民主化的主要內涵。

4.地方自主權問題：多數出席人員認為應使地方政府享有更多的人事權、財政權、警察權、教育權，使權力由中央推向地方；但亦有出席人員認為警察權仍宜由省統一指派，以適應全省連貫作業要求，教育權

應由全國統一。

5.鄉鎮市自治問題：多數出席人員認為依憲法精神而言，鄉鎮市並非地方自治單位，有主張應予廢除或將鄉鎮市長改為官派，也有主張維持現狀者。

(三)中央政府體制問題：包括

1.總統與國民大會關係：多數意見認為現行總統選舉方式應予改進，原則上應以民選方式產生，至選舉方式及實施程序則頗為紛歧，主要有三種看法，即①主張應由直接民選產生，國民大會應予廢除，總統對重大議案得交付公民複決；②主張總統由國民大會以委任代表制方式選舉產生，國民大會保留並予改進；③主張維持現行國民大會職權及總統選舉方式。在會議討論時，吳豐山提出「現行總統選舉辦法必須改變，總統應由全體公民選舉，其選舉辦法及實施程序則經由各界協商，循法定程序制定」，此項意見中僅「總統應由公民選舉」係多數人共識，至於選舉辦法可由國民大會以委任代表制方式產生，也可採直接民選方式產生，並無定論，必須再審慎研究。

2.總統、行政院及立法院關係：出席人員意見紛歧，主要有五種看法，即①主張內閣制，總統虛位，行政院可報請總統解散立法院，立法院可對行政院行使不信任投票；②主張美國式總統制，總統由人民直選，取消行政院，總統不能解散立法院，立法院亦不能對總統行使不信任投票；③主張廢除臨時條款，總統職權及行政院與立法院之關係，均依憲法規定；④主張廢除臨時條款，總統職權除依憲法規定外，另將緊急處分權略為擴大，總統及行政院長均為中央政府體制中心；⑤主張總統由人民直選，行政院長由總統任命，立法院可彈劾總統，可倒閣，總統亦可解散國會，總統為中央政府體制中心。

3.考試院：出席人員多未表示意見，表示意見者中有三種看法，即

①多數主張廢除考試院，改設人事部（局），隸屬行政院；②維持現行制度；③廢除行政院人事行政局，回歸考試院主管。

4.監察院：主張下列兩種意見者，人數大致相當，即①維持監察院並加以改進，或爲專司糾彈之準司法機關；②廢除監察院併入立法院，成爲單一國會。

(四)憲法（含臨時條款）修訂方式有關問題：包括

1.會議已獲得共識部分：①動員戡亂時期宣告終止，動員戡亂時期臨時條款應予廢止；②中華民國憲法應予修訂；③憲法之修訂，應以具有民意基礎之機關及方式爲之。

2.會議未取得共識部分：①有關憲法修訂的體例，主要有下列三種意見，即A.主張修憲者約有七成；B.主張制憲者不到三成；C.主張制定中華民國基本法者，人數甚少。②關於憲法修訂的途徑，主要有下列五種意見，即A.由第二屆立法院擬定憲法修正案後，提請國民大會複決，主張此種方式者人數最多；B.由總統依臨時條款第一條，召開憲法修訂會議；C.由第一屆國民大會召開臨時會修憲；D.由現任增額國代、立監委聯合修憲；E.由立法院擬定憲法草案或由特別委員會擬定憲法草案，並經立法院通過後交公民複決。對於修憲或制憲案交付公民複決一案，多數出席人員表示反對。

(五)大陸政策與兩岸關係：出席人員對本議題有相當高的共識，包括

1.基本上皆認爲應以臺灣人民的福祉爲前提，考慮國際形勢的限制，中共政權的性質，大陸人民的心理等客觀因素，在能力範圍內促使大陸走向民主自由。依據這些原則，制定開放與安全兼顧的階段性大陸政策。

2.現階段的兩岸關係，絕大部分皆肯定「兩府」（兩個對等的，在

大陸與臺灣地區分別擁有統治權的政治實體）的現實。

　　3.對未來的走向，有認為臺灣不能自外於中國，應主導大陸走向統一；有認為在中共承諾放棄武力，不妨害我國際參與並接受兩個對等政府的條件下，成立代表一個國家的共同機構，逐步走向統一。

　　4.現階段兩岸關係的實際運作，大多數出席人員認為（功能性）交流從寬，（政治性）談判從嚴。功能性、非政治性的談判，現在即可開始，並由經政府授權的中介團體進行對等談判為宜。

第三項　成立黨內憲政改革策劃小組

　　國是會議結束後，為推動憲政改革工作能早日落實，執政黨乃設置憲政改革策劃小組，進行憲改之研擬工作。其經過如下：

　　一、成立憲政改革策劃小組：於七十九年七月中旬，在執政黨內成立憲政改革策劃小組，由李副總統元簇擔任召集人，郝院長柏村、林院長洋港、蔣秘書長彥士三人為副召集人。小組之下再設法制分組，由林院長洋港擔任召集人；工作分組，由邱資政創煥擔任召集人；在各分組之下，得視研究項目再區分小組，參加人員包括有關機關首長、民意代表、學者專家等。

　　二、研擬過程：先由法制、工作分組下之小組，就有關問題將研擬所得意見向所屬分組提出建議，經法制或工作分組研討及修正後，向憲改策劃小組提出建議，經憲改策劃小組研討並與在野黨人士、中央民意代表、學術界、工商界溝通意見及修正後，向執政黨中常委簡報，再提報執政黨中央常會，並向國民大會執政黨黨部作任務交代，透過執政黨黨籍國民大會代表，依修憲程序進行修憲。

　　三、取得共識：使重要問題經由討論逐漸獲得共識。獲得共識之重要問題，主要有下列八項：

(一)憲改方式：採修憲而非制憲，並以憲法增修條文按第一條、第二條順序，列在憲法本文之後，在增修條文之前並加前言。修憲工作分兩階段進行，第一階段爲程序修憲，使中央民代的產生及若干後續措施取得法源依據，並於八十年第一屆國民大會第二次臨時會中完成；第二階段爲實質修憲，處理若干憲政改革上重要實質問題，並於八十一年三月底前由第二屆國民大會代表集會時討論。

(二)中央民意代表名額：國民大會代表、立法委員、監察委員名額，除依自由地區及人口選出者外，並設僑選名額及全國不分區名額，取消職業團體及全國婦女團體名額，另規定婦女保障名額。

(三)選舉方式：中央民代之選舉罷免依公職人員選舉罷免法之規定，全國不分區及僑居國外國民名額，採政黨比例方式選出。

(四)第二屆中央民意代表選出時間：第二屆國民大會代表於八十年十二月卅一日前選出，其任期至第三屆國民大會集會時止；第二屆立法委員、監察委員於八十二年一月卅一日前選出。

(五)授與總統緊急命令權：繼續賦予總統緊急命令權，但須於發布命令後十日內提交立法院追認。

(六)設立機關之授權：總統得設國家安全會議及所屬國家安全局、行政院得設人事行政局，其組織另以法律定之；在未完成立法程序前，其原有組織法規繼續適用。

(七)動員戡亂時期專用法律之效力：動員戡亂時期終止時，原僅適用動員戡亂時期之法律，在其修訂未成立法程序前，得繼續適用至八十一年七月卅一日止。

(八)兩岸關係立法之授權：自由地區與大陸地區間人民權利義務關係，得以法律爲特別之規定。

四、研擬要點（相當條文）文字：

根據上述共識，經憲政改革策劃小組研擬完成並通過之要點文字內容如下：

　　(一)前言中宣示：爲因應國家統一前之需要，依照中華民國憲法第二十七條第一項第三款及第一百七十四條第一款之規定，增修本憲法條文。

　　(二)訂定中央民意代表名額之分配及當選名額之保障與限制：

　1.國民大會代表部分：

　　(1) 名額之分配：國民大會代表依下列規定選出之，不受憲法第二十六條及第一百三十五條之限制：

　　　①自由地區每直轄市、縣市各二人，但其人口逾十萬人者，每增加十萬人增一人。

　　　②自由地區平地山胞及山地山胞各三人。

　　　③僑居國外國民二十人。

　　　④全國不分區八十人。

　　(2) 婦女當選名額之保障：上列第①款每直轄市、縣市選出之名額及第③款、第④款各政黨當選之名額，在五人以上十人以下者，應有婦女當選名額一人，超過十人者，每滿十人應增婦女當選名額一人。

　2.立法院立法委員部分：

　　(1) 名額之分配：立法院立法委員依下列規定選出之，不受憲法第六十四條之限制：

　　　①自由地區每省、直轄市各二人，但其人口逾二十萬人者，每增加十萬人增一人；逾一百萬人者，每增加二十萬人增一人。

　　　②自由地區平地山胞及山地山胞各三人。

　　　③僑居國外國民六人。

④全國不分區三十人。

(2) 婦女當選名額之保障：上列第①款每省、直轄市選出之名額及第③款、第④款各政黨當選之名額，在五人以上十人以下者，應有婦女當選名額一人，超過十人者，每滿十人應增婦女當選名額一人。

3.監察院監察委員部分：

(1) 名額之分配：監察院監察委員由省、市議會依下列規定選出之，不受憲法第九十一條之限制：

①自由地區臺灣省二十五人。

②自由地區每直轄市各十人。

③僑居國外國民二人。

④全國不分區五人。

(2) 婦女當選名額之保障與省市議員當選名額之限制：

①上列第一款臺灣省、第二款每直轄市選出之名額及第四款各政黨當選之名額，在五人以上十人以下者，應有婦女當選名額一人，超過十人者，每滿十人應增婦女當選名額一人。

②省議員當選為監察委員者，以二人為限；市議員當選為監察委員者，各以一人為限。

(三)中央民意代表選舉法律與選舉方式之特別規定：

1.中央民意代表之選舉罷免，依公職人員選舉罷免法之規定辦理之。

2.中央民意代表之全國不分區及僑居國外國民名額，採政黨比例方式選出之。

(四)第二屆中央民意代表選出時間及有關任期之規定：

1.第二屆國民大會代表應於民國八十年十二月卅一日前選出，其任

期自民國八十一年一月一日起至第三屆國民大會於民國八十五年第八任總統任滿前依憲法第二十九條規定集會之日止。

2.依動員戡亂時期臨時條款增加名額選出之國民大會代表，於民國八十二年一月卅一日前，與第二屆國民大會代表共同行使職權。

3.第二屆立法院立法委員及第二屆監察院監察委員應分別於民國八十二年一月三十一日前選出，均自民國八十二年二月一日開始行使職權。

(五)第二屆國民大會臨時會之召開：國民大會為行使憲法第二十七條第一項第三款之職權，應於第二屆國民大會代表選出後三個月內由總統召集臨時會。

(六)授與總統必要之緊急命令權：總統為避免國家或人民遭遇緊急危難或應付財政經濟重大變故，得經行政院會議之決議發布緊急命令，為必要之處置，不受憲法第四十三條之限制，但須於發布命令後十日內提交立法院追認，如立法院不同意時，該緊急命令立即失效。

(七)規定原僅適用於動員戡亂時期之法律未完成修訂者之效力：動員戡亂時期終止時，原僅適用於動員戡亂時期之法律，其修訂未完成立法程序者，得繼續適用至民國八十一年六月三十日止。

(八)設立機關之授權：總統為決定國家安全有關大政方針，得設國家安全會議及所屬國家安全局。行政院設人事行政局。其組織均以法律定之，在未完成立法程序前，其原有組織法規繼續適用。

(九)兩岸關係特別立法之授權：自由地區與大陸地區間人民權利義務關係及其他事務之處理，得以法律為特別之規定。

第四項　召開國民大會臨時會修訂憲法

為期第一階段之程序修憲能早日完成，總統乃於八十年二月廿六日

頒佈第一屆國民大會第二次臨時會議召集令，自三月廿九日開始報到，於四月八日開議，至四月廿四日結束，出席代表共五百三十九人，完成第一階段修憲任務。其修憲經過情形如下：

一、開會前呈現出若干修憲版本： 第一屆國民大會代表在臨時會集會前，採非正式集會或會商方式，對修憲問題提出意見，除執政黨國民大會黨部，主要參照憲政改革策劃小組所通過之要點，研擬憲法增修條文之版本外，尚有全聯會修憲版本、陳潔等資深國代修憲版本、蔣一安所提修憲版本。以上各修憲版本，除國大黨部之版本外，其他各版本在國大臨時會中，均未能正式提出討論。

二、對憲法修訂案之討論：

執政黨國大黨部透過代表提出之憲法修正案，一方面主要係依據憲政改革策劃小組通過之要點而草擬憲法修正條文，一方面內容較為完整與適切需要，且獲得 505 位代表的連署與支持，故在一、二、三讀程序之討論中，大致尚稱順利，惟下列三點可予一述：

（一）民進黨及無黨派代表之退出會議：在開始憲法增修條文逐條討論期間，民進黨國民大會代表因不贊成若干修憲條文之內容，乃於四月十五日宣布退出會議，並準備於四月十七日走向街頭遊行抗爭；無黨籍四位國大代表因對所提若干修憲意見未獲採納，亦相繼於四月十六日宣布退出會議。

（二）四月十七日遊行抗爭與授權設置機關之增加日落條款：四月十七日民進黨發動之抗爭遊行，人數雖眾多，但過程尚稱理性，遊行當日晚間，執政黨與民進黨高層人士進行協商，直至翌日凌晨始結束，民進黨遊行隊伍亦宣告解散。此後執政黨代表乃主動提出對授權總統得設置之國家安全會議及所屬國家安全局與行政院設人事行政局之原有組織法規，對其適用期間加以限制，並修正憲法增修條文之有關文字。

(三)在三讀時作若干文字修正: 如「第二屆國民大會代表」, 修正爲「國民大會第二屆國民大會代表」; 「民國」改爲「中華民國」等。

第五項　憲法增修條文簡析

經第一屆國民大會第二次臨時會依修憲程序通過之憲法增修條文, 包括名稱、前言、及第一至第十條條文。兹分條簡析如下:

一、名稱: 中華民國憲法增修條文

簡析: 標名修憲係以增加條文方式處理, 諒係採取美國修憲之體例, 故增修的條文爲憲法的一部分, 與以往動員戡亂時期臨時條款作爲憲法附則之方式不同。

二、前言: 爲因應國家統一前之需要, 依照憲法第二十七條第一項第三款及第一百七十四條第一款之規定, 增修本憲法條文如左。

簡析: 本條之要點爲(一)憲法第二十七條第一項第三款, 明定修改憲法爲國民大會之職權; 憲法第一百七十四條第一款, 明定國民大會修改憲法之程序, 卽由國民大會代表總額五分之一之提議、三分之二之出席、及出席代表四分之三之決議, 得修改之。故憲法增修條文係由國民大會本於職權並經修憲程序所制定者, 自具憲法之效力。

(二)增修條文係爲因應國家統一前之需要, 換言之, 增修條文之適用有其時間性, 一旦國家統一後, 該增修條文將不再適用, 而完全回歸憲法本文。那時如再需修改憲法, 似應修改憲法之本文, 而非再加增修條文。此一情形, 又與原有動員戡亂時期臨時條款只適用於動員戡亂時期者相似。

三、第一條: 國民大會代表依左列規定選出之, 不受憲法第二十六條及第一百三十五條之限制:

一、自由地區每直轄市、縣市各二人, 但其人口逾十萬人

者，每增加十萬人增一人。

二、自由地區平地山胞及山地山胞各三人。

三、僑居國外國民二十人。

四、全國不分區八十人。

前項第一款每直轄市、縣市選出之名額及第三款、第四款各政黨當選之名額，在五人以上十人以下者，應有婦女當選名額一人，超過十人者，每滿十人應增婦女當選名額一人。

簡析：本條之要點為(一)國民大會代表由四種地區或選民選出之，即 1.自由地區直轄市及縣市； 2.自由地區之平地山胞及山地山胞， 3.僑居國外國民； 4.全國不分區（係為因應目前大陸地區無法與自由地區作同樣的選舉，及將原有之職業團體代表及婦女團體代表併入所設置者）。以上情形與憲法第二十六條及第一百三十五條之分區規定不同，故明定不受其限制。

(二)各地區應選出之國民大會代表名額，為直轄市及縣市各二人，但其人口逾十萬人者，每增加十萬人增一人；平地山胞及山地山胞各三人；僑居國外國民二十人；全國不分區八十人。以上情形與憲法第二十六條及第一百三十五條所定名額標準或其名額另以法律定之規定不同，故亦明定不受其限制。

(三)婦女當選國民大會代表改採保障名額，即當選名額在五人以上十人以下者，應有婦女當選名額一人，超過十人者，每滿十人應增婦女當選名額一人。如依得票數高低算定當選代表名額中，婦女當選名額已達或超過上述保障名額者，自不再保障。

(四)僑居國外國民及全國不分區代表，採政黨當選方式產生（見第四條簡析）。

四、第二條：立法院立法委員依左列規定選出之，不受憲法第六十四條
　　　　之限制：

　　　　　　一、自由地區每省、直轄市各二人，但其人口逾二十萬人
　　　　　　　　者，每增加十萬人增一人；逾一百萬人者，每增加二
　　　　　　　　十萬人增一人。

　　　　　　二、自由地區平地山胞及山地山胞各三人。

　　　　　　三、僑居國外國民六人。

　　　　　　四、全國不分區三十人。

　　　　　前項第一款每省、直轄市選出之名額及第三款、第四款
　　　　各政黨當選之名額，在五人以上十人以下，應有婦女當
　　　　選名額一人，超過十人者，每滿十人應增婦女當選名額一
　　　　人。

　　簡析：本條之要點爲(一)立法委員由四種地區或選民選出之，卽 1.
自由地區省、直轄市；2.自由地區平地山胞及山地山胞；3.僑居國外國
民；4.全國不分區（係爲因應目前大陸地區無法與自由地區作同樣的選
舉，及將原有之職業團體及婦女團體立法委員倂入所設置者）。以上情
形與憲法第六十四條之分區規定不同，故明定不受其限制。

　　（二）各地區應選出之立法委員名額，自由地區每省、直轄市各二人，
但其人口逾二十萬人者，每增加十萬人增一人；逾一百萬人者，每增加
二十萬人增一人；平地山胞及山地山胞各三人；僑居國外國民六人；全
國不分區三十人。此上情形與憲法第六十四條所定名額標準或其名額另
以法律定之規定不同，故明定不受其限制。

　　（三）婦女當選立法委員改採保障名額，卽當選名額在五人以上十人
以下者，應有婦女當選名額一人，超過十人者，每滿十人應增婦女當選
名額一人。如依票數高低算定當選代表名額中，婦女當選名額已達成超

過上述保障名額時，自不再保障。

（四）僑居國外國民及全國不分區立法委員，採政黨當選方式產生（見第四條簡析）。

五、第三條：監察院監察委員由省、市議會依左列規定選出之，不受憲法第九十一條之限制：

一、自由地區臺灣省二十五人。

二、自由地區每直轄市各十人。

三、僑居國外國民二人。

四、全國不分區五人。

前項第一款臺灣省、第二款每直轄市選出之名額及第四款各政黨當選之名額，在五人以上十人以下者，應有婦女當選名額一人，超過十人者，每滿十人應增婦女當選名額一人。

省議員當選為監察委員者，以二人為限；市議員當選為監察委員者，各以一人為限。

簡析：本條之要點為（一）監察委員由四種地區或選民選出之，即1.自由地區臺灣省；2.自由地區每直轄市；3.僑居國外國民；4.全國不分區（係為因應目前大陸地區無法與自由地區作同樣的選舉，乃將各地區合併設置者）。以上情形，與憲法第九十一條監察委員選舉之分區規定不同，故明定不受其限制。

（二）各地區應選出之監察委員名額，自由地區臺灣省二十五人；自由地區每直轄市各十人；僑居國外國民二人；全國不分區五人。以上情形，與憲法第九十一條所定名額標準不同，故明定不受其限制。

（三）婦女當選監察委員改採保障名額，即當選名額在五人以上十人以下者，應有婦女當選名額一人；超過十人者，每滿十人應增婦女當選

名額一人。如依票數高低算定當選監察委員名額中，婦女當選名額已達成超過上述保障名額，自不再保障。

（四）僑居國外國民及全國不分區監察委員，採政黨當選方式產生（見第四條簡析）。

六、第四條：國民大會代表、立法院立法委員、監察院監察委員之選舉罷免，依公職人員選舉罷免法之規定辦理之。僑居國外國民及全國不分區名額，採政黨比例方式選出之。

簡析：本條之要點爲（一）在自由地區選出之國民大會代表、立法委員及監察委員之選舉與罷免，依公職人員選舉罷免法之規定辦理之，該法律案尚在立法院審議中。

（二）僑居國外國民及全國不分區名額之國民大會代表、立法委員及監察委員，採政黨比例方式選出之，至其罷免則無規定。

（三）所謂政黨比例方式選出，指僑居國外國民及全國不分區選出之國民大會代表、立法委員、監察委員，可按各政黨得票率或各政黨候選人當選席次比例，在所定名額內按比例分配政黨應有席次。如第一種情形，立法委員全國不分區名額爲三十人，在自由地區投票選舉結果，如甲、乙、丙三個政黨的得票比例爲七比二比一，則甲黨名額爲二十一人，乙黨名額爲六人，丙黨名額爲三人，至其人選則由各政黨自行決定。如第二種情形，立法委員自由地區選舉當選名額爲三百人，當選人中屬甲政黨者二百人，屬乙政黨者七十人，屬丙政黨者三十人，其比例爲二十比七比三，則全國不分區立法委員三十人名額中，屬甲黨者爲二十一人，屬乙政黨者爲七人，屬丙政黨者爲三人。

（四）各政黨當選名額之投票方式，如採上述第一種情形之政黨比例計算，則投票時宜採每一投票人投二張票，一張票投給候選人，一張票投給政黨；如採上述第二種情形之政黨比例計算，則投票時每一投票人

只需投候選人之一張選票。將來究竟採何種情形及投一張票或二張票，有待主管選舉機關在選舉法規中規定。

七、第五條：國民大會第二屆國民大會代表應於中華民國八十年十二月三十一日前選出，其任期自中華民國八十一年一月一日起至中華民國八十五年國民大會第三屆於第八任總統任滿前依憲法第二十九條規定集會之日止，不受憲法第二十八條第一項之限制。

依動員戡亂時期臨時條款增加名額選出之國民大會代表，於中華民國八十二年一月三十一日前，與國民大會第二屆國民大會代表共同行使職權。

立法院第二屆立法委員及監察院第二屆監察委員應於中華民國八十二年一月三十一日前選出，均自中華民國八十二年二月一日開始行使職權。

簡析：本條之要點為(一)明定國民大會第二、第三屆國大代表選出時間及任期，即國民大會第二屆國大代表需於民國八十年十二月三十一日前選出，其任期並自民國八十一年一月一日起至八十五年國民大會第三屆國大代表集會之日止，計任期前後共五年，於第五年需辦理第三屆國民大會代表選舉。此一規定與憲法第二十八條國民大會代表每六年改選一次之規定不同，故明定不受其限制。

(二)明定依原動員戡亂時期臨時條款規定選出之增額國大代表行使職權之限期，即在民國八十二年一月卅一日前與國民大會第二屆國大代表共同行使職權，自民國八十二年二月一日起，國民大會職權則由國民大會第二屆國大代表行使。由於此一規定，乃呈現出增加名額選出之國大代表行使職權之期間與第二屆國大代表行使職權之期間，有一年又一個月的重疊時間，在正常情況下，此種前後屆國大代表重疊行使職權之

期間，並不發生，但爲適應憲政改革之特殊需要，乃在增修條文中明定，以爲依據。

（三）明定第二屆立法委員及第二屆監察委員之選出期間，即應於民國八十二年一月三十一日前選出，並自民國八十二年二月一日起行使職權。依原動員戡亂時期臨時條款所選出之增額立法委員及監察委員，均將於民國八十二年二月一日，分別屆滿三年及六年，並無與國民大會代表之前後屆重疊行使職權之現象，故不需再作有如增額國大代表行使職權至何時止之特別規定。

八、第六條： 國民大會爲行使憲法第二十七條第一項第三款之職權，應於第二屆國民大會代表選出後三個月內由總統召集臨時會。

　　簡析：明定國民大會召開修憲任務之臨時會之期間，即國民大會爲行使憲法第二十七條第一項第三款「修改憲法」之職權，應於第二屆國大代表選出（民國八十年十二月卅一日前）後三個月內（即民國八十一年三月底前），由總統召集臨時會。因在八十年四月召開第一屆國民大會第二次臨時會時，就有將修憲工作分二個階段進行之共識，第一階段爲程序修憲，第二階段爲實質修憲，第一階段的修憲工作已經完成，第二階段的修憲工作自需接着展開，因而在本條中明定召開第二屆國民大會第二屆臨時會之期間，以便進行第二階段的修憲工作。

九、第七條： 總統爲避免國家或人民遭遇緊急危難或應付財政經濟上重大變故，得經行政院會議之決議發布緊急命令，爲必要之處置，不受憲法第四十三條之限制。但須於發布命令後十日內提交立法院追認，如立法院不同意時，該緊急命令立即失效。

　　簡析：本條之要點爲㈠此乃賦予總統行使緊急命令權之規定。緊

急命令之發布，在憲法第四十三條原有規定，但因1.依該條規定總統需依緊急命令法發布緊急命令，但至今緊急命令法尚未公布，亦即無從發布緊急命令；2.依該條規定，發布緊急命令之原因，限於國家遇有天然災害、癘疫，或國家財政經濟上有重大變故，其範圍甚為狹小，難應特殊情況的需要；3.依該條規定，於立法院休會期間，總統始得經行政院會議之決議，發布緊急命令，在時機上殊多限制。為適應當前情勢，乃在增修條文中增修本條，其要點為1.擴大發布緊急命令之原因，從原定之「國家遇有天然災害、癘疫，或國家財政經濟上有重大變故」，擴大為「為避免國家或人民遭遇緊急危難或應付財政經濟上重大變故」；2.不需依照緊急命令法發布緊急命令；3.不需限於立法院休會期間；4.現在發布命令後提交立法院追認之期限，則由原定之「一個月內」縮短為「十日內」，至其餘之需經行政院會議之決議，及立法院不同意時緊急命令立即失效之規定，則仍照舊。因此一行使緊急命令權之規定與憲法第四十三條多有不同，故明定不受其限制。

(二)本次修憲為只作程序修憲，此一緊急命令權之賦予原與程序修憲之原則不符，但因緊急命令權之賦予國家元首，為一般憲政國家之通例，尤其在我國當前情勢下，總統之緊急命令權不可一日無之，故國民大會此次修憲時，仍將之列為增修條文。在此次國民大會臨時會之閉幕時，李總統亦特別宣示「授與總統必要之緊急命令權一節，登輝自當衡酌國家安全、國民福祉與現實需要，審慎將事」。

十、第八條： 動員戡亂時期終止時，原僅適用於動員戡亂時期之法律，其修訂未完成程序者，得繼續適用至中華民國八十一年七月三十一日止。

簡析：本條之要點為(一)本條係為對原僅適用於動員戡亂時期之法律，其修訂未完成程序者，規定得繼續適用之期限。

(二)在法理上言，乃僅適用於動員戡亂時期之法律，自動員戡亂時期宣告終止時， 自應予以廢止， 其有認尚不宜完全廢止者亦應予以修訂，但需予修訂之法律，爲數繁多，而修訂需經一定程序，且時間亦不易控制，因此乃規定此條， 在未完成修訂程序前， 原有規定得繼續適用，但爲免拖延過久，乃明定以繼續適用至民國八十一年七月三十一日止。如屆期前已完成修訂程序時，則依經修訂之法律施行；如屆期仍未完成修訂程序時，則不得再繼續適用。

十一、第九條： 總統爲決定國家安全有關大政方針，得設國家安全會議及所屬國家安全局。

行政院得設人事行政局。

前二項機關之組織均以法律定之， 在未完成立法 程 序前，其原有組織法規得繼續適用至中華民國八十二年十二月三十一日止。

簡析： 本條之要點爲(一)依原動員戡亂時期臨時條款規定，總統得設置動員戡亂機構，決定動員戡亂有關大政方策； 總統得調整中央政府之行政機構及人事機構。依此乃先後設置成立國家安全會議及其所屬國家安全局，及行政院人事行政局。此三機關既依原有臨時條款爲應動員戡亂時期需要而設置，於終止動員戡亂時期及廢止臨時條款時，該三機構原應撤銷。此三機關如有繼續存在之必要，則應經由立法程序制定組織法，以代替原由總統以命令發布之組織綱要及組織規程。

(二)第一屆國民大會第二次臨時會，認爲總統爲決定國家安全有關大政方針，得設國家安全會議及所屬國家安全局，行政院得設人事行政局，並明定其組織均以法律定之。惟制訂組織法仍需相當時日，故又規定在組織法未完成立法程序前，其原有組織法規（卽組織綱要及組織規程）得繼續適用。

(三)機關組織之設置，原與程序修憲之精神不符，如組織法故意拖延不決，則該三機關可長期繼續適用原有組織法規，則更與程序修憲之本意不合，因而對原組織法規之繼續適用亦加上期間的限制，即得繼續適用至民國八十二年十二月三十一日止。如屆至此時，該三機關之組織法仍未完成立法程序，則此三機關應予撤銷。

十二、第十條： 自由地區與大陸地區間人民權利義務關係及其他事務之處理，得以法律為特別之規定。

簡析：此為使將來兩岸關係特別立法取得法源而制定。因由於國內外各種情勢的改變，使得自由地區與大陸地區間的關係，由相互隔絕而走向相互交流，因而任何一方地區人民在另一方地區所發生之權利義務關係，需以特別法律來規範，以杜糾紛。再依新近由國家統一委員會所訂定並由行政院作為規劃大陸政策主要依據之國家統一綱領，其推動過程分為1.近程——交流互惠階段；2.中程——互信合作階段；3.遠程——協商統一階段三個。因而兩岸間需待處理之事務繁多，為期制定特別法有所依據，乃作此條之規定。

第六項　憲法增修條文之性質

憲法增修條文之性質，可從形式上、效力上及特性上三方面說明之。

一、從形式上言：增修條文為憲法的一部分，其體例則照美國聯邦憲法之修訂方式，於憲法本文之後增加條文，並依序列為第一條、第二條等。美國聯邦憲法原只有七條，自一七八九年三月四日公布施行以來，常有修正，至一九七一年就已先後有十六次修正，第一次修正時增加第一至第十條條文，第二至第十六次修正，每次增加一個條文（至一九七一年止就已有二十六個條文）。此次第一屆國民大會第二次臨時會

之修憲，亦在憲法原有條文後增加第一至第十條十個條文，以後在第二
階段修憲時，大致仍會採取此種方式。故在形式上言，更明顯的表示出
增修條文爲憲法的一部分。

二、從效力上言：除效力之優先，效力之範圍，與原有臨時條款之
情形相同外（見第 695 頁），至效力之時間， 根據增修條文之前言「爲
因應國家統一前之需要」一語，可知增修條文之有效期間是有期限的，
亦卽自公布日起至國家統一之日止， 國家統一後則不再適用。 此種情
形，與原有臨時條款只在動員戡亂期間適用之有期限者相似。

三、從特性上言：對原有動員戡亂時期臨時條款之特性，學者曾有
授權法說、戰時憲法說、憲法的一部分說、凍結憲法說、憲法的特別法
說等不同的見解（見第 696 頁）， 此憲法增修條文與臨時條款自有不同
之處，故對授權法說、戰時憲法說自屬顯然不符。至憲法的一部分說、
凍結憲法說、憲法的特別法說之三種見解，從增修條文之形式上言，自
以憲法的一部分說爲當，但從效力上言，似仍以憲法之特別法說爲宜。

第七項　憲法增修條文之公布與施行

憲法增修條文經第一屆國民大會第二次臨時會依憲法所定程序修訂
完成後，卽由國民大會咨請總統公布施行。其情形如下：

一、先宣告動員戡亂時期之終止：總統於八十年四月三十日，在中外記
者會公開宣告動員戡亂時期終止。依原動員戡亂時期臨時條款之規定，
動員戡亂時期之 終止由總統宣告之， 故總統需予明令廢止臨 時條款之
前，先宣告動員戡亂時期之終止，如先明令廢止臨時條款，則總統將再
無權宣告動員戡亂時期之終止。

二、再廢止動員戡亂時期臨時條款：動員戡亂時期臨時條款之修正或廢
止的決定權雖屬國民大會， 但在程序上仍需經過明令廢止後方爲眞正廢

止，失去效力。故總統乃於八十年五月一日（宣告終止動員戡亂時期後一天），明令廢止。其令文爲「第一屆國民大會第二次臨時會依照中華民國憲法第一百七十四條第一款之規定，議決廢止動員戡亂時期臨時條款，茲公布之」。

三、公布憲法增修條文：於廢止動員戡亂時期臨時條款之同時，公布憲法增修條文，並自卽日生效，其公布令爲「第一屆國民大會第二次臨時會依照中華民國憲法第二十七條第一項第三款及第一百七十四條第一款之規定，通過中華民國憲法修增條文，茲公布之」。對憲法增修條文自公布日卽行生效一點，曾有人質疑，官方解析是因憲法不同於法律，故其生效日期不需依法律生效日期之規定推算。

第八項　憲法增修條文施行後之後續工作

此次憲法之修改，係以程序修憲爲主，除授予總統緊急命令權一條外，其餘各條主要目的均爲今後採取憲改措施取得法源而增修，因此此次增修條文施行後，有許多後續工作需積極展開。茲簡說如下：

一、選舉第二屆中央民意代表：依憲法增修條文第五條規定，第二屆國民大會代表應於八十年十二月三十一日前選出，第二屆立法委員及監察委員應於八十二年一月三十一日前選出，尤其是第二屆國民大會代表之選舉，因時間急迫更需積極規劃進行。又依憲法增修條文第四條規定，中央民意代表之選舉罷免依公職人員選舉罷免法之規定辦理，但政府遷臺後，中央民意代表之選舉均係依照動員戡亂時期公職人員選舉罷免法之規定辦理，茲動員戡亂時期既已宣告終止，則原有之動員戡亂時期公職人員選舉罷免法勢必修正。依憲法增修條文第八條規定，動員戡亂時期專用之法律如未能及時修正者，雖可繼續適用至八十一年七月三十一日止之規定，但依憲法增修條文第四條規定，中央民意代表有華僑代表

及全國不分區代表，此二類代表係採政黨比例選出，原有動員戡亂時期公職人員選舉罷免法根本不能適用。故爲期第二屆國民大會代表能如期選出，公職人員選舉罷免法更有加速修訂或制定之必要。

二、規劃第二階毀之實質修憲：總統仍宣示憲政改革於二年內（自七十九年五月二十日就任第八任總統之日起算）完成，又依憲法增修條文第六條規定，國民大會行使憲法第二十七條修改憲法之職權，應於第二屆國民大會代表選出三個月內由總統召集臨時會，亦卽應於八十一年三年底前召開臨時會進行實質修憲工作。

如從修憲工作之繁重、困難與複雜性而言，實質修憲工作要比程序修憲繁重、困難與複雜得多。就以國是會議中所討論之重大問題而論，諸如國民大會之存廢與改革問題、總統之民選問題、總統及行政院與立法院之關係問題、考試院及監察院之存廢與職權及改進問題、地方首長民選問題、地方自治法制化問題、行政區域重劃問題等（詳見第 705 頁），除少部分獲得一致共識外，大部分均有着不同意見，其協調折衝工作之艱難可想而言。

實質修憲工作能否進行順利、及實質修憲後對原有五權憲法的基本架構會否改變，修改之幅度是大是小，大致需等待第二屆國民大會代表選舉後，從執政黨與在野黨之當選代表席次的比例大致可看出端倪。如執政黨席次達到國民大會代表人數之四分之三以上，則實質修憲工作可趨於順利，如未能達四分之三或甚至低於四分之三甚遠，則不但實質修憲情勢將較混亂，修改幅度亦將增大，甚至會影響及原有五權憲法的基本架構。正因如此，對辦理選舉所依據的公職人員選舉罷免法之修訂，在討論時執政黨及在野黨將引發激然爭辯；對第二屆國民大會代表的選舉，執政黨及在野黨亦均將全力以赴，以期增加當選的席次。

三、修訂或撤銷依動員戡亂時期所設置之機構：目前之政府機構中，依

動員戡亂時期臨時條款而設置者，有國民大會憲政研討委員會、國家安全會議、國家安全局、行政院人事行政局等。動員戡亂時期臨時條款廢止後，以上機關之設置已失去法源依據，原則上自應撤銷。惟依憲法增修條文第九條規定，對國家安全會議及其所屬國家安全局、行政院人事行政局，認得繼續設置，惟其組織應另以法律定之，在組織法未完成立法程序前，原有國家安全會議組織綱要及行政院人事行政局組織規程仍予適用，但以適用至民國八十二年十二月三十一日止。換言之，如屆八十二年十二月三十一日此三機關之組織法仍未有制定，則仍需撤銷。至國民大會憲政研討會則已撤銷。

四、修訂或廢止僅適用於動員戡亂時期之法規：動員戡亂時期自民國三十七年五月起八十年四月三十日止，共計四十三年，在此期間為應情勢需要，所制定僅適用於動員戡亂時期之法律有三十四種，行政規章有一百十五種，其情形如下：

　　㈠　法規名稱標明動員戡亂時期者：如動員戡亂時期公職人員選舉罷免法、戡亂時期罰金罰鍰提高標準條例、戡亂時期檢肅匪諜條例、戡亂時期貪污治罪條例、戡亂時期肅清煙毒條例等。

　　㈡　法規條文中標明動員戡亂時期者：如行政院人事行政局組織規程，其第一條明定「行政院在動員戡亂時期……，特設人事行政局，人事行政局有關人事考銓業務，並受考試院之指揮監督」。又如懲治叛亂條例，從其內容觀之，亦已適用在動員戡亂時期為主。

　　上述法規，由於動員戡亂時期臨時條款之廢止，自應加以檢討，可廢止者予以廢止，需修正者應於限期（即八十一年七月三十一日前）依法定程序修正。

五、制訂兩岸關係及其他事務之法律：涉及自由地區與大陸地區人民權利義務關係之兩岸人民關係法律，已由立法院審議中。與兩岸有關之其

他事務，如依國家統一委員會所訂定並爲行政院作爲規劃大陸政策主要依據之國家統一綱領，就其推進國家統一之三個進程的工作而言，則包括有下列：

(一) 近程之交流互惠階段：1.以交流促進瞭解，以互惠消除敵意；在交流中不危及對方的安全與安定，在互惠中不否定對方爲政治實體，以建立良性互動關係。2.建立兩岸交流秩序，制訂交流規範，設立中介機構，以維護兩岸人民權益；逐步放寬各項限制，擴大兩岸民間交流，以促進雙方社會繁榮。3.在國家統一的目標下，爲增進兩岸人民福祉；大陸地區應積極推進經濟改革，逐步開放輿論，實行民主政治；臺灣地區則應加速憲政改革，落實國家建設，建立均富社會。4.兩岸應摒除敵對狀態，以和平方式解決一切爭端，並在一個中國的原則下，在國際間相互尊重，互不排斥，以利進入互信合作階段。

(二) 中程之互信合作階段：1.兩岸應建立對等的官方管道。2.開放兩岸直接通郵、通航、通商，共同開發大陸東南沿海地區，並逐步向其他地區推進，以縮短兩岸人民生活差距。3.兩岸應協力互助，參加國際組織與活動。4.推動兩岸高層人士互訪，以創造協商統一的有利條件。

(三) 遠程之協商統一階段：成立兩岸統一協商機構，依兩岸人民意願，秉持政治民主、經濟自由、社會公平及軍隊國家化的原則，共商統一大業，研訂憲政體制，以建立民主、自由、均富的中國。

以上各進程的進度，自需視大陸方面的反應情形而定；各進程中應處理之事務，亦應視其內容之重要性及與人民權利義務的密切性，分別以法律或行政規章定之。

附 錄 一

中 華 民 國 憲 法

中華民國三十五年十二月二十五日國民大會制定
中華民國三十六年一月一日國民政府公布
中華民國三十六年十二月二十五日施行

　　中華民國國民大會受全體國民之付託，依據　孫中山先生創立中華民國之遺教，爲鞏固國權，保障民權，奠定社會安寧，增進人民福利，制定本憲法，頒行全國，永矢咸遵。

第一章　總　綱

第 一 條　中華民國基於三民主義，爲民有、民治、民享之民主共和國。

第 二 條　中華民國之主權，屬於國民全體。

第 三 條　具有中華民國國籍者，爲中華民國國民。

第 四 條　中華民國領土，依其固有之疆域，非經國民大會之決議，不得變更之。

第 五 條　中華民國各民族一律平等。

第 六 條　中華民國國旗定爲紅地，左上角青天白日。

第二章　人民之權利義務

第 七 條　中華民國人民，無分男女、宗教、種族、階級、黨派，在法律上一律平等。

第 八 條　人民身體之自由，應予保障。除現行犯之逮捕，由法律另定外，非經司法或警察機關依法定程序，不得逮捕、拘禁。非由法院依法定程

序，不得審問、處罰。非依法定程序之逮捕、拘禁、審問、處罰，得拒絕之。

人民因犯罪嫌疑，被逮捕拘禁時，其逮捕拘禁機關，應將逮捕拘禁原因，以書面告知本人及其本人指定之親友，並至遲於二十四小時內，移送該管法院審問。本人或他人亦得聲請該管法院，於二十四小時內向逮捕之機關提審。

法院對於前項聲請不得拒絕，並不得先令逮捕拘禁之機關查覆。逮捕拘禁之機關，對於法院之提審，不得拒絕或遲延。

人民遭受任何機關非法逮捕拘禁時，其本人或他人得向法院聲請追究，法院不得拒絕，並應於二十四小時內，向逮捕拘禁之機關追究，依法處理。

第　九　條　人民除現役軍人外，不受軍事審判。

第　十　條　人民有居住及遷徙之自由。

第十一條　人民有言論、講學、著作及出版之自由。

第十二條　人民有秘密通訊之自由。

第十三條　人民有信仰宗教之自由。

第十四條　人民有集會及結社之自由。

第十五條　人民之生存權、工作權及財產權，應予保障。

第十六條　人民有請願、訴願及訴訟之權。

第十七條　人民有選舉、罷免、創制及複決之權。

第十八條　人民有應考試服公職之權。

第十九條　人民有依法律納稅之義務。

第二十條　人民有依法律服兵役之義務。

第二十一條　人民有受國民教育之權利與義務。

第二十二條　凡人民之其他自由及權利，不妨害社會秩序公共利益者，均受憲法之保障。

第二十三條　以上各條列舉之自由權利，除為防止妨礙他人自由，避免緊急危難，

維持社會秩序，或增進公共利益所必要者外，不得以法律限制之。

第二十四條　凡公務員違法侵害人民之自由或權利者，除依法律受懲戒外，應負刑事及民事責任。被害人民就其所受損害，並得依法律向國家請求賠償。

第三章　國民大會

第二十五條　國民大會依本憲法之規定，代表全國國民行使政權。

第二十六條　國民大會以左列代表組織之：

一、每縣市及其同等區域各選出代表一人，但其人口逾五十萬人者，每增加五十萬人，增選代表一人，縣市同等區域以法律定之。

二、蒙古選出代表，每盟四人，每特別旗一人。

三、西藏選出代表，其名額以法律定之。

四、各民族在邊疆地區選出代表，其名額以法律定之。

五、僑居國外之國民選出代表，其名額以法律定之。

六、職業團體選出代表，其名額以法律定之。

七、婦女團體選出代表，其名額以法律定之。

第二十七條　國民大會之職權如左：

一、選舉總統、副總統。

二、罷免總統、副總統。

三、修改憲法。

四、複決立法院所提之憲法修正案。

關於創制、複決兩權，除前項第三第四兩款規定外，俟全國有半數之縣市曾經行使創制、複決兩項政權時，由國民大會制定辦法並行使之。

第二十八條　國民大會代表，每六年改選一次。

每屆國民大會代表之任期，至次屆國民大會開會之日為止。

現任官吏不得於其任所所在地之選舉區，當選為國民大會代表。

第二十九條　國民大會於每屆總統任滿前九十日集會，由總統召集之。

第 三 十 條　國民大會遇有左列情形之一時，召集臨時會：

　　　　　　一、依本憲法第四十九條之規定，應補選總統、副總統時。

　　　　　　二、依監察院之決議，對於總統、副總統提出彈劾案時。

　　　　　　三、依立法院之決議，提出憲法修正案時。

　　　　　　四、國民大會代表五分之二以上請求召集時。

　　　　　　國民大會臨時會，如依前項第一款或第二款應召集時，由立法院院長
　　　　　　通告集會。依第三款或第四款應召集時，由總統召集之。

第三十一條　國民大會之開會地點，在中央政府所在地。

第三十二條　國民大會代表在會議時所爲之言論及表決，對會外不負責任。

第三十三條　國民大會代表，除現行犯外，在會期中，非經國民大會許可，不得逮
　　　　　　捕或拘禁。

第三十四條　國民大會之組織，國民大會代表之選舉、罷免，及國民大會行使職權
　　　　　　之程序，以法律定之。

第四章　總　　統

第三十五條　總統爲國家元首，對外代表中華民國。

第三十六條　總統統率全國陸海空軍。

第三十七條　總統依法公布法律，發布命令，須經行政院院長之副署，或行政院院
　　　　　　長及有關部會首長之副署。

第三十八條　總統依本憲法之規定，行使締結條約及宣戰、媾和之權。

第三十九條　總統依法宣布戒嚴，但須經立法院之通過或追認，立法院認爲必要
　　　　　　時，得決議移請總統解嚴。

第 四 十 條　總統依法行使大赦、特赦、減刑及復權之權。

第四十一條　總統依法任免文武官員。

第四十二條　總統依法授與榮典。

第四十三條　國家遇有天然災害、癘疫，或國家財政經濟上有重大變故，須爲急速

處分時，總統於立法院休會期間，得經行政院會議之決議，依緊急命令法，發布緊急命令，爲必要之處置。但須於發布命令後一個月內，提交立法院追認。如立法院不同意時，該緊急命令立即失效。

第四十四條　總統對於院與院間之爭執，除本憲法有規定者外，得召集有關各院院長會商解決之。

第四十五條　中華民國國民年滿四十歲者，得被選爲總統、副總統。

第四十六條　總統、副總統之選舉，以法律定之。

第四十七條　總統、副總統之任期爲六年，連選得連任一次。

第四十八條　總統應於就職時宣誓，誓詞如左：

「余謹以至誠，向全國人民宣誓，余必遵守憲法，盡忠職務，增進人民福利，保衞國家，無負國民付託。如違誓言，願受國家嚴厲之制裁。謹誓。」

第四十九條　總統缺位時，由副總統繼任，至總統任期屆滿爲止。總統、副總統，均缺位時，由行政院院長代行其職權，並依本憲法第三十條之規定，召集國民大會臨時會，補選總統、副總統，其任期以補足原任總統未滿之任期爲止。總統因故不能視事時，由副總統代行其職權。總統、副總統均不能視事時，由行政院院長代行其職權。

第五十條　總統於任滿之日解職，如屆期次任總統尚未選出，或選出後總統、副總統均未就職時，由行政院院長代行總統職權。

第五十一條　行政院院長代行總統職權時，其期限不得逾三個月。

第五十二條　總統除犯內亂或外患罪外，非經罷免或解職，不受刑事上之訴究。

第五章　行　　政

第五十三條　行政院爲國家最高行政機關。

第五十四條　行政院設院長、副院長各一人，各部會首長若干人，及不管部會之政務委員若干人。

第五十五條　行政院院長由總統提名，經立法院同意任命之。

　　　　　　立法院休會期間，行政院院長辭職或出缺時，由行政院副院長代理其
　　　　　職務。但總統須於四十日內咨請立法院召集會議，提出行政院院長人
　　　　　選，徵求同意。行政院院長職務，在總統所提行政院院長人選未經立
　　　　　法院同意前，由行政院副院長暫行代理。

第五十六條　行政院副院長，各部會首長及不管部會之政務委員，由行政院院長提
　　　　　請總統任命之。

第五十七條　行政院依左列規定，對立法院負責。

　　　　　一、行政院有向立法院提出施政方針及施政報告之責，立法委員在
　　　　　　開會時，有向行政院院長及行政院各部會首長質詢之權。

　　　　　二、立法院對於行政院之重要政策不贊同時，得以決議移請行政院
　　　　　　變更之。行政院對於立法院之決議，得經總統之核可，移請立
　　　　　　法院覆議。覆議時，如經出席立法委員三分之二維持原決議，
　　　　　　行政院院長應即接受該決議或辭職。

　　　　　三、行政院對於立法院決議之法律案、預算案、條約案，如認為有
　　　　　　窒礙難行時，得經總統之核可，於該決議案送達行政院十日
　　　　　　內，移請立法院覆議。覆議時，如經出席立法委員三分之二維
　　　　　　持原案，行政院院長應即接受該決議或辭職。

第五十八條　行政院設行政院會議，由行政院院長、副院長、各部會首長及不管部
　　　　　會之政務委員組織之，以院長為主席。

　　　　　行政院院長、各部會首長，須將應行提出於立法院之法律案、預算
　　　　　案、戒嚴案、大赦案、宣戰案、媾和案、條約案及其他重要事項，或
　　　　　涉及各部會共同關係之事項，提出於行政院會議議決之。

第五十九條　行政院於會計年度開始三個月前，應將下年度預算案提出於立法院。

第 六 十 條　行政院於會計年度結束後四個月內，應提出決算於監察院。

第六十一條　行政院之組織，以法律定之。

第六章　立　　法

第六十二條　立法院爲國家最高立法機關，由人民選舉之立法委員組織之，代表人民行使立法權。

第六十三條　立法院有議決法律案、預算案、戒嚴案、大赦案、宣戰案、媾和案、條約案及國家其他重要事項之權。

第六十四條　立法院立法委員依左列規定選出之：

　　　　一、各省、各直轄市選出者，其人口在三百萬以下者五人，其人口超過三百萬者，每滿一百萬人增選一人。

　　　　二、蒙古各盟旗選出者。

　　　　三、西藏選出者。

　　　　四、各民族在邊疆地區選出者。

　　　　五、僑居國外之國民選出者。

　　　　六、職業團體選出者。

　　　　立法委員之選舉，及前項第二款至第六款立法委員名額之分配，以法律定之。婦女在第一項各款之名額，以法律定之。

第六十五條　立法委員之任期爲三年，連選得連任。其選舉於每屆任滿前三個月內完成之。

第六十六條　立法院設院長、副院長各一人，由立法委員互選之。

第六十七條　立法院得設各種委員會。

　　　　各種委員會得邀請政府人員及社會上有關係人員到會備詢。

第六十八條　立法院會期，每年兩次，自行集會，第一次自二月至五月底，第二次自九月至十二月底，必要時得延長之。

第六十九條　立法院遇有左列情事之一時，得開臨時會：

　　　　一、總統之咨請。

　　　　二、立法委員四分之一以上之請求。

第　七十條　立法院對於行政院所提預算案，不得爲增加支出之提議。

第七十一條　立法院開會時，關係院院長及各部會首長，得列席陳述意見。

第七十二條　立法院法律案通過後，移送總統及行政院，總統應於收到後十日內公布之。但總統得依照本憲法第五十七條之規定辦理。

第七十三條　立法委員在院內所爲之言論及表決，對院外不負責任。

第七十四條　立法委員，除現行犯外，非經立法院許可，不得逮捕或拘禁。

第七十五條　立法委員不得兼任官吏。

第七十六條　立法院之組織，以法律定之。

第七章　司　　　法

第七十七條　司法院爲國家最高司法機關，掌理民事、刑事、行政訴訟之審判，及公務員之懲戒。

第七十八條　司法院解釋憲法，並有統一解釋法律及命令之權。

第七十九條　司法院設院長、副院長各一人，由總統提名，經監察院同意任命之。司法院設大法官若干人，掌理本憲法第七十八條規定事項，由總統提名，經監察院同意任命之。

第八十條　　法官須超出黨派以外，依據法律獨立審判，不受任何干涉。

第八十一條　法官爲終身職，非受刑事或懲戒處分，或禁治產之宣告，不得免職。非依法律，不得停職、轉任或減俸。

第八十二條　司法院及各級法院之組織，以法律定之。

第八章　考　　　試

第八十三條　考試院爲國家最高考試機關，掌理考試、任用、銓敍、考績、級俸、陞遷、保障、褒獎、撫邮、退休、養老等事項。

第八十四條　考試院設院長、副院長各一人，考試委員若干人，由總統提名，經監察院同意任命之。

第八十五條　公務人員之選拔，應實行公開競爭之考試制度，並應按省區分別規定名額，分區舉行考試。非經考試及格者，不得任用。

第八十六條　左列資格，應經考試院依法考選銓定之：

　　　　　　一、公務人員任用資格。

　　　　　　二、專門職業及技術人員執業資格。

第八十七條　考試院關於所掌事項，得向立法院提出法律案。

第八十八條　考試委員須超出黨派以外，依據法律獨立行使職權。

第八十九條　考試院之組織，以法律定之。

第九章　監　　察

第九十條　　監察院為國家最高監察機關，行使同意、彈劾、糾舉及審計權。

第九十一條　監察院設監察委員，由各省市議會、蒙古、西藏地方議會，及華僑團
　　　　　　體選舉之。其名額分配，依左列之規定：

　　　　　　一、每省五人。

　　　　　　二、每直轄市二人。

　　　　　　三、蒙古各盟旗共八人。

　　　　　　四、西藏八人。

　　　　　　五、僑居國外之國民八人。

第九十二條　監察院設院長、副院長各一人，由監察委員互選之。

第九十三條　監察委員之任期為六年，連選得連任。

第九十四條　監察院依本憲法行使同意權時，由出席委員過半數之議決行之。

第九十五條　監察院為行使監察權，得向行政院及其各部會調閱其所發布之命令及
　　　　　　各種有關文件。

第九十六條　監察院得按行政院及其各部會之工作，分設若干委員會，調查一切設
　　　　　　施，注意其是否違法或失職。

第九十七條　監察院經各該委員會之審查及決議，得提出糾正案，移送行政院及其
　　　　　　有關部會，促其注意改善。

　　　　　　監察院對於中央及地方公務人員，認為有失職或違法情事，得提出糾
　　　　　　舉案或彈劾案。如涉及刑事，應移送法院辦理。

第 九 十 八 條　監察院對於中央及地方公務人員之彈劾案，須經監察委員一人以
　　　　　　　　上之提議，九人以上之審查及決定，始得提出。

第 九 十 九 條　監察院對於司法院或考試院人員失職或違法之彈劾，適用本憲法
　　　　　　　　第九十五條，第九十七條及第九十八條之規定。

第 一 百 條　　監察院對於總統、副總統之彈劾案，須有全體監察委員四分之一
　　　　　　　　以上之提議，全體監察委員過半數之審查及決議，向國民大會提
　　　　　　　　出之。

第 一 百零一條　監察委員在院內所爲之言論及表決，對院外不負責任。

第 一 百零二條　監察委員，除現行犯外，非經監察院許可，不得逮捕或拘禁。

第 一 百零三條　監察委員不得兼任其他公職或執行業務。

第 一 百零四條　監察院設審計長，由總統提名，經立法院同意任命之。

第 一 百零五條　審計長應於行政院提出決算後三個月內，依法完成其審核，並提
　　　　　　　　出審核報告於立法院。

第 一 百零六條　監察院之組織，以法律定之。

第十章　中央與地方之權限

第 一 百零七條　左列事項，由中央立法並執行之：

　　　　　　　　一、外交。

　　　　　　　　二、國防與國防軍事。

　　　　　　　　三、國籍法、及刑事、民事、商事之法律。

　　　　　　　　四、司法制度。

　　　　　　　　五、航空、國道、國有鐵路、航政、郵政及電政。

　　　　　　　　六、中央財政與國稅。

　　　　　　　　七、國稅與省稅、縣稅之劃分。

　　　　　　　　八、國營經濟事業。

　　　　　　　　九、幣制及國家銀行。

　　　　　　　　十、度量衡。

十一、國際貿易政策。

十二、涉外之財政經濟事項。

十三、其他依本憲法所定關於中央之事項。

第 一 百零八條　左列事項，由中央立法並執行之，或交由省、縣執行之。

一、省縣自治通則。

二、行政區劃。

三、森林、工礦及商業。

四、教育制度。

五、銀行及交易所制度。

六、航業及海洋漁業。

七、公用事業。

八、合作事業。

九、二省以上之水陸交通運輸。

十、二省以上之水利、河道及農牧事業。

十一、中央及地方官吏之銓敘、任用、糾察及保障。

十二、土地法。

十三、勞動法及其他社會立法。

十四、公用徵收。

十五、全國戶口調查及統計。

十六、移民及墾殖。

十七、警察制度。

十八、公共衛生。

十九、振濟、撫邮及失業救濟。

三十、有關文化之古籍、古物及古蹟之保存。

前項各款，省於不牴觸國家法律內，得制定單行法規。

第 一 百零九條　左列事項，由省立法並執行之，或交由縣執行之：

一、省教育、衛生、實業及交通。

二、省財產之經營及處分。

三、省市政。

四、省公營事業。

五、省合作事業。

六、省農林、水利、漁牧及工程。

七、省財政及省稅。

八、省債。

九、省銀行。

十、省警政之實施。

十一、省慈善及公益事項。

十二、其他依國家法律賦予之事項。

前項各款，有涉及二省以上者，除法律別有規定外，得由有關各省共同辦理。

各省辦理第一項各款事務，其經費不足時，經立法院議決，由國庫補助之。

第二百十條　左列事項，由縣立法並執行之：

一、縣教育、衞生、實業及交通。

二、縣財產之經營及處分。

三、縣公營事業。

四、縣合作事業。

五、縣農林、水利、漁牧及工程。

六、縣財政及縣稅。

七、縣債。

八、縣銀行。

九、縣警衞之實施。

十、縣慈善及公益事項。

十一、其他依國家法律及省自治法賦予之事項。

前項各款，有涉及二縣以上者，除法律別有規定外，得由有關各縣共同辦理。

第 一 百十一條　除第一百零七條、第一百零八條、第一百零九條及第一百十條列舉事項外，　如有未列舉事項發生時，　其事務有全國一致之性質者，　屬於中央。有全省一致之性質者，　屬於省。有一縣之性質者，屬於縣。遇有爭議時，由立法院解決之。

第十一章　地方制度

第一節　省

第 一 百十二條　省得召集省民代表大會，依據省縣自治通則，制定省自治法，但不得與憲法牴觸。

省民代表大會之組織及選舉，以法律定之。

第 一 百十三條　省自治法應包含左列各款：

一、省設省議會，省議會議員，由省民選舉之。

二、省設省政府，置省長一人，省長由省民選舉之。

三、省與縣之關係。

屬於省之立法權，由省議會行之。

第 一 百十四條　省自治法制定後，須即送司法院，司法院如認為有違憲之處，應將違憲條文宣布無效。

第 一 百十五條　省自治法施行中，如因其中某條發生重大障礙，經司法院召集有關方面陳述意見後，由行政院院長、立法院院長、司法院院長、考試院院長與監察院院長組織委員會，以司法院院長為主席，提出方案解決之。

第 一 百十六條　省法規與國家法律牴觸者無效。

第 一 百十七條　省法規與國家法律有無牴觸發生疑義時，由司法院解釋之。

第 一 百十八條　直轄市之自治，以法律定之。

第 一 百十九條　蒙古各盟旗地方自治制度，以法律定之。

第 一 百二十條　西藏自治制度，應予以保障。

第二節　縣

第一百二十一條　縣實行縣自治。

第一百二十二條　縣得召集縣民代表大會，依據省縣自治通則，制定縣自治法，但不得與憲法及省自治法牴觸。

第一百二十三條　縣民關於縣自治事項，依法律行使創制、複決之權。對於縣長及其他縣自治人員，依法律行使選舉、罷免之權。

第一百二十四條　縣設縣議會，縣議會議員由縣民選舉之。

屬於縣之立法權，由縣議會行之。

第一百二十五條　縣單行規章，與國家法律或省法規牴觸者無效。

第一百二十六條　縣設縣政府，置縣長一人，縣長由縣民選舉之。

第一百二十七條　縣長辦理縣自治，並執行中央及省委辦事項。

第一百二十八條　市準用縣之規定。

第十二章　選舉、罷免、創制、複決

第一百二十九條　本憲法所規定之各種選舉，除本憲法別有規定外，以普通、平等、直接及無記名投票之方法行之。

第一百 三 十 條　中華民國國民年滿二十歲者，有依法選舉之權。除本憲法及法律別有規定者外，年滿二十三歲者，有依法被選舉之權。

第一百三十一條　本憲法所規定各種選舉之候選人，一律公開競選。

第一百三十二條　選舉應嚴禁威脅、利誘，選舉訴訟，由法院審判之。

第一百三十三條　被選舉人得由原選舉區依法罷免之。

第一百三十四條　各種選舉，應規定婦女當選名額，其辦法以法律定之。

第一百三十五條　內地生活習慣特殊之國民代表名額及選舉，其辦法以法律定之。

第一百三十六條　創制、複決兩權之行使，以法律定之。

第十三章　基本國策

第一節　國　防

第一百三十七條　中華民國之國防，以保衞國家安全，維護世界和平爲目的。

國防之組織，以法律定之。

第一百三十八條　全國陸海空軍，須超出個人、地域及黨派關係以外，効忠國家，

愛護人民。

第一百三十九條　任何黨派及個人，不得以武裝力量，爲政爭之工具。

第一百四十條　現役軍人，不得兼任文官。

第二節　外　交

第一百四十一條　中華民國之外交，應本獨立自主之精神，平等互惠之原則，敦睦

邦交，　尊重條約及聯合國憲章，　以保護僑民權益，　促進國際合

作，提倡國際正義，確保世界和平。

第三節　國民經濟

第一百四十二條　國民經濟應以民生主義爲基本原則，實施平均地權，節制資本，

以謀國計民生之均足。

第一百四十三條　中華民國領土內之土地，屬於國民全體。人民依法取得之土地所

有權，應受法律之保障與限制，私有土地應照價納稅，政府並得

照價收買。

附着於土地之鑛，及經濟上可供公衆利用之天然力，屬於國家所

有，不因人民取得土地所有權而受影響。

土地價值非因施以勞力資本而增加者，應由國家徵收土地增值

稅，歸人民共享之。

國家對於土地之分配與整理，應以扶植自耕農及自行使用土地人

爲原則，並規定其適當經營之面積。

第一百四十四條　公用事業及其他有獨佔性之企業，以公營爲原則，其經法律許可

者，得由國民經營之。

第一百四十五條　國家對於私人財富及私營事業，認爲有妨害國計民生之平衡發展

者，應以法律限制之。

合作事業，應受國家之獎勵與扶助。

國民生產事業及對外貿易，應受國家之獎勵、指導及保護。

第一百四十六條　國家應運用科學技術，以興修水利，增進地力，改善農業環境，規劃土地利用，開發農業資源，促成農業之工業化。

第一百四十七條　中央為謀省與省間之經濟平衡發展，對於貧瘠之省，應酌予補助。

省為謀縣與縣間之經濟平衡發展，對於貧瘠之省，應酌予補助。

第一百四十八條　中華民國領域內，一切貨物應許自由流通。

第一百四十九條　金融機構，應依法受國家之管理。

第一百五十條　國家應普設平民金融機構，以救濟失業。

第一百五十一條　國家對於僑居國外之國民，應扶助並保護其經濟事業之發展。

第四節　社會安全

第一百五十二條　人民具有工作能力者，國家應予以適當之工作機會。

第一百五十三條　國家為改良勞工及農民之生活，增進其生產技能，應制定保護勞工及農民之法律，實施保護勞工及農民之政策。

婦女兒童從事勞動者，應按其年齡及身體狀態，予以特別之保護。

第一百五十四條　勞資雙方應本協調合作原則，發展生產事業，勞資糾紛之調解與仲裁，以法律定之。

第一百五十五條　國家為謀社會福利，應實施社會保險制度，人民之老弱殘廢，無力生活，及受非常災害者，國家應予以適當之扶助與救濟。

第一百五十六條　國家為奠定民族生存發展之基礎，應保護母性，並實施婦女兒童福利政策。

第一百五十七條　國家為增進民族健康，應普遍推行衛生保健事業及公醫制度。

第五節　教育文化

第一百五十八條　教育文化，應發展國民之民族精神、自治精神、國民道德、健全體格與科學及生活智能。

第一百五十九條　國民受教育之機會，一律平等。

第一百六十條　六歲至十二歲之學齡兒童，一律受基本教育，免納學費。其貧苦者，由政府供給書籍。

已逾學齡未受基本教育之國民，一律受補習教育，免納學費，其書籍亦由政府供給。

第一百六十一條　各級政府應廣設獎學金名額，以扶助學行俱優無力升學之學生。

第一百六十二條　全國公私立之教育文化機關，依法律受國家之監督。

第一百六十三條　國家應注重各地區教育之均衡發展，並推行社會教育，以提高一般國民之文化水準。邊遠及貧瘠地區之教育文化經費，由國庫補助之。其重要之教育文化事業，得由中央辦理或補助之。

第一百六十四條　教育、科學、文化之經費，在中央不得少於其預算總額百分之十五，在省不得少於其預算總額百分之二十五，在市縣不得少於其預算總額百分之三十五。其依法設置之教育文化基金及產業，應予以保障。

第一百六十五條　國家應保障教育、科學、藝術工作者之生活，並依國民經濟之進展，隨時提高其待遇。

第一百六十六條　國家應獎勵科學之發明與創造，並保護有關歷史、文化、藝術之古蹟、古物。

第一百六十七條　國家對於左列事業或個人，予以獎勵或補助：

一、國內私人經營之教育事業成績優良者。

二、僑居國外國民之教育事業成績優良者。

三、於學術或技術有發明者。

四、從事教育久於其職而成績優良者。

第六節　邊疆地區

第一百六十八條　國家對於邊疆地區各民族之地位，應予以合法之保障，並於其地方自治事業，特別予以扶植。

第一百六十九條　國家對於邊疆地區各民族之教育、文化、交通、水利、衛生、及

其他經濟、社會事業，應積極擧辦，並扶助其發展，對於土地使用，應依其氣候、土壤性質，及人民生活習慣之所宜，予以保障及發展。

第十四章　憲法之施行及修改

第一百七十條　　本憲法所稱之法律，謂經立法院通過，總統公布之法律。

第一百七十一條　法律與憲法牴觸者無效。

法律與憲法有無牴觸發生疑義時，由司法院解釋之。

第一百七十二條　命令與憲法或法律牴觸者無效。

第一百七十三條　憲法之解釋，由司法院爲之。

第一百七十四條　憲法之修改，應依左列程序之一爲之：

一、由國民大會代表總額五分之一之提議，三分之二之出席，及出席代表四分之三之決議，得修改之。

三、由立法院立法委員四分之一之提議，四分之三之出席，及出席委員四分之三之決議，擬定憲法修正案，提請國民大會複決。此項憲法修正案，應於國民大會開會前半年公告之。

第一百七十五條　本憲法規定事項，有另定實施程序之必要者，以法律定之。

本憲法施行之準備程序，由制定憲法之國民大會議定之。

附 錄 二

中華民國憲法增修條文

中華民國八十年四月二十二日第一屆國民大會
第 二 次 臨 時 會 第 六 次 大 會 通 過
中 華 民 國 八 十 年 五 月 一 日 總 統 公 布

為因應國家統一前之需要，依照憲法第二十七條第一項第三款及第一百七十四條第一款之規定，增修本憲法條文如左：

第 一 條 國民大會代表依左列規定選出之，不受憲法第二十六條及第一百三十五條之限制：

　　一、自由地區每直轄市、縣市各二人，但其人口逾十萬人者，每增加十萬人增一人。

　　二、自由地區平地山胞及山地山胞各三人。

　　三、僑居國外國民二十人。

　　四、全國不分區八十人。

前項第一款每直轄市、縣市選出之名額及第三款、第四款各政黨當選之名額，在五人以上十人以下者，應有婦女當選名額一人，超過十人者，每滿十人應增婦女當選名額一人。

第 二 條 立法院立法委員依左列規定選出之，不受憲法第六十四條之限制：

　　一、自由地區每省、直轄市各二人，但其人口逾二十萬人者，每增加十萬人增一人；逾一百萬人者，每增加二十萬人增一人。

　　二、自由地區平地山胞及山地山胞各三人。

　　三、僑居國外國民六人。

　　四、全國不分區三十人。

前項第一款每省、直轄市選出之名額及第三款、第四款各政黨當選之

名額，在五人以上十人以下者，應有婦女當選名額一人，超過十人者，每滿十人應增婦女當選名額一人。

第 三 條　監察院監察委員由省、市議會依左列規定選出之，不受憲法第九十一條之限制：

　　一、自由地區臺灣省二十五人。

　　二、自由地區每直轄市各十人。

　　三、僑居國外國民二人。

　　四、全國不分區五人。

前項第一款臺灣省、第二款每直轄市選出之名額及第四款各政黨當選之名額，在五人以上十人以下者，應有婦女當選名額一人，超過十人者，每滿十人應增婦女當選名額一人。

省議員當選爲監察委員者，以二人爲限；市議員當選爲監察委員者，各以一人爲限。

第 四 條　國民大會代表、立法院立法委員、監察院監察委員之選舉罷免，依公職人員選舉罷免法之規定辦理之。僑居國外國民及全國不分區名額，採政黨比例方式選出之。

第 五 條　國民大會第二屆國民大會代表應於中華民國八十年十二月三十一日前選出，其任期自中華民國八十一年一月一日起至中華民國八十五年國民大會第三 屆於第八任 總統任滿前依 憲法第二十九 條規定集會之日止，不受憲法第二十八條第一項之限制。

依動員戡亂時期臨時條款增加名額選出之國民大會代表，於中華民國八十二年一月三十一日前，與國民大會第二屆國民大會代表共同行使職權。

立法院第二屆立法委員及監察院第二屆監察委員應於中華民國八十二年一月三十一日前選出，均自中華民國八十二年二月一日開始行使職權。

第 六 條　國民大會爲行使憲法第二十七條第一項第三款之職權，應於第二屆國

民大會代表選出後三個月內由總統召集臨時會。

第　七　條　總統為避免國家或人民遭遇緊急危難或應付財政經濟上重大變故，得經行政院會議之決議發布緊急命令，為必要之處置，不受憲法第四十三條之限制。但須於發布命令後十日內提交立法院追認，如立法院不同意時，該緊急命令立即失效。

第　八　條　動員戡亂時期終止時，原僅適用於動員戡亂時期之法律，其修訂未完成程序者，得繼續適用至中華民國八十一年七月三十一日止。

第　九　條　總統為決定國家安全有關大政方針，得設國家安全會議及所屬國家安全局。

　　　　　行政院得設人事行政局。

　　　　　前二項機關之組織均以法律定之，在未完成立法程序前，其原有組織法規得繼續適用至中華民國八十二年十二月三十一日止。

第　十　條　自由地區與大陸地區間人民權利義務關係及其他事務之處理，得以法律為特別之規定。

主要參考書目

一、國父遺教（三民主義、建國方略、建國大綱、第一次全國代表大會宣言）

二、總理遺教六講，蔣中正著，黎明文化事業公司

三、民生主義育樂兩篇補述，蔣中正著，中央文物供應社

四、五權憲法文獻輯要，帕米爾書店

五、國父思想，周世輔著，三民書局

六、國父思想，吳寄萍著，五南圖書出版公司

七、中華民國憲法新論，薩孟武著，三民書局

八、中華民國憲法論，管歐著，三民書局

九、中華民國憲法論，陳水逢著，中央文物供應社

十、中華民國憲法要義，劉慶瑞著，三民書局發行

十一、中華民國憲法析論，林紀東著，朝陽大學法學評論社印

十二、中華民國憲法原理，涂懷瑩著，自印

十三、中華民國憲法論，謝瀛洲著，明昌製版公司印

十四、中華民國憲法論，耿雲卿著，華欣文化事業中心

十五、憲法論，張知本著，三民書局

十六、中國憲法與政府，羅志淵著，正中書局

十七、中國憲法與政府，董翔飛著，自印

十八、大法官會議憲法解析析論，林紀東著，五南圖書出版公司

十九、各國憲法彙編，司法行政部編印

二十、比較憲法，林紀東著，五南圖書出版公司

廿一、比較憲法，曾繁康著，三民書局

廿二、比較憲法，左潞生著，正中書局

廿三、三民主義新世紀資料，國防研究院

廿四、政治學，鄒文海著，三民書局

廿五、三民主義政治學，馬起華著，中央文物供應社

書　　　　名	著作人	任　　職
日　本　史	林　明　德	師　範　大　學
美　洲　地　理	林　鈞　祥	師　範　大　學
非　洲　地　理	劉　鴻　喜	師　範　大　學
自　然　地　理　學	劉　鴻　喜	師　範　大　學
聚　落　地　理　學	胡　振　洲	中　國　海　專
海　事　地　理　學	胡　振　洲	中　國　海　專
經　濟　地　理	陳　伯　中	臺　灣　大　學
都　市　地　理　學	陳　伯　中	臺　灣　大　學
修　辭　學	黃　慶　萱	師　範　大　學
中　國　文　學　概　論	尹　雪　曼	中　國　文　化　大　學
新　編　中　國　哲　學　史	勞　思　光	香　港　中　文　大　學
中　國　哲　學　史	周　世　輔	政　治　大　學
中　國　哲　學　發　展　史	吳　　怡	美國舊金山亞洲研究所
西　洋　哲　學　史	傅　偉　勳	美國賓城州立天普大學
西　洋　哲　學　史　話	鄔　昆　如	臺　灣　大　學
邏　　輯	林　正　弘	臺　灣　大　學
邏　　輯	林　玉　體	師　範　大　學
符　號　邏　輯　導　論	何　秀　煌	香　港　中　文　大　學
人　生　哲　學	黎　建　球	輔　仁　大　學
思　想　方　法　導　論	何　秀　煌	香　港　中　文　大　學
如　何　寫　學　術　論　文	宋　楚　瑜	臺　灣　大　學
論　文　寫　作　研　究	段家鋒 孫正豐 張世賢 等人	各　大　學
語　言　學　概　論	謝　國　平	師　範　大　學
奇　妙　的　聲　音	鄭　秀　玲	師　範　大　學
美　學	田　曼　詩	中　國　文　化　大　學
植　物　生　理　學	陳　昇　明　譯	中　興　大　學
建　築　結　構　與　造　型	鄭　茂　川	中　興　大　學

書　　　　　名	著 作 人	任　　　職
初 級 會 計 學 (下)	洪 國 賜	淡 水 工 商
中 級 會 計 學	洪 國 賜	淡 水 工 商
中 等 會 計	薛 光 圻張 鴻 春	美國西東大學臺 灣 大 學
中 等 會 計 (下)	張 鴻 春	臺 灣 大 學
商 業 銀 行 實 務	解 宏 賓	中 興 大 學
財 務 報 表 分 析	李 祖 培	中 興 大 學
財 務 報 表 分 析	洪 國 賜盧 聯 生	淡 水 工 商中 興 大 學
審 計 學	殷 文 俊金 世 朋	政 治 大 學
投 資 學	龔 平 邦	逢 甲 大 學
財 務 管 理	張 春 雄	政 治 大 學
財 務 管 理	黃 柱 權	政 治 大 學
公 司 理 財	黃 柱 權	政 治 大 學
公 司 理 財	劉 佐 人	前中興大學敎授
統 計 學	柴 松 林	政 治 大 學
統 計 學	劉 南 溟	前臺灣大學敎授
統 計 學	楊 維 哲	臺 灣 大 學
統 計 學	張 浩 鈞	臺 灣 大 學
推 理 統 計 學	張 碧 波	銘 傳 商 專
商 用 統 計 學	顏 月 珠	臺 灣 大 學
商 用 統 計 學	劉 一 忠	美國舊金山州立大學
應 用 數 理 統 計 學	顏 月 珠	臺 灣 大 學
中 國 通 史	林 瑞 翰	臺 灣 大 學
中 國 現 代 史	李 守 孔	臺 灣 大 學
中 國 近 代 史	李 守 孔	臺 灣 大 學
中 國 近 代 史	李 雲 漢	政 治 大 學
黃 河 文 明 之 光	姚 大 中	東 吳 大 學
古 代 北 西 中 國	姚 大 中	東 吳 大 學
南 方 的 奮 起	姚 大 中	東 吳 大 學
中 國 世 界 的 全 盛	姚 大 中	東 吳 大 學
近 代 中 國 的 成 立	姚 大 中	東 吳 大 學
近 代 中 日 關 係 史	林 明 德	師 範 大 學
西 洋 現 代 史	李 邁 先	臺 灣 大 學
英 國 史 綱	許 介 鱗	臺 灣 大 學
印 度 史	吳 俊 才	政 治 大 學

書　　　　　　名	著作人	任　　　　職
貿 易 英 文 實 務	張 錦 源	交 通 大 學
海 關 實 務	張 俊 雄	淡 江 大 學
貿 易 貨 物 保 險	周 詠 棠	中 央 信 託 局
國 際 匯 兌	林 邦 充	輔 仁 大 學
信 用 狀 理 論 與 實 務	蕭 啟 賢	輔 仁 大 學
美 國 之 外 匯 市 場	于 政 長	東 吳 大 學
外 匯 、 貿 易 辭 典	于 政 長	東 吳 大 學
國 際 商 品 買 賣 契 約 法	鄧 越 今	前外貿協會處長
保 險 學	湯 俊 湘	中 興 大 學
人 壽 保 險 學	宋 明 哲	德 明 商 專
人 壽 保 險 的 理 論 與 實 務	陳 雲 中	臺 灣 大 學
火 災 保 險 及 海 上 保 險	吳 榮 清	中 國 文 化 大 學
商 用 英 文	程 振 粵	臺 灣 大 學
商 用 英 文	張 錦 源	交 通 大 學
國 際 行 銷 管 理	許 士 軍	新 加 坡 大 學
國 際 行 銷	郭 崑 謨	中 興 大 學
市 場 學	王 德 馨	中 興 大 學
線 性 代 數	謝 志 雄	東 吳 大 學
商 用 數 學	薛 昭 雄	政 治 大 學
商 用 數 學	楊 維 哲	臺 灣 大 學
商 用 微 積 分	何 典 恭	淡 水 工 商
微 積 分	楊 維 哲	臺 灣 大 學
微 積 分 (上)	楊 維 哲	臺 灣 大 學
微 積 分 (下)	楊 維 哲	臺 灣 大 學
大 二 微 積 分	楊 維 哲	臺 灣 大 學
機 率 導 論	戴 久 永	交 通 大 學
銀 行 會 計	李 兆 萱 金 桐 林	臺 灣 大 學
會 計 學	幸 世 間	臺 灣 大 學
會 計 學	謝 尚 經	專 業 會 計 師
會 計 學	蔣 友 文	臺 灣 大 學
成 本 會 計	洪 國 賜	淡 水 工 商
成 本 會 計	盛 禮 約	政 治 大 學
政 府 會 計	李 增 榮	政 治 大 學
政 府 會 計	張 鴻 春	臺 灣 大 學
初 級 會 計 學	洪 國 賜	淡 水 工 商

書　　　　　名	著 作 人	任　　　　職
經 濟 學 導 論	徐 育 珠	美國南康涅狄克州立大學
通 俗 經 濟 講 話	邢 慕 寰	前香港中文大學教授
經 濟 政 策	湯 俊 湘	中 興 大 學
比 較 經 濟 制 度	孫 殿 柏	政 治 大 學
總 體 經 濟 學	鍾 甦 生	西雅圖銀行臺北分行協理
總 體 經 濟 理 論	孫 震	臺 灣 大 學
總 體 經 濟 分 析	趙 鳳 培	政 治 大 學
個 體 經 濟 學	劉 盛 男	臺 北 商 專
合 作 經 濟 概 論	尹 樹 生	中 興 大 學
農 業 經 濟 學	尹 樹 生	中 興 大 學
西 洋 經 濟 思 想 史	林 鐘 雄	臺 灣 大 學
歐 洲 經 濟 發 展 史	林 鐘 雄	臺 灣 大 學
凱 因 斯 經 濟 學	趙 鳳 培	政 治 大 學
工 程 經 濟	陳 寬 仁	中 正 理 工 學 院
國 際 經 濟 學	白 俊 男	東 吳 大 學
國 際 經 濟 學	黃 智 輝	東 吳 大 學
貨 幣 銀 行 學	白 俊 男	東 吳 大 學
貨 幣 銀 行 學	何 偉 成	中 正 理 工 學 院
貨 幣 銀 行 學	楊 樹 森	中 國 文 化 大 學
貨 幣 銀 行 學	李 穎 吾	臺 灣 大 學
貨 幣 銀 行 學	趙 鳳 培	政 治 大 學
現 代 貨 幣 銀 行 學	柳 復 起	澳洲新南威爾斯大學
商 業 銀 行 實 務	解 宏 賓	中 興 大 學
現 代 國 際 金 融	柳 復 起	澳洲新南威爾斯大學
國 際 金 融 理 論 與 制 度	歐陽勛 黃仁德	政 治 大 學
財 政 學	李 厚 高	前臺灣省財政廳廳長
財 政 學	林 華 德	臺 灣 大 學
財 政 學 原 理	魏 萼	臺 灣 大 學
貿 易 慣 例	張 錦 源	交 通 大 學
國 際 貿 易	李 穎 吾	臺 灣 大 學
國 際 貿 易 實 務 詳 論	張 錦 源	交 通 大 學
國 際 貿 易 法 概 要	于 政 長	東 吳 大 學
國 際 貿 易 理 論 與 政 策	歐陽勛 黃仁德	政 治 大 學
國 際 貿 易 政 策 概 論	余 德 培	東 吳 大 學
貿 易 契 約 理 論 與 實 務	張 錦 源	交 通 大 學

書　　　　　　名	著作人	任　　　職
社會心理學理論	張華葆	東海大學
新聞英文寫作	朱耀龍	中國文化大學
傳播原理	方蘭生	中國文化大學
傳播研究方法總論	楊孝濚	東吳大學
大眾傳播理論	李金銓	美國明尼蘇達大學
大眾傳播新論	李茂政	政治大學
大眾傳播與社會變遷	陳世敏	政治大學
行為科學與管理	徐木蘭	交通大學
國際傳播	李瞻	政治大學
國際傳播與科技	彭芸	政治大學
組織傳播	鄭瑞城	政治大學
政治傳播學	祝基瀅	美國加利福尼亞州立大學
文化與傳播	汪琪	政治大學
廣播與電視	何貽謀	政治大學
廣播原理與製作	于洪海	輔仁大學
電影原理與製作	梅長齡	前中國文化大學教授
新聞學與大眾傳播學	鄭貞銘	中國文化大學
新聞採訪與編輯	鄭貞銘	中國文化大學
新聞編輯學	徐昶	臺灣新生報
採訪寫作	歐陽醇	師範大學
評論寫作	程之行	紐約日報總編輯
小型報刊實務	彭家發	政治大學
廣告學	顏伯勤	輔仁大學
中國新聞傳播史	賴光臨	政治大學
中國新聞史	曾虛白主編	總統府國策顧問
世界新聞史	李瞻	政治大學
新聞學	李瞻	政治大學
媒介實務	趙俊邁	中國文化大學
電視與觀眾	曠湘霞	新聞局廣電處處長
電視新聞	張勤	中視新聞部
電視制度	李瞻	政治大學
新聞道德	李瞻	政治大學
數理經濟分析	林大侯	臺灣大學
計量經濟學導論	林華德	臺灣大學
經濟學	陸民仁	政治大學
經濟學原理	歐陽勛	政治大學

書　　　　　名	著 作 人	任　　　職
教 育 心 理 學	溫 世 頌	美國傑克遜州立大學
教 育 哲 學	賈 馥 茗	師 範 大 學
教 育 哲 學	葉 學 志	國立臺灣教育學院
教 育 經 濟 學	蓋 浙 生	師 範 大 學
教 育 經 濟 學	林 文 達	政 治 大 學
教 育 財 政 學	林 文 達	政 治 大 學
工 業 教 育 學	袁 立 錕	國立臺灣教育學院
家 庭 教 育	張 振 宇	淡 江 大 學
當 代 教 育 思 潮	徐 南 號	師 範 大 學
比 較 國 民 教 育	雷 國 鼎	師 範 大 學
中 國 教 育 史	胡 美 琦	中 國 文 化 大 學
中國國民教育發展史	司 琦	政 治 大 學
中 國 現 代 教 育 史	鄭 世 興	師 範 大 學
社 會 教 育 新 論	李 建 興	師 範 大 學
教 育 與 人 生	李 建 興	師 範 大 學
中 等 教 育	司 琦	政 治 大 學
中 國 體 育 發 展 史	吳 文 忠	師 範 大 學
中 國 大 學 教 育 發 展 史	伍 振 鷟	師 範 大 學
中 國 職 業 教 育 發 展 史	周 談 輝	師 範 大 學
中 國 社 會 教 育 發 展 史	李 建 興	師 範 大 學
技 術 職 業 教 育 行 政 與 視 導	張 天 津	師 範 大 學
技 職 教 育 測 量 與 評 鑑	李 大 偉	師 範 大 學
技 術 職 業 教 育 教 學 法	陳 昭 雄	師 範 大 學
技 術 職 業 教 育 辭 典	楊 朝 祥	師 範 大 學
高 科 技 與 技 職 教 育	楊 啟 棟	師 範 大 學
工 業 職 業 技 術 教 育	陳 昭 雄	師 範 大 學
職 業 教 育 師 資 培 育	周 談 輝	師 範 大 學
技 術 職 業 教 育 理 論 與 實 務	楊 朝 祥	師 範 大 學
心 理 學	張 春 興 楊 國 樞	師 範 大 學 臺 灣 大 學
心 理 學	劉 安 彥	美國傑克遜州立大學
人 事 心 理 學	黃 天 中	美國奧克拉荷市大學
人 事 心 理 學	傅 肅 良	中 興 大 學
社 會 心 理 學	趙 淑 賢	
社 會 心 理 學	張 華 葆	東 海 大 學
社 會 心 理 學	劉 安 彥	美國傑克遜州立大學

書　　　　　名	著　作　人	任　　　職
考　銓　制　度	傅　肅　良	中　興　大　學
員　工　考　選　學	傅　肅　良	中　興　大　學
作　業　研　究	林　照　雄	輔　仁　大　學
作　業　研　究	楊　超　然	臺　灣　大　學
作　業　研　究	劉　一　忠	美國舊金山州立大學
系　統　分　析	陳　　進	美國聖瑪麗大學
社　會　科　學　概　論	薩　孟　武	前臺灣大學教授
社　　會　　學	龍　冠　海	前臺灣大學教授
社　　會　　學	蔡　文　輝	美國印第安那大學
社　　會　　學	張華葆主編	東　海　大　學
社　會　學　理　論	蔡　文　輝	美國印第安那大學
社　會　學　理　論	陳　秉　璋	政　治　大　學
西　洋　社　會　思　想　史	龍　冠　海 張　承　漢	前臺灣大學教授 臺　灣　大　學
中　國　社　會　思　想　史	張　承　漢	臺　灣　大　學
都市社會學理論與應用	龍　冠　海	前臺灣大學教授
社　　會　　變　　遷	蔡　文　輝	美國印第安那大學
社　會　福　利　行　政	白　秀　雄	政　治　大　學
勞　工　問　題	陳　國　鈞	中　興　大　學
社會政策與社會行政	陳　國　鈞	中　興　大　學
社　　會　　工　　作	白　秀　雄	政　治　大　學
團　　體　　工　　作	林　萬　億	臺　灣　大　學
文　化　人　類　學	陳　國　鈞	中　興　大　學
政　治　社　會　學	陳　秉　璋	政　治　大　學
醫　療　社　會　學	藍　采　風 廖　榮　利	印第安那中央大學 臺　灣　大　學
人　口　遷　移	廖　正　宏	臺　灣　大　學
社　區　原　理	蔡　宏　進	臺　灣　大　學
人　口　教　育	孫　得　雄	東　海　大　學
社　會　階　層	張　華　葆	東　海　大　學
社會階層化與社會流動	許　嘉　猷	臺　灣　大　學
普　通　教　學　法	方　炳　林	前師範大學教授
各　國　教　育　制　度	雷　國　鼎	師　範　大　學
教　育　行　政　學	林　文　達	政　治　大　學
教　育　行　政　原　理	黃昆輝主譯	師　範　大　學
教　育　社　會　學	陳　奎　憙	師　範　大　學
教　育　心　理　學	胡　秉　正	政　治　大　學

書　　　　　名	著 作 人	任　　　　　職
公 共 政 策 概 論	朱 志 宏	臺 灣 大 學
中 國 社 會 政 治 史	薩 孟 武	前臺灣大學教授
歐 洲 各 國 政 府	張 金 鑑	政 治 大 學
美 國 政 府	張 金 鑑	政 治 大 學
中 美 早 期 外 交 史	李 定 一	政 治 大 學
現 代 西 洋 外 交 史	楊 逢 泰	政 治 大 學
各 國 人 事 制 度	傅 肅 良	中 興 大 學
行　　政　　學	左 潞 生	前中興大學教授
行　　政　　學	張 潤 書	政 治 大 學
行 政 學 新 論	張 金 鑑	政 治 大 學
行　　政　　法	林 紀 東	臺 灣 大 學
行 政 法 之 基 礎 理 論	城 仲 模	中 興 大 學
交 通 行 政	劉 承 漢	成 功 大 學
土 地 政 策	王 文 甲	前中興大學教授
行 政 管 理 學	傅 肅 良	中 興 大 學
現 代 管 理 學	龔 平 邦	逢 甲 大 學
現 代 企 業 管 理	龔 平 邦	逢 甲 大 學
現 代 生 產 管 理 學	劉 一 忠	美國舊金山州立大學
生 產 管 理	劉 漢 容	成 功 大 學
品 質 管 理	戴 久 永	交 通 大 學
企 業 政 策	陳 光 華	交 通 大 學
國 際 企 業 論	李 蘭 甫	香 港 中 文 大 學
企 業 管 理	蔣 靜 一	逢 甲 大 學
企 業 管 理	陳 定 國	臺 灣 大 學
企 業 概 論	陳 定 國	臺 灣 大 學
企 業 組 織 與 管 理	盧 宗 漢	中 興 大 學
企 業 組 織 與 管 理	郭 崑 謨	中 興 大 學
組 織 行 為 管 理	龔 平 邦	逢 甲 大 學
行 為 科 學 概 論	龔 平 邦	逢 甲 大 學
組 織 原 理	彭 文 賢	中 興 大 學
管 理 新 論	謝 長 宏	交 通 大 學
管 理 概 論	郭 崑 謨	中 興 大 學
管 理 心 理 學	湯 淑 貞	成 功 大 學
管 理 數 學	謝 志 雄	東 吳 大 學
管 理 個 案 分 析	郭 崑 謨	中 興 大 學
人 事 管 理	傅 肅 良	中 興 大 學

三民大專用書 (二)

書 名	著 作 人	任 職
海 商 法	鄭 玉 波	臺 灣 大 學
海 商 法 論	梁 宇 賢	中 興 大 學
保 險 法 論	鄭 玉 波	臺 灣 大 學
商 事 法 論	張 國 鍵	臺 灣 大 學
商 事 法 要 論	梁 宇 賢	中 興 大 學
銀 行 法	金 桐 林	華銀資訊室主任
合 作 社 法 論	李 錫 勛	政 治 大 學
刑 法 總 論	蔡 墩 銘	臺 灣 大 學
刑 法 各 論	蔡 墩 銘	臺 灣 大 學
刑 法 特 論	林 山 田	政 治 大 學
刑 事 訴 訟 法 論	胡 開 誠	臺 灣 大 學
刑 事 訴 訟 法 論	黃 東 熊	中 興 大 學
刑 事 政 策	張 甘 妹	臺 灣 大 學
民 事 訴 訟 法 釋 義	石志泉 楊建華	輔 仁 大 學
強 制 執 行 法 實 用	汪 禕 成	前臺灣大學教授
監 獄 學	林 紀 東	臺 灣 大 學
現 代 國 際 法	丘 宏 達	美國馬利蘭大學
現 代 國 際 法 基 本 文 件	丘 宏 達	美國馬利蘭大學
平 時 國 際 法	蘇 義 雄	中 興 大 學
國 際 私 法	劉 甲 一	臺 灣 大 學
國 際 私 法 論 叢	劉 鐵 錚	政 治 大 學
國 際 私 法 新 論	梅 仲 協	前臺灣大學教授
引 渡 之 理 論 與 實 踐	陳 榮 傑	外 交 部 條 約 司
破 產 法 論	陳 計 男	行 政 法 院 庭 長
破 產 法	陳 榮 宗	臺 灣 大 學
中 國 政 治 思 想 史	薩 孟 武	前臺灣大學教授
西 洋 政 治 思 想 史	薩 孟 武	前臺灣大學教授
西 洋 政 治 思 想 史	張 金 鑑	政 治 大 學
中 國 政 治 制 度 史	張 金 鑑	政 治 大 學
政 治 學	曹 伯 森	陸 軍 官 校
政 治 學	鄒 文 海	前政治大學教授
政 治 學	薩 孟 武	前臺灣大學教授
政 治 學	呂 亞 力	臺 灣 大 學
政 治 學 方 法 論	呂 亞 力	臺 灣 大 學
政 治 學 概 論	張 金 鑑	政 治 大 學
政 治 理 論 與 研 究 方 法	易 君 博	政 治 大 學